여성주의 철학 1

A Companion to Feminist Philosophy (First Edition)
Edited by
Alison M. Jaggar and Iris Marion Young

여성주의 철학 1

앨리슨 M. 재거 · 아이리스 마리온 영 편집
한국여성철학회 옮김

서광사

이 책은 Alison M. Jaggar와 Iris Marion Young이 편집한
A Companion to Feminist Philosophy
(Blackwell Publishing Ltd., 1998/2000)를 완역한 것이다.

여성주의 철학 1
앨리슨 M. 재거 · 아이리스 마리온 영 편집
한국여성철학회 옮김

펴낸이—김신혁, 이숙
펴낸곳—서광사
출판등록일—1977. 6. 30.
출판등록번호—제 6-0017호

(413-832) 경기도 파주시 교하읍 문발리 534-1
대표전화 · (031)955-4331 / 팩시밀리 · (031)955-4336
E-mail · phil6161@chol.com
http://www.seokwangsa.co.kr

제1판 제1쇄 펴낸날 · 2005년 6월 30일
제1판 제2쇄 펴낸날 · 2006년 3월 30일

ISBN 89-306-1707-7 93130

옮긴이의 말

한국에서 여성주의 철학이 정착된 지 별로 오랜 세월이 지나지 않았다. 그러나 지난날을 되돌아보면 사실 우리나라에서 분과학문으로서 철학이 들어와 본격적으로 연구되기 시작한지도, 또한 여성주의 이론이 활성화되기 시작한지도 얼마되지 않았다. 사실 과거 1970년대에서 1980년대 초반만 하더라도 대학에서 철학을 전공하는 것만으로도 이상한 눈길과 관심을 받는 일이 허다했다. 더욱이 여성이 철학을 공부하는 경우는 아주 드물었기 때문에 철학과에 여학생이 없거나 또는 겨우 한두 명이나 있었던 때도 있었다. 당시 여성으로서 철학을 하는 것이 얼마나 생경한 일이었나를 가름해볼 수 있을 것이다.

여성주의라는 명칭이 붙으면 때로는 여성만이 하는 것이 아니냐는 우문을 받기도 하지만 사실 현대에 들어 여성주의적 논의는 거의 여성에 의해 이루어지고 있는 실정이다. 아직도 여성주의와 관련 있는 학회나 세미나에 가면 여성 학자들이 태반이고 남성 학자들을 찾아보기는 쉽지 않다. 궁극적으로 여성주의가 단지 여성에 의해서만 연구되고, 단지 여성을 위해서만 존재하는 이론이라고 생각하여 벌어지는 현상이다. 더욱이 최근까지도 여성주의 이론을 연구한다거나 또는 여성주의자(페미니스트)라고 할 때 갑자기 알 수 없는 긴장감이 고조되는 듯한 느낌을 갖게 된다. 과거의 여성주의 운동이 때로는 아주 급진적이고 때로는 아주 과격하게 이루어졌기 때문일 것이다. 그러나 한 시대를 살아가는 여성들이 마주하게 되는 너무나 절박한 상황을 한걸음만 다가가서 이해하려 한다면 충분히 공감할 수 있는 여지가 있다. 그러나 이제 각자 타자의 관점에서 서로를 바라보고 이해하면서 보다 관용적인 태도를 가질 필요가 있을 것이다.

여성주의 철학은 여성주의의 또 다른 분파는 아니다. 여성주의 관점을 가지고 다양한 문제들을 철학적으로 접근하여 보다 근본적인 개념과 원리를 체계적으로 제공하려는 보편학문의 특성을 가지고 있다. 따라서 오늘날 여성주의 철학은 매우 다양한 문제들을 다루고 있다. 현재 우리나라에서 여성주의 철학은 그 동안 상당히 발전을 해왔지만 개별적인 연구자들의 전공 영역에 한정되어 있었다고 할 수 있다. 따라서 한국여성철학회는 여성주의 철학 전반에 대한 다양한 주제를 일괄적으로 정리할 필요성을 절감해왔다. 바로 이러한 점에서 현대 여성주의 철학의 대표적인 학자들에 의해 집필된 《여성주의 철학》은 여러 가지 목적에 부합하는 책이라 할 수 있다. 이 책에는 현대에 이르기까지 여성주의 철학의 성과를 총망라하고 있는 매우 탁월한 개괄서로서 모두 10개의 주제 하에 58편의 논문이 실려 있다.

이 책에 참여한 저자들은 모두 페미니즘 연구로 유명한 세계적인 석학들이다. 우리나라에도 이미 소개되어 있는 편집자인 앨리슨 재거와 아이리스 영을 비롯하여 사라 러딕, 로빈 메이 숏, 신시아 프리들랜드, 제네비브 로이드, 로시 브레도티 등은 페미니즘 연구자들에게 잘 알려진 중견급 철학자들이다. 이들이 대거 참여하여 만든 《여성주의 철학》은 기존에 단순히 여성주의 이론을 소개하던 책들과는 달리 특정 주제와 분야별로 가장 탁월한 실력을 발휘하였던 전문 필자들을 동원하여 일반인들에게 아주 쉽게 페미니즘과 철학의 제반 이론을 설명하고 있다. 더욱이 일반 논문들과 달리 10면 정도의 간략한 분량과 정확하고도 명료한 내용 설명이 가장 큰 장점이라 할 수 있다.

이 책이 번역되어 나오기까지 산파역을 하신 분은 바로 한국여성철학회 회장 이상화 선생님이셨다. 누구나 필요성은 절감했지만 엄청난 분량 때문에 주춤하고 있을 때 특유의 실천력과 따뜻한 포용력으로 무사히 긴 여행을 마치게 해주셨다. 그 동안 번역자들은 워크숍과 세미나의 명목하에 수차례 모여 각자의 번역본을 돌려보면서 용어나 개념들을 점검해왔다. 모든 번역자들은 이번 작업을 통해 단순히 번역을 완성했다는 성취감 이상의 즐거움을 만끽했다. 여기에 실린 글들이 여성주의와 철학에 흥미와 관심이 있는 모든 이들에게 작은 길잡이가 되기를 바라며, 이 책의 출판을 기꺼이 맡아주신 서광사에 깊이 감사드린다.

2005년 6월

옮긴이 일동

차 례

1권

2권

필자 소개

저자소개

낸시 홀름스트롬(Nancy Holmstrom)은 뉴아크에 있는 루트거스(Rutgers) 대학 철학 부교수. 그녀는 자유, 착취, 인간본성을 포함한 사회철학의 중심개념들에 대해 저술하고 있다. 그녀는 또한 사회정의운동에 적극적으로 참여하고 있다.

다샤 두하체크(Daša Duhaček)는 벨그라드 여성학 센터의 코디네이터이다. 그녀는 정치 철학과 여성이론의 쟁점들에 대해 가르쳐 왔으며 또한 글도 쓰고 있다. 그녀는 나네트 펑크와 마그다 뮐러에서 "이전의 유고슬라비아에서 여성의 시간"을 출간했고, 《젠더 정치학과 탈-공산주의》(1993)를 편집했으며, 메리 월스턴크래프트, 해리 테일러, 존 스튜어트 밀, 한나 아렌트 등을 세르비아어로 번역해서 소개했다.

레이첼 아들러(Rachel Adler)는 로스앤젤레스 히브류 연합 대학(L. A. Hebrew Union College)에서 가르치고 있으며, 유대교 신학자이며, 윤리학자이다. 《유대교를 탄생하기: 새로운 신학과 윤리학》의 저자이기도 하다.

로다 하다샤 코친(Rhoda Hadassah Kotzin)은 미시간 주립 대학교 철학과의 교수이다. 그녀가 가르치고 연구하며, 책을 출판하는 영역은 철학사(특히 플라톤, 아리스토텔레스, 칸트)와 현상학과 윤리학은 물론 여성주의 철학을 포함한다.

로레인 코드(Lorraine Code)는 토론토 요크 대학의 철학 교수이다. 《그녀가 무엇을 아는가? 여성주의 이론과 인식의 구성》(1991), 《수사학적 공간들: (젠더화된) 장소에 대한 에세이》(1995)의 저자이고, "생태학과 책임성, 그리고 인식의 정치학"이라는 프로젝트를 진행하고 있는데, 이 프로젝트는 인식과 주체성에 대한 생태학적인 모델을 개발시키는 것이다.

로빈 메이 스코트(Robin May Schott)는 현재 덴마크 코펜하겐 대학의 철학과 부교수이다. 그녀의 저서로는 《인지와 에로스: 칸트적 패러다임에 대한 비판》(1988), 《재생산, 젠더 그리고 기술》(벤트 로젠벡과 함께 엮음, 1995) 그리고 《칸트에 대한 여성주의적 해석》(1997)이 있다.

로지 브라이도티(Rosi Braidotti)는 유트레히트 대학의 여성학 교수이자 네덜란드 여성학 연구학교의 연구처장이다. 그녀는 유럽 대학 교환 프로그램인 '소음'(NOISE)과 유럽연합의 '소크라테스'(SOCRATES) 프로그램을 위한 여성학의 유럽 주제 네트워크를 담당하고 있다. 그녀의 책은 《불협화음의 패턴들: 현대 철학에서 여성 연구》(1991), 《유목적 주체: 체화와 성적 차이》(1994) 그리고 공동저서로 《여성과 환경 그리고 지속 가능한 개발: 이론적 종합을 지향하며》(1994) 등이 있다. 그녀의 최근 연구는 들뢰즈의 작업에서 차이의 개념에 주안점을 두고 있다.

류 보홍(Liu Bohong)은 중국 여성연구 연구원 부교수이다. 그녀는 중국 여성의 고용에 관해 연구하여 글을 썼으며, 최근에는 중국 여성 건강 조직망과 중국 NGO 포럼을 통합시켰다.

린 춘(Lin Chun)은 런던의 경제·정치·과학학부에서 가르치고 있으며, 다양한 연구 주제들을 가지고서 중국에 있는 친구들과 긴밀한 관계를 유지하면서 연구하고 있다.

린 티렐(Lynne Tirrell)은 보스톤에 있는 매사추세츠 대학의 철학과 부교수이다. 그녀는 언어철학, 문학, 도덕이론, 여성주의에 관한 논문들을 발표했다. 현재 명예훼손과 관련된 책을 집필중이다.

린 핸킨슨 넬슨 (Lynn Hankinson Nelson)은 로완 대학의 철학과 부교수로 학과장이기도 하다. 그녀는 《누가 아는가: 콰인으로부터 여성주의 경험론에 이르기까지》(1990)의 저자이며, 학술지 《종합(*Synthese*)》에 '여성주의와 과학'을 다룬 특별호

(1995)의 편집인이었다. 잭 넬슨과 함께 《여성주의, 과학 그리고 과학철학》(1996)을 엮어 냈고 《캐논 다시 읽기: 콰인에서의 여성주의적 관점들》(근간)을 준비하고 있다.

린다 니콜슨 (Linda Nicholson)은 미국 뉴욕주 알바니 대학의 교육행정학과와 여성학과의 교수이다. 그녀는 《젠더와 역사: 가족시대에서의 사회이론의 한계》(1986)의 저자이며 《여성주의/포스트모더니즘》(1990)과 《제2의 물결: 여성주의 이론 읽기》(1996)를 엮어 냈고 《사회적 포스트모더니즘》(1995)을 공동 편집하였다. 최근 자신의 글들을 모은 논문집 출간을 준비하고 있다.

린다 벅크(Lynda Birke)는 생물학자이다. 그녀의 작업은 과학, 특히 생물학에 대한 여성주의적 분석과 과학을 더욱 접근 가능하게 만드는 일에 역점을 두고 있다. 그녀는 영국 와윅 대학의 여성학과 젠더학 센터에서 여성학과 과학학을 가르치고 있다. 그녀의 책은 《여성과 여성주의 그리고 생물학》(1986)이 있으며, 루스 헙바드와 함께 《생물학의 재창조》(1995)를 썼다.

메리 혹스워스(Mary Hawkesworth)는 루이스 빌 대학 정치학과 교수이면서 여성학을 담당하고 있다. 저서로는 《억압을 넘어서: 여성주의 이론과 정치적 전략》(1990)과 《정책분석에 있어서 이론적 쟁점들》(1988)이 있으며, 《정부·정치학 대사전》(1992)과 《여성주의와 공공정책》(1994)의 편집자이다.

모이라 게이튼스(Moira Gatens)는 시드니 대학에서 오랫동안 강의해 오고 있다. 그녀는 《여성주의와 철학: 차이와 평등에 대한 관점들》(1991)과 《상상의 육체: 윤리학, 권력 그리고 육체성》(1996)의 저자이다.

미셸 무디-아담스(Michelle M. Moody-Adams)는 미국 인디애나주 블루밍톤에 있는 인디애나 대학의 철학과 부교수로, 도덕철학과 정치철학에 관한 다양한 주제들로 논문을 발표해 왔으며 《도덕성, 문화 그리고 철학: 친근한 장소들에 대한 현장조사》(근간)의 저자이다.

바사라트 타얍(Basharat Tayyab)은 파키스탄의 카라치 대학에서 철학을 가르치고 있다. 그녀는 웨스트 버지니아 대학의 풀브라이트 연구원으로 있다. 그녀는 현대의 프랑스 여성주의와 이슬람 여성주의에 관심을 갖고 있다.

발 플럼우드 (Val Plumwood)는 현재 호주 시드니 대학의 명예 연구원으로, 여성주의와 생태여성주의, 사회철학과 환경철학 등에 대한 폭넓은 관심을 가지고 있다.

브린다 달미야(Vrinda Dalmiya)는 인도 델피의 인도 기술 연구소에서 철학을 가르치고 있다. 그녀는 몬타나 주립 대학과 워싱턴 대학에서도 가르쳤다.

산드라 리 바트키(Sandra Lee Bartkey)는 시카고의 일리노이 대학교에서 철학, 여성학을 가르치고 있다. 세계 여성 철학자 연합(ISWP)의 창설 멤버이다. 《여자다움과 지배: 억압의 현상학에서의 연구(1990)》의 저자이며, 《프랑스 여성주의 재평가(1992)》의 공동 편집자이다.

셜린 해독 시그프리드(Charlene Haddock Seigfried)는 퍼듀 대학의 철학과 교수로 재직 중에 있다. 그녀는 《실용주의와 페미니즘》(1996), 《윌리엄 제임스의 철학의 근본적 재구성》(1990) 그리고 《혼돈과 문맥》(1978)의 저자이다. 그녀는 또한 《하이페이시아》잡지에서 실용주의와 여성주의에 관한 이슈에 대해 편집 일을 보고 있으며, 미국 철학의 발전 협회장이기도 하다. 그녀는 1998년 존 듀이에 관해 강의하기도 했다.

소냐 크룩스(Sonia Kruks)는 오벌린 대학의 정치학 교수로, 이 대학에서 그녀는 정치철학과 여성주의 이론을 가르친다. 그녀는 현상학에 관한 정치적·사회적 측면들에 대해 광범위하게 글을 썼으며, 현재는 현상학과 여성주의에 관한 저작을 집필 중에 있다.

소피 올루웰레 (Sophie Oluwele)는 나이지리아 라고스 대학의 철학과 소속으로 학과장을 역임한 바 있으며, 나이지리아 전국 철학학회의 회장으로 봉직하여 왔다.

아니타 실버스(Anita Silvers)는 샌프란시스코 주립 대학의 철학 교수이다. 그녀는 《예술의 난제들》의 공동 저자이며, 미학, 윤리학과 사회 정의, 장애인 연구, 생명 윤리학 그리고 교육 정책에 관해서 50편 이상의 논문들을 발표하여 왔다. 그리고 요즘은 《어떤 삶이 살 가치가 있는가?: 장애, 차이, 차별》이라는 책을 완성하였다. 실버스는

1년마다 탁월한 인도주의자에 주어지는 캘리포니아 휴머니스트 상과 캘리포니아 교수 협회의 평등권 상의 첫번째 수령자이다.

안드레아 나이 (Andrea Nye)는 미국 위스콘신주 화이트워터에 위치한 위스콘신 대학교의 철학과 교수이다. 가장 최근의 《철학과 여성주의: 그 경계에서》(1995)를 포함하여 여성주의 철학에 관한 다수의 저작이 있다.

오펠리아 슈트(Ofelia Schutte)는 게인스빌에 위치한 플로리다 대학의 철학 교수이자 여성 연구와 라틴 아메리카 연구 교수로 재직 중에 있다. 그녀는 《니힐리즘을 넘어서: 가면을 벗은 니이체》(1984)와 《라틴 아메리카 사상에서의 문화 정체성과 사회 해방》(1993)의 저자이기도 하다. 그녀는 프랑스 여성주의와 라틴 아메리카 여성주의에 관한 글을 써 오고 있으며, 《하이페이시아》 잡지(9:1994)에서 스페인과 라틴 아메리카 여성주의 철학에 관한 논문들을 특별히 편집해 오고 있다.

재클린 지타(Jacqueline Zita)는 성 루이스에 있는 워싱턴 대학에서 철학박사 학위를 받았다. 현재 그녀는 미네소타 대학에 있는 여성학 조교수이자 학장이며, 국립여성학협회의 간부이다. 그녀의 작품은 일차적으로 성과 젠더 이론에 초점을 맞추고 있으며, 학제간의 연구에 관한 구체적인 철학적이고 인식론적 문제들과 여성학의 교육에도 관심이 있다.

제네비브 로이드(Genevieve Lloyd)는 오스트레일리아 시드니의 뉴 사우스 웨일즈 대학교의 철학 교수직을 맡고 있다. 그녀는 《이성을 지닌 남성: 서양철학에서 "생물학적 남성"과 "생물학적 여성"》(1993년 재판 발행), 《시간 안에서의 존재: 철학과 문학에서 자아들과 화자들》(1993), 《자연의 일부: 스피노자의 "윤리학"에서 자기-지》(1994) 그리고 《스피노자와 "윤리학"》(1996)의 저자이다.

진 이홍(Jin Yihong)은 현재 지앙수(Jiangsu) 지역 사회봉사 아카데미 철학연구소의 문화연구 부서의 책임자이자 공동 연구원이다. 중국 여성학 영역에 관한 그녀의 현재 연구는 시장 경제가 농촌 여성들과 그 가족들에게 영향을 미치는 방식에 초점이 맞추어져 있다.

캐더린 켈러(Catherine Keller)는 《현재와 과거의 묵시록: 세계 종말에 관한 여성주의적 안내》(1996), 《부서진 그물망으로부터: 분리, 성차별주의, 그리고 자아》(1986)의 저자이다. 그녀는 드류(Drew) 대학교의 신학교와 대학원에서 구성주의 신학 부교수로 있다.

캐트린 레논(Kathleen Lennon)은 영국의 헐 대학교의 철학 수석강사이다. 헐 대학교에서 그녀는 젠더 연구 위원회의 의장직도 맡고 있다. 그녀는 마가렛 윗포드와 함께 《차이 알기: 인식론에서 여성주의적 관점들》의 공통 편집자이다.

크리스 위던(Chris Weedon)은 웨일즈 대학에서 비판이론과 문화이론을 가르치고 있다. 저서로는 《여성주의 관행과 후기구조주의 이론》(1987/1997), 《문화 정치학: 계층, 젠더, 인종, 포스트모던한 세계》(글렌 조단과 공저, 1996), 《여성주의와 차이의 정치학》(1998) 등이 있다.

테레사 브랜넌(Teresa Brennan)의 책은 《라캉 이후의 역사》가 있고, 《편집증의 시대》가 곧 출간될 예정이다.

티나 챈터(Tina Chanter)는 《에로스의 윤리학: 이리가라이의 철학자들 다시 쓰기》의 저자이고, 데리다, 하이데거, 크리스테바, 레비나스, 라캉, 메를로퐁티에 대한 논문들을 썼다.

헤르타 나글-도체칼 (Herta Nagl-Docekal)은 오스트리아 비엔나 대학의 철학과 교수로, 독일 철학학회지 《철학》의 공동편집인이다. 그녀의 최근 저서들에는, 《성도덕을 너머서》(헤르린데 파우어-스튜더와 함께 엮음, 1993), 《여성주의 철학》(엮음, 1994), 《정치이론: 차이와 삶의 질》(헤르린데 파우어-스튜더와 함께 엮음, 1996), 《역사적인 것의 의미》(엮음, 1996)가 있다.

역자소개

김세서리아는 성균관 대학교에서 동양철학 전공으로 박사 학위를 받았으며, 현재 이화여자 대학교 인문학연구소 책임연구원이다. 저서로는 《여성의 몸에 관한 철학적 성찰》(철학과 현실사, 2000, 공저), 《철학의 눈으로 읽는 여성》(철학과 현실사, 2001, 공저), 《21세기 한국가족-문제와 대안》(경문사, 2005, 공저) 등이 있으며, 논문으로는

"중국 신화에서 보이는 여성 능동성의 이미지", "차이-사이의 개념으로 다시 읽는 음양론", "양명학에서의 몸 담론과 그것의 현대적 의미" 등이 있다.

김애령은 독일 베를린 자유 대학교(Freie Universitaet zu Berlin)에서 철학박사 학위를 받았으며, 현재 이화여자 대학교 주제통합형 교양 교수로 재직하고 있다. 저서로는 *Metapher und Mimesis*(Dietrich Reimer Verlag)가 있고, 논문으로 "시간의 이해, 이해의 시간", "여성: 타자의 은유", "니체의 은유이론과 문체의 문제" 등이 있다.

노성숙은 독일 프라이부르크 대학에서 독일 현대철학 전공으로 박사 학위를 취득하였으며, 현재 이화여자 대학교 인문학연구원 전임연구원으로 있다. 저서로는 《계몽의 자기비판과 구원》(*Die Selbstkritik und "Rettung" der Aufklaerung*), 공저로 《정보매체의 지구화와 여성》, 《사람과 사람》이 있다. 논문으로는 "근대적 자아와 다중심적 자아", "사이렌들과 오딧세우스: 비동일적 자아의 탐색", "일상의 미학과 아도르노", "디지털 문화산업과 여성주류화 전망", "세계화와 여성" 등이 있다.

안옥선은 하와이 주립 대학교에서 불교철학(윤리) 전공으로 박사 학위를 받았으며, 현재 순천 대학교 철학과 교수로 있다. 단독 저서로는 *Compassion and Benevolence*와 《불교윤리의 현대적 이해》가 있으며, 논문으로는 "여성성불 불가설의 반불교성 고찰", "개인주의적 인권개념에 대한 불교적 비판", "동서양 전통에서 본 행복", "불교에서 존재평등의 근거" 등이 있다.

연효숙은 연세 대학교에서 헤겔 철학 전공으로 박사 학위를 받았으며, 현재 이화여자 대학교 인문학연구원 전임연구원으로 있다. 저서로는 《철학의 눈으로 읽는 여성》(공저), 《여성문화의 새로운 시각 2》(공저) 등이 있고, 역서로는 《헤겔》, 《칸트: 칸트에서 헤겔까지 1》 등이 있으며, 논문으로는 "여성 주체성과 페미니즘의 문화기획", "한국 근(현)대 여성의 갈등 경험과 여성 주체성의 미학", "여성이미지, 반복 그리고 영원회귀-들뢰즈의 《차이와 반복》을 중심으로" 등이 있다.

윤혜린은 이화여자 대학교에서 심리철학 전공으로 박사 학위를 받았으며, 현재 이화여자 대학교 한국여성연구원 연구교수로 있다. 동 대학교에서 '여성철학', '지구촌 시대 여성과 리더십' 등을 강의하고 있으며, 동 대학교 평생교육원에서 '초등논술지도자 과정' 및 '논술철학'을 지도하고 있다. 저서로는 《정보 매체의 지구화와 여성》

(공저), 《지구화 시대 여성주의 대안가치》(공저), 《나의 삶 우리의 현실》(공저) 등이 있으며, 논문으로는 "사이버 공간의 여성 체험", "사이버 공간 속의 여성 현실" 등이 있다.

이상화는 독일 튀빙겐 대학에서 정치철학으로 박사 학위를 취득하고 현재 이화여자 대학교 철학과 교수로 재직하고 있다. 한국여성철학회 회장을 역임하였다. 저서로는 《지식 정보화 사회의 여성 직업의 지형 찾기》, 《새천년의 한국문화, 다른 것이 아름답다》 등이 있고, "세계화와 다원주의: 실천화로서의 다원성의 윤리", "철학에서의 페미니즘 수용과 그에 따른 철학 체계의 변화", "페미니즘과 차이의 정치학", "철학과 비판적 사회 이론", "여성주주의 인식론에 대한 비판과 성찰" 등이 있다.

이정은은 연세 대학교에서 독일관념론을 연구하여 "헤겔 대논리학의 자기의식 이론"(1999)으로 박사 학위를 받았다. 현재 연세 대학교 철학연구소 전문연구원이다. 저서로는 《사랑의 철학》, 《사람은 왜 인정받고 싶어하나》가 있으며, 논문으로는 "헤겔 법철학에서 여성적 자매애와 사회적 우애의 관계", "인륜적 공동체와 헤겔의 여성관", "여성의 언어 다시쓰기, 상상력과 개념 사이에서", "여성의 침묵과 목소리" 등 다수가 있다.

이지애는 멕시코 이베로아메리카나 대학에서 철학교육 전공으로 철학박사 학위를 받고, 미국 콜럼비아 대학 교육대학원에서 프래그머티즘 전공으로 교육학박사 학위를 받았으며, 현재 이화여자 대학교 철학과 조교수이다. 국제철학올림피아드(IPO)와 철학교육세계연합회(ICPIC)의 위원이며 《현대문화와 철학의 새 지평》(공저), "프래그머티즘철학과 철학-우리교육의 관계 맺기", "IAPC방법론에 의한 논리-철학 창작 교재" 등의 논저가 있다.

이혜정은 한국 외국어 대학교 철학과를 졸업하고 동 대학원에서 석사와 박사 학위를 취득하였다. 현재 한국 외국어 대학교에 출강하고 있다. 논문으로는 "콜버그와 길리건 이론의 도덕적 함축", "도덕이론과 임신중절", "나딩스의 보살핌 윤리 연구", "전쟁의 도덕성에 대한 철학적 고찰", "전쟁과 평화에 대한 여성주의적 독해"가 있다. 공저로는 《성과 사랑 그리고 욕망에 관한 철학적 성찰》이 있으며, 역서로는 《모성적 사유: 전쟁과 평화의 정치학》과 《정의와 다원적 평등》이 있다.

장영란은 한국 외국어 대학교에서 고대 그리스 철학 전공으로 박사 학위를 받았으며, 현재 한국 외국어 대학교 철학과 연구교수로 있다. 저서로는 《아리스토텔레스의 인식론》, 《장영란의 그리스 신화》, 《위대한 어머니 여신》, 《아테네, 영원한 신들의 도시》, 《신화속의 여성, 여성속의 신화》 등이 있으며, 논문으로는 "아리스토텔레스의 반페미니즘", "그리스 신화와 철학에 나타난 죽음과 여성의 이미지", "고대 그리스의 위대한 어머니 신화에 나타난 철학적 세계관" 등이 있다.

최순옥은 이화여자 대학교에서 철학을 전공하였으며, 미국 아이오와 대학교에서 영미인식론으로 철학박사 학위를 받았다. 현재 시립인천 대학교 교수로 재직하고 있다. 논문으로는 "여남 성별에 따른 차등적 자기통제", "단독비행의 즐거움", "여성주의 인식론의 타당성논쟁", "여성주의 미학에 관한 소고" 등이 있다.

허라금은 서강 대학교에서 윤리학으로 박사 학위를 취득하고 현재 이화여자 대학교 여성학과 교수로 재직 중이다. 저서로는 《원칙의 윤리에서 여성주의 윤리로》, 《다원주의, 축복인가 재앙인가》 등이 있고, 논문으로는 "의로운 전쟁과 여성", "보살핌 윤리에 기초한 성주류화 정책 패러다임의 모색", "생명공학 기술과 여성", "유교의 예와 여성", "여성주의 관점에서 본 생명", "도덕적 갈등과 다원주의" 등이 있다.

서문

여성주의 철학이란 무엇인가?

여성주의 철학은 1970년대 초반 여성학 운동의 한 부문으로 시작된 학문 영역이다. 다른 영역에서의 여성학과 마찬가지로 여성주의 철학은 학술적 지식의 영역 안에서 여성의 비가시성을 종식하고자 하는 어느 정도 소박하고 작은 목표를 가지고 시작되었다. 20년 전까지만 해도 철학 탐구 속에 여성과 여성의 경험을 더 많이 포함시키고자 하는 프로젝트가 현재와 같이 엄청난 성과물들을 산출해낼 수 있을 것이라고 예견한 사람은 거의 없었다. 이 책에는 그러한 훌륭한 업적들의 일부분만이 수록되어 있으나, 이 업적들은 다양한 철학의 하위 분야에서 철학의 기본 패러다임에 도전하고 변혁하는 일에 기여해 왔다.

여성주의 철학의 시작은 주로 여성들에게 특히 중요한 실천윤리와 정치학적 이슈를 검토하기 위해 기존의 철학적 도구와 기법을 사용하려는 의도에서 출발하였다. 그러나 거기에 머물지 않고 철학의 가장 오래된 이념들, 주요 개념들 그리고 지배적 이론들에 명시적이자 암시적으로 내재되어 있는, 여성을 평가절하 하는 방식을 탐구하는 방향으로 발전해 나갔다. 그러므로 여성주의 철학은 철학에 존재하는 남성 편향을 교정하기 위한 참여적인 개입이라고 정의할 수 있다.

이 개입은 여러 가지 방식으로 나타나고 있다. 여성주의 철학은 철학에서 정전(正典)으로 간주되는 고전에서 배제되고 잊혀진 여성주의 철학자의 작업을 회복시키는 프로젝트를 포함한다. 여성주의 철학은 또한 많은 고전적 철학자들에게서 명백히 드러나고 있는 여성 폄하에 직접적으로 도전한다. 서구 전통에서는 아리스토텔레스, 아퀴나스, 루소, 칸트, 헤겔, 사르트르 등이 그런 철학자들에 포함되는데 이들은 이성을 인간의 본질적 특성으로 간주하는 전통 속에서 여성의 이성능력이 남성과 다를 뿐 아니라 남성보다 열등하다고 주장해 왔던 것이다. 이러한 도전들 외에도 여성주의 철학자들은 가족이나 국가와 같은 남성 중심적 제도와 남성들의 이익을 위해 여성을 도구적으로 보는 도덕과 정치이론들 혹은 그 적용에 대해 이의를 제기해 왔다. 그들이 여성과 관련된 많은 이슈들을 유독 무시해 온 철학의 전통을 바로잡고자 분투해 왔음도 간과할 수 없다. 서구 전통에서 그러한 이슈들은 섹슈얼리티와 가정생활의 이슈를 포함하는데, 일반적으로 정의의 영역에서 벗어난 사적 영역에 속해 있는 것으로 이해되고 있는 것들이다.

여성주의 철학자들은 많은 주류 철학 전통의 특징인 여성에 대한 명시적 주변화와 무시 그리고 폄하에 대해 논박할 뿐 아니라, 보다 미묘하고 암시적인 방식으로 행해지는 것으로 감지되는 여성적인 것에 대한 평가절하를 그 논쟁의 대상으로 삼는다. 이러한 여성주의 프로젝트는 문화/자연, 초월/내재, 보편/특수, 정신/육체, 이성/감정 그리고 공/사 등과 같은 개념적 이분법의 해체를 요구하는 것으로 알려져 왔다. 보다 높게 평가되는 개념을 남성성과 연결시키고, 낮게 평가되는 개념을 여성성과 연결시킴으로써 이 이분법들이 궁극에는 여성의 문화적 가치절하를 현실구조 속에 각인시키는 결과를 가지고 온 데에 그 책임이 있다고 보는 것이다. 마지막으로 어떤 여성주의 철학자들은 비록 전적으로는 아니라 할지라도 철학의 실천으로부터의 일반적인 여성 배제가 남성 특징적 경험과 선입견을 반영하는 관점을 수용하는 결과를 초래했다고 주장한다. 예를 들면 근대 서양철학에서 존중, 자율, 평등, 공평성과 같은 가치를 중심에 놓고자 하는 결단은 인간 본성에 대한 특정한 개념에 기초한 것이라고 지적된다. 즉 개인들로 표상되는 인간 본성 개념들은 본질적으로 타자들과는 분리되고, 충족할 수 없는 욕망을 가지며, 전형적인 이해관계의 갈등 속에 있는 적대적 시장관계를 경험한 남성의 경험을 반영하는 관념에 자리 잡고 있는 것이다.

이 책의 개념

이 책의 목적에 걸맞게, 이 책에서의 여성주의 철학은 특정한 주장들이나 방법론적 실천들을 내세우지 않는다. 여성주의는 분명 여성의 사회적 예속을 반대하는 현실의 윤리적 또는 정치적 실천을 전제하지만, 이 실천이 대부분의 철학적 문제에 대한 분명한 해답을 가지고 온다고 하기에는 애매한 점이 너무 많이 있다. 여성주의라는 용어의 범위에 대한 일반적 설명을 제시하기보다는, 여성주의적인 것이 무엇이며, 또한 철학적인 것이 무엇을 의미하는지를 저자 개개인이 결정하도록 맡겼다. 이를 통해 철학적이고 인간적인 물음에 대해 풍부하고 다양한 이념들과 접근이 이루어졌다고 본다.

이 책에서 우리의 목표는 여성주의 철학이라는 범주 안에 광범위한 작업들이 더욱더 쉽게 그리고 폭넓게 포함될 수 있게 하는 것이었다. 편집자로서 우리들은 우리가 알 수 있는 한, 여성주의 작업이 진행되고 있는 모든 철학적 전통들, 분야들, 접근 방법들을 제시하기 위해 열심히 작업했다. 우리는 서구 철학사와 몇 가지 비서구 전통에 대한 여성주의 연구들을 포함시켰다. 20세기 철학에서 영미와 유럽에 대한 항목들을 포함시켰고, 더 작은 범위이기는 하지만 아시아, 라틴 아메리카, 아프리카 철학에 대한 항목도 포함시켰다.

우리는 이 책에 현재 저술작업이 이루어지고 있는 여성 철학의 모든 주요 기본 하위분야들에 대한 장(chapter)을 포함시키려고 노력했다. 윤리학을 포함하는 몇몇 분야의 경우, 기초적인 하위분야와 관련된 여성주의 철학의 작업이 너무 광범위하기 때문에 그 하위분야 안의 몇 개의 독특한 주제들을 선택했다. 철학에서의 여성주의적 탐구는 많은 부분 철학의 기본 하위분야에 관련되어 있기는 하지만, 여성주의 철학의 독창성은 어떠한 주제들과 경험 양식들을 처음으로 철학적 성찰 안으로 가져왔다는 데에 있다. 예컨대 이 책의 목차에 나와 있는 “몸의 정치학”, “언어와 권력” 또는 “레즈비언 윤리학” 등과 같은 주제들은 여성주의 철학의 흥미롭고도 중요한 영역들인데, 그러한 학문은 의심의 여지 없이 독창적이다. 우리는 저자들에게 제한된 지면에서나마 가능한 한 가장 포괄적으로 그들이 맡은 주제에 관한 여성주의 작업을 개관해주기를 요청함과 동시에 권위적인 어조를 피해달라고 부탁했다. 왜냐하면 권위적 어조는 필연적으로 오도되기 마련이기 때문이다. 그 대신 우리는 저자들에게 그들이 가장 중요하다고 생각하는 논제들에 대하여 체계적으로 개관해줄 것을 권장하였다. 또 그 작업에서 그들의 비판적 시각을 발전시켜 주도록 권유하였고, 1인칭 단수를 사용하면서 저자의 독창적 견해를 강조해 달라고 요청하였다. 그 결과로 이 책은 범위에 있어서 다양할 뿐만 아니라 저자의 문체와 결론에 있어서도 다양성을 갖추게 되었다.

물론 이 책의 목차는 완전한 것이 아니다. 편집자가 달랐다면 어떤 분야들을 우리가 했던 것보다 더 강조할 수도 있을 것이며, 혹은 어떤 다른 분야는 강조하지 않거나 배제했을 수도 있다. 당연히 이 책의 독자들 중에는 자기들의 특정한 관심사가 잘 나타나지 않았다고 생각하는 사람들도 분명 있을 것이다. 그럼에도 불구하고 전체적으로 보아 이 책에 나온 논문들은 모두가 지금까지 이루어진 여성주의 철학의 주요 이념들에 대해 매우 흥미롭고 포괄적인 수집과 분석을 제공하고 있다.

전지구적 차원들

다른 많은 학문 분야에서도 그렇듯이 오늘날 학문적인 여성주의 철학을 주도하는 이들의 대다수가 영어권, 특히 미국 저자들이다. 미국 사회의 규모와 부가 엄청난 양의 학문적 저작의 생산과 분배를 가능하게 해주는데, 이것이 세계 다른 지역에 사는 학자들에게 영향을 미치는 것은 자주 일어나는 일이다. 미국 저자들이 자기 자신의 경험을 바탕으로 글을 쓰면서도 그것이 지닌 문화적 특수성을 인지하지 못하는 것 또한 흔히 있는 일이다.

이 책을 기획하면서 우리는 영어로 출판된 책이 갖는 한계 안에서 가능한 최대로 미국 저자들의 주도를 최소화하려고 노력했다. 오늘날 여성주의 철학은 서유럽 국가들 및 캐나다, 뉴질랜드, 오스트레일리아 등에서도 매우 활발하게 연구되고 있기 때문에 그런 나라들에서 여성주의 철학의 다양한 분야별 전문가로 인정받는 사람들에게서도 기고문들을 받았다. 서로 다른 나라 출신의 저자들은 각기 어느 정도 다른 준거점 혹은 전통에 기반해 글을 쓴다. 따라서 서구의 여러 나라들로부터 나오는 여러 목소리를 포함시키는 것은 이 책에 소개되는 아이디어들의 폭을 넓히고 미세한 차이를 더 증폭시켜 준다.

우리는 이 책을 서구인들의 기고에 한정하기를 원하지 않았으므로 아프리카, 아시아, 동유럽 그리고 라틴 아메리카의 여성주의 철학을 묶은 부분을 포함시켰다. 지리적으로 포괄적이고자 하는 이러한 몸짓은 역설적이게도 서구의 여성철학과 우리들의 편집 관행이 여러 측면에서 동반구와 남반구에서 나온 철학적인 사유나 이론적 지식들을 소홀히 하거나 주변화시키고 있음을 분명하게 보여 준다. 이 책이 그 부분을 포함하고 있지 않았다면, 오히려 그 부분의 누락을 알아채는 사람은 거의 없을 것이며, 그래서 이 섹션이 제기하고자 하는 배제와 차별적 대우의 이슈를 회피할 수 있었을 것이다. 우리는 이미 시작 전부터 우리의 노력이 충분하지 못하다는 것을 알고 있었지만 그래도 동반구과 남반구에서부터 나온 사유들을 싣기로 결정했고 그것이 불러일으킬 질문들과 비판들에 직면하기로 결정했다.

지리적 구분과 관계없이 몇몇 논문들은 비서구적 관점을 대변하고 있다. 그러나 대부분의 논문들, 즉 "지식", "윤리학", "정치학" 등과 같이 보편주의적으로 들리는 주제에 관한 논문들은 설사 그 발상의 많은 부분이 다른 문화적 맥락과 연관이 있을 때조차도 대개 서구와 미국 저자들의 연구만을 배타적으로 인용한다. 이러한 배타성의 주원인은 "여성주의 철학"이라고 스스로를 규정한 학문적 문헌의 대부분을 북미와 유럽 사람들이 썼기 때문이다. 그러나 오늘날 세계적으로 여성학에 대한 관심은 가장 학문적인 환경 속에서 발전해 왔고, 이러한 발전은 여성주의 철학에서 보다 전문적인 작업이 이루어지도록 촉진시켰다. 우리는 아프리카, 아시아, 동유럽 그리고 라틴 아메리카에서 등장하고 있는 여성철학에 대한 새로운 학문적 관심을 기록하는 최선의 방법은 이러한 지역 각각의 맥락에 익숙한 학자들에게 논문을 청탁하는 것이라고 생각하였다.

우리는 지리적으로 구분한 부분에서 각 저자에게 해당 대륙이나 아대륙(亞大陸)의 여성주의 철학을 개관해주기를 부탁했다. 과제를 이렇게 배당하는 것은 여러 가지 면에서 서구 편향적이다. 첫째는 이 책의 다른 장에 실린 좀더 특정한 주제와 관련된 논문들과는 균형이 맞지 않는 것이다. 둘째는 저자들은 넓은 지역의 다양한 철학적 전통들을 요약하고 이에 대한 여성주의자들의 반향을 설명해야 하는 불가능한 과업에 직면하게 된다. 셋째로 라틴 아메리카를 제외한 그 외의 비서구 지역에서 자신을 여성철학자로 여기는 사람들의 수가 적기 때문에, 이 저자들은 때때로 인정받는 철학적 전통을 참조함으로써 반드시 그 의미가 명확한 것도 아닌 저작들에게서 부득이 하게 자신의 철학적 입장을 구성해내야만 했다. 마지막으로 우리가 이 부분의 저자들에게 부탁한 숙제는 주로 서구 청중을 대상으로 글쓰기를 기대한다는 것이었고, 이는 저자들로 하여금 비서구 독자들에게는 꽤 익숙할지도 모르는 개념들을 설명하고 때로는 이러한 사상들을 서구적 접근과 비교해달라고 요구했다는 것이다.

여기에 내재된 그러한 문제들에도 불구하고 우리는 독자들이 이 부분을 이 책에서 가장 흥미롭게 보리라 생각한다. 안타깝게도 너무나 제한된 지면임에도 불구하고 저자들은 철학적으로 풍요로운 아시아와 아프리카 고대 사상 전통의 여러 측면들과 동시에 동반구와 남반구의 저자들이 발전시킨 마르크스주의, 실존주의, 해석학, 자유주의의 독특한 전통을 보여 주고 있다. 이 부분의 장들은 여성주의적 도전이 서구 사회에서와 마찬가지로 비서구 사회에서도 어쨌든 중요한 의미를 갖는다는 사실을 실증적으로 보여 주면서, 비서구 여성주의 철학이 매우 독특한 문제점들을 제기하며, 매우 독특한 결론들에 도달하고 있음 또한 여실하게 시사하고 있다.

여성주의 철학의 미래

이 책은 여성주의 관점으로부터 수행된 탐구가 현대 철학 연구의 거의 모든 분야와 하위분야에서 중요한 의미를 갖는다는 것을 증명해 보여 주고 있다. 또한 이러한 종류의 탐구의 진척 정도가 영역 별로 차이가 있음도 보여 준다. 윤리학, 사회철학 그리고 정치철학은 서구 여성주의 철학자들이 처음 개입한 영역들이었는데, 그것은 이미 앞에서도 언급한 바와 같이 서구 여성주의 철학이 처음에는 여성들에게 특히 의미있는 이슈들에 기존의 철학적 도구와 기술을 적용하면서 개념화되었기 때문이다. 이러한 프로젝트들이 어려움에 직면하게 되면서 여성주의 철학자들은 그 도구와 기술 자체를 검토하기 시작했고 서구 도덕과 정치철학의 이념들, 개념들, 방법들을 광범위하게 비판적으로 탐구하는 작업을 시작하였다. 오늘날 여성주의 윤리학은 아마도 여성주의 철학 중에서 가장 성숙한 분야라 할 수 있다. 여성주의 생명윤리라는 하위분야는 특히 왕성하게 발전하고 있다. 인식론과 과학철학 역시 여성주의적 탐구가 특히 결실을 많이 맺었고, 최근에 여성학에서 급속한 발전을 경험하고 있는 영역이다. 예술비평과 미학은 인식론과 과학철학 같이 이른바 '보다 딱딱한' 질문이라기보다는 종종 '보다 부드러운' 그리고 더 여성적인 주제로 간주된다. 그럼에도 불구하고 놀라운 것은 이제까지 예술비평과 미학에서 비교적 많은 여성주의적 성과물이 나오지 않았다는 것이다. 즉 미학적 이론 안에 있을 수 있는 남성중심적 편견을 탐구하는 작업이나, 여성의 사회적 위치에 관한 이론화 및 여성주의 철학의 관점에서의 자아와 지식에 관한 이론화가 미학적 탐구에 공헌한 바에 대한 연구가 더 이루어지지 않은 것은 뜻밖의 일이다. 논리학과 언어철학에 있어서도 여성주의적 탐구는 상대적으로 덜 발달한 것으로 보인다.

여성주의 철학적 탐구가 덜 발달한 영역이 있는 것은 일반적으로 그 영역에 대한 철학적 탐구가 상대적으로 아직 새로운 영역이기 때문이다. 정의론은 철학의 역사만큼 오래되었다. 그러나 지구 전체의 모든 구성원들 사이에 있어야 하는 정의에 대한 사유에 의해 제기된 이슈들은 이제 막 명료히 되기 시작하였다. 사회정책의 규범적 차원들에 대한 철학적 성찰 역시 최근에야 발전된 것이다.

여성주의 철학 작업의 몇몇 영역은 여전히 유아기에 있지만, 대부분의 분야는 두 번째 단계를 거쳐 세 번째 단계에 진입할 준비가 되어 있다고 할 수 있을 것이다. 여성주의 철학의 초기 작업은 여성의 종속과 여성 특유의 체험에 관심을 갖는 지점에서 역사적·철학적 학문과 현재의 철학 탐구를 비판적으로 검토해야 한다는 필요성을 확실하게 하는 것이었다. 여성주의 철학자들은 여성, 섹슈얼리티, 가족에 대한 특정한 철학적 주장들 안에 스며들어 있는 남성중심적 편견을 폭로하였으며, 또한 인간, 지식, 이성, 열정에 대한 이해, 그리고 철학의 정전(고전)이 정의하는 방식 속에 들어있는 남성중심적 편견을 폭로하였다. 그들은 묻혀진 여성철학자들을 찾아내어 그들에 대해 글을 썼고, 여성주의자들의 다양한 문제제기가 많은 남성철학자들의 텍스트에 대해 대안적인 해석들을 가능하게 해주었음을 보여 주었다. 여성주의 철학의 첫번째 단계 또는 국면은 일차적으로 기존의 철학 고전에 대한 비판으로 이루어졌다.

처방 또는 치료는 진단에 포함되어 있기 마련이며, 비판은 자연스럽게 재구성으로 이어진다. 여성주의 철학의 두 번째 단계 혹은 국면은 그 이전 단계에서의 비판에 영감을 받아, 특히 여성의 특수한 경험에 대한 철학적 성찰을 통해 새로운 철학적 관점들 또는 이론들을 발전시키는 것으로 이루어졌다. 이 책은 두 번째 단계의 특징을 이루는 윤리학, 정치철학, 인식론 그리고 이 단계에서의 철학적 특성들에 대한 새로운 접근들을 거의 다 포함하고 있다. 이들은 보다 다방면에 걸친 학문분야들에 의미심장한 영향을 미쳤다. 이 이론들과 접근들이 등장한 이후, 여성주의 철학 연구의 많은 부분이 이러한 작업을 가르치고 발전시키는 사람들 사이의 내부적 대화에 시간을 바쳤다. 이들은 전제를 공유하면서 서로를 비판하고, 그러한 논쟁에 기반하여 이론을 만들어내고, 여성철학자들에 의해 세워진 패러다임들 안에서 그 탐구의 미래 향방을 그려보곤 하였다. 이러한 '규범화(Normalization)' 단계에서 다양한 여성주의 철학적 탐구들은 종종 그 각각의 영역 안에서 중요한 문제설정과 핵심 텍스트 그리고 전문 학자들의 공동체를 분명히 하는 가운데 그들 각자의 분야 내부의 하위전문 영역을 등장시켰다.

항상 기존의 확립된 사고방식에 대한 대안을 발전시킨다는 것은 적어도 잠정적으로는 논쟁이 금지된 어떠한 문제제기를 필요로 한다. 이는 과학과 마찬가지로 철학에서도 진리이다. 여성주의 철학자들의 공동체 같은 지식인 공동체는, 어떠한 전제들을 지속적으로 고수함으로써 그 성원들이 자신들의 가정을 끊임없이 방어하고 그들의 기술적 어휘를 설명해야 하는 강압적 부담으로부터 자유로울 수 있는 지적 공간을 제공할 수 있다. 여성 철학 공동체는 그 규모가 작고 그 구성원들 다수가 서로를 개인적으로 잘 알기 때문에 상호의사소통이 형식적이지 않고 신속하다. 어떤 때는 반쯤 만들어진 형태의 이론들이 발표되기도 하고, 어떤 때는 문자 그대로 구성원들이 함께 생각하면서 이론을 발전시키기도 한다. 뿐만 아니라 여성주의 철학 공동체는 그 구성원들이 어떤 철학자들로부터 공격을 받거나 조롱을 당할 때에 서로 지원과 도움을 제공하기도 한다.

비판의 시간은 절대로 지나가 버리지 않았으며, 여성주의가 그 독특한 질문과 관점을 생성해내는 한 여성주의 철학 공동체는 사라지지 않을 것이다. 더구나 여성주의 철학이 성숙해 짐에 따라 '단수의(the)' 여성주의 철학 공동체는 자연히 더 전문화된 하위공동체로 분화되며, 이는 여성주의 철학 발전에 있어서 필요 불가결한 것이기도 하다. 그러나 이제 우리는 여성주의 철학이 충분히 성숙하고 자리를 잘 잡아서 세 번째 단계 또는 국면에 도달했다고 믿는다. 그것은 스스로 여성주의라고 그 정체를 밝히지 않는 철학 작업에 더 직접적으로 관여하는 것이다. 우리는 지금 여성주의 철학이라고 확립된 전통 내부의 작업에 추가하여 여성주의 철학자들이 더욱더 정규적으로 그리고 왕성하게 좀더 폭넓은 철학적 대화에 개입해 들어가는 것이 중요하다고 생각한다.

여성주의 철학에 하나의 고유한 새로운 전통이 등장하기까지, 여성주의 철학자들은 가장자리나 주변부에서 특이한 이야기를 하는 고립된 목소리로 위치지어졌다. 여성주의 철학의 처음 두 단계 혹은 변화를 거치면서 도달한 세련된 수준의 발전이 의미하는 바는 여성주의 학자들이 다른 철학자들과 동등하게 참여할 준비가 되어 있다는 것이다. 우리는 여성주의적 관점에 대해 분명하게 알지 못한 채 작업을 하는 사람들과 여성주의 철학자들이 서로 집중적으로 대화하는 시기를 갖는다는 것은 양쪽 전통 모두에 매우 가치 있는 일이라고 믿는다. 양쪽 전통에 단단히 뿌리내린 가정들은 모두 새로운 도전에 열려 있고, 그 타당성을 시험 받을 것이며, 대안적 관점을 통해 풍요로워질 것이다. 우리는 이 책이 그러한 대화를 자극하고 촉진시킬 것을 기대한다.

앨리슨 M. 재거
아이리스 마리온 영

제1부

서구의 경전적 전통

1. 고대 그리스 철학

로다 하다샤 코친(Rhoda Hadassah Kotzin)

여성은 어디에 있는가?

우리가 고대 그리스 철학자들로 분류할 수 있는 여성 사상가들에 대해 믿을 만한 정보를 얻을 수 있는 것은 기껏해야 단편적이다. 헤로도토스(Herodotus), 플라톤(Plato), 아리스토텔레스(Aristoteles), 디오게네스 라에르티우스(Diogenes Laertius), 이암블리코스(Iamblicus), 알렉산드리아의 클레멘트(Clement of Alexandria), 플루타르코스(Plutarchos), 포르퓌리오스(Porphyry), 수다(Suidas) 등 그 외 다른 많은 자료들로부터 질 메나쥐(Gilles Menage)는 1690년 라틴어로 《여성 철학자들의 역사》를 출판했다. 그녀는 여성 철학자들이 없었으며 결코 존재하지 않았다고 (또는 기껏해야 매우 소수에 불과하다고) 하는 오랫동안 지속되고 널리 알려진 주장을 반박하는 데 목표가 있었다. 그녀는 ('학파'에 의해) 분류하려고 시도했고 약 기원전 12세기와 아리스토텔레스의 죽음(기원전 322년) 사이에 살았던 20명의 그리스 여성 사상가들의 이름을 열거하였다. 베아트리스 제들러(Beatrice H. Zedler)는 메나쥐의 책을 영어로 번역하였고(1984), 도움이 될만한 주석들과 색인과 함께 유용한 서문을 첨부하였다.

약 삼 백년 후에 여러 여성주의 철학자들은 고대 그리스의 여성 철학자들의 작품을 개정하면서 메나쥐의 기획을 계속하여 발전시켰다. 이러한 최근작들 중의 몇 가지는 다음과 같은 내용을 포함한다. (1) 우리에게 내려오는 자료들을 비판적으로 검토하고, 여성이 철학적 탐구에 참여한 것을 왜곡하거나 하찮게 취급하거나 또는 무시하던 성차별적 편견들이나 다른 편견들을 수정하는 것. (2) 과거의 전통적인 많은 비여성주의 학자들과 주석가들의 성차별적 편견들과 다른 편견들을 밝히고 수정하는 것. (3) 고대 그리스 사상의 역사로부터 거의 삭제된 내용 가운데 여성의 삶의 정황을 한 요소로서 설명하는 것. 최근 여성주의 학문은 다음과 같은 문헌을 포함한다.

프루덴스 알렌(Prudence Allen)의 개론서 《여성의 개념: 아리스토텔레스주의의 혁명, 기원전 750년~기원후 1250년》(1985)은 주로 여성 철학자들에 대해서가 아니라 '여성'이라는 개념들의—즉 주로 남성의 개념들—발전과 변화에 대한 것이다. 그러나 그녀는 여러 사람들 중에서 (지성과 감정 간의 갈등에 기초한) 서정시인 사포(Sappho), 밀레토스의 수사학자 아스파시아(Aspasia), 플라톤의 《향연》의 디오티마(Diotima), 문자들과 단편들이 보존되어 있는 피타고라스 학파와 후대의 신-플라톤주의 전통의 수많은 여성들을 논하였다. 알렌은 디오게네스 라에르티우스가 플라톤의 아카데미의 구성원들을 거명하며 이 목록에 만티네아(Mantinea)의 라스테네이아(Lastheneia)[Lasthenia]와 필리우스(Philius)[Phliasia]의 악시오테아(Axiothea)라는 두 여성을 포함하고 있는 한 구절을 논하고 있다.

《여성 철학자들의 역사》 제 1권(메리 엘렌 웨이트(Mary Ellen Waite)에 의해 1987년에 편집됨)은 기원전 600년에서 500년 시기를 망라하고 있다. 그것은 생애, 해석, 비판-분석적 자료들뿐만 아니라 여성 사상가들에게 속하는 원문들의 번역을 포함한 밀레토스의 아스파시아에 대한 논의가 나온다. 플라톤의 대화편 《메넥세노스》에 나오는 논쟁의 여지가 있는 구절로 되짚어가면 이 장면에서 플라톤의 소크라테스는—그가 말하는 대로라면—아스파시아가 자신에게 가르쳐준 장례 연설을 암송한다. 또한 웨이트는 디오티마에게 일정한 지면을 할애하고 있다. 그녀는 플라톤의 《향연》에 등장하는 디오티마가 허구적 인물이라 주장하는 논증들을 거부한다. 사실 그녀는 플라톤의 대화편에서 디오티마가 말했다고 전해지는 견해들은 실제로 존재했던 디오티마 자신의 견해들이라는 주장을 지지한다.

《하이페이시아》(*Hypatia*, 휘파티아)라는 학술지(1986)에서 실린 긴 논문에서 캐트린 와이더(Kathleen Wider)는 철학적 탐구를 하는 여성을 발견하는 것은 실제로 아주 드문 예외적 사건은 아니라고 논한다. 그녀는 여성 사상가들의 작업을 여성들의 삶의 맥락 속에서 살펴보는 것이 중요하다고 강조한다. 또한 우리가 고대 그리스의 여성 사상가들에 대해 가진 정보가 무엇이든지 간에 바로 그러한 자료들에 들어있는 성차별적 편견을 재검토하고 발견한다. 그녀는 20세기의 어떤 학자들의 해석들을 지지하는 논의들, 예를 들어 아스파시아와 디오티마와 관련된 논의들을 검토한다. 나아가 디오티마가 허구적 인물이라고 주장하는 논의들은 특별히 강조하는 성적 편견들이 노출되었을 때 특별히 취약하게 나타난다고 몰아세운다.

메나쥐(Menage), 알렌(Allen), 웨이트(Waite), 와이더(Wider)의 작품 속에 표현되는 고대 그리스의 여성 사상가들의 대부분은 초기이든 혹은 후기이든 간에 피타고라스 학파와 연관되어 있다. 도덕적 문제들에 대해 '보살핌'(care)의 관점을 강조하는 최근 작품은 피타고라스 학파의 전통 속에서 덕에 관한 관심을 반영하고 있는 글들을 썼던 몇 여성들의 사상에 새로운 관심을 불러일으킨다. 이 편지들은 건축의 조화(harmonia)와 친밀한 관계들의 지속과 보존 및 향상을 강조하고 있다(Cole & Coultrap-McQuin, 1992, Ward도 참조).

플라톤의 소크라테스는 《메논》 편에서 현명한 여성들에 대해 이야기한다. "그 연설가들은 자신들의 행위에 설명을 제시할 수 있는 남녀 사제들 가운데 있다"(81a~b). 그러나 그 당시에는 철학에서나, 혹은 그 문제에 대해 문화적 노력이 나타나는 어떤 영역에서 중요한 기여를 하였다고 개인적으로 알려진 여성은 거의 없다. 이름이 기록된 여성들은 '예외적'이다.

밀레토스의 아스파시아는 주목할 만한 여성이다. 아낙사고라스와 소크라테스 및 다른 철학자들과 같이 그녀는 아테네에서 불경건 죄로 고소 당했다. 심지어 주로 자연학 연구에 종사했던 사람들—또한 소피스트들이라 불리던 교사들과 다른 외국인들—이 받은 죄목으로 한 여성을 고소하기 위해 아테네의 법정체제를 이용하는 시도조차 대단한 일이었다. 그러나 아스파시아는 페리클레스(Pericles)의 '정부'였으며 유부녀는 아니었다. 더욱이 그녀는 밀레토스 출신이며 당시에는 아테네 시민이 아니었다. 아스파시아에 관한 표준화된 설명들은 그녀가 지적인 인물임을 인정한다. 그러나 주로 수사학에 대해 아스파시아가 적극적으로 기여했다고 제시하는 텍스트들은 비여성주의 역사가들에 의해 설명되었다(Carlson, 1994). (플라톤의 《향연》에 등장하는 디오티마에 대한 더 많은 논의에 대해서는 아래를 보라).

고대 그리스에서 여성의 생활은 시간과 장소에 따라 다소 달랐다. 게다가 폴리스의 정식 시민이 아니었던 여성과 남성의 생활이 시민들의 생활보다 제한적이었다는 것을 우리는 잊지 말아야 한다. 특히 강조되어야 할 것은 가난한 도시와 시골의 여성, 외국 국적을 가진 여성, 노예인 여성의 생활이 도시에서 사는 중류층의 유복한 여성 시민들의 생활과 매우 달랐다는 것이다. 심지어 도시 여성 시민들 사이에서도 격차가 있었다. 그렇지만 아테네 여성 시민들의 생활은 전형적인 도시 시민들의 부인들의 생활이었다. 예를 들어 소크라테스와 아리스토텔레스 시대에 아테네 여성 시민들 대부분의 생활은 법과 관습에 따라 남편이나 아버지 혹은 다른 남자 친척의 보호 아래 분리된 여성들의 공간에서 살도록 제한을 받았다. 그들의 외부 활동도 주로 종교 축제와 장례식에 참여하는 것에 국한되었다. 대조적으로 스파르타의 정식 시민이었던 여성들은 은둔적인 생활을 하지 않았다. 그들은 플라톤이 《국가》에서 이상적인 폴리스의 수호자계급과 통치자계급인 여성들에게 어울린다고 묘사했던 그러한 생활을 했을 것이다. 스파르타의 소녀 시민들은 신체 훈련을 포함한 공적인 교육을 받았다. 어떤 기록들에 의하면 여성들은 특정한 운동을 위해 옷을 벗기도 했고, 정기적으로 이러한 활동에 참여했다. 그들도 역시 달리기 경주도 벌였고 승자는 대중에게 인정을 받았다. 여성들은 합창단에서 공연도 했다. 이름이 언급된 스파르타의 여성 시인들도 있었다. 그러나 스파르타에서는 아테네와 다른 곳에서와는 달리 철학이 번성하지 못했다.

고대 그리스의 문화적인 업적에 끼친 여성의 공헌에 관한 상당한 반응을 일으킨 여성주의 연구가 하나 있다. 그렇지만 이 연구의 결과를 포함한 철학사는 아직까지는 쓰여지지 않았다.

'표준화된' 남성 철학자들에 대한 여성주의적 접근: 아낙시만드로스에서 아리스토텔레스까지

대부분의 고대 그리스 철학은 그 문화권 내의 여성에 대한 편견이라는 맥락에서 남성들에 의해서 다른 남성들을 위해 이루어졌다. 이러한 이유만으로도 우리 시대의 여성주의 철학자들이 다음과 같은 질문을 제기하며 그리스 철학자들의 저작에 조심스럽게 접근하는 것이 중요하다. 어떤 차이 때문에 여성이 배제되었는가? 한 사상가는 어느 정도까지 그 문화권 내에서 여성에 반대하는 편견을 수용하거나 거부하고, 혹은 변화시키거나 극복했는가? 이러한 물음들은 고대 그리스 철학자들의 작품이 그 이후로부터 현대에까지 서양철학에 지대한 영향을 미쳤다는 사실을 미루어 볼 때 아주 중요하다. 그러므로 지난 30년 동안의 많은 여성주의 철학자들이 그리스 시대의 정전들—특히 소크라테스 이전 철학자들, 플라톤, 아리스토텔레스—을 다시 읽어야 했다는 것은 놀라운 일이 아니다. 게다가 그들의 저작을 연구하면 서양철학의 유산이자 우리 자신의 철학적 훈련의 일부였던 여성을 배제하는 반여성적 편견에 대해 고찰할 기회가 생긴다. 우리는 스스로 질문해야 한다. 서양철학의 유산 안에 그러한 편견이 어떠한 방식으로 남아 있고 작용하고 있는가? 우리는 그러한 편견을 어떻게 우리의 사유에서 제거할 수 있는가? 우리가 마지막에 물어야 할 것은 무엇이 남았나? 그리고 한 명의 여성주의자로서, 한 명의 철학자로서 그리스 사상가들을 연구함으로써 무엇을 배울 수 있는가? 앞으로 나는 소크라테스 이전 철학자들과 플라톤 및 아리스토텔레스와 관련해서 이러한 질문들을 다룰 것이다.

소크라테스 이전 철학자들에 대한 고찰

대립자들에 관하여

아리스토텔레스는 《형이상학》에서 피타고라스학파에서 유래되었다고 말하며 10개의 대립쌍으로 이루어진 목록을 제시한다. 처음 언급된 대립쌍은 두 번째 언급된 대립쌍보다 우월하다. 이 대립쌍 중 몇 개는 피타고라스학파의 우주론과 수학적 관심사와 관계가 있다. 그것들은 한정/무한정, 일자/다수, 홀수/짝수, 직선/곡선, 정사각형/직사각형, 정지/운동이다. 나머지 대립쌍들은 빛/어둠, 오른쪽/왼쪽, 선/악, 남성/여성 등이다. 남성을 오른쪽, 빛, 선과 연결시키고 여성을 왼쪽, 어둠, 악과 연결시키는 것은 철학 이전의 그리스인들과 다른 문화권에 있는 사람들 사이에 아주 흔한 일이었다. 그렇지만 여기서 이러한 연관 관계는 강화되었고—아리스토텔레스가 거듭 말한 덕택에 수세기를 지나—널리 인정받았다.

몇몇 여성주의 철학자들은 '이원적인' 사유가 필연적으로 모든 영역을 긍정적이고 가치있는 극단과, 부정적이고 가치가 떨어지는 극단으로 나누었다고 주장했다. 이러한 사유방식은 남성을 남성적인 것(The masculine)—특히 남성이 남성으로서 열망하는 것과 관련된 지적이고 도덕적인 가치들—으로 정하게 된다고 제안된다. 열등하거나 비난받을 만한 것 혹은 비열한 것으로 거부되는 것은 '여성적인 것'(The feminine)이라는 항목으로 치부되었다. 피타고라스학파를 대표로 들면서, 대립자들의 목록은 고대 그리스 철학의 고질적인 성차별주의의 예로 종종 인용된다.

이원론이나 대립쌍 혹은 양극성에 의해 생각하고 말하고 쓰는 것 및 이원적인 분류는 피타고라스학파에게만 고유한 것도 아니고 고대 그리스의 사상가들에게만 고유한 것도 아니다. 그렇지만 '대립자들'은 특히 소크라테스 이전 철학자들의 견해들에 지대한 역할을 했다. 피타고라스학파가 전형적이고 대표적인가?

밀레토스의 철학자 아낙시만드로스와 아낙시메네스는 피타고라스학파보다 앞선다. 밀레토스의 아낙시만드로스(Anaximandros)의 저작에 보존되어 온 한 단편은 대립자들과 관련이 있다. "대립자들은 시간의 평가에 따라 부당함에 대한 처벌과 보상을 지불한다." 즉 과정이란 한 극단에서 반대되는 극단으로 그리고 다시 그 반대로 계속해서 상호작용하는 운동이다. 온/냉과 건/습은 소크라테스 이전 철학자들에게 대표적인 대립쌍이다. 한 기록에 의하면, 아낙시만드로스에게 있어서 여름에서 겨울로의 (그리고 반대로의) 변화는 건조하고 따뜻한 상태에서 습하고 차가운 상태로 (그리고 반대로) 가는 과정이다. 한 대립쌍에서 어떤 요소가 다른 요소보다 우월하다는 암시는 없다. 무한정자(apeiron)에서 세계가 형성되었다는 그의 이론에서 최초의 분화는 '대립자' 쌍이다.—그러나 여기서도 가치가 비대칭적이라는 암시는 없다. '대립자들'이 응축과 희박의 과정이라는 아낙시메네스의 우주론은 어떤 대립자가 다른 것보다 가치가 있다는 비대칭의 개념을 갖지는 않는 것 같다. 아마도 이러한 생각을 가진 사상가들은 성별이 없는 기본구조를 가진 우주론을 제안하는 데 성공했을 것이다.

피타고라스 다음으로 나온 헤라클레이토스에게 대립쌍은 공통적인 어떤 것이나, 또는 어느 방식으로든 그것들을 연결하는 어떤 것을 가지고 있다. 짠물은 (바다의 물고기들에게는) 유익하지만, (인간 존재들에게는) 해롭다. 삶과 죽음은 '하나'이다. 여성과 남성은 서로를 필요로 한다. 비록 헤라클레이토스의 대립쌍이 대부분의 단편에 기록된 것처럼 어느 것이 다른 것보다 우월하다고 제시하지는 않지만, 헤라클레이토스는 불을 근본적인 것으로서 선호한다. 현명한 영혼은 술 취한 사람의 습하고 멍한 영혼과 대조적으로 건조하다. 또한 헤라클레이토스는 깨어 있고 현명한 상태와 잠들어 있고 무지하거나 속은 상태를 대비시킨다.

아크라가스의 엠페도클레스(Empedocles)는 우주의 기본 요소로서 네 개의 '원소'(불, 공기, 흙, 물)와 두 개의 우주적 힘을 꼽는다. 즉 (여성적이고 신성하다고 의인화되는) 사랑은 유사하지 않은 것들을 결합시키고, (남성적이고 신성하다고 의인화되는) 증오나 다툼은 유사하지 않은 것들을 분리시킨다. 사랑과 증오는 대립하지만 힘과 특권에 있어서는 동등하다. 우주의 역사에서 한 시대 동안에는 둘 중 하나가 더 우세하다. 그 다음에 다른 (대립되는) 세계로 변화하면 다른 하나가 우세하게 된다. 그리고 최초의 것이 우세해지는 변화가 또 이어진다.

대립자들과 이원론적 사유의 문제에 대한 소크라테스 이전 철학자들의 견해로부터 이끌어 낼 수 있는 한 가지 교훈은 피타고라스학파가 소크라테스와 플라톤 그리고 아리스토텔레스 이전의 그리스 (남성) 철학자들의 대표일 수 없다는 것이다. 나는 여성적인 것에 대해 우월한 남성적인 것의 비대칭적인 가치화와 '대립자들'의 연관 관계가 불가피한 것은 아니라고 제시할 것이다.

성적인 재생산의 이론들

우리가 성적인 재생산에 있어서 여성적인 것(따라서 여성)의 역할에 관한 소크라테스 이전 철학자들의 다양한 견해를 살펴볼 때 알게 되는 것은 어떤 사상가들에게 있어서는 남성과 여성의 역할이 똑같이 중요하고, 또 다른 사상가들에게 있어서는 남성의 역할이 여성의 역할보다 중요하다는 것이다. 소크라테스 이전 철학자들 누구에게도 생식에 있어서 여성의 역할이 남성의 역할보다 중요하다고 주장했다는 증거는 없다.

영혼, 지혜, 덕에 관하여

윤회는 피타고라스학파와 관련이 있는 영혼에 관한 견해이다. 인간의 영혼은 그것이 머물고 있는 신체로부터 분리될 수 있다. 하나의 영혼이 한 생애에는 여성의 몸 안에 머물다가 다른 생애에는 남성의 몸 안에 머물 수 있고 또 다른 생애에는 말하자면 (수컷이든 암컷이든) 개의 몸 안에 머물 수 있기 때문에, 하나의 영혼 자체는 성별이 없다고 결론 지을 수 있을 것이다. 그럼에도 불구하고 남성과 여성은 똑같다고 간주되지 않았다. 지배하는 것은 남성(즉 남편)의 덕목이고 그에게 복종하는 것은 여성(즉 부인)의 덕목이었다. 가족 관계가 왜 이러한 비대칭을 필요로 하는지는 우리에게 전해져 오지 않았다. (누구에게나 열려 있는) 지혜를 추구할 때도 영혼의 중요한 기능은 지배하는 일일 것이다. 각 영혼은 그 자신의 신체를 지배하며, 또한 어떤 사람의 영혼은 다른 사람의 영혼에 권위를 행사하는 듯하다. 그러므로 우리의 덕은 우리의 영혼 그 자체와도 그리고 우리의 신체 그 자체와도 연관되어 있지 않으며, 우리가 어떤 종류의 신체를 가지는가에 따라 결정되는 우리가 해야 할 맡겨진 어떤 역할과 연관되어 있다. 이러한 주장은 아직까지 글이 남아 있는 여성 피타고라스학파에 의해서 도전 받지는 않았다.

파르메니데스의 시를 논의하면서 프루덴스 알렌은 그 도입부에서 여성 신(Thea)이 소개된다고 지적한다. 그녀는 파르메니데스에게 논증을 통해 진리와 억견을 탐구하고 검증하는 자신의 예를 따라 이성을 사용하라고 가르친다. 알렌은 이 구절을 "우주적 차원에서 한 여성 철학자를 서구에서 기록한 최초의 예"라고 부른다. 테아는 파르메니데스를 진리의 길로 이끈다. 있는 것은 있다. 있지 않은 것은 없으며, 있는 것과 있지 않은 것의 결합도 없고, 생성도 질적 변화도 증가도 감소도 장소의 변화도 없다. 있는 것은 나누어지지 않는 것이며, 전체이고, 변화하지 않고, 운동하지 않고, 차이가 없는 일자이다. 진리의 길은 성별의 차이도 성적인 차이도 어떤 종류의 차별화의 여지도 없고, 대조나 대립의 여지도 없다. 억견의 길에서만 구별과 차이의 환영들이 일어날 수 있다.

후대의 몇몇 소크라테스 이전 철학자들과 소크라테스와 동시대 철학자들은 여성들과, 남성들과 여성들의 관계를 정형화시키는 견해들을 표현한다. 이러한 남성들은 다른 남성들을 위해 글을 쓰고 있다는 것이 분명하다.

플라톤의 《고르기아스》에서는 《메논》 편에서 특징지었던 것처럼 우리의 덕들과 그것들에 상응하는 악덕들이 우리에게 주어진 역할과 지위 혹은 임무에 결부되어 있는 것 같다. 남성과 여성, 자유민과 노예, 젊은이와 노인은 독자적인 덕목들을 가진다. (자유민) 남성의 덕목은 "공적인 문제들을 다루고 친구들에겐 이익을 적들에겐 해를 끼치는 것"이고 여성의 덕목은 "가정을 잘 다루고 그 재산을 보존하고 남편에게 순종하는 것"이다(71e~72a).

안티폰(Antiphon)은 결혼이 남성에게 가치가 있는지를 묻는다. 성적 결합의 쾌락은 가족에 대한 책임으로 인한 고통들과 노고들 및 걱정들에 의해 평형 상태가 되는 것보다 훨씬 크다.

데모크리토스(Democritus)는 자신의 문화가 가진 반여성적 편견에 찬성하고 강조한다. 그에게 있어서는 침묵을 지키고 말이 없는 여성이 칭찬할 만하다. 남성은 여성이 '사악한 생각들'을 가지고 있다는 경고를 받는다. 그는 남성이 여성에게 지배를 받는 것은 궁극적인 위반 행위(모욕)라고 말한다.

플라톤과 아리스토텔레스에 대해 다른 여성주의적 접근이 많이 있는 것처럼 그들의 작품에 접근하는 여성주의 철학자들도 많다. 다음의 내용들은 몇 가지 접근들 중 선별한 것일 뿐이다. 독자들은 플라톤과 아리스토텔레스에 관한 여성주의 논문들의 선집들과 총서 및 참고문헌을 참고하길 바란다.

플라톤에 대한 몇몇 여성주의 접근들

플라톤은 때때로 자신의 저작들 속에서 여성들에 대해 경멸을 표한다. 예를 들어 《파이돈》에서 소크라테스의 아내 크산티페(Xanthippe)와 '여인들'은 내쫓긴다. 윤회설의 한 판본(《티마이오스》)에는 이생에서 남성의 몸을 갖고 태어난 사람이 다음 번 윤회에서 여성의 몸을 가짐으로써 비겁함이나 부정의에 대해 벌을 받을 수 있다. 《국가》에서 플라톤의 소크라테스는 자신의 이상 국가에서 미래의 수호자들과 통치자들이 여성과 노예 또는 보다 열등한 종류의 남성을 모방하지 말아야 한다고 말한다. 그는 금권제를 '여성 비하'에 의해 설명한다. 즉 그녀는 자신의 점잖고 고상한 남편을 얕잡아 보고 자신의 아들을 금권정치가로 바꾸는 탐욕스럽고 야심차고 불평하는 잔소리쟁이다. 또한 남성들이 자기 아내들에게 너무 많은 돈을 쓸 때 한 국가에 나쁜 일들이 생겨난다. 플라톤의 소크라테스는 여성들과 아이들이 다채로운 것들을 좋아하는 것과 같이 어떤 사람들은 민주제를 좋아한다고 한다. 그는 시인들이 꼴사나운 감정 표현들을 부추긴다는 주장과 함께 청중들에게 '여성적인' 것을 이끌어 낸다고 경고한다. 겁 많은 남자들도 '여성적'이다. 그 외에도 여성들은 나쁜 기질을 가진 것으로 비난받는다. 도둑질과 은폐성이 여성 집단에게 돌려진다. 다시 《국가》편에서 소크라테스와 그의 대화자들은 비록 많은 여성들이 많은 점에서 많은 남성들보다 낫지만 남성은 여성보다 우월하다는데 동의한다. 《국가》 편 대부분에서 몇몇 남성들이 모든 여성들보다 우월하다는 것을 모든 일에 확장시킬 것을 요구한다. 그것은 전통적으로 집안 일들로서 여성에게 맡겨진 것들과 여성들이 훨씬 낫다고 생각되는 것들, 가령 천 짜는 일과 빵 굽는 일 및 야채를 요리하는 일 등을 포함한다.

그럼에도 불구하고 《메논》 편에서 소크라테스는 여성에게서나 남성에게서나 동일한 한 가지 덕(탁월성)을 찾고 있다. 《파이돈》과 그 외 작품에서 본다면 지혜를 추구하는 불멸하는 영혼은 어떤 특정한 인간의 몸에 영원히 묶여있을 것 같지 않으며 어떠한 몸도 가지 않는 편이 더 좋을 것이다. 《국가》 제 1권에서 한 사람의 에르곤(ergon) 또는 기능이나 활동은 생명, 지배, 보살핌, 숙고를 포함한다. 그것은 영혼 그 자체의 일이다. 그것은 이러한 과정에서 젠더화된 영혼으로서 특징지워지지는 않는다. 사실 《국가》에서 소크라테스는 이상적인 도시국가(polis)에서 철학자-지배자들(통치자들)은 남성뿐만 아니라 여성일 수 있다고 주장한다. 즉 본성적으로 충분한 능력을 타고난 모든 여성들은 (그리고 내가 덧붙이자면 적절하게 훈련받고 교육받은 여성들은) 모든 남성의 활동들에 동등하게 참여할 것이다(《국가》 VII, 540c). 비록 통치자들의 훈련과 교육, 그리고 철인 '왕'의 등극과 하야는 언어적 관점으로부터 3인칭 남성으로 처리되지만, 우리는 말해진 모든 것이 자격이 있는 어떤 여성에게도 똑같이 적용된다는 것을 분명히 기억하게 된다.

분명히 플라톤은 20세기 후반과 21세기 초반의 기준들에 의하면 여성주의자로서 자격이 없을 것이다. 그는 내가 개인적 의견에 바탕을 둔 여성혐오증(an attitudinal misogyny)이라 부를 것을 유지하고 있는 듯하지만, 동시에 우리의 미래의 역할과 관련된 타고난 재능의 차이가 어떤 개인에 기초하여 판단되는 이상 국가에 대한 아주 대담한 스케치를 제공한다. 음악적이고 체육적이며 진취적인 기상을 가지며 지적으로 호기심이 많다는 것은 남성과 여성 모두에게 분배된 타고난 특성들이다. 이것들은 통치자로서 국가에 개인의 '위치'를 결정하는 데서 개발되는 중요한 '본성들'이었다. 탁월성이 가르쳐지는 영역들—정직, 협동, 이타성, 용기, 고상함—은 단순히 인간의 덕들이다.

이상 국가의 지배 계급에 대한 구상은 통치자들이 군복무를 할 것이며, 병영에서 살 것이며, 공동 식당에서 먹을 것이고, 사유 재산과 사적인 배우자 또는 사적인 자식들을 가지지 말아야 하며, 성인이 된 후에 수년 동안 공부를 계속할 것이며, 행정적인 업무들을 배운다는 규정들을 포함하고 있다. 플라톤의 우생학 프로그램, 즉 "가장 좋은 사람과 가장 좋은 사람을 짝 지움으로써" 종을 개량한다는 프로그램은 공식적으로 지정된 '결혼' 축제들에서 (일시적인) 성적인 파트너를 결정하는 데 미리 조작된 추첨을 포함한다. 플라톤은 성적 관계들의 규제나 일상적인 삶의 다른 측면들 및 이상 국가의 가장 큰 부분—지배자들이 누구의 이익을 위해 지배하며 누가 지배하는 데 참여하지 못하는지—에 포함된 남녀간의 관계들에 대해 거의 말하지 않는다. 사유 재산, 사적인 배우자, 사적인 자식 등의 폐지가 더 낮은 계급의 시민들에게 적용된다고 가정할 만한 근거는 없다.

많은 여성주의 주석자들은 통치자들에 대한 규정들과 특히 통치자들과 지배자들로서 남성들과 동일한 능력과 권위를 가진 여성 통치자들과 지배자들에 대한 규정들을 다룬다. 1987년 《여성과 이상 국가》라는 책에서 나탈리 해리스 블루스톤(Natalie Harris Bluestone)은 1870년부터 1970년까지 플라톤의 《국가》에 나오는 통치 계급 속에 여성을 포함시키는 것과 관련하여 플라톤의 학문정신에 여러 유형의 반여성적 편견의 목록을 나열하였다. 일군의 학자들이 여성에 대한 평등성이라는 문제 전체를 지워버리는 것은 단순히 그들의 번역에서 관련 구절들을 빼버리거나 또는 주석서들에서 관련 규정들을 언급하지 않는 방식으로 이루어진다. 다른 학자들은 편견에 치우치거나 잘못된 방식으로 그 구절들을 번역했다. 수많은 학자들은 플라톤이 이러한 제안들을 하는 데 잘못이 있었다고 주장했다. 이 제안들은 이들 학자들에게는 그들이 여성의 참된 본성에 대해 알고 있다고 생각했던 것과 반대였다. 또 다른 거부는 그 제안들이 바람직하지 않다고 주장하는 것이었다. 심지어 여성들조차도 소위 그러한 기회들을 환영하지 않았을 것이다. 또 다른 전략은 소크라테스와 플라톤의 사회-역사적이며 정신분석학적 해석들을 도입함으로써 젠더 평등성의 문제로부터 관심을 돌리게 하는 것이었다. 선구적인 여성주의자로 자신을 생각했던 다른 학자들은 젠더 평등성의 어떤 척도를 승인할 것이나, 그러한 종류의 것으로 너무 멀리 갈 수 있다고 경고한다. 플라톤 자신이 무엇을 말했는지를 실제로 알지 못했다고 주장하는 플라톤 주석가들의 견해들을 검토하는 데 블루스톤은 최선을 다했다. 즉 플라톤은 그 자신의 논의를 별로 신뢰하지 않았거나, 또는 그 제안이 역설적이거나, 또는 반어적이며, 또는 농담이라고 생각되었다. 블루스톤은 물론 알렌과 퍼스 및 그녀 이전의 다른 학자들도 학문 정신과 해석에 나타나는 편견을 수정하는 데 도움이 되었다.

여태까지 플라톤의《국가》에 대해 행했던 여성주의적 작업의 많은 부분은 과거와 현재의 학문 정신에 나온 편견을 수정하는 것 이상의 작업을 하고 있다. 그것은 전통적인 주제들에 대해 새로운 문제들과 관점들을 제공한다. 많은 여성주의 주석자들은 스스로 통치자들에 대한 규정들과 특히 통치자들과 지배자들로서 남성들과 동일한 능력과 권위를 가진 통치자들과 지배자들로서의 여성들에 대해 말했다. 어떤 연구서들은 사유 재산의 폐지, 사적인 배우자의 폐지, 사적인 자식들의 폐지 간의 관계를 검토했다. 또한 다른 연구서들은 우생학적 프로그램을 검토했고 여성 통치자가 지배자가 될 충분한 시간이 있는지, 즉 동일한 최상의 여성들이 통치자들과 지배자들의 기능들을 최상의 차원에서 수행할 수 있을 뿐만 아니라 아주 자주 재생산할 수 있는지를 묻는다. 또한 플라톤이 사회적이고 정치적인 체제들에 있어서 이러한 급진적인 변화를 제안한 이유들을 검토했고, 이러한 제안들과 더 나중의 작품인《법률》의 제안들을 특히《법률》에서 나타나는 여성들에 대한 규정들에 관심을 가지고 비교했다. 또 다른 연구서들은 플라톤이 단순히 개인적 의견에 바탕을 둔 여성혐오자만이 아니라는 사실을 강조했다. 즉 그는 과거 몇 백년 동안의 이론들에서 권리를 이해해 왔던 방식으로 여성의 '권리'에 관심이 있지는 않다. 따라서 그는 오늘날의 기준들에 의해 '여성주의자'는 아닐 것이다. 그러나 그들이 묻듯이 플라톤은 일종의 여성주의자로 간주될 수 있을까? 지면의 제한으로 여기서는 단지 플라톤이 통치자로서의 여성들에 대해 가진 생각을 한 가지 사례로 들 수 있을 뿐이다.

엘리자베스 스펠만(Elisabeth V. Spelman, 1988)은 플라톤이 사용한 '여성'(woman)이라는 용어의 애매성에 주목한다. 그가 집단으로서의 여성들, 즉 정형화된 방식으로 여성들을 언급하면서 사용할 때, 그는 여성의 몸속에 있는 열등화된 영혼에 대해 이야기하고 있는 듯하다. 그러나 그가 통치자 여성을 언급하면서 사용할 때는 남성의 몸속에 있는 것과 마찬가지로 여성의 몸에 있는 탁월한 영혼(여성의 몸속에 있는 '남성적' 영혼)에 대해 이야기하는 듯하다. 한 남성의 '여성적' (가령 겁많은) 영혼은 남성의 몸에 있는 열등화된 영혼이다. 여성적인 것에 대한 플라톤의 경멸은 열등화된 영혼과 여성적인 것을—그것의 남성 화신과 여성 화신 모두에서—동일시하고 있다는 것을 제시한다. 그러나 스펠만이 지적하듯이 "우리는 플라톤의 세계에서 제 3계급의 사람들, 즉 장인들과 농부들 및 다른 생산자들에 대해 아무것도 듣지 못했다." 플라톤이 이야기하는 평등성은 수호자들과 철학자-지배자들이 될 남성들과 여성들 간에만 획득된다. 그들은 능력과 권위를 가진 사람들이다. 그녀는 다음과 같이 묻는다. “어떤 특정한 계급의 남성들과 여성들 간의 일종의 평등성을 기꺼이 말하며 동시에 어떤 여성들과 어떤 남성들, 어떤 여성들과 다른 여성들, 어떤 남성들과 다른 남성들 간의 근본적인 불평등성에 대해 말하는 것은 어떤 종류의 여성주의인가?”

플라톤에 관한 가장 흥미롭고 도발적인 여성주의적 작품들 중의 몇 가지는《향연》편에 집중되었다. 거기에서 플라톤의 소크라테스는 자신에게 사랑(Eros)을 가르친 것이 만티네아의 디오티마(Diotima of Mantinea)라고 말하면서 긴 이야기를 시작한다. 최근 저작의 대부분은 플라톤의 디오티마가 전적으로 가공의 인물인지 아닌지의 물음을 제기하지 않는다. 해석은 다양하며 이에 상응하는 다양한 여성주의 학설들이 나왔다. 프루덴스 알렌은 플라톤의 디오티마를 파르메니데스의 시에 나오는 여신 테아와, 나중에 보에티우스(Boethius)에 나오는 레이디 철학(Lady Philosophy)과 연결시킨다. 그녀는 남성들을 철학적 지혜를 추구하도록 인도하는 여성들이다. 뤼스 이리가라이와 몇몇 다른 이들에 의하면(1993c), 디오티마가 여자이고 그녀 자신이 그 대화편에서 화자가 아니라는(소크라테스가 그녀를 대변한다) 사실이《향연》을 이해하는 데 가장 중요하다. 이리가라이에 의하면 디오티마는 어쨌든 실패작이다. 말하자면 소크라테스가 그녀의 목소리를 가로챘기 때문이다. 안드레아 나이(Andrea Nye)는 디오티마가 여자라는 사실이《향연》을 이해하는 데 가장 중요하다는 것을 인정한다. 그렇지만 그녀는 이리가라이와 견해가 다르다. 나이에게 있어서 디오티마는《향연》의 주인이다. 그녀는 “그리스 철학이 키워 온 삶과 사유의 방식의 대변인이자, 플라톤이 그 화자를 중성화시키고 자기 목적에 따라 바꾸어 버린 사유 방식의 대변인”이다. 페이지 두보아(Page duBois)에 의하면(1988), 소크라테스는 디오티마의 말을 전하고 마치 자신이 극장에서 여자 역을 맡은 남성 배우인 것처럼 그녀의 역할을 한다. 그는 자신의 지식을 다른 남자들과 공유한다. “그녀는 그에게 남성 연인들의 철학적 교제와 임신 및 출산이 여성의 육체적인 행위보다 우월하다고 가르친다.” 플라톤이 발전시킨 이미지는 여성의 생식능력들에 대한 어휘를 (남성) 철학자에게 넘겨 버린다.

아리스토텔레스에 대한 여성주의적 접근들

여성에 관한 아리스토텔레스의 논의

아리스토텔레스는 생물학적인 저작들에서 남성을 여성보다 우월한 존재로 다룬다. 여성들은 말하자면 생식력이 없는 남성이다. 우리는 남성들을 그들이 가진 것에 의해 이해하게 되고, 여성들을 그들이 갖지 않은 것에 의해 이해하게 된다. 남성들과 여성들은 새로운 개체들을 생식하는 데 아주 다른 역할을 한다. 아버지의 정자는 태아에게 운동(질료가 아닌)을 전달한다. 태아에게 질료는 어머니의 생리혈에 의해 제공된다. 그리하여 남성은 자신의 열 때문에 '혼합할' 수 있으나 더 차가운 여성은 할 수 없다. 만약 재생산 과정이 (완벽하게 성공한다면) 종(the species)의 새로운 일원은 남성일 것이다. 여성은 불구이거나 실패이다. 그녀는 결여된 또는 결함이 있는 남성이다.

《정치학》에서 아리스토텔레스는 시민들에게 소년들과 마찬가지로 소녀들도 교육을 받을 것을 추천했다. 그는 당시 아테네의 관습보다 소녀들이나 여자들이 약간 나중에 결혼을 하고 남편과 아내가 나이가 엇비슷하면 더 좋을 것이라고 생각했다. 그러나 그는 여성 시민들의 법적 지위와 정치적 지위에 단지 약간의 변화만을 추천했을 뿐이다. 또한 남편은 가정에서 아내를 지배하는 것이 자연스러울 뿐만 아니라 상책이라고 주장한다.

가족이나 가정에는 세 가지 다른 유형의 관계가 있다. 즉 자유인 성인 남성(주인)과 노예, 자유인 성인 남성(남편)과 자유인 여성(아내), 자유인 성인 남성(아버지)과 (자유인) 아이이다. 이러한 관계들은 확실히 다르지만 각 관계에서 동일한 사람인 자유인 성인 남성은 더 열등한 사람보다 우월하며 또 열등한 사람을 지배한다. 즉 이것들이 지배자와 피지배자 간의 세 가지 확실한 다른 관계들이다.

이러한 관계들에서 자유인 성인 남성의 우월성에 대한 견해를 지지하면서 아리스토텔레스는 다음과 같은 두 가지 다른 종류의 유비들을 제시한다. (1) 영혼 안에서 또는 영혼과 신체 간에 획득되는 지배자와 피지배자의 관계들(주인과 노예의 경우), (2) 정치적 관계들: 군주와 신하들(=아버지와 아이), 참주와 신하들(=주인과 노예), 시민들이 번갈아 가며 지배하고 지배받는 합의(그러나 예외적으로 남편과 아내의 경우는 지배자와 피지배자의 관계가 영원하다). 단 하나의 비-유비적 관계의 지지는 심사숙고 능력과 관련 있다. 노예에게는 그것이 결여되어 있다. 아이에게는 그것이 있지만 아직 발전되지 않았다. 자유인 성인 여성에게는 그것이 있지만 무력하다(akuron).

아리스토텔레스에게 노예의 도덕적 덕들은 주인(또는 주인의 대리인)에 대한 복종에 의해 그리고 얼마나 그의 정해진 임무들을 잘 수행했는가에 의해 결정된다. 내가 '그의'라고 말한 이유는 아리스토텔레스는 여성 노예들을 거론조차 하지 않기 때문이다. 한 시민의 아내의 덕은 또한 아내로서의 그녀의 역할을 수행한 것과—전형적으로 가정에서 아내에게 일임된 임무들을 하는 데 또는 아내의 위치에 적절한 도덕적 덕들에서이든지 간에—연관되어 있다. 아내가 복종하는 용기는 남편이 지배하는 용기와 동일하지 않다. 강요는 남성과 여성의 경우에 동일하지 않다. 간략히 아리스토텔레스에게 도덕적 덕은 남성과 여성에게 각기 다른 것이다.

아리스토텔레스는 어디서 잘못되었는가?

일부 여성주의 철학자들은 아리스토텔레스가 가진 남성들(남자들)에 대한 호의적인 편견이 훌륭한 학문을 연구하는 데 개입되었다고 논하면서, 종의 일원들 중 약 절반이 불구이거나 결함이 있다는 기묘한 주장에 관심을 가진다. 다른 여성주의 철학자들은 성의 재생산에 대한 아리스토텔레스의 견해들이 여성의 심사숙고 능력이 무력하다는 주장에서 기초적인 전제를 얻었고, 가정에서의 여성들의 예속이 당연하다는 것을 생물학에서 찾아낸다. 또 다른 사람들은 다시 아리스토텔레스가 이러한 연관 관계를 명확히 밝히지 못했다고 하며 두 가지 독립적인 뒤틀린 견해들—하나는 생물학에서, 다른 하나는 도덕과 정치 영역에서 나타나는 견해들—을 가지고 있다고 주장했다.

한 분파의 논의는 여성들에 대한 아리스토텔레스의 견해들이 독단적이고 "편견에 치우쳤다"는 것이다. 전체적으로 다루어진 아리스토텔레스 철학에 나타나는 어떤 것도 또는 중심적인 개념들이나 원리들 중의 어떤 것도 그러한 견해들을 필요로 하지 않는다. 어떤 사람들은 아리스토텔레스의 여성에 대한 입장이 그의 철학의 중심적 특징들과 일관되지 않는다는 더 강한 주장을 한다. 즉 여성이라는 존재가 결정을 내릴 수 없는 만성적이고 치유할 수 없는 무능력을 가졌다고 말하는 것은 여성이 여성으로서 충분한 합리성을 가지지 못한다고 말하는 것이다. 그렇지만 이성적이라는 것은 인간이라는 것이다. 그러나 분명히 아리스토텔레스는 여성이 인간이라는 것을 부정하려 하지는 않는다. 다른 한편으로 이러한 명백한 불일치들을 잘 설명할 수 있다고 논해진다. 마지막 분석에서 잘못된 것은 "그가 살고 있는 사회의 규범들이 대부분 도덕적으로 건전하다"(Modrak, in Bar-On, 1994)는 아리스토텔레스의 방법론적 가정이다.

많은 여성주의 사상가들은 이성과 덕이라는 주제들을 다루면서, 이것들이 서구 철학에서 '젠더화된' 개념들이라고 주장한다. 종종 이 주장은 다음과 같이 진전되기도 한다. 즉 젠더(와 젠더 위계질서)는 '경전화된'(canonical) 철학자의 작품에 중심적인 그럴듯한 중립적 방법들과 개념들 및 원리들 속에 함축되어 있다. "성별을 알지 못하는 이성에 대한 우리의 믿음은 … 대개 자기-기만적이었다"(Lloyd, 1984,

1993). 낸시 투아나(Nancy Tuana)는 다음과 같이 주장한다. 즉 표준화된 철학자의 여성에 대한 견해들이 "그의 중심적인 철학적 논의들에 통합적이지 않은 것으로 단순히 처리될 수는 없다. 철학자들의 젠더 가정들은 종종 그들의 체계의 주요 범주들—이성의 개념, 도덕성의 본성의 해석들, 공적 영역에 관한 시각들—에 영향을 미친다"(Tuana, 1992). 아리스토텔레스는 적절한 사례로서 자주 인용된다. 그렇다면 잘못된 것은 있다. 그것은 모든 것이다.

어떤 것이 남는가?

우리가 여성주의 철학자들로서 아리스토텔레스로부터 배울 수 있는 점은 무엇인가? 최근의 몇몇 작업은 아리스토텔레스가 여성에 대해 경멸적이고 유해한 주장으로 악명이 높지만 여성주의 철학자들이 진지하게 연구하고 다룰 만한 것이 많다는 사실을 인정하고 있다. 마샤 호미악(in Antony and Witt, 1993)은 아리스토텔레스의 이성적 이상의 모델—이성의 가치 모델과 우리의 이성적 능력을 훈련시키는 모델—을 남성과 여성 모두가 경쟁할 만한 것이라고 주장한다. 호미악(Homiak)은 하나의 가치가 사용되는 방식(가령 여성들과 백인이 아닌 남성들 및 교육 받지 못한 사람들을 폄하하는 것)과 가치 자체 간의 구별을 이끌어 낸다. 그녀는 아리스토텔레스가 감탄하며 추천하는 덕있는 시민의 삶이 (아리스토텔레스 자신이 그렇다고 생각하는 것처럼) 통치자가 천한 일을 하는 노동자들을 착취하고 여성들을 시민 생활로부터 배제하거나, 또는 인간 존재의 비이성적 측면의 평가절하를 요구하지도 않는다고 논한다. 이상적인 덕있는 시민들은 긍정적이고 건설적인 우정과 친밀성 및 동정심이라는 여성주의적 이상과 아주 잘 조화를 이루는 일종의 보살핌과 관심으로 서로 연관되어 있다. 신시아 프리랜드(in Bar-On, 1994)는 "사변력 키우기"라는 긴 논문에서 이리가라이의 정신에 입각하여 아리스토텔레스의 학문적 활동과 학문의 개념에 관한 '여성주의적 독해'를 제공하려고 한다. 그녀는 아리스토텔레스가 자신의 생물학에서 여성에 대해 실제로 말하는 것을 넘어서 보려고 시도한다. 즉 그의 이미지, 모순, 역설, 침묵 속에 '함축되어' 있는 것을 찾고 있다. 나아가 프리랜드는 아리스토텔레스에게서 많은 여성주의 사상가들이 추구하는 젠더-중립적인 학문 개념에 잘 상응하는 많은 것을 발견한다. 또한 다른 비판가들이 발견했던 것을 재발견하기도 한다. 즉 아리스토텔레스는 때때로 "가장 훌륭하다고 생각하는 존재들, 즉 남성들의 우월성에 대한 주장들을 정당화하기 위해 남성중심적 또는 인간중심적 기준"을 사용하고 있다. 그녀는 거기에 긴장 관계가 있음을 발견하지만 그것들을 말끔하게 해결할 방도들이 있다는 것을 믿지 않는다. 프리랜드나 호미악은 아리스토텔레스의 결점들을 숨기려 하지 않는다. 그럼에도 불구하고 여성주의 철학자들 중 누군가는 그를 주의 깊게 연구하는 것이 현명한 일일 것이다.

(장영란 역)

2. 근대 합리론

모이라 게이튼스(Moira Gatens)

근대 합리론 또는 대륙의 합리론은 17세기 철학자 르네 데카르트, 바루흐 스피노자, 그리고 고트프리트 라이프니츠의 작품들에 적용된다. 각각의 철학자를 다른 철학자들로부터 구별할 만한 것이 많이 있지만, 그럼에도 불구하고 '합리론자'라는 공통 칭호를 정당화할[만큼 그들이 서로] 공유하는 몇몇 근본 전제들이 있다. 각각의 철학자는 수학과 기하학을 철학적 방법론의 기초로 삼기에 적절한 모델들이라고 믿었다. 각각은—그들이 회의주의로 귀착할 수 있을 뿐이라고 믿었던—단순한 신앙에 기초하여 지식을 정립하는 것에 대해서는 비판적이었지만, 그러나 여러 가지 관점의 신학적 논증들에 의존하는 철학 [체계를] 세웠다. 세 명의 철학자들 모두는, 감각(sensation), 감정(정념)(emotion/passion) 그리고 육체가 지식을 제공할 수 있다는 관념에 대한 불신을 공유한다. 세 명의 철학자들 모두의 설명에 따르면, 이성만이 인간의 지식에 확실한 토대를 제공할 수 있는 선천적 능력이다. 여성주의 이론가들에게서 가장 비판적 관심을 받았던 것은 데카르트 철학이다. 스피노자는 관심을 덜 받았고, 라이프니츠는 거의 무시되었다. 이 논문의 말미에서 근대 합리론자들에게 [행해지는] 이러한 불균등한 대우를 다소나마 설명하려고 시도할 것이다.

데카르트

여성주의 철학자들은, 데카르트 철학이 여성에 관한 동시대의 철학적 개념들에 심오한 영향을 미쳤다는 점에 대해 일반적으로 동의한다. 종종 근대 철학의 '아버지'로 묘사되곤 하는 데카르트는 자신을 확실하게 중세적이고 스콜라적인 패러다임을 벗어나고자 한 사람으로 간주했다. 회의론을 재연함으로써 [오히려] 이성적 탐구를 보존하고자 하는 그의 시도는 신앙에 저항하는 것만큼이나 이성의 역할을 결정하는 데 영향을 미쳤고, 신학과 자연철학(자연과학) 간의 분쟁을 진정시키는 데 영향을 미쳤다. 그는, 만약 지식이 회의론에 저항할 수 있는 토대를 지녀야 한다면 이성의 진리들과 외적 세계 간의 일치를 합리적으로 설명할 수 있어야 한다고 주장했다. 데카르트는 '[생각하는] 자아(cogito)' 속에서 그리고 성실한 신의 존재에 대한 증명 속에서 이러한 토대를 제공했다. 이 토대를 제공함으로써, 데카르트는 인간 행동의 자유와, 도덕 문제에서 자유에 대한 책임을 강조하는 신학적 견해와—인간 본성을 포함하여 모든 자연을 기계(론)적으로 질서지우고 규정하는 특징을 강조하는—과학적 견해 간의 모순을 해소하고자 했다. 데카르트는 존재하는 모든 것을 철저하게 기술하는 두 개의 뚜렷한 그리고 서로 배타적인 실체들, 즉 정신과 물체를 정립함으로써 기계(론)적이고 한정된 물리적 우주는 신의 존재 및 도덕적 자유와 양립 가능하다는 세계관을 제공하려고 노력한다. 자연철학—특히 케플러와 갈릴레오의 작품—은 당연히 인간 존재를 물리적 우주의 중심으로부터 후퇴시켰지만, 그러나 데카르트의 이원론적 실체 이론은, 인간 존재가 지성적이고 도덕적 중심을 차지하고 있다는 점을 확증한다. 과학과 신학 간의 이러한 '조화'는 자아와 인간 행위성이라는 근대 개념들에 중요한 영향을 미쳤다. 특히 데카르트의 급진적 이원론은 이성과 정념 간의, 자유와 속박 간의, 정신과 육체 간의 대립들을 굳건하게 했다. 앞으로 알게 되겠지만 이러한 이원론은 이 대립들과 성적 차이 간의 해묵은 연합을 더 심화하고 강화하는 데 이바지했다.

데카르트의 개념에서 인간의 육체 자체는 인식론적으로 중립적인 기계이다. 데카르트에게 본질적인 자아는 자율적으로 생각하는 실체(res cogitans)이다. 데카르트는 육체와 정념이 인간 지식에 어떤 구성적 내용을 제공할 자격을 박탈함으로써 합리적 주관(주체)이라는 개념을 탈육체화된 자아와 결합시킨다. 이러한 주체는 사유에 내재하는 충분한 관념들과 사유의 원리들을 포함하는 것으로 간주된다. 이 개념에서 이성은 움직이고 있는 단순한 물체의 개입으로는 알려지지 않는, 실체적이고 선천적인 내용을 지닌다. 진리와 지혜의 획득은 육체에 대한 실천적 통제나 규율을 그리고 외부 세계에 대한 지성적 통제를 전제한다. 따라서 사람들은 지식을 획득하기 위해 육체와 그것의 정념으로부터 그 사람의 본질적 자아(정신)를 분리하는 방법을 사용할 필요가 있다. 이성에 대한 데카르트적 이상에서 여성을 배제하는 근원적 수단 중의 하나로 확증되어 왔던 것은 인간 자신을 (육)체화로부터 분리시킨다는 관념이다.

데카르트적 방법은 모든 사람의 사유와 신앙들을 진리 [여부]를 위해 엄격하게 검증 받는 것을 의미한다. 의심의 여지가 있는 어떤 것도 (적어도, 잠정적으로) 거부되어야 한다. 명석 판명하게 파악될 수 있는 것들만이 참된 것으로 받아들여져야 한다. 어떤 복잡한 문제나 관념도 가장 단순한 구성 요소들로 분해되어야 하고, 구성 요소들 각각은 명석성과 판명성을 검증받아야 한다. 그럴 경우에만 사람들은 명석 판명한 단순 관념들로부터 이러한 관념들의 연역적 연쇄들로 나아가야 하며, 이와 동시에 하나의 관념과 그 다음 관념을 연결시킬 때 의심의 여지가 없는 것에서 의심스러운 것으로 나아가지 않도록 신경을 써야 한다. 마지막으로, 실천에서도 사람들은 참된 지식을 구성하는 체계적 연역(법)들과 더불어 모든 명석 판명한 직관들을 단일한 운동에서 재생할 수 있어야 한다.

방법은 진리를 식별하는 기능을 하며, 의지의 규율은 절대적으로 확실한 것에만 동의하도록 하기 위해서 필수적이다. 규율화된 의지는 지식을 획득하기 위해서만 중요한 것은 아니다. 데카르트는 우리에게 그것은 덕의 비법이기도 하다고 말한다. 왜냐하면 데카르트에게 훌륭한 판단은 지식뿐만 아니라 좋은 습관의 양성도 포함하기 때문이다. 비합리성, 실수 그리고 무지는 정신이 육체와 감각 경험에 의존하는 것으로[까지] 거슬러 갈 수 있을 것이다. 그것[비합리성/실수/무지]은 어떤 개별적 육체 및 육체의 정념이 지닌 건강함과 정념의 강도이며, 이성과 덕 모두를 양성하는 능력이라고 규정하는 정신과 의지의 강도 및 규율에는 저항한다. 따라서 몇 명의 여성주의 비판가들이 지적했던 것처럼, 훈련과 선한 자연적 소질은 진리와 덕의 습득에 필수 불가결한 것처럼 보인다. 데카르트 철학의 이러한 특징들은, 이성이 근대 시기에 어떻게 '생물학적 남성성'(maleness)과 연합하게 되었는지를 숙고하는 데 중요하다.

'이성을 지닌 남성'

제네비브 로이드(Genevieve Lloyd, 1984)는, 합리적 정신/비합리적 육체라는 이분법에 찬성하는 데카르트가 합리적 요소와 비합리적 요소 모두를 포함하는 아리스토텔레스의 영혼을 거부하는 것은, 우리가 성적 전형들을 이해하는 데 중요한 영향을 미쳤다고 주장한다. 여성이 예전에는—남성보다는 덜 합리적이라는 의미에서—합리성의 연속체로 간주되던 것과 반대로, 이제는 남성과 동일한 영혼 내지 정신을 지닌 것으로 간주된다. 성적 차이는 이렇게 해서 육체적 차이로 정립된다. 그러나 생물학적 남성성은 육체, 자연 그리고 정념과 동일한 은유적 연합 내지 상징적 연합을 하지는 않는다. 역사적으로 (육)체화는 유별나게 여성과 연관된 것으로 간주되어 왔다. 그러므로 육체적인 것의 초월(transcendence)과 연관된다고 이해되는 이성은 여성을 상징하는 것과 개념적으로 충돌한다. 더군다나 이성이 방법의 훈련을 필요로 하는 전문적 기술인 한에서, 이성은 특권화된 소수의 사람들의 재능이 된다. 로이드 그리고 재나 톰슨(Janna Thompson, 1983)이 모두 정당하게 강조하듯이, 대부분의 남성과 모든 여성이 배움(learning)에 그리고 진리와 덕의 양성을 위해 필수적인 것으로 드러나는 방법의 실천에 접근할 수 없었다는 사실을 고려할 때 평등주의적[이라는] 데카르트 철학의 모습은 희미해진다. 여성이 육체와 상징적으로 연관되어 있다면 합리적 정신과 비합리적 육체라는 이원론적 착상은, 생물학적 남성과 생물학적 여성 간의 이성 능력의 차이가 이제는 육체적인 성적 차이에서 출현하는 것처럼 보인다는 뒤따르는 함축을 수반한다. 이성 능력은 성차 중립적이지만—정신은 어떤 성차(sex)도 지니지 않는다.—그러나 인간 정신은 (육)체화된 정신들이기 때문에, 이제 합리성의 차이는 육체적 차이에 의해 설명될 것이다. 이렇게 해서 이성은 여성화하는 유체(corporeality)의 초월을 표현하게 된다. 최근의 논문에서 로이드(1993)는 데카르트가 산출한 것을 포함하여 독점적 권리를 지니면서 여성과 이성 간의 대립을 확증하는 기능을 하는 것은 이성과 성적 차이를 둘러싸고 있는 상징적 연합의 관계 망이라고 주장했다. 데카르트적 유산은 (아마도 데카르트의 의도에도 불구하고) 인간 지식의 영역에서 성차적 노동 분할을 정당화하는 데 이바지한다. 추상적 이성 그리고 객관적 지식의 획득은 '이성을 지닌 남성'의 분야이고, 반면에 매일 매일의 (육)체화된 삶의 필요를 만족시키는 데 필요한 실천적 이성은 여성의 분야가 된다.

사유의 '남성화'

데카르트 철학에 대한 다소 색다른 견해는 수잔 보르도(Susan Bordo)가 제공했다. 보르도(1987)는 데카르트의 저서들을 정신문화적 분석에 개방되어 있는 문화적 문헌으로 해석한다. 그녀는 데카르트의 명석성, 판명성 그리고 객관성이라는 이상 안에서 [오히려] 불확실성과 불안이 남성적 주체의 위치를 특징지웠던 문화적 맥락에 대한 '반동 형성'에 [상응하는] 증거를 발견한다. 이러한 '반동 형성'은, 남성적 과학이 여성적이고 모성적이라고 간주되는 중세 및 르네상스의 자연 개념에서 자유로와지려고 투쟁하는—보르도가 '분만의 드라마'라고 부르는—근대의 탄생을 야기한다. 그녀의 제안에 따르면, 근대철학은 자연을 통제하고 지배하고자 하는 욕망과 마찬가지로 자연의 놀랄 만한 위력들에 대한 두려움에서 탄생했다.

보르도는 낸시 초도로우(Nancy Chodorow, 1978)와 캐롤 길리건(Carol Gilligan, 1982a, 1982b)과 같은 이론가들에 의해 발전된 '분리-개체화'(separation-individuation)라는 정신분석학 이론을 비중있게 끌어들인다. 이 이론가들은 이성, 도덕성 그리고 지식이라는 근대의 이상들이 전형적으로 남성적 주체성의 형식들로 향하는 편향성에 대해 반성한다. 자율적인 성인 개체로 성장하는 과정은 사람들의 최초의 보호자—전형적으로 어머니—로부터 자신을 분리시키는 [역할을] 포함하며, 특히 자신이 어머니로부터, 일반적으로는 타인들로부터 그리고 세계로부터 분리된다는 감정을 발전시키는 [역할을] 포함한다. 이러한 분리-개체화 과정이 근대에는 생물학적 남아와 생물학적 여아에게 다르게 작용한다. 훨씬 더 현저한 개체화는 생물학적 여아보다는 생물학적 남아에게 요구된다. 이것[남아에게 훨씬 더 현저한 개체화가 일어나는 것]은 첫째로, 생물학적 남아가 (어머니와) 동일시를 이루는 모습이 원초적으로 성차에-부적절하기 때문이다. 그리고 둘째로, 남성성에 대한 문화적 요구들이 너무나 대단해서 남아는 이성, 지식 그리고 도덕성이라는 문화적 이상들과 접하기 위해 자신을 타인들로부터 구별해야 하기 때문이다. 생물학적 여아에게는 이야기가 아주 다르다. 생물학적 여아가 어머니에게서 분리되는 정도는 그렇게 극적이지 못하다. 따라서 여성적 주체성은 전형적으로 타인으로부터의 자율이 부족하며 문화의 최고 이상—즉 이성, 지식 그리고 도덕성을 지니는 객관성—을 현실화하지 못하는 것으로 특징지워진다. 여성은 타인들 및 세계와 연결되어 있다는 감정을 더 현저하게 지니며, 그래서 여성이 이성적 양식, 지식에 대한 관계, 도덕성의 감정을 발전시킨다고 해도 전통적으로 남성이 지닌 것들보다 열등한 것으로 간주되어 왔다고 주장할 수 있다. 여성은 특수한 것에 그리고 그들과 관계가 있는 사람들의 특수한 관심사들에 몰두한다고 일컬어진다. (육)체화된 여성은 추상적이고 보편적인 이성 능력을 현실화할 만한 능력이 없는 것처럼 간주된다.

캐롤 길리건(1982)과 샌드라 하딩(Sandra Harding, 1986)은, 여성주의자들이 도덕 영역과 인식론 영역 모두에서 여성의 특수한 추론 양태를 재평가해야 한다고 주장했다. 길리건은, 여성의 도덕적 감정은 남성적 도덕성보다 열등하기보다는 오히려 남성적 도덕성과 다른 것이라고 주장한다. 하딩과 에블린 폭스 켈러(Evelyn Fox Keller, 1985)의 주장에 따르면, 세계와 연관되어 있다는 여성의 감정은 가치있는 것으로 평가되어야 하는 독특한 인식론적 방법들과 지식을 발생시킨다. 제인 플랙스(Jane Flax, 1983)도 눈에 두드러지는 근대적 사유의 특징들을 이 특징을 산출하는 사람들의 정신문화적 분석에 의해 설명하고자 하는 근대철학 선집들을 만들었다.

보르도는 데카르트 철학을 해석할 때 근대철학의 이러한 여성주의적 분석 원리들에 초점을 맞춘다. 그녀는, 17세기는 '사유의 남성화'를 낳았던, 즉 타인들과 세계로부터 분리되는 것에 가치를 두는 새로운 철학 개념에 해당하는 이념들의 명석성과 판명성을 낳았던 그리고 정신과 육체의 급진적 분리를 낳았던, 자아 개념과 세계 개념들에서 혁명을 경험했다고 주장한다. 육체와 자연은 이제 객관화되고, 알려지고, 지배되는, 활력 없는 단순한 물체로 간주된다. 보르도의 해석에서 육체, 자연 그리고 정념의 이러한 초월성은 '여성적인 것으로부터' [이제] 새롭게 이해되는 과학의 객관성으로의 '비상'을 포함한다.

보르도는 데카르트적 세계관의 본질적 원리들을 다음처럼 특징짓는다. 첫째로, 객관적이고 확실한 지식은 진리를 탐구하는 가운데 자신을 육체로부터 분리시키는 정신 능력에 의해 보장된다. 둘째로, 정신과 육체 간의 실체적 구별은 그들의 상호 작용은 허용하지만, 그러나 그것들이 서로 대립 속에서 정의되기 때문에 융합은 허용하지 않는다. 정신은 사유이지만, 그러나 연장되지 않는 실체이다. 육체는 연장되는 것이지만, 그러나 사유하지 않는 실체이다. 주관과 객관은 이제 극단적으로 구별되며, 자연은 남성적 용어들로 재파악될 수 있다. 자연은 순수한 시계 장치로서, 기계(론)적이고 기하학적인 용어로 파악되는 것으로서 철학자/과학자의 직무를 변형시킨다. 철학자의 직무는 이제 이러한 대상(객관)을 아는 것이고, 그러한 앎(지식)을 통해서 자연을 지배하는 것이다. 데카르트는 이런 식의 이중적인 운동 속에서 이 우주의 죽음을 어머니/여성적인 것으로 받아들이고, 남성적인 것의 탄생을 기계론적 세계관으로 받아들인다.

로이드와 보르도는 데카르트 철학의 효과에, 현재(적 결과물)에 관심을 가진다. 다른 이론가들은, 데카르트 철학이 17세기에 사용되었지만, 나중에는 이성 안에서 여성의 평등을 논증하는 데 사용되었다고 강조했다. 마가렛 아더톤(Margaret Atherton, 1993)은 한 예로 데카르트 철학은, 메리 아스텔(Mary Astell)과 다마리스 레이디 마스햄(Damaris Lady Masham)이 여성의 평등을 논증하기 위해 제시했던 기초였다고 주장한다. 분리-개체화에 대한 정신분석 이론의 버팀목이 되는 가족 구조들은 시간을 초월한 구조가 아니다. 그리고 데카르트의 합리론적 철학은 17세기에 유일하게 접근 가능한 철학이었던 것은 아니다. 이 맥락에서 아더톤은 존 로크(John Locke)의 경험론적 철학에 대해 언급한다. 보다 더 일반적으로 아더톤은, 이성의 두 가지 형식이라는 관념 그리고 단지 두 가지 형식일 뿐이라는 관념('생물학적 남성'과 '생물학적 여성')은 지탱할 수 없다고 언급한다.

윤리학과 정념들

영어-권 여성주의자들은 이성과 이원론에 대한 데카르트의 설명에 초점을 맞추는 경향이 있는 반면에, 프랑스 철학자들인 미셸 르 되프(Michele Le Doeuff)와 뤼스 이리가라이(Luce Irigaray)는 데카르트의 윤리학과 그의 정념에 초점을 맞췄다. 아더톤처럼, 되프는 데카르트의 여성 대화자, 즉 보헤미아의 엘리자베스 왕비와 스웨덴의 크리스티나 여왕의 중요성을 간과하지 않는다. 되프(1989)의 주장에 따르면, 여성과 철학 간의 관계에는 일반적 패턴, 즉 그녀가 '엘로이즈 콤플렉스'라고 부르는 패턴이 있다. 자신의 사유를 복잡하다고, 자(기)-(억)제한다고 그리고 어떤 비사유적 원리들로부터 자유롭다고 주장하는 생물학적 남성 철학자들의 욕망은, 그들 자신의 지식에서 필연적으로 부족한 것은 다른 사람들에게—전형적으로 학생에게, 또는 여성에게—투사하는 데에 이르게 되는데, 학생과 여성 모두는 안다고 우쭐대는 '선생(대가)'에 의해 전달되는 철학과 관계를 맺는다(이 문맥에서 되프는 엘로이즈와 아벨라르드, 데카르트와 엘리자베스, 사르트르와 보봐르를 언급한다). 그리고 로이드처럼, 되프는 철학자들에 의해 사용되는 이미지들과 상징들은 본질적이며, 비록 인정되지 않는다 해도 철학적 사유의 구성 요소들이라고 강조한다. 그러한 이미지들은 빈번하게 여성의 대상화를 포함하기 때문에, 여성이 철학에 종사하지 못하도록 행하는 것은 이러한 '철학적 공상'이다. 모든 것을 설명하는 완벽한 철학을 창조하고 싶은 욕구는 물론 근대 합리론에도 나타난다. 되프(1989)는, 완벽한 철학 체계에 대한 데카르트의 욕망은 그를 그의 사유 체계가 정당화할 수 없는 도덕 철학을 드러내도록 한다는 점을 보여 준다. 되프(1991)는, 절대 지식에 대한 이러한 욕망은 본질적으로 비윤리적인 철학적 실천으로 귀착한다고 주장하는데, 왜냐하면 그것[절대 지식에 대한 욕망]은 지식에서 필수 불가결한 부족분들을 다른 것으로—전형적으로 타자를 부족한 것으로 보는 이미지로—대치하는 것을 포함하기 때문이다. 윤리적인 철학적 실천은 여성을 선천적으로 배제하는 것이 아니라 그것의 공상을 포함하여 그 자신의 생산 조건들에 대해 책임을 지는 것이다.

이리가라이(1993)는 데카르트의 정념 이론에 대한, 특히 '경탄'의 정념에 대한 하나의 해석을 제공한다. 이리가라이는 하이데거 [철학]을 반영하여, 각 시대는 그 시대가 다뤄야 하는 하나의 논쟁점을—그리고 단 하나의 논쟁점만을—지닌다고 주장한다. 그녀의 견해에서 우리 시대를 특징짓는 논쟁점은 성적 차이 문제이며 성차들 간의 윤리적 관계의 결여이다. 이리가라이의 해석 전략은 경탄이라는 데카르트적 정념을 원래의 위치로 복귀하는 정념—다른 성차를 지닌 환원 불가능한 차이에 직면하여 각각의 성차에게서 느껴지는 경탄—으로 재사유하는 것이다. 이리가라이는, 긍정적으로 수용되는 두 개의 성차들 간의 순수하게 윤리적인 관계를 발명해내는 것은 데카르트주의의 전복에 도달할 것이라고 주장한다. 성차들 간의 윤리적 호혜성을 창조하는 것은, 남성이 그들 자신의 물질성에 대한 책임감을 인정하고, 이렇게 해서 성별화된 정신/육체의 분열을 '해소하는' 것이다. 이와 반대로 문화적 상징 안에서 여성들은 독자적인 집을 창조하게 될 것이다. 그때[에야 비로소] 모든 여성을 모성적 기능으로 환원시키는 것이 중단될 것이다.

스피노자

스피노자는 철학사에서 다소 무시된 인물이다. 그러한 무시는 아마도, 왜 몇몇 여성주의자들이 그의 일원론 철학을 데카르트의 이원론적 실체 이론에 대한 시사적 대항점으로 발견했는지에 대한 이유를 설명할 것이다. 스피노자는, 존재하는 모든 것들이 하나의 실체—신, 즉 자연—로 설명될 수 있을 것이라고 논증했다. 신, 즉 자연(Deus sive Natura)이라는 단어들은, 스피노자의 신관이 인간 중심적인 유대-기독교 전통에서 벗어난다는 것을 나타낸다. 신은 자연에서 분리되거나 자연에 초월적인 것이 아니라 자연에 내재적인 권력과 힘으로 간주된다. 이러한 견해는 스피노자의 존재론관에 중요한 영향력을 지닌다. 그에게 육체와 정신은 양상적 실존만을 향유한다. 즉 육체와 정신은 인간적으로 알 수 있는 실체의 속성들[에 해당하는] 연장과 사유라는 '표현'이나 변형으로 이해된다. 스피노자의 견해에서 인간은 이리하여 일원론적이고 역동적이고 서로 연결된 전체의 부분으로 간주된다. 데카르트의 육체-자동 기계와는 달리, 스피노자는 인간 육체를 상대적으로 복잡한 개인으로, 자신의 환경에 개방되어 있는 개인으로, 자신의 환경과 지속적으로 서로 교환하는 인간으로 생각한다. 그에게 인간 육체의 권력들은 내재적인 자기-규제적 기계론에 의존하지도 정신과-유사한 실체의 의지가 개입하는 것에 의존하지도 않는다. 오히려 인간 육체는, 인간 정신이 사유의 속성으로 표현하는 것을 연장의 속성으로 표현한다. 인간을 구성하는 것은 두 가지 실체들이 아니며, 오히려 인간은 자신을 사유와 연장이라는 대등한 속성들로 표현한다. 또는 스피노자를 의역해 보면, 인간 정신은 실제로 존재하는 인간 육체의 관념이다. 이것은 이성, 정치학, 몸의 정치학과 같은 집합적 육체(collective bodies)의 윤리학이 언제나 (육)체화되어 있고 그 자체로 과거의 합의들의 흔적을 품고 있다는 것을 의미한다.

스피노자의 설명에서 정신과 육체는 단일한 실체의 속성들의 표현 내지 양태들이기 때문에 데카르트주의를 그렇게 괴롭혔던 정신-육체 상호 작용 문제는 발생하지 않는다. 인간의 삶과 비-인간의 삶 간에 데카르트적 사유에 기초하는 날카로운 분할은 스피노자의 존재론에서는 지지될 수 없다. 데카르트가 동물들을 단순하게 자기-운동하는 기계들로 간주했던 반면에, 스피노자는 생기있는 육체 유형들 간의 좀더 미묘한 분할들을 끌어들인다. 어떤 특수한 정신의 복잡성은 하나의 관념에 [해당하는] 육체와 본질적으로 연관되어 있다. 따라서 비인간적 동물들은 정신을 지니지만, 그러나 인간 정신과 유사한 정신은 아니다. 왜냐하면 어떤 특수한 동물의 정신은 그것[동물]의 육체의 관념이기 때문이다. 몇몇 여성주의자들은 이러한 자연관을 환경철학과 생태학적 철학의 논쟁(점)들을 철저하게 사유하는 데 유용한 하나의 단일하고 복잡하며 서로 연결된 실체로 설정한다(Mathews, 1991).

(육)체화된 차이

스피노자의 존재론은 인간 내부의 차이들을 비-이원론적인 방식으로 다시 생각하는 것 또한 허용한다. 욕망, 지식 그리고 윤리학은 적어도 첫째로, 육체적 정념의 특성이 지닌 성질과 복잡성을 (육)체화하거나 표현한다. 모이라 게이튼스(Moira Gatens)와 로이드는 스피노자 철학의 잠재성을 데카르트와-유사한 성차/성별 구분과는 다른 용어로 성적 차이를 재사유할 수 있는 것이라고 특징짓는다(Gatens, 1988 ; Lloyd 1989). 이성, 권력, 활동성 그리고 코나투스(모든 사물들이 자신의 존재에 굴하지 않으려는 경향)라는 스피노자적 개념들은 철학에서 예전의 문제들—여성주의 이론가들이 물려받았던 문제들—을 새롭게 생각하는 방식들을 제공한다. 스피노자는 근대 철학을 지배했던 이원론적 존재론을 거부하는, 인간 주체성에 대한 대안적 전망을 제공한다. 이러한 관점에서는 성차화된 육체와 결합되어 있는 성차없는 영혼의 실존을 확인하는 것은 이치에 맞지 않다. 로이드(1989)가 논평하듯이, 다르게 성차화된 육체들은 성차적으로 차이가 나는 정신들과 조화를 이루어야 한다. 만약 정신이 육체의 관념이라면, 그렇다면 생물학적 여성의 정신들은 어떤 관점에서는—그 육체의 문화적 착상들이 지닌 (육)체화한 효과들을 포함하여—생물학적 여성의 육체의 특수성을 반영해야 한다. 특수한 정신들이 반영하는 것은 특수한 육체들의 즐거움, 고통, 권력들이기 때문에, 이것은 본질적인 성적 차이를 환영하지 않는다. 어떤 경우에 남성과 여성은 동일한 즐거움들과 동일한 고통들을 즐길 것이다. 다른 경우에 이것들은 다를 것이다. 로이드(1994)가 지적하듯이 육체들의 다중다면체성(multifacetedness)은 무엇이 어떤 개별적인 정신의 내용일 것인지에 대해 개방되어 있다. 그리고 스피노자에게는 하나의 육체가 무엇을 할 수 있는지에 대해 미리 알려질 수 없다. 어떤 개별적인 육체의 능력들은 그러한 육체의 총체적 문맥에 의존할 것이다. 인간 육체들은 항상 인간 사회에서 존재하고, 어떤 개별적인 육체의 권력들은 그러한 유형의 사회 내부에서 그러한 유형의 육체가 [지닌] 사회적이고 상징적인 가치를 반영할 것이다. 제도화된 권력의 긴급사태들은 그것의 구조를 통해서 형성된 개인들의 권력에 서로 다르게 영향을 미칠 것이다.

스피노자의 견해는, 인간 육체들이 더 복잡한 또 다른 육체들이라는 문맥 안에, 즉 특수한 사회들, 특수한 문화들, 특수한 하부그룹들이라는 문맥 안에 존재한다는 사실도 수용할 수 있다. 모든 이러한 요소들은 어떤 주어진 육체의 능력들을 규정하는 데서 중요한 역할을 할 것이다. 차별적 대우 때문에 선택되는, 또는 권한이 부여되어 있는 문맥들 때문에 배제되는, 개인들이나 그룹들은 그들의 완전한 능력들이나 권력들을 표현하는 육체나 정신을 발전시키지 않을 것이다. 스피노자 철학은 역사의 기초가 되는 성차들 간에 본질적인 동일성(성차 없는 '영혼'이나 정신)도 본질적인 성적 차이도 정립하지 않는 사회적 정치적 합의라는 영향을 이론화하는 방식을 허용한다. 차라리 차이는, 우리의 사회적 정치적 합의들이 (육)체화의 특수한 형식들을 구성하는 방식을 역사적으로 펼쳐나가는 것으로 이해된다. 육체를 역동적이고 생산적인 것으로 이해하는 이러한 관념은 앎과 존재 간의, 존재론과 인식론 간의, 정치학과 윤리학 간의 전통적 분할을 허용하지 않는다(Gatens, 1996b).

뤼스 이리가라이(1993)는 앞의 사람들에게 스피노자에 대한 짧고 그리고 매우 다른 독해를 제공한다. 그녀는 스피노자의 일원론을 정신/육체 구별을 '해소하기' 위한 잠재적 자원으로 간주하기보다는 오히려 스피노자가 살과 사유의 상호(호혜적) 규정에 대한 다른 방식의 설명을 제공하는 데 실패한다고 주장한다. 그녀는 스피노자의 전체를 에워싸는 실체관(신, 즉 자연)을 모성적-여성적인 것의 권력들에 대한 철학적 전유의 한 예로 제시한다. 그러한 전유는 여성을 집이 없는(또는 외피가 없는) 상태로 남겨둔다. 여성을 모성적-여성적인 것으로 간주하는 남성의 습관은, 여성이 그녀 자신의 '집'(place)을 짓는 것을 방해한다. 그녀는 물체로 사는 것이 아니라, 남성을 위해 단순한 물체가 되기를 강요당한다. 이것을 스피노자에 대한 '독해'로 이해하는 것이 어느 정도까지 적절한지는 분명하지 않다. 스피노자는 오히려 여자를 싫어하는 서구 철학의 특징에 대해 이의 표명을 할 수 있는 근거처럼 보인다.

라이프니츠

라이프니츠는 서구 철학의 규범(canon)에 대한 여성주의자의 평가에서 아직도 중요한 역할을 수행하고 있지는 않다. 때때로 그의 작품을 언급하는 것은, 그의 철학이 데카르트주의에 대한 대안을 제공할 수 있다는 것을 시사한다. 캐롤린 머천트(Carolyn Merchant, 1980)는 라이프니츠에 대한 초기의 평가를 제공했는데, 불행하게도 초기의 평가가 현대의 여성주의 철학자들에 의해 더 이상 발전하지는 못했다. 머천트는, 자연의 고유한 권력과 자연의 도덕적 가치를 강조하는 라이프니츠의 생기론 철학은 데카르트적-영감을 받은 '죽음'에 [대적하는] 강력한 대안을 여성주의자들에게 제공한다는 점을 지적한다. 머천트는 20세기 후반의 생태학적 재난들[의 근거]를 라이프니츠의 자연 개념이 지닌 전체론과 생기론에 대한 데카르트적 세계관의 승리로까지 거슬러 올라간다. 라이프니츠는 스피노자처럼 '생명-력'의 관념을 자연에게 되돌려주고, 사물들을 촉발하는 힘과 촉발되는 힘에 의해 특징짓는다. 라이프니츠의 단자론은, 존재(물)들 간의 절대적 분리라는 관념을 확증하는 반면에, 그럼에도 불구하고 순수한 차이들을 조화 속에서 생각하는 것과 관련해서는 시사적이다. 모든 사물들의 조화와 양립 가능성은, 라이프니츠에 따르면, 합리적이기도 하고 호의적이기도 한 신의 존재에 의해 보장된다. 신은 '모든 가능한 세계 중에서 최선의 세계'—과정과 변화가 문화에 의한 자연 지배와 자연 착취보다는 차라리 자연에 고유한 힘들에 의해 귀결되는 세계—를 창조했다. 라이프니츠는 스피노자와 함께 상상력이 풍부한 미래 여성주의자에게 대안이 되는 비-이원론적 존재론 탐구에 대해 풍부한 근거를 제공할지도 모른다.

여성주의자의 사료 편찬

합리론자들에 대해 여성주의자가 불공정한 대우를 하는 [이유에 대한] 하나의 가능한 설명은, 철학사와 벌이는 많은 여성주의자의 싸움은 이미 알려져 있는 철학사의 결과들에 대한 원인을 탐구하면서 철학사를 회고적으로 해석한[다는 데서 찾을 수 있]다. 이것은 편파적인 그리고 어떤 면에서는 불가피하게 왜곡되어 있는 서양 철학적 규범에 대한 해석들을 산출했다. 이것[해석]은 실행의 본성에 맞추어 풍토병[적 성격]이다. 현재의 여성주의적 관점에 따르면, 데카르트의 방법이 [지향하는] 목적들과 현대의 여성주의적 이론가들에 의해 진술되는, 분리된 남성적 지식 주체 간의 조화에 충격받지 않는 것은 불가능하다. 그러한 해석들이, 그들이 찾고 있었던 것이 정확하게 무엇이었던가(본질인 바)에 대한 확증을 발견한다는 것은 항상 존재하는 위험이다. 이것은, 우리가 현재 무엇인가가 되었다는 것이 부분적으로 우리의 과거의 측면들로 거슬러 올라갈 수 있다는 것을 부인하지 않는다. 그러나 과거가 단순하게 우리의 현재의 불행의 원인으로 환원되어야 한다는 것은 부인되어야 한다. 로이드(1984)는, 현재의 남성적 이상과 여성적 이상들이 어느 정도까지 부분적으로 과거의 철학적 이상들에 의해 형성되어 왔는지를 보여 준다. 그러나 이러한 주장을 받아들이는 것이 철학사의 풍부한 형이상학적이고 존재론적인 가능성들에 대해 맹목적이 되는 것이어서는 안 된다. 로이드(1944)가 관찰했던 것처럼, 만약 데카르트가 우리가 현재 직면하고 있는 측면들을 정의내리는 데에 도움이 되었다면, 그때 스피노자는, 우리가 무엇이었을지도 모르는 것에 대해 또는 게다가 무엇이 될 수 있었던가에 대한 통찰을 제공할 것이다. 이러한 관점에서 철학사는 우리의 과거가 현재를 어떻게 형성했고 제한했는지를 이해하는 수단일 뿐만 아니라 우리의 현재와 미래의 가능성들을 위한 원천이기도 하다. 현대의 많은 여성주의 철학은 과거를 현재로 개척해내기 위해 규범을 재해석하는 이러한 작업에 종사하고 있다. 그런 사람만이 근대 합리론에 대한 여성주의적 접근법들의 미래 평가가 지금과 매우 다를 것이라고 추측할 수 있다.

(이정은 역)

3. 경험주의

린 핸킨슨 넬슨 (Lynn Hankinson Nelson)

우리들이 갖고 있는 믿음, 실천 그리고 이론들 대부분은 우리들의 감각을 통해 이 세계와 만나고, 그렇게 함으로써 이 세계는 우리가 믿기에 합당한 것을 만들고 통제한다는 가정을 반영한다. 또한 우리들 대부분은 경험에 기대어 나머지 세계와 우리들 자신에 대한 주장을 판단하고 정당화하는 행위에 참여한다. 최근에 일어난 논쟁적 토론에서 여성주의 철학자들은 철학 이론과 문제와 방법이 적어도 일부분은 여성 경험에 근거하여 평가되고 반영되어야만 한다고 오랫동안 주장해 왔다. 우리들 대부분은 이러한 방식에 있어 경험주의자들이다.

그러나 이렇게 이해된 경험주의는 논쟁의 여지가 있는 한편, 진정으로 여성주의 철학에서 수행된 대부분의 작업을 위한 원동력, 경험 개념의 내용, 지식과 경험 간 관계의 본성 그리고 우리가 이론화하는 자연세계와 사회세계에 대해서도 거의 명확하지 않다. 많은 여성주의자들은 예를 들어 경험이 '자동적' 혹은 '수동적으로 채택된' 것이라는 점에 의심을 품는다. 더 나아가, 여성주의자들은 철학 이론을 평가할 때 여성 경험을 자주 사용하지만, 그들 대부분은 이러한 경험에 보편자를 상정하지는 않는다. 마지막으로, 포스트모던 여성주의자들은 자아에 대한 근대적 개념—예를 들어, 고정적이고 단일한 실재를 구축하는 것으로서—에 대항하여 비평한다. 이러한 비평에 없어서는 안 될 구성요소들은 지식의 '기원'이라고 여겨지는 경험 그리고 바로 그것의 '주체'에 용이하게 접근할 수 있으며 그리고/혹은 오류 불가능한 경험이라는 개념이다. 이러한 몇몇 의심의 한 원천은 여성주의 학풍에 근거한다. 이 학풍은 다양한 학문 분과에 있어 구체적인 역사적, 사회정치적 그리고 물질적 맥락이 경험을 만들고 통제한다고 제안하며, 여성의 경험은(남성의 경험과 마찬가지로) 특수한 역사적, 문화적 환경과 이러한 환경을 특징짓는 계층, 인종, 민족, 젠더의 사회적 관계에 따라 다르다고 제안한다(Alcoff, 1988; Bordo, 1987; Code, 1991; Duran, 1991; Harding, 1986; Jaggar, 1983; Longino, 1990; Nelson, 1990; Potter, 1993; Scheman, 1993a; Scott, 1992).

따라서 여성주의 철학의 이론적 이슈는 경험과 지식 간 관계의 본성을 규명하는 것이다. 방금 지적한 특수하고도 광범위한 이슈들 안에서 그리고 여성의 삶을 위해 철학 이론들을 빌려오는 것과 관련하여, 여성주의 철학은 인식론과 과학철학 그리고 이 두 분야를 지배해 온 경험주의 전통을 교차시킨다. 철학적 경험주의에 관한 여성주의 관점, 특히 17세기와 18세기의 영국 경험주의에 기원을 둔 지식과 과학에 대한 접근이 이 논문의 주제이다. 몇몇 여성주의자들이 주장하듯이, 우리는 경험을 지식의 기원과 검문소로써 간주할 수 있다. 그러나 우리는 또한 철학적 경험주의 모두를 혹은 그것의 몇 가지를 거부할 수도 있다.

철학적 경험주의

철학적 경험주의의 핵심은 증거론이다. 존 로크, 죠지 버클리와 데이비드 흄에 의해 주장되었듯이, 경험주의의 중심 주제는 감각 경험이 지식을 위해 사용되는 모든 증거를 구성한다는 것이다(Locke, 1694; Berkeley, 1871; Hume, 1955a, 1955b). 이 주제는 현대 경험주의의 핵심으로 남아 있다. 즉 콰인(W. V. Quine)이 서술하고 있듯이 그것의 '주요한 원칙'은 "과학을 위한 증거가 무엇이든 간에 그것은 감각적(sensory)이다"라는 것이다—여기서 과학을 구성하는 것은 과학 자체는 물론이고 넓게는 철학을 포함하며, 물리적 대상과 사건에 대해 이론화하는 소위 상식도 포함한다(Quine, 1969, 75면).

이렇게 이해된 철학적 경험주의는 그것의 옹호자들과 비평자들이 전형적으로 그것의 속성으로 여기는 것보다 원칙이나 교리를 만드는 데 있어 훨씬 덜 우호적이다. 그러나 로크, 버클리, 흄이 주장했던 한편으로는 일상 지식과 과학 지식 간 관계와, 다른 한편으로는 '관념'과 감각 경험 간 관계는 상세한 설명을 요구한다. 또한 현대 과학철학자들이 주장하는 이론, 모델, 외부 수용기관(눈, 코, 귀 등)이나 '현상'의 자극 간 관계도 상세한 설명을 요구한다. 그러한 상세한 설명과 그것에 근거하여 세워진 지식의 경계와 범위에 대한 설명은 지식과 과학에 대한 경험주의 이론의 주제를 구성한다.

경험주의가 근본적으로 증거론이라는 관점은 어떤 측면에서는 논쟁적일 것이다. 그러나 지식과 과학에 관한 다른 이론들이 증거에 대한 경험주의 설명 위에 세워졌다는 데에는 거의 의문의 여지가 없다. 로크, 버클리, 흄에 의해 옹호된 지식론은 중요한 측면에서 서로서로 다르다. 현대 경험주의 인식론은 단일한 것과는 동떨어져 있으며 그것은 전통적 인식론과 자연화된 인식론 모두를 옹호함은 물론이고 유사-토대론자들과 정합론자들의 작업도 포함한다. 그리하여 경험주의 과학철학은 또한 다양한 방법론적 접근을 포함한다(그것들 가운데 구성적 경험주의와 자연화된 과학철학이 있다). 이러한 접근들은 다양한 정도와 다양한 방식에 있어 서로서로 아주 현저하게 다르며, 흄의 경험주의에 대한 자기 선언적 상속으로서의 논리 실증주의와도 다르다.

이러한 차이에도 불구하고, '경험주의'는 여성주의 철학에서 증거와 관련한 경험주의 주제 위에 기반한 지식과 과학이론 모두를 포함하기 위해 자주 사용된다. 왜냐하면 대부분의 경우 이러한 이론들은 몇 가지 방법론적 언명을 공유하기 때문이다. 이러한 것들 가운데 영국 경험주의(그리고 그 전의 데카르트식 합리주의)에 뿌리를 둔 두 가지 방법론적 언명이 있다. 즉 이것들은 인식론적 개별주의와—과학과 지식의 일차적 장소로서 그리고 그것들에 대한 이론의 일차적 장소로서 개별자로서의(qua) 개별자를 취한다는 언명—그리고 '비인지적' 가치와 지식 사이의 견고하고 단단한 경계에 대한 언명이다.

식별할 수 있는 몇몇 분석의 갈래는 이러한 두 가지 언명에 대한 여성주의 관점을 따르는 것을 요약함으로써 이해할 수 있을 것이다. 분석의 한 갈래는 이러한 언명(그것들이 서로서로 보완하는 방식을 포함하여)을 보증하는 것과 지식과 과학에 관한 경험주의 이론을 위해 언명들이 함축하고 있는 것을 평가하는 것에 관련된다. 분석의 두 번째 갈래는 여성주의 인식론과 과학철학을 각각 발전시키기 위해 수행해 온 노력과 발맞춰 나아가면서, '여성주의 경험주의'를 방해하는 것들을 포함하여, 경험주의와 여성주의적 통찰을 지식과 융합하는 데 부여한 이러한 언명에 방해되는 것이 무엇인지 탐구한다. 여성주의자들은 또한 다른 이론들과 방법론과 실천을 정당화하기 위해 반성하고 종사해 온 이러한 언명에 의해 알려진 지식론의 방식도 탐구한다. 즉 진보적 정치이론, 예를 들어 과학적 객관성의 개념들은 과학적 실천에 영향을 끼쳤고, 과학의 인지적 권위를 보증하는 데에도 종사해 왔다. 그리고 분석의 몇몇 갈래에 기초하여 여성주의자들은 '메타방법론적'인 문제로서 적절하게 서술된 것을 연구하도록 인도되었다. 이들 가운데 철학적 방법론의 경험적인 유입과 규범적인 유입 그리고 그것들을 평가하는 데 사용된 기준들이 그것들이다.

인식론적 개별주의

많은 여성주의 철학자들은 영국 경험주의에서 작동하는 전체 가정들 내에서 지식과 그것에 대한 이론이 놓여 있는 곳으로서 개별자를 택하는 경험주의적 언명(commitment)의 기원을 찾아낸다. 여기서 그 가정이란 경험과 경험에 의해 촉발된 '심적 대상들'('감각'이나 '인상' 그리고 '관념')은 개별자로서의 개별자의 속성이나 특성이며, 개별자들의 '주체'에 즉시 접근하기 쉽다는 것이다. 또한 경험이란 대체로 수동적이며, 그것은 '적절하게 맥락지워진' 개별자들에게 원리상으로 적어도 유사하다는 가정이다. 그리고 인식 행위란 그 자체 '개별적 인식주체의 심적 행위'라는 가정이며(Addelson & Potter, 1991)—혹은, 좀더 일반적인 용어로 말하자면 개별자로서의 개별자가 성취하여 얻어낸 성과이다. 이러한 가정들에 의거한다면, 몇몇 여성주의자들은 인식 행위란 "필연적으로 사회적 전제 조건을 갖지 않을" 것이라고 주장한다(Jaggar, 1983, 355면). 근대 정치이론, 윤리학과 형이상학에서 그들의 대응물들과 마찬가지로 지식과 과학에 대한 전통적 경험주의 이론 영역을 구성하는 개별자들은 자기 충족적이며 자동적이다(Alcoff, 1988; Code, 1991; Harding, 1986; Jaggar, 1983; Scott, 1992. 그리고 Bordo, 1987; Lloyd, 1984; Scheman, 1993a 참조).

영국 경험주의가 옹호하는 지식론에서 핵심을 이루고 있는 '관념'은 논리 실증주의에서는 물론 '감각자료'에 그 자리를 내주었고, 몇몇 현대 경험주의 인식론에서는 '믿음'과 '명제'에 양보했고, 자연화된 인식론과 자연화된 과학철학에서는 '두뇌 상태'와 행동 그리고/혹은 '인지 과정'(예를 들어 의사결정)에 자리를 내주었다. 이러한 대상들은 또한 개별자로서 개별자에 귀속된다. 그리고 몇몇 현대 경험주의자들은 소위 기본적인 감각 경험조차도 대체로 현재 통용되고 있는 이론에 의해 구성되었고 가능해졌다고 주장하는 반면, 여성주의자들은 개별주의에 달려 있는 언명을 반영하는 특수한 방법과 강조점을 지적한다. 분석 인식론에서 개별주의는 (어떤 개별적 인식주체를 상징하기 위해 이해된) 주어 'S'가 '명제 p'를 알기 위한 필요충분조건을 마련하는 것에 강조점을 두고 있다고 여성주의자들은 주장한다(Dalmiya & Alcoff, 1993; Code, 1991; Duran, 1991). 후기 논리 실증주의 과학철학에서는 소위 발견의 맥락이라 불리는 것에 주의를 기울이지 않았고, 소위 정당화의 맥락이라 불려지는 것에 대한 설명을 부각시키는 논리적 관계를 강조하였다(Harding, 1986; Longino, 1990; Potter, 1993). 그리고 자연화된 인식론과 자연화된 과학철학에 있어서는 경험 심리학과 인지과학을 강조하였다(Addelson, 1993; Duran, 1991; Nelson, 1995).

여성주의 철학자들은 인식론적 개별주의와 연계된 심적 대상과 심적 과정에 대한 가정들이 지식과 과학의 경험주의 이론을 위해 중요한 결과를 초래한다고 논의한다. 그 중 하나는 개별자로서의 개별자에 귀속된 대상과 과정들 위에 지식이나 과학 이론을 세운 결과 상호주관성과 경험과 지식 주장의 신뢰성을 보장하기 위해 부가적 가정들이 요구됨을 몇몇 여성철학자들은 지적한다.

이러한 것들을 보장하기 위해 취해진 몇몇 가정들은 인식론적 '주체'나 인식주체와 관련된 것이다. 논리적 추론과 감각 경험을 수행하는 인식주체의 능력은 차치하고서, 경험주의 이론에서 형상화된 '인식주체'는 대체로 얼굴 없고, 맥락도 없다고 여성주의자들은 주장한다. 인식주체는 그의 체현으로부터 추상화되었고(감각 수용기관과 두뇌 상태는 제외하고), 그의 특수한 사회적 역사적 지위(인식주체의 젠더를 포함하여)로부터 추상화되었고, 그리고 적어도 인식주체의 인지 행위에 있어 그의 감정, 관심과 가치로부터 추상화되었다. 말하자면 이러한 것들 중 어느 것도 개별자가 무엇을 알고 어떻게 아는지와 관련하여 채택되지 않는다(Alcoff & Potter, 1993; Bordo, 1987; Code, 1991; Jaggar, 1983, 1989; Nelson, 1990; Scott, 1992. 그리고 Baier, 1993b 참조). 근대 인식론(Addelson, 1993)에서 '견고한 배경 지위'를 즐기고 있는 한 형태로서 그렇게 구성된 인식주체는 일종의 상대주의를 배제하는 것처럼 보인다(즉 '어느 S'든지간에 원칙상 "S는 명제 p를 안다"라는 명제의 주어이다). 그리고 이러한 방식과 다른 방식에 있어, 그것은 종합적 지식론, 즉 모든 지식주장을 위한 필요충분조건을 구체화하는 것이 가능하다는 가정을 지지하는 것처럼 보인다(Alcoff & Potter, 1993; Code, 1991; Duran, 1991).

원칙상 인식주체들을 상호교환 할 수 있다는 관점은 몇몇 형태의 상대주의를 배제할지는 모르나 모든 종류의 회의주의를 배제하기에는 충분하지 않다. 또한 무엇이 알려지는가에 대한 가정이 요구된다. 다음 절에서 살펴보게 될 한 가지 가정은 지식과 비인지적 가치들 사이에 경계가 있다는 것이다—이는 경험주의적 거부에 의해 요청된 가정인데, 즉 가치란 경험적 통제에 종속된다는 것이다. 상대주의와 회의주의를 배제하기 위한 기능을 하는 또 다른 가정이 있다. 이것은 우리의 감각 수용기관이 [다양한 외부대상을] 구별하는 데 있어 충분히 세련되었다는 자연에 대한 독특하고 참된 이론이다(Addelson & Potter, 1991; Nelson, 1993). 논의되어진 바, 이 가정은 최상의 설명에 대한 추론의 결론으로서 기능한다. 즉 이 가정은 세계의 모양새에 대한 성공적인 예측과 상호주관성을 위한 최상의 (유일한 것이 아니라면) 설명으로서 기능한다. 여성주의자들은 이러한 논의를 비판하고, 그것들을 위해 필요하다고 인지된 개별주의에 대한 언명을 연계했다. 이러한 언명 아래서 우리는 또한 한 가지 참된 이론이 있고 그것을 위한 증거가 명료하다고 가정하지 않는 한, 경험을 예측하고 설명하는 데 있어 우리들의 개별적 성공과 우리들의 개별적 경험들끼리의 결합은 신비로울 뿐이라고 여성주의자들은 지적한다(예를 들어 Jaggar, 1983; Nelson, 1993). 영국 경험주의에 뿌리를 둔 세 번째 가정은 일종의 회의주의를 배제하기 위한 것으로서 여성주의자들에 의해 인용되었다(또한 '관찰할 수 없는' 대상에 대한 회의주의, 귀납법, 인과율, 형이상학 그리고 가치를 포함하는 다른 종류의 회의주의도 부추기기 위한 것으로서). 이 가정은 '단순' 관찰 주장이 좀더 비밀스런 주장을 위한 토대나 검문소를 합당하게 구축하는 것이며(예를 들어 일반화), 이 관찰 주장은 비교적 직설적으로 세계의 형태와 연결되어 있고, 인식 행위의 패러다임이 되는 경우들을 구성한다(Dalmiya & Alcoff, 1993; Code, 1991; Jaggar, 1983).

현대 경험주의자들 모두가 자연에 대한 독특하고 참된 이론을 가정하지는 않으며, '단순 관찰 주장'을 위한 '이론 이전' 혹은 토대적 지위를 전제하지 않거나 혹은 자극의 몇몇 특별한 영역과 개별적 주장을 연결하는 가능성을 전제하는 것도 아니다. 그러나 현대 경험주의자들이 자주 지식과 과학에 대해 제공하는 설명은 자연에 관한 '공유된' 이론이 제법 실체적인 증거로서 인식된 경험을 형성하고, 좀더 일반적으로 이론화하자면, 인식주체들은 원칙상 상호 교환 가능하다고 가정하는 것처럼 보인다고 여성주의자들은 주장한다(예를 들어 Antony, 1993; Longino, 1990; Nelson, 1990).

방금 나열한 가정들 각각은 여성주의 철학에서 비판되어 왔다. 몇몇 여성주의자들은 우리가 인간 생물학에 의해 지시된 상호의존성과 인지적 발달에 부여되는 필연적 과정을 무시한다면 그 때(Code, 1991; Duran, 1991; Jaggar, 1983) 경험주의 인식주체를 특성짓는 '자기 충족성'이 오로지 가능할 것이라고 주장한다. 여성주의자들이 지적하듯이, 사회언어적 환경과 인간 상호 간 경험은 출생 이후의 신경 생물학적 구조의 발전을 위해 요구된다. 이러한 출생 이후의 발전은 언어습득과 다른 인지적 능력을 허용하고, 다양한 감각 경험을 위한 어린이의 능력이 보살피는 사람들에 의해 제공된 것을 포함하여 그것의 환경에 의존한다는 점을 지적하는 감각결핍의 결과에 대한 연구를 허용한다(Code, 1991; Duran, 1991; Jaggar, 1983). 포스트모던 비평의 빛 안에서 인식론적으로 중요한 것인 주체와 경험을 재선언하기 위한 노력에 있어, 그리고 포스트모던 통찰의 빛 안에서 그렇게 하기 위해, 린다 알코프(Linda Alcoff)는 '역사화된 경험의 떠오르는 속성'으로써 '인간 주체성'에 대한 관점과 이미 자리를 잡은 것으로써의 양쪽 관점을 옹호한다(Alcoff, 1988, 443면). 방금 요약한 것과 같은 관점으로부터 로크, 버클리, 흄이 언급한 자기성찰의 형태가 지식론을 위한 기초로서 기여할 수 있는지 의심스럽다. 예를 들어 로레인 코드(Lorraine Code)는 이러한 자기성찰이 "다른 사람들과 일찍이 경험할 때 그것의 인식적 중요성을 일관되게 거치고 있는지" 결정적으로 의심스럽다고 주장한다(Code, 1991, 129면; Jaggar, 1983. 그리고 Baier, 1993b 참조). 그리고 코드와 다른 여성주의자들은 이러한 경험과 과정을 무시하는 것은 여성이 어린이를 보살피는 것에 일차적 책임을 지우는 문화에서 특별히 남성적 경험을 반영하는 것과 같다고 제안한다. 이러한 추론의 맥락에 따르면 로크, 버클리 그리고 흄에 의해 발전된 이론과 적용된 방법들은 인식론자들을 포함하는 인식주체들이 젠더관계를 포함하여 그들의 자리가 잡혀진 구체적인 사회적 위치로부터 추상화될 수도 있다는 가정에 도전한다(Bordo, 1987; Code, 1991; Duran, 1991; Harding, 1986; Scheman, 1993)—이는 창발적이며 맥락적인 것으로써의 자아와 경험에 대한 알코프의 관점과 궤를 같이 하는 통찰력이다(Alcoff, 1988).

관련된 맥락의 비평에서 몇몇 여성주의자들은 개별자에게 속한 '특질'이나 '속성'으로서의 믿음과 지식의 분석에 도전한다. 예를 들어 나오미 셰만(Naomi Sheman)은 믿음이나 감정같은 복합적인 심리학적 대상은 비성찰적인 몸적 상태나 자기성찰의 대상과 동일시될 수 없다고 주장한다. 셰만은 감정, 믿음, 능력들이 내적 경험과 행동의 순수한 자료에 의미를 제공하는 데 기여하는 해석의 사회적 그물망에 뿌리를 두고 있는 한에서만 인간은 '감정, 믿음, 능력 등등'을 갖는다고 주장한다(Scheman, 1983; Jaggar, 1989 참조). 위에서 지적했듯이 포스트모던 여성주의자들은 안정적이거나 토대적 실재로서의 자아와 경험에 대한 근대적 개념에 도전한다. 마지막으로, 철학적 전통의 영역을 반영하는 여성주의자들은 인식행위란 일상적 맥락과 과학과 같은 전문화된 영역 모두에서 본래적으로 사회적 과정이라고 주장한다. 이러한 논의들이 주장하는 바 우리가 지식주장이 생성되고 유지되는 실질적 상황을 연구할 때 경험과 지식 모두 역사적으로 구체적인 기준, 실천, 이론에 의해 형성되고 가능한 것이라는 점이 명백하다(예를 들어 Anthony, 1993; Duran, 1991; Harding, 1986; Longino, 1990; Nelson, 1990). 이러한 관점으로부터 "경험주체인 개별자는 자연과 문화의 경계선에서 존재로 실현되는 해석의 연결고리이다"(Longino, 1990, 221면). 그리고 그것은 경험되는 세계만큼이나 경험과 지식을 생산하는 다양한 사회적 과정이다.

여성주의 철학은 또한 단순 관찰주장이 인식 행위의 패러다임을 구성한다는 가정도 비판해 왔다. 예를 들어 코드는 '[타자를 인식하는 행위에 있어] 다차원적 다관점적 특성'과 보통 당연시 여겨지는 패러다임적 지위를 갖는 단순 관찰주장의 '놀랄 만한 단순성' 사이의 극명한 대조는 후자에서 "당연시 여겨 온 표본적 지위를 실행하는 것에 대해 의문을 제기한다"고 주장한다(Code, 1991, 37면). 브린다 달미야(Vrinda Dalmiya)와 린다 알코프는 모든 지식이 명제적이라는 가정에 도전하기 위해 여성에게 부여된 지식(예를 들어 '늙은 부인의 이야기')을 사용한다(Dalmiya & Alcoff, 1993). 그리고 앨리슨 재거(Alison Jaggar)는 근대 경험주의의 정점을 표상하는 논리 실증주의를 택하여 영국 경험주의에서 보이는 단순 관찰주장에 대한 강조와 경험주의 과학철학에서 환원주의와 관련된 언명을 비판한다(Jaggar, 1983).

여성주의자들은 또한 젠더, 인종, 계층과 같은 사회적 관계에 기초한 인지적 권위와 지식에서의 구분에 대한 그들 고유의 분석이 인식주체들의 전제된 상호교환성에 이의를 제기할 수 있다고 주장한다. 몇몇 여성주의자들은 지식의 내용에 대한 그런 식의 구분과 그것들의 결과가 고려될 때, 사회적 상황이 개별자들로 하여금 경험하고 인식할 수 있도록 만들며 또한 그것에 한계를 설정하게 한다는 점이 명백해진다고 지적한다(Alcoff & Potter, 1993; Anthony, 1993; Code, 1991; Harding, 1986; Jaggar, 1983; Scott, 1992 참조). 그리고 몇몇 여성주의자들은 그들의 분석이 상호교환성이라는 가정에 의해 명백히 여성을 배제했던 철학적 이론을 극복한 하나의 발전임을 지적하는 반면(예를 들어 Tuana, 1992), 또한 많은 여성주의자들은 이 가정이 인지적 권위 내부에서 실질적인 배제, 구분, 지식, 좀더 일반적으로는 권력간 관계가 보이지 않도록 하는 데 작용한다고 주장한다(Alcoff & Potter, 1993; Code, 1991; Harding, 1986; Jaggar, 1983; Tuana, 1992).

마지막으로 앞서 함축적으로 지적된 이유로 인해 여성주의자들은 지식과 과학 이론에 관한 전통적 경험주의와 현대 경험주의에서 작동하는 경험의 이해에 대해 비판적이다. 여성주의 학풍의 렌즈를 통해 본다면 여성의 경험과 남성의 경험은 그것들의 '소유자'들에게 '투명하거나' 보편적인 것도 아니고 교정할 수 없는 것도 아니게 보인다. 그리고 실용주의와 대륙의 전통을 포함하여 다양한 전통에 관심을 기울이는 여성주의자들은 다음처럼 주장한다. 즉 영국 경험주의에서 감각 경험에 의해 직접적으로 자극된 '관념에 대한 강조, 논리실증주의에서 '감각자료'에 대한 강조(혹은 감각자료에 관한 보고를 구성하기 위해 취해진 '관찰명제'), 그리고 최근의 경험주의에서 '외부 수용기관의 자극', 행동 그리고 '현상'에 대한 강조는 경험에 관한 궁핍한 이해를 결정적으로 보여 준다(Alcoff, 1988; Code, 1991; Soctt, 1992; Seigfried, 1993b).

지식과 가치

"당위는 사실로부터 추론될 수 없다"라는 흄의 신조와 모든 의미있는 주장은 감각경험이나 감각경험에 대한 명제로부터 추론되거나 혹은 단어의 의미에 대한 주장이라는 그의 더욱 일반화된 신조는 경험주의 전통 내부에서 가치에 관한 강한 회의주의에 서명하게끔 했다. 일반적으로 지식과 과학에 관한 경험주의 이론은 한편으로는 사실과 지식 간의 견고하고 단단한 경계를 요구하거나 가정하며, 다른 한편으로는 비인지적 가치를 요구하거나 가정한다. 앞서 지적했듯이 지식과 가치 간의 경계는 부분적으로 상호주관성과 지식주장의 신뢰성을 보증하도록 기능한다. 가치란 경험적 강제나 통제에 종속되지 않는다는 가정이 주어진다면, 가치는 상호주관성을 위협하는 듯하며 가치가 제공하는 이론이나 이론화하는 어떤 과정과 타협하는 듯하다.

여성주의자들이 주장하듯이 흄의 신조가 결과하는 한 가지 중요한 점은 객관성이란 가치중립성과 연계되어 있다는 것이다. 산드라 하딩(Sandra Harding)은 어떤 사회적 언명에도 신세지지 않지만 그러나 명석판명한 진리를 위한 자율적인 탐구로서 "로크와 흄이 '탈육체화된'[인간의 마음]이라고 취한 것의 행위와 본성에 관한" 그들(그리고 그들 이전의 데카르트)의 반성에서 이러한 객관성이라는 개념의 기원을 찾는다(Harding, 1986, 140~1면. 그리고 Baier, 1993b; Hodge, 1988 참조). 앨리슨 재거는 과학적 객관성에 관한 실증주의 개념이 명백하게도 다음과 같은 가정 위에서 세워진다고 주장한다. 즉 그것은 "가치, 관심, 감정 등이 과학적 작업을 방향지우는 것으로부터 방해받지" 않는 한 상호주관적 동의는 불가능할 것이라는 가정이다(Jaggar, 1983, 356면; Harding, 1986; Longino, 1990 참조). 참으로 흄적 경험주의와 실증주의적 경험주의의 중요한 주장(예를 들어, 분석/종합 구분, 일관적인 '이론 이전' 경험의 가능성 그리고 개별 명제가 이론으로부터 독립해 있는 경험적 내용물을 갖는다는 신조)을 거부하는 현대 경험주의자들조차도 가치가 경험적 통제에 종속하지 않는다는 근거 위에 있는 과학과 가치 간 경계를 계속하여 요구한다(예를 들어 Quine, 1981을 보라).

모든 여성주의 철학자들이 공공연하게 사실/가치 구분을 거부하는 것은 아니나, 많은 이들은 경험주의 전통을 특징짓는 가치에 대한 회의주의에 대해 비판적이고, 회의주의가 기여한 객관성과 지식개념에 대해서도 비판적이다. 그들 중 몇몇은 과학에서의 많은 연구 분야를 포함하여 많은 분야에서 '가치가 부여된' 주장과 '경험적' 주장 간 경계를 유지하기란 어려운 일이라고 말한다. 그리고 많은 사람들은 가치중립성이 '좋은' 지식이나 과학을 위한 리트머스 시험이 아니라는 여성주의 학풍이 내포하는 바를 택한다. 두 방향에서의 논쟁에는 공통점이 있다. 첫째는 일상적 지식과 전문적 지식의 내용, 방법, 범주에 대한 여성주의 분석이 사회적 믿음과 가치가 실체적으로 두 지식 모두를 형성하며, 과학과 다른 분야에서 생성된 지식이 사회적 관점과 경험을 형성한다는 점을 지적한다(예를 들어 Alcoff & Potter, 1993; Code, 1991; Harding, 1986; Jaggar, 1983; Longino, 1990). 두 번째 논의에 따르면 우리는 더욱 엄격한 방법론적 통제가 사회적 믿음과 가치를 '걸러내기' 위해 요구된다는 여성주의 과학 학풍의 교훈을 택할 수 없다는 것이다. 왜냐하면 사회적 믿음과 가치가 다양한 연구 프로그램과 이론을 제공하는 여성주의 과학자와 과학 이론가에게 그리고 그들이 옹호하는 대안들에 대해 비평을 유발시키고 정보를 주기 때문이다(Harding, 1986; Jaggar, 1983; Longino, 1990; Nelson, 1990). 이러한 관점으로부터 과학지식을 포함하여 지식의 본래적 가치중립성이라는 개념은 재고될 필요가 있다. 그 개념은 "경험, 추론 그리고 탐구하는 주체라는 부적절한 개념"에 의존하기 때문이다(Longino, 1990, 222~3면, *Synthese* 104(3) 참조).

결론

여기서 논의된 두 가지 경험주의 언명에 문제가 있다는 점에 대해 여성주의 철학자들 간에 충분히 고려할 만한 동의가 있다는 것이 앞서서 제안되었다. 그러나 다른 철학적 전통에 근거한 여성주의 관점처럼, 철학적 경험주의에 근거한 여성주의 관점은 훨씬 덜 단선적이다. 그것은 개방적이고 경쟁적인 이슈이다. 예를 들어 경험주의가 그것의 역사적 언명으로부터 지식과 비인지적 가치 간 경계로 혹은 개인주의로 분리될 수 있는 것인지와 같은 문제이다. 몇몇 여성주의자들은 증거에 대한 경험주의 논제, 이러한 방법론적 언명과 그것들이 이끄는 주장들과 이러한 그리고 다른 이유들로 인해 대안으로서 지식과 과학에 대한 비경험주의적 이론을 옹호하는 것 사이의 필연적인 관계를 주장해 왔다(예를 들어 Harding, 1986; Jaggar, 1983). 다른 이들은 경험주의를 양쪽 방법론적 언명으로부터 분리할 수 있다고 주장해 왔고 또 어떤 이는 전통적 경험주의와 현대 경험주의에서 지식과 과학에 대한 여성주의 이론화를 위한 중요한 원천이 있다고 주장한다. 예를 들어 그 원천은 흄의 작업에(예를 들어 Baier, 1993b; Hodge, 1988), 헤서(Hesse)의 작업에(Potter, 1993), 자연화된 과학철학과 인식론에(예를 들어 Addelson, 1993; Anthony, 1993; Duran, 1991; Nelson, 1990) 그리고 구성적 경험주의에 존재해 있다(예를 들어 Campbell, 1994; Longino, 1990).

자아, 경험 그리고 증거를 포함하여 경험주의 지식론에 중심이 되는 개념들에 대한 적절한 개념화와 관련한 어떤 의견의 일치도 존재하지 않는다(예를 들어 Alcoff, 1988 ; Scott, 1992 참조).

마지막으로 여성주의자들은 일반적으로는 인식론이, 부분적으로는 과학과 지식에 관한 경험주의 이론이 '지식 생산자'로서 전통적으로 인지된 사람들이 사용하는 도구와 만들어낸 산물에 대해 내재적으로 보수적인지 의문을 제기한다(Addelson & Potter, 1991). 그리고 어떤 이는 부분적으로는 이 이슈와 우리가 숙고해 온 다른 것들에 근거하여 종합적인 지식론을 구축하기 위한 인식론의 목표가 원칙상 여성주의 정치학과 진지하게 양립할 수 없고 그것을 지지할 수도 없다고 주장한다(예를 들어 Code, 1991 ; Fraser & Nicholson, 1990 ; Hekman, 1990 ; Yeatman, 1990).

(최순옥 역)

4. 칸트

로빈 메이 스코트(Robin May Schott)

들어가는 말

여성주의 철학자들은 왜 칸트를 읽는가? 그가 여성을 혐오하고 육체를 경멸했기 때문에, 바바라 허먼(Barbara Herman)은 칸트를 여성주의자들이 가장 반대할 만한 근대 도덕 철학자로 묘사했다(Herman, 1993a, 50면). 그러나 이러한 불행한 지위만으로는 이 책에 칸트를 따로 떼어 [한 부분으로] 집어넣는 것을 정당화할 수 없을 것이다. 임마누엘 칸트는 이성을 부당한 권위에서부터 해방으로 나아가는 인간 진보를 위한 매개 수단으로 보는 계몽 프로그램을 가장 분명하게 말한 근대철학의 인물이다. 계몽의 프로그램은 근대 서구문화의 자기이해를 요약한다. 지식의 보편적이고 필연적인 조건을 형식화한 칸트의 객관성의 패러다임은, 인식 판단과 도덕 판단은 무관심하고 (이해관계에서 벗어나) 불편부당해야 한다는 견해를 철학적으로 정당화한다. 지식의 공평성에 대한 이러한 가정은 대학의 학제에 깊숙이 정착되어 있다. 객관성에의 추구는 철학에서 뿐 아니라 자연과학과 사회과학에서도 유력한 방법론들을 뒷받침한다. 지식이 불편부당하다는 가정은 또한 일상적인 삶의 실천을 형성한다.—다시 말해서, 신문 기사를 어떻게 가치 평가하고 판단해야 하는지에도 작용한다. 여성주의 철학자들은 근대성의 이러한 특징들과의 타협을 모색한다. 그들은 진보와 합리성이라는 계몽의 개념들이 여성들의 해방과 역량강화(empowerment)를 위한 수단을 제공하는지, 아니면 이 철학적 유산이 그 자체로 서구사회에서 여성의 역사적 종속에 기여해 왔는지에 대해 논쟁한다.

또한 칸트의 역사적 위업은 이성, 윤리학, 미학 그리고 정치학에 대한 근대적 토론의 체계적 토대를 제공하는, 그의 저작의 범위에 기인한다. 그의 철학은 또 당대 포스트모던 논쟁의 주축이 되어 왔다. 현대 철학자들은 미학에 관한 칸트의 후기 저작들이 《순수이성비판》에서 나타나는 감정, 상상력 그리고 주체성에 대한 그의 관점에 근본적인 변화를 가져왔는지 여부에 대해 논쟁한다. 많은 철학자들은, '주체의 철학' 에 대한, 즉 안정적이고 일관된 자아가 존재하며 이 자아는 자신의 과정과 자연의 법칙에 대해 통찰할 수 있는 특권적인 이성의 형식을 보유한다는 견해에 대한 포스트모던 비판에 의해 영감을 받았다. 그들에게는 칸트의 첫번째 비판서보다, 《판단력 비판》이 자아의 창조적 과정에 대해 보다 복합적인 이론의 증거를 제공하는 듯하다. 다른 한편, 계몽의 유산에 헌신적인 철학자들은 칸트에게서 포스트모더니즘의 어지러운 바람에 저항하는 성채를 마련해줄 수 있을 철학적 진리의 확실성을 구한다. 첫번째와 두 번째 비판서에서 [보여지는] 지식과 도덕성의 조건에 대한 칸트의 분석은 보편성에의 요구를 고정시킨다. 칸트에 대한 관심의 르네상스 한 가운데에서, 여성주의자들의 목소리가 들리도록 하는 일이 시급하다.

《순수이성비판》(1787)에서 칸트는 자신의 철학적 혁명을 코페르니쿠스(Copernicus)의 혁명에 비유하여 기술(記述)한다. 이전에 형이상학자들이 인간 지식을 대상에 일치시키려고 애써온 반면, 칸트는 대상을 인간의 지식에 일치시키려고 애썼다. 이 방법을 통해서만 선험적 지식, 즉 경험에 앞서며, 경험으로부터 독립적인 지식이 존재한다는 사실은 증명될 수 있었다. 코페르니쿠스적 전환은 인식하는 주체의 활동성을 인식의 중심에 위치 지운다. 칸트의 철학적 혁명은 헤겔과 프랑크푸르트 학파의 비판이론에서 [한걸음] 더 나아가게 될 비판 개념의 발전을 위한 길을 열었다. 인식주체의 활동성으로 인해 지식이 가능한 까닭에, 이성의 비판은 자기-인식(self-knowledge)으로서 가능하다(Benhabib, 1986, 45면). 인간의 활동성이 비판에 권능을 부여하는 조건이라는, 칸트와 칸트 이후의(post-Kantian) 전통 양자에서 발견되는 이러한 강조는 막대한 정치적 반향을 불러일으켜 왔다. 맑스(Marx)는 인간의 활동성을 물질적인 삶과 지적인 삶을 구성하는 노동으로 정의했다. 비판 전통에 밝은 여성주의 철학자들은, 이와 같은 구성하는 활동성(constituting activity)이라는 개념이 여성주의적 젠더 비판을 위한 전제조건[이 된다]고 논증하려 했다. 생물학적 성과 젠더에 대한 여성주의적 비판이 가능한 것은 육체, 정신 그리고 이론적 범주들이 모두 인간 활동(예를 들어, 언어, 경제학, 성 정치학(sexual politics))에 의해 구성되기 때문이다.

여성주의의 전략들

철학적 여성주의의 성장은 '인간'을 남성 모델과 동일시하고, 여성을 단순히 남성과의 관계에서 [상대적으로] 정의하는, 철학적 성차별주의 역사에 대한 응답이다. 엘리자베스 그로츠(Elizabeth Grosz)는, 성차별주의가 철학적 이론 안에서 어떻게 작동해 왔는가를 분석하는 비판적 기획과, 새로운 이론, 방법론 그리고 가치를 창조하기 위한 출발점으로 전통적인 담론들을 도입하는 적극적인 기획 양자에 뛰어드는 일이 시급하다고 적고 있다. 이 적극적인 기획은 연구의 대상과 방법론을 선택할 때 남성의 경험보다는 여성의 경험을 다룬다(Grosz, 1990, 60~1면).

알려진 대로 칸트가 아내를 남편에게 종속시키는 것을 명백히 승인했고 여성들을 지적, 정치적 권리로부터 배제했기 때문에, 많은 여성주의자들이 칸트를 철학적 성차별주의의 전형으로 여기는 것은 결코 놀라운 일이 아니다. 여기에서 칸트주의 철학과 여성주의 이론 사이의 긴장은 상호적이다. 칸트는 여성주의자들이 지식 또는 윤리에 대한 보편적 물음에서는 중요하지 않은, 특정 집단과 관련된 경험적 의미와 관심(interest)에 대한 물음에 관련된다고 여길 것이다. 반면 많은 여성주의자들은 칸트와 우호적인 대화가 이루어질 수 있는 근거를 재정의하고자 시도한다. 그러나 비판자와 동조자 양자 모두에게서 나타나는 일정한 공통의 실마리가 있다. 양 집단은 칸트주의 철학에서 받아들이는 지형학에 도전한다. 그 지형학에 따르면 중심적인 철학적 관심사들은 추상적, 보편적, 초험적(transcendental)인 것으로 규정되는 반면, 육체적 실존, 감성 혹은 경험적 정체성과 관계된 이슈들은 주변적인 것으로 규정된다. 이와 반대로 여성주의자들은 생물학적 양성(sexes), 인종, 국가 그리고 인간과 자연환경 사이의 관계의 맥락에[서] 칸트주의적 물음들(예를 들어 합리적 자아, 윤리적 관계, 미적 판단 그리고 정치적 권리와 의무에 대한 물음들)을 일상적 삶의 정치학에서 발견되는 물음들로 새로이 위치지우기 시작했다. 따라서 비록 여성주의적 관점에서 칸트를 읽는 단 하나의 방법이 있는 것은 아니지만, 칸트에 대한 여성주의적 관점은—젠더, 인종, 계급, 종교 또는 지리적 위치에 근거한—다양한 형태의 억압과 차별에 대한 그들의 저항에 의해 특징 지워졌다. 몇몇 철학자들은 (예를 들어 바바라 허먼(Barbara Herman)과 애드리안 파이퍼(Adrian Piper)) 칸트 철학이 차별에 저항하기 위한 반성적 도구를 제공하는 방법을 탐구한다. 반면 다른 철학자들은 (한네로레 슈로더(Hannelore Schroder)와 로빈 쇼트(Robin Schott)) 칸트주의가 차별을 법제화하는 방식에 집중한다.

칸트를 읽는 여성주의 철학자들은 다양한 전략에 호소한다. 몇몇은 여성주의적 관심을 적극적으로 다루기 위해 칸트 철학을 전유한다. (예를 들어 Piper, 1992~3, 191면. 칸트가 타자성에 대한 개방을 통해 자신의 경험을 확장하는 합리적 인격(person)을 위한 필수적인 도구들을 제공한다고 주장한다.) 다른 이들은 칸트 철학의 내적 모순을 조사한다. (예를 들어 Schott, 1996, 477면. 보편적인 계몽에 대한 그의 요청과 그가 계몽에서 여성과 노예를 제외한 것 사이의 모순을 보여 준다.) 반면 다른 이들은 칸트 철학을 넘어서기 위해 칸트 철학의 도구들을 사용한다. (예를 들어 Kneller, 1997. [그녀는] 상상력에 대한 칸트의 논의는 칸트 자신이 부여한 것보다도 더 만족스러운 윤리적 주체성 개념에로 이끌어 질 수 있다고 주장한다.) 그러나 급진적, 자유주의적, 맑스주의-사회주의적, 또는 포스트모던 여성주의라는 여성주의에 대한 전형적인 분류에 맞춰 칸트에 대한 여성주의적 독서의 지도를 그리는 것보다 더 쉬운 방법은 없다. 급진적 여성주의자들은 칸트를 가부장적 여성차별주의 사상의 전형이라고 비판할 수 있다. 또한 성적 욕구를 일으키는 대상화에 대한 그의 지적을 여성의 성적 대상화에 대한 급진적 여성주의 비판과 공명하는 것으로 볼 수도 있다(칸트의 《윤리학 강의》(*Lectures on Ethics*)와 안드레아 드워킨(Andrea Dworkin)의 《성교》(*Intercourse*)를 비교한 바바라 허먼을 보라. Herman, 1993a, 56면). 자유주의적 여성주의자들은 인식주체와 윤리주체라는 칸트의 개념에 여성을 포함시키고자 시도할 것이다. [그러나] 그의 개체성(individuality) 개념은 잘 작동하는 민주사회에서 요청되는, 가장 좋은 공동체에 기여할 수 없다고 주장할 수 있을 것이다(아넷 바이어(Annette Baier)의 토론을 보라. 1993a, 228~48면). 맑스주의-사회주의에 의해 영감을 받은 여성주의자들은 칸트가 자본주의 사회에서의 개인의 소외와 대상화를 잘 표현했다고 볼 것이다(Schott, 1988을 보라). 또는 물자체에 대한 그의 개념이 동시대의 실존성의 한계를 초월할 수 있는 지식에 대한 전망을 보유하고 있다고 주장할 [수도 있을] 것이다(Goldmann, 1971, 157면을 보라). 포스트모던 여성주의자들은 칸트를 '주체 철학'의 전형적인 대변인으로 보거나(Flax, 1990, 43면을 보라), 아니면 주체성에 대한 보다 복잡한 독서를 시작할 수 있도록 한 철학자로 볼 것이다.

합리성 논쟁

칸트주의적 합리주의에 대한 여성주의자들의 토론은 객관성과 이성에 대한 여성주의 논쟁의 일반적인 맥락에 위치 지워질 수 있다. 많은 이론가들은 철학의 역사에서 이성은 (인간의 얼굴이라기보다는) 가부장적인 남성의 얼굴을 가지고 있다고 주장한 제네비브 로이드(Genevieve Lloyd)와 같은 철학자들의 주장에 의해 자극 받았다(Lloyd, 1984). 엘렌 씨수(Hélène Cixous)는 서구 문화에 새겨진 위계적인 이분법이 남성/여성이라는 [개념] 쌍과 연결되어 있다는 것을 예증하기 위해 다음과 같은 대립쌍들을 불러낸다: "능동성/수동성, 태양/달, 문화/자연, 낮/밤, 아버지/어머니, 머리/가슴, 지성/감성, 로고스(Logos)/파토스(Pathos)"(Cixous, 1986, 63면). 그녀의 관점에 의하면 이성의 모든 구조에는 젠더 위계가 스며 있다. 이성은 여성 그리고 전통적으로 여성과 연결된 모든 것—수동성, 자연, 감성 그리고 육체적인 과정—을 주변화 하는 체계에 포함되어 있기 때문이다.

칸트를 읽는 여성주의 철학자들은 두 가지 축에서 이성의 남성성에 대해 논쟁해 왔다: 계몽적 합리성에 관한 논쟁과 보편성에 대한 논쟁이 그것이다. "너 자신의 이성을 사용할 용기를 가져라!"라는 칸트의 경구는(Kant, 1963, 3면) 이성의 사용과 증진 그리고 지식의 확장을 통해 진보가 가능하다는 계몽의 관점을 위한 모토였다. 여성주의 이론가들은 특히 계몽의 문제와 관련하여 싸워 왔다. 몇몇 이론가들은 일반적인 계몽의 전통, 특히 칸트 철학이 개인의 이성, 진보 그리고 자유를 위한 토대를 제공한다고 주장한다. 그리고 이성, 진보, 자유는 여성해방 담론과 여성이 쟁취한 정치적 획득물을 위한 전제조건이라고 주장한다. 그들은 역사적으로 계몽이 공적으로 이성을 발휘하는 데서 여성을 배제해 왔지만, 이제 이 역사적 기획은 배제된 집단들을 포함함으로써 완전해질 수 있다고 주장한다(Flax의 토론을 보라. 1990, 42면). 다른 여성주의자들은 칸트가 [외적인 힘에 의해] 보호 지도를 받는 것으로부터 스스로 자유로워지는 인간성에의 요청에서 명시적으로 여성을 배제한 것은, 계몽의 합리성은 그 자체로 고도로 성별화되어 있으며, [이러한 생각이] 합리성으로부터 감성을 배제하는 것을 전제하고 있고, 또 여성을 제어하기 힘든 감성과 관련짓는 것을 전제하고 있다고 강조한다(Schott, 1996, 478면).

계몽에 대한 논쟁은 더 일반적으로는 현대 여성주의 논쟁에서 보편자의 지위에 대한 논쟁과 연관된다. 몇몇 여성주의자들은 보편적 이성 또는 도덕적 동의를 위한 형식적 조건을 이해하는 것은 지식과 도덕 판단에 대해 일관된 주장을 하기 위한 전제조건일 뿐 아니라, 인격의 상호 인정 위에 세워진 사회의 건강한 기능을 위한 전제조건이라고 주장한다. 이 관점에서 합리성의 형식주의는 단순히 엄밀성을 요구할 뿐 아니라, 합리적으로 대응하고 새로운 경험으로부터 배우는 능력을 위한 조건을 설명할 수 있고, 따라서 낯선 것에 대한 공포로 인한 (외국인 혐오증적인) 두려움에 맞서기 위한 도구를 제공할 수 있다(Piper, 1992~3, 191면). 그러나 다른 여성주의자들은 이른바 이성의 '보편적 조건'에 대한 주장이 [실은] 사회 안에서 지배적인 사회집단의 경험을 반영하기 때문에 진리에 대한 초험적이고 초역사적인 주장의 타당성을 [오히려] 손상한다고 강조한다. 제인 플랙스(Jane Flax)는 다음과 같이 적고 있다: "칸트의 자아가 그 '자신의' 이성과 방법론—그 방법론을 통해 이성의 내용이 나타나고 자명해진다—이라고 부른 것은 소위 현상적 자아보다 경험적 우연성에서 더 자유로운 것은 아니다"(Flax, 1990, 43면). 나아가 칸트주의적 객관성은 서구 문화가 금욕주의라는 형식에 참여한 하나의 표명으로 볼 수 있다. [금욕주의는] 여성의 사회적 주변화를 요구할 뿐 아니라, 역사적으로 여성과 동일시되어 온 감성과 감각의 실존적이고 인식적인 억압을 요구한다(Schott, 1988). 마지막으로 칸트주의적 합리주의는 어떤 특정한 관점의 외부에서 신적인 관점을 요구하는 불편부당성의 선언으로 보일 수 있다. 따라서 어떤 개인적 관점에서 특수한 관심 또는 느낌을 판단하는 개인의 능력을 훼손하는 것으로 볼 수 있다(Young, 1990b, 96면).

윤리학적 논쟁

칸트의 윤리이론은 칸트에 대한 여성주의적 작업에서 가장 폭넓은 집중을 받아왔다. 합리적 개인의 자율성을 고려하는 칸트의 관점은 주제적으로 여성주의자들 사이에 널리 퍼져 있는 개인들 간의 관계에 대한 관심에 닿아 있다. 몇몇은 칸트의 자율성을 개인들 간의 구체적인 관계를 손상하는 것으로 본 반면(예를 들어 로빈 쇼트(Robin Schott)), 다른 이들은 칸트주의적 자율성을 이러한 관계들의 번영을 위해 필수적인 것으로 본다(예를 들어 마르시아 바론(Marcia Baron)). 도덕 법칙에 대한 존중 위에 세워진 칸트의 정언명령(categorical imperative)은 윤리학의 형식주의적 해석의 근원이었다. 《도덕 형이상학의 기초》(*Foundations of the Metaphysics of Morals*)에서 칸트는 다음과 같이 적고 있다. "나는 나의 격률(maxim)이 보편적 법칙이 될 수 있도록 의지할 수 없는 방식으로는 결코 행위 하지 않을 것이다"(Kant, 1959, 18면). 칸트의 도덕철학은 합리적 존재인 개인에 대한 존중을 요구하며, 개인의 인격을 어떠한 [다른] 목적을 위한 수단으로 다루는 것에 대해서 경고한다. 그리고 도덕적 판단에서, 도덕 법칙에 대한 존경의 감정을 제외한 어떠한 감성의 역할도 반대한다.

칸트에 대해 쓴 여성주의 윤리학자들은 우선 두 가지 주제에 관심을 가졌다. '보살핌의 윤리'에 대한 논쟁과 자율성에 대한 논쟁이 그것이다. '보살핌의 윤리학자들'은 캐롤 길리건(Carol Gilligan)의 책, 《다른 목소리로: 심리학 이론과 여성의 발달》(*In a Different Voice: Psychological Theory and Women's Development*)(1982a)에서 영감을 받았다. 이 책에서 길리건은 도덕 발달에 대한 일반적인 심리학 이론은 명백하게 남성적 편견을 드러낸다고 주장한다. 그들은 오로지 정의와 권리에 주목할 뿐이며, 많은 여성들이 표명한 보살핌과 책임감에 대한 관심은 가치평가 절하한다는 것이다. 길리건의 작업에서 자극을 받은 여성주의자들은 도덕 판단이 얼마나 맥락적 인지에 초점을 맞춘다. 그들은 관계의 세부사항에 몰두한다. 그리고 사회적 관계로부터 분리되고 [사회적 관계가] 새겨지지 않은 자아보다는 '구체적인 타자'를 전제로 한다(Benhabib, 1992, 159면).

보살핌의 윤리에 대한 논쟁에 참여한 여성주의자들은 서로 다른 관점에서 칸트에 접근한다. 몇몇은 칸트주의 철학의 도덕적 보편주의가 보살핌의 윤리학의 관심과 모순되지 않는다고 주장한다. 예를 들어 헤르타 나글-도체칼(Herta Nagl-Docekal)은 윤리성의 형식적 규칙은 보편주의자와 급진적 개인화 양자에서 이해될 수 있으며, 칸트의 윤리학은 그들의 젠더 때문에 예속된 여성을 윤리적으로 부당하게 대하고 있음을 확인하는 데 중요한 도구가 될 수 있다고 주장한다(Nagl-Docekal, 1997). 다른 한편 샐리 세지윅(Sally Sedgwick)은 윤리 법칙에 대한 칸트의 형식주의적 개념이 이성과 자연이라는 그릇된 이분법에 기초하고 있으며, [이 이분법은] 보살핌의 윤리학자들이 윤리성에 대한 그들의 고려 속에서 통합하고자 시도한 인간 삶의 복합성을 이해하는 데 적절치 못하다고 주장한다(Sedgwick, 1990a, 60~79면).

다른 여성주의자들은 여성주의적 보살핌의 윤리학 [자체]에 대해 비판적이다. 클라우디아 카드(Claudia Card)는 보살핌의 윤리학에 의해 고양된 가치들은 여성들 자신이 학대(abused) 당하기도 하지만 스스로 학대하는 자(abuser)가 되기도 하는, 학대의 현실을 포괄할 수 없다고 논증한다. 또한 이 윤리적 관점은 단지 권리 박탈의 역사를 통해 여성들에게 행해진 윤리적 손상을 분명히 표현할 수 있을 뿐이라고 주장한다(Card, 1988, 125~35면). 이러한 관점에서 여성주의 윤리학자들은 도덕 운(moral luck), 개인의 분리 또는 자율성의 개념들을 이해하는 데 관심을 갖는다.

몇몇 여성주의 윤리학자들은 가부장적 사회 구조는 역사적으로 여성의 자율성을 박탈했다고 주장한다. 그리고 그들은 발전 도상에 있는 자기-결정과 책임을 통찰하기 위해 칸트에게로 눈을 돌리는 듯하다. 이와는 달리 많은 보살핌의 윤리학자들은 자율성이라는 칸트의 개념이 탈 육체화되고, [육체에] 새겨지지 않은 개인 관념을 전제하고 있다고 강조한다. 그리고 [이들은] 자율성은 타자와의 개별적인 관계 안에 위치지워진, 자아의 구체적인 특성들을 고려하기 위해 교정되어야 할 필요가 있다고 주장한다(Rumsey, 1977). 여전히 다른 여성주의자들은 자율성이 아니라, 타율성, 개인들의 상호의존성 그리고 집단성의 윤리적 지위를 강조하는, 새로운 개념 혁명이 요청된다고 주장한다(Schott, 1996, 481면). 그리고 또 다른 여성주의자들은 자율성의 개념을 논하기 위해, 그것의 합법성의 구성요소들을 분석하기 위해 그리고 여성과 남성이 윤리 법칙에 다르게 관계 맺고 있는지 여부를 연구하기 위해 정신분석학적 도구들을 사용한다(David-Ménard, 1997).

미학에서의 논쟁

칸트의 《판단력 비판》은 칸트에 대한 관심의 현대적 부활에서 중심을 이루어 왔다. 미학에 대한 저작에서 칸트는 첫번째 비판서에서 지배적이던 자연에 대한 기계론적인 개념으로부터 멀리 떨어져 나온다. 《판단력 비판》에서 칸트는 자연을 자연에 대한 과학적 분석에서 생략된 주관적 목적과의 관계 안에 새로이 위치지우고자 시도한다. 그리고 인식의 법칙적인 작업과는 반대로 상상력의 자유로운 놀이를 탐구하고자 시도한다. 미적 대상을 경험하는 쾌감(즐거움)은 상상력과 오성의 조화로운 상호 작용에 근거하고 있다. [이 상호 작용은] 그것들이 마치 우리 자신의 목적을 위해 고안된 것 같이, 대상들을 경험하게 한다.

칸트의 미학을 논하는 여성주의자들은, 칸트의 세 번째 비판서가 주체성 내에서 감정과 체화(embodiment)의 역할을 다시 생각하게 하는 길을 연다고 보는 이들과, 이분법과 근대 서구 문화의 지배적인 특징 형식들을 [단지] 재현한다고 보는 이들로 갈라진다. 예를 들어 제인 크넬러(Jane Kneller)는 칸트의 공통 감각—sensus communis—개념은 자율성에 대한 칸트의 이해에서 공동체가 결정적임을 암시한다는 사실을 보여 주기 위해, 《판단력 비판》에 대한 한나 아렌트(Hannah Arendt)의 독법을 따른다. 이러한 관점에서, 불편부당성은 개별적인 관점들로부터의 이탈 또는 개별적인 관점들에 대한 무관심을 의미할 필요는 없으며, 오히려 만인의 장소에서 생각할 수 있는 능력을 의미할 수 있다. 크넬러는 나아가, 칸트의 미학은 타자와 더불어 생각하는 가능성뿐 아니라, 타자와 더불어 느끼는 가능성을 개시하며, 그렇기 때문에 칸트의 초기 주장을 수정하면서 윤리적 주체성 안에 상상력과 감성을 위한 공간을 마련했다고 주장한다(Kneller, 1997). 같은 생각에서 마르시아 모엔(Marcia Moen)은 《판단력 비판》이 상호주관성의 분석을 제공하고,—공통 감각에 대한 고려 그리고 감정의 장소로서의 육체를 향한 선회라는 부분에서 감정의 역할을 마련하며, 진리에 대한 절대주의적인 주장을 넘어 움직이는 이야기에서 관점과 맥락의 이해를 향한 문을 열고 있다고 읽는다(Moen, 1997).

그러나 다른 여성주의 철학자들은 칸트의 세 번째 비판서를 이분법적인 위계와 서구 문화의 권력관계를 되풀이 하는 것으로 읽는다. 예를 들어 코넬리아 클링거(Cornelia Klinger)의 주장에 따르면, 미와 숭고라는 [개념]쌍은 서구 문화에 있는 이분법의 긴 목록 중 한 부분이다. [그 목록은] 형상/질료, 정신/육체, 이성/감성, 공적/사적, 능동적/수동적, 초월적/내재적과 같은 이분법을 포함하고 있다. 이러한 모든 대립들은, 서구 문명사에서 성별화된 의미를 지니고 있는 문화와 자연이라는 이분법에 뿌리내리고 있다. 그녀의 관점에서 [볼 때], 현대 포스트모던적인 칸트 전유(專有)에서 숭고에 대한 관심의 부활은 현대문화에서의 남성주의 부활의 증거이다(Klinger, 1995, 207~24면). 다른 여성주의자들은 칸트 미학을 이데올로기-비판의 틀로 읽는다. 예를 들어 그의 미 이론, 공통 감각 그리고 쾌감이 어떻게 성적, 인종적 또는 계급적 위계를 반영하는지를 분석한다. 예를 들어 킴 홀(Kim Hall)은 칸트주의 미학의 유럽중심적 가정들을 보여주는 예들과 은유들을 조사한다. [칸트주의 미학의 유럽중심성은] '야만인'을 '문명화하는' 식민지 개척자를 찬양한다(Hall, 1997). 로빈 스코트는 칸트의 미학이론에서 쾌감의 구조가 마치 우리가 우리 자신의 목적을 위해 창조한 것'처럼' 대상을 경험한다는 생각에 기초하는 방식을 조사한다. 그리고 시장에 기초한 사회에서 좌절될 쾌감의 본성을 폭로한다(Schott, 1988, 158면).

여성과 자연에 대한 칸트의 견해

여성의 본성에 대한 칸트의 논평들은 여성주의 비판의 가장 명백한 표적에 속한다. 예를 들어 칸트는 남성의 특징과는 반대로 여성의 특징은 전적으로 자연적 필요에 의해 정의된다고 단언한다. 인간적 본성에 내재하는 합리적 잠재성과는 반대로, 여성의 경험적 본성은 자기-결정의 결여를 보여 준다. 《실용주의 관점에서 본 인간학》(*Anthropology from a Pragmatic Point of View*)에서 그는 다음과 같이 적고 있다. "자연은 태아의 보존에 관여했다. 그래서 여성의 특질에 두려움을 심어 두었다. 물리적 상해에 대한 두려움 그리고 유사한 위험에 대한 겁[을 심어두었다.] 이러한 연약함의 토대 위에서 여성은 정당하게 남성의 보호를 요청한다"(Kant, 1978, 219면). 본성적인 두려움과 겁 때문에, 칸트는 여성이 학문적인 작업에 적합하지 않다고 본다. 그는 조롱하듯이 학문을 하는 여성들은 '책을 시계 같은 것처럼 사용하는' 사람이라고 적고 있다. "즉 [시계가] 종종 깨져 있거나 올바른 시간을 보여 주지 못하더라도, 그것을 가지고 있다는 사실을 알아차릴 수 있기 위해 시계를 차고 있다"(Kant, 1978, 221면). 《인간학》에서 보여 준 칸트의 여성에 대한 견해는 《미와 숭고의 감정에 대한 고찰》(*Observations on the Feeling of the Beautiful and the Sublime*)에서의 생각과 반향한다. 이 초기 저작에서 칸트는 다음과 같이 적고 있다. "[고대] 그리스로 가득 찬 머리를 가지고 있는 마담 다시어(Mme. Dacier) 같은 여성이나, 역학에 대한 근본적인 논쟁을 이끌고 있는 마르키스 드 샤틀렛(Marquise de Chatelet)과 같은 여성은 아마도 그녀가 [소유하고자] 애쓰는 심오함의 풍채를 더 명백하게 표현하기 위해, 수염을 기르는 편이 낫겠다"(Kant, 1960, 78면). 칸트의 견해에서, 여성의 철학은 "이성에 대한 것이 아니라 감각에 대한 것"이다. 그리고 그는 "나는 공정한 성(fair sex)이 원칙이 될 수 있으리라고는 믿기 어렵다"고 덧붙인다(Kant, 1960, 132~3면). 이러한 조건 하에서 "여성들이 자신의 성향에 보다 넓고 보다 자유로운 여지를 주기 위해서, 오히려 남성이었으면 하고 바라는 것은 비밀이 아니며, 반면 어떠한 남성도 여성이 되고자 원하지 않는다"는 것은 놀라운 일이 아니다(Kant, 1978, 222면).

후기 칸트의 합리적 자율성 개념의 발전이 비록 여성의 주체적인 특질에 대한 초기의 묘사와 점점 멀어지고 있기는 하지만, 그것으로 여성에 대한 칸트의 견해를 옹호하기는 어려울 것이다. 또한 그의 여성 혐오적인 견해들을 그의 초기 [저작]의 반영으로만 간단히 결론지을 수도 없다. 예를 들어, 칸트가 살던 쾨닉스베르그(Königsberg)의 시장이자 칸트의 동료이며 친구였던 법률가 테오도르 폰 히펠(Theodor von Hippel)은 여성의 동등한 인권과 시민권의 대변인이었다. 따라서 여성에 대한 칸트의 견해는 그의 시대에 대한 반성으로 보아야만 할 것이다. 한네로레 슈로더는 남성에 대한 여성의 자연적인(본성적인) 열등성이라는 칸트의 인간학적 원칙은 《도덕 형이상학》(*The Metaphysics of Moral*)의 첫 부분인 《법률학》(*Rechtslehre*)에 반영되고 있다고 주장한다. [법률학은] 혼인에서 남편의 재산으로 여겨지는 여성의 지위를 정당화한다고 그녀는 주장한다(Schroder, 1997). 슈로더의 논의는 논쟁적이다. 칸트가 결코 여성을 재산으로 정의한 적은 없다고 그녀가 인정을 하기는 한다. 그러나 칸트의 설명에서 여성은 시종일관 인격으로 보일 수 없다는 점을 논증하기 위해, 그녀는 남성 가장이 아내와 딸들 위에서 부여잡고 있는 권력을 칸트가 정당화한다는 점과 여성에 대한 남성의 자연적인(본성적인) 우월성이라는 칸트의 견해를 들여다본다. 따라서 그녀의 견해에 따르면 여성에 대한 그의 논법은 인격을 존중하는 칸트의 보편적 원칙을 헛수고로 만든다. 보다 호의적으로 바바라 허먼은 칸트가 혼인의 정치적 제도를 통해 구체화되는 성관계의 도덕적 틀 걸이를 확립하고자 애쓴 것으로 해석한다. 따라서 허먼은 칸트가 아내를 남편의 재산으로 다루었다는 해석을 거부한다. [그러나] 혼인에 대한 이와 같은 관점은, 칸트가 추구했던 것처럼 성관계 고유의 자율성을 바로잡아 주기보다는, 오히려 그 자율성에 대한 폭력적 손상으로 비춰질 것이다. 칸트 철학에는 배우자 강간과 학대를 정의하고 금지할 개념적인 울타리가 없다(Herman, 1993a, 55~7, 63면). 윤리적이고 법적인 관점에 덧붙여, 우리는 여성에 대한 칸트의 견해를 정신분석학적 관점에서 접근할 수 있다. 예를 들어 사라 코프만(Sarah Kofman)은, 칸트의 윤리학 저술을 포함하여, 본질적으로 여성에 대한 남성의 존경은—예를 들어, 어린아이의 그녀/그의 어머니에 대한 존경과 같은—존경의 원초적인 관계에 대한 흔적을 지니고 있다고 주장한다. 코프만에 따르면, 이러한 관계는 그녀의 권력에 의해 분쇄되지도 않고, 또 그녀의 연약함을 들추어내지도 않기 위해서, 여성과 거리를 유지하고자 하는 욕망을 포함한다. 그러나 이러한 존경의 거리[두기]를 위해 지불해야 하는 대가는, 칸트 자신의 독신자로서의 삶으로 특징지어지는 감각적 쾌락의 상실이다(Kofman, 1982, 383~404면).

비록 대부분의 여성주의자들이 칸트가 여성을 자연과 결합시키고 종의 생존과 연관 짓는 것이 가부장제 이데올로기의 한 예라고 보지만, 홀리 윌슨(Holly Wilson)은 생태여성주의자의 관점에서 여성을 자연과 연관 짓는 것은 긍정적인 상호의존이라고 주장한다. 그녀는 종을 보존하는 여성의 역할에 대한 칸트의 언급은 넬 나딩스(Nel Noddings)와 같은 여성주의자에 찬성하는 것일 수 있다고 암시한다. [넬 나딩스는] 자신의 아이를 보호하기 위한 어머니의 보살핌을 윤리학의 원천으로 받아들인다. 나아가 생태여성주의자들은 칸트의 자연에 대한 고려를 상호 연계된 목적의 체계로, 호의적으로 본다. 자연에 대한 그의 이론은 자연을 상호 연계된 관계의 생태 체계로 보는 견해와 제휴할 수 있다. [그 체계에서] 인간 존재는 자연으로부터 분리된 것, 또는 자연보다 상위의 존재로 고립되어 있는 것이 아니라, 자연 체계 내의 공동 일원이다(Wilson, 1997).

결론

현재 칸트에 대해 쓴 모든 여성주의 철학자들을 포괄할 도리는 없다. 하지만 칸트에 대한 여성주의자들의 논쟁의 일반적 특성을 요약하면서, 나는 다음과 같은 질문들을 제기하고자 한다. 칸트에 대한 여성주의 해석들이 칸트 연구에 기여한 바는 무엇인가? 그것들이 여성주의 철학에 기여한 바는 무엇인가? 그리고 만일 무엇인가 기여한 바가 있다면, 그것들은 보다 일반적으로 사회적인 삶에 무엇을 기여했는가?

우호적이든 비판적이든 칸트의 여성주의 독자들은 전래된 논쟁의 지형을 변형시켰다. 칸트 학자들이 전형적으로 해 오던 바처럼 단순히 칸트의 내적, 철학적 규준을 다루기보다 여성주의 독자들은 칸트 분석의 출발점으로 여성주의 철학에서 출발하는 관심을 다루어 왔다. 칸트에 대한 여성주의 해석들은 철학을 다시 젊어지게 하는 하나의 예이다. 그것은 여성들이 역사적으로 그들을 배제해 온 대화에 참여하기 시작할 때 일어난다.

칸트에 대한 여성주의적 독서는 또한 보다 일반적으로 여성주의 철학에 중요한 기여를 한다. 이와 같은 독서는 역사적인 자기-의식 작업의 중요한 일부분이다. 엘리자베스 스펠만(Elizabeth Spelman)이 《비본질적 여성》(*Inessential Women*)(Spelman, 1988, 6면)에서 강조한 바처럼, 만일 여성주의자들이 스스로 거리를 두고자 하는 그 철학적 전통에 대해 충분히 알지 못한다면, 그들은 자신이 표면상 거부해 온 전제들을 되풀이하게 된다. 나아가 칸트 독서에 참여한 여성주의자들은, 역사적 진공 상태에서 할 수 있는 것보다 더 세련되고 미묘하게 인식론, 윤리학, 미학의 이론화에 기여한다. 여성주의자들은 가부장적인 서구 남성 철학자들의 거부로부터 그리고 여성주의 철학에 대한 무관심으로부터 [이미] 멀리 떨어져 나왔다. 여성주의 철학자들은 현재 철학자들을 남성주의자로 올바르게 규정해야 할 필요가 있으며, 또 이 전통에 여전히 적극적으로 또는 비판적으로 참여해야 할 필요가 있다는 사실을 재인식한다. 다른 한편 여성주의 이론가들은 손상되지 않은 사유의 존재 형식을 허용하는 유토피아적 이상주의의 왕국에 머무는 위험을 감수한다(Grosz, 1990, 60~1면). 나아가 칸트에 대한 여성주의 해석의 다양성은 여성주의 관점의 다수성에 대한 보다 일반적인 이론적 재인식에 기여한다. 남성 [중심적] 철학에서 하는 바처럼, 여성주의 철학에서는 더 이상 단일한 진리를 정당화할 수 없다.

마지막으로 우리는 칸트에 대한 여성주의 해석들이 이 부분적인 논쟁을 넘어 좀 더 큰 중요성을 갖는지 여부를 물을 수 있다. 대학[에서의] 연구를 향한 여성들의 접근은 대학의 학제로서 여성학(women's studies)과 젠더학(gender studies)의 설립을 이끌어 왔을 뿐 아니라, 이미 존재하는 영역들의 개혁을 이끌어 왔다. 비록 칸트의 시대에 여성들은 대학 교육에 접근하는 것을 거절당했지만, 이 세기(世紀)는, 칸트가 "한 사람이 독자 대중 앞에서 학자로서 그것을[이성을] 사용하는" 이성의 '공적' 사용이라고 부른 것에 여성들이 진입하기 위해서는 교육이 결정적으로 중요하다는 사실을 보여 주었다(Kant, 1963, 5면). 여성들이 학자가 될 때, 그들은 (칸트가 비웃은 것처럼) 수염을 기르지 않는다. 그러나 그들은 내용과 방법을 다시 생각하기 위해서 그리고 현재의 세계 안에서 가르치기 위해서 길을 연다.

(김애령 역)

5. 프래그머티즘*

셜린 해독 시그프리드(Charlene Haddock Seigfried)

서언

여성주의 철학 논문들에서 '프래그머티즘'은 두 가지 다른 의미를 가지고 있다. 첫째는 '실용적인 것'이란 유용하거나 심지어 편리한 것이라는 뜻으로 쓰일 때와 같이 그 일상적 의미와 밀접하게 관련이 있다. 두 번째로는 어떤 이론적 입장을 지시하는 경우인데, 이론을 실제에 긴밀히 연결시킬 때, 이론보다는 실제에 더 가치를 둘 때, 또는 어떤 이론이 가장 현저하게 여성들 또는 다른 주변화된 집단들에게 끼친 현실적 영향들을 가지고 그 이론을 테스트 할 때를 말한다. 더 정확히 말하자면, 이 입장은 역사상 하나의 특별한 전통을 언급하고 있는데, 바로 미국의 고전 프래그머티즘과 그것의 현대적 변용들이다.

첫번째, 무비판적이고 상식적으로 사용되는 의미에서의 '프래그머티즘'이라는 용어는, 실천적인 측면을 강조하거나, 유용한 관심들에로 이론적인 것들을 종속시키거나, 또는 정의롭지 못한 사회 조건들을 적극적으로 변화시키기 위하여 이론을 모조리 거부하게 되는 그 어떠한 이론상의 관점도 지칭할 수 있다. 그러나 이 용어는 또한 부정적으로 사용되기도 하는데, 편의주의를 위해 초월적 가치들을 희생하는 입장

* '실용주의'라는 번역이 이 철학에 대한 오해를 불러일으킬 수 있다는 학계의 지적에 동의하여 여기서는 원음대로 옮기었으나, 아직 적절한 한국어가 발견되지 않으므로 본문의 형용사적 어구에서는 부득이 '실용주의적(인)' 등으로 번역하였고 문맥의 흐름에 따라 명사형도 '실용주의'와 '프래그머티즘'으로 혼용하였음(역자 주).

들을 지지할 때가 그렇다. 모든 여성주의 이론은, 여성 착취 조건들을 현실적으로 변화시켜 가는 데 관심하고 있는 한, 긍정적 의미에서 '실용적'이기를 요구하여 왔다. 하지만 또 한편으로는, 몇몇 여성주의 입장들과 활동들, 또는 여성주의 집단들은 그동안 너무나 '실용적'이어서 이론에 충분하게 근거를 두지 못한 것에 대하여 비판받아 왔다.

개관

많은 여성주의 이론들이 이미 실용주의적인 실천적 차원을 가지고 있거나 실제, 또는 실습을 강조하고 있지만, 하나의 철학적 운동으로서의 실용주의는 1870년대 미국 메사추세츠주 캠브리지의 한 작은 토론 모임에서 시작되었다. 이 사상은 찰스 샌더스 퍼어스(Charles Sanders Peirce)에 의하여 처음으로 분명하게 드러나기 시작하였는데, 그것은 이른바 그의 '실용주의적 원리(pragmatic principle)'로, 개념들의 의미는 그 개념들을 유지하고 있는 것으로부터 따라 나오는 '상상 가능한 실제적 효과들(conceivable practical effects)'에 의해서 이해되어진다는 것이다. 이 원리는 후에 실용주의에 대한 대중적 관심을 처음으로 불러일으킨 윌리엄 제임스(William James)에 의해 재구조화되었다. 제임스에 있어서, 이론화하는 것이란 '경험(experience)'으로 시작된다. 이는 관심과 가치를 나타내는 하나의 관점을 채택함으로써, 주관적이고 객관적인 측면들이 오직 반성적으로 분류되어질 수 있다는 것을 말한다(Seigfried, 1990). 존 듀이(John Dewey)는 1894년에서 1904년까지 시카고 대학에 철학, 심리학, 교육학으로 이뤄진 하나의 실용주의적 학제 간 학과의 주임으로, 실험학교에서 알리스 칩맨 듀이, 캐더린 캠프 메이휴, 안나 캠프 에드워드 그리고 엘라 프레그 영과 가깝게 일했으며, 제인 아담스(Jane Addams, 1860~1935), 프로랜스 캘리, 쥴리아 래더롭 및 다른 활동적 여성들과 함께 도시 내 빈민층을 위한 헐 하우스(Hull House) 복지사업을 위해 일했다. 하나의 연속되는 그리고 꽤 다채로운 역사적 운동으로서의 프래그머티즘은 어떠한 본질주의적 정의로도 환원시킬 수 없다. 하나의 선택적 관심 또는 예견되는 결과(end-in-view)와 분리되어서는 아무것도 규정될 수 없다는 실용주의적 원리에 따라서, 여성주의자들에게 특별한 관심이 될 법하거나 되고 있는, 프래그머티즘의 특징들만이 앞으로 여기서 논의될 것이다.

듀이는 고대 그리스 철학자들의 계급에 대한 관심에까지 거슬러 올라가서, 실재에 대한 본질주의적 견해로 특징지어지는 '확실성의 추구'를 거부하였다. 그 철학자들은 대부분의 남성들과 모든 여성들로 구성된 노예 노동에 의존하면서, 동시에 그들은 변하기 쉬운 물질적 조건들에 의해 영향을 받지 않는 초월적 영역들에서의 절대적이고 불변하는 진리와 선을 추구하였다. 듀이는 행동주의나 결정주의를—즉 인간들은 공동체의 외부 관계들에 의해서 구성되어 있거나 물려받은 전통과 관습에 갇혀있다고 믿는 데에서 연유하는 사상들을—거부하였을 뿐만 아니라, 자유로운 개인의 과장된 자율성과 실존주의자들에 의해 가정된 절대적 자유 또한 거부하였다. 대신에 그는 인간들의 자유와 창조성은 다른 사람들과의 역동적인 관계 속에서만 발달될 수 있다는 점을 강조하였다. 유기체와 환경 사이의 상호작용, 즉 의식의 진화가 유발되어지는 상호작용은, 자연과 사회 두 영역 모두에 적용된다는 것을 듀이는 그의 후기-다윈주의 이론에서 인지하고 있었다. 적대적인 조건들 아래서 번창하기를 추구하는 유기체로서의 인간의 오성(understanding)은 사심에 쏠리기 쉽고 오류를 범할 수 있는 것이면서 동시에 순수한 사변을 너머서 오직 실험에 의거해서만 발달할 수 있는 것이다. 의식의 출현은, 자신들의 경험으로부터 배우려는 인간들의 능력을 상당히 향상시켰지만, 호의적인 결과를 보장하지는 않았다. 우리는 '육체를 가진-정신들(body-minds)' 이므로 우리의 오성은 다원주의적으로 상황지어져 있으며, 역사적으로, 사회적으로 그리고 문화적으로 다양하다. 사고(thinking)는, 경험 안에 일어나는 문제스러운 상황들을 만족스러운 해결을 향해 바꾸어 놓기 위해 사용되는 하나의 도구요, 수단, 방편이다. 실용주의자들은 그들의 결점들이 분명해질 때 앞으로의 교정을 조건으로 하는 해결점들을 옹호하였다. 그리고 이들 실용주의자들은 그러한 해결책들이 포괄적이고, 협동적이며, 힘을 실어주는 것이 아닌 한, 그것들은 덜 만족스럽다는 것을 주장하였다.

실용주의 철학의 두드러진 두 시기는 특별히 여성주의 이론과 관계가 있는데, 그것은 여성들이 실용주의 이론과 여성주의 이론 두 가지 모두의 발전에 적극적으로 공헌하였기 때문이다. 그 첫번째 시기는 20세기초엽의 십여년 간으로, 이 때 퍼어스, 제임스, 죠수아 로이스(Josiah Royce), 듀이, 그리고 조지 허버트 미드(George Herbert Mead)의 글들로 이루어진, '실용주의의 경전' 의 핵심이 수립되었다. 그러나 이러한 견해는 최근에 도전받고 있다(Seigfried, 1996). 왜냐하면 실용주의 이론 수립에 있어서 여성과 흑인들의 중요한 기여가 있었다는 점과 아울러, 인종차별주의와 성차별주의에 대한 초기 실용주의의 분석들이 발견되었기 때문이다. 두 번째 시기는 흥미롭게도 20세기 말의 마지막 십여 년에 와서야 겨우 시작되었다. 여성과 소수 계층의 목소리를 포함하는 것은 그 전통적인 경전에 대한 도전도 되고, 확장도 되면서, 실용주의적 여성주의의 '제2의 물결' 을 전개하고 있는 것이다.

프래그머티즘에 대한 여성주의적 해석 회복하기

실용주의가 전개되고 있던 19세기 말 20세기 초의 미국에서 여성과 흑인들이 대학과 대학원 교육에서 철학을 공부한다는 것은 극히 제한되어 있었음에도 불구하고, 몇 가지 주목할 만한 예외가 존재한다. 후에 미국 철학학회와 미국 심리학회의 회장을 역임한 메리 위톤 칼킨스(Mary Whiton Calkins, 1863~1930)는 제임스의 《심리학의 원리》(*The Principle of Psychology*)가 출판될 무렵 그와 함께 연구한 최초의 학생이지만, 그녀 자신의 인격주의적 관념론(personalist idealism) 철학은 제임스보다는 죠수아 로이스에 더 가깝다. 친밀한 결합의 관계에 있어서 여성의 힘과 남성의 힘 사이에는 어떠한 중요한 차이도 없다는 것을 보여 주기 위해 칼킨스는 초기 심리학적 실험을 수행하였다. 에델 퍼훠-하위스(Ethel Puffer-Howes 1872~1950), 듀 보이스(W. E. B. Du Bois), 그리고 알레인 로크(Alain Locke)는 모두 하버드 실용주의자들과 함께 공부하였다. 그들은 자신의 저작들에서 관점주의와 다원주의에 대한 실용주의적인 이해를 깊이 있게 해주었는데, 이는 이 두 사상들이 계급차별주의와 더불어 성차별주의와 인종차별주의에 의하여 어떻게 왜곡되었는지를 보여 줌으로써 가능했다. 존 홉킨스 대학에서 퍼스와 함께 공부했던 크리스틴 레드-프랭클린(Christine Ladd-Franklin)은 내이션(*Nation*)지에 여성 문제들에 대하여 기고하였다. 듀이는 그의 학생이요, 동료였던 엘라 프래그 영(Ella Flagg Young)이 그에게 중요한 통찰을 하게 해준 사람으로 기억하고 있는데, 그것은 모든 철학적 정식(formulation)들을 테스트할 때에는 '경험'의 측면에서, 특별히 철학적인 것을 너머 실제에 시도되었을 때 그것들이 의미하는 바의 측면에서, 그 정식들이 재해석되어야 함의 중요성이었다. 시카고 대학에서 미드와 터프츠(Tufts) 아래 있었던 제시 타프트(Jessie Taft, 1882~1961)는 여성운동에 대한 첫번째 철학적 학위논문이 될 만한 것을 썼고(Taft, 1915), 헬렌 톰슨(울리)(Helen Thompson(Wooley))은 여성의 선천적 열등성에 대한 믿음을 약화시키는 심리학적 실험들을 수행하였다. 교육 개혁가들 중에서, 엘지 리플리 클랩(Elsie Ripley Clapp, 1882~1965)은 콜럼비아 교육대학원에서 듀이에 협력하였고, 하버드와 콜럼비아 두 대학에서는 루시 스프라그 미첼(Lucy Sprague Mitchell)에 협력하였다. 학문적인 것 너머 그 한계를 밀고 나가면서, 샤롯 퍼킨스 길만(Charlotte Perkins Gilman, 1860~1935)은, 문화와 제도에 자리 잡은 남성중심주의(androcentrism)의 부정적인 영향을 실증적으로 보여 주는 획기적인 이론을 또한 전개하였는데, 이에 대하여 듀이는 그녀의 연구가 여성 억압의 경제적 근거를 보여 주는 데 있어서 중요성을 지닌다고 칭찬하였다(Gilman, 1966, 1971). 아담스와 듀이는 그들 간의 상호 영향이 가지는 중요성에 대하여 재차 인식하였다. 그럼에도 불구하고 앞으로의 연구에 의해서 판결되어야 할 것은, 아담스와 함께 일했다고 알려진 아이다 웰스-바넷(Ida B. Wells-Barnett)과 같이 그렇게 탁월한 흑인 여성주의 이론가이면서 활동가인 그들이 내놓는 '실용주의 이론'에 대한 관련성이다.

프래그머티즘은 다윈주의적 혁명(Darwinian revolution)을 이루었는데, 이는 '형식주의, 선험적 사고, 본질주의 및 확실성의 추구'로부터 '인간조건에 대한 구체적인 분석들, 불가피한 (지적)한계에서 의외로 상승하는 지력, 예견된 결과들에 의해 좌우되는 다윈주의적 해석들, 그리고 실험에 의거한 재구성'을 향해가는 하나의 결정적인 전환으로 특징지어지는 것이다. 이 혁명의 임무는 해방을 위한 것이며 변화시키는 힘이 있는 것이었다. 실용주의적인 성찰은, 개인들과 그들의 사회적이고 자연적인 환경을 포함하는 '상호작용적인 과정'으로서의 '경험'에서 시작된다. 그러므로 이것은 근대 철학의 '인식론적 전환'과는 사이가 좋지 않다. 경험은, 인식론적으로 알려질 뿐 아니라, 당하고, 고통받고, 즐기고, 변환되고, 미움받게 되고, 사랑받게 되는 것이다. 여성주의적 입장의 이론가들처럼, 실용주의자들은 주장하기를, 그렇게 상황에 처해있는 경험들에 대한 관점주의가 의미하는 것은, 실재에 대한 지배적인 해석이 지니는 한계를 그 표준적 관점을 견지하고 있는 사람들보다도 주변화된 사람들이 오히려 더 잘 알고 있다는 점이다. 듀이에 따르면, "만일 한 집단 안에 지배하는 요소들과 억압당하는 요소들이, 또 만일 현상유지를 원하는 사람들과 변화를 일으키는데 관심하는 사람들 양측이 모두, 그들이 분명하게 잘 말하고 보니 동일한 철학을 가지고 있었다면, 사람들은 그것의 지적인 완전성에 대해 매우 회의적이었을 것이다"(Dewey, 1968, 9면). 그러나 이론가들의 입장과 달리, 실용주의자들은 그러한 관점들조차도 작용되어진 이후에 여전히 반성적으로 유효해야 한다는 점[성찰적 타당성]을 견지한다.

경험들을 해석함에 있어서 '합리성'의 역할에 대해 숙고하고 있는 제임스는 어떻게 그 역할이 적어도 네 가지 차원들—지적, 미적, 도덕적 그리고 실천적—을 갖게 되는지를 보여 준다. 또한 듀이는 혼란스러운 경험들을 활발하게 평가하고 재조직함에 있어서 가치와 목적을 구체화 시키는 데 관계되어진 오성(悟性)에 대해서는 추상적 근거를 거부한다. 경험의 세계 또는 의식의 장(場)은, 시각과 행위와 관심의 핵으로서의 '몸체'와 더불어 생겨나는 것이다. 감정(feeling)은 단순히 내부의 심적인 사실이 아니라, '경험되어진 세계이면서 동시에 세계에 대한 경험'이라고 봐야 한다. 상황들은 성질상 도처에 널리 퍼져있다. 그것들은 행동을 취해야 할 필요와 가능한 해결책들에 대한 제안을 동시에 알려주는 유력한 성질들을 소유한다. 그렇게 편만해 있는 배경 성질들은 모든 사고(thinking)들의 출발 시점과 통제 원리로서의 역할을 하게 되는 것이다. 불일치 또는 갈등을 느끼게 되는 경험들은, 그저 일반적인 불확실성에서가 아니라 구체적인 상황들의 특유한 성질들에서 탐구를 작동하게 되는 것이다.

제인 아담스가 걱정했던 문제 상황은, 가정 영역을 너머서 그들의 [사회적] 책임을 확장시키고자 애쓰는 대학교육을 받은 여성들의 수가 증가함으로써, 산업혁명 당시 일어났던 동일한 문제들과 고통들—일하면서도 여전히 빈곤과 실업상태를 면치 못하는 상황들의 증가와 사회적 혼란 및 계급 간의 반목들—이 이들 여성들에게도 경험되어진다는 것이다. 경험에 대한 아담스의 분석은 적어도 두 가지 측면에서 학문적인 실용주의자들의 분석과 다르다. 첫째는, 아담스의 연구에서 그녀는 경험에 대한 보다 넓고 다양한 범위를 섭렵하였다는 것인데, 여기에는 공장과 가사 노동자들, 최근 이민 온 다양한 소수 인종 집단 그리고 빈곤한 노동-계층의 여성들이 포함된다. 둘째로, 아담스는 계급성과 민족성과는 구별되는 여성의 경험들로부터 또한 새롭게 경험에 대한 실용주의적인 중요성을 전개한다. 아담스는 많은 사회적 병폐의 원인을 "다른 사람의 경험들에 대한 인식을 방해하는 상상력의 부족"의 탓으로 돌리고 있다. 그래서 그녀는 급진적인 결론에 도달하는데, 그것은 "그러한 경험들의 결과가 삶에 대한 우리의 이해를 궁극적으로 결정해야 하기 때문에, 우리는 우리의 경험들을 선택함에 있어서 일종의 도덕적인 책임을 지고 있다"는 것이다. 만일, 우리가 타인들을 무시하고 경멸하여서, 우리와 이미 관련되어진 사람들로 우리의 교제범위를 제한한다면, "우리는 우리 삶의 영역에 경계를 정한 것일 뿐만 아니라, 우리의 '윤리'의 범위도 제한시킨 것이 된다"(Addams, 1964, 9~10면).

도덕성은 발달하는 것이고, 실험에 의거한 것이며 그리고 사회적인 것이다. 이것은 어떻게 한 사람의 판단과 행동이 다른 사람들에게 영향을 미치는지에 대한 심사숙고를 통하여 얻어지는 개인적 성장과 능력신장을 목표로 한다. 이는, 개인들 속에서 그리고 사회들 속에서, 문화적 규범들과 [그것으로부터] 해방시키려는 도전들 사이의 역동적인 상호작용의 결과로 시간을 두고 나타나는 것이다. 실용주의적 윤리는 보편적 도덕성의 독단주의를 거부하고 도덕률의 오류 가능성과 실질적인 다양성을 인지하며, 지적인 수수께끼 대신에 실제로 맞부딪치는 문제들의 해결책을 강조하고, 규칙-지배적 명령들에 대한 복종대신에 사회 구성원들 모두가 하나의 목소리를 가지게 되는 협력적인 문제-해결을 위해 애쓰고 있다. 그래서 이 실용주의적 윤리는, 그 결과들이 실제로 더 나은 상황들로 바꾸어 주는 것이면서 동시에 개인적인 성장과 능력신장을 향상시키는 것이기를 요구한다. 제 1세대 실용주의자들이 다루었던 여성들에 관계된 이러한 주제들 중 일부는, 고대 그리스에서의 계급 분열로부터 연유된 이론과 실제 간의 철학적 분리로, 만일 여성들이 완전히 해방되었다면 극복될 수 있었던 것이다. 그 가능한 예를 들자면, 산아제한에 대한 법률적 규제들—여성들이 그들 자신의 생식적 선택을 영리하게 조절하는 것을 방해하는 구속들—에 대한 반대론을 펼침으로써; 여성 노동자들이 공정한 임금(협상)을 위해 노동조합을 결성할 수 있는 그리고 그들과 그들의 일에 관련된 결정에 참여할 수 있는 권리를 주장함으로써; 양질의 교육과 공적으로 지원받는 육아에 대한 여성의 권리를 지지함으로써; 특정한 논쟁점들을 둘러싼 관심에 대해 다수의 연대(連帶)들이 있다는 것을 인지하는 한편, 여성의 본성에 대한 본질주의적 견해를 약화시킴으로써 그리고 일반적으로는 여성을 가정 영역에 한정시키는 것에 도전함으로써 여성해방이 가능했다면 말이다.

실용주의자들은 실재와 절대적 가치들에로의 투명한 접근 가능성을 거부하기 때문에, 일부 여성주의자들은 그것의 문맥주의, 도구주의, 기능주의를 상대주의로 오인해서 기능주의 또는 도구주의에 대한 실증주의적인 해석들의 현상을 옹호한다. 그러나 실용주의자들은, 미리 정해진 목적에 얽매인 수단방법에 대한 가치-중립적 추구의 가능성을 거부한다. 물론, 연구조사에 선택된 방법이 바람직하면서도 도달 가능한 목적에 적절해야 한다는 것을 실용주의자들이 강조하고 있지만, 그들은 사실, 주변화된 집단들의 특유한 경험들을 무시하여 온 [일반적인] 인간조건에 대한 구체화되고 상황지어진 현실성들로부터 추상적 원리가 분리되는 바로 그것을 피하기 위해 그렇게 한 것이다. 실용주의자들은, 선택된 목적들이 자유롭다는 점에 관심을 갖는 만큼, 그 목적들이 유효한 수단들에 의해서 실제로 도달 가능할 수 있다는 점에 대해서도 관심을 가지고 있다. [듀이의 특별한 용어인] "예견되는 결과(ends-in-view[우리의 활동이 지향하는 바, 즉 목적])"라는 지시어에 의해서, 그러한 목적들은 목적론적 결정론과도 구별되고, 보편적으로 관심을 끌지만 도달 불가능한 목적들과도 구별되어진다. 모든 지적인 인간의 상호작용들이 '예견된 결과들'에 의해서는 사회적인 환경과 자연적인 환경을 바꾸어 놓는 반면에, 추구할 가치가 있는 '목적들'을 위해 그런 상호작용들 모두가 다 환경들을 바꾸어 놓는 것은 아니다. 그렇게 실용주의적으로 가치 평가된 목적들은 일반복지를 사적인 이익에 종속시키지도 않으며, 사회의 한 부분을 다른 부분에다가 예정해 버리거나 독단적으로 강요하지 않는다. 오히려 그러한 목적들은 사회 안에 있는 개인들의 성장과 능력신장을 지지하고 해결할 수 없게 뒤엉킨 자연적 조건들과 사회적 조건들에 대한 개선을 후원한다.

실용주의적 여성주의 관점으로부터의 탐구에 적절한 맥락은 '보살핌과 관심'에 관한 것으로, 이는 인간들이 서로서로 그리고 환경과 상호작용하면서 발전하고 지적으로 성장하기 위해 요구되어지는 것이다. 한 인간의 일생을 통해서 그리고 하나의 진화된 종에 의해서 얻어진 인간 이해의 발달적 특징에 대한 고찰들은 실용주의자들로 하여금 실재론과 관념론 두 입장 모두를 부정하도록 이끌어 주었는데, 목적들이 인간 본성을 포함하여 자연 안에 본래적으로 존재한다는 것이 실재론자의 입장이고 목적들이 자연에 편중되게 부과되어 있다는 것이 관념론자의 입장이다. 그러므로 목적에 대한 결정은 실용주의적 철학화의 핵심이고 실용적 방법은 수단에 관여하는 만큼 적어도 목적에도 관계한다. 만일 상황들이 단순히 상상력에 의해서가 아니라 실제로 더 좋게 변화되어야 한다면, 그러한 '예견된 결과'는 우리의 뜻대로 되는 수단에 부합하여야 한다. 이러한 수단들은, 전수된 전통들의 사용 가능한 부분들과, 자연과학과 사회과학의 모든 적절한 발견들 그리고 공동체 모든 구성원들의 상상력이 풍부하면서도 구성력 있는 창조적 관점들과 문제-해결의 기술들을 포함한다.

지식이 항상 가치들을 포함하며 관점을 제공한다는 견해는, 지식의 투명성에 대한 믿음과 관찰의 중립성—한층 철학적이고 과학적인 이론으로서의 실증주의에서 가정되어 온—에 대한 신념에 정면으로 반대하는 것이다. 그러한 과학주의는 과학에 대한 실용주의적 호소와는 구별되어야 한다. 이 호소는 행동하는 지성으로서, 의문 없이 받아들인 독단들에 도전하는 하나의 오류 가능한 방법으로서, 게으르거나 유토피아적인 사변보다는 오히려 주어진 조건들에 대한 현실적인 변형들에 관련된 것으로서, 현실적 공동체들의 목표들에 밀접하게 연결되어진 사회적 노력으로서 그리고 예기치 않은 결과들에 비추어 교정 가능한 것으로서 과학주의와 구별된다. 이렇게 전개된 실용주의적 여성주의자들의 제1의 물결은, '실험에 의거한 방법'과 아울러 그것의 실존주의적인 기원, 분석의 구체적 한정성, 해방을 위한 목표들에 대한 실용주의적인 해석이 바로 하나의 환영 받을 만한 해독제가 된다는 것을 발견하였다. 즉 정전(正典)으로 인정하는 전통에 의해 신성시되면서 전문 학술지에 실리는 지성주의자들의 논쟁들에 의해 몰아간 '추상적인 이론적 문제들'이 지니고 있는 무미건조성과 무관성의 해악을 교정할 수 있는 고마운 해독제를 발견하였다는 말이다. 이것은 젠더와 인종에 대한 전통적인 편견들을 약화시켜 주기 위한 수단과 정당화 둘 다를 제공하였다. 논증 가능하게 필연적인 논리적 결론들을 내리라는 강요된 부담보다도 오히려 공유된 이해와 상호협력적인 문제-해결이 지닌 가치에 강조를 두는 것이, 자율성과 공평에 대한 지나친 요구들보다도 포용성과 공동체를 더 가치 있는 것으로 이미 여기고 있었던 여성들에게 호소력을 지녔던 것이다. 이와 동시에 이것은 받아들여진 견해들에 대해 질문을 던지기 위한 하나의 수단을 제공하였으며,

인간의 삶과 확장된 공동체의 현실적 조건들이 변화함에 있어서 필요한 활동가적인 중재들 안에다가 이론과 실제를 연결하기 위한 정당성을 제공하였다.

상황에 따른 이해(situated understanding)는 일반적 개념들의 논리를 거부하며, 개별자들의 일정한 집단들, 현실의 실제 사람들, 특정한 기관들에 대한 지식과 역사적으로 진화되어진 사회적 장치들에 대해 [그것들이 이토록 구체적임에도 불구하고] 추상적인 범주들을 부여하는 것을 거부한다. 분석의 수준이 너무나 일반적이면 확립된 질서를 정당화하기 위한 장치를 공급하기 어렵다. 맥락에 대한 바로 이 전형적인 간과는 철학자들의 가장 큰 실패이며, 좁게 훈련된 관심들과 담론의 판단들에 의해서 그 맥락 무시 현상은 더욱 악화된 것이다. 맥락은 선택적 관심뿐 아니라 시간적·공간적 배경을 포함하기 때문에, 의미와 가치의 지평은—그것에 대한 무시는 너무나 자주 그것을 부정하는 것으로 바뀌어 버려서—우리의 지각들에게 고지된 지적이고 사회적인 구조들이 인식되지도, 비판되지도, 거부되지도, 혹은 변화되지도 않는다는 것을 의미하고 있다. 작동하는 권력구조들을 인지하는 것은, 일상생활의 현실적으로 문제되는 상황들을 알려주는 구체적인 조건들에 대한 지식을 요구하고 있다. 이는, 누구에게 상황들이 문제가 되는 것인지 그리고 누가 그 압제적인 측면들을 인지하고 명명하며 저항하는 데 적합하게 놓여져 있는지 또한 누구의 권한이 상황을 만족스럽게 해결하는 데 요구되는 좀더 긍정적 조건들을 개발하고 이행하는 데 필요한지, 그런 사람들의 경험과 관점들에 대한 민감성을 요구한다. 젠더, 인종, 계급, 그리고 성적 경향성(sexual orientation)이 사회적 신념과 실제들에 있어서 '인식하지 못한 배경맥락'을 형성한다는 사실이 여성주의자들에 의해 여러 방법으로 폭로된 것이야말로, 실용주의적 철학이 주장하는 해방을 위한 강조에 있어서 주변이 아닌 핵심이다. 역사적인 전후관계 문맥설명 없이는 프래그머티즘이란 너무도 쉽게 실증주의적, 가치-중립적 기능주의로 전락하고 만다. 콰인(W. V. O Quine), 힐러리 퍼트남(Hilary Putnam) 그리고 심지어 리차드 로티(Richard Rorty)와 같은, 프래그머티즘에 의해 영향을 받은 후기 철학자들에 의해서 단지 언어분석[철학]의 또 다른 변형으로 전개되었을 때, 실용주의적 방법은 철학에서 근대적인 인식론적 전회에 퍼부어지는 것과 똑같은 여성주의적 비판들을 받았다.

사회적 관계들은 절대로 계층적으로 결정되어서는 안 되고, 반드시 자유롭고 효과적인 참여의 조건들 속에서 상호 호혜적으로 작동해야한다는 도덕적 판단은 실용주의적 여성주의 입장에 있어서 가장 기본적이다. '차이'들이란 이 입장에서는 가치있게 평가되는 귀중한 관점들인데, 이는 예견되지 못한 결과들이 참여자들에게 서로 다른 영향을 끼칠 때, 실재의 가능성들을 개방하게 하고 그 가능성들을 포함하는 것이 오히려 해결책들의 최대한의 효율성과 계속 진행되는 교정 둘 다를 확실하게 한다는 관점이다. 듀이에 따르면, 철학의 임무란 "사람들로 하여금 서로 간의 경험에 의해서 이익을 얻게 하고 서로서로 더욱 효과적으로 협력하게 하는 그 역량을 증진시키는 것이다." 듀 보이스와 아담스에 의하여, 그러한 공감적 이해와 협동적 문제-해결은 억압되고 주변화된 집단들에게 가장 분명하게 연결되었다. 듀 보이스는 그러한 이해를 방해하는 것으로서 인종적이고 성적인 편견들의 편만성을 폭로하였을 뿐만 아니라, 그는 분명하게 여성들과 흑인들의 권리에 대한 투쟁을 연결시켰는데, 이것은 그가 다음과 같이 말하였을 때 그러하다: "인종 문제는 본질적으로는 단순히 여성들에 대한 소유권 문제이다; 백인 남성들은 모든 여성들을—유색이건 백인이건간에—소유하고 이용하기를 원하며, 이 영역으로 들어오는 유색남성들의 어떠한 침범에도 분개한다." 아담스가 《헐 하우스에서의 20년》(*Twenty Years at Hull House*)에서 말하고 있듯이, 그녀는 그 노력이 얼마나 피곤하고 진저리나는 것이라 할지라도, 상명하달식(top-down) 해결책들을 주입하기보다는, "관계된 모든 사람들의 내부적 동의를 확보하는," 특별히 "현재의 상황이 너무도 심하게 압박하는 그 사람들의 찬성을 얻어내는" 노력을 추구했으며, "'진리가 지시하거나 고무시키는 그 행위의 궁극적인 테스트'에다가 그 진리를 집어넣는" 노력을 추구했다고 한다. 헐 하우스는 "계급들의 상호 의존성은 서로 호혜적이라는 이론과, 사회적 관계란 본질적으로 상호 호혜적인 관계이기 때문에, 이것은 독특한 가치를 지니는 하나의 표현양식을 표출한다는 이론" 위에 수립되었다(Addams, 1981, 76면).

현대 실용주의적 여성주의

현대 실용주의적 여성주의 사상의 지위는 범주화하기에 더욱 어렵다. 그들 이전의 많은 주변화되고 억압당하는 집단들과 함께, 여성주의자들의 후기-시민 권리 움직임은 그들의 경험, 필요, 욕구들이, 유행하고 있는 일반적인 설명방식들—그것이 관습적이건, 인기 있는 것이건, 또는 이론적인 것이건 간에—에 의해서 부정되고 왜곡되었다는 것을 의식하게 되었다. 이론화하는 것은 동기를 부여하는 것일 뿐더러 상황 지워주는 것이기에 이미 익숙하거나 신중하게 채택된, 그리고 이미 학구파들이나 급진파들 속에서 그 정통성을 가진 일부 지배적 견해들에 대한 비판들로부터 여성주의적 이론들의 다양성은 전개되었다. 사고란 진공 속에서 일어나는 것이 아니기 때문에, 그것들이 변형되거나 새것으로 명료화되었을지라도 여전히 여성주의 이론의 주된 부분들로 여겨질 수 있다. 고전적인 미국 프래그머티즘도 로티의 네오-프래그머티즘도, 지난 몇 십년 간 표준적인 여성주의의 이론적 대안들로서 비판되고 수정된, 정전(正典)으로 인정하는 서양 이론들에 속하지 못하였다. 때늦은 지혜로 볼 때, 프래그머티즘은 자유, 지식, 가치, 교육, 다수-관점주의, 구체화 등에 대한 하나의 일반적인 이론—여성들의 경험의 다양성 위에서 묘사하는 명료한 관점들을 지지해 줄 수 있는—을 가지고 있는 것처럼 여겨질 수 있다. 그러나 일반성과 구체성에 대한 그렇게 단순하고 비역사적 관계는 유지할 수 없다. 실용주의적 여성주의에 대한 초기 해석이 존재한다는 것과 그 초기 고전적 실용주의 이론들 안에서 도출되는, 여성주의에 대한 하나의 특별한 실용주의적 해석을 전개하기 위해서 일부 잠정적인 단계들을 밟아 왔다는 점이 이제야 드러나고 있다.

하나의 여성주의 관점으로부터 프래그머티즘에 대한 관심이 바로 최근에 부활되고 있는데, 이 견해에 따르면, 듀이의 가정 영역에 대한 이상화는 비판받고 있다. 이는 가부장적인 가정과 여성들의 경제적 억압을 이루고 있는 개인적이고 사회적인 측면에서의 부정적 영향들에 대한 특별히 길만의 시각과 더 최근의 논의들에 비추어 볼 때 그러하다. 아담스와 듀이 사이의 현저한 대조 속에서 다원주의, 관점주의 그리고 갱신의 근원으로서의 타자성 찬양에 대한 제임스의 변호는 여성들, 하층 계급들, 또는 다른 소수인종 집단들에게로 확장되지 못했다는 점이 또한 지적되어 왔다(Seigfried, 1996, 111~141면). 로티의 네오-프래그머티즘은 실용주의자들과 여성주의자들 양측 모두로부터 비판받아 왔다. 왜냐하면 그의 사상에는 이론과 실제사이의 분명한 분리, 공적영역과 사적영역 간의 엄한 구분이 있고, 권력에 대한 차별된 접근을 포함하면서도 그것의 배경조건들에 대한 분석과는 거리가 있는 변화의 모델로서의 근거 없는 대화가 주장되며, 질적인 상황들에 대한 실제적인 재구성이 포함된 '실험에 의거한 방법'의 사용 없이 이 모두가 고전적 프래그머티즘보다는 '고전적 자유주의' 특성을 더 많이 가지고 있기 때문이다(Fraser, 1989와 Seigfried, 1993 안의 Bickford 논문 104~123면 참조).

더욱 실증적으로, 최근의 여성주의적인 관심을 끄는 주제들이 바로, 특정한 사회적, 정치적, 경제적 변화들에 대한 이론적 분석들이 지니는 프래그머티즘과의 연관성을 포함하고 있는데, 이에 대한 예들로는 진보주의 교육이론, 진화론적인 환경주의, 고등교육과 전문직에서의 여성비율의 증가 그리고 가정영역에 대한 비판이 있다(Brown, 1995; Sklar, 1985). 지식과 윤리에 대한 실용주의적인 이론들 안에서 감정과 느낌과 미적인 것이 지니는 역할 또한 탐구되어 왔고, 그래서 합리성을 거부할 이유를 가지게 되는데, 그것은 '육체를 가진 정신(body-mind)'의 한 부분으로서의 오성에 대한 해석은, 감정들과 관심들에 의해 알려지며, 단지 개념들 안에서가 아닌 습관들 속에서 표현되며, 또한 자연을 단순히 관찰하고 기록하는 것이기보다 오히려 그 자연과 상호 작용하는 것이기 때문이다. 필리스 루니(Phyllis Rooney)는, 실용주의자들이 단순한 유용성을 진리의 기준으로 삼고 있다는 초기 비난들에 대하여 오히려 여성주의자들이 더 나은 해명을 할 수 있다고 주장하는데, 왜냐하면 선배 여성주의자들과는 다르게 그들은 실용주의자들이 감정, 욕구 그리고 관심에 부여하는 인지적인 가치를 그 누구보다도 잘 알아차리고 그 진가를 인정하고 있기 때문이다(Seigfried, 1993, 24면).

관심에 대한 또 다른 영역은, 공적으로 책임이 있는 사회적 실제로서의 과학에 대하여 프래그머티즘이 펼치는 비(非)실증주의적 이론이다. 과학은 현실적 관심과 분리된 사변과 독단으로부터 '자유로운 사고'에의 잠재성을 가지는데, 이는 자연적이고 사회적인 조건들을 실제적으로 변형시키는 과학의 방법에 의해서 그리고 그 결과물들에 비추어 자신의 접근방법을 기꺼이 교정하려는 성질에 의해서이다. 과학은 자연에 대한 맹목적인 지배라기보다 자연과 함께 변화의 관계를 가지는 것으로 이해되어질 때, 해방된다. 유지니 가튼스-로빈스(Eugenie Gatens-Robinson)는 이 점을, 정신과 자연의 새로운 관계에 대한 산드라 하딩(Sandra Harding)의 연구에, 후대 과학은 '상황에 따른 지식'을 인지해야 한다는 도나 해러웨이(Donna Haraway)의 촉구에 그리고 에블린 폭스 켈러의 자연에 대한—거리를 둔 조종 대신에—'열정적 주의(passionate attention)' 라는 개념에 연결시켰다(Gatens-Robinson, 1991).

경험과 변화시킬 힘이 있는 상호 탐구에 대한 듀이의 논리는, 현대 실증주의적 논리체계들을 지배하는 초연한 상징적 조작보다는 여성주의 방법론의 한 도구로써 그 진가를 더 인정받아 왔다. 티모시 카우프만-오스본(Timothy V. Kaufman-Osborn)은, 당하고 행하는 과정으로서의 경험에 대한 비본질주의적 실용주의의 설명방식을 사용해서, 모성(motherhood)에의 경험과 관습에 대한 아드리엔느 리치(Adrienne Rich)의 탐구를 재고찰하고, 또한 경험에 대한 로티의 견습공적인 견해를 비판한다(Seigfried, 1993, 124~144면). 마조리 밀러(Marjorie C. Miller)는, 이성에 부여하는 특권에 대한 무수한 비판들을 너머서 그 다음 단계로 여성주의적 비판을 프래그머티즘이 채택할 수 있다는 점을 제안하는데, 이는 지니비브 로이드, 세이야 벤하비브, 알리슨 재거 그리고 수잔 알 보르도와 같은 여성주의자들에 의해서 가능하며, 구체화될 뿐 아니라 역사적 사실성에 근거하여 재구성될 수 있는 지능의 범주를 보편이성의 범주 대신에 대체시킴으로써 가능하다. 듀이의 말로 표현하자면, 이것은 "충동, 습관, 감정, 기록들과, 미래의 가능성들 속에서 바람직한 것과 그렇지 못한 것을 예측하는 그리고 추측된 선(善)을 위하여 솔직하게 고안해내는 발견들, 이 모든 것의 전체 총합인 것이다"(Miller, 1992).

아담스, 듀이 그리고 어느 정도까지는 제임스도, 보살핌의 윤리학에 대한 실용주의적 해석들을 발전시킨 사람으로 인정되고 있는데, 이 윤리학은 젠더를 구상화하지 않으면서도, 친밀하고 깊은 관심들을 계층적이지 않고 포괄적인 민주적 공동체들에 역동적으로 관련시키는 것이다. 아담스에 따르면, 민주주의는 하나의 삶의 방식이다. 그 안에서 "민주주의의 본질적 개념인 '공동의 운명(the common lot)'과 동일시하는 것은 사회적 윤리의 근원이며 그 표현이 되어가는 것이다"(Addams, 1964, 11면). 아담스와 제임스는 주장하기를, 사회적 윤리는 인간의 친밀한 관계 형성에 대한 현실적 사실들에 근거하며, 사회의 가장 어린 구성원들을 돌보는 간(間)주관적 필요에서 시작되는데, 고립된 개인주의와 의식의 사적 자유에 대한 가정에 기초를 둔 개인주의적인 윤리의 지배적 모델은 바로 이 사회적 윤리로 대체되어야 한다는 것이다. 이것은 실제로 존재하는 민주적 사회들의 특색으로 묘사되는, 특정한 관심들에 의한 착취를 밝혀내고 그것을 거부하기를 요구한다. 윤리에 대한 이러한 실용주의적 여성주의의 접근이 현대 여성주의자들에 의해서 거의 알려지지 못했지만, 앞으로 그러한 접근을 수행할 만한 가치는 있다(Seigfried, 1996, 202~258면).

(이지애 역)

6. 현대의 도덕철학과 정치철학

헤르타 나글-도체칼(Herta Nagl-Docekal)

현대 사상을 개관한다는 것은 보통 서로 다른 철학적 입장들, 가령, '자유주의,' '공리주의,' '보편주의적 도덕철학,' '독일 관념론,' '맑스주의,' '비판 이론' 또는 '공동체주의' 간의 차이를 보여 주는 것이다. 그러나 여성주의적 관점은 공유된 사유 모형을 드러낸다. 즉 서로 완전히 다를 수 있는 철학적 이론들(접근들)이 서로 연결됨으로써 남성 중심적인 특정 개념틀들이 반복적으로 되풀이된다. 이 논문은 이러한 종류의 모형에 주목한다. 나는 근대성(modernity)의 철학적 전통이 지닌 남성적 특징들로 꼽히는 여덟 개의 개념들에 대해 논의할 것이다. 동시에 나의 목표는 규범(canon)에 대한 여성주의적 비판이 하나의 통일된 이론에 의존해 있지 않음을 보여 주는 것이다. 비록 여성의 배제와 평가절하를 드러내려는 작업에 비판가들이 전적으로는 아니지만 대체로 합의하고 있다 할지라도, 이들은 이러한 비판적 독해로부터 도출된 결론들에 관해서는 서로 다른 견해들을 피력한다. 어떤 필자들은 '개인' '평등' 또는 '자율성'과 같은 개념들이 완전히 폐기되어야 한다고 주장하는가 하면, 또 다른 필자들은 여성을 충분히 포함시킨 이러한 개념들을 새롭게 이해하고 발전시키려고 한다. 이러한 입장 차이들은 현대 철학 일반을 특징짓는 논쟁들, 특히 소위 말해서 '포스트모던적' 사유와 공동체주의의 문맥 속에서 형식화된 보편주의적 개념들에 대한 이의와 연결되어 있다. 규범에 대한 여성주의 비판은 너무나 다양하기 때문에, 나는 단지 몇 가지 예들만을 논의하겠다.

홉스(Hobbes), 로크(Locke), 루소(Rousseau) 그리고 칸트(Kant)와 같은 학자들에 의해 발전된 다양한 형태들의 고전적 사회계약이론이 이 여성주의적 비판의 핵심적 주제이다. 여성주의 비판가들이 우리에게 환기시켜 주는 것은 첫째, 사회계약의 개념들은 하나의 입장을 공유하고 있다는 것이다. 하나의 입장이란 그 개념들은 예외없이 계약 당사자를 남성으로 개념화하는 것이다. 이보다 더 큰 문제점은 그 개념들이 여성뿐만 아니라 남성 임금 노동자의 완전한 시민권을 부정한다는 것이다. 여성주의 분석에 있어 핵심적인 목표는, 이러한 여성의 배제가 단순히 개념의 직접적 확장으로 쉽게 개선되어질 수 있는 역사적 우연성이 아님을 증명하는 것이다. 주지하다시피 계약 당사자에 대한 정의는 그 핵심 조항들을 근대적 남성 이미지에서 도출해 왔다. 여성에 대한 이러한 확고한 배제를 인정할 경우, 그 영역은 수정 없이는 양성 모두를 포함시킬 수 없을 것이다.

개인

이러한 숙고 속에서 개인의 개념이 전면으로 대두된다. 중요한 관심사 중의 하나는 계약 이론이 계약 당사자를 고립된 개개의 존재자로 상정한다는 것이다. "이 경우에서의 가정은 인간 개개인이 존재론적으로 사회보다 앞서 있다는 것이다" (Jaggar, 1983, 28면). 수많은 학자들은 다음과 같이 주장한다. 즉 계약에 대한 다양한 개념틀들은 개인으로 등장하기 이전의 인간이 이미 항상 공동체 속에서 성장할 수밖에 없다는 사실을 인정하지 않는 사회적 원자주의에 의존한다는 것이다. 이들의 견해에 따르면, 개별성의 이면에 있는 사회적 유대를 이야기하지 못하는 이론은 남성 중심적 관점에 의존하여 서구 문명의 전통 속에서 일차적인 사회화의 임무를 수행한 여성의 경험들을 무시하게 된다(Stefano, 1991). 어떤 비판가들은, 원자론적 사회 존재론의 문제가 평등과 정의의 현대적 개념들 속에서 특히 롤즈(Rawls), 노직(Nozick), 드워킨(Dworkin) 속에서 여전히 지속되고 있다고 본다(Wolgast, 1987; Held, 1993).

개인이 항상 어떤 종류의 공동체 문맥 안에 파묻혀 있다는 사실을 부정하는 개별성 개념틀을 거부하는 것은 의문의 여지없이 정당하다. 그러나 우리는 우선적으로 계약 이론가들이 그러한 개념틀을 가지고 일관성있게 주장하고 있는가를 물어야 한다. 이때 대안적 독해를 위한 몇 가지 제안들이 있는데, 그것에 따르면 계약이론은 개별성에 대한 완전한 개념을 최우선적으로 발전시킨다고 주장할 수 없다. 즉 개인은 국가이론이 요구하는 한에서만 역할을 수행하는 것이다. 이런 이유로 테일러(Charles Taylor, 1989)와 킴리카(Will Kymlicka, 1990. 62면)와 같은 학자들은 각 개인의 권리를 증진시키려는 계약론적 이론의 실제 요점을 감추는 존재론적 오해에 대해 경고한다. 이러한 독해를 한층 더 지지하게 되는 까닭은, 일단 우리가 국가이론에 관한 저술들 이외에도 인류학, 역사철학, 윤리학, 미학, 종교철학을 포함한 다른 영역에 관한 연구들을 고찰하게 될 경우, 계몽주의 철학이 개별성에 대한 뛰어나고도 풍부한 이해를 제공한다는 것을 알게 되기 때문이다. 이 시점에서 우리는 질문하지 않을 수 없다. 여성주의적 이론과 실천의 핵심적 목표가 여성이 직면하고 있는 수많은 부당한 불이익을 드러내고 극복하는 것이라면, 이것은 개별적인 여성 각자의 권리 증진을 포함하고 있는 것이 아닌가? 일단 이러한 관점이 전제된다면, 여성주의자가 계약 개념의 완전한 거부를 요구한다는 생각은 지나쳐 보인다. 오히려 남성의 권리만큼 동일한 방식으로 여성의 권리를 포함시키는 식으로 '시민'에 대해 새롭게 정의하는 쪽으로 나아가는 것이 더 그럴듯해 보인다. "문제는 … 계몽주의의 거부가 아니라 계몽주의 유산에 대한 비판적 재협상이다"(Benhabib, 1994).

자율성

자유주의 전통이 자율성에 부여하는 가치는 흔히 남성적 특징의 강력한 표시로 간주된다(Nedelsky, 1989). 이러한 개념은 보통 대상 관계 이론에 입각해서 특히 초도로우(Nancy Chodorow)와 같은 학자들의 연구에 입각해서 해석되고 있다. 초도로우는 서구 문명에서의 전형적인 초기 유년 시기의 사회화가 어느 정도로 젠더 차별적 방식으로 나아가고 있는지를 묻는다. 이러한 연구 체제에서 다음의 결론은 특별한 연관성을 갖고 있다. 즉 소년의 심리학적 발달은 '어머니로부터의 이중적 비동일시'로 특징지워진다(Greenson, 1978). 이것은 한편으로는, 분리적 정체성(separate identity)을 형성하기 위해서, 다른 한편으로는, 어머니와는 다른 젠더 정체성을 형성하기 위해서 필수적이다. 결국 전형적인 남성 특징인 독립성을 초래하는 과도한 분리(excessive separation)에의 경향이 발생한다. 이런 문맥 안에서, '자율성'이라는 용어는 남성적 행위에 관계하게 되는데, 이는 여성에게서 관찰된 동일시(identification)와 연결(connectedness)의 성향과는 반대되는 행위이다. 그러나 우리는 철학적 논쟁에서 '자율성'을 이런 의미로 가정하는 것이 정당화될 수 있는가를 논의해야 한다. 좀더 면밀하게 검토해 보면, 심리학적인 이해와 동일시될 수 없는 자율성 용어를 사용하는 몇 가지 방법들이 있다. 정치철학과 계몽주의에서 가령, '자율성'은 '타율성'의 반대어이며 따라서 간섭주의와 억압 비판의 도구가 된다. 이러한 비판적 추진력은 그 후 서로 다른 목표들을 유발시켜 왔다. '자아-입법'의 기획은 국가의 간섭을 포함해서 외부의 간섭으로부터 집단들을 보호할 뿐만 아니라 공동체에게 영향을 미치는 의사 결정 과정에서의 모든 개개인들의 평등하고, 적극적인 참여에 목표를 둔다. 일단 이러한 의미를 전제한다면, '자율성' 용어가 전적으로 남성적이기 때문에 그것을 거부해야 한다는 논제는 그럴 듯해 보이지 않는다. '여성의 자아-입법'을 요구하지도 않은 상황에서 다양한 형태의 젠더 위계질서에 대한 여성주의적 비판을 상정하는 것이 어떻게 가능할 것인가를 우리 스스로에게 물어봐야 한다. 더 나아가 서로 다른 강조점들에도 불구하고 사실 여성주의적 시도들은 위에서 언급한 두 목표들을 전유해 오지 않았는가? 가령, 영(Young) 자신이 분배적 패러다임의 소극적 측면과 비판적으로 대결하는 경우, 그녀는 한편으로는 모든 시민들의 적극적 참여를, 다른 한편으로는 집단의 차이에 대한 인식을 주장함으로써, 자율성을 이러한 이중적 의미에서 그려내고 있다(cf. Young, 1990a). 더 나아가서 우리는 칸트에게서 '자율성'이라는 용어가 법철학적 개념일 뿐만 아니라 도덕 철학적 개념을 명시하고 있다는 점을 깊이 생각해야 한다. 앞으로 우리는 이러한 개념의 변형이 전형적인 남성적인 것인지를 이야기해야 한다.

공적인 것과 사적인 것

'고전 텍스트들' 안에서 계약 당사자는 오로지 남성뿐이었다는 사실로 되돌아가 보자. 이러한 개념의 배경이 된 것은 여성에게는 가정의 영역에 속하는 일들을 할당한 양성 간의 노동 분업의 개념이다. 공/사의 이분법은 오랫동안 여성주의 비판의 주요 표적이었으며, 그것은 '여성의 역할'에 관한 현대적 상투어에서도 지속되고 있다. 여성주의자들은 루소, 칸트 또는 피히테(Fichte)와 같은 학자들이 주장했던 두 영역 간의 균형이 실제로는 존재하지 않는다고 설정함으로써 출발한다. 여성은 공적인 영역에서 배제되는 반면, 남성은 가족뿐만 아니라 공적인 영역의 성원들로, 더 나아가서 가족의 우두머리로 상정되어 왔다(Bennent, 1985; Jauch, 1988; Clark and Lange, 1979; Schroder, 1992). 그러므로 이러한 젠더 역할의 개념들은 여성들을 이중적 의존 관계 안에 놓이게 하였다. 여성은 한편으로 가정의 남성 우두머리에 종속된다. 다른 한편으로 여성은 참여할 수 없는 정치적, 경제적 의사 결정 과정에 따라 여성의 삶의 조건이 결정된다. 자유주의적 법 이론이 가족을 일차적으로 국가의 직접적인 간섭에서 벗어나 있는 사적인 영역으로 배정하고, 여성의 삶이 주로 법의 영역 밖에서 펼쳐지게 되는 한에서, 여성들의 의존 문제는 더욱 예민한 것이 된다. (수많은 나라에서 '결혼 내의 강간' 법률들에 관한 현재의 논쟁들은 이러한 견해에 영향을 받아 오늘날까지 지속되고 있다. 이와 같은 문제와 관련해 여성 운동은 "개인적인 것은 정치적인 것이다"라는 슬로건을 만들었다.)

여성주의적 분석의 요지는 계약이론으로는 정의의 핵심적 원칙들을 결혼과 가족에 관한 문제들에 적용하지 못한다는 것을 보여 주는 것이다. 오킨(Okin, 1989a)이 보여 주었듯이, 이것은 롤즈의 재공식화와 같은 차별화된 현대적 재공식화에도 해당된다. 롤즈가 비록 계약 당사자들을 '가정의 우두머리'로 상정할 때 젠더 중립적인 언어를 사용하고 있다 해도, 그럼에도 불구하고 그는 결혼에 대한 전통적인 이해로 되돌아가는 위계질서적 모델을 그리고 있는 듯이 보인다.

계약

앞에서 여성주의적 비판가들은 계몽주의 철학에서 병립할 수 없는 것을 혼용하여 사용하고 있음을 보았다. 이러한 견해에 따르면, 낡은 가부장적인 사유의 모형들은 새로이 발전된 평등주의적 정치 이론에 발맞추어 유지되었다. 이와 달리 페이트만(Pateman)은 '계약'이라는 용어 자체에 문제가 있다고 주장한다. 그녀의 주장은 관련된 두 개의 서로 다른 계약의 형태들이 있다는 것이다. 사회계약을 체결할 때, '평등하고' '자유로운' 남성 시민들은 또한 '성적 계약'을 체결한다. 후자는 두 가지 방식으로 여성에 대한 남성의 통제를 정당화한다. 첫째, 그것은 '여성에 대한 남성의 정치적 정당성을' 확보하는 것이며, 둘째, '여성의 몸에 대한 남성의 규율적 접근(orderly access)'을 보장해주는 것이다(Pateman, 1988, 7면). 페이트만의 입장에서 볼 때, 이런 방식으로 원초적 계약 속에서 확립된 젠더 위계질서는 여성이 체결한 실제적 계약들이 불균형적 특성을 지니도록 결정한다. 결혼 계약에 관한 칸트의 견해를 분석함에 있어서 페이트만은 이 문제를 더욱 자세하게 검토한다. 그녀는, 칸트가 한편으로는 남성들을 시민이 되게 하고 계약을 성립시키는 성숙함을 여성에게서 부정하면서, 다른 한편으로 결혼 계약을 체결하는 능력을 여성에게 돌리고 있다고 주장한다. 그녀는 더 나아가 상호성의 원칙에 입각한 결혼 계약—'한 인간이 배우자의 성 기관과 능력에 대한 호혜적 사용으로서의'(Kant, 1959, 24면)—에 대한 칸트의 초창기의 주장과, 계약에 들어선 여성은 남편에 대한 종속을 동의하고 있다는 칸트의 가정 간의 모순을 지적한다. 그러한 비일관성에 비추어 볼 때—다른 학자들도 이러한 비일관성의 죄를 짓고 있다—결국 페이트만은 '계약'이라는 용어는 완전히 폐기되어야 한다고 결론 내린다. 그녀는 '여성주의와 계약 간의 부적합한 동맹의 특성'을 강조한다(184면). 그러나 이러한 결론이 전적으로 설득력있는 것은 아니다. 다시 말해서 일단 우리가 자신들이 속한 계층, 인종 집단 또는 종교 공동체 안에서의 젠더와 성원과는 상관없이, 모든 개개인의 평등한 권리와 평등한 의무를 보증하면서 계약의 개념을 재정식화한다면, 계약의 개념은 특정한 부정의를 폭로하기 위한 필연적인 이론적 토대를 형성하게 된다(Herman, 1993a). 가령 여성의 정치적, 성적 종속을 종결시키려는 항변을 위해 페이트만 자신은 이러한 개념을 상정해서는 안 되는가? (이 질문과 구별되어야 할 또 다른 문제는 형식적 평등만으로는 양성 간의 모든 불균형을 제거하는 데 불충분하다는 것이다. 완전한 의미에서의 정의는 사회적 권리의 개념과 같은 더 많은 몫을 요구한다(Yeatman, 1994; Fraser and Gordon, 1994)).

평등

평등의 개념에 관한 논쟁 역시 위와 비슷한 상황이다. 가령 맥키넌(MacKinnon, 1989)이 입법부가 우리 문화권에서 남성의 전형적인 삶만을 일반적으로 타당한 모델로 간주하기 때문에, 젠더 중립적인 언어로 정식화된 법규들이 자주 여성들을 불리하게 한다고 지적하는 것은 정당하다. 예를 들어 남성 성공 모형들은 부당한 방식으로 일반화된다. 그러나 일부 여성주의 비판가들이 가정하고 있듯이(Flax, 1992), 이런 종류의 남성중심주의가 정의에 대한 자유주의적 이해의 불가피한 결과는 아니다. 오히려 이러한 이해는 평등의 형식적 개념으로 볼 수 있다. 평등 개념의 요지는, 개개인이 '평등한 대우를 받을' 권리를 가진다는 것이다. 드워킨이 설명하고 있듯이, 이러한 평등의 개념은 '다른 모든 사람들처럼 동일한 방식으로 존중과 고려로써 대우받을 권리'를 가리킨다. 따라서 여성주의자들이 여성들을 남성적 모델 아래로 포함시키는 입법과 사법의 체제를 거부할 때, 그들은 이러한 자유주의적 개념과 정확히 일치하는 평등한 대우의 형식적 개념을 비판의 기준으로 전제하고 있는 것이다.

가족

근대성의 규범에 대한 여성주의의 대결은 결코 계약론적 사유의 측면들에만 한정되지 않는다. 그것은 여타의 것들 중에서도 자유주의 전통 바깥에서 발전된 가족의 개념을 추적한다. 이 기획에서의 일차적인 관심은 헤겔(Hegel) 자신이 결혼에 관한 칸트의 계약론적 정의와는 거리를 두면서도 관계적 요소를 강조하는 방식이다. 전 시대의 루소와 마찬가지로, 헤겔은 가족에 보완적인 특성을 부여한다. 정치와 노동의 세계를 비인격적인 교섭과 경쟁의 압력으로 특징지을 수 있다면, 가족은 현실의 개개인들과 그들의 특정한 욕구들에 관심을 쏟는 장소로 구성된다. 가족을 근대화에 의해 각성된 현실과는 '반대되는 세계'(Klinger, 1990)로 보는 이러한 견해는, 지금까지도 반복해서 재정식화되고 있으며, 낭만주의자들, 짐멜(Simmel) 그리고 호르크하이머(Horkheimer)와 같이 서로 완전히 다를 수 있는 철학적 접근들을 결합시키고 있다. 그러나 여성주의적 관점에서 볼 때, 이러한 개념은 증명할 수 없을 정도로 불균형적이다. 수많은 남성 학자들에 따르면, 그 개념의 특별한 기능을 이행하는 가족의 능력은 '어머니다움(motherliness)'의 덕들로부터 도출된다(Rumf, 1993). 다시 말해서 여성은 아이들뿐만 아니라 남편에게까지도 사랑이 담긴 보살핌(loving care)을 일방적으로 제공하도록 되어 있다. '양성 간의 정서적 노동 분업'이(Heller, 1990) 지속될 때, 여성은 공적인 영역 속에서 남성이 경험한 고초를 상쇄시켜 주도록 되어 있다(Baier, 1987b; Houston, 1987). 현대의 논쟁들에 대하여, 수많은 여성주의 이론가들은 전통적인 삶의 방식들을 재평가하는 공동체주의적 제안들이 또다시 그러한 불균형을 유발할 수 있음을 지적한다(Frazer and Lacey, 1993). 이와 대조적으로 다른 학자들은 이러한 일방성에 초점을 맞추지는 않지만, 가족의 전통적 이미지 속에 내재되어 있는 여성적 덕들에 더 귀중한 가치를 두려 하며, 이러한 덕들을 도덕 행위의 새롭고도 더욱 적합한 평가의 토대로 만들려고 한다.― '보살핌의 윤리'

여성주의 비판가들의 핵심적 관심은, 헤겔이 결혼에 대한 계약론적 개념으로부터 거리를 둔다 해도, 가정이라는 공간에 한정되도록 하고 있는 여성의 이중적 의존을 그대로 유지하고 있다는 점이다. 법철학에 관한 그의 사상뿐만 아니라, 《정신현상학》(*Phenomenology of Spirit*)에서 명료화되고 있는 소포클레스의 《안티고네》(*Sophocles' Antigone*)에 관한 견해들은 특히 이러한 점을 드러내고 있다. 게다가 이러한 논평들에서 여성들에게 돌려지는 도덕적 입장은 세계 역사적 관점에서 볼 때 시대에 뒤떨어진 것으로 보인다. "헤겔은 여성의 무덤을 파는 사람이다"는 것이 벤하비브(Benhabib)의 비판적 독해의 결론이다(1992b).

또 다른 학자들은 양성 간의 노동 분업의 개념이 정당화될 수 없는 본성화에 의거해서 얼마나 지속되어 왔는지를 설명한다. 계몽주의 시대로부터 오늘날에 이르기까지 철학자들은 가정 영역의 활동과 덕이 '여성의 본성'과 일치한다고 되풀이하여 주장해 왔다. 그러한 견해에 대해서 우리는, 이상적 사회 질서의 모든 개념들은 규범적 특징을 갖고 있으며 그 규범들이 존재한다는 바로 그 이유로 그 규범들의 합법성이 본성에의 호소로부터 도출될 수 없다고 답변하지 않을 수 없다. 규칙이 공식화된다는 바로 그 사실에 대해 우리는 문제의 행위가 본성적 성향의 결과는 아니라고 지적하는 것으로 족할 것이다.

노동

몇몇 연구들은 젠더 관계와 노동에 대한 맑스(Marx) 그리고 맑스주의의 해석 역시 정당화될 수 없는 본성화에 의해 손상되었다고 보고했다. 비판가들은 첫째 '생산' 개념의 모호함을 지적하였다. 한편으로, 생산은 "음식의 생산뿐 아니라 어린이를 기르고 교육하는 것을 포함해서 인간의 재생산에 필요한" 모든 활동들을 가리킨다. 다른 한편으로, 그것은 상품의 생산을 가져오는 그런 활동들만을 언급한다(Benhabib and Nicholson, 1988, 549면). 가정의 활동과 여성의 생물학을 연결지으려는 맑스와 엥겔스(Engels)의 방향에 뿌리를 내리고 있는 관계로 더욱 명료성이 부족한 결과를 초래한다. 이를테면 《독일 이데올로기》(*The German Ideology*)에서, 그들은 '가족에서의 본성에 따른 노동 분업'을 언급한다(Marx and Engels, 1970, 52면). 여성주의 비판가들은 이것이 매우 비일관적이라는 사실을 분명히 하였다. 즉 여성의 삶의 조건에 관해서는, '역사적 유물론'의 기본 원리가 적용되지 못한다는 것이다. 재거(Jaggar, 1983, 72면)는 이러한 노선들을 따라, "맑스 이론은 노동의 성 분업에 대한 만족스러운 역사적 설명을 제공하고 있지 않다"고 언급한다. 더욱이 여성주의 비판가들은 젠더 중립적인 용어로 사용되는 '생산'의 개념에 대한 맑스주의의 통상적인 정의가 여성의 이중적인 주변화를 숨김으로써 그 문제를 악화시키고 있다고 보았다. 즉 맑스주의 이론 체계는 여성들이 가정의 영역에서 수행한 일들을 철저히 연구하지 않으며, 또한 그것은 여성 근로자들이 흔히 가정의 일들에 필적하는 업무들을 수행하고도 성에 따른 수입의 차별을 받는 일반적 관행을 비판적으로 논의하지 않는다는 두 견해를 제거해 버리고 있는 것이다. 맑스주의의 경제적 분석의 결함의 결과로서, 프랑크푸르트 학파의 시대가 올 때까지는 '젠더'가 특정한 형태의 지배를 야기시킨 사회 조직의 독자적 원리로 인식되지 못했다는 사실을 여성주의적 독해는 명확히 했다(Becker-Schmidt, 1989). 젠더를 의식하지 못하는 '노동'의 개념화는 맑스주의적 전통을 넘어서 현대의 경제 이론 속에서도 지속되고 있다. 그러므로, 다른 것들 중에서, 노동 시장에서의 여성들은 지금까지도 형편없는 노동과 동일시되며 남성보다 보수도 덜 받고 있다(Walzer, 1983; Okin, 1979).

도덕법

일반적인 철학적 개념들이 젠더라는 하위텍스트를 언급하고 있지 않다는 이의 또한 전혀 다른 영역의 논쟁의 중심부로 이동하여 제기되었다. 그것은 보편주의적 도덕 철학에 비난을 퍼붓는 것이었다. 이 논쟁에서의 주된 주장의 요지는, 도덕 행위는 추상적 원칙들 특히 '황금률'(남들이 너에게 하기를 바라지 않는 것을 너도 남에게 하지 말라)과 불간섭주의의 원리에 맞춰진 특징을 갖고 있다. 여성주의 비판가들은 정의의 관점에 의해 인도된 행위가 서구 문화에서의 남성이 지닌 특징과 동일하기 때문에 보편적으로 타당한 모델을 대변하지 않는다고 주장한다. 콜버그(Kohlberg)와 삐아제(Piaget)와 같은 학자들에 대한 길리건(Gilligan)의 비판에서 출발해 볼 때, 수많은 학자들은 도덕적 인식에 있어서 남성적 모형을 그릇되게 일반화시키는 문제는 현대 도덕철학의 모든 보편주의적 개념들을 손상시키며, 이러한 문제는 이론-역사적 배경 특히 칸트에 유효하다는 사실을 증명하려 한다. 동시에 이러한 비판가들은 여성은 일반적으로 남성과는 다른 방식으로 도덕적 갈등의 문제를 해결한다고 주장한다. 보살핌의 관점이 논쟁의 중심부로, 다시 말해서 특정한 상황과 특정한 욕구에 있는 개개인들에게 감정이입해서 주의를 기울이는 태도로 이동한다. 이러한 행위의 모형을 좀더 면밀하게 분석해 볼 때, 바이어(Baier)는 흄(Hume)의 감정이입의 개념을 사용한다.

이 논문은 도덕적 행위에서 젠더 차이들이 실제로 존재한다는 것을 보여줄 수 있는가를 논의하려는 것은 아니다. 전통적 규범의 비판에 관한 한, 도덕이 실제의 개개인들과 거리를 둘 것을 요구하는 입장을 문제삼는 것은 확실히 합법적인 일이다. 그러나 우리는 그러한 입장이 보편주의적 도덕철학의 모든 전통을 지배하고 있는가를 묻지 않을 수 없다. 실천 철학에 관한 칸트의 사상을 좀더 면밀하게 독해해 보면 다른 그림이 만들어진다. 그것은 여기서 요약된 여성주의적 비판이 고찰하지 못한 특징을 드러낸다. 예컨대 여성주의적 비판가들은 흔히 칸트가 법(law)과 도덕(morality)을 구별하고 있는 방법을 무시했다. 정의는 정언명법으로부터 도출되는 의무이지만 도덕성과 전적으로 일치되지는 않는 의무이다. 칸트의 저작들이 불간섭의 원리를 포함한 계약론적 요소들을 함유하고 있다는 것은 사실이지만, 이러한 요소들은 법철학에 관한 고찰들 중의 일부일 뿐임을 주목해야 한다. 동시에 칸트는 계약론적 사유가 도덕성의 포괄적 표현으로 충분하지 않음을 강조한다. 따라서 그는 '황금률'과 정언명법은 동일한 것이 아니라고 강조한다(Kant, 1964). 이러한 관점에서 볼 때, 위에서 언급된 이의들은 보통 칸트의 도덕 철학적 저작들에 대한 직접적인 언급

없이 제기되었다는 사실이 중요하다. 마찬가지로 도덕법—이 도덕 법칙에 따라 각 사람은 '목적 그 자체'로 존중받아야 한다—은 다른 사람들을 단지 수단으로만 이용할 것을 금할 뿐만 아니라 다른 사람들을 가능한 한 도와야 하며 스스로 선택한 행복의 길을 가도록 그들에게 도움을 주어야 한다는 칸트의 명백한 주장을 무시하고 있다. 칸트의 설명에서, 정언명법은 특히 개개인들의 실제적 상황으로부터 추상화를 요구하는 것이 아니라, 이와 대조적으로 가능한 한 그러한 상황을 수용할 것을 요구한다. 칸트는 여기서 사랑의 의무라는 용어를 사용한다. 우리는 왜 이 용어를 보살핌의 요구로 해석해서는 안 되는가?

따라서 분명한 사실은 이러한 문제들이 단지 철학적 정확성의 문제가 아니라는 점이다. 오히려 우리는 칸트의 사상들이 풍부하게 논의되고 있는 현대의 문제, 즉 보살핌의 이론적 접근들이 어떻게 상대주의의 위험을 피할 수 있을 것인가의 문제를 해결하기 위한 토대를 제공하고 있는 것은 아닌지 물어 보아야 한다(Nagl-Docekal, 근간 예정, b). 이것은 앞에서 여러 번 시사했던 위의 고찰들을 다시 한 번 단언하는 것이다. 근대성의 규범에 대한 여성주의의 대결은 그 단어의 이중적 의미에서의 비판이다. 즉 그것은 문제의 소지가 있는—남성 중심적—요소를 드러낼 뿐만 아니라, 양성 간의 균형을 목표로 하는 도덕철학과 정치이론의 재공식화와도 관련된 요소도 드러낸다.

(이혜정 역)

7. 실존주의와 현상학

소냐 크룩스(Sonia Kruks)

실존주의와 현상학은 첫눈에 여성주의와 생산적으로 조우하는 근대 서구철학의 몇 안되는 가닥 중 하나를 구성하는 듯이 보인다. 실존주의와 현상학은 추상적이고 합리주의적인 사유에 반대하는 전통을 형성하며, [추상적이고 합리주의적인 사유를] 대신하여 감성과 육체화(embodiment)의 경험을 포함하는 구체적이고 '살아있는 경험'을 해명하는 데 기여한다. 그 자체로 실존주의와 현상학은, 여성의 구체적인 경험을 평가하는 데서 출발하여 개인적인 정치학의 중요성을 강조함으로써 추상을 비판하는 여성주의 사유의 '제2의 물결'을 훨씬 앞선다. 그러나 전통과 싸우는 여성주의자들은 이른바 '인간 경험'의 종(種)적 고려가 암묵적으로 남성 경험에 근거해 왔기 때문에, 주된 표준적 형상들도 [여전히] 남성 중심주의 안에 자리 잡고 있다고 경고했다. 80년대를 거치면서 점차 여성의 경험을 중시하는 생각은 후기 구조주의적 여성주의 또는 '포스트모던' 여성주의라는 혐의를 차례로 받게 되면서, 실존주의와 현상학에 대한 관심은 감소했다. 그러나 이론가들이 포스트모더니즘이 현재 처하고 있는 듯이 보이는 막다른 골목을 넘어 이론을 이끌어갈 수 있을 전통으로부터의 통찰력을 찾게 되면서, 최근 몇 년 동안 [실존주의와 현상학에 대한] 관심은 다시 증대했다.

종종 동일한 철학 전통으로 취급되지만, 실존주의와 현상학은 그 기원과 목적에 있어 역사적으로 구분된다. 실존주의는 일반적으로 키에르케고르(Kierkegaard)의 작업과 더불어 19세기에 비롯되었다고 이야기되며, 현상학은 실제로 20세기 초 훗설(Husserl)의 작업으로 시작되었다고 이야기된다. 사유의 이 두 가닥은 이후에, 하이데거(Heidegger)의 저작과 프랑스 '실존주의적 현상학자들'의 저작에서 최초로 서로 얽혀졌다. 1940년대와 1950년대에 주로 [글을] 발표한 실존주의적 현상학자들은 인간 존재 및 인간 경험과 관련된 '실존주의적' 질문들을 해명하기 위한 노력에 현상학을 광범위하게 사용했다. 여성주의자들의 [정치적] 참여는 이 그룹의 구성원들, 그 중에서도 특히 메를로-퐁티(Merleau-Ponty), 사르트르(Sartre) 그리고 보봐르(Beauvoir)의 저작으로 가득 채워졌다. 보봐르의 저작은 각별히 중요했고, 그녀에 대한 해석[의 차이는] 종종 서로 다른 세대의 여성주의자들 사이에서, 여성주의 관점들 사이에서 그리고 여성주의 이론의 버전들 사이에서 [벌어진] 논쟁의 어느 한편에 속하게 했다.

키에르케고르, 훗설 그리고 하이데거

키에르케고르의 저작은 여성주의자들로부터 상대적으로 적은 관심을 받아 왔다. 그것은 아마도 그가 오늘날에는 덜 공감되는 종교적 뼈대 안에서 작업했기 때문일 것이다. 그러나 여성주의와 밀접한 후기 실존주의적 현상학의 많은 주제들은 이미 그의 저작에 [들어] 있었다. 헤겔의 거대 구조와 점차 커지는 실증주의의 물결 양자에 대항하여, 키에르케고르는 추상적 이성을 통해서는 포착될 수 없는 체험적인 진리들이—특히 신과 인간의 관계에 대한 경험들이—존재한다고 주장했다. 그의 철학은 개인적 경험을 진리의 원천으로 바꾼 철학을 대표한다. 인간의 이기심에 대한 분석, 믿음과 의심이라는 내적 경험에 대한 관심, 자유와 윤리적 결정을 내리는 우리의 개인적 책임에 대한 강조 그리고 그렇게 행하는 데 포함되는 고통에 대한 몰두에서, 키에르케고르는 사르트르와 보봐르를 포함한 후기 무신론적 실존주의의 중심적인 모티브들 중 많은 것들을 선취했다.

키에르케고르의 저작을 다룬 여성주의자들은 그의 텍스트들을 여성혐오와 성차별주의라고 비판했다. 여성들은 자주 남성의 유혹자나, 심지어 단순한 남성의 부속물로 그려졌다. 여성들은 본성적으로 직접성에 빠져 있는 존재로, 또 그렇기 때문에 키에르케고르가 자아의 온전한 윤리적 발전을 위해 필수적이라고 여긴 자아-성찰이 불가능한 존재로 그려졌다. 하웨(Howe, 1994)는 키에르케고르가 여성을 직접성과 동일시하는 것은 그가 생각하는 온전한 인격(personhood)이 될 자격을 여성에게서 박탈한 것이라고 주장한다. 그러나 다른 이들은 젠더의 차이에 대한 키에르케고르의 고려는 단지 세속적 세계에 속한 것이며, 진정한 '신과의 관계'에서는 젠더의 차이를 초월하게 된다고 주장한다. 월쉬(Walsh, 1987)는, 최고의 윤리적 수준에서의 인격

(personhood)에 대한 키에르케고르의 전망은 남성적 속성과 여성적 속성의 동등한 혼합을 포함하는 것으로 읽을 수 있다고 주장한다. 그리고 그것은 여성주의에 유용한 양성성의 이상을 제공한다고 주장한다.

비록 실증주의에 대해 불신을 공유하고 있고, 경험에 대해 공통적으로 초점을 맞추고 있지만, 훗설의 기획은 키에르케고르의 기획과는 근본적으로 다르다. 무엇보다도 훗설은—어떠한 종류의 현상(phenomena)이 되었든—우리가 현상의 본질적인 특징을 파악할 때, 일반적으로 사용하는 철학적, 과학적 또는 상식적 선입견으로부터 독립해서 현상의 본질적인 특징이 알려질 수 있는 방법을 개발하는 것을 목적으로 한다. 이러한 '사물 그 자체로 되돌아 옴'은 '환원(reduction),' 즉 가정들을 '괄호치는' 과정을 통해서 도달된다. [이를 통해] 현상의 본질은 변질되지 않은 채 드러난다. 훗설의 작업은, 현상을 지향적 관계 내의 존재로 가져오는, 탈육체화된 (그러므로 또한 젠더가 없는) 구성하는 의식, 또는 초월적 자아를 전제하기 때문에, 이상주의로 비판받아 왔다. 또한 어떤 이들은, 통상 자연적이거나 정상적인 것으로 보이는 것에 새로운 빛을 던지는 많은 여성주의적 비판처럼, 환원은 단지 발견적(heuristic) 장치로 고안되었다고 생각한다. 피셔(Fischer, 1996)는 훗설을 이러한 맥락에서 읽는다. 그러면서 훗설을 읽는 일이 여성주의 철학을 위해 다음과 같은 중요한 문제들을 던지고 있다고 주장한다. 남성적 의식 방식과 여성적 의식 방식이 명확히 [구분될 수 있게] 존재하는지, 혹은 지향성의 젠더화된 형식들, 육체와 경험의 영역에서 병행하는(parallel) 젠더 차이들이 있는지 여부를 [묻게 한다는 것이다.]

이후 실존주의적 현상학의 발달과 더불어, 신-훗설주의 현상학적 방법들은 현상의 특별한 종류들, [즉] 인간 실존의 현상을 조명하기 위해 작업했다. [이러한] 작업은 자유와 역사성, 책임, 자아-타자의 관계, 그리고 육체화의 문제들을 포함한, 사회적이고 윤리적인 이슈들을 탐구하기 시작했다. 하이데거는 Dasein, 인간 존재의 '현존재'—유일하게 자신의 실존에 대해 성찰할 수 있는 독특한 존재자—가 중심이 되는 현상학적 존재론을 정성들여 만들었다. (키에르케고르나 훗설과는 달리) 그가 여성주의 철학의 중심적인 주제들 중 많은 것들을 선취하고 있다는 점을 고려해 본다면, 하이데거에 대한 여성주의자들의 토론은 놀라우리만치 적다. 인간 실존에 대한 그의 고려는, 거리를 둔 앎의 관계보다 세계에의 참여를 우위에 두므로, 매우 반(反)이원론적이다. 그는 또한 '보살핌(care)'은 '세계-내-존재(Being-in-the-world)'의 일차적 구조이며, 인간 실존의 확실한 윤리적 명령이라고 주장했다. 이러한 관점은 하이데거를 현대기술에 대한 심원한 비판으로 이끌었다. 그는 현대기술은 통제와 전유(專有, appropriation)의 태도를 수반한다고 주장한다. 이러한 태도로부터, 자연뿐 아니라 인간 존재 그 자체가 '지속적인 예비품'으로 드러나게 된다. 그것은 본질적인 의미가 모두 소멸된, 일련의 사용 대상이 된다는 것을 의미한다. 보살핌에 대한 하이데거의 고려와 최근 여성주의 윤리에서의 보살핌에 대한 토론 사이에 공명이 있는 것처럼, [하이데거와] 현대기술에 대한 최근의 생태 여성주의의 비판과의 유사성은 분명하다. 보살핌에 대한 하이데거의 고려는 언어를 평가하는 크리스테바(Kristeva)의 렌즈를 통해 분석되어 왔고(Graybeal, 1990), 기술에 대한 그의 분석은 재생산 기술에 대한 이슈들과 간단히 관련지어져 왔지만(Klawiter, 1990), 하이데거를 여성주의적으로 한층 더 전유하는 일은 확실히 필요하다.

메를로-퐁티

메를로-퐁티의 저작과 더불어 실존주의적 현상학은 특별히 여성주의 철학과 밀접한 방식으로, 인간 육체로 [관심의] 방향을 돌린다. 메를로-퐁티에게 있어 인간 실존은 무엇보다도 '육체-주체(body-subject)'의 실존이다. 육체화된 주체성에게 암묵적이고 감각적이며 민감한 지식은 늘 명백하고 의식적인 지식보다 앞선다. 메를로-퐁티는, 현상학적 환원이 언제나 철학적이고 과학적인 지식을 가능하게 하는 (일반적으로 무시된) 기반인 육체화된 경험으로 우리를 되돌려 보낸다고 주장한다. 그렇기 때문에 초연하고 초월적인 자아에 대한 훗설의 생각을 거부한다. 추상적인 지식도 육체화된 경험에 그 뿌리를 가지고 있다면, 이는 더 나아가 지식은 언제나 '상황적이며', 인식하는 자의 위치는 인식된 것과 관계 맺고 있다는 사실을 함축한다. 따라서 메를로-퐁티는 좀더 완전한 탐구를 요청하는 방식에 있어, 젠더 논의에 어두운, 객관적인 또는 탈육체화된 지식을 비판하면서 이론들은 늘 인식자의 상황성을 고려할 필요가 있다고 주장하는 최근 여성주의자들의 논의를 선취한다.

메를로-퐁티의 육체화로의 전회는 또한, 주체성은 어떻게 육체의 다양한 구조들을 통해 생존하는지에 대한 답변을 수반한다. 그에게 인간의 육체는 단순히 자연적인 유기체가 아니라, 언제나 '하나의 역사적인 이념'이다(1962, 170면). 공간성과 운동성, 표현능력과 섹슈얼리티를 포함하는 육체의 구조들은 그러므로 개인적인 스타일의 폭로인 만큼이나 사회적이고 문화적이다. 인간의 육체를 다루는 메를로-퐁티의 견해들은 여성주의 비판의 주제가 되기도 했지만, 창조적으로 전유되기도 했다.

버틀러(Butler, 1989)는 메를로-퐁티의 견해의 강점은 그가 육체를 특히 성적인 관점에서, 무엇보다도 역사적이고 문화적인 실존으로 다루었다는 점이라고 주장한다. 그는 섹슈얼리티를 실존과 연관된 것으로 다루면서, 충동 또는 자연적 소여의 고립된 영역으로 다루지 않는다. 그러나 버틀러는 메를로-퐁티는 여성혐오적 색채를 띤 인식으로 인해, 그 자신의 위치를 토대에서부터 침식하면서 부정한다고 주장한다. 그가 성적인 존재로 생각하는 '육체'는 실제로는 이성애적인, 남성의 육체이다. 메를로-퐁티는 역설적이게도 구체적인 '살아있는 경험'에 대해 말하기를 거부한다. 그는 누구의 육체가 논의되고 있는가라는 필수적인 물음을 묻지 않은 채 그처럼 추상적으로 [사유]한다. 여기에서의 문제는 단순한 젠더 차이의 생략이 아니라고 버틀러는 주장한다. 암묵적으로 남성 이성애자의 관점에서 욕망을 고려하게 되면, 여성은 관음증적인 남성 시선의 대상이라는 위치에 놓이게 되며, 그녀의 육체는 자연화된다. 남성지배의 관계들은 그러므로 메를로-퐁티의 텍스트에서 이데올로기적으로 재생산된다.

또한 뤼스 이리가라이(Luce Irigaray)는 메를로-퐁티의 사유의 비전이 남성 중심적 특권화라고 비판했다. 후기 저작에서 메를로-퐁티는 인간/세계라는 이분법적 형식을 극복하는, 가역성의 존재론적 관계를 특징짓기 위한 수단으로써 '살(flesh)'이라는 개념을 발전시켰다. 그는 핵심적인 예로 촉각의 현상학(the phenomenology of touching)을 제시한다. 촉각의 현상학에서 만지는 사람은 [그가] 만지는 것에 의해 만져진다. 그러나 이리가라이(1993b)는, 메를로-퐁티가 실제로 시각은 결코 만져질 수 있는 것에 의존하지 않는다는 이유로, 여전히 시각에 특권을 준다고 주장한다. 만질 수 있는 것은 초생적인 감각—자궁의, 여성의, 모성의 [감각]—이라고 이리가라이는 주장한다. 그러나 메를로-퐁티는 여전히 (남성) 지각 주체를 특권화하면서, 이러한 부채(debt)를 인정하기를 거부한다.

버틀러와 이리가라이의 비판과는 반대로 빅우드(Bigwood, 1991)는, 육체에 대한 메를로-퐁티의 남성 중심적 편견은 그의 저작을 창조적으로 전유하는 것을 방해하지 않는다고 주장한다. 그녀는 버틀러와 같은 후기 구조주의 여성주의자들의 과도한 사회적 구성주의를 넘어서기 위해 메를로-퐁티를 이용한다. 버틀러는 메를로-퐁티가 이후에 자신의 여성혐오로 인해 불행히도 자연주의로 빠져들게 되면서 [자신의 만든] 토대를 침식하기는 하지만, 육체를 전적으로 역사화하는 관점을 표현하고 있다고 메를로-퐁티를 읽은 반면, 빅우드는 그를 자연적이면서 동시에 문화적인, '고유한(connatural)' 육체에 대해 설명하는 변증법적 사상가로 읽는다. 메를로-퐁티는 여성주의에, 육체는 엄밀한 생물학적인 결정론의 원천이 아니라는 모델을 제공한다. 그러나 여전히 '무게'와 불변의 요소들은 남는다. 육체들은 존재 방식에 동기와 경향들을 제공한다. 그러나 그것은 엄밀한 [의미에서] 원인은 아니다. 예를 들어 빅우드가 그리고 있는 것처럼, 임신은 순전히 생물학적인 과정이 아니다. 임신을 경험하는 것은 자신의 육체적 실존이 특정한 성-특수적(sex-specific)이고 자연적인 '소여(givens)'와 조우하는 일이다. [이것을] 후기구조주의자들은 그릇되게 무시했다.

빅우드와 같이, 영(Young, 1990c)도 여성의 육체화된 경험이라는 관점에 관한 탐구에 메를로-퐁티를 끌어들인다. 그녀는 서구사회에서의 육체 움직임의 여성적 형식들을 검사하기 위해 메를로-퐁티의 운동성 개념을 창조적으로 전유한다. [그녀는] 공간을 차지하는 방식에서 여성들이 더 많이 강제된다는 사실은 여성의 주변화된 사회적 지위를 표현한다고 가정한다. '수유 경험'과 임신에서 '자아'가 이중화되고 탈중심화되는 복합적인 경험을 다루면서, 그녀는 또한 생물학적 또는 문화적인 것으로 분류하는 것을 허용하지 않는 여성적 육체화의 양상을 탐구한다. 이와 같은 작업은, 후기 구조주의적 양식에서처럼 모든 경험을 담론성(discursivity)으로 수렴하지 않으면서, 성과 젠더의 구분을 넘어서고자 원하는 여성주의자들에게 메를로-퐁티가 풍부한 자원이 될 수 있으리라고 암시한다.

사르트르

사르트르에 대한 여성주의자들의 작업은 대부분 아주 비판적이다. 사르트르의 가장 잘 알려진 저작, 《존재와 무》(*Being and Nothingness*, 1953)는 거기에 담겨있는 이미지들과 예들이 명백히 성차별주의적이어서 광범위하게 (그리고 정당하게) 비판받아 왔다. 반즈(Barnes, 1990)가 이 성차별주의는 단지 우발적이며 사르트르의 이론에 필수적인 요소는 아니라고 주장하기는 했지만, 많은 다른 이들은 [사르트르의] 남성중심주의는 근본적으로 (활동적이고, 자유롭고, 초월적인, 그러므로 남성적 존재인) '대자적 존재(being-for-itself)'와 (둔하고 수동적이며, 또한 여전히 자유를 위협하는, 그러므로 여성적 존재인) '즉자적 존재(being-in-itself)'라는 그의 중심적인 구분을 통해 그 저작에 근본적으로 수립되어 있다고 주장한 콜린스(Collins)와 퍼어스(Pierce, 1973)에게 동조해 왔다. 전형적인 남성적 방식으로, 각각의 자율적인 자아는 '시선(look)'을 통해 타자를 대상화하고자 한다고 주장하면서 투쟁을 중심적인 동력으로 묘사하는 곳에서 [드러나는], 개인 상호 관계에 대한 사르트르의 관점 또한 비판받아 왔다(예를 들어 Kruks, 1992).

그러나 이러한 비판들에도 불구하고 사르트르의 작업을 창조적으로 사용해 오기도 했다. 바트키(Bartky, 1990)와 머피(Murphy, 1989)는 둘 다 가부장적 사회에서 여성 경험의 양상을 탐구하기 위해, 사르트르의 '시선(look)' [개념으]로부터 출발한다. 사르트르가 대상화하는 타자의 면전에서 자기 자신과 관계 맺는 하나의 가능한 방식으로 묘사한 수치심이 종종 가부장적 사회 내 여성들에게 일반화된 조건이 된다고, 바트키는 주장한다. 널리 스며있는, 적의에 찬 남성의 면밀한 관찰(scrunity) 하에 살아가는 여성들은 타자 앞에서 지속적으로 수치심을 경험하면서 영구적으로 내면화된 타자를 창조하게 된다. 그러므로 수치심은 '세계-내-존재'의 일반적인 양식, 그 자체로 철저하게 탈권력화된 여성의 주변성의 폭로가 된다. 머피도 사르트르의 '시선' 개념을 여성 억압의 현상학을 개발하기 위해 이용한다. 덧붙여 그녀는 여성의 탈권력화를 극복하는 방안을 탐구하기 위해 사르트르를 끌어온다. 《존재와 무》에서 사르트르도 (비록 간단하게지만) 타자성의 집단적 경험이라는 개념을 발전시킨다. 사르트르는 그가 '우리-대상(Us-object)'이라고 부른 것의 출현에 대해 기술한다. 모든 인간은 지배적인 '제 3자(Third)'의 동일한, 대상화하는 응시 하에 놓여 있다는 사실을 일련의 사람들이 발견하게 될 때, '우리-대상'은 존재하게 된다. 머피는 이와 같은 공통적인 현실화가 여성의 집단 정체성을 적극적으로 긍정하기 위한 토대가 될 수 있다고 주장한다. [여성의 집단 정체성을 통해] 그들은 일반화된 가부장적 제 3자에 의한 지배에 저항하는 방식으로 자신들의 타자성의 가치를 주장한다.

특히 여성의 동일성과 차이에 대한 논쟁들을 다루기 위해서 좀더 최근의 관심은 사르트르의 후기 저작, 《변증법적 이성 비판》(*Critique of Dialectical Reason*, 1976)으로 옮겨가기 시작했다. 영(1994a)은 여성들 사이의 차이가 경시될 수 없고 또 후기구조주의자들이 '여성'은 존재하지 않는다고 논의해 왔지만, 여성주의는 단순한 전략 이상으로 여성 개념을 유지할 필요가 있다고 주장했다. 그녀의 주장에 따르면, 그것은 여성을 본질화하거나 여성들에게 중심적인 동일성을 가정하지 않으면서, 사르트르의 '집단성(collectives)' 개념을 재활성화함으로써 가능하다. 사르트르의 용어에서 집단적이라는 것은 외적인 조건화에 의해 수동적으로 단일화된 사람들 전체를 의미하며, 그들의 선택을 구조화하지는 않는다. 그들이 공유하는 것은, 그들 중 어느 누구도 이 조건화 안에서 행위하지 않을 수 없다는 것이다. 그러나 이것은 그들이 필연적으로 의식의 동일성이나 아니면 최소한 공통의 목적이라도 나누어 갖는다는 것을 의미하지는 않는다. 이 개념에서 여성들이 공유하는 것은, 그들이 각기 집단적인 것, 즉 젠더 안에 조건지워져 있다는 것이다. 집단적인 것이란 이성애와 양성의 노동 분리를 강화하는 구조 같은 것에 의해 구성된다. 이러한 접근은 비본질화된 그러나 동맹을 형성하고 저항 전략을 발전시키기기에 적합한 여성 개념의 개발을 허용한다.

1995년에 쓴 책에서(Kruks, 1995) 나도 사르트르의 《비판》은 여성들 사이의 동일성과 차이라는 문제를 유지하기 위해 도입될 수 있는 인식론적 이론을 제공한다고 주장했다. 인식자의 조건화된 본성을 주장하는 여성주의 인식론들은, 여성의 경험이 단일하지 않으며 사회적 위치에 따른 차이들이 지식의 서로 다른 관점들과 형식들을 야기한다고 지적하는 장점을 가지고 있다. 그러나 이와 같은 '기원(provenance)'의 인식론들은 종종 차이를 가로지르는 이해와 소통의 가능성을 의문시하리만큼 분열되고 표준이 없는 지식 개념을 제공한다. [이러한 지식 개념은] 어떠한 광범위한 여성주의 정치학에서도 방어해야만 하는 것이다. 나는 지식이 어떻게 여성들 [사이의 차이를] 가로질러 공유될 수 있는지를 보여 주면서도 차이에 민감한 여성주의 인식론을 향해 나아가는 방향을 제시하기 위해, 사르트르의 '상호성(reciprocity)' 개념을 도입한다. [이것은] 서로 다르게 위치지워져 있는 자아들에 의한 상호적인 승인이다. 그들은 집단적인 외적 조건화에 의해 조정되기 때문에, 분리된 자아들의 명백히 구분되는 행위들은 서로 연관된다.

보봐르

사르트르의 저작 특히 《존재와 무》 같은 저작의 남성 중심주의적 요소들에도 불구하고 이렇듯 그것을 적극적으로 사용할 가능성은 여성주의에서 문제가 된다. 그러므로 의심의 여지가 없는 여성주의 철학의 고전, 시몬느 드 보봐르(Simone de Beauvoir)의 《제 2의 성》(*The Second Sex*, 1952)이 그것의 주변에서 발전되었다는 사실은 흥미롭다. 보봐르는 반복적으로 자신은 사르트르의 철학적 제자라고 주장했고, 최초의 독자들도 그녀를 그녀의 말 그대로 받아들였다. 그러나 좀더 최근에 학자들은 그녀[가 지닌] 사르트르로부터의 주목할 만한 철학적 자율성을 논증하기 시작했다(Simons, 1995).

보봐르의 저작에 대한 여성주의적 독서들과 가치평가는 장소와 세대에 따라 두드러지게 달라진다. 미국에서 초기 제 2의 물결 여성주의자들에게 보봐르는 그녀의 저작보다 그 인물이 훨씬 더 가부장제에 대한 저항의 상징으로 자리 잡았다. 공적인 지식인으로서의 그녀의 역할, 그녀의 (명백한) 자유 그리고 사르트르와의 동등한 관계는 많은 여성들에게 이상적인 것이었다. 《제 2의 성》을 여성주의의 '성전(聖典, Bible)'으로 만든 것은, 가부장제 하에서의 삶의 경험을 섬세하게 이야기한 것(비록 이것이 핵심적으로는 좀더 이전 시대의 프랑스 상류계층 여성의 삶으로부터 끌어온 것이기는 하지만, 1970년대에 여전히 공명되는 이야기였다) 그리고 좀더 나은 여성의 미래에 대한 굳센 평등주의적 전망이었다. 그러나 비록 그것이 널리 읽히고 언급되었다 할지라도, 1980년대까지 이론적 참여와 《제 2의 성》은 거의 접속하지 못했다. 이와 반대로 영국에서는 1970년대 사회주의 여성주의자들이 이 책을 여성주의와 인간주의적 맑스주의(humanistic Marxist) 유물론을 종합하기 위한 중요한 시도의 하나로 차용했다. 이와 유사하게 프랑스에서도 몇몇 이론가들이 보봐르를 유물론적 여성주의의 창설자로 여겼다. 그러나 1970년 후반부터 프랑스에서의 후기구조주의적 전회 그리고 여성적 글쓰기(ériture féinine)의 발전과 더불어, 보봐르는 점차 남성과 동일시되는 남근 중심적인 '계몽' 사상가로 내몰렸다. 이와 같은 적대감은 전권적인 어머니에 대항하는 딸들의 반항이라는 오이디푸스적 용어로 설명해야 할 만큼 집요했다.

보봐르에 대한 영어권의 (주로 미국의) 학문적 연구는 1980년대에 극적으로 확장된다(Pilardi 1993). 제 2의 물결 행동주의의 정점 이후, 보봐르에 대한 연구는 차이, 후기구조주의 그리고 '새로운' 프랑스 여성주의에 대한 논쟁의 맥락에서 여성주의로서 이론화되었다. 그러나 여성들 간의 차이를 찬양하는 사상가들은, 보봐르가 남성적 초월의 왕국(realm of masculine transcendence)에 들어간 여성을 해방된 여성으로 보는 시각을 가지고 있다고 비판했다. 그녀는 또한 여성적 특성들을 가치평가하는 데 실패했다는 점에서 뿐 아니라, 이분법과 여성 육체에 대한 적대감으로 인해 비판받았다(예를 들어 Hartsock, 1985). 이와 같은 이의를 제기한 작가들은 이러한 실패들이 보봐르가 사르트르의 철학적 구성틀을 수용한 결과라고 추측하거나 단언했다.

후기 구조주의적 여성주의의 관점은 보봐르의 저작이 이뿐 아니라 다른 점들도 결여하고 있다는 사실을 발견했다. 즉 주체성을 자유의 장소(locus of freedom)로 주목하는 점, 이성과 진보에 대한 '계몽적' 믿음, 담론의 이슈들에 대한 관심 부족 그리고 그녀가 여성들을 가치평가하는 윤리적 확실성의 음조 등이 비판되었다. 그러나 최근 다른 이들은, 이와 같은 비판들은 보봐르의 저작을 희화화하는 경향이 있으며, 면밀히 읽어보면 그녀가 순진한 계몽주의 사상가로 내몰릴 수는 없다는 사실이 드러난다고 주장했다. 이러한 맥락에서 유럽과 미국 양쪽의 여성주의 학자들은 조심스럽게 보봐르의 저작이 사르트르와 중대하게 갈라진다는 사실을 드러내기 시작했다. 이러한 새로운 독서들은 또한 《제 2의 성》을 주체성, 육체 그리고 성/젠더 관계와 같은 문제들에 대한 당대의 논쟁들에 접속했다.

보봐르는 사르트르의 실존주의에 빚지고 있는 구성 틀 안에서 여성 억압의 문제를 형식화한다. 그러나 르 되프(Le Doeuff)가 암시했듯이, 그녀는 '이 수단들을 넘어서 그리고 이 수단들 위에서' 그것을 그렸다(Le Doeuff, 1992, 55면 이하). 분명히 일반적인 여성 억압을 밝히고자 했던 그녀의 기획은 처음에는 여성의 타자성이라는 사르트르의 용어 안에서 만들어졌다. 그러나 사르트르와 달리, 보봐르는 상호성이 가능한 동등자 사이의 자아-타자 관계를, 지배와 억압 관계 안에서 불평등하게 나타나는 남성과 여성 사이의 자아-타자 관계와 구분했다(Kruks, 1992). 사르트르의 '남성'에게 있어 자아-타자 관계는 동등자의 관계인 반면, 보봐르의 여성에게는 "[남성]이 주체다. 그는 절대자(the Absolute)이며—여성은 타자이다."

비록 생물학적인 차이를 포함한 몇 가지 단일원인적 설명을 고찰하기는 하지만, 보봐르가 여성의 보편적 타자성에 대해 어떤 하나의 근본적인 원인을 제시하지 않는다. 사르트르를 좇아 보봐르는, 각각[의 원인]은 여성 억압이 어떻게 작동하는가와 관계가 있지만, 이것들이 개인 여성을 실질적으로 구속할 수 있는 것은 인간의 선택을 통해서 뿐이라고 단언한다. 그녀는 인간 종의 재생산이라는 핵심적이고 물리적인 짐을 여성들이 견디도록 요구하는 양성 간의 생물학적인 차이가 실재한다고 주장한다. 그러나 여성들이 자신의 육체로부터 소외되도록 만들고 육체적인 과정을 억압으로 경험하게 하는 원인인 이러한 차이들을 강요하는 것은 가치들이다. 여성적 육체에 대한 혐오와 모성에 대한 적대감이라는 이유로 보봐르를 혹평했던 초기의 독서들과는 달리, 최근의 해석들은 그녀의 사유가 보다 미묘한 것이라고 주장한다. 룬트그렌-고틀린(Lundgren-Gothlin, 1996)은, 보봐르가 육체화의 변증법적 개념을 제시한다고 주장한다. 거기에서 육체는 '상황'으로, 자연적이고 역사적인 것의 복합적인 변증법으로 살고 있다. 반면 제릴리(Zerilli, 1992)는 여성 육체에 대한 보봐르의 명백한 혐오[의 표현] 중 많은 부분은 독자에게 충격을 주기 위한 그리고 자연적으로 보이는 것들을 동요하게 만들기 위한 계획적인 수사적 전략이라고 주장한다.

이와 같은 독서들은 보봐르에 대한 우리의 이해를 복합적인 것으로 만든다. 그들은 또한 보봐르의 작업은 사회적이고 담론적인 육체의 구성과 젠더와 성의 관계에 대한 현재의 논쟁을, 손쉬운 범주화에 도전하는 방식으로 가로지른다고 암시한다. 그리고 그녀는 올바른 의미에서 후기구조주의적이지도 않고 생물학적이지도 않은 여성의 육체화를 읽는 방식을 지적한다고 암시한다.

보봐르가 사르트르의 실존주의를 본의와 다르게 다시 만들어내는 방식은 그녀의 현상학 사용에도 확장된다. 그녀는 여성을 결혼과 모성으로 운명지워진 존재로 [보는] (남성적) 관점에 대한 고도로 본질적인 '환원'을 실행한다. 자연화된 가정들을 중단하고 여성의 삶으로 강조된 모성의 경험을 전면에 배치하는 실천은 그녀의 저작에서 고유한 것(그리고 논란이 될 만한 것)이다. 그녀는 실존의 양식으로 여성 억압의 '살아있는 경험(The Lived Experience)'이라고 부른 개념을 설명하고, 여성의 관점에서 그것[살아있는 경험]을 포착하고자 했다. 그녀는 많이 인용되는 문장—"우리는 여성으로 태어난 것이 아니다. 우리는 여성이 된다."—과 더불어 이 일을 시작한다. 이 문장에서 됨(생성, becoming)이라는 모호한 개념은, 존재는 외재성(externalities)에 의해 창조되는 동시에 자기 자신을 창조한다는 뜻을 포함한다. 육체적, 심리적, 문화적 그리고 물질적 강제의 상황 안에서 완전한 삶을 사는 주체적인 경험이라는 보봐르의 생각은, 어떻게 이와 같은 상황이 여성들에게 자신들의 '여성성'을 수용하고 또 영속시키도록 강요하는 동시에 유혹하는지를 폭로한다. 사르트르와는 반대로, 그녀는 최종 분석에 있어 늘 구성적인, 또는 늘 자유롭지는 않은 주체성 개념을 제공한다.

그러나 보봐르의 생각은 주로 프랑스의 상류계급과 중류계급 여성의 경험에 기반하고 있다. 그리고 최근 그녀는 인종 또는 계급에 따른 여성 경험의 다양성에 대한 민감성이 부족하다는 이유로(Spelman, 1988, ch. 3), 그리고 이성애적인 경험을 암묵적으로 특권화한다는 이유로 비판받고 있다(Card, 1985). 보봐르는 20세기 초 프랑스 여성들에 대한 글을 쓴 것이므로, 우리가 그녀에게서 인종 이슈에 대한 민감성을 기대할 수는 없을 것이다. 그러나 이성애에 대한 특권화는 다른 곳에서 그녀가 논쟁했던 자연주의를 암묵적으로 재도입하는 것이다.

아이가 없는, 미혼의 전문가로서 '독립적인 여성'이라는 보봐르의 궁극적 초상은 여성들 간의 차이에 가치를 부여하는 이들에게서 많은 비판을 받아 왔다. 그러나 모이(Moi)는 보봐르의 관심은 정체성 이슈—여성인지 아닌지, 또는 남성과 '동일하'거나 '달라'야 하는지 아닌지—가 아니었으며, 바로 이러한 용어들로부터 탈출하는 자유의 가능성이었다고 강조했다. 비록 차이의 정치학의 전략적 가치를 과소평가하기는 했지만, 보봐르 작업의 위대한 가치는 그것의 유토피아적인 지평이다. 그것은 우리에게 '여성주의의 목적은 파괴하는 것 그 자체'(1994, 213면)라는 점을 상기시킨다.

보봐르 작업의 강점들이 실존주의적 현상학에 뿌리를 둠으로써 생겨난 것인지, 혹은 이 강점들이 이 전통을 무릅쓰고 생겨난 것인지는 남겨진 물음이다. 확실히 그녀는 사르트르 철학의 범위를 확장했다. 그러나 그녀가 주체적임(subjecthood), 육체화 그리고 자유라는 실존주의적 개념의 용어 안에서 여성의 주변성이라는 이슈를 구성한 것은 여성의 경험을 현상학적으로 고려한 것으로써, 여전히 주목할 만큼 강력한 것으로 남아 있다. 보봐르의 작업은 좀더 최근에 한 부류의 이론가들에게서 [이루어지는] 실존주의적 현상학의 풍요로운 전유와 더불어, 실존주의적 현상학은 조심하기만 한다면 여성주의자들이 지속적으로 참여할 수 있는 그리고 참여해야만 할 철학적 전통의 하나라는 사실을 떠올리게 한다.

(김애령 역)

8. 포스트모더니즘

크리스 위던(Chris Weedon)

지난 몇 십 년 동안 포스트모더니즘은 여성주의 이론과 여성주의 정치학을 포함하여 철학, 역사, 문화, 정치학에 대한 논쟁들의 핵심에 있어 왔다. 그 이론적인 해석은 사회적이고 문화적인 분석의 후기구조주의적인 양식들에서 찾을 수 있으며, 그 관심들은 포스트모던 문화적 실천들 안에서 반향을 불러일으켰다. '포스트모던'이라고 광범위하게 묘사될 수 있는 이론의 범위는 리오타르(1924~1998), 보들리야르(1929~), 데리다(1930~2005), 라캉(1901~1981) 그리고 푸코(1926~1984) 등과 같이 다양한 저술가들을 포함한다. 여성이론가들 중에는 크리스테바(1941~)와 이리가라이(1932~)가 특히 중요시되어 왔다.

1968년 이래로 서구 여성주의의 발전은 포스트모던 이론들을 비판적으로 다루면서 이루어졌다는 특징을 지녀 왔다. 포스트모던 여성주의자들은 여성들의 권리를 증진시키려는 자유주의 여성주의자의 목표를 능가하고자 시도했고, 자유주의 이론과 정치학이 다루지 않은 여성들의 경험과 억압의 영역을 이론화하고자 시도해 왔다. 그렇게 함으로써 그들은 학문, 진리, 역사, 권력, 지식, 주체성의 권위와 지위에 대한 포스트모던 비판을 결집시키고, 변형된 성별(gender)의 차원을 포스트모던 이론에 도입하고 성적 차이에 대한 새로운 개념을 발전시켰다.

후기구조주의 이론에서, 의미는 그것의 외적 세계에 의해 보장되는 것이 아니다. 언어는 결코 의미를 반영하거나 표현하는 것이 아니고, 데리다가 차이와 연기라는 의미에서 차연(différence)이라고 명명한 것의 무한한 과정을 통해서 의미를 구성한다. 포스트모던 이론은 보편적으로 타당한 진리와 도덕성에 대한 관념들이나 그 관념들에서 나온 정치학을 확립할 수 있는 어떠한 특권적인 객관적인 입장도 제공하지 않는다. 또한 객관적으로 참인 역사를 쓰기 위해 어떠한 입장도 제공하지 않는다. 지식과 권력은 필수 불가결하게 연관되어 있고, 여성주의 포스트모더니스트들이 주장한 바와 같이, 그것들은 여성들을 가부장적인 의미질서에 대한 '타자'로서 정의하면서, 여성들을 체계적으로 주변화하는 데에 주력해 왔다. 엘렌 씨수(1937～)의 말에 의하면, 여성들은 "위계적으로 조직된 관계에서 타자인데, 그러한 관계에서는 동일자가 '그의 타자'를 지배하고, 명명하고, 정의하고, 임명한다"(Cixous and Clément 1986, 71면). 포스트모던 이론은 서구 철학적 전통에서의 이성과 이성적 주체의 지위에 도전한다. 이성은 특정한 시간과 장소의 한계를 초월해서 참인 지식에 접근할 수 있는 객관적인 능력이기는커녕, 편파적이다. 더욱이 많은 서구의 철학에서 추상적인 개인, 이성적 주체는 암묵적으로 남성적이다.

포스트모던 이론에서 주체성은 한결같고, 자주적이며, 합리적인 의식으로서가 아니라 담론에 의해 생산된 것(Lacan, 1977; Foucault, 1978)으로 그리고 하나의 과정(Kristeva, 1984)으로 간주된다. 더욱이 주체성은 의식적인 것만이 아니라 무의식적인 차원들을 포함하고 있으며 문화적으로 성별화된 육체에 체현되어 있다(Irigaray, 1985; Butler, 1990, 1993; Gallop, 1988; Grosz, 1994c, 1995a).

보편화하는 이론들

여성주의와 포스트모던 비판에서 다루어진 핵심 영역은 서구 사상을 구성해 온 일반적이고 보편화하는 이론들, 즉 메타서사들이다. 포스트모더니즘은 자유주의, 맑스주의, 철학, 과학의 서구적 '거대 서사'(Lytard)의 정당성을 해체한다. 여성주의자들은 개인들과 사회적 관계들을 구성하는 근본적인 범주로서의 성별을 인식하는 데에 실패했다는 이유로 그 서사들을 비판해 왔다. 정치적인 투쟁에서 동원된 메타서사들은 예를 들어, 인간 진보에 대한 계몽주의 개념을 포함하는데, 그 개념은 자유주의적인 인본주의 성 정치학과 문화 정치학, 역사와 혁명에 대한 맑스주의 이론들, 가부장제에 대한 급진적인 여성주의 이론들, 인종과 문화에 대한 흑인 민족주의 이론들의 근간을 이루는 것이다.

포스트모던 사상은 참과 거짓을 확립하기 위해 사용되는 기준이 보편적이고 객관적인 것이 아니라 오히려 근대 서구 담론들의 구조에 내재되어 있다는 것을 시사하고 있다. 더욱이 여성주의자들은 이러한 담론들이 남성 중심적이면서 유럽 중심적임을 주장해 왔다(Jaggar, 1983; Spivak, 1990; Mohanty et al., 1991). 일부 여성주의자들이 그들 자신의 대안적 거대 서사들, 예를 들어 맑스주의적 여성주의나 가부장제에 대한 급진적인 여성주의 이론들을 생산해 온 반면에, 포스트모던 여성주의자들은 언어의 남성적 질서로 간주되는 것을 피하거나 변형시키고자 노력해 왔거나, 혹은 푸코의 영향을 받은 여성주의자들인 경우에는 역사적으로나 지형학적으로 설정되어, 더 이상 보편적인 지위를 주장하지 않는 이론들을 개발하기 위해서 노력해 왔다 (Kristeva, 1986; Irigaray, 1985b; Braidotti, 1991).

주체성

서구 철학 전통의 주체는 의식적이고 합리적인 사고에 의해서 지배되는, '탈육체화되고' 추상적인 개인이었다(Jaggar, 1983). 더욱이 서구에서 주체성에 대한 상식적 견해들은 인본주의 전제들을 되풀이하는 경향이 있는데, 그 전제들이란 우리는 올바른 환경만 주어져 있으면, 교육과 개인적인 성장을 통해 실현할 수 있는 인간적인 잠재력을 갖고 태어난, 유례없이 놀라운 이성적인 개인들이라는 것이다. 우리는 경험을 통해서 세계에 대해 배우는데 이 경험은 언어로 표현된다. 개인, 경험, 언어 사이의 이러한 투명한 관계는 우리 자신들에 대한 의미나 우리의 경험에 대한 의미에서 모순들을 이론화할 여지를 거의 허용하지 않는다. 포스트모던 여성주의는 우리가 통합된 동일성의 의미를 지닌 전체적이고 일관된 주체들이라는 지배적인 전제를 해체하고자 시도해 왔다. 이러한 기획에서 특정한 포스트모던 사상가들—라캉, 크리스테바, 이리가라이, 푸코—의 작업은 생산적이었다.

주체성에 대한 포스트모던 개념들은—여성주의자나 비여성주의자 모두에게—의식적인 이성을 넘어서 자아의 무의식적이거나 잠재의식적 차원들을 포함하기에 이르렀으며 모순들, 과정, 변화를 내포한다. 그들은 또한 체화된 주체성의 본성을 강조한다. 많은 서구 철학을 주도했던 주체는 이미 맑스(1818~83)와 프로이트(1856~1939)에 의해 도전받아 왔다. 여성주의자들에게 앞으로 나아갈 길을 말해주는 것처럼 보이는 것은 성별화된 주체성의 획득에 주의를 기울이는 정신분석이며 특히 포스트모던적으로 새로 쓰여진 라캉의 작업이 그렇다(27. "정신분석적 여성주의"의 항목을 보라).

라캉이론에서 성별화된 주체성은 개인이 언어와 법의 상징질서에 진입함으로써 생긴 불확실한 결과이다. 그것은 가부장적인 상징질서의 법들에 일치하지 않는 욕망들과 억압된 의미들이 자리한 곳으로서 무의식을 형성한다. 여성주의자들은 라캉을 개작하여 무의식을 어머니와의 전-오이디푸스 관계에서 발생한 억압된 여성성이 자리한 곳과 동일시해 왔다. 언어의 상징적인 질서에 진입하기 위해서 여성들은 그들 자신을 가부장적으로 결핍이라고 정의해야 한다. 주체성을 취하게 되는 과정은 개인에게 일시적으로 지배와 자주권의 느낌을 주는데, 이는 '현전의 형이상학'(데리다)에서 그/녀는 그/녀가 말하는 의미의 원천이 되고, 언어는 말하는 주체에 의해 고정된 의미의 표현인 것처럼 보이는 것과 동일한 사태이다. 그러나 포스트모던 이론에서, 화자는 결코 그/녀가 그 안에 한 자리를 점령하고 있는 언어의 저자인 것은 아니다. 언어는 주체성에 앞서 존재하고 주체성을 생산한다. 라캉의 이론에서 상징적 질서는 필연적으로 가부장적이다. 왜냐하면 의미를 가능하게 만드는 차이가 일차적 기표인 남근에 의해 보장되기 때문이다. 여성들에게 이것은 남성적으로 정의된 주체성이다. 따라서 서구 사상은 말에 우선성을 부여하는 로고스 중심적이며 동시에 남근에 우선성을 부여하는 남근 중심적이다. 포스트모던 여성주의에서 이 두 측면들은 전적으로 연관된 것으로 간주된다. 서구 문화는 남근 중심적이다. 라캉이론의 여성주의적 전용은 가부장제의 불가피성을 넘어서려는 시도를 해 오고 있다(Brennan, 1989).

라캉이론에 대한 여성주의 비판은 여성들이 열등한 남성들로 보이게 되는, 즉 결핍으로 정의되는, 차이의 이원론적 모델을 넘어서고자 시도해 왔다. 라캉 다시 읽기를 시도했던 가장 영향력 있는 여성주의자들 중에 줄리아 크리스테바의 작업이 있다. 그녀의 작업은 광범위하게, 철학, 신학, 언어학, 문학, 예술, 정치학 그리고 특히 정신분석학의 문제들을 다루고 있다.

크리스테바는 상징적인 질서에서 성별화된 주체로서의 개인의 구성에 대한 라캉이론의 측면들을 고쳐 쓰는데, 여성성의 중요성을 회복하면서도, 그 여성적인 것을 단순히 형식적인 의미 이상으로 실제 여성으로부터 분리해낸다. 그녀의 과정 중에 있는 주체(subject in process)에 대한 이론은 아마도 크리스테바의 작업 중에 가장 영향력있는 측면일 것이다. 주체성을 고정된, 인본주의적 본질로 보기보다 크리스테바는 주체성이 무의식적인 과정들에 뿌리박고 있고, 상징적인 질서 안에서 그리고 그 질서의 법들에 종속되어 구성되는 것이라고 보았다. 언어는 그것의 남성적이고 여성적인 차원 모두에서 혁명적 변화를 위한 잠재적인 현장이 된다는 것인데, 이러한 생각은 그녀의 《시적 언어의 혁명》(*Revolution in Poetic Language*, 1984)에서 가장 잘 전개되었다.

1970년대에 크리스테바의 작업은 서구에서의 여성성과 어머니임(motherhood)에 대한 정신분석학적 접근들에 더욱 많은 집중을 기울였다. 그녀는 유대-기독교의 전통에서 "어머니임은 여성적인 (혹은 모성적인) 육체의 희열(jouissance), 즉 어떻게든 억압되어야만 했던 쾌락의 뚜렷한 기호로 인지된다. 출산의 기능은 아버지 이름의 법칙에 매우 엄격히 종속된 채로 유지되어야 했다"(1986, 138면). 상징적인 질서에 대한 여성들의 접근은 아버지를 통해서 가능하고, 모성적인 육체의 억압을 요구한다. 이렇게 해서 여성성은 상징적인 질서의 '무의식'이 된다. 여성들은 여성성에 대한 남성의 모델을 채택하지 않고도 상징적인 질서에의 접근이 허락될 수 있는 제3의 길을 찾아야만 했다.

포스트모던한 것으로 여겨지는 작업을 해 온 다른 이론가들처럼, 크리스테바는 기존의 지배적인 주요 담론들을 사회주의이든 여성주의이든, 혹은 어떠한 것이든지 간에 대안적인 주요 담론들로 대치시키는 것에 저항한다. 그녀의 텍스트들은 획일적인 권력구조들을 분열시키고자 한다. 말한다는 것은 상징질서의 가부장적인 법에 의해 허용된 일종의 담론 안에 거주한다는 것이다. 여성적인 것이 심지어 언어 그리고 의미와 연관해서 차이가 나거나 다를 경우에도 그것은 상징적인 것 내부에서만 생각될 수 있다. 이로부터 얻어지는 결론은 상징적인 질서를 변형시킬 필요가 있다는 것이다.

뤼스 이리가라이는 상징질서의 변형을 좀더 다른 생각에서 받아들였다. 이리가라이의 작업의 특징은 합리성과 계몽의 유산에 대한 비판이다. 그녀는 의식적이고 합리적인 주체성을 우선시하는 것을 문제시하는 포스트모던적 맥락에서 저술한다. 말하는 주체가 담론 안에서 생산된다는 생각은 철학의 인식하는 주체를 효과적으로 탈중심화한다. 마찬가지로 지식의 토대에 대한 포스트모던적 비판과 지식의 조건들이 항상 그 지식의 바깥에 놓여 있다고 하는 포스트모던적 주장은 철학의 토대와 전제들에 대한 이리가라이의 검토의 내용을 말해준다.

프로이트와 라캉의 이론에 의거해서 이리가라이는 이성, 자유주의적인 인본주의의 주체, 언어를 남성적인, 상징적 질서로 상정한다. 그녀는 서구적인 것은 여성을 남성의 열등한 형태로 보는 단일한 성(monosexual) 문화라고 주장한다. 그녀의 영향력있는 텍스트인 《하나이지 않은 성》(*This Sex Which ist Not One*, 1985)에서 그녀가 지적하고 있는 바와 같이, 여성들의 차이는 가부장적인 상징질서에 의해 재현될 수 없고, 여성들의 관심 역시 그 질서의 언어와 법에 의해 충족되지도 않는다. 그녀는 객관적이고, 성별-중립적인 철학과 과학의 담론들로 보이는 것들이 남성 주체의 담론들이라고 주장한다. 더욱이 서구 철학과 문화에서의 여성성은 남성 중심적인 여성성(a masculine feminine)이다. 여성이 오로지 열등한 남성으로 나타나는 서구의 남성중심적 상징질서의 특질은 이리가라이로 하여금 여성만의 고유한 상징을 창출하려는 기획, 즉 성차가 목소리를 내고 존중되는 가부장적이지 않은 사회를 위한 투쟁에 있어 분리주의가 하나의 전략이 되는 기획을 생각하도록 고무하였다(27. "정신분석적 여성주의"와 30. "성적 차이 이론"의 항목을 보라).

포스트모던 여성주의 철학은 데리다적 해체(Grosz, 1995a)와 서구 철학에 대한 데리다의 비판을 모두 받아들여 왔다. 이는 최근의 철학에서 '여성성에 대한 많은 담론들'이 '남성 주체의 위기와 불안의 징후'라는 것, 그러나 또한 "여성성의 상징적 부재는 상징적인 것을 불안정하게 하기 위한 대응 전략으로서는 강점의 원천"이 된다는 생각에 특히 초점을 맞추고 있다(Braidotti, 1991, 101면). 브라이도티는 "여성들의 운동 안에서나 그 운동에 의해서 초래된 이론적이고 정치적이며 정서적인 변형들과의 관계에서 철학의 '여성되기'(becoming woman)뿐만 아니라 '타자 거래하기'(marketing of the other)를 분석할"(1991, 9면) 필요가 있다고 지적한다.

포스트모던 여성주의 철학자들의 주장에 따르면 "가부장제는 실천이며 남근 로고스 중심주의(phallogocentrism)는 이론이다. 그러나 이 둘은 리비도적으로 뿐 아니라 물질적으로 경제를 생산한다는 점에서는 일치하며, 그 경제에서 법은 차이들을 구성하고 그것들을 위계적으로 조직함으로써 작동되는 남근적 상징에 의해 유지된다"(Braidotti, 1991, 213면). 남근 로고스 중심주의를 뛰어넘고자 시도하면서 포스트모던 여성주의자들은 체화된 여성적 타자성을 저항과 변형의 장소로 보는 방식들을 개발하고자 시도해 왔다(Montrelay, 1978; Cixous and Clément, 1987; Jardine, 1985; Braidotti, 1991; Gallop, 1988; Grosz, 1994, 1995).

이와 같이 여성의 저항적 타자성에 초점을 맞추는 것은 들뢰즈의 작업에 의거해서 라캉주의적 욕망 모델을 뛰어넘고자 하는 시도들을 포함한다. 브라이도티는 보다 정치적으로 생산적인 노선을 따라 '여성주의 이론을 재고하기' 위한 개념적인 도구들을 (푸코와 함께) 들뢰즈가 제공하고 있다고 본다(1991, 146면). 그로츠는 들뢰즈와 가타리에 의거해서 레즈비언 욕망을 재구상하려고 시도한다. 그들의 작업은 "단일한 기의인 남근에 관련하여 그것(레즈비언 욕망)을 구축하는 것을 거부하고 있기 때문에 그리고 욕망을 단지 느낌이나 감정이 아니라 뭔가를 작업하고 만들어 내는 것으로 이해하게끔 했기 때문에"(1995, 180면) 유용하다. 그녀는 "들뢰즈의 작업이 안정적인 주체의 본질로 가정된 것들을 뒤흔들고 있으며, 따라서 성을 어떤 점에서는 주체의 중심이자 비밀이며 혹은 진리로 보는 가정을 문제시하고 있다"고 주장한다(214면).

포스트모던 이론, 권력 그리고 육체

여성주의자들이 포스트모던 이론을 전유하고 발전시켜 온 또 다른 중심영역은 푸코의 작업에 그들이 관여하고 있는 부분이다. 여성주의들에게 핵심이 되는 몇몇 관심들은 푸코의 작업에서 중점적으로 나타나 있는데, 즉 주체성의 구성에 중심적인 역할을 하는 권력의 장소로써의 육체, 산재하는 권력의 담론적인 본성 및 권력과 지식의 연계 등이다. 푸코의 작업은 집중화된 권력의 모델들에 이의를 제기한다. 푸코에게 권력은 어떠한 하나의 근원으로 환원될 수 없으며, 물질적이고도 담론적인 실천들에 내재해 있는 관계이다. 담론은 권력관계들 안에 함축된 주체성의 체화된 형태들을 창조한다. 그러나 권력은 또한 저항을 창조하기도 한다.

푸코에게서 권력을 행사하기 위한 핵심 장소는 육체이다. 푸코, 들뢰즈, 라캉, 이리가라이에 의해 각기 다른 정도로 영향을 받은 바 있는 몇몇 중요한 여성주의 이론가들은 육체 그리고 차이와 성별화된 주체성에 대한 육체의 관계를 이론화하고자 노력해 왔다. 핵심적인 예들로 제인 갤럽, 엘리자베스 그로츠 그리고 주디스 버틀러의 작업을 들 수 있다.

갤럽(1988)은 여성들을 문화의 외부에 위치시키는 이분법적 대립들, 즉 전통적으로 억압적인 이분법적인 대립들을 재진술하고 있는 것으로서 문화와 생물학의 대립에 도전한다. 그녀는 생물학 그 자체라기보다 오히려 생물학에 의해 만들어진 이데올로기적인 사용이 억압적이라고 주장한다. 이리가라이와 마찬가지로 갤럽은 여성의 육체가 가부장제에 대한 저항의 장소라고 하는 신체성(corporeality)에 대한 색다른 이해를 전개하고 있는데, 그 신체성은 재현이 거부된 것이다.

엘리자베스 그로츠(1994c, 1995a)는 육체들의 물질성에 관심을 기울이지 않고 육체들의 재현을 분석하고 있는 포스트모던의 많은 저술에서 드러나고 있는 경향에 대해 비판적이다. 그녀는 육체들의 물질성을 배제하는 것은 이성의 지배를 위한 인지되지 않은 조건이라고 주장한다. 푸코, 들뢰즈, 이리가라이에 의거해서 그녀는 "인종, 계급과 마찬가지로 성적 차이들은 곧 육체적인 차이들이다" 그리고 "육체는 문화의 대립항이 아니라 문화의 탁월한 대상으로 재인식되어야 한다"(1995, 32면)고 주장한다. 더욱이 여성들의 특수한 차이를 밝혀내기 위해 새로운 언어가 필요하다는 것이다.

주디스 버틀러(1990, 1993)는 "육체를 빠뜨리거나 혹은 더 나쁘게는 육체에 반대해서 저술하는"(1993, 9면) 철학의 경향에 대해 비판적이다. 푸코와 정신분석에 의거해서, 그녀는 육체의 물질성을 이론화하고, 또한 "이성애 차별주의(heterosexism)에 대한 비판에 비추어 육체들이 성적인 것으로서 물질화되는" 방식들을 이론화하고자 시도한다. 그녀는 "어떻게 그러한 강제들이 분명한 육체들의 영역을 생산할 뿐 아니라 또한 상상도 할 수 없고, 비참하며, 살아갈 수 없는 육체들을 생산하는지"(1993, 11면)에 대해 고찰하기 위해서 구성주의 이론들의 인습적 한계들을 넘어서기를 원한다(1993, 11면).

많은 포스트모던 여성주의자들은 담론적인 실천의 특정한 영역에서 성별 권력관계들이 지니고 있는 많은 국지화된 형태들을 상세하게 검토하는 데에서 출발하여 분석하고 있는 푸코의 작업을 받아들였다. 그러나 권력에 대한 푸코의 관점은 포스트모던 기획에 대해 회의적인 여성주의자들 사이에서 논쟁의 여지를 남기고 있다. 가장 빈번한 반대를 받은 관점은 여성에게 권력 밖의 장소, 즉 변형된 정치 행위를 근거지을 수 있는 장소를 부인한다는 것이다(Fraser, 1989a). 이러한 근거지우기의 결핍은 여성주의와 양립할 수 없는데, 왜냐하면 여성주의자들은 변화를 초래하기 위해 말하고 행위할 수 있는, 권력 밖의 위치가 필요하다고 말하고 있기 때문이다.

포스트모던 여성주의자들은 권력이 항상 필연적으로 억압적이라면, 모든 담론적 실천들과 모든 주체성의 형태들이 권력관계를 구성하고 권력관계에 의해 구성된다는 이론은 단지 무력해지고 만다고 주장한다. 이는 푸코가 그의 역사 연구들에서 문제시하고자 시도했던 억압으로서의 권력이라는 정확히 바로 그 특수한 개념인 것이다.

이와 비슷하게, 주체성이 담론의 결과라고 하는 푸코의 주장은 여성주의자들 사이에서 논쟁의 원천이 된다. 푸코를 따르는 여성주의자들에게 주체성은 담론적인 실천들이기도 한 일상적 삶의 물질적인 실천들에서 실현된다. 푸코가 그의 정신의학에 대한 사례연구들에서 주장한 바와 같이 감옥, 섹슈얼리티, 주체성의 형태들—의식적, 무의식적, 합리적 그리고 정서적—은 사회적으로 설정된 담론들을 통해서 생산된다. 모든 여성을 통합하는, 어떠한 고정된 혹은 본질적인 여성의 성질들 또는 여성성에서 멀어지는 것이야말로 포스트모더니즘에 대해 회의적인 여성주의자들을 혼란시키는 것이다.

포스트모더니즘에 대한 여성주의 비판들

후기구조주의 이론이 여성주의에 유용한 것인지에 대한 논쟁은 적어도 1970년대 후반, 즉 예를 들어 영국에서 M/F(1978) 저널이 '여성'이라는 개념을 반인본주의적으로 해소시킨 것에 대해 여성주의자들 사이에서 많은 적대감을 불러일으킨 이후로 계속 진행되어 왔다. 여성들이 자매애의 정신으로 함께 모일 수 있는 토대가 되는 여성임(womanhood)의 본질이 없다면 어떻게 여성들이 함께 조직화하고 새로운 긍정적 정체성들을 개발할 수 있을 것인가라는 질문이 제기되었다.

포스트모던이론을 옹호하는 여성주의자는 보편과 객관성의 가능성을 의문시하고, 지식에 대한 주장을 정당화시키는 바로 그 기준에 초점을 맞추는 포스트모던 이론이야말로 서구적이고 백인이자 이성애주의자인 중산층 여성들의 경험으로부터의 일반화를 피할 수 있는 이론을 제공한다고 주장한다. 모든 본질들을 의문시하고 진리 주장들을 상대화함으로써 포스트모던 여성주의는 지금까지 주변화되어 온 정치적 관점들과 관심들을 위한 공간을 창조해낸다. 또한 그들은 일반화하는 대안 이론들을 산출하지 않도록 돕는다.

포스트모던 이론을 비판하는 많은 여성주의자들은 서구 계몽주의의 해방에 대한 담론이 여성주의에 필수적이라고 주장한다. 여러 논의 중에서도 그들은 포스트모더니즘이 계몽의 전통을 지켜 왔고 비판될 여지가 있는, 백인이자 서구의 특권적 남성들의 '요구들과 필요들을 표현'하고 있다고 주장한다(Di Stefano, 1990, 86면). 예를 들어서 낸시 하트삭(Nancy Hartsock)은 다음과 같이 주장한다:

> 주변화된 타자들을 재정의하고자 하는 '민족주의'에 그 많은 집단들이 관여되었던 바로 그 때에, '주체'의 본성에 대해서나 세계를 기술할 수 있는 일반적인 이론의 가능성에 대해서 또 역사적 '진보'에 대한 의심들이 나타난다는 것은 어쨌든 매우 의심스러워 보인다. 침묵해 왔던 우리들 중의 다수가 우리 자신을 명명할 권리를 요구하기 시작하고, 역사의 객체라기보다는 주체로 행동하기 시작한 바로 그 때에, 주체임(subjecthood)의 개념이 왜 문제가 되는 것일까? 우리가 세계에 대해 우리 자신의 이론들을 형성하고 있는 바로 그 때에, 세계가 이론화될 수 있는지에 대한 불확실함이 나타난다. 우리가 원하는 변화에 대해 말하고 있는 바로 그 때에, 인간사회를 체계적이자 합리적으로 조직하려는 가능성과 진보에 대한 생각이 수상쩍고 의심스럽게 되었다(1990, 164면).

포스트모더니즘에 대한 이러한 반대들은 주체에 대한 서구 계몽주의의 범주를 의문시하는 것이 곧 주체임의 가능성을 허물어 버리는 것이라는 가정에 근거한다. 이러한 반대 의견들은 정체성 정치학의 중요성을 옹호하는 여성주의자 저술가들에 의해 공유되고 있다. 그것들은 포스트모더니즘에서 주체성에 대한 해체적인 접근과 행위성(agency)의 문제 사이의 연관성에 대한 근원적인 질문을 강조하여 드러낸다. 포스트모더니즘의 몇 가지 견해들 중에는 살아 있는 주체성 혹은 행위성에 대한 물음에 대해 전혀 관심을 보이지 않는 경우가 있기는 하지만 푸코, 데리다, 들뢰즈, 이리가라이, 크리스테바를 여성주의적으로 전유하고 있는 경우들에서는 이와 사정이 다르다. 여기서 행위성은 문화적으로 생산된, 모순되는 주체들 간의 사회적인 상호작용에서 담론에 의해 생산된 것으로 간주된다.

많은 포스트모던 여성주의자들은 공유된 억압의 형태들과 정치적인 목표들에 의해 정의되는 정체성 정치학이 전략적으로 필요할 것이라고 인정하고는 있지만, 그들은 정체성 정치학의 많은 형태들에서 본질주의적인 토대가 지니는 본성과 제한점들을 인지하는 것이 매우 중요하다고 주장한다. 그들은 하나의 정체성 이론을 제안하는데, 그에 따르면 정체성은 담론에 의해 생산되고 필수적이지만 항상 우연적이며 전략적으로 간주된다. 예를 들어 벨 훅스는 흑인 정체성 정치학에 대한 포스트모던 이론의 관련성을 논평하면서, 후기구조주의의 주체성 비판이 흑인 정체성 정치학에 대해 문제를 일으키고는 있지만, 이는 또한 해방적이고 뭔가를 할 수 있게 만드는 것이라고 말한다:

> 포스트모던 사고의 방향성에 대한 비평은 포스트모던 사고가 우리 아프리카-아메리카인의 경험에 대한 이해를 펼치게 만드는 통찰력들을 덮어서는 안 될 것이다. 포스트모던 사유에 의해 촉진된 본질주의에 대한 비판은 정체성의 낡은 개념을 재구성하려는 관심을 지닌 아프리카-아메리카인에게 유용하다. 우리는 검음(blackness)이라는 편협하고 제한된 개념을 외부적으로나 내부적으로 우리 스스로에게 너무 오랫동안 강요해 왔다. 대중문화와 대중의식 안에 들어 있는 보편성의 개념과 정체되고 과장된 정체성의 개념들에 도전하는 포스트모던 본질주의 비판은 자아의 구성과 행위성의 주장을 위한 새로운 가능성들을 펼칠 수 있다(1991, 28면).

주체성에 대한 포스트모던 이론들을 긍정적이고도 정치적으로 유용하게 읽는다는 것은 주체성을 본질적이고 통합적으로 보는 것이 아니라 사회적으로 구성되고 모순이 있는 것으로 보는 것이다.

포스트모더니즘에 대한 여성주의 비평가들은 거대서사를 의문시하는 것이 지식의 가능성을 훼손시키는 것이라고 주장하는 적이 많다. 그러나 포스트모더니즘은 주체와 지식 모두를 '인식하는' 주체의 사회적이고 담론적인 위치에 따라 잠정적이고 차별화하도록 해주는 것으로서 읽힐 수도 있다. 예를 들어서 후기구조주의적인 여성주의는 해방에 대한 계몽주의 서사들에 대해 물을 것이다. "누구의 해방이며 무엇으로부터의 해방인가?" 그들은 의식적으로 제한되고 특정한 지역의 서사들과 투쟁들을 주장할 것이다. 가야트리 스피박이 주장했던 것처럼, "우리는 이야기할 수밖에 없다." 그러나 "서사가 구성되었을 때 어떤 것은 제외된다. 하나의 목적이 정의되었을 때, 다른 목적들은 거부된다. 그리고 사람들은 그 목적들이 무엇인지 알지 못할 것이다"(1990, 18~19면). 따라서 예를 들어서 해방적인 자유주의적 여성주의나 맑스주의적 여성주의와 같이 역사적인 진보들에 대한 일반적 이론들로서 서구 여성주의 이론들의 호소는 흑인과 제3세계 여성들의 관심들이 지닌 특수성을 거부하게 되는 적이 많다.

여성주의가 필연적으로 계몽주의의 토대를 바탕으로 해야 한다는, 포스트모던 이론 비판가들의 주장에는 정치적인 귀결이 뒤따른다. 그러한 주장은 계몽주의의 거대서사들이 과연 진보적인 사회변화에 대한 독점적인 관심을 가지고 있는지에 대한 질문의 논점을 회피한다. 또한 그것은 많은 여성주의적 계몽주의 서사들을 구성하고 있는, 역사적으로 특수한 계급과 인종적 관심들을 도외시하고 있다.

포스트모던적 사고가 다원주의, 상대주의 그리고 궁극적으로 개인주의 정치학에 이른다는 것은 빈번히 반복되어 온 비평이다. 비평가들은 "여성주의 그 자체가 포스트모더니즘이 공격할 만한 개념, 즉 사회적 주체인 '여성'에 대해 상대적으로 단일화된 개념에 의존하고 있기"(Di Stefano, 1990, 77면) 때문에, 여성주의 정치학이 포스트모던주의자의 관점들로부터 나오는 것은 불가능하다고 주장한다. 이들의 주장에 따르면, '여성'의 범주 없이 우리는 다원주의로 빠지는데, "다원주의는 (…) 우리를 타자들 중에 있는 하나의 타자로 환원시킨다. 그것은 인정이 아니라 절대적인 무차별성, 등가, 상호교환가능성의 차이에로의 환원이다"(77면). 또한 이들은 상대주의를 피하기 위해서 여성들은 억압과 해방에 대한 일반적인 이론이 필요하다고 주장한다.

그러나 정치적으로 무력한 상대주의는 일반적인 이론에 대한 유일한 대안은 아니다. 포스트모더니즘은 부분적이고 특정한 지역의 이론과 실천을 제공할 수 있다. 여성주의적인 후기구조주의의 분석은 이론이나 주체성을 포기하는 것에 관심을 가지고 있는 것이 아니다. 상대주의를 주장한다기보다는 필연적으로 항상 부분적이고 역사적으로 특수하며 특정한 관심에 의해 주도되는, 이론과 실천의 본성을 주장하는 것이다. 다원주의는 때로는 경쟁적이고 갈등을 빚는 많은 관심들, 예를 들어서 백인 여성주의만이 아니라 흑인 여성주의적 관점들의 진술을 허용한다. 그러나 적절한 여성주의는 서로 다른 여성 집단들 간의 불평등에 대한 구조적인 관계들이 인지되고 다루어져야 한다고 요구한다. 예를 들어서 벨 훅스는 인종에 대해 얘기하면서, "단순히 담론을 강화시키거나 급진적으로 세련되어 보이기 위해서 '타자성'의 경험을 이용하려고 하는 포스트모던 이론이 아니라면, '차이의 정치학'을 인종차별의 정치학으로부터 분리하지 말아야 한다"(1991, 26면)고 주장한다. 실제로 가부장적이고 인종차별적이며 이성애주의자의 자본주의 사회에서는 차이는 항상 억압적인 권력관계를 수반한다.

포스트모던 여성주의자들은 본질화하는 이론은 거부하지만, 억압적인 사회관계들을 이해하고 변형시키려는 관심에서 계속 이론을 전략적으로 사용한다. 그들의 작업에서 이론들은 '진리'나 '실재성'의 외적인 보증을 지닌다기보다는 전략적인 지위를 지닌다. 이론들을 사용함에 있어 포스트모던 여성주의자들은 변화를 위한 투쟁에서 그 이론의 실질적인 효과성을 주시한다. 그들은 여성주의자들이 정치적으로 효과를 보기 위해서 이론들을 사용하고 발전시키려는 것이라면 단일한 거대서사를 필요로 하지 않는다고 주장한다. 포스트모던주의자로서 우리는 사회적·문화적인 분석에서 '성별', '인종', '계급'과 같은 범주들을 사용할 수는 있지만, 이는 그것들의 의미가 다원적이고, 역사적으로나 사회적으로 특정한 것이라는 가정 하에서만 가능하다. 그와 같은 범주들을 사용한 효과들은 그 범주들이 정의된 방식과 그 범주들이 사용되고 있는 사회적 맥락에 따라 달라질 것이다.

보편화하지 않고, 근본주의자라는 지위를 가지지 않으며, 문화적으로나 역사적인 특수성을 고려하는 서사들에 대한 필요는 '제3세계'가 포스트모던 이론을 이용하는 것으로부터 분명해진다. 미국에서 발전되어 온 '제3세계 여성주의'는 소위 '제3세계', 소수그룹의 사람들, '제1세계'의 나라들에서 살고 있는 유색인들로부터 여성들을 모두 함께 결집시킨다. 그것은 두 가지 방향에 초점을 맞추고 있다. 즉 '제3세계'의 여성들에 대한 다수 저술들의 유럽 중심주의를 해체하는 것과 '제3세계' 여성들의 관심들에 대해 충분한 설명을 하는 것이다. 여성주의 학자와 식민지 담론에 대한 포스트모던 비판에서, 찬드라 탈패드 모한티(Chandra Talpade Mohanty)는 제3세계 여성들에 대한 서구 여성주의자들의 많은 저술들이 제3세계 여성들을 희생자 지위에 의해 정의된 단수 범주로서 다루고 있는 것을 예시한다. 그녀는 "식민주의가 거의 변함없이 구조적인 지배 관계를 함축하고 있으며, 문제되고 있는 주체(들)이 지닌 이질성에 대한—자주 난폭한—억압을 함축하고 있다"(Mohanty et al., 1991, 51면)고 주장한다. 서구 여성주의의 저술에서 이러한 결과는 서구 여성주의가 곧 "문화적인 타자들을 코드화하고 표현할 수 있는 척도"(55면)가 된다고 하는 함축적 가정을 통해 나타난다. 그녀의 성 때문에 희생양이 되는 제3세계의 여성을 주체로 제작하는 것은 차이들을 억제하고, 역사적인 특수성을 부인하며, 부정적으로나 긍정적으로 권력을 작동시키고, 저항을 위한 잠재력을 비가시화하게 만드는 것이다. 모한티는 "제3세계 여성"이라고 미리 정해진 범주로 시작하는 것에 반대한다. 제3세계 여성은 그들이 관여하고 있는 사회적인 관계들에 의해 구성되며, 성별뿐만 아니라 계급과 인종적인 이해관계에 의해 구성된다.

모한티의 비판이 시사하고 있는 것처럼, 사람들이 이론을 사용할 때에 작용하는 담론의 특수한 권력 관계들을 깨닫는 것은 매우 중요하다. 실제로 서로 다른 경쟁적인 이론들은 사회적으로나 제도적으로 똑같은 지위를 가지지 않으며, 그것들의 실질적인 효용성은 실제로 존재하고 있는 권력관계의 맥락으로부터 분리될 수 없는데, 그 권력관계 안에서 이론들은 명시화되는 것이며, 이론들이 지지하거나 변형시키고자 노력하는 것은 권력관계이다.

포스트모던 여성주의는 그와 같은 자각에 대한 필요성을 강조한다. 낸시 프레이저와 린다 니콜슨은 다음과 같이 주장한다.

> 일반적으로 포스트모던-여성주의 이론은 실용적으로 되고 오류에 빠질 수도 있다. 적당할 때에 다수의 범주들을 사용하고 단일한 여성주의 방법이나 여성주의 인식론에 대한 형이상학적 위안을 맹세코 부인하면서, 포스트모던-여성주의 이론은 그 이론의 방법과 범주들을 곧바로 특수한 과업에 맞게끔 재단할 것이다(1990, 35면).

(노성숙 역)

제2부

아프리카, 아시아, 라틴 아메리카, 동유럽

9. 라틴 아메리카

오펠리아 슈트(Ofelia Schutte)

서언

남미에서 제도화된 여성주의 철학은 그 대부분이 1980년대부터 시작되는 최근의 현상이다. 역사적으로 볼 때, 재능 있는 작가요, 철학자요, 시인이었던 소르 후안나 이네스 델 라 크루즈(Sor Juana Inés de la Cruz, 1651~95, 멕시코, 식민지 시대)와 이상주의적 사회주의 활동가였던 플로라 트리스탄(Flora Tristán, 1803~44), 프랑스와 페루)은 최초의 여성주의적 기여를 한 사람들로 특별히 알려져 있다. 우루과이 철학자 칼로스 바스 페레이라(Carlos Vaz Ferreira, 1872~1958)는 여성운동의 참정권 확장주의 국면에 접어든 1918년에 온건하게 여성주의를 찬성하는 논고, 《여성주의에 관하여》(*Sobre feminismo*)를 썼다. 현대 [남미] 여성주의 철학은, 서유럽과 영미 여성주의 철학과 사상 속에서 1970년대 이래로 정립되어 온 일반적인 이론적 경향들을 따르고 있다. [남미] 여성주의 철학자들은, 정전(正典)으로 읽혀 온 전통적인 남성 중심의 문헌들에 도전하면서(Hierro, 1985) 여성학 연구 프로그램들의 동료 학자들과의 협력을 꾀하고 있다. 1990년대 후반까지 여성주의 연구의 확고한 전통이 몇몇 나라들에서 수립되었다. 중요한 여성주의 학술지들과 출판물에는, 멕시코의 《여성주의 논단》(*Debate feminista*), 브라질의 《여성주의 연구》(*Estudos feministas*), 칠레의 《국제 여신》(*Isis Internacional*) —아이시스는 농사와 수태를 관장하는 이집트 여신임(역주) —그리고 아르헨티나의 《여성주의자들》(*Feminaria*)이 있으며, 아르헨티나의 《이빠르끼아》(Hiparquía) —그리스 여신의 이름을 딴 영미권의 여성주의 학술지명 *Hypatia*과 동일함(역주)—는 최근에 여성 철학자들의 여성주의 및 비여성주의 논문들을 출간하고 있다.

본 논문에서는, 1980년대 이래로 특별히 멕시코와 아르헨티나에서 전개된 "철학적 여성주의(feminismo filosófico)"의 최근 동향과 주제들에 초점을 맞추고, 주어진 지면 안에서 다음 세 가지의 일반적 물음들에 대하여 이야기해 보고자 한다. (1) 스페인어로 쓰여진 여성주의 이론에서는 젠더(género, 헤네로), 여성(mujer, 무헤르), 여성들(mujeres, 무헤레스)의 용어가 어떻게 이해되고 있는가? (2) 여성주의자들은 평등의 여성주의를 채택해야 하는가, 아니면 차이의 여성주의를 채택해야 하는가? (3) 차이의 여성주의 이론들에 의하여 제시된 방향 중에는 어떤 것들이 있는가?

스페인어의 한 분석범주로서의 '젠더'

여성주의 이론은 '젠더(género, 헤네로)'라는 말에 속하는 서로 다른 의미들에 의해서 영향을 받는다. 전통적으로 '헤네로'는 형식상 분류적인 함의(여러 개의 종(種)을 가지는 강(綱), 속(屬, genus) 개념에서처럼)를 가지거나, 인류(el género humano-humankind)라는 말에서와 같이 종류(집단(group)이나 동류(kin)의 의미에서의(kind))를 지칭할 수 있다. 이것은 또한 무엇을 하는 방법이나 양상의 뜻에서의 성질(kind)을 지칭할 수도 있다. 이것의 또 다른 의미는 (남성 또는 여성이라는 의미에서의) 성(sex) 또는 성별(gender)이다. 문법적으로, 이 말은 [스페인] 언어에서의 명사, 대명사, 관사, 형용사들 및 다른 성별화된 불변화사의 성별을 지칭한다. 서양 여성주의 이론에서 '젠더' 용어 범주의 출현과 함께, '헤네로'에 대한 새로운 의미들이 소개되어 왔다. 젠더(género, 헤네로), 여성(mujer, 무헤르) 그리고 여성들(mujeres, 무헤레스)이라는 용어들이 애매모호하게 사용될 수 있으므로, 이들의 의미를 분명하게 해 두는 것이 중요하다.

'헤네로'의 의미는 여성주의적 글들에서 다음과 같은 뜻들을 내포하고 있는 것으로 최근 발견된다. (1) 여성과 남성 사이를 엄격하게 구분짓는 논리적인 범주로서 다양한 사회들에서 관례적으로 받아들여져 온 것처럼, 여성과 남성 사이의 형식적 평등성의 기준들을 세우기에 유용한 범주로서의 헤네로이다. (2) 여성 또는 여성에 관한 주제들에 대하여 이야기할 때 편리한 집합적 용어로서의 헤네로이다. (여기서 헤네로는 여성(el género femenino)의 준말로 이해된다.) (3) 위 (2)의 뜻의 파생어로, 여성들 속에서 집단 정체성의 요소들이나 동족 관계들에 대한 지시어로서의 헤네로이다. 하나의 관련된 입장으로부터 여성과 여성의 주제들에 대해 이야기할 때 유용한 지시어이다. (그 여성(the feminine gender)이 아니라 우리 성(our gender)이 된다.) (4) 여성과 남성의 성 정체성을 규정해 온 하나의 권력 담지(power-laden) 개념으로서의 헤네로이다. 따라서 이것이 차이들에 대한 지시어인 한에서는 '분석의 도구' 이지만, 동시에 그 차이들이 너무나 현저해서 정치적으로나 윤리적으로 받아들일 수 없는 것으로 판단될 때에는 '해체해야 할 표적물' 이 된다.

위의 두 번째 의미로서의 '헤네로' 는, 모든 여성들을 집합적으로 분류하는 뜻에서의 '젠더' (여성(the feminine gender)의 준말)와 그 분류에 의해서 지칭되는 집단으로서의 '여성들(mujeres)' 사이의 느슨한 연결에 기초한다. 이 때 젠더의 의미는 여성(La mujer)을 대신하는 말로서의 기능을 발휘한다. 이 말은 스페인어에서 추상적 방식으로 '여성' 또는 '여성들' 에 대해 말할 때 사용되어 온 용어이다. 즉 '라 무헤르' 는 [여성단수이지만] 하나의 집합적 또는 집단적 의미의 종류로서 '여성들' 을 가리키는 말로 사용되곤 한다. 또한 '라 무헤르' 는 모든 여성에게 본래 속해 있다고 본질주의자들이 믿고 있는, 여성(Woman)의 본질이나 불변하는 형태를 (자주 애매모호하게도) 지시하곤 한다. 여성학 연구 프로그램들은 "헤네로" 또는 "라 무헤르" 라는 일반적인 범주용어들에 의해 명명되고 있다. 멕시코 대학에서의 '여성 la Mujer 에 대한 학제 간 연구 프로그램(PIEM)', 부에노스 아이레스 종합대학에서의 '여성(la Mujer) 연구의 학제 간 영역(AIEM)', 쿠바의 하바나 종합대학에서의 '여성의 주체(Cátedra de la Mujer)' 그리고 멕시코 시티의 멕시코 국립 자유 종합대학에서의 '젠더(Género) 연구의 대학 프로그램(PUEG)' 에서 나타나있듯이 말이다.

많은 화자들에게 '라 무헤르(여성)' 는 명백한 본질주의를 불러일으킬 수 있는데, 이 말이 '헤네로(젠더)' 로 바뀐다 해도 그 문제를 반드시 없애주지는 못한다. '여성들(women)' 과 '여성적인 것(the feminine)' 에 대하여 경험적인 구문과 당위적인 구문 사이의 구별을 아주 분명하게 만들어 주지 않는다면, 집합적 의미의 '여성' 지시어로의 '헤네로' 의 사용은 그 스스로를 본질주의 탁상공론에 내어주는 꼴이 된다. 예를 들자면, "대부분의 여성들은 어머니들이다"라는 점이 경험적 의미에서 주목할 만한 사실이지만, 또 한편으로 이것은 진정으로 여성이기 위해서는 어머니 또는 어머니 같은 특별한 (인내하고 자기-희생적인 성질과 같은) 종류의 인간이 되어야 한다는 것을 제안하여서, 본질주의적인-당위적 의미 안에서의 특정한 존재 양식들과 활동의 종류들에다가 여성의 정체성을 가둬둔다. '라 무헤르' 의 용어에 대한 그리고 '헤네로' 의 몇몇 용어에 대한, 본질주의적 함의의 위험에도 불구하고, 비판적으로 잘 해석된다면 두 용어 모두 비본질주의적 여성주의 이론가들에 의해서 적절하게 사용될 수 있다. '여성들' 이라는 복수 명사인 '무헤레스(mujeres)' 역시 여성주의 담론에서 사용되어 왔다. '라 무헤르'와 '헤네로'와는 다르게, 이 말에는 복수의 함의만 제공될 뿐, 집합적 의미가 부족하다는 것이 이 용어의 한계이다. 하지만 많은 중요한 문맥에서, '무헤레스'의 복수적 의미에 초점을 맞추는 것은 여성주의의 핵심이 되고 있다. '무헤레스'에 대한 여성주의적 사용은 '행위자(agency)' 범주를 다루는 논의에서 발견되어지는데, 이것은 여성들 자신의 삶에 대한 선택과 행동의 권한을 부여하는 행위자들로서의 여성(주체들)의 개념을 가정하고 있다. 성차(sexual difference)의 범주는 자주 여성주의 정신분석학에서 이용되는데, 이는 남성과 여성의 문화적 구조들이 전개됨에 따른 이원적 대립을 비판하기 위해서이다. 이 경우, 여성들 '간의' 차이와 여성들 '안에서의' 차이들을—즉 구체적인 한 문화 속에 널리 퍼진 (여)성의 전형적인 유형들의 성질에 전혀 맞지 않는 [새로운] 차이들을—강조하기 위해서, 여성의 복수명사 '무헤레스(여성들)'란 말은 [이제] 여성주의 담론에서 하나의 특권이 부여된 용어인 것이다.

성별화된 지식구조와 여성들의 경험

기존의 지식체계가 남성의 목적을 위해 이바지해 왔고 여성들의 경험들은 주변적이거나 보이지 않는 것으로 남아 있다는 점에 대하여 여성주의자들은 동의하지만, 그렇다면 학문적 영역에서 그리고 사회에서 여성들의 관심을 어떻게 해야 가장 잘 표출해낼지에 대해서는 서로 다른 접근법이 주장되고 있다.

아르헨티나에서는 여성철학자들의 온건파가 철학적 여성주의 또는 여성주의 철학에 대해 논하기보다는 '젠더 이론'에 대하여 이야기하기를 선호한다(Santa Cruz, 1994, 48면). 이 입장은, 여성주의 안에 많은 다른 관점들이 존재하는 한, (그리고 그 모두가 어느 한 특정한 여성주의로 대변되지 못하는 한) '여성주의'보다는 '젠더 이론'이라는 보다 포괄적이고 중립적인 용어를 사용하는 것이 더 적절하다고 주장한다. '여성학'이라는 말은 여성들이 이 학문의 배타적 주체 또는 대상임을 암시하고 있어서 너무나 제한적인 지시어라는 탓에, 오히려 '젠더 이론'이 '여성학'보다 여성주의 과제를 위해 더 선호될 수 있는 범주임을 이들은 또한 견지하고 있다. 연구의 대상이 '여성의 주제들'보다는 '성(젠더)과 관련된 것'에 의해 규정되어야 한다는 논점은 그것만으로도 전통적인 정전(正典)을 일반적으로 연구하는 여성 철학자들에게 전략적으로 중요한 것이 될 것이다.

산타 크루즈(Santa Cruz)는 위에서 언급한 '젠더'의 형식적이고 분류적인 의미에만 동의를 표명한다. 젠더는 "성별(sex)과 가상적으로 묶여있게 된 고유한 특성들과 기능들에 관련하여 볼 때, 양자간의 관계, 가족간의 관계, 또는 사회의 관계들 속에 있는 인간 존재들에게 주어진 가능한 할당 종류들의 형식"으로 정의 내리고 있다(Santa Cruz, 1994, 51면). 성의 구별이란 생물학적 특색이 아니라 사회적 관계들에 기초적 근거를 두고 있기 때문에 그리고 성별에 대한 개념들은 역사적 조건들, 시간 및 공간에 따라서 달라지기 때문에, 젠더 구분은 관습적이라는 점을 견지하면서, 이 입장은 젠더에 대한 사회적 구조주의 견해를 받아들인다. 여성적 또는 남성적이라는 젠더-할당(gender-assignation)은 존재론적 본질이 아니라, 역사적인 변화요소들이 만들어 낸 하나의 생산품에 불과하다. 더 나아가서, 개인들의 사회적 정체성들은 성별 이외의 수많은 다른 요소들과—인종, 사회계층, 직업, 성적 성향(sexual orientation), 종교 등과 같은—관련이 있으므로, 젠더가 사회적 할당 체계들 안에서 하나의 독립 범주로 고려되어서는 안 된다(Santa Cruz, 1994, 50~51면). 이러한 형식적인 평등주의적 입장은 차이의 여성주의들과 관련된 젠더에 관한 관점들을 거부하고 있다. [이 입장에서] 제안된 사회 정치적 모델은 (유토피아가 아니라) 평등주의적 사회에서의 하나의 '복합적인' 성질을 갖는데, 이는 그 사회의 논리적 구조가 그것이 실현되기에 앞서서 하나의 가능한 목적으로 생각될 수 있기 때문이다(Santa Cruz, 1994, 53면). 이러한 사회에서는 젠더란 결코 인간 정체성에 근본적인 것으로 간주되지 않을 것이다. 그럼에도 불구하고, 인격들에 대한 평등의 원리가 정립되어진 것에 기초하여서, 젠더가 이성(reason)의 사용을 긍정적으로든 부정적으로든 방해하는 것으로 여겨지지 않는 한, 개인들에게 관습적인 성별 정체성(남성 M/여성 F)을 계속 할당하는 것이 불공정하지는 않을 것이다.

적어도 두 가지 계열의 반대 입장들이 이러한 형식주의적인 젠더 입장에 맞서고 있다. 한 계열에서는, 구체적인 하나의 사회에 널리 퍼진 젠더의 모델들과 전형적 유형들로부터 동떨어져 분리되어진 '규제적 이상(regulative ideal)'으로서의 젠더 차이(gender difference)라는 것이 과연 가치-중립적이거나 단순히 형식적인 개념일 수 있는 가능성에 대하여 의문을 가질 것이다. 형식적 분류(M/F) 그 자체는 문화와 역사의 산물이 아닌가? 따라서 성들에 대한 그리고 남성적/여성적 속성들에 대한 이중적이고(이거나) 보충적인 지위에 관계된 가치들을 조금씩 변질시키는 것이 아닌가? 따라서 이러한 계열의 반대 입장은 젠더의 규제적 의미에 대하여 (역사적 확실성이 없는 추상화가 아니라) 해체를 주장할 것이다(Lamas, 1994 참조). 두 번째로 또 다른 계열의 반대 입장은, 젠더와 개인의 정체성 사이의 연결성을 최소화하려는 규제적 이상을, 인간 평등의 추상적 개념들에 그리고 복잡하게 뒤얽힌 평등주의적 사회에다 호소하면서까지, 왜 여성주의자들이 선택해야하는지에 대하여 의문을 품을 것이다. 만일 그 규제적 이상의 우연성과 역사적 확실성이 주어지면서도, 그 이상은 젠더의 흔적을 회피해 가는 것이라면, 어떻게 여성의 권익이 남성-지배적 사회 안에서 표현되고 유통될 수 있을 것인가?—어떻게 여성운동이라는 것조차 과연 그 속에서 존재할 수 있을 것인가?

이 두 번째 계열의 반대 입장은, 위에서 살펴본 '젠더'의 두 번째 개념—즉 '여성'으로 여성의 경험들에 대한 집합적 의미를 지칭하는—에 대해 연구하는 여성주의자들에 의해서 채택된 방법론 속에 암시되어 있다. 이러한 이론가들은 여성들의 문제들에다 초점을 맞추고, 사회 안에 여성들의 권리와 책임들에 대한 이해를 지배해야 하는 규범들을 재고찰하기 위한 하나의 명확한 여성주의적 관점을 채택한다. 이에 적절한 한 경우가 여성의 권리를 인간의 권리로 분석하는 것으로, 이는 라틴 아메리카의 몇몇 나라들에서 자국내 정치적 상황으로부터 불거져 나온 하나의 중요한 문제이기도 하다. 여성에 대한 인권 침해를 고발하기 위한 하나의 전략은 '집단적' 혹은 '집합적' 권리의 합법성을 수립하는 것인데, 이는 그러한 권리의 임무와 행사를 위한 적법한 주체로서 '여성'이라는 집합적 실체 또는 집단을 고려할 때 가능하다(Maffía, 1994, 67면). 여성에 대한 몇 가지 '젠더-특유의(gender-specific)' 성적 학대들(여성의 육체를 구타하고 강간하는 것과 같은)이 일단 밝혀지고 나면, 공적영역과 사적영역 사이의 이분법은 깨어진다. 여성주의자들은 주장하기를, 가정에서 일어나든지, 공공 영역들에서 일어나든지 간에 만일 여성 억압이 정치적인 억압으로 드러났다면, 여성에 대한 폭력이 어디서 일어나는가와는 상관없이, 그러한 억압의 행위들은 '젠더-특유의' 의미에서 여성 인권에 대한 침해로 좀더 쉽게 인식되어질 수 있다는 것이다(Maffía, 1994, 71~72면). 그들은 남성 중심주의가 지닌 실제적 함축들을 비판하면서, 남성을 전체 인간이라는 종들에 대한 표준 잣대로 사용함으로써 여성의 지위향상이 단순히 조정되어질 수 없다는 점을 지적하고 있다. 따라서 여성들과 남성들 둘 다의 경험과 요구들을 포함하기 위해서는 '인간(혹은 인간적인 것)'에 대한 개념을 새롭게 다시 정립하는 작업이 반드시 이뤄져야 하는 것이다.

라틴 아메리카에서는 인권에 대한 그리고 또 다른 시민적, 정치적 자유들에 대한 '젠더-특유의' 접근방법은 전형적으로 다음과 같은 것들을 포함하고 있다. 정치문화를 이해하기 위해 전통적인 남성 유형들 비판하기; 사적인 것과 공적인 것 사이의 연결성 주장하기; 공적인 견해와 정신 안에서 인식되지 못하는 여성들 특유의 활동들 고려하기; 사회적 정책과 사회적 행동들에 대한 우선권을 수립하려고 할 때 여성들의 요구 참작하기; 그리고 (아마도 이 모든 것보다 가장 어려운 것으로서) 여성들의 지금까지의 내밀한 요구들을 사회적이고 정치적인 안건들에다 높이 효과적으로 올려 놓을 새로운 개념의 패러다임들 정립하기(Jelin, 1990; Schutte, 1993). 이러한 접근은 그 궁극적인 목표가 '평등'이라 할지라도, 여성의 '성 특유성(gender specificity)'이라는 개념을 여성주의적 분석에 근본적인 것으로 삼는다. 이것을 예증하기 위해서 '차이'에 대한 온건한 여성주의는, 그의 궁극적인 목표가 '인간'이라는 보편적 개념 안에서 여성들과 남성들에 대한 포괄적인 설명에 도달하는 것이라는 점에서 그의 입장을 완화시킨다. 하지만 이러한 접근방법의 주된 한계점은, 이들이 어쩌면 비실제적이거나 아니면 적어도 전략적인 본질주의를 구체화시키면서도, 그 본질주의의 물음에 직접적으로 맞서지 않고 있다는 점이다. 이 이론이 가장 관심을 갖는 것은 여성들의 성 정체성에 대하여 그 여성들이 가지게 되는 신념의 근원이 아니라, 일단 그러한 정체성을 가진 후 여성들이 감지하는 이익들과 요구들을 위해서 그 여성들이 사회 속에서 취하게 되는 '행동'이다.

평등의 여성주의와 차이의 여성주의

젠더의 의미를 무엇으로 채택하느냐에 따라서 달라지는 접근방법들 간의 상이점들은, 여성주의가 '평등의 패러다임'을 따라야 하는가 아니면 '차이의 패러다임'을 따라야 하는가 하는 문제에 대한 논쟁과 바로 맞물려 있다. 프랑스, 이탈리아, 스페인의 여성주의자들 속에서 이루어진 유럽대륙의 논쟁들이 라틴 아메리카의 여성주의 이론의 방향에 영향을 미쳤는데, 특히 멕시코, 아르헨티나 그리고 칠레에서 그러하다. 1990년대에 보편적 주체를 주장하는 근대성에 대한 포스트모더니즘의 비판들이 급상승함에 따라서, 차이의 여성주의들이 상승세를 타고 있다. 그러나 멕시코와 아르헨티나에서 그녀의 저작들이 널리 읽혀지고 있는 스페인의 여성주의 철학자인 셀리아 아모로스(Celia Amorós)는 이 경향과 달리 포스트모더니즘적인 차이의 여성주의를 비판하고 오히려 계몽주의에 기초한 평등의 여성주의를 지지하는 논의들을 광범위하게 펼치고 있다. 아모로스에 따르면, 평등과 차이 그 두 입장들 간의 본질적인 상이점은, 도덕법칙들(códigos)에 대한 보편화가능성(universalizability)의 원리를 받아들이느냐, 안 받아들이느냐에 놓여 있다고 본다(Amorós, 1994, 55면). 만일 보편화가능성이 도덕추론의 본래적 가치로 인정된다면, (합리적 행위자로서의) 모든 사람들은 원칙적으로 그 법 앞에서 동등하게 주체가 되는 것으로 여겨진다. 이 [도덕률의 보편화 가능성의] 원칙의 정치적인 결과는 여성들에게 호의적이라고 아모로스는 주장하면서, 그 이유는 이 보편화가능성이 더 많은 수의 새로운 정치적 주체들에 대한 합법화를 가능하게 하기 때문이라는 것이다. 또한 이 보편화가능성은, 그 궁극적 결과들이 일어난다면, 법과의 차별된 관계에다 여성을 자리매김하고 있는 이중 잣대(double standard)들을 폐지하게 될 것이다. 이러한 아모로스의 주장에 대하여 "그 모델이 남성인데 왜 보편화되어야하는가?"라고 표준적인 반박을 해 온다면, 아모로스는 이렇게 기본적인 답변을 할 것이다: "남성, 그들의 법이 현재 권력을 가지고 있는 그 남성들이 여성들의 기준들에 맞추어 보편화 과정을 바꾸어놓지 않을 것이기 때문에, 지금 다른 선택의 여지가 없다(Amorós, 1994, 56~57면)"고.

아모로스는 유럽의 계몽주의운동의 설계가 지닌 타당성이 현재에도 지속될 수 있다는 점을 근거로 하여 차이의 여성주의보다는 평등의 여성주의를 옹호하고 있는데, 이는 정치적 권리들이 평등 원리에 지배받게 된 때, 즉 그들이 근대적 국가상태 안에 있을 때, 그러한 권리들은 가부장적 권위를 타파할 수 있게 되었다는 것을 그녀가 주장하고 있기 때문이다. 이러한 그녀의 주장에는 다음과 같은 이유가 있다. 가부장적 권위는 여성을 배제하고 일부 남성들 사이에 이뤄진 계약이라는 특징이 있는데, 이는 여성들을 그 협정의 주체가 아니라 대상으로 만들어 버렸기 때문이다. 한편, 이러한 가부장적 권위와는 대조적으로, 근대적 국가는 모든 합리적 행위자들이 평등하다는 것을 전제로 법들을 수립하여서, 원칙적으로 여성들이 사회적 협약의 대상이나 아웃사이더가 아니라 바로 그것의 주체가 되게 하였기 때문이다. 차이의 여성주의에 대한 몇 가지 해석들이, 사회에서 여성의 열등한 지위를 고발해주기 위해서 뿐 아니라 전복시키기 위해서 다르게 배치된 집합적 주체들로서의 여성의 개념을 긍정적으로 가정해주는 한에 있어서, 아모로스는 이 입장이 여성주의를 위해 도움이 되어 왔다는 것을 인정한다(Amorós, 1994, 66면). 궁극의 목표가 보편(타당)성의 원리를 지지하고 고무시키는 것일 것 그리고 여성의 차이에 대한 묘사가 결코 젠더 본질주의로 환원되지 말 것이라는 조건들 하에서 차이의 적절성은 [얼마든지] 받아들여진다(Amorós, 1994, 79~82면).

하지만 이 [아모로스적인] 입장에 대항하여서, 남미계 미국 여성주의자들의 마음을 움직일 만큼, 아마도 가장 흥미롭게 반-평등주의적이고도 급진적으로 차이의 여성주의를 옹호하는 입장이 '여성 반란(Rivolta Femminile)'으로 잘 알려진 급진적 여성주의자들의 이탈리아 학파에 대한 해석을 통해 등장하였다. 평등이라는 패러다임 아래서 남성 주체를 여성의 모델로 사용하는 것에 반대하고 있는 이 이탈리아 급진파 여성주의자들에 의해 제기된 하나의 중요한 반대 입장이란, 여성들은 결코 그들 스스로를 이 모델에 비추어서 발견하지 못한다는 것인데, 이는 여성들이 (개혁적 그리고 사회주의적 여성주의자들이 견지해 온 것처럼) 하나의 억압된 사회집단에 속해 있기 때문이 아니라, 여성들은 그들 스스로를 [남성들과는] 다르게 성별된 개인들로 인지하고 있기 때문에 그렇다는 것이다(Rubio Castro, 1990, 188면). 1970년대와 1980년대의 이탈리아 여성주의 운동은, 평등에 대한 윤리적 명법에의 고수만으로는 여성의 젠더 차이에 대한 자아상이나 또는 남성에 대해 (부정적으로 구성된) '타자' 로 여성 자신을 묘사하는 문화적 이미지들을 변화시키기에는 역부족이라는 점을 생각하게 되었다. 만일 여성들이 불평등의 구역들을 평등의 장소들로 변화시킬 수 있게 되기 위하여 여성주의가 사회 안의 권력관계들을 변화시키는 것이라면,—이것은 아모로스에 의해 개진된 목표이기도 한데—그러면 성적인 차이에 대한 자기-비판적 이해란 오직 여성들의 권력증진을 위해 앞서 요구되는 심리학적 자격요건으로만 필요하게 될 것이다. 아모로스 그리고 다른 평등주의적 여성주의자들에 의해 주창된 '복합적 평등' 이라는 사회적 목표는, 근대성의 정치학에서 발견된 '평등의 논리' 와의 관계를 과격하게 끊지 않고서는 도저히 도달될 수 없는 것이다(Rubio Castro, 1990, 193면).

그러나 과연 어떻게 '성적 차이(sexual difference)' 가 이해되어질 것인가? 이 입장은 본질주의의 함정에 빠져 있는가? [하지만] 이와 반대로, '성적 차이' 에 대한 비본질주의적인 해석은, 이들 용어들이 여성적 본질을 언급할 필요가 없다는 점을 견지한다. 오히려 한 여성의 자아에 대한 의미와 그녀를 둘러싼 문화적이고 사회적인 환경에 널리 퍼진 여성적인 것에 대한 이데올로기적인 관념들 이 둘 사이의 간격에 대하여 그들은 물을 수 있다(Rubio Castro, 1990, 194면). 그렇다면 '성적 차이' 로 언급되어진 중요한 차이란, 사람들을 여성적인 것이라는 (남성적인 것에서처럼) 본질주의의 덫에 빠져있게 할 수 있는 경우로서의, 남성적인 것과 여성적인 것 사이의 차이가 아니라, 오히려 그것은 사람들이 [제대로 정리하여] 수립하고 싶어 하는 차이로서, 한 사람의 성적 혹은 젠더 정체성이라는 것과, 남성성 및 여성성에 대한 전체 표상적 이데올로기 이 둘 사이의 차이 또는 거리인 것이다. 젠더 이데올로기에 대한 비판은 자주 여성주의 정신분석학과 협력하여 일한다. 예를 들자면, 이성애적인 로맨틱한 사랑에 대한 이상화와, 여성들에게 악영향을 미치는 성적 도덕성에 대한 이중 잣대는, 라틴 아메리카 사회들의 전통적인 영역들 안에서의 여성들에게 악영향을 주는 심리학적 갈등들에 기여하는 것으로, 남성성과 여성성에 대한 보다 강력한 상징적인 구조들 속에 존재하는 것으로 드러났다(Fernández, 1992).

이러한 논의에 있어서, 여성주의적 주체의 지지자 확보를 위한 논쟁은 다음과 같은 두 관건 여하에 달려있다. 남성적 모델이라는 부담을 충당해서라도 여성주의자들은 평등성에로의 지름길을 택해야할 것인가, 아니면 여성적 차이에 빠져있기 위해서가 아니라, 그것 그리고 그것의 남성적 대응물 둘 다를 해체하기 위해서, 그들은 남성적 시민-주체의 패러다임에 동화되는 것에 저항함으로써 그 평등성을 거부해야 할 것인가 하는 문제이다. 이 여성주의 프로젝트의 결정적 양상은, 학계 밖의 일부 급진적 여성주의 프로젝트들에 의해서 뿐 아니라 문화학과 여성주의 이론 사이의 교차적-학제 연구에 의해서 전개되고 있다.

여성주의 운동과 여성주의 문화학

학술지 《여성주의 논단》(*Debate feminista*)의 편집장인, 멕시코 인류학자 마르타 라마스(Marta Lamas)는, 여성주의의 윤리적이고 정치적인 목표로 그녀가 규정하고 있는 것을 효과적으로 얻기 위하여 젠더에 대한 후기구조주의적인 분석을 사용하고 있다. 즉 "무엇으로 '하나의 인격체(person)' —인간이면서 주체인— 가 되는가, 그것은 '여성'의 몸에서인가 아니면 '남성'의 몸에서인가?"라는 물음에 대하여 하나의 새로운 상징적이고 정치적인 개념 정의를 제공하는 것이다(Lamas, 1994, 29면). 그녀는 젠더를 하나의 문화적인 구조로 정의 내리고 있는데, 그러한 구조의 기능은 '남성 대 여성'이라는 이(二)항적 대립을 통한 성적 차이에다가 의미를 부여하는 것이며, 이 구조의 논리는 '성 차별주의와 동성애 공포증'의 하나이다(Lamas, 1994, 18면). 이 젠더의 논리는 또한 성(sexuality)에 대하여 [남녀에게 서로 다르게 적용하는] 차별화된 규정을 세우고 있으며 남성과 여성에 대한 이중적 도덕성을 수립하고 있다. 성에 대한 여성주의적 평가에 이르기 위해서는, 푸코(Foucault)가 성의 역사에 대한 그의 분석에서 말한 바와 같이, 젠더에 대한 본질주의적 견해의 해체만으로는 충분하지 않다. 젠더 이원체(gender binary)에 의해서 창조된 두 성별들(sexes)의 상반된 입장에 대한 분석이 반드시 있어야 하고, 남성과 여성의 성에 주어진 의미를 규정하고 있는 상징적 체계들의 틀을 구성하는, 그 후자에 대한 해체가 있어야 한다(Lamas, 1994, 26면). 흥미롭게도, 라마스는 자신의 견해가 아모로스의 평등의 여성주의에 반대되지 않는다고 하는데, 이는 후자가 본질주의화되지 않는 한에 있어서, 젠더에 귀속되어진 차이들을 수용함으로써, 아모로스는 결코 '평등'을 '동일함'으로 격하시키지 않았다는 것을 근거 삼아 주장하고 있다(Lamas, 1994, 21면). 여기, 본질주의의 비판에 관하여, 한 후기구조주의적 여성주의자와 한 계몽주의적 여성주의자 사이의 일치가 생기는데, 이것은 여성주의 이론에 대한 탈근대적 관점들의 적절성에 관하여 그들 사이의 불일치보다 (라마스에게서는) 우선시된다.

후기구조주의적 여성주의 정신분석학이 남성적/여성적 성의 차이에 대한 이데올

[illegible]

[illegible] 입장들을 내세우면서, 루시아 게라(Lucía Guerra)와 같은 칠레인을 포함한 일부 비평가들은 모성적 몸(maternal body)에 대한 의[illegible] '모성적 몸'이라는 주제는 여성(mujer)이란 말이 대개 어머니(madre)의 동의어로 단순히 사용되고 있는 스페인[illegible]

[illegible] 진정한 여성성에다 [illegible]

[illegible] 이해되었다(Havelkova, 1993a, 1993b; Petrova, 1993; Vodrazka, 1993, 1994) [illegible]

[illegible] 같은 강력한 주[illegible]

[illegible] 저술되었든간에, 그 저자의 성에 상관없이, 그러한 텍스트들을 분리해 놓는 것이 [illegible]

[illegible] '건물' (building)이라는 [illegible] 없는 것이다"(Bedregal Sáez, 1995, 15면).

[illegible] 에서 여성주의 이론은 여러 가지 학문들 속을 가로지르는 공간에 존재한

[illegible] 않은 것은 아니겠지만), 여성주의 이론 [illegible] 들에 초점을 맞추고 있는가? (동유럽 여성주의 이론에서 이러한 점에 대해 완전히 개관하기 위해서는 또한 서양 텍스트 번역에 대한 자료들이 [illegible] 만 할 것이다.) 언어적 장벽의 제약 때문에 동유럽 여성주의 철학자들 간에 이론적인 상호 교환은 분명히 거의 없다. 여성주의 이슈에 관한 국제적인 이론적 토론들은, 이 토론들이 철학자들을 단일한 영역 내에서의 지적인 배경 내로 끌어들이면서 동시에 비여성주의자들을 포함하기 때문에, 역시 부재한다. 이러한 모든 점을 고려하면서 나의 논문은 지금 막 형성 중에 있는 동유럽 여성주의 철학에 대해 보다 포괄적으로 이해하려는 연구를 위한 제안에 그칠 것이다

철학적 전통과 여성주의

철학적 전통이 단일하다는 점을 가정하기보다는 차라리 다양성을 탐구함에 있어서 첫번째 의문은, (만일 철학이 경제, 국경, 관세 등과 같이 무엇보다도 지역적으로 규정될 수 있다면) 무엇이 동유럽 각각의 민족적 철학 전통인가 하는 점일 것이다. 이러한 의문을 제기하면서 전제될 점은 그 계기에 동의하든지 더 흔하게는 동의하지 않든지 하는 것과 무관하게, 최신의 철학적 계기가 그 과거의 지속이라는 점이다. 자기 고유의 과거와의 관계를 상실한 어떠한 현재의 철학도 없다. 따라서 여성주의 철학은 자신의 직, 간접적인 과거의 불법적/합법적 상속인이다.

동유럽의 철학 전통은 매우 다양하지만 맑스주의 철학이라는 하나의 공통 분모를 공유한다. 그럼에도 불구하고 맑스주의 전통 내에는 의미심장한 차이들이 존재한다. 아마 독단적인 방법으로 이론적으로 무기력한 연구를 수행한 익명의 철학자 총력부대가 있었을 것이다. 반면에 독단적인 맑스-레닌주의를 지지하는 데에는 매우 조심스러운 주의가 있었을 것이다. 반대로 우리는 맑스주의가 공식적인 이데올로기였던 시절에 대표격이었던 그리고 대부분은 그에 대한 대가를 지불했던 사람들 뿐만 아니라, 루카치(Lukàcs)와 부다페스트 써클, 즉 콜라코프스키(Kolakowski), 코지크(Kosik), 샤프(Schaff), 파토흐카(Patochka), 가야오 페트로비치(Gajo Petrovic) 그리고 유고슬라비아 실천 그룹의 성원들, 롭-바르샤바(Lvov-Warsaw) 학파, 즉 타르스키

(Tarski), 타타르키비치(Tatarkiewicz) 등과 같이, 오늘날 여전히 '국가적' 영역을 장악하고 있는 사람들도 바로 기억해낼 수 있다. 그들의 작업에 대해서는 상당히 많이 언급되었고 확장되었는데, 최소한 두 학파가 좀더 탐구되어야 할 필요가 있다는 것만 말하는 것으로 충분하다: 하나는 이러한 철학자들 중 몇몇은 비록 비독단적이고 전통적일지라도 상당한 정도로 맑스주의 일파에 기원을 두고 있고, 다른 하나는 소위—즉 공식적 이데올로기에 결과적으로 반대한—철학적 탈출의 직접적인 사태로부터 기원한다. 그리고 다른 의문점들은 제쳐 두고라도 철학자들은 민족적으로 견해를 표명할 수 있으며 또 지역적으로 정형화될 수 있는가라는 질문도 포함된다(콜라코프스키(Kolakowski), 아그네스 헬러(Agnes Heller) 그리고 보다 많은 사람들이 떠오른다).

철학적 전통으로 좀더 되돌아갈 경우 다른 것 가운데서도 이러한 분류에 대한 의문은 그 자체로 본래적으로 보다 복잡한 것으로 나타난다. 몇몇 저자들(B. Smith, 1993, 167면)은 라틴에 뿌리를 둔 문화와 비잔틴에 뿌리를 둔 문화 사이에 이원적으로 위계적으로 작동하는 방식으로 예리한 구별이 있어야 한다고 주장한다. 발칸반도를 가로지른 분할선을 따라 보스니아, 크로와티아, 헝가리 그리고 그 나라들의 서쪽 편에 있는 지역들은 라틴에 뿌리를 둔 문화로 위치지어질 것이다. 그리고 반대로 그 나라들의 모든 동쪽 지역들은 비잔틴에 뿌리를 둔 문화로 불릴 것이다. 그러나 이러한 구별은 유럽 중심주의적임을 벗어나 해당 공간들의 궁극적 가치였던 이념적인 침투를 부정했다. 오래된 철학적 전통에서는 베르나드 볼차노(Bernard Bolzano), 프란츠 브렌타노(Franz Brentano) 그리고 니콜라이 베르쟈예프(Nikolai Berdyaev) 같은 탁월한 인물들이 다양한 방식에서 중부 유럽과 동유럽의 전통을 형성했다.

이 지역에서 현대 철학은 과정 중에 있으며 계속 끓어오르면서 구체화되어 가고 있는 짧은 스냅 사진에 불과할 뿐이다. 이처럼 예측할 수 없는 흐름과 재형성되는 과정 속에서 여성 철학자들이 출현하고 있을 뿐만 아니라, 예를 들면 드미트리나 페트로바(Dmitrina Petrova)(McBride and Raynova, 1993, 127면)와 타탸나 클리멘코바(Tatyana Klimenkova)(Swiderski 1993, p. 154)와 같은 여성 철학자들이 인정받으며 출현하고 있다. 동유럽의 어떤 지역에서는 몇몇 여성주의 연구가 1989년 사건에 앞서서 수행되었다. 블라첸카 데스팟(Blazenka Despot)은 헤겔-맑스주의 틀 내에서 광범위하게 연구를 수행했다. 라다 이베코비치(Rada Ivekovic)는 포스트모더니즘과의 상호 교류 속에서 연구에 몰두하고 있다. 포스트모더니즘이 비록 어느 정도까지는 전도 유망하고 추천할 만하지만, 포스트모더니즘에서는 (언어적으로 가능성은 주어

민족주의와 전쟁

동유럽의 한 지역 이상에서 일어난 전쟁의 현실은, 그리고 몇몇 사람에 따르면, 전쟁의 확산 가능성은 말하고 쓰는 것을 긴급하게 만들었으나 피할 수 없게 만들었다. 여성주의 철학은 "예전의 유고슬라비아에서 전쟁은 의미심장한 방식에서 '형제애'의 사안이지 '자매애'의 사안은 아니다"라고 주장한다(Ivekovic, 1993a, 1993b, 115면). 갈등을 일으키는 데 있어서 열렬하고 투쟁적이며 상징적인 체계는 전적으로 성별화되어 있다. 결과적으로 민족주의와 전쟁도 그러하다. 라다 이베코비치는 '여성'이라는 범주를 선천적으로 본질화하는 것을 거부하면서(그리고 여성들은 공모해 왔다.) 여성들의 경계가 보다 관계적이고 여성들이 '타자'를 한 일원으로 보는 것은 그녀들의 육체에 의해 입증되며, 그녀들이 회합, 혼합을 대변한다는 점을 주장한다. 여성들이 그런 만큼, 도시에서의 혼합적인 도회지풍 문화는 파괴를 향한 표적이 된다. 여성들이 비록 떠돌이 민족주의자에 참여하는 것을 면제받고 있지는 않지만, 그렇게 참여하는 것에 대해 그녀들은 거의 노력을 경주하지 않는다. "민족주의에서의 자살적 충동은 … 스스로 독자적으로 본성적으로 비정상적인 시도의 결과이다 (Ivekovic, 1993b, 123면, 저자 강조).

[illegible] '비겁하게' 보여진다" (Papic, 1992, 12면, 저자 강조).

[illegible]

[illegible]

[illegible] 이다. 여성주의자 이외에 사회주의 [illegible]

[illegible]

[illegible] 사회주의 기획[의 구별]이다.

당대 아프리카 철학의 주요 경향들

네그리튀드(Negritude)*와 인종 철학(ethno-philosophy) [illegible] 의되었다. 예를 들면 생태여성주의 저작에서 미하엘라 미리유(Mihaela Miroiu)는 여성이 된다는 것은 자존 [illegible]

[illegible] (Miroiu, 1996, 7면) [illegible]

[illegible] 참고문헌[을 본] 정도였다. 이들 사회과학자들이 구비 [illegible]

[illegible] 의적 해석에 관한 주제와 스피노자, 크리스테 [illegible]

[illegible] (*Dictionary*) [illegible] (Arsic, 1995) [illegible]

[illegible] (Edward Wilmot Blyden:

* [illegible] 그리고 상실과 사랑과 배

따르는 논의의 방향은 동양과 서양, 미래와

수반하는 아프리카의 영지주의에 굴복한다는 것이 그들의 기본 논변이다.

인들이 그러한 철학에 대해 유창하게 발표

할 수 없다는 견해를 견지하였다. [illegible] 들의 세계관에 대한 자신의 합리적 체계화가 그들의 신념, 견해 그리고 도덕적 가치를 충분히 대변한다고 보았다.

[illegible]

[illegible] 조사에 따라 나타났다기보다는 불가피하고 불운하게 폭발적으로 떠올랐다.

[illegible] 가 여성에게 가해지는 남성의 폭력에 대하여 침묵을 지키는 것을 지속적으로 깨는 것은 매우 중요하며, [illegible] 발설할 수 있도록 서로서로 용기를 북돋아 줄 것이다" (Mladjenovic, 1995, 74면). 따라서 여성주의자 대부분의 활동은 강간이 전쟁 범죄로 [illegible] 크라해이(Crahay)로부터 나왔다. 그는

1965년에 킨샤사(Kinshasa)의 로바니움(Lovanium) 대학교에서 논리학과 현대 유럽 철학을 강의했던 전문 철학자였다. 그는 지적 교과로 알려진 협소한 철학과 사람들의 세계관을 지칭하는 '넓은' 그리고 '[illegible]인' 의미의 철학을 기본적으로 구분하였다. 크라해이는 직관 철학 혹은 암묵적 철학과 같은 것은 없으며, 템펠과 카가메가 정체화한 것과 같은 살아 있는 철학[illegible]나의 '세계관'(Weltanschauung)일 뿐이라고 주장했다. 세계관은 결코 "적어도 원리상으로 명시적이고, 분석적이고, 근본적으로 비판적이고, 자동 비판적이고, 체계적이면서, 그럼에도 불구하고 열려 있는 것이면서, 그것이 드러내는 가치뿐만 아니라 경험, 인간 조건, 의미와 관련 있는 그것"과 혼동되어서는 안 된다고 주장했다(Crahay, 1965). 크라해이는 템펠이 제시하는 세계관이란 전 과학적인 신념, 견해 그리고 교의를 포함하며 그 안에서 종교적인 주장들이 추상적이고, 객관적이고, 과학적인 원리들을 대치한다고 말하였다. 따라서 크라해이는 《반투 철학》이 기껏해야 인종학 저서라고 비난하였다. 비슷한 논증 노선을 따라서 로빈 호튼(Robin Horton)은 아프리카의 사유가 예술로서의 철학과 완전히 겹친다고 보았다. 호튼이 근본적인 차이로 생각한 것은 아프리카인들이 종교적이고 정서적인 만족을 얻기 위해 종교적으로 덧칠한 용어를 사용하는 반면, 서구인들은 과학적 지식을 얻기 위한 목적에서 실재를 설명할 수 있는 객관적으로 특정한 용어를 사용하는 점이다. 그러나 그러한 경우에조차 두 체계는 갈등하고 있는 인간의 경험들을 이해하기 위한 노력 안에서 비슷한 합리적 절차를 이용한다. 호튼이 발견한 또 다른 차이는 아프리카 사유 체계가 가능한 대안들을 인식하지 않기 때문에 닫혀 있는 반면, 서구 체계는 오늘의 이론이 내일 바뀔 수 있기에 [우리의] 인식은 [제한적이라는] 관념 위에 건립됨으로써 열려 있는 점이었다. 일부 아프리카 학자들은 아프리카의 사유란 갈등하고 있는 견해들을 조정하는 역할을 하였기 때문에, 과학의 반박적 양식으로 발달하지 않았다고 논증하였다. 이들 학자들이 보기에, 식민지 이전 아프리카 사회 대다수에서 팽배했던 비 문자적이고 비 산업적 사회 조건 때문에 고래의 아프리카 사상가들은 '엄밀한' 철학을 결코 발달시키지 못했다.

전문 철학(professional philosophy)

한편 1950년대쯤 서구에서 훈련받은 일단의 아프리카인들이 등장하였고, 그들 중 일부는 후에 철학을 연구하고 가르치는 일에 잠깐 손을 대었다. 그들 중 누구도 서구의 고전과 역사를 연구했던 식으로 아프리카 언어와 문화를 연구하지 않았다. 아프리카 철학에 관한 논쟁에 들어갈 때조차도 그들 중 누구도 그렇게 할 필요성을 알지 못했다.

그러나 전문 학자인 크라해이처럼 그들 모두는 자신들의 교과가 인종 철학자들에 의해 싸구려가 되고 심지어 모욕을 당한다고 느꼈다. 이들 학자들은 고대 아프리카의 일부 사회들 안에 정합적이고 합리적인 사유 체계가 존재함을 부정하지 않았다. 그 반면에 서구의 사유 패러다임을 이상적인 방법론과 과학적이고 '엄밀한' 철학을 형식화하는 절차에 대한 보편적이고 타당한 규준으로서 변호하였다. 그리하여 '넓고', '수준 낮고', '통속적인' 철학 혹은 세계관을 형식화하는 일과 대비시켰다. 따라서 그들은 서구의 지적 양식의 채택이 아프리카인을 정신적 미개성 차원에서 발달과 문명화의 차원으로 상승시킬 수 있는 유일한 길이라고 옹호하였다. 이러한 선택지는 때때로 선과 악, 심지어 삶과 죽음 사이의 선택으로 보여졌다(Masolo, 1992).

그렇지만 요점은 무엇이 어떤 문헌 작업들을 아프리카 철학(즉 기원과 인식 틀에서 아프리카적인 철학)으로 만들어 주고, 여타의 것들은 아프리카 철학이 아니게 하는가에 대한 의견 일치가 오늘날 이루어지지 않고 있다는 데 있다. 가령 훈톤지(Hountondji)는 아프리카인의 관심과 유익을 위한 글쓰기는 별개로 하고 혈통에서 아프리카 저자일 것을 고집하고 있다(1977). 그 반면 위리두(Wiredu)는 아프리카인의 존재 문제를 해결하고자 하는 의식적인 아프리카인의 모색을 선택한다. 그 경우 아프리카인의 개념들을 분석하기 위해 서구의 과학적 방법론을 채택할 수도 있다고 본다(1980). 위리두에 따르면 이 일은 아프리카적인 이해 안에서 행해져야 한다. 아프리카의 외국어 안에서 생겨나서 발전한 문헌 단편들이 과연 어떤 조건 하에서 아프리카적인 이해 방식 안에 있는 표현물로 충분히 간주될 수 있는가 하는 문제는 아직 명확하지 않다. 그런 어떤 작품에 대해 무엇이 철학의 자격을 부여해줄 것인가? 그것과 관련하여 이러한 사유 학파 안에 속한 아프리카 전문 철학자 모두가 엄밀한 철학으로 검열을 통과한 모든 논의들이 인간의 경험과 이성에 반드시 경의를 표해야 한다는 데 동의한다. 이는 서구에서 행해진 것과 같은 방식이다.

현자 철학(sage philosophy)

고 오루카(Oruka) 교수는 일찌감치 전문 철학 학파에서 손을 떼었지만 여전히 '대중적'인 철학과 '엄밀한' 철학을 구분하였다(1972, 1976). 그 때부터 그의 주관심은 서구의 교육을 접하지 않았던 일부 토착적인 아프리카 현자들이 이들 검사 둘 다를 통과할 수 있는 철학들을 생산하고 있음을 증명하는 것이었다. 오루카는 비록 다르게 믿었지만, 할렌(Barry Hallen)과 소디포(Sodipo)의 작업들 또한 여기에 속한다. [illegible] (Ogotemmeli) [illegible] (Dogon) [illegible] 처럼, [illegible] (1986) [illegible] 지혜 [illegible] (Arsic, 1995, 20면).

이러한 접근법에 대한 일부 반론은 당대 아프리카 현자들이 서구 문명에 영향을 받지 않을 [illegible] (Branka Arsic) [illegible] 만질 경우 부서지기 쉬운 거미집처럼 읽을 것인가 아니면 어떤 사람이 지탱할 수 있는 견고한 기둥처럼 읽을 것인가 여부는 해석자, 여성주의자 혹은 다른 사람[illegible] 문제이다.

만일 이러한 개관이 문제들에 대해 보다 더 개방적으로 향한다면 그리고 대답을 주[illegible] 존재를 너그러이 봐주는 일이 잘못된 일인가?

예를 들어 어떤 사람들은 오스트리아에서 태어난 비트겐슈타인이 영국[illegible] 술하는 일이 가능했기 때문에 비 아프리카인이 아프리카 철학을 저술할 수 있어야 한다고 주장했다. 이 주장은 강한 요점을 놓치고 있다. 즉 비트겐슈타인이 그 시대의 가장 영향력 있는 영국 철학자인 러셀 밑에서 수학했다는 사실을 깨닫지 못한 것이다. 따라서 비트겐슈타인이 영국 철학 전통 안에서 후견인을 '갖지 못했다면' 그의 작업을 성공적으로 성취할 수 있었을 것인지 매우 의심스럽다. 이 예가 보여주는 것은 예컨대 만일 영국 철학으로 정체화될 수 있는 어떤 특정한 전통이 없었다면, 영국 철학에 대해 우리는 거의 말할 수 없다는 점이다. 그렇지만 이러한 사실로부터 문화 철학들은 영국, 독일, 혹은 프랑스 철학의 경우에서 행해진 것처럼 하나의 형이상학적 그리고(또는) 인식론적 입장을 공통적으로 공유하는 것으로서 충분히 특징지어짐을 반드시 의미할 필요는 없을 것이다. 적어도 아프리카는 한갓 한

나라가 아니라 전체로서 하나의 대륙이다. 그렇지만 다양한 형태의 철학적 입장과 부합할 수 있는 논의 영역 안에서 정체화되고 훈련될 필요가 있다. 아프리카 철학의 존재에 관한 논의는 쉽게 바랄 수 없는 하나의 합리적인 요구조건이다. 이 점이 아마도 수많은 상이한 집단들이 여전히 이들 결정적인 쟁점들 중에서 이러저러한 것을 계속하여 파고 있는 이유를 설명해주는 것 같다.

역사적 집단

오루카(Oruka)에 의하면 이 집단의 성원들은 자신들에 대한 특징화 없이 아프리카의 구술 이야기들을 기록한다. 마솔로(Masolo), 섬너(Sumner), 올렐라(Olela), 무딤베(Mudimbe) 그리고 아웃로(Outlaw) 모두 여기에 분류된다. 그렇지만 맨 뒤의 두 사람은 어떤 텍스트가 아프리카 철학으로 분류될 수 있다 혹은 없다는 주장에 특별한 관심을 보이지 않으면서 거의 모든 아프리카 정전을 수용하는 책임을 맡고 있다.

비판적 전통주의자들

이 학파의 성원들은 주술, 화신, 운명, 진리, 신 등과 같은 기초 개념들 일부를 철학의 영속적인 문제로 비판적으로 검토하고, 분석하고, 정체화하기 위해 노력하고 있다. 이들은 경험과 이성 둘 다에 대한 가르침이 아프리카 사유와 이해 안에 깃들어 있긴 하지만, 이 쟁점들에 관한 영원한 해결은 서구 안에서도, 아프리카 안에서도 존재하지 않음을 증명하려고 하는 경향을 띠었다. 어떤 의미에서 기에케(Gyekye), 소디포(Sodipo), 매킨데(Makinde) 그리고 올루월레(Oluwole)가 여기에 속한다.

이 접근법은 언어 전문가가 충분히 수행할 수 있는 분석을 하고 있다는 도전을 받았다. 이 비판은 촘스키의 논변과 유사한데, 언어에 대한 의미론적이고 언어학적인 분석과 언어의 형이상학적이고 인식론적인 토대를 비판적으로 검토하려는 철학적 노력을 혼동하고 있다. 여기에서 이루어진 많은 작업들이 정통적이고 순전히 사변적인 수행을 포함하고 있다는 무딤베의 비난은 일정한 장점이 있다. 그러나 논의된 많은 주제들이 창피한 수준이라는 그의 주장은 주로 "독일이 [등장하지] 않았을 때 유럽에서 글을 쓴 아프리카인들"(Mudimbe, 1988)을 향해 주로 겨눠지고 있다.

힘[illegible] 단어들을 재발견하면서, 단어들의 잃어버린 의미를 재발견하는 작업을 해 왔다. 제인 카푸티(Jane Caputi)와 함께, 데일리는 이러한 용어들의 온전한 사전을 만들었다(Daly and Caputi, 1987; 또한 Graham, 1973; Kramarae and Treichler, 1985를 보라). [illegible]

[illegible] 의 정신적 탈식민화라는 목적을 패 [illegible]

[illegible] 을 듣는 일이 얼마나 중요한지를 이해하도록 이끌었다. 그리고 상대적으로 힘이 없는 여성의 존재 지위와 상대적으로 더 힘이 있는 화자 또는 저자의 지위[illegible] 탐구하는 데로 이끌었다. 자신의 삶에 대한 여성들의 증언을 여성주의자들이 여성주의적으로 다시 들여다보는 일은 언어의 변화가 일차적으로 중요하지만, [illegible] (Rich, 1979, 33-50쪽). [illegible] 오니예우에니(Onyewuenyi)와 [illegible] (Keita) [illegible] 한다. 왜냐하면 고용주가 노동자를 소녀로(as a girl) 여기는 것은 그녀를 실질적인 경제적 책임을 지닌 성인으로 다루지[illegible] 있기 때문이다(Merriam, 1974). 언어는 어쨌든 때론 행위의 형식들을 창조하기 때문에 중요하다. 담론 실천에 대한 여성주의적 작업들이 보여준 [illegible]

[illegible] 있다(Appiah, 1985). 또 어떤 이들은 서구 이론과 방법론—

[illegible]

[illegible] 특별한 해악에 관한 관심은 언제나 젠더 정체성에 관련해서 광

[illegible]

...형태의 니그리튜드와 인종 철학을 신화적 이라고 비난하면서 아프리카의 통일성과 정체성은 오직 식민화의 문제와 신식민주의자가 아프리카에 대해 행한 [illegible] 대한 공통 인식으로부터 진화할 수 있다고 주장한다.

[illegible] ...위해 사용되곤 했던 여타의 '좋은 어머니' 주장들처럼 자신의 규범성을 드러낸다. "메리는 여성이다"는 [illegible]로 규범적인 것처럼 보이지 않으며, 인간 존재의 성(sex) 또는 젠더를 정체화하는 실천을 하는 것처럼 보이지도 않는다. 많은 여성주의자들은 비록 [illegible]

[illegible] ...구조들을 창조한다. 언어를 철저히 규범적인 것으로 보는 이러한 관점은, 언어 [illegible]

[illegible]

력이 있으며 아직까지는 소위 보편적 틀에 의해 볼품을 잃어버리지는 않은 것 같다.

이 집단에게 아프리카 철학은 특유의 면모와 추론 양식을 충분히 갖추었음을 증명할 수 있는 교과 안에서 출현할 것이다. [illegible] 과 마찬가지로 아프리카의 사유 과정이 크라해이와 훈톤지의 요구 [illegible] 없는 것 같다. 그러나 실재를 이해하는 자기 고유의 방법에 대한 설득력 있는 정당성을 발전시키면서 고유한 논리의 진수에 대해 응당 존경을 표할 때 비판력과 엄밀성을 충분히 입증하게 될 것이다.

실천적이고 이론적인 많은 문제들이 해석학적 관점을 괴롭힌다. 아프리카 사유 안에서 이루어진 다양한 발전에 대해 쓰여진 기록이 거의 혹은 전혀 없기 때문에 어떤 아프리카 서사들을 철학으로 취급할 수 있는 지적 척도가 때때로 쉽게 마련되지 않는다. 이 말은 어떤 구전 문학 텍스트도 공동체에 귀속되거나 혹은 익명으로서 취급될 수 있음을 뜻한다. 고대 아프리카 사유 안에서 상이한 사유 학파들과 하위 문화적 편차들이 존재했던 가능성을 확립하기 위해 적합한 수단이 결여되어 있음은 심각한 문제이다. [illegible]

그러나 [illegible] 브륄(Levy-Bruhl)이 아프리카인의 전 논리적이고 전 과학적인 심성에 대해 언명한 이래로 참다운 혁명의 형태로 어떤 현상적인 결렬도 아프리카 철학 안에서 [illegible] 중요하다. [illegible]

[illegible] 성별화되기 시작했다. 즉 그것은 단순히 다른 사람들이 우리를 여성으로 여기는 것 뿐 아니라, 그 순간부터 우리는 스스로를 여성으로 재현하기 시작했다는 것을 말한 [illegible] … 우리가 그 양식 위에 여성 칸에 표시하려고 생각하는 동안, 사실은 여성[이라는 문자, F가]이 우리를 표시하고 있는 것이라고 말

[illegible] (de Lauretis, 1987 [illegible]) [illegible] 해 왔다고 주장할 것이다. 그렇지만 아프리카 여성주의 철학에 대해서는 똑같은 주장을 할 수 없다. 대다수 아프리 [illegible] 로인 범주들을 포함하면서 전달한다. 우리의 언어적 실천 [illegible]

[illegible] 주의적 억압을 끝내기 위한 투쟁이다. 우리의 가장 강력하고 여전히 미묘한 [illegible]

[illegible] 들을 위한 언어철학의 진정한 약속 [illegible]

[illegible] 있는 것을 전적으로 재 [illegible] 제 중 하나는 실제적인 텍스트의 부족 [illegible]

[illegible] (Sandra Bartky) [illegible] (Bartky, 1990a, [illegible]). [illegible]

[illegible] 'man' [illegible] (naming) [illegible] (Mrs) [illegible] (Miss) [illegible] (Spender, 1980; [illegible] and [illegible], 1983; Miller and Swift, 1991) [illegible]

[illegible] (Mary Daly) [illegible] 일반적인 단어들을 드러낼 뿐 아니라 [illegible] 'amazing' [illegible]

요 창업자로, 음식 기술의 성공적인 전문가이자 발명가로 특징짓는다. 이제는 구술사, 고고학 그리고 여타 형태의 연구들을 통해서 많은 아프리카 전통 사회 안에서 여성들이 삶의 경제, 사회 및 정치 분야를 지배했음이 확인되었다. 일단의 연구자들은 아프리카 여성들이 자기 실현과 개발을 위한 광범한 기회에 전통적으로 부합했기 때문에 이런 일을 전부 해낼 수 있었다고 믿는다. 볼랑레 오(Bolanle Awe) 교수와 같은 일부 사학자들은 식민지 시대 동안 아프리카 여성들의 경제력이 약화되었고 정치적 권리가 박탈되었다고 주장한다. 비록 많은 전통 사회들 안에서[도] 여성들이 남성과 같은 평등을 향유하지 못했다 할지라도 [당시에] 더욱 악화되었던 것이다.

아프리카 작가 및 연구자 일부는 많은 아프리카 여성들이 특히 대부분 풀뿌리 수준에서 여전히 가족과 사회의 생존에 헌신하고 있다고 믿는다. 그 주된 원인은 그들이 남성-여성 관계에서 이와 같은 기본적 전통 원리를 계속 따르고 있기 때문이다.

그렇지만 또 다른 사유 학파는 아프리카 전통 사회 안에서 몇몇 여성의 성공을 찬미하는 위험성을 경고한다. 그러한 여성들의 업적을 가능하게 만들었던 착취 구조를 철저히 연구할 필요성이 강조되고 있다. 그들의 논변은 전통 아프리카에서 몇몇 성공한 여성의 현실이 심지어 이들 귀족 여성들에 의해 행해진 수백만의 다른 여성들에 대한 억압을 가려서는 안 된다는 것이다. 결론은 아프리카 여성들이 세계의 다른 부분들에서 이루어지는 여성 개발에 보조를 맞추고자 한다면 여전히 해방과 권한 증진(empowerment) 프로그램을 필요로 한다는 것이다.

미래를 조망하며: 전통과 연속성

아프리카 여성주의 철학자들은 이 교과 안에서 명확한 구분 선들이 그어질 때만 아프리카 철학의 주요 영역에서 정당하게 기여할 수 있다. 아프리카 여성에 대해서, 그리고 사회 안에서 이들의 상이한 역할에 대해서 한갓 사회적인 (그리고/또는) 인류학적인 특징화로는 아프리카 여성주의 철학을 확립할 수 없다. 이 문제에 관심을 갖는 학자들은 아프리카 여성들에게 영향을 끼치는 사회적 쟁점들을 확인하고 토론하는 것을 넘어서야 한다. 여성주의 철학은 실재 남성, 여성 그리고 지식의 본성에 관한 아프리카인의 기초 가정들에 대해 도전해야 한다. 그럼으로써 아프리카적 유형의 성차별주의가 근거해 오고, 혹은 근거하고 있는 지적 체계를 비판적으로 검토할 수 있게 된다. 이러한 작업을 통해 아프리카표 성차별주의와 그 타당성, 아니면 아프리카 사회에서 현존하고 있는 남성-여성 관계성의 원칙 안에서 긍정적인 변화를 권고해야 하는 정당성에 대해 더 잘 이해할 수 있는 기초가 만들어질 것이다. 만일 이러한 근본 조치가 취해지지 않는다면 사회적 가치와 이상의 차원에서 기대되는 급진적 혁명은 결코 일어나지 않을 것이다. 모든 인간의 존엄성에 대한 인식은 남성-여성 평등을 정당화하기에 충분한 아프리카인의 세계관의 발전에 주로 달려 있다.

철학자들이 여성성 및 남성-여성 관계에 관해 아프리카인의 전통적 견해를 발견하고, 이해하고, 평가하기 위해서 서구 패러다임에 대한 안티 테제로서 검은 게토를 만들어낼 필요는 없다. 또한 지금까지 일부 사람들이 아프리카 철학 그 자체라는 이름으로 행해 온 것처럼 합리성에 대한 요구로부터 완전히 발을 뺄 필요도 없다. 요체는 아프리카인의 사회 조직 원리가 기반하고 있는 인간 존재의 기초 이념, 신념 그리고 원칙이 확인되고 적합하게 분석되어야 한다는 것이다. 그렇지 않는 한 인간 삶의 정치, 경제 그리고 여타의 사회적 분야들에서 여성의 권리를 향해서 현재 남성이 갖고 있는 사회적 태도를 바꾸기는 어려울 것 같다.

일단의 아프리카 작가들과 학자들은 자신들이 아프리카인의 전통적인 세계관으로 간주하는 바에 관하여 일정한 제안을 해 왔다. 예를 들어 고 줄루 소폴라(Zulu Sofola) 교수는 다음과 같이 설명하였다.

> 아프리카인의 세계관에 따르자면 존재는 창조적 에너지의 긍정적 표현으로서 지각된다. 존재의 실재성은 자신의 본질 안에서 조화로운 균형을 통해서만 그리고 자신의 모든 부분과 평화로운 공존을 통해서만 지탱될 수 있다. … 이러한 유형의 세계관으로부터 아프리카인은 사회를 유기적 실재로 본다. 이 사회는 배타적이기보다 포괄적이며, 외국인을 혐오하기보다 좋아하며, 개인주의적인 실체라기보다는 공동체적인 실체이다(Sofola in Hudson-Weems, 1996).

이런 식의 고상한 세계관이 아프리카 사상가로 하여금 존재의 부정적 측면에 눈을 감도록 만들지 않았음을 소폴라가 염두에 두고 있었음은 물론이다. 그녀는 아프리카 남성이 결코 여성을 동등한 존재로 취급하지 않았지만 그렇다고 부정적인 성질들만을 소유하고 있다고 보지 않았음에 주목했다. 이러한 세계관의 철학적 함축은 많은 전통적인 아프리카 사회들에서 남성과 여성에 대한 불평등한 취급을 좀더 잘 이해하기 위한 기초를 제공한다는 점이다.

여전히 반드시 제기되어야 하고, 만일 가능하다면 적절하게 대답되어야 할 근본적인 문제가 하나 있다: 즉 여성에 관해서, 그리고 남성-여성 관계에 관해서 이렇게 정체화된 아프리카인의 견해가 존재한다고 입증해주는 실제 구술 텍스트가 있는가?

우리는 이러한 원칙들을 말로 직접 표현해 왔는가? 혹은 이 원칙들이란 아프리카 전통 사유의 바람직한 진로를 입안하고자 하는 당대 아프리카 철학자 일부의 한갓 책동일 뿐인가?

아프리카 철학 자체의 혼란상은 아프리카 여성주의 철학 안에서 제기되는 이러저러한 관련 질문들에 대해 설득력 있는 답변을 보류시키고 있는 것 같다. 그러나 우리가 아프리카의 이념과 신념을 당대와 전통 사회 둘 다에서 표현해 온 것들에 대한 진지한 탐구를 계속 무시하는 한 전문적인 아프리카 철학의 발전과 함께 아프리카 여성주의 철학의 발전도 지체될 것이다. 철학은 사회적 행위를 직접적으로 분석하기보다 인간 사유에 관심을 갖는다. 아프리카 여성주의 철학은 아프리카 사유 전체의 전거로서 아프리카 구술 텍스트에 대한 연구로 진지하게 집중할 때까지는 도약하지 못할 것 같다. 이를 온전히 이해한 후에, 여성주의 철학자들은 아프리카인에 의해 표현된 이념을 탐구해야 하고, 비판적으로 분석 검토해서 해석해야 한다.

이러한 결론은 우선 아프리카 철학 안에서 그리고 그 함축을 통해 아프리카 여성주의 철학 안에서 해석학적 지향을 불가피하게 채택해야 함을 가리킨다. 철학 자체는 과거와 현재의 아프리카적 사유에 대한 연구를 계속 무시할 수 없다. 사람들의 신념과 이념의 몸체는 철학자들이 작업하는 기초 재료이다. 만일 아프리카 여성주의 철학이 아프리카 안에서 철학 연구의 진지한 영역으로 계속 발전하려면, 아프리카인의 견해와 이데올로기 및 그들 특유의 사고 유형과 존재 원리의 형식화를 곧장 분석하고 설득력 있게 비판해야 한다. 그렇지 않으면 아프리카 여성주의 철학에서 하는 모든 이야기가 아프리카 여성 연구의 또 하나의 판본에 포함되는 것에 지나지 않을 것이다. 그리하여 이것이 하나의 설득력 있는 철학적 노력인지 의심받게 되는 습작에 불과할 수 있다.

(윤혜린 역)

11. 중국

린 춘(Lin Chun), 류 보홍(Liu Bohong) 진 이홍(Jin Yihong)

여성철학이란 무엇인가?라는 질문은 중국에서의 여성주의 학자에게 어려운 질문이다. 중국 본토에서 여성학은 독특하게 정책 지향적이며, 실학정신과 도덕적 역설에 맞물려 있다. 실험적 연구 프로젝트는 1978년 이후 개혁 운동 이래로 빠른 상업화 사회와 문화의 상품화 속에서 여성의 변화된 위치와 연관된 많은 절박한 사회적 이슈에 연관되어 있다.

여기 약간의 예를 들면 도심지에서의 이주 여성 노동자와 그들의 작업 환경, 도시 산업화의 지방 여성에 대한 영향, 사회적 생활의 다른 양상에서 뿐 아니라 고용에서의 여성 차별, 결혼과 성적 관계 등이 그것이다. 그러나 이 논문에서는 여성학적 이론에서 보여지는 경향을 밝혀내고 분류하고자 하였다. 어떻게든 철학적인 것으로 보여지는 주요한 질문은 중국 사회주의의 전이라는 역사적 맥락에 위치지어져 있다. 홍콩과 대만에서는 출판이 제한되기 때문에 오해를 피하기 위해 우리가 이 지역에서 발전된 여성학적 작업을 논의할 수 없었음을 유감으로 생각한다.

여성학의 출현

1970년대 후반 이래로, 중국은 '중국의 특성'을 지닌 '사회주의 시장 경제'에 목표를 둔 경제적, 정치적 개혁과 외부 세계로 개방되는 획기적인 시기에 돌입하였다. 광범위한 사회 변화에 의해 야기된 여성의 권리와 이익에 주목하는 새로운 문제점들은 확립된 공산주의 이데올로기에 성평등과 그것의 공적 합의라는 도전을 불러일으켰다. 여성학과 다른 자치적 활동이 범람하기 시작하는 것은 이러한 배경—즉 정부의 퇴진과 시장의 약진이라는—에 반하는 것이다. 이러한 움직임은 두 공식적 기구, 특히 전 중국 여성 연합회(ACWF)와 그 연구 분소뿐 아니라 지역 분소 지역(현재 비정부 기관(NGOs)이라고 말하는) 그리고 새롭게 형성된 NGO들로부터 활동적 참여를 포함해 왔고, 양성의 개인들에 관여해 왔다.

이러한 발전은 1980년대부터 1989년 사이의 초기 단계 그리고 1990년 이후의 강화와 팽창의 시기로 대략 나눠질 수 있다. '정신해방'(1978~9)을 위한 캠페인은 당 노선의 근본적인 재조정을 의미한다. 또한 이것은 여성에 의해 처음으로 그리고 가장 훌륭하게 구성되고 대표된 것으로 정부 권위와 다소 독립하여 자치 영역을 창조하는 것을 용이하게 하였다. 일련의 모든 좌절에도 불구하고 정보의 흐름, 사고의 순회, 자유사상, 의사소통, 평등한 조직 등이 가능하게 되었다. 많은 학자들은 또한 '서구' 또는 '여성주의'에 관해 주로 동일하게 여겨지는 '서구 여성주의'를 인지하기 시작했다. 그들은 또한 둘 이상의 학문 분야에 걸치는 학술적 연구로 여성학의 합법화를 안건에 넣었다.

제2단계는 천안문 사태(1989)와 소련 붕괴 이후 성장하는 여성주의 논의들과 충격을 특징으로 한다. 이러한 내적 외적 위기와 몇몇 정당의 이론가들이 정치적 통제를 되찾음으로써 '부르주아 해방'에 저항하는 데 도움이 되었다. 그러나 지식인 그룹 내에서 '여성 문제'가 침묵을 깨트렸다는 것은 괄목할 만하다. 이것은 아마도 부분적으로는 여성해방을 논의하는 공산주의 전통에서 논쟁 불가한 합법성에 기인하는 것이고 그리고 부분적으로는 당국에는 결코 정치적으로 위협하지 않는 문제의 여백에 기인한다. 더욱이 1990년대에 떠오르는 사회 문제에 대한 여성주의 답변의 실질적 필요성에 대한 사회 일반적인 인식 또한 있었다. 보다 최근에 북경에서 열린 제4차 UN회의(1995)와 그것을 둘러싸고 수행된 작업들에 의해 젠더 이슈의 관심이 강조됨에 따라, 젠더 이슈의 관심은 국가적인 문제 내에서 훨씬 더 강한 중요성을 보여 주었다. 기타 지적으로 중요한 사건들을 몇 가지 더 언급하면, '젠더' 개념이 중국어로 '사회적 성별'이라고 소개되었던 1993년 텐진 여성학 세미나, 여성학 도서의 번역과 출판의 물결 그리고 여성학적 사고에 관한 1995년 북경 국제 심포지엄—이 심포지엄은 중국인들과 외국 참가자들 간의 활발한 교류를 촉진하였음—등이 있었다.

맑스주의 전통

그러나 중국 여성의 필요와 경험과 서구에서의 그것 사이의 간격을 인지한다는 것은 압도적인 것이다. 중국에서 여성학 내에 우세한 전통은 전반적으로 보아 정치적 개념에서 맑스주의로 존재해 온다. 여성들에 관계된 현실적인 신념과 정부 정책 성명을 명쾌히 구분하기는 매우 어려운 일이다. 다른 말로 하면 의심과 논쟁 그리고 외부 영향에도 불구하고, 보편주의자와 사회주의자의 관점에서 이해되는 여성주의에 대한 오랜 합의가 지속된다. '부르주아 여성주의'에 반대하면서 여성에 대한 공식 의견을 재확인하려는 시도에서 당수석(장쩌민, 1990)은 여성 억압에 대한 역사적 본성 등에 대한 사전 조건으로 여성의 사회적 생산에의 참여 그리고 사회적 해방의 자연스런 제도로서 여성 자유화 같은 표준적 맑스주의 견해를 재언급하는 필요를 발견하였다.

이러한 유사한 원칙을 넘어서, 맑스주의 전통 내에서 활동하는 여성주의 학자들은 새로운 질문을 함으로써 이러한 문제를 진전시키려고 했다. '기원(origin)'에 대한 후기 구조주의의 퇴거에 관심을 두지 않고, 이러한 학자들은 일반적으로 인간 문명화에서 여성 종속의 기원과 또한 특별히 사회주의적 사회에서의 여성 종속주의 기원을 탐구하고자 한다. 사적 소유와 계급 착취가 성불평등의 주된 원인(1986, Luo Qiong이 요약했듯이)이라는 것은 역사적 유물론자의 골격 내에서 항상 계속되어진 논쟁이었다. 그렇다면 사유권이 제거되고 착취 계급이 몰락한 중국에서 철저한 사회주의 개혁 후에도 완성되지 못한 여성 해방에 대한 설명은 무엇인가? 이것은 경제적 역행에 의해 어느 정도로 해명될 수 있는가? 무엇에 의해서 '내적 축적'의 강제적 필요성이 있다고 믿어지는가? 정치적 문화적인 '구사회의 자취'에 의해서인가? 공공생산과 다른 활동들('이중고', 직업 계약, 성역할에 대한 사회적 기대 등)에서 여성의 많은 참여에도 불구하고, 사회주의 하에서 전통적 성 분업의 지속에 의해서인가? 완전히 민주적 시민(젠더적 관계라기보다는 여성— 남성도 마찬가지— 과 정부 사이의 권력 관계를 포함하여)의 부재로 인한 전체적 해방의 불완전성에 대한 요구에 의한 것인가? 개혁이 사유재산권과 착취를 심각하게 재확인하고 그래서 사회주의 시장 환경에서 지지된 맑스주의의 해석에 대한 경우를 훨씬 복잡하게 할 때, 이러한 질문들은 더욱 더 절박하게 된다.

맑스주의 학자들은 주로 생산력의 발전을 여성 해방의 주된 물질적 토대로 생각한다. 그러나 경제 성장과 여성의 진출 사이의 긍정적 상호 관계가 있다는 가정은 비판적인 검토 없이 주로 받아들여진다(예를 들면 Li Jingzhi 외, 1992). 여성 운동의

'핵심적 임무'는 어떤 선구적 이론가들(Tao Chunfang 외, 1991, 223면)이 주장하듯이 사회 생산을 개발하고 더욱이 사회 발전을 추진해 나감으로써 자유를 찾는 것이다. 종종 '사회 생산'과 '사회 개발'은 다소 교환 가능한 것으로 사용된다. 자원과 기술적 진보가 자동적으로 여성을 해방시킬 수 없다는 것을 인정하는 사람들조차도 여성 종속의 궁극적 근절은 경제 근대화에 기인한다는 것을 의심하지 않는다(Guan Tao, 1993 참조). 그래서 젠더에 대한 문제는 반드시 사회 경제 구성의 전반적 기획이어야 한다는 것은 여성학 내에서 평범한 것이다. 전 중국 여성 연합회(ACWF) 부사장이 말하는 것처럼, 경제 개발에 대한 당의 중앙 노선을 섬기는 것이 "가장 근본적인 방법에서 여성의 권리와 이해를 보호하는 것이다." 경제적 결정주의의 고리와 관련해서 이러한 신념은 빈곤을 타파하려는 일반적 욕망보다는 이러한 학설에 훨씬 덜 관계가 있다. 그러나 보다 최근에 생산력에 관한 이러한 신념은 점점 더 의문시된다. 여성학에서 학자들은 창조적이고 규범적인 쟁점에 관해서 경제 성장과 사회 발전의 차이를 인식하기 시작했고, (사회적이고 생태적으로) '유지할 수 있는 개발' 이라는 유엔의 개념을 공적 의식에 소개하기 시작했다.

'역사의 구동력'으로서 생산성의 이론은 여성 해방이 프롤레타리아 계급 투쟁, 사회 개혁 그리고 인간 해방의 보편적 이유(비록 자동적이지 않지만)의 필수적 부분이라는 전통적 맑스주의의 주장과 잘 일치한다. 중국 개혁은 이러한 주장을 옹호하는 것으로 역할을 했다. 여성 인구는 개혁이 좌절시킨 구 권력—제국주의와 그것의 지방관리, 특별히 가부장적 씨족제도와 잘 융합된 토착적인 '봉건적' 임무와 전통—의 최대 희생양으로 당 프로그램에서 나타나며 명료하게 표현된다. 후기 개혁 정권의 친 여성 법안과 정책은 중국 내에서 여성의 운명과 생활에서 굉장히 긍정적인 차이를 만든 여성에 대한 당의 위임에 대한 계획된 지속을 나타냈다. 그러나 이러한 공산주의 여성학에서 많은 결점들이 확인될 수 있다. 예를 들면 정부의 보호라는 인식론적 기반은 여성의 사회적 희생뿐만 아니라, 편견적으로 그들의 '자연적' 불이익, 결함, 또는 생리적으로 약자이고 더욱이 다양하게 성으로 인한 곤경들로써의 불능으로 선점된다. '의존'—정부와의 관계를 특징짓는 여성들의 심성—에 대해 더 많이 관여된 문제는 또한 정부가 지원하는 여성주의와 그것의 가부장제적 담론에 기반 한다. 그러나 이러한 것들 그리고 다른 명백한 비판들이, 전반적인 해산에 이르도록 할 수는 없다. 줄잡아 말하더라도 중국 여성들 자신이 자발적으로 참여했던 개혁에 대한 중국 여성의 평가를 이해하는 것은 그들의 사상과 행동을 그들의 적절한 역사적 문맥 속에 위치지우는 것이기 때문이다.

사실, 사회주의 정부에 의해 표현되는 여성의 요구와 '사회적' 요구 사이에 어떤 절대적 결합을 주장하는 것은 이전 어느 때보다도 더욱 더 어렵게 된다. 바로 당면해 있지만 복잡한 경우는 정부의 한 자녀 정책인데, 그것은 '여성의 관심사'와 상응하고 동시에 충돌하게 된다. 여성이 다수의 재생산 권리를 포함한 어떤 기본적인 공동의 관심사를 갖는다고 우리는 가정할 것이다. 그런데도 그 정책은 특히 도시 여성 사이에서 보다 광범한 지지를 얻는다. 마찬가지로 여성 해방에서 공산당의 지도적 역할은 우선권 그리고 어떤 경우에는 적절성마저 잃어버리고 있다. 그들과 전체적인 사람들의 일반 대중적 관심 사이의 호혜적 관계 사이에서 여성의 '특정 관심'을 인식하는 것은 충분치 않다. 부분적으로 이러한 다양하고 때로는 상충하는 관심들이 정치적 투쟁, 조작, 접합 등에 대부분 의존하기 때문이다. 마오주의적 사회주의의 변환의 본질에 대한 미결의 질문으로 들어가지 않기 위해서, 개혁 과정의 모든 모순을 간단히 간과할 수 없다. 예를 들면, 시장 선호 또는 '경제적 합리성'은 아이를 가진 여성의 고용과 지금까지 법에 의해 보호된 다른 혜택들과 상충된다. 시장 논리와 상업적 가치가 평등에 반하는 사회적 태도를 지시하기 시작하고 그러나 반면에 정치적 해방이 개인 자유와 자기 자각 그리고 자발적 기구를 위한 여지를 만들어 준다는 개혁을 여성이 지지해야만 하는가? 일반적으로 말해서, 비록 여성이 자신을 개혁가(반면 계급, 지역, 직업, 나이 그리고 다른 영역 등이 그들 사이의 정치적 차이를 포함해서, 무시되어서는 안 된다)로 인식한다 할지라도 그들의 해방에로의 길이 일치단결한 국가적 경제 개발과 나란히 간다는 것이 결코 자명한 것은 아니다. 이러한 것을 인식하면서 중국에서의 여성주의는 불가피하게 사회적 인식의 대표적이고 도덕적인 목소리로 된다.

위에서 열거했듯이 여성학의 주된 흐름은 실제적 정치적 그리고 전략적 의미에서 주로 맑스주의로 인식된다. 서구에서 맑스주의적 여성주의가 진행되어 온 것—다양한 방법으로 맑스주의를 해체하고 재구성하면서—이 중국에서는 일어나지 않았다. 그러나 학자들은 점차 정부의 이데올로기보다는 과학적 요구로서 맑스주의의 개방성을 인정하게 되었고, 그것은 심각한 지적 개입에 이르게 된다. 이론에서 주된 획기적 돌파구는 차례로 민주 정치, 정치적 개혁, 여성 노동자를 포함한 독자적 노동조합 운동과 같은 정치적으로 민감한 질문에 직면하는 것을 거들게 된다. 전 국가적인 여성들의 조직 네트워크는 제도화되는 여성들을 위한 정부의 안건의 존재는 실제로 지속되는 영향을 갖게 되었다. 그러나 하향적인 동원의 패턴이 더 이상 실행 가능하지 않을 때, 누가 여성을 대표해야 하고, 대표할 수 있는가? 왜 여성의 정치적 독립이 그렇게 중요한가? 차별과 남용에 대항해서 어디에서 전쟁을 해 나가야 하는가? 그리고 중국 사회 개혁에 어떤 프로그램을 구성해야 하는가? 등과 같은 문제를 명확히 하는 것이 실제적으로 긴급한 문제로 된다.

여성주의

중국의 맑스주의 전통 내에서부터 여성의 성적 정체성을 옹호하면서, 최초로 수정주의적 경향이 나타났는데 그러한 것들은 계급 분석에만 중점을 둔, 성맹(性盲, gender-blind)인 맑스주의에 반대하는 의식적 저항에 이르게 되었다. 역사적으로, 중국 공산당 내의 여성들은 그들의 해방의 정도가 고대 문명의 이전 모든 세대보다 비교할 수 없을 정도로 상당히 높았고, 동시대의 다른 대부분의 나라들보다도 높을 것이라고 믿고 있었다. (경제적 후진성이라는 조건 속에서 여성의 진보에 대한 판단과 앞에서 언급한 경제 결정론의 경향 사이에 존재하는 이러한 모순이 왜 문제가 되지 않는 것처럼 보이는가?) 확실히 여성에 대한 중국 사회주의의 현실적 성취는 그러한 믿음을 유지시켰다. 그러나 동등(sameness)을 통한 평등성(equality)의 잘못 인도된 사회적 실험은 또한 강력한 흔적을 남겼다. 오늘날 널리 알려져 있듯이 고착된 성별 역할과 남성 우월주의의 전통적 이미지/인식은 남성의 욕망과 능력의 잘못된 보편성에 도전하지 않고도 거부될 수 있기 때문에 잘못된 이해이다. 경제 개혁은 특히 교육 받은 사람에 대해서는 상황을 재평가하는 데 촉진제 역할을 해 왔다. 중국에서 여성들은 여전히 많은 생활양식에서 뒤쳐져 있다. 그리고 남성과 여성의 존재 조건의 진보에서, 계급과 여성 해방 사이에서, 여성 진보와 국가 근대화 사이에서의 자동적이거나 불가피한 동시성 같은 것은 애초에 존재하지도 않는다. 더욱이 인위적인 동등(sameness)에 반한 혁명으로 예견치 못한 배물주의가 출현하였는데, 이는 그것의 정치적이고 이데올로기적인 함의와 함께, 상업적인 힘들에 의해 추동되는 인위적인 '여성성'과 전통적인 젠더 규범이라는 특성을 동시에 지녔다.

자각으로 묘사된 자아라는 정체성에 대한 이러한 새로운 인식은 지적인 일련의 '분리' 작업을 겪어 왔다. 그것은 이론적으로는 여성의 자유화를 '프롤레타리아 해방'과 '사회주의 혁명'으로부터 구별하는 것이고, 학술적으로는 여성학을 인문학과 사회 과학의 전통적 지식 생산으로부터 구별하는 것이며, 전략적으로는 여성 운동을 국가 규범과 통제로부터 구별하는 것이다. 이러한 기획의 핵심은 '계급' 개념과 대등한 범주로 '여성'을 만드는 것이고, 그럼으로써 여성의 자유화를 계급 해방과 철폐를 넘어서고 또 그것과는 다른 목적과 의미를 지니는 것으로 생각하는 것이다. (물론 반드시 이러한 것이 때로는 여성을 특정한 최하층 혹은 심지어 가장 첫번째로 착취당하는 사회 경제적 계급으로 보는 전통적인 맑스주의자의 사상으로부터 멀어지는 것을 의미하는 것은 아니다. 여성의 문제가 착취당하고 억압받고 주변화된 사람들과 마찬가지로 중요하지만, 그것이 여성들에게 다른 문제들과 동일한 것은 아니다.) 선구적 이론가(Li Xiao Jiang, 1983, 34면)는 다음과 같이 주장한다.

> "여성과 계급은 두 가지 다른 범주이다. 즉 전자는 인간 존재론적이고 후자는 사회적·역사적이다. 여성의 성(female sex)의 형성과 진화는 계급 형성보다 앞서고 본질적으로 계급 관계를 초월한다. 어떤 역사적 환경 하에서, 여성은 남성[과의 관계]을 통해서 계급 정체성을 획득하고, 간접적으로 계급투쟁의 지휘에 명령을 받는다. 그러나 계급 대립과 그 해결책에 대한 이슈는 결코 여성의 이슈를 포용하지 않는다. …"

우리의 관점에서 볼 때, 이 인용은 단지 초기적인 사고를 대표하는 것으로서, 어떤 면에서는 전통적이라고 할 수 있다. 여성이 규범적으로 재산을 소유하지 않고, 여성 개인의 계급적 지위가 그 가정의 남성 가장의 경제적 지위에 기반 해서 공산주의 당국에 의해 결정되는 그런 중국의 전통을 고려할 때, 여성의 계급 정체성이 그들의 '원래' 자리의 바깥으로부터 부과된다는 것은 납득할 만한 관찰이다. 그러나 이것이 지지할 만한 이론적 가정은 아니다. 즉 만일 여성들이 그 자체로 '무계급적'이라면, 그들은 다른 특수한 관계들과 함께 젠더 관계를 흡수하고 전화하는 그리고 그들의 종속과 해방이 의미를 갖게 되는 그런 맥락이기도 한 사회적인 망으로부터 본질적으로 배제된다. 무엇보다도 계급 해방을 남성 또는 남성에 의해서 지배되는 과정으로 간주하는 것이 바로 여성주의가 저항하고자 하는 것이 아니겠는가?

그러나 인상적인 것은 아마도 (지적인) 분리 작업이 기본적으로 성취되었고 여성은 이제, 특이성을 보다 보편적인 어떤 것과 융화시킨다는 명백한 의미에서, '사회에 재결합' 해야 한다고 주장했던 훌륭한 학자와 주최자의 진술이 지닌 본질론적인 경향이다. 그녀(Li Xiao Jiang, 1993, 31~2면)가 지적하듯이, 오늘날 우리가 직면한 문제는, "주된 것은 아닐지라도, 여성의 문제만은 아니다." 편협하고 단편적으로 한정된 여성주의는 더 이상 중국의 거대한 사회 변혁에 맞지 않는다. 후에 그녀는 여성 정체성은 어느 정도 미리 주어진 것이고 역사적·사회적으로 생산된 것이기보다는 '존재론적으로' 고착된다는 견해를 암암리에 포기해 왔다. 그러나 여성학계의 많은 사람들은 '분리'의 완성에 대한 그녀의 평가에 동의하지 않았다. 유엔 회의와 '권력 부여'(empowerment)와 같은 개념에 의해 고무되어진 '여성 운동의 국제적 흐름과의 연계'라는 새로운 표어는 여성 자신들만의 공간을 방어하려는 욕구를 강화하여 왔다. 반면에 중국에서의 여성학 일반이 환원주의적 사고에 의해, 특히 생물학적인 결정론적 지각에 사로잡혀 있다는 것은 다소 당혹스럽다고 할 수 있다. 예를 들어, 개념적인 수준에서 볼 때 생식의 생물학은 그 자신을 특정한 역사적 배경 속에서 다양하게 구성되고 제도화된 것으로 인식하지 못하였다. 더욱이 중국인에게 너무나도 친숙한 관행인 생식의 자연적인 출산 과정에 대한 인간의 개입이라는 측면(예를 들어, 남아 출생 선호라는 강압적인 문화와 가족계획에 대한 국가의 직접적인 통제)을 고려해 볼 때, 이러한 환원주의적 사고는 실로 놀라운 일이다.

분리 프로젝트는 또한 그 시작부터 사회적 존재와 사회적 사고라는 두 측면에서 독립적인 여성 주체와 그 주체성을 찾으려는 시도이다. 성별화된 개인성(gendered personality)으로부터 '성별-여성 관점'(Du Fangqin, 1993b)에 이르기까지, 여성의 집단적 의식의 (재)구성이라고 하는 간과되었던 부분을 보충하는 수업으로부터 참여와 평등을 넘어 해방에 이르기까지(Li Xiao Jiang, 1995), 새로운 용어들과 사상들은 모두 역사와 사회 속에 여성을 다시 위치시키는 것(Du Fangqin, 1993b, 7면)을 지향하고 있다. 인식론에 대해 말하면, 저명한 한 역사가는 세계와 여성들 자신들에 대한 이해를 더욱 풍요롭게 할 여성적 관점을 옹호하기도 하였다. 그녀는 이러한 관점이 남성적인 편향과 사회적 편견에 의해 만들어졌던 우리의 인식론적 과거의 공백을 메울 수 있고 그로 인해 더욱 완전한 지식의 체계 구성에 공헌할 것이라고 말했다. 우리가 이미 보았듯이 이렇게 의도된 작업은 우리가 그렇게 생각하도록 교육 받았던 뒤틀린 모습을 보충하고 수정하는 것과 다르지 않다. 그러나 우리는 근본적으로 재정립되고 다시 그려진 그 무엇인가를 예상해야만 하는가? 또한 남성의 시각과 비교해서 여성들은 사물들을 다르게 보고 또 다른 지식들을 습득하는가? 여성들은 인식론적으로 특권적인 관점을 차지할 수 있는가? 그러나 왜 그리고 어떻게 그렇단 말인가? 인식하고 있는 이 여성적인 주체는 도대체 누구인가? 그녀는 어떤 모호성과 우연성도 지니지 않고 일관되게 인식 가능한 채로, 동질적으로 항상 그리고 이미 그 자리에 있는가? 결국 어떤 주체라도 그 자신에 대한 지식을 가져야만 한다면, 그 지식은 어떻게 생산되는가? 이러한 질문들은 중국에서 다루어지지 않았으며, 우리가 알고 있는 것 중 무엇이 잘못된 것인가라는 문제에 어떤 실질적인 접근도 또한 마찬가지이다. 그러나 보편적인 전망을 해체하려는 충동들은 분명히 표현되고 있다.

정치적인 관점에서 보면, 이미 우리에게 주어져 있지만 잃어버렸고 그럼으로 다시 찾기만 하면 되는 그러한 것이 존재하는지의 여부는 여전히 우리에게 모호하다. 여성 주체와 여성성이 이전에 존재했는가? (예를 들어 혹자는 전형적인 남성 중심의 유교 문화 속에서도 여성의 인간성과 독립성을 소중히 다루었던 지속적인 문학 전통이 있었다고 주장할 것이다.) 만일 존재했다면 어떤 방식으로 존재했고 또 중국의 고통스러운 근대화 과정 속에서 언제 어떻게 사라졌는가? 특히 주체로서의 여성은 정말로 19세기 중엽의 국가적이고 사회적인 해방 투쟁에 의해 억압되었는가? 그러한 경우에 남성 또한 억압되었는가? 그리고 남성의 주체성은 어떠했는가? 혹은 주로 중국 외부에서 비판적으로 다루어지는 것처럼, 혁명과 근대화는 그 본성상 남성적이고 심지어는 가부장적인 것인가? 실제로 의식적인 여성 주체가 중국의 전통 속에 존재하지 않았다면, 이러한 근대의 역사적인 전화 운동들이 그 궁극적인 형성에는 이르지 못하였더라도 시작을 할 수는 있었겠는가? 여성주의 학자들 간에 이루어진 이러한 과정의 완성시기 및 사회적 전체로의 복귀시기에 대한 논의가 드러내는 바는 여성주의자들은 그들이 보편성이 지니는 함의에 대해 여성주의적인 검토와 재해석을 하고 난 후 곧바로 궁극적으로는 보편성이 다시 최고 가치를 회복한다는 점에 결국에는 동의한다는 것이다.

분리 운동이 차이의 개념화 및 서양 여성주의의 정체성의 정치와는 상당히 다르다는 것은 분명한데, 이는 특히 권력 관계 문제에서 더욱 뚜렷하다. 국가 사회주의 하에서 가부장제의 공적인 성격과 중국인들이 봉건적 태도라고 부르는 것에 반한 공적 교육과 개입의 가정 내에서의 효과 때문에 여성들은 시민으로서 공적인 영역에서 보다 가정에서 더욱 해방되어 있다고 말할 수도 있다. 시장 개혁은 그 사정을 바꾸어 놓기 시작했는데, (1995년 학문적인 연구가 나타나기 시작하기는 했지만) 중국에서의 여성주의적 관심은 여전히 가정을 둘러싼 사적인 영역과 섹슈얼리티 문제에는 주된 관심을 두지 않고 있다. 이러한 것은 두 성 간의 생리학적인 차이가 다른 차이들보다 결정적인 것으로, 또 고정되고 숙명적인 것으로 간주되면서 비롯되기도 한다. 오히려 중국인들의 관심은 근본적으로 여성과 보편적 총체성 간의 관계에 집중되어 있다. 언어, 전략, 미래의 계획, 중국의 여성주의의 방향성 등을 결정하고, 그 자리를 정하는 것은 근본적으로 한편으로 여성과, 다른 한편으로 국가, 민족, 사회, 일반 대중 사이의 관계라고 할 수 있다. 이러한 관계는 변화하는 것이며 또 구체적인 역사적 경험의 관점에서 보아야 하는 것이기도 하다. 성에 대한 차이와 동일화 과정에서 정치권력의 임무는 이러한 서로 다른 두 개의 관심을 연결하는 것이라고 할 수 있다. 그러나 이러한 것은 논의되지 않고 있다. 또한 이러한 분리 담론에서 다루어지지 않고 있는 것은 서구의 여성주의에서는 중심적이라고 할 수 있는 종족성(ethnicity), 문화적 동일성 및 차별성, 종교 및 성적인 지향성과 같은 주제들이라고 할 수 있다.(인종[race]은 그 논의가 인종적으로 동일한 사회에 국한될 때는 적합하지 않다.)

따라서 '중국 여성들'의 보편화하고 있는 정체성 안에서 배제가 존재할 수 있는가? 중국 여성학계의 학자들은 항상 여성들 간의 다양성을 의식하고 있는데, 특히 도시와 농촌 사이의 커다란 간격 그리고 한족과 소수 민족들 간의 간격에 주목하고 있다. 그러나 이러한 인식이 여성 정체성에 대한 단일한 통일된 범주나 공통의 기반을 추구하는 것을 방해하는 것은 아니다. 이러한 특별한 보편성은 '인간 본성' 또는 여성(인간) 본성에 대한 보다 깊은 차원의 철학적 논의 없이 단순화된 방식으로 접합되고 있다. 여성주의적인 이성 또한 그것이 변증법적인 왜곡 속에서 국가의 보편적인 이해를 대표하는 것으로 간주될 때 그리고 (성)평등을 구성하는 것이 자유를 구성하는 것과 차별화 될 때(사회적 불평등을 여성과 남성이 동등하게 나눈다는 친숙한 현실 때문에라도) 또 여성주의가 자유로운 개인성과 민주적인 시민을 창조하는 계획으로 간주될 때에는, 도구적인 것이 된다고 할 수 있다. 예를 들어 중국에는 남성의 권리와 정의에 대한 담론과 여성의 육아 윤리와 같은 식의 노동 분업은 존재하지 않는다. 실제로 이론과는 어느 정도 거리를 둔 채로 중국의 여성주의는 빈곤, 여성과 아동 학대, 아동 노동, 경제 양극화, 사회적 불평등, 부패, 화폐 물신숭배, 문화 가치들의 상품화에 대해 반대하면서 사회주의 시장에서의 기초적 사회 정의를 가장 중요한 것으로 부르짖고 있다. 이는 또 정부 책임제, 열린 정책 토론, 시골 소녀들에 대한 교육, 고용 평등, 공적 의료 서비스 및 여성 건강관리, 환경 보호 등을 옹호한다. 그것의 수사학은 여성적이고 관심은 보편적인데, 이 보편성은 또한 사회 비판의 형태로 나타나고 있다.

성 정치학에 반하여

남성과 여성 학자들을 포함하는 여성학 내부에는 성별화된 판단을 거부하고 선험적으로 보편적인 휴머니즘을 주장하는 것처럼 보이는 작은 조류가 있다. 한 영향력 있는 성 사회학자(Pan Suiming, 1989, 176~7면)는, 젠더 문제가 지적인 젠더리즘에 의해 발생되고 있거나 혹은 젠더 자체에 대한 주장이 문제를 만들고 있기 때문에, 인간의 구속 받지 않는 발전은 삶의 모든 측면에서 성별 의식의 제거를 요구하게 될 수도 있다고 한다. 그는 또한 성 차이(gender difference)의 토대에 보다 덜 의존해서 판단하는 것이 여성들에게 그들 자신의 문제와 성적 관계의 문제를 해결하기 위한 유일한 출구라고 말하고 있다. 이런 어감의 호소가 맑스주의적 영감을 지니고 있다 할지라도, 이런 놀랄 정도의 탈역사적인 시각은 맑스주의적이라고 할 수 없다. 그러나 우리가 민주주의 (재)구성의 문제를 생각한다면, 성 차이(gender difference)가 사회적 시민권(social citizenship)이라는 개념에 적합하게 되어야 하는가, 아닌가의 문제는 토론할 만한 가치가 있다.

위와 같은 의도적인 성맹(性盲, gender blind)과는 달리, 정치화된 성적 정체성에 반대하고 여성의 특이성과 성적인 차이를 찬양하는 또 다른 경향이 존재한다. 젊은 학자(Zhou Yi, 1996)는 "여성과 남성의 상호작용은 함께 그들의 내적, 외적인 사회적 가치를 증명한다"는 '자연 균형'의 이론을 (재)구성해야 한다고 제안하고 있다. 성별 불평등이 노동의 성적 분할에 뿌리를 두고 있다고 간주하는 것을 거부하면서, 그녀는 "노동 분할이 더 정교화하면 할수록, 두 성 간의 상호의존과 상호작용은 더욱 심화되며 인간의 자발적인 선택으로서 그 결과는 평형을 만들어 낸다"고 생각한다. 우리는 여기서 이미 존재하며 생물학적으로 결정되어 있는 남성, 여성이라는 범주를 만나게 된다. 이러한 견해에 따르면 여성과 남성은 조화롭게 살고 있으며 (또 살 것이며) 그들의 차이는 상호 이익을 준다. 그러므로 '평등'의 개념은 거의 부적절한 개념이 되며, 서양의 여성주의자들을 사로잡았던 차이 대 평등이라는 그릇된 딜레마도 역시 부적절한 개념이 된다. 반어적인 점은 포스트모던과 탈식민주의를 포함하는 비본질적 여성주의의 중국으로의 수용이 '해체'보다는 중국 전통주의의 전근대적(pre-modern) 입장에서 여성주의적인 의식과 기약을 파괴하는 여러 가지 시도들에 도움이 되었다는 것이다.

결코 단일하지 않은 우리의 전통적인 문화를 면밀히 검토하는 것은 여성학계의 입장에서 충분한 가치가 있는 작업이라 할 수 있다. 중국 문화의 많은 부분이 근본적으로는 보수적이고 억압적이라고 할지라도, 우리는 유의 깊고 비판적인 평가를 통해서만 그것으로부터 우리 자신을 해방시킬 수 있을 것이다. 예를 들어 중국 철학에서 필수적인 인본주의의 핵심은 각기 남성과 여성으로 대표되는 자연의 대립되는 두 원리인 음과 양을 하나의 조화로운 통일체로 바라보는 것이다. 이러한 전제 속에는 어떤 소중한 것이 존재하는가? 최근에 다시 이러한 논의가 부활하는 것은 협동과 유대를 위한 사회적 열망과 어떤 친화성이 있는 것일까? 유교와 신유교의 여성주의적인 함의, 특히 배려의 윤리에서 그 함의를 연구하는 학자들이 주로 해외에 거주하고 있는 중국인들이라는 점 또한 주목해 볼 만한 사실이다(cf. Tao, 1995).

결론

의혹의 눈길로 한편으로는 중국의 정치 문화 전통에 반해 맞서는 전선(국가적 위엄과 사회주의적 긍지 대 아시아적 문화 생산 양식, 동방의 전제주의, 봉건적 가부장제, 조작, 후진성)에 서는 동시에 현재 서양 사상들에 맞서는 전선(오리엔탈리즘,

문화 제국주의, 타자에 대한 부가된 재현과 잘못된 재현, 외국 문물에 대한 물신 숭배, 독단주의) 위에 서는 것은 아주 미묘한 입장이라고 할 수 있다. 이러한 문제는 물론 새로운 것은 아니며, 또한 모더니즘과 민족주의 간의 갈등은 근대 중국의 지식인들이 번영과 인식을 위한 지속적인 투쟁 속에서 풀어야 할 영원한 수수께끼라고 할 수 있다.

중국 여성들의 궤적 속에는 한 가지 눈에 띄는 것이 있다. 그것은 중국의 여성학이 서구의 여성주의와의 유사성과 차이점을 읽어나감으로써 형성된 데 반해, 여성해방은 외국의 영향을 선별적으로 수용하면서 독자적인 경로를 취해 왔다는 점이다. 그러나 중국에서의 여성주의의 이론화는 아직 초기 단계에 머물러 있다. 이제야 비로소 개인적이고 사회적인 차원에서 '역사적인' 여성의 여러 측면을 깊이 들여다보기 시작했을 뿐이다. 그러나 중국 사회의 전화의 방향을 (재)결정하는 데 있어 여성학이 필수적이라는 사실만을 고려하더라도, 중국에서의 여성학은 번영할 것이다.

Note

저자는 토론과 제안을 해준 친구, 동료, 차이 이핑(Cai Yiping), 두 팡친(Du Fangqin), 펑 유안(Feng Yuan), 리 둔(Li Dun), 류 둥샤오(Liu Dongxiao), 푸 웨이(Pu Wei), 탄 션(Tan Shen), 왕 정(Wang Zheng)과 얀 하이핑(Yan Haiping) 등에게 감사를 표한다. 로버트 코헨(Robert S. Cohen)의 비평적 언급뿐만 아니라 앨리슨 재거(Alison Jaggar)의 고무와 도움은 절실하고 또 가장 필요한 것이었다. 영어 교정은 린 춘(Lin Chun)이 도움을 주었다.

(김세서리아 역)

12. 인도대륙

브린다 달미야(Vrinda Dalmiya)

메타이론적 코멘트

서구에서 전용되고 규정된 여성주의는 너무나도 빈번하게 문화적 제국주의의 도구가 되어 왔다. 투쟁에 대한 정의, 투쟁용어, 투쟁의 전제, 심지어는 투쟁의 쟁점 및 투쟁의 양식 그리고 제도가 서구에서 동양으로 수입되었다(Kishwar, 1990). 서구의 주류 여성주의가 자신의 문제에 대한 해결책을 구체화하였을 때, 그것은 어떤 점에서는 주로 주류 사회구성체로서의 여성이 경험한 모순들을 말한 것에 불과했다. 계급에 의해서, 식민주의에 의해서, 카스트에 의해서 역사적으로 구성된 모순처럼 가부장제 안에서 그들 스스로의 근원을 갖는 다른 모순들—인도에서 여성 노동계급을 예속시키고 그들의 자아성이나 주체성을 결정한다고 생각되는 모순들—은 말해지지 않았을 뿐이었다(Tharu & Lalita, 1991).

우리들/그들 혹은 서양/동양의 구분이라는 정치학은 인도에서 여성에 관해서 철학하고, 여성을 위해서 철학하며 그리고 여성에 의해서 철학하는 배경을 이루고 있다. 철학자들은 '서구의 여성'이 '인도의 여성'과 같음을 의미할 수 없다는 각성에서 출발하기 때문에, 획일적인 여성 개념에 대한 반본질주의적 입장과 폭로 입장으로 쉽게 이끌리게 된다. 이 같은 분산으로 인하여 단조로운 '여성주의'에 다양성이 존재하게 되는데, 대상이 다수라면 이들을 해방시키기 위한 청사진 또한 다수여야 하기 때문이다. 여기에서 여성주의의 복수성에 만족하는 것이 명백한 해결책으로 보일 것이다. 그러나 여성주의라는 말에 대해서, 이미 구축되어 있는 서구적 관념이 있음에도 불구하고, 단순히 문법적 복수화가 순수한 개념적 다양성을 위한 장을 만들어낼 수 있을 것인가에 대하여 궁금해 하는 것 또한 자연스러운 일이다.

'여성주의' 라는 꼬리표를 거부할 것인가, 혹은 그것을 가족유사성과 같은 용어로서 보유할 것인가를 결정하는 것이 문화적 제국주의에 대항하는 전투를 소진시키지는 않는다. 독특하게 우리들의 것이라는, 그 어떤 것을 자라나게 하려는 시도는 호전적인 새로운 출발을 요구한다. 즉 그것은 (쟁점들을 인지하기 위해서) 인도여성이 처한 물질적 조건과 삶으로부터 시작할 것을 요구하며, (대안을 구체화하기 위해서) 토착적인 문화·철학 전통에 침잠할 것을 요구한다. 그러나 이것조차도 문제가 된다. 왜냐하면 첫째로, 인도에는 하나의 전통이 없다. 이데올로기적으로 인도되는 선택원리에 의해서 과거는 만들어지며 전통은 고안되기 때문이다. 둘째로, 인도의 절망적인 가부장적 구조로 인하여, 전통자료에 대한 어떠한 이해에 의해서도 여성철학의 정립은 불가능한 것처럼 보이기 때문이다. 마지막으로 전통에 대한 여성주의 재해석이 가능하다 할지라도, 전통적 합리성이라는 패러다임 안에서의 상이성은 여성주의 철학의 확보에 대한 회의를 쉽게 발생시킬 수 있기 때문이다. 이러한 까닭에 인도에서의 여성주의 철학은 이중적으로 하위주체(subaltern)이다. '철학' 에 첨부되어 있는 '여성주의' 가 모순어법을 야기하지 않는다는 것을 보여 주기 위한 투쟁은 잘 알려져 있다. 인도라는 상황 속에 귀속된 부정합성은 '인도' 와 '여성주의' 사이에 있으며, 더 음험하게는 '인도' 와 '철학' 사이에 있다. 그래서 사람들이 '인도적인 것' (Indianness)을 주장하는 데 있어서, 전통을 넘어설 것을 선택하거나 인도에서의 여성해방에 대한 처방이 '인도적인' 것인지 아닌지에 대하여 상관하지 않는다는 것은 놀라운 일이 아니다.

제기되는 문제는 메타철학 영역, 즉 서양/동양(인도)과 현대/전통이라는 이분법과 함께 짜여진 외부(공)/내부(사) 간의 근본적이고 가부장적인 구분의 문제이다. 이러한 양극성에 대항하여 무수히 많은 '여성주의' 입장이 모색될 수 있을 것이다. 그러나 이러한 변증법에 의해서 건질 수 있는 것은 개념들의 콜라주일 뿐이다.

일부 주류의 목소리

《우파니샤드》(*Upaniṣad*)와 같은 고전 속에서도 우리는 여성철학자들에 대한 언급을 찾을 수 있다. 흔히 마이트레이(Maitreyi)와 가르기(Gargi)가 그 예로 인용된다. 널리 알려져 있지는 않지만 흥미 있는 인물은 만다나 미스라(Mandana Misra)의 아내인 우브하야브하라티(Ubhayabharati)이다. (불이의 베단타(Vedānta) 철학의 개조자인) 상카라(Sankaracarya)와 (그 라이벌인 미맘사(Mīmāsā)학파의 추종자인) 만다나와의 역사적인 논쟁에서 우브하야브하라티는 심판자로 설정되어 있다. 자기 남편이 논쟁에서 지는 것을 목격하면서, 그녀는 질문자의 역할을 양도받아 성과 성교에 관한 질문들을 제기하여 독신자 상카라를 궁지에 처하게 하는 역할을 맡고 있다. '인도 여성성(womenhood)의 황금시대'의 이 같은 예들은—비록 식민적/민족주의적 담론에서 중요하게 보일지라도(Chakravarti, 1989)—시타(Sitā; 남편인 라마를 따라 망명하였고, 라마에 의해서 유괴된 후 다시 발견되었으나, 더 이상 '순수'하지 않다는 이유로 버려질 뿐이었던)와 드라우파디(Draupadi; 다섯 명의 남편과 결혼하였고 주사위 게임에 내기를 걸어 그 게임에서 '진')와 같은 민중의 상상력을 지배하고 있었던 여성 인물들이 '파티브라타'(pativratā; 자신의 남편에 대한 순종)라는 덕목을 육화한 여성이라는 사실을 흐리게 하는 경향이 있다. 그러나 문헌에 대한 면밀한 연구에 의하면, 이들은 관련된 이야기에서 결정적인 순간에 자신의 남편들을 야유한다. 이 점을 들어서 현대 문학과 극에서는 이들을 빈번히 항의의 목소리로 (재)배역한다.

여성과 환경

여성주의 담론에서 자연과 여성 간의 관계는 비상식적인 것도 아니지만 문제가 되지 않는 것도 아니다. 인도에서 '세계'가 '생리하고 있는 몸'으로 설명될 때, 여러 가지 지리적 위치들이 여성 신체(Śakta Pīṭha)의 상이한 기관들과 동일시 될 때, 혹은 창조가 프라크리티(Prakṛti)라는 여성원리의 현시로서 말해질 때, 우리는 이를 알 수 있다. 이러한 토착적인 연결은 반다나 쉬바(Vandana Shiva, 1988)와 같은 이론가들에 의해서 추출되어, '필연성의 영역'(자연)으로부터 해방되는 것이 아니라 그 속에서 우리의 침수(沈水)를 재발견하는 것으로 그려내는 강력한 생태 여성주의가 되었다. 그녀는 이러한 유물론이 '소모품의 자본주의'도 아니지만 '기계적 맑스주의'도 아니라고 주장한다(Mies & Shiva, 1993).

프라크리티의 개념은 고위층 철학의 정통 '체계' 안에서 나타난다. 그러나 쉬바의 프라크리티의 개념은 구전과 지방관습에서 발견될 수 있으며, 풀뿌리 환경운동의 기초가 되고 있다. 이러한 형식 속에서 프라크리티는 살아 있으며, 의식적이고, 창조적인 에너지로서 형이상학적 원리이다. 생물이든지 무생물이든지 모든 것은 이 힘(śakti), 즉 현시된 세계의 복수성 속에 두루 존재하면서도 그것을 초월하는 힘의 현시이다. 그것은 여성적인 것으로 표상되며 여신(어머니)으로 경배된다.

이러한 존재론의 창의적 활용은 우선 윤리학과 인식론에 급진적 변화를 가져왔다. 만일 자연이 인간처럼 의식적이고 의지적이라면 그리고 덤으로 성스럽기까지 하다면, 우리는 착취되어야 할 무기력한 하나의 '자원'으로 자연을 다루기 위한 윤리적 논리를 잃게 된다. 인간과 자연의 영역 간 관계는 '지배'라기보다는 '참여'나 '재연결'이라는 말로 재개념화된다. 자연과 우리 사이의(between) 상관관계들이 객관적인 '외부로부터 알려진 것'에 대한 신화를 폭파시키는 동안에, 현시된 자연 내부의(within) 상관관계들을 강조하는 인식론적 결과는 환원주의적 과학의 '방법론적 원자주의'를 버리게 한다. 이러한 두 가지 패러다임의 전이는 결과적으로 강력한 정치비평을 발전시켰다. 제3세계에서의 '발전', '현대화', 심지어는 '빈곤'이라는 후기식민주의 이데올로기는 시장경계의 불가침성—후기 식민주의 이데올로기의 쌍둥이 기둥인 이익을 위한 자연조작과 그 결과로서 환경피폐라는 기술적이고 점진적 고착과 함께하는 시장경제의 불가침성—에 근거해 있다. 그러므로 프라크리티 개념에 함축된 윤리적이고 인식적인 태도변화는 '병적 발전'(maldevelopment)으로서의 발전을 폭로하고, 소모품 생산의 최대화와 천박한 소비주의보다는 삶에 대한 공통의 인간욕구의 만족을 강조하는 '생존관점'으로 대체시켰다.

주장의 마지막 단계의 생존경제학에 있어서 일반적으로 '여성의 노동'은 비가시적인 것으로 간주되지 않으므로 여성은 '생산자'로서 복귀한다. 실험실의 통제된 실험상황에 의한 입증은 생존의 산출이라는 경험과 참여를 통한 입증보다 우선순위를 갖게 된다. 후자는 가설적으로 주변부의 시골 그룹과 여성의 영역이기 때문에, 이들은 인지 '전문가'로 복귀한다. 이것이 인식론적 '여성주의 입장'을 구성하는지 그렇지 않은지에 대한 탐구는 흥미로울 것이지만, 현재 상황에서 이러한 인식적인 권능부여(empowerment)가 갖는 반제국주의적 함의는 중요하다. 예컨대 다국적 기업들은 유전공학적으로 생산된 종자들—사실은 제3세계에서 수세대 동안 유지되어 왔으며 토착농경에 의해서 보존되어 온 생식질(germ plasm)로부터 생산된 종자들—에 대하여 특허와 지적 재산권을 주장하는데, 그 이유는 이러한 토착농경이 (생명공학적 접근과 달리) '지식'으로 혹은 '지성'(intellect)을 실천하는 것으로 간주되어서는 안되기 때문이라는 단순한 이유 때문이다(Shiva, 1992; Mies & Shiva, 1993).

이 같은 생태여성주의는 시골여성을 '본질주의화 시키는 것'과 이들 여성들의 계층과 카스트의 차이를 무시하는 것, 이데올로기적 구조만이 스스로를 현시하는 물질적이고 정치적인 구조를 무시하는 것에 대해 강력하게 비판해 왔다(Agarwal, 1992; Dietrich, 1992). 나는 이 글에서 이러한 반론들을 되풀이하지 않을 것이다. 대신에 나는 "프라크리티는 '여성적 원리'(feminine principle)이다"는 말—비록 이 말이 '여성뿐만 아니라 남성, 즉 모든 인간을 위한 해방의 범주들'을 이끌어 내는 말일지라도—속에 함축된 자연의 여성화(feminization)에 대하여 탐구하고자 한다.

여성 개체와 마찬가지로 프라크리티는 어원적으로 (세계에) 탄생시키고 '사물들을 자라게 한다.' 그래서 이 말은 분명히 모성적 은유이다. 그러나 프라크리티로서 개념화된 자연은 일상적 의미의 어머니인 지구에 대하여 단순한 주장 이상의 의미를 지닌다. 여기서 두 가지 점이 조심스럽게 지적되어야 할 것이다. 첫째, 프라크리티의 출생은 생물학적이 아니라 자신의 창조적 충동(의지)에 기인한다. 프라크리티는 남성을 필요로 하는 개념이 아니다. 사실을 말하자면 프라크리티("나만이 이 세계에 존재 한다"고 말하는 《두르가 사프타사티》(*Durga Saptasati*)에서는 여신을 말한다) 이외에는 어떤 것도 존재하지 않는다. 둘째, 번식 자체는 일종의 활동성(activity)으로 개념화되며, 활동적 원리(active principle)가 여성적임을 주장하는 데 있어서 문헌은 전혀 애매하지 않다. '여성성'에 대한 전체적 의미는 이러한 윤곽에 따라서 모성에 대한 상식적 관념을 떠나야만 이해되며, 수동성의 부정이면서 심지어는 양성적일 수도 있는 구조로 이해된다. 단순한 의미의 모성(maternality)은 신성을 포함할 필요가 없지만 프라크리티는 또한 신성하기도 하다. 이러한 최종적인 질적 분화를 살펴보기에 앞서서, 우리는 쉬바가 재생산뿐만 아니라 여성으로서 '관계성'을 강조한다는 것에 주목해야 할 것이다. 전통 속에 묻혀 있는 것은 아마도 이와 관련되어 있다고 생각되는 여성에 대한 다른 개념이다. 《리그베다》와 《바가바드 기타》로 되돌아가 보면 '말'(Vāk)은 (찬미되는) 여성으로서 언급된다. 흥미롭게도 '프라크리티'라는 말 또한 (단어의) '문법적 어근'을 의미한다. 그러므로 '여성적 원리'로서 출현한다는 것은 생물학적 산출이 아닌 생성/연결(generativeness/connectedness)이다. 언어/문법의 생성을 통한 여성화는 모성적 모델의 수용과 다르며, 이는 여성주의 학자에게 풍부하고도 탐구되지 않는 영역으로 남아 있다.

여신과 영성

인도에서 고위의 힌두사상과 민속은 우리에게 많은 여성 신들을 제시한다. 여신과잉인 문화 안에서 여성 신의 여성주의적 영향력은 복합적일 수밖에 없으며, 유일신적 종교에서의 '여신' 활용과는 판이하다.

신들의 '배우자들'로서 여신들은 근본적으로 부속물일 것이다. 그러나 조각상에서의 신의 성적 결합은 흔히 지배적 위치의 여성과 함께 묘사된다. 개념적으로 여성은 힘, 즉 이 힘이 없이는 '남성 신은 풀 잎사귀조차도 움직일 수 없는' 힘의 육화이다. 그러나 힘은 필연적으로 자율을 의미하지 않는다. 마하데비(Mahādevi) 종파는 신들까지도 창조하는 우주의 여왕 모습에서 짝의 관념을 철저히 버리고 있다. 탄트라 문헌에서 여신(Devi)은 다음과 같은 열 가지 모습—거의 언급되지 않고 있는 마하비드야들(Mahāvidyās)—으로 가장된다. 즉 해골로 만들어진 목걸이를 하고 나체로 춤을 추는 칼리(Kālī), 뾸뚝 나온 배(아마도 아이를 가진 배)를 한 타라(Tārā), 자신의 머리를 잘라서 그 머리를 손에 들고서, 잘린 목으로부터 분출하는 세 핏줄들 중 하나가 그 잘린 머리에 있는 입으로 흘러 들어가는 친나마스타(Chhinnamastā), 세계에 영양을 공급하고 있는 통통한 부바네쉬와리(Bhuvaneśwari), 쉬바의 몸에 걸터앉아 있는 16세의 쇼다쉬이(Śodāśī), 늙고 지저분하고 과부가 된 두마바티(Dhumā vatī)로 가장된다. 보다 소규모의 전통 속에서 우리는 어린이를 흉내 내고 있지만 매혹적으로 마트르카들(Mātṛkās; '어머니들'을 의미하고 '음소들'을 의미하기도 하는)이라고 불리는 일군의 여신들에 대한 묘사와 함께 고압적이면서도 양가적인 속성을 가진 마을 여신들에 대한 묘사를 본다.

물론, 여성 신들에 대한 이와 같은 가정은 그 자체가 여성주의인 것은 아니다. 사실을 말하자면 초월적이고 경험적인 이분법은 경험세계에서 부정된 것을 다른 세계의 여성에게 주는 보상적 장치일 것이다(실제로 전통은 이러한 전략을 의식하고 있는 것처럼 보인다. 왜냐하면 많은 신화 속에서 죽을 운명의 여성들이 어떤 사회적인 모욕에 대하여 분노하면서 빈번히 여신이 되기 때문이다). 그러나 신전에서 여성의 힘에 대한 순수한 가시성은 여전히 창조적인 반역 양식들의 가능성을 열어 두고 있다. 주목되는 일례는 '악령에 홀리기'(possession)라는 현상의 조작에서 찾아질 수 있다. 이 예에서 여성은 적대적 상황 속에서 이득을 위해 '자신의 도구로 사람을 취하는' 여신에 대한 신앙을 활용한다. 《새벽과 황혼의 어머니》(*Sanjh Sakaler Ma*)라는 한 짧은 이야기에서 현대 벵갈의 소설가 마헤스웨타 데비(Mahesweta Devi, 1993)는 과부가 낮 동안에 어떻게 악령에 사로잡히고, 해가 진 후에는 보통의 어머니가 되어, 자신이 받은 공양물로 어떻게 아들을 부양하는가에 대하여 쓰고 있다. 과부는 신성한 모성과 생물학적 모성의 일시적 분리에 의해서 생존하는 것이다.

더 나아가서 신성한 어머니라는 고안이 가부장적 동기라고 할지라도, 이것이 '보상'이라는 목적을 달성하기 위해서는 자율, 힘, 성애와 같은 미화된 형식으로 여성에게 귀속된 것들이 보통의 여성들에게 중요하게 간주되어야 했을 것이다. 그래서 여성 신들의 본성에 대한 분석은 공동체 안에서의 '여성다움'(womanliness)의 개념을 폭로하기 위한 중요한 도구로 남겨진다. 서구에서 대립물로서 간주된 것들—모성과 성애, 잔인과 자애, 굶주림과 양육—의 병치는 종합과 상관(interrelation)의 형이상학을 나타낸다. 삶과 죽음은 순환적으로 연관되어 있다. 신성한 어머니는 (자식을) 보호하기 위해서 때때로 살생도 해야 하며, 또 (자식을) 부양하기 위해서 자신도 먹어야 한다. '모성적 보살핌'(maternal care)의 이미지는 (비록 여기에서 '어머니'가 신성하다고 할지라도) 자기희생적·자기소멸적 감상주의와는 판이한 것이며, 굳건한 '여성주의 윤리'(feminine ethic)의 토대로서 기여할 수 있었다. 더 나아가서 육화된 신성성에 대한 이 예는 육화된 것으로서의 여성 주체에 대하여 다시 생각해 볼 것을 요청한다. 성애, 생리, 출생, 늙음—여성의 생의 주기에 있어서 모든 생물학적 측면—은 여성신체의 모든 단계에 있어서 여성신체에 대한 수용을 가리킨다. 물론 현대 인도 여성주의자들의 여성건강 및 성·가정 폭력과 같은 문제들에 대한 관심은 여성의 육화가 쉽게 속박으로 귀결될 수 있다는 사실에 대한 각성을 촉구한다. 이와 같은 육화에 근거한 '살려진 신체'(lived body)라는 범주는 다른 상황에서 다르게 젠더화된 주체들에 의해서 상이하게 경험된다.

우리가 '경전'으로부터 살아 있는 종교적 경험으로 이동해 갈 때, 우리는 박티(Bhakti)운동의 여성 성인들을 만난다(이에 대한 개관으로는 《마누쉬》(*Manushi*, 1989, 50~52참조). 미라(Mira: Rajasthan), 아카 마하데비(Akka Mahadevī: Karnataka), 랄 데드(Lal Ded: Kashmir), 무크타바이(Muktabai: Maharachtra)와 같은 지역적이고 종파적인 차이는 일반화의 위험을 경고한다. 그럼에도 불구하고 중심이 되는 특정 주제가 나타난다. 박티는 사랑을 통해서 신을 직접적으로 이해하는 것이다. 박타(bhakta)의 헌신은 다음과 같은 선택되고 친밀하며 보답하는 신에 대한 열정적 사랑의 시로 표현된다.

> … 오 쉬바여, 제가 껴안고자 할 때 당신은 나의 늘어진 가슴 위에 있습니다.
> 오 주여, 제가 당신과 하나가 될 때 당신은 육체의 수치와 마음의 겸손을 걷어갑니다.
> (Akka Devi: Ramanujan, 1985를 보라)

신에 대한 이같이 한결같은 마음의 사랑이나 일부일처제적 결혼을 행하기 위해서 여성은 가정생활의 안정과 세속적 결혼생활을 버려야 했다. 그러나 흔히 박티사랑이 바로 그 가부장적 구조의 어법으로 표현되더라도, 표현은 "미라는 그녀가 사랑하는 기리드하르(Giridhar)의 종이다"에서처럼 최초로 전복되었다. 미라에 관한 쿰쿰 산가리(Kumkum Sangari)의 대표작품(Sangari, 1990)은 박티를 통하여 반역을 합법화하고 반체제적인 공동체를 만들기 위해서 상호선택과/혹은 의지적 전유(appropriation)를 복합적으로 묘사하고 있다.

박티운동이라는 반역은 이론적인 경전학습을 통해서 그리고 고행을 통해서 신을 알아가는 것에 대하여 반대하였다. 그래서 그것은 대안적 인식패러다임을 위한 원천이 될 수 있었다. 박티사랑에 대한 탐구를 통하여 우리는 쉬바신과 제휴할 수 있으며, 대안적이고 가치부여적이며 정서적인 '여성의 앎의 방식'을 정립코자 하는 서구철학의 조류와도 제휴할 수 있다.

박티(信愛)의 또 다른 흥미로운 차원은 남성의 박티활용에서 나타난다. 박티는 어떤 의미에서 '무력감(powerlessness)에의 몰입'(Sangari, 1990)이며, 그래서 그것은 여성의 목소리를 촉구한다. 그 속성이 특권 그리고 권력과 연계되어 있는 남성성(manhood)은 이러한 상황에서 장애가 된다. 참된 박타(신애하는 자)가 되기 위해서 남성은 여성 박타들이 마치 가정의 안전이라는 형식을 벗어 던진 것과 마찬가지로, 궁극적으로 자신의 남성다움을 벗어 던지고 여성이 되어야 했다. 현대의 성자 스리 라마크리쉬나 파람한사(Sri Ramakrishna Paramhansa)가 '여성 연인의 분위기'로 크리쉬나(Krishna)에게 접근할 때, 어떻게 여성처럼 옷을 입었으며 어떻게 지극히 미세한 부분에 이르기까지 여성의 걸음걸이, 여성의 말, 여성의 동작을 흉내내려고 노력했는가에 대한 것은 잘 알려진 일이다. 이러한 흥미로운 병립과 그 결과로서 남성 성인성(sainthood)의 양성적 상태는 사회적·기능적 구성으로서 젠더에 대한 이해를 함축한다. 어떤 여성 성인들(Akka Devi와 Lal Ded)은 나체로 돌아다녔는데, 이는 양성적 젠더 구성(construction)이나 무성성(asexuality)의 시도라고 추측된다. 즉 알몸이 되는 것, 같은 마음의 영혼을 찾아 돌아다니는 것 등은 남성 고행자나 어린애 같은 순수함을 나타내는 징표와 관련된 전형적 남성행동이기 때문이다.

'여성주의 신학'이라고 불릴 수 있는, 여성 영성 안의 매혹적인 새로운 영역은 베나 다스(Veena Das)의 폭력에 관한 작품 속에 함축되어 있다(Das, 1995). 다스는 보팔(Bhopal) 가스 누출과 폭력에 대해 책임져야 했던 바로 그 체제를 결국 무심코 합법화한 파르티션(Partition) 폭동 직후에 국가가 시작한 표면상의 '자애로운' 과정들—의학적·법적·관료적 담론들—을 보여 주고 있다. 비록 그들의 고통을 묘사하려고 의도하였지만, 이러한 과정들은 실제로는 소리 없는 희생자들을 외면하는, '고통에 대한 지적 변형'이라는 결과를 초래했다. 다스가 말한 희생자 관점의 '고통 이론'은 설명들을 피해간다. 치료과정은 희생자로 하여금 과학, 종교, 법률의 '확실성'과 추상성으로는 그들의 고통이 이해될 수 없다는 것을 깨닫게 하여 부당한 고통을 감수하게 하는 과정이다. 세계는 그와 같이 '무력한 우주론' 속에서—가령, 쉬바의 교묘한 프라크리티 상상계와는 정반대 속에서—세계는 우발적이고 혼돈스럽다. 근본적이고 존재론적인 부정합성을 수용하는 것이 유일한 정합적인 대안이 되며, 그리고 (지적 체계화로서의) 신정론의 거부는 역설적으로 단지 수용적인 '신정론'—현재 참을 수 없는 고통을 참아내도록 하는 존재론적 반응으로서 이해되는 신정론—이 된다.

죽을 운명의 어머니, 가정 그리고 제 3의 젠더

'어머니'는 '여성'을 압도하는 경향이 있다. 인도에서 '착한' 여자는 단순한 출산이 아니라 아들을 출산해야 한다. 그래서 이러한 한정적인 구속과 함께 개개의 여성은 자신의 신체와 성애에 대한 통제를 상실한다. 여성은 남성이 씨를 뿌리는 '밭'이다. 남성은 여성이 수동적으로 낳은 '과일'과 마찬가지로 여성을 '소유한다.' 생물학적 어머니는 단순히 '수동적인 재생산자'일 뿐이다. 어머니 여신조차도 개개의 여성들을 억압하여 모성을 강요하는 규범적인 지위를 모성 이데올로기에 부여한다.

그럼에도 불구하고 모성은 제국주의를 경험하는 상황에서는 정치적 상징이 되었다. 금세기 들어 민족주의 운동은 '어머니 인도'라는 강력한 이미지를 도입하였는데, 그것은 고통 받고 있는 (식민화된) 거세된 남자 아이에 대한 관심을 유발시키기 위한 것이었다. 그것은 대중을 동요시키는 데 있어서 압도적 성공을 거두었는데, '어머니'에 의해서 유발된 사적인 복지의 의미가 '국가'라는 공적인 개념 범위를 초월하였기 때문이었다(Bagchi, 1990). 그런데 어머니에 대한 여성주의의 수용은 애매하다. 솔직히 개별 여성의 역할은 어머니 인도처럼, 영웅적인 아들을 출산하고 양육하는 일이다. 그렇지만 추측컨대 어머니 신화가 대중 동요에 있어서 매우 효력이 있었다는 사실은 "어머니는 수천의 아버지와 같다"는 정서—즉 전통 인도사회의 어머니에 대한 일반적이고 가부장적인 배경 안에서 '모순들' 중의 하나일 뿐인 정서—를 지적할 것이다(Bhattacharya, 1990). 둘째, 비록 정치 슬로건 안에서 어머니의 가치가 '도구적'일지라도—그녀의 식민지의 아들들을 힘/샥티(Śakti)로 충만하게 하라는 간청을 할지라도—우리는 여성의 원리에 의해서 활성화되어야 하는 남성의 이념으로 되돌아가야 한다.

여성의 역할에 있어서 여성을 사적인 가정영역에 한정시킨 것은 참된 '인도인'을 사적/영적/집안의 영역—'서구의' 공적/물질적/'세속적' 탁월함의 영역과 상반된 영역—과 동일시함으로써 어머니들을 더욱 더 정치화하였다. 그리하여 여성은 문화적 본질과 문화적 정성의 저장소가 되었다. 흔히 여성주의자들에 의해서 '자애로운 가부장'이라고 불리는 간디는 여기에서 기껏해야 흥미로운 한 가지 왜곡을 보여 주고 있을 뿐이다. 간디의 스와데시(Swadeshi), 즉 자기신뢰의 상징으로써 카디(khadi)

를 돌리는 것은 이러한 사적/가정의 영역—예컨대 무엇을 입을 것인가를 결정하는 영역—에 정치적 의미를 고취시키기 위한 기발한 운동이었다. 이러한 방법으로 여성은 자유를 획득하기 위한 투쟁에서 전통적 역할에 대해 의문을 제기해 봄도 없이 적극적인 대리인으로 만들어졌다. 그러나 경제 활성화를 위한 의제가 부재한 곳에서 이러한 '해방'은 제한을 받았다. 간디의 일반적 전략은 여성억압에 대한 고전적 징후들—고통에 대한 여성의 능력과 비폭력에 대한 여성의 학습—을 모든 인류를 위한 정신력(strength)과 영웅주의 패러다임으로 개작하는 것이었다. 사라 러딕(Sara Ruddick)은 이러한 것이 갖는 잠재력을 여성주의 평화 정치학에 연결시켜 활용하였다. 그러나 인도 상황에서의 '모성적 사유'에 대한 강조는 결과적으로 애매할 수밖에 없으며(어머니에 대한 강박현상), '여성적 덕목'을 단순하게 주장하는 것 이상(여성적인 것에 대한 민족주의적 전유)의 의미와 결합될 수밖에 없다. 아쉬쉬 난디(Ashish Nandy)는 정신력의 일례로서 모성적 속성과 실천을 찬양하는 것은 다음과 같은 세 가지에 대한 전복을 함축한다고 주장한다. (1) 브라흐만 전통은 지성을 우선시한다. (2) 크샤트리야나 인도의 군대전통은 호전성에 우위를 둔다. (3) 남성성은 공격성 그리고 여성성은 수동성과 식민적 동일성을 지닌다. 이러한 관점에서 보면 간디의 혁명은 여성성에 대한 '합법성' 부여로 이루어져 있으며, 정신적인 성화에 의한 것이 아니라 '가치 있다고 생각되는, 인도인의 자기규정(self-definition)의 측면'에 의한 것이다(Nandy, 1980).

이와 같은 것이 어느 정도까지 기능할 수 있었던 것은 아르다나리스바라(ardhanarisvara, 축어적으로 '절반이 여성인 주님')의 뿌리 깊은 상징, 즉 그/그녀의 신체가 가운데서 둘로 쪼개져 반은 남성이고 반은 여성인 주님 다시 말하면 시바의 양성적 형태 때문이다. 웬 오프라헤르티(Wen O'Flaherty, 1980)는 이와 같은 원리적인 양성성 표상에서 일어나는 미묘함과 차이에 대해서 기록하고 있으나, 일반적 생각은 그것이 개인의 정체성 속에 여성성을 포함할 것을 제안하고 있다는 것이다. 이러한 기본적 양성동주(兩性同住)의 상징은 다양하게 생각될 수 있음에 주의해야 한다. 즉 (프라크리티에 있어서) 남성과 여성 모두를 갖춘 존재로서 혹은 (박티 성인들에게 있어서) 이분법 모두를 초월하여 남성도 여성도 아닌 존재로서 생각될 수 있음에 주의해야 한다. 루프 레카 베르마(Roop Rekha Verma, 1995)는 남성과 여성의 본질을 초월하는 자신의 '인성'(personhood) 이론에 대한 두 번째 해석에 관심을 쏟고 있다. 난디는 베르마의 첫번째 해석처럼 생각되는 것을 활용하여 이렇게 주장한다. 즉 여기에서 여성은 "다른 많은 사회에서 여성이 큰 장애를 갖는 것과 같은 큰 장애를 가진 존재로 출발하지 않는다. … 인도 여성은 자신의 여성적 정체성 안에 서구 기준에 의해서 남성적 활동이라고 여겨지는 것을 보다 쉽게 통합할 수 있다"(Nandy, 1980).

사회의 주변부에서 가시적인 것이기는 하지만, 출생과 결혼을 기념하는 전통적인 무희역할을 통해서 주류에 참여하고 있는 인도의 '사리 입은 남성' 히즈라(hijira)[여자라고 생각하는 남성] 공동체는 남성과 여성이라는 단순한 이분법을 넘어서는 젠더 정체성을 구성한다는 것을 보여 주는 생생한 증거이다. 히즈라는 이들 모두가 자웅동체(hermaphrodites)로 태어나는 것은 아니지만 자신의 '여성다움'(effeminacy)이나, 이성의 옷을 입는 것이나, 동성애로 인하여 히즈라와 같이 고도로 계층화된 공동체에 합류하도록 강요받거나/선택받는 남성들을 포함한다(Nanda, 1986).

'진짜' 인도 여성?

'인도 여성'이라는 범주에 대한 타파는 독립 이전의 시대의 범주 구축과 거의 동시에 시작된다. 낮은 카스트, 소작농 그리고 아디바시(adivasi)운동은 민족주의 담론에 대한 대항담론을 제시하였다. 반면에 현대 운동가들이 구축한 '단일 규정적'(the)인 인도 여성이라는 개념은, 도시엘리트가 현대의 미디어와 상업광고에 '신인도여성'으로 등장하는 동안에(Sunder Rajan, 1993), 이들의 구체적이고 악명 높은 투쟁 상황(Akerkar, 1995를 보라)에 의해서 결정된다. 그러므로 우리는 '서구 여성'에 대항하는 '인도 여성'으로 시작하였지만, 서구 여성이 급속히 사라지자 인도 여성 또한 사라짐을 보게 된다.

최근 샤 바노(Shah Bano) 소송(1985년 이슬람교도 이혼녀 샤 바노는 일련의 후속 사건에서 범죄소송절차법의 방랑금지조항에 따라 원조를 요청하였다. 이 소송은 법이 여성에게 이러한 권리를 주지 않는다는 이슬람의 사법(personal law)에 도전함으로써 전 이슬람 공동체의 정체성을 위협한다고 인식되게 되었다)과 투프 칸와르(Toop Kanwar) 소송(라자스탄(Rajasthan)의 작은 도시의 젊은 과부 투프 칸와르는 1987년 축제군중들 가운데서 수티(suttee)를 행할 것을 맹세하였고/행하도록 강요받았다. 이 소송은 소수자 권리와 공동체의 종교적 자기결정의 문제를 제기한 여성 그룹과 일부 힌두 단체를 대적시켰다)은 다음의 문제를 제기한다. 즉 보다 극적으로 말하여, 누가 인도 여성인가? 이 두 소송은 많은 개별 여성들로 하여금 종교 지침과 카스트 지침을 어기는 가부장제에 대한 투쟁—세속의 '여성주의자' 강령—을 포기하게 하여 그들을 노골적으로 공동체의 의제에 맞추도록 하는 상황을 은연중에 보여준다(Sarkar, 1993). 여성주의자와 근본주의자의 의제들을 뒤섞어 꼬는, 이에 관한 수많은 문헌들은 자아정체성 구축에 관한 특유의 철학적 문제들을 제기하고 있다.

첫째, 고정적이고 확정적인 준거를 요구하는 것으로서 자아성(selfhood)은 '유동적 정체성'에 의해서 대체된다. 주체는 자신을 둘러싸고 있는 배제와 동화의 관계가 변화한다고 해서 자신을 상실하지 않는다. 개인은 카스트와 교의를 버리고 남성을 배제하는 정체성을 가정하는 것이 가능하다. 그러나 어떤 상황에서는 여성이 다른 여성을 배제하는 보다 큰 공동체의 정체성에 동화된다. 이는 '주체에 대한 전후 관계적 정의'를 제안한다(Alcoff, 1988). 개인에게 공동체나 종교적 정체성을 호소하는 것 또한 재음미될 필요가 있을 것이다. 그것은 다원주의적 전망 속에, 즉 국가에 의한 동질적 영향에 직면하여 문화적 권리를 주장하는 전망 속에 놓여 있다. 그러나 역설적이게도 공동체의 자기규정은 공동과거를 재창조하면서 개인의 목소리를 없애는 것에 의존해 있다. 이와 똑같은 권위주의적 계략이 국가에 대한 자기규정에서도 활용된다. 그래서 개인과 공동체 간의 긴장이 분출되는 것이다.

그러면 공동체를 위한 대안적이고 비권위주의적인 지반이 있을까? 여기에서 순더 라잔(Sunder Rajan)과 다스(Das)의 생각을 참조하여 앞에서 언급한 육화라는 주제를 병치시켜 보는 것은 의미가 있을 것이다. 순더 라잔(1993)은 여성 주체의 구성에 있어서 (역사화된) '고통의/고통 안에서의 주체'를 강조하기 위해서 상식적으로 이해되는 '죽음(death)으로서의 사티(sati)'(살인 혹은 자살) 대신에 '불태움(burning)으로서의 사티'를 강조할 것을 제안한다. 그와 같은 주체는 필연적으로 (수동적 희생자라기보다는) 역동적 행위자인데, 정의상 고통을 겪는 주체는 무고통의 상태를 향해서 투쟁하기 때문이다. 다스(1995)는 신체적 고통이라는 아픔이 어떻게 방편, 즉 사회가 개인을 사회의 소유물(그 고전적 일례를 들자면 아마도 성인식과 같은)로 '낙인찍는' 수단이 될 수 있는지에 대하여 말하고 있다. 신체와 (지배적인 젠더 이데올로기가 주어진다면) 여성은 이 같은 출발의 낙인을 존속시키고, 개인과 사회 사이의 신호를 매개한다. 그러나 다스는 비트겐슈타인의 사적 언어에 관한 주장을 매혹적으로 활용함으로써, 희생자에 의한 고통의 표현이 자신과의 언어게임에 들어가도록 하는 초청장이라고 결론짓는다. 이러한 초청장을 쥐는 것은 (비감성적) '고통나누기'이며 심지어는 그것을 나의 신체 안에서 체험하는 것이다. '공공의' 제례의식과 청취의식을 통한 이러한 '하나의 신체 만들기'는 개인의 특수성을 지워버리지 않는, 집단적 정체성의 대안이 될 수 있는 지반이다. 그러면 '인도여성성'(womanhood) 혹은 아마도 '여성성'까지도 이러한 방법에 의해서 차이 속에서 정체성으로 거듭날 수 있을까? 윤리학, 인식론, 존재론, 경제학 그리고 종교에 대한 인도여성성의 풍부한 기여에도 불구하고, 여성성 자체를 말살시키지 않는 한, 인도에서의 여성주의 철학은 그 어느 곳에서나 마찬가지로 궁극적으로는 이러한 질문에 직면해야 할 것이다. 주체와 주체의 집합체 없이는 현실의 해방의제들은 어떠한 의미도 갖지 못하며, 이와 같은 의제 없이는 어떠한 '여성주의'도 의미를 갖지 못한다.

(안옥선 역)

13. 동유럽

다샤 두하체크(Daša Duhaček)

체계적인 총서 연구를 통하여 동유럽 여성주의 철학에 해당하는 자료를 모으려던 나의 첫번째 시도는 실망스러운 것이었다. 컴퓨터에는 내가 찾고자 하는 제목들에 딱 들어맞는 것이 없었다. 그러나 동유럽 여성주의 철학의 개념이 전적으로 존재하지 않는 것은 아니다. 따라서 동유럽 여성주의 철학에 대한 서술은 해당되는 용어 정의에서부터 시작해야만 할 것이다. 예를 들면 여성주의와 철학조차 여성주의 철학이라는 표현을 구성한다. 이러한 표현, 이러한 신조어는 자기 모순적으로 생각될 수도 있다. 한편으로 이 신조어는 철학의 특권적인 위치를 주장하는 지식의 전통적 분류에 충실한 듯이 보이지만, 다른 한편으로 여성주의는 전통적이고 특히 위계적인 패러다임과 분류법에 대한 교란을 대변한다.

그러나 문제를 무시할 때 동유럽은 정의된다. 개념은 배치, 지리적 위치를 지시하지만 그러나 개념은 보다 넓은 정의(혹은 1995년 북경 대회의 보도자료에서 '비-지역' 으로 불렸던 것과 같이 보다 좁은 의미)를, 예전의 사회주의 나라들을 대표하는 공통적인 지배력을, 혹은 보다 특수하게는, '진정으로 현존하는 사회주의' 의 역사를 공유하는 그러한 유럽 나라들(따라서 역사적으로나 지리적으로 중부 유럽에 속한 나라들을 포함하여)을 대표하는 공통적인 지배력을 요구한다. 이러한 나라들이 공유하는 것은 무거운 정치적 결과에 대한 지리적 상황이다. 그 나라들은 예전의 소비에트 연방의 일부(75년 동안)였거나 혹은 소비에트 연방과 국경을 공유(45년 동안)하였다.

지역의 역사적 다양성은 그 지역 역사의 공유된 부분 내에 있다고 하더라도 과도하게 강조될 수는 없다. 이러한 다양성은 양면적이다. 첫째, 한편으로 제 2차 세계 대전 이전의 역사에서는 발달된 시민 사회와 더불어 산업화된 나라들(예를 들면 체코 연방국)이 나타났고, 다른 한편으로 농업의 가부장적 문화들(예를 들면 발칸 반도의 일부 지역들)이 나타났다. 둘째, 제 2차 세계 대전 중에는 일부 지역들이 중심 축으로 혹은 적어도 파시즘에 저항하는 독립운동들(예를 들면 예전의 소비에트 연방, 예전의 유고슬라비아)로 나타났다. 이러한 파시즘은 독재 체제를 수행하는 데에서 상이한 수준들로 이끌게 되는 요소들 중의 하나가 되었던 것이다. 그리고 이러한 파시즘은 불균등한 문화적 실천, 의사소통에 대한 불균등한 접근, 서적의 갖가지 유통과 번역, 대학들의 자율성 혹은 자율성의 부족 등을 가져왔다.

이러한 다양성을 이해함으로써, 일부 지역은 비교적 민족적으로 동질적이며, 또한 동질적인 종교적인 전통을 지니거나 (예를 들면 폴란드) 혹은 그러한 점들이 혼합되어 있다는 것(예를 들면 예전의 유고슬라비아)을 알게 된다. 결국 오늘날 이들 몇몇 나라들은 평화의 혜택을 받고 있으며, 반면 몇몇 나라들은 전쟁 중에 있다.

동유럽과 중부 유럽의 여성주의로 눈을 돌려 보면 한 이슈가 그대로 대부분 출발점으로 나타난다. 즉 우리는 서구 세계를 여성주의를 규정한 세계로 생각하는가? 우리는 서구 여성주의에 대한 타자로서의 여성주의에 대해서가 아니라면, 어떤 방식으로 서구 여성주의와는 다른 여성주의에 대해 말하는가? 그리고 이러한 점은 서구 여성주의를 척도로 전제하는 것은 아닌가? 우리는 어떨지 모르겠지만 어떤 공식적인 이데올로기를 대체로 '여성주의자'로 간주할 수조차 있는가? 만일 사회가 여성과 남성 평등의 원리에 충실하도록 되어 있다면, 그러한 사실로 국가의 이데올로기가 여성주의자가 되는가? 자유가 결핍된 상태에서 평등은 평등의 보증일 수 있는가? 혹은 이러한 추론의 노선이 여성주의가 무엇인지를 정의내리는 사람의 입장에 대해 의문을 가질 수 있는가?

동유럽 여성주의 철학이 행한 중요한 기여들을 요약하면서 나는 몇가지 한계를 인정하지 않을 수 없다. 첫째, 여기서 제시된 이슈들은 동유럽 여성주의자들에 의해 쓰여진 텍스트들에서 채택된 이슈들만을 참작할 것이다. 그리고 수많은 자료들에서 채택된 이슈들 보다는 대부분 그 이슈들에 대한 탁월한 텍스트들을 참조할 것이다.(예를 들면, Cynthia Cockburn, Barbara Einhorn, Zillah Eisenstein, Nanette Funk, Susan Gal, Celia Hawkesworth, Gail Kligman, Ann Snitow 그리고 다른 많은 사람들.) 또한 모든 노력은 철학자들에 의해 쓰여진, 중요한 논쟁점들이 제기되었던 텍스트들과 다른 영역들의 이론가들에 의해 쓰여진 텍스트들에 의거할 것이다(다른 영역들은 여성주의 이론과 여성주의 철학 간의 분할선이 어디에 있는지에 대한 의문을 제기한다). 문헌 상의 이론은 그 이론이 광대하고 별개의 영역이기 때문에 포함되지 않을 것이며 예외적으로만 인용될 것이다.

결국 지역의 언어적 다양성은 각각 이 지역의 연구를 제한한다. 고려에 참조된 텍스트들은 동유럽 언어(이 논문 저자의 언어)의 영역이거나 혹은 대부분은 영어로 번역된 텍스트들인데, 이 텍스트들은 그 자체로 많은 문제를 일으킨다. 텍스트들은 어떤 독자들에 초점을 맞추고 있는가? (동유럽 여성주의 이론에서 이러한 점에 대해 완전히 개관하기 위해서는 또한 서양 텍스트 번역에 대한 자료들이 제공되어야만 할 것이다.) 언어적 장벽의 제약 때문에 동유럽 여성주의 철학자들 간에 이론적인 상호 교환은 분명히 거의 없다. 여성주의 이슈에 관한 국제적인 이론적 토론들은, 이 토론들이 철학자들을 단일한 영역 내에서의 지적인 배경 내로 끌어들이면서 동시에 비여성주의자들을 포함하기 때문에, 역시 부재한다. 이러한 모든 점을 고려하면서 나의 논문은 지금 막 형성 중에 있는 동유럽 여성주의 철학에 대해 보다 포괄적으로 이해하려는 연구를 위한 제안에 그칠 것이다

철학적 전통과 여성주의

철학적 전통이 단일하다는 점을 가정하기보다는 차라리 다양성을 탐구함에 있어서 첫번째 의문은, (만일 철학이 경제, 국경, 관세 등과 같이 무엇보다도 지역적으로 규정될 수 있다면) 무엇이 동유럽 각각의 민족적 철학 전통인가 하는 점일 것이다. 이러한 의문을 제기하면서 전제될 점은 그 계기에 동의하든지 더 흔하게는 동의하지 않든지 하는 것과 무관하게, 최신의 철학적 계기가 그 과거의 지속이라는 점이다. 자기 고유의 과거와의 관계를 상실한 어떠한 현재의 철학도 없다. 따라서 여성주의 철학은 자신의 직, 간접적인 과거의 불법적/합법적 상속인이다.

동유럽의 철학 전통은 매우 다양하지만 맑스주의 철학이라는 하나의 공통 분모를 공유한다. 그럼에도 불구하고 맑스주의 전통 내에는 의미심장한 차이들이 존재한다. 아마 독단적인 방법으로 이론적으로 무기력한 연구를 수행한 익명의 철학자 총력부대가 있었을 것이다. 반면에 독단적인 맑스-레닌주의를 지지하는 데에는 매우 조심스러운 주의가 있었을 것이다. 반대로 우리는 맑스주의가 공식적인 이데올로기였던 시절에 대표격이었던 그리고 대부분은 그에 대한 대가를 지불했던 사람들 뿐만 아니라, 루카치(Lukàcs)와 부다페스트 써클, 즉 콜라코프스키(Kolakowski), 코지크(Kosik), 샤프(Schaff), 파토흐카(Patochka), 가야오 페트로비치(Gajo Petrovic) 그리고 유고슬라비아 실천 그룹의 성원들, 롭-바르샤바(Lvov-Warsaw) 학파, 즉 타르스키

(Tarski), 타타르키비치(Tatarkiewicz) 등과 같이, 오늘날 여전히 '국가적' 영역을 장악하고 있는 사람들도 바로 기억해낼 수 있다. 그들의 작업에 대해서는 상당히 많이 언급되었고 확장되었는데, 최소한 두 학파가 좀더 탐구되어야 할 필요가 있다는 것만 말하는 것으로 충분하다: 하나는 이러한 철학자들 중 몇몇은 비록 비독단적이고 전통적일지라도 상당한 정도로 맑스주의 일파에 기원을 두고 있고, 다른 하나는 소위—즉 공식적 이데올로기에 결과적으로 반대한—철학적 탈출의 직접적인 사태로부터 기원한다. 그리고 다른 의문점들은 제쳐 두고라도 철학자들은 민족적으로 견해를 표명할 수 있으며 또 지역적으로 정형화될 수 있는가라는 질문도 포함된다(콜라코프스키(Kolakowski), 아그네스 헬러(Agnes Heller) 그리고 보다 많은 사람들이 떠오른다).

철학적 전통으로 좀더 되돌아갈 경우 다른 것 가운데서도 이러한 분류에 대한 의문은 그 자체로 본래적으로 보다 복잡한 것으로 나타난다. 몇몇 저자들(B. Smith, 1993, 167면)은 라틴에 뿌리를 둔 문화와 비잔틴에 뿌리를 둔 문화 사이에 이원적으로 위계적으로 작동하는 방식으로 예리한 구별이 있어야 한다고 주장한다. 발칸반도를 가로지른 분할선을 따라 보스니아, 크로와티아, 헝가리 그리고 그 나라들의 서쪽 편에 있는 지역들은 라틴에 뿌리를 둔 문화로 위치지어질 것이다. 그리고 반대로 그 나라들의 모든 동쪽 지역들은 비잔틴에 뿌리를 둔 문화로 불릴 것이다. 그러나 이러한 구별은 유럽 중심주의적임을 벗어나 해당 공간들의 궁극적 가치였던 이념적인 침투를 부정했다. 오래된 철학적 전통에서는 베르나드 볼차노(Bernard Bolzano), 프란츠 브렌타노(Franz Brentano) 그리고 니콜라이 베르쟈예프(Nikolai Berdyaev) 같은 탁월한 인물들이 다양한 방식에서 중부 유럽과 동유럽의 전통을 형성했다.

이 지역에서 현대 철학은 과정 중에 있으며 계속 끓어오르면서 구체화되어 가고 있는 짧은 스냅 사진에 불과할 뿐이다. 이처럼 예측할 수 없는 흐름과 재형성되는 과정 속에서 여성 철학자들이 출현하고 있을 뿐만 아니라, 예를 들면 드미트리나 페트로바(Dmitrina Petrova)(McBride and Raynova, 1993, 127면)와 타탸나 클리멘코바(Tatyana Klimenkova)(Swiderski 1993, p. 154)와 같은 여성 철학자들이 인정받으며 출현하고 있다. 동유럽의 어떤 지역에서는 몇몇 여성주의 연구가 1989년 사건에 앞서서 수행되었다. 블라첸카 데스팟(Blazenka Despot)은 헤겔-맑스주의 틀 내에서 광범위하게 연구를 수행했다. 라다 이베코비치(Rada Ivekovic)는 포스트모더니즘과의 상호 교류 속에서 연구에 몰두하고 있다. 포스트모더니즘이 비록 어느 정도까지는 전도 유망하고 추천할 만하지만, 포스트모더니즘에서는 (언어적으로 가능성은 주어지지만, 형식에서는 여성성으로 성별화된) 타자, 즉 여성뿐만 아니라, 비-서구를 뜻하는 타자 그 자신의 부재가 인정되고 있다고 그녀는 주장한다. 리오타르(Lyotard)와 들뢰즈(Deleuze)의 텍스트에서 여성이 부재함은 여성성의 특수성과 물질성에 대한 인식 부족으로 특징지워진다(Ivekovic, 1988, 111, 118면).

정치적 현재와 경제적 자립

동유럽 여성주의 철학자들의 텍스트 대부분에서는 그들의 '역사-철학적 의식'과 그들이 공유해 온 과거 내에서 이슈들이 논의된다. 여성의 위상에 대한 분석의 이론적 토대는 계급 분석인데, 이 계급 분석은 여성 문제를 독자적으로 위치지으려는 문제를 거의 허용하지 않았다: 즉 여성 문제는 계급의 우선성 아래에 포괄되었다(Voronina, 1993, 109면).

대부분 이러한 텍스트들을 통해, 이 텍스트들이 공유한 체제가 이데올로기에서 평등주의적임이 환기되었으며, 이 체제의 이데올로기에서는 여성이 남성과 명목적으로 그리고 공식적으로 평등하게 선포되어 이해되었다(Havelkova, 1993a, 1993b; Petrova, 1993; Voronina, 1993, 1994) 더 나아가 여성이 경제적으로 자립적이었다고 이해되었으며, 이는 공유된 '진정한 사회주의'의 거의 논란이 없는 우월한 입장 중의 하나였다. 그 직접적인 결과는 공통적으로 소위 이중고, 혹은 심지어 삼중고의 나날들이었다(Petrova, 1993). 즉 그 뜻은 여성이 돈을 버는 것 이외에, 또한 집안일과 아이 양육 등의 힘든 일을 떠맡고 있다는 것이다. 그녀들에게 매일 세 번째로 할당되는 짐은 그녀들이 정치적으로 참여하는 사회에서 거는 기대이다.

그러나 잘 알려진 바와 같이 그 짐은 개별적인 선택이 문제가 아니었으며(Havelkova, 1993) 여성은 남성으로부터 해방되었으나, 국가(국가라는 현실은 결코 근대 국가의 변종적 가부장제 개념을 초과하지 않는다)에 의해서는 예속되었다. 그 이유는 정확하게는 '방만한 경제를 수년 동안 지탱'시켜 온 것이 바로 '저임금의' 여성의 노동이었기 때문이다(Vornonia, 1993, 101면) 여성이 공적인 영역 내에서 자신들의 정당한 위치를 차지해야만 한다는 기대치로 보자면, "여성은 계획, 결정 그리고 지도력의 위상 등에서 볼 때 겨우 주변적으로만 나타났다"(Kiczkova and Farkasova, 1993, 85면) 혹은 몇몇 여성주의 철학자들은 오늘날에조차, "여성들은 일하기를 원하지만 여전히 권력을 잡고 싶어 하지는 않는다"고 말한다(Petrova, 1993, 26면).

키츠코바(Z. Kiczkova)와 파르카소바(E. Farkasova)는 '현실 사회주의'에서 여성들이 자유롭게 들어가고자 하는 공적인 공간을 지시하기 위해 '건물'(building)이라는 계몽적인 은유를 사용한다. 키츠코바와 파르카소바가 강조하는 것은 그 건물 내에서 여성들이 말하자면 결코 마음 편안하게 느끼지 말라는 것이다. 비록 그들의 결론이 여성들이 모두 함께 '건물'을 떠나기를 원하지 않고 그 건물의 구조를 변경하기를 요구하는 것이라고 할지라도, 그 결론은 은유가 가족 같은, 사적인 안전한 공간을 위한 향수애 이상의 것이라는 점을 둘러싸고 전개되고 있다. "그것이 의미하는 바는 여성 정체성의 상실이다. 왜냐하면 여성들은 '건물'의 건축술에 자신들을 순응시켰기 때문이며 그래서 여성이 된다는 것의 의미를 그녀들 스스로 인식하고 결정할 기회를 갖지 못했기 때문이다. … 건물에 들어가는 댓가는 너무 높았다"(Kiczkova and Farkasova, 1993, 87면). 미리유(M. Miriou)와 하벨코바(H. Havelkova) 그리고 다른 사람들은 공적인 것과 정치적인 것에 대하여 대대적인 환멸에 명백히 직면하였기 때문에, 여성들이 '현실 사회주의'의 기간 동안에 그들의 가족과 사생활로 후퇴하는 결정을 하였을 뿐만 아니라, 1989년 이후 이러한 잠재적인 성향에 더 집착하였던 듯 보이는 점을 지적한다. 가족은 거의 공적인 것의 장소로 간주되거나 혹은 적어도 그 보상과 보충으로 간주되는데, 이러한 점은 서구 여성주의의 이론적 의미에서는 역전된다. "가족은 자유의 최후의 보루로 남아 있기 때문에, 가족은 공적 영역의 예전 기능 중의 많은 것들을 인계받았다"(Havelkova, 1993b, 92면). 그러나 이러한 논증의 방향이 지지할지도 모를 함정은 거의 인식되지 않고 있다. 하벨코바는 여성이 자신들의 '가족 의무'를 손쉽게 완수하기 위해 자신들의 일을 선택한다는 사실을 논의하면서, 그녀는 또한 남성의 선택에 대하여 결론 내리길, "남성들은 가능한 한 최대한 창조성을 부여하면서 직업을 구했으며 직접적인 국가 통제를 피하고자 했다"(Havelkova, 1993b, 93면, 강조 첨가함). 여성주의 철학자들은 이런 분할 내에서 여성들은 의무에 할당되었고 창조성은 남성에게 남겨졌다는 사실에 동의했던 것으로 보인다.

동유럽에서 틈이 보이는 공적인 것/사적인 것에 대한 경제적인 겉모습은 정치적인 변장과 관련이 있었다. 예를 들어 헝가리에서는 사적 소유권에 대한 허가가 비록 한정되어 있지만 그럼에도 불구하고 '잠식'의 길을 촉진시켰다. 그리하여 이러한 잠식이 모든 제도에 단계적으로 퍼져나가게 되었다. … 비록 여성들의 영향력이 계급적으로 정치적인 형태로 명백하게 나타나지는 않았지만, 그들은 이러한 잠식에 주요 역할을 담당했다(Szalai, 1991, 153면). 동유럽 여성주의 이론에서 아마 주요 의제가 되는 것은 지역적인 것을 강조함과 동시에 공적인 것과 정치적인 것을 재정의하는 일일 것이다.

한편으로 '현실 사회주의'의 체제는 몇몇 여성주의 철학자들에 의해 '전(前)자본주의자'로, '봉건적인 것'으로 정의되었다(Havelkova, 1993b, 90면); 그리고 다른 한편으로 공동체적 틀 안에서 산업화가 진행 중이었던 체제로 정의되었다(Kimenkova, 1994). 이러한 두 관점들은 전자가 '현실 사회주의'를 전근대적 사회로 지시하고, 후자가 고유한 자아-형성의 과정 내에서 근대성에 도달한 사회로 지시하는 한에서는 뜻밖이다. 클리멘코바(T. Klimenkova)가 따르는 논의의 방향은 동양과 서양, 미래와 과거를 병치시킬 뿐만 아니라, 개인적인 것과 공산주의적인 이론적 틀을 병치시키는 것이다. 이러한 방향은 여성주의 이론에 거의 일관된다. 그녀는 역사적으로 존재했던 '현실 사회주의'를 오늘날 현존하는 것과 비교해서 개인주의적인 것으로 기울어진 공동체적인 것으로 보고 있다. 그리고 그녀가 완곡하게 '공동체주의자'로 부른 것에 대한 비판은 별로 없지만, 반면에 그녀는 다른 여성주의 철학들의 텍스트에서 의문스럽지만 욕망된 것, 즉 자유주의의 정치적 모델로 작동하는 것을 거부한다.

이러한 모든 텍스트에서 그리고 다른 텍스트에서 검토된 주된 이론적인 문제는 여성들이 '현실 사회주의' 기간에 주어진 평등을 지속적으로 요구해야만 한다는 것이다.

'현실 사회주의'를 경험함에 따라 평등에 대한 요구가 '현실 사회주의'의 종차(differentia specifica)가 아니라 근대성 따라서 자유주의적이면서도 사회주의적인 사유에 대한 요구라는 사실임이 대체로 불투명하게 되었다. 자유주의 철학은 권리와 개인의 자유를 염두에 둔 이러한 요구를 제안하였다. 여기서 평등은 가정(假定)이다. 사회 정의에 대한 (공동체주의적) 동기에서 유래한 사회주의적 기획은 평등의 원리를 고대하고 기대하는 결론으로 무비판적으로 적용하였다. 물론 이러한 점 때문에 스탈린주의에서의 공포스러운 소외의 여지가 허용된 것이었다. 그러나 여성주의 이론에 적절한 것은 차이의 유포가 갖는 우월한 장점과 평등의 거부가 무엇이건간에, 많은 동유럽 여성주의자들은 '부메랑 효과를 갖기 쉬우며 여성과 남성 간의 불평등에 대한 가부장제적인 전제를 강화하게 되는 데 이르게 된다'는 점이다(Duhacek, 1993, 135면). 또한 동·서양 여성주의 이론에서 자유주의와 사회주의의 두 이론적 모델 그리고 다른 모델은 비판적으로 평가되어야 하며 어느 누구도 자동적으로 면책되어서는 안 된다. 확실히 어떠한 진지한 이론도 그 자체로 '현실 사회주의'와 사회주의적 기획을 합성하도록 해서는 안 되며 결과적으로 좌파적 정치학의 한 분파로 배제되어서도 안 될 것이다. 비판적인 정밀검사와 여성주의 평가의 과정은 어디에 기반하여야 하는가? 아마 어떤 이론적 입장이 남긴 위계성을 교란시키기 위한 어떠한 공간 위에 기반하여야 할 것인가?

육체를 제어하기

정치적인 참여와 경제적인 독립이라는 이슈들 이외에 평등의 원리는 그 고유한 신체를 결정할 권리를 승인하고 제정해야만 할 것이다. 이러한 권리는 다른 물음들 중에서 낙태의 문제와 관련된다. 대부분의 동구권 나라들은 그 나라들이 동구권의 한 일원이었던 동안에는 (예를 들면 루마니아처럼 몇몇 예외가 있지만) 상대적으로 자유로운 낙태법을 가졌다. 그러나 동유럽의 이론가들이 충분히 깨달은 것은 이러한 법규가 여성의 선택권에 기반한 것이 아니라, 기껏해야 여성을 보호하려는 국가의 관심에 기반한 것이라는 사실이다. "법규의 목적은 부적절한 조건에서 무면허의사가 시술하는 낙태로부터 여성의 건강을 보호한다는 그 법규의 전문(前文)에 분명히 명시되어 있다."(Fuszara, 1991, 242면: 또한 Zielinska, 1993, 53면도 볼 것). 흔히 낙태에 대한 합법적인 사안은 어떤 시점에서 국가가 국가 자신의 이해로 간주한 것 예를 들면 인구 통계학적 관심사에 혹은 노동 인구에 참여하는 여성에게 가하는 압력에 기반을 두었다(Zielinska, 1993, 49~50면). 따라서 필수적으로 검토되어 온 점은 예전의 대부분의 사회주의 국가들에서 낙태권이 위협받아 왔거나(예를 들면 세르비아, 크로아티아 등등) 혹은 중지되었다(폴란드)는 점이다. 현행 담론은 현실 사회주의에 대한 반대로부터 유래했다. 의심할 바 없이 각 교회들이 역할을 맡았다. "가톨릭 교회는 정치적으로 중요한 역할을 했다. 부분적으로 지난 40년 이상 기간 동안에 교회는 국가에서 유일하게 독립적인 목소리였기 때문이다"(Fuszara, 1991, 249면).

육체에 대한 이슈들은, 전쟁 중에 예전 유고슬라비아에서 여성에 대한 상상도 못할 폭력과 대량 강간이 한창 성행할 때, 섹슈얼리티 혹은 포르노그래피에 대한 매우 면밀한 조사에 따라 나타났다기보다는 불가피하고 불운하게 폭발적으로 떠올랐다. 몇몇 예외(Meznaric, 1994)가 있기는 했지만 아마 분명히 이러한 이슈들은 거의 이론적으로는 기록되지 않았을 것이다. 메츠나리치(Meznaric)는 자신의 분석과 결론들을 광범위한 기록에 기반하고 있다. 그녀의 텍스트에서 떠오르는 중요한 의문들 중 하나는 정치적 목적을 위해 여성의 정체성을 민속학적으로 전유하는 것이다.

그러나 문서화하는 데 상당한 노력이 경주되었으며 그 노력으로 여성에게 가해지는 잔악한 폭행 행위는 공개적으로 주목 받을 것이다. "따라서 우리가 여성에게 가해지는 남성의 폭력에 대하여 침묵을 지키는 것을 지속적으로 깨는 것은 매우 중요하며, 우리는 크게 발설할 수 있도록 서로서로 용기를 북돋아 줄 것이다"(Mladjenovic, 1995, 74면). 따라서 여성주의자 대부분의 활동은 강간이 전쟁 범죄로 선고받을 수 있게 요구하는 데 초점이 맞춰졌다.

민족주의와 전쟁

동유럽의 한 지역 이상에서 일어난 전쟁의 현실은, 그리고 몇몇 사람에 따르면, 전쟁의 확산 가능성은 말하고 쓰는 것을 고통스럽게 만들었으나 피할 수 없게 만들었다. 여성주의 철학은 "예전의 유고슬라비아에서 전쟁은 의미심장한 방식에서 '형제애'의 사안이지 '자매애'의 사안은 아니다"라고 주장한다(Ivekovic, 1993a, 1993b, 115면). 갈등을 일으키는 데 있어서 열렬하고 투쟁적이며 상징적인 체계는 전적으로 성별화되어 있다. 결과적으로 민족주의와 전쟁도 그러하다. 라다 이베코비치는 '여성'이라는 범주를 선천적으로 본질화하는 것을 거부하면서(그리고 여성들은 공모해 왔다.) 여성들의 경계가 보다 관계적이고 여성들이 '타자'를 한 일원으로 보는 것은 그녀들의 육체에 의해 입증되며, 그녀들이 회합, 혼합을 대변한다는 점을 주장한다. 여성들이 그런 만큼, 도시에서의 혼합적인 도회지풍 문화는 파괴를 향한 표적이 된다. 여성들이 비록 떠돌이 민족주의자에 참여하는 것을 면제받고 있지는 않지만, 그렇게 참여하는 것에 대해 그녀들은 거의 노력을 경주하지 않는다. "민족주의에서의 자살적 충동은 … 스스로 독자적으로 본성적으로 비정상적인 시도의 결과이다(Ivekovic, 1993b, 123면, 저자 강조).

예전 유고슬라비아의 대부분의 여성주의 이론의 저작들에서 전쟁의 현실과 민족주의의 담론은 성별 정체화되어 있다. "국가의 이익에 대한 절대적인 지배로 인해, 다른 무엇보다도 시민적이고 정치적으로 민주적인 평화를 조성하고 전쟁 자체에 대항하는 대안적인 전략은 바로 그 첫 출발에서 '비열하게', '비겁하게' 보여진다" (Papic, 1992, 12면, 저자 강조).

따라서 이러한 저작들을 특징적으로 관통하는 것은 이러한 여성주의 저자들이 그들 스스로 평화의 건전함에서 어떠한 민족주의도 절대적으로 거부하려는 이유를 요구하는 것이며, 예전 유고슬라비아에서의 다문화적인 틀의 잔재에 대한 이유를 제시하려는 것이다. "나의 모든 지적인 틀은 예전이나 지금이나 유고슬라비아적이며 또한 세계보편주의적인 것이다. … 어떤 저널리스트가 유고슬라비아는 하나의 허구였다라고 나에게 최근에 말했다. 그러나 그 때 나 역시 하나의 허구였음이 분명하다" (Ivekovic, 1993a, 65면; Lukic, 1996; Papic, 1992; Slapsak, 1994도 보라).

여성주의 철학이 다문화적이거나 혹은 그 반대인 다른 예전 유고슬라비아를 향한 향수에 젖지 않은 채 전쟁과 민족주의의 이슈들이 취급하고 있는 접근법들이 있다. 또 한편으로 여성주의 철학은 평화의 건전함을 출발점으로 삼고 있다. 레나타 살레클(Renata Salecl)의 책 《자유의 성과 그리고 사회주의 몰락 이후의 정신분석학과 여성주의》는 그 노선을 따라 가고 있다. 이 책은 모든 척도에서 이 영역에서 기원하는 여성주의 철학이 되기 때문에, 선구적인 텍스트이다. 여성주의자 이외에 사회주의 몰락에 대한 그녀의 분석은 라캉적인 방향으로의 정신분석학적인 접근에 접속되어 있다. 결과적으로 텍스트의 주된 주제는 정치적인 것에 대한 분석이 정신분석학적 통찰을 포함해야 한다는 그녀의 전제로부터 기원한다. 그녀는 사회주의에서 법—그리고 여성은 권리들의 징후이다.—은 체계적으로 위반되도록 구성되어 있다고 주장한다. 왜냐하면—사람들의 이해하기조차 어려운 '이해(利害)'에 의해 정의된—우선권이 내용이었고 형식은 아니었기 때문이다. "이로부터 도출될 수 있는 슬픈 결론은 우리가 그 실존을 얼마나 부정하는가에 관계없이 일종의 주인이 항상 존재한다는 것이다"(Salecl, 1994, 140면). 여기서 선택된 주인은 법과 권위의 빈 형식을 대표하는 죽은 아버지이다. 그러나 이러한 권위의 빈 형식처럼 텍스트가 보다 예리하게 구별하기를 원하는 것은 '현실 사회주의'로부터 사회주의 기획[의 구별]이다.

결론

일련의 이슈들이 동유럽 여성주의 철학 내에서 충분히 논의되었다. 예를 들면 생태여성주의 저작에서 미하엘라 미리유(Mihaela Miroiu)는 여성이 된다는 것은 자존심을 위한 강한 근거가 된다는 것이라는 "급진적 여성주의 견해와 인간이 아닌 존재를 포함한 공동체의 일원이 된다는 것은 우리 자신을 이해하는 데 근본적이라는 생태주의적 견해를 전개하였다"(Miroiu, 1996, 7면). 그러나 몇몇 사람들은 맹목적인 결함을 드러내며 인종과 레즈비어니즘의 이슈들과 같은 것들이 기록되기를 아직도 기대하고 있는 중이다.

여성주의 철학은 젊은 세대의 저작을 통해 출현 중에 있다. 이 세대는 동양과 서양, 현대 프랑스와 영국 철학, 구세계와 신세계의 경험에 대한 지식을 갖고 있으며 그런 한에서 판매될 수 없다. 그들은 철학에 대한 전통 유럽의 철학적 접근의 엄격함을 가지고 있으며 그러한 철학을 해체하는 데에 아무 문제도 갖고 있지 않다. 그러한 성향에서 데카르트에 대한 여성주의적 해석에 관한 주제와 스피노자, 크리스테바 그리고 이리가라이에 대한 일련의 논문들을 따라가면서, 최상의 현대 여성주의 이론이 흠뻑 담긴 한 책 《사전》(*Dictionary*)이 출간되었다(Arsic, 1995). 그 책 안에서 도시, 도서관, 마음, 거울, 응시의 개념들은 재규정되었다.

> 도서관은 역사의 풍경이다. 여성의 육체와 같이 도서관은 전쟁과 승리 그리고 상실과 사랑과 배

> 반 그리고 죽음이 동시에 일어나는 무대이다. 도서관은 여성의 육체와 같이 모든 언어들이 동시에 발설되고 모든 저작들이 동시에 쓰여지는 무대이다. 여성 육체와 같이 도서관은 영원히 충족되지 않은 욕망과 돌이킬 수 없는 상실의 기회의 무대이다(Arsic, 1995, 20면).

브란카 아르시크(Branka Arsic)는 유럽 근대 철학적 전통뿐만 아니라, 유럽의 문학적 전통(프루스트(Proust), 말라르메(Mallarmé), 베케트(Beckett), 츠베타예바(Tzvetayeva))도 참조한다. 그녀는 언어를 다루는 솜씨로 언어의 제왕이 된다. 비록 그녀의 텍스트가 여성-중심적이지만, 그것은 여성주의에 대해 압력을 가하는 이슈들에 쉽사리 양보하지는 않는다. 오히려 차라리 그 텍스트는 여성주의와의 긴 기간의 협상을 저절로 드러낼 것이다. 비록 이러한 여성주의와 같은 글쓰기는 세밀한 주의를 충분히 기울여야 하겠지만 매우 세련된 직조라는 것으로 충분하다. 그리고 그 글쓰기를, 만질 경우 부서지기 쉬운 거미집처럼 읽을 것인가 아니면 어떤 사람이 지탱할 수 있는 견고한 기둥처럼 읽을 것인가 여부는 해석자, 여성주의자 혹은 다른 사람들에게 달린 문제이다.

만일 이러한 개관이 문제들에 대해 보다 더 개방적으로 향한다면 그리고 대답을 주기보다는 질문을 제기한다면, 그것은 이러한 개관이 동유럽 여성주의 철학에 대한 그림이나 혹은 불충분한 모자이크를 드러내기 때문인 것이다. 이러한 철학에 대한 바로 그 실존의 모든 관점과 정의는 그 자체로 중심일 뿐만 아니라 여성주의 철학 전체에게도 중심으로 펼쳐질 하나의 과정이다. 철학이 정착하기보다는 자극을 주고 혼란을 주는 최상의 상태에 있는 철학으로 주어질 때, 나는 대답보다는 질문을 보다 중요하게 고려할 것이다.

(연효숙 역)

제3부

언어

14. 언어와 권력

린 티렐(Lynne Tirrell)

언어는 [사회적 육체를 새기고] 폭력적으로 형체 지으면서, 실재의 다발들을 사회적 육체 위에 주조한다(Wittig, 1992, 78면).

우리들 중 대부분은—[여기서는] 여성인 우리들을 말한다. 남성은 여기에 해당되지 않을 것이다. —아마도 신청서 양식을 채울 때, 남성 칸이 아닌 여성 칸에 표시를 한다. 남성 칸에 표시하는 일은 우리에게는 일어나기 어렵다. 그것은 기만하는 것, 혹은 더 나쁘게는, 세계로부터 우리 자신을 지우는 것, 존재하지 않게 하는 것 같을 것이다. … 아주 맨 처음 우리가 양식 위에 F[female, 여성] 옆에 있는 작은 칸에 표시를 하는 순간에, 우리는 공식적으로 성-젠더(sex-gender) 체계로, 젠더의 사회적 관계로 들어섰다. 그리고 우리는 여성으로 성별화되기 시작했다. 즉 그것은 단순히 다른 사람들이 우리를 여성으로 여기는 것 뿐 아니라, 그 순간부터 우리는 스스로를 여성으로 재현하기 시작했다는 것을 말한다. 내가 지금 묻고자 하는 것은, … 우리가 그 양식 위에 여성 칸에 표시하려고 생각하는 동안, 사실은 여성[이라는 문자, F가]이 우리를 표시하고 있는 것이라고 말해야 하지 않을까라는 것이다(de Lauretis, 1987b, 11~12면).

언어는 우리의 삶을 지배하는 의미체계이기 때문에 여성주의에 있어 중요한 문제이다. 언어는 그것을 통해 우리가 자신과 타자를 이해하게 되고 우리가 누군가가 되고 무엇인가가 되어가게 하는 통로인 범주들을 포함하면서 전달한다. 우리의 언어적 실천들은 사물들 사이의 (인과적인 또는 다른) 관계들에 대한 우리의 이해를 차례로 구성하거나, [구성에] 기여하는 추론들에 의해 광범위하게 구성되어 왔다. 규범적으로 각인되어 있는 이러한 추론의 역할과 모형들은 범주들에 질서와 의미를 부여한다. 우리의 언어적 범주들이 우리의 사회적 범주들을 반영하고 그것에 의해 반영된다는 사실을 깨달으면 그리고 우리의 담론 실천들이 규범적이라는 것을 보게 되면, 언어가 곧 정치적 투쟁의 전장이라는 사실을 알게 된다. 여성주의는 어쨌든 억압이 실행되는 수단들과 억압의 실행을 요구하는 이데올로기 양자를 근절함으로써 성차별주의적 억압을 끝내기 위한 투쟁이다. 우리의 가장 강력하고 여전히 미묘한 상징체계로서 언어는, 아마도 성차별주의 이데올로기가 발전되고 강화되게 하는 일차적 수단일 것이다. 언어가 억압의 도구라는 것은 새로운 사실이 아니다. 정확히 성차별주의적 의미론에 초점을 맞추는 일은 여성주의 철학자들에게 제한적으로만 유용하다. 최선의 경우에 이와 같은 연구들은 '이제, 그만' 보다 조금 더 나아가 과거와 현재의 해악들의 목록을 제공한다. 여성주의자들을 위한 언어철학의 진정한 약속은 분류된(articulated) 규범성에 대한 이해이다. 즉 언어가 실제로 어떻게 작동하는지를 이해함으로써 우리는 어떻게 규범성이라는 토끼를 분절화(articulation)라는 모자로부터 끌어낼 것인지를 이해하게 될 것이다. 내용을 통해서, 형식을 통해서 그리고 가장 특수하게는 구성적이고 담론적인 실천을 통해서, 사회적 규범들(norms)을 생산하고 재생산하는 데서, 언어는 규범적이다. 여성들이 어떻게 역설적이게도 담론에 의해서 구성되면서도, 담론으로부터 여전히 지워지고 있는지를 이해하게 되면, 우리는 분절화와 정당화라는 이들 과정들에 대해 우리가 알고 있는 것을 전적으로 재구성하고 설명하는 데 사용할 수 있을 것이다.

여성주의는 과거와 현재의 사회적 실천들에서 부정의를 의식하는 이중적인 의식으로 특징지워져 왔다. 그리고 여성들이 활약할 수 있는 가능한 미래를 염려하는 것으로 인정되어 왔다. 산드라 바트키(Sandra Bartky)가 논의한 바처럼, "여성주의자들이 염려하는 바로 그 의미는, 되어야만 하는 것의 빛에 의해 비추어진다"(Bartky, 1990a, 14면). 이러한 일반적인 모형은 언어에 대한 여성주의적 관심에서도 마찬가지로 참이다. 언어에 대한 초기 작업은 소위 일반적인 'man'의 사용, 명명(naming) 실천들, '미세스(Mrs)'와 '미스(Miss)'와 같은 혼인 지위를 공표하는 타이틀들, 범주용어들 등등과 같은 유해한 [언어] 실천을 진단하는 일에 집중했다(Spender, 1980 ; Frank and Anshen, 1983 ; Miller and Swift, 1991). 이와 같은 진단 작업은 엄밀하게 기술(記述)적인 것처럼 보이기도 하고, 몇몇 사람들에게는 철저하게 정치적인 것처럼 보이기도 한다. 그러나 이것은 규범적이자 기술적인 것이다. 메리 데일리(Mary Daly)와 같은 여성주의자들은 여성들에게 유해한 일반적인 단어들을 드러낼 뿐 아니라, 'spinster(노처녀)', 'crone(쭈그렁 할멈)', 'a-mazing(놀라운)'과 같은 우리에게 힘을 줄 수 있는 단어들을 재발견하면서, 단어들의 잃어버린 의미를 재발견하는 작업을 해 왔다. 제인 카푸티(Jane Caputi)와 함께, 데일리는 이러한 용어들의 온전한 사전을 만들었다. (Daly and Caputi, 1987; 또한 Graham, 1973; Kramae and Treichter, 1985를 보라.) 많은 여성주의자들은 우리에게 새로운 개념을 제공하는 새로운 용어들을 만들어 왔다. 그리고 해방적인 담론 실천들을 창조하기 위해 작업해 왔다. 실천에 대한 주목이 점점 더 명백해지면서, 여성주의 철학자들은 점차 특히 누가 발언을 하게 되는가, 언제, 어디서 그리고 왜 발언을 하게 되는가를 물으면서, 담론의 정치학에 역점을 두게 되었다. 언어에 대한 좀더 최근의 여성주의 작업은 종종 거의 언어철학처럼 보이지 않게 되었는데, 그 이유는 언어 탐구를 [마치 저글링을 하듯이] 정치학과 형이상학 탐구와 함께 다루기 때문이다.

철학이 언어학과 문학이론과 뒤섞이는 것이 여성주의 언어철학을—비록 몇몇 방법론과 관심은 공유하고 있지만,—전통적인 언어철학으로부터 의미심장하게 달라지게 만든다. '여성의 목소리'를 발견하고자 하는 여성주의의 관심은 우리들의 다양한 많은 목소리들을 듣는 일이 얼마나 중요한지를 이해하도록 이끌었다. 그리고 상대적으로 힘이 없는 여성의 존재 지위와 상대적으로 더 힘이 있는 화자 또는 저자의 지위 사이의 긴장을 탐구하는 데로 이끌었다. 자신의 삶에 대한 여성들의 증언을 여성주의자들이 여성주의적으로 다시 들여다보는 일은 언어의 변화가 일차적으로 중요하지만, 그것만이 전부는 아니라는 사실을 보여 준다(Rich, 1979a, 33~50면). 예를 들어 의료보험도 없이, 최저 임금보다 낮은 임금을 (몰래) 지급받는 가사 노동자는 노동자로서 더 나은 보수를 위해 싸워야 한다. 그러나 그녀는 또한 그녀의 고용주가 그녀를 '소녀(girl)'라고 부르는 것에 유념해야 한다. 왜냐하면 고용주가 노동자를 소녀로(as a girl) 여기는 것은 그녀를 실질적인 경제적 책임을 지닌 성인으로 다루지 않는 것과 연관되어 있기 때문이다(Merriam, 1974). 언어는 어쨌든 때론 행위의 형식들을 창조하기 때문에 중요하다. 담론 실천에 대한 여성주의적 작업들이 보여 준 것처럼, 사회 질서의 변화를 모색하는 사람들은 사회 질서가 체화되어 있는 언어를 무시해서는 안된다.

여성주의자들은 우리가 담론에 의해 표시되기도 하고 동시적으로 또 지워지기도 한다는 사실을 발견했다. 우리는 말하는 주체로서는 지워지는 반면, 대상으로서는 표시되었다. 이 논문은 여성주의자들에게 일반적으로 쓰일 수 있는, 언어에 대한 접근을 예비적으로 스케치하는 것에서 시작하고자 한다. 다음 절에서는 표시와 말살에 대한 여성주의 철학적/언어학적 작업을 제시할 것이다. 그리고 비하하는 표시와 의미론적 말살과 같은 특별한 해악에 관한 관심은 언제나 젠더 정체성에 관련해서 광범위한 규범적 중요성을 지니고 있다고 주장할 것이다. 그리고 다음 절에서는 표시된 포함(marked inclusion)과 강요된 배제의 이러한 역설을 강조함과 더불어 '말하는 주체'에 대한 여성주의 철학적/문학적 논의들을 제시하고자 한다. 마지막으로 나는 간단히 포르노그래피에 대한 최근의 작업을 제시하고자 한다. 그 작업은 특별한 사회적, 정치적 맥락에서 담론 실천의 형이상학적 힘을 이해하는 데로 나아가는 현대 여성주의 언어철학의 경향을 예증해준다.

언어: 몇몇 예비 작업들

언어는 과정과 실천의 역동적인 복합체이다. 그것은 사물과 같은 외양을 가지고 있지만 정적인, 지속하는 사물(thing)이 아니다. 사회적이고 물질적인 실재를 구성하고 강화하는 언어적 실천들은, 한쪽 끝에서는 명시적인 규범적 실천이, 다른 쪽 끝에서는 깊이 새겨져 있어 분리해내기 어려운 [감추어진] 규범적 실천이 공존하는 규범성의 연속체를 따라 생겨난다. "메리는 좋은 어머니이다"는, 특정한 행위들을 강화함과 동시에 바람직하지 않은 것으로 간주되는 행위들에 반대하기 위해 사용되곤 했던 여타의 '좋은 어머니' 주장들처럼 자신의 규범성을 드러낸다. "메리는 여성이다"는 명시적으로 규범적인 것처럼 보이지 않으며, 인간 존재의 성(sex) 또는 젠더를 정체화하는 실천을 하는 것처럼 보이지도 않는다. 많은 여성주의자들은 비록 이와 같은 주장이 단순히 기술적인 것처럼 보이지만, 사실 이 주장들은 상당히 광범위한 일련의 규범들을 이미 수용할 때 그렇게 현상한다는 사실을 보여 주려고 애써 왔다(Beauvoir, 1952; Hoagland, 1988; Penelope, 1992; Wittig, 1992; Butler, 1993). 성 그리고 젠더와 관련된 규범들은 그것이 자연화 되어온 우리의 문화 안에 그렇게도 깊숙이 각인되어 있다. 우리는 최소한 부분적으로는 사회적, 정치적, 인식론적, 형이상학적 그리고 윤리적 규범들을 확립하고, 강화하고, 또는 침식하기 위해 말하고 글을 쓴다. 이러한 규범들은 우리의 담론들에 제한된 것은 아니다. 다른 실천들과 협력하여 일하면서 우리의 담론 실천들은 그 안에서 우리의 삶을 구성하는, 그 복잡한 사회적 구조들을 창조한다. 언어를 철저히 규범적인 것으로 보는 이러한 관점은, 언어는 일차적으로 기술적이거나 표현적인 것이라는,—언어의 목적은 우리가 무엇을 생각하는지, 무엇을 느끼는지, 사물들이 어떠한지를 포착하거나 전달하는 것이라는, 좀더 일반적으로 받아들여지는 관점과 대립한다. 언어에 대한 규범적 접근은 언어가 표현적이고 기술적인 기능을 수행한다는 사실을 인정한다. 그러나 우리의 담론 구조들은 무엇이 말해질 수 있고 무엇이 말해질 수 없는지를 지배하는 그리고 더불어 무엇이 존재할 수 있고 무엇이 존재할 수 없는지를 통제하는 규범들을 확립한다는 사실을 강조한다(Brandom, 1994, 또한 Butler, 1990, 1993).

담론에 대한 기술적/표현적 접근은 성을 육체의 존재가 기술되기 이전에 이미 존재하는, 그것에 대한 기술로 인해 또는 그것에 관해 표현된 태도들에 직면하여 변화하지 않는, 육체들에 관한 일련의 주어진 사실들이라고 받아들인다. 철학자들 가운데 가장 뻔뻔스러운 기술론자(descriptivist)는 초기 비트겐슈타인(Wittgenstein)이다. 그는 《논고》(*Tractatus*)에서 단어들은 사물들의 이름들이며, 문장들은 사건의 상태에 대한 그림들이라고 주장했다. 대부분의 20세기 언어철학자들은 언어가 실재를 확립하는 것이라기보다는, 실재를 기술하거나 표현하는 것이라고 받아들여 왔다. 이와 같은 관점에서 여성은 여성이고, 남성은 남성이다. 그리고 생물학적으로 규정 불가능하거나 과도기에 있는 소수의 불행한 개인들이 존재한다면, 그들은 단순히 법칙을 증명하는 예외일 따름이다. 물론 [여기서] 법칙이란 성적 이원론(sexual dualism), 이성애주의(heterosexism)의 요체이다. 기술론은 또한 실재론과 물리주의의 형식을 띤다. 그리고 그것은 언어 구성주의를 피해 간다.

언어 구성주의는 언어에 앞선 물리적 실재의 존재를 부정할 필요는 없다. 그러나 이러한 실재성을 파악하기 위해서 우리는 현상하는 것에 기울이는 우리의 관심을 통제하는 담론 실천을 사용해야만 한다는 사실을 수용한다. 서로 다른 관심은 그것이 시작되었던 것과는 더 이상 유사하지 않은 지점까지 대상을 변화시킬 수 있는, 실천적인 강조를 창조해낸다(Nietzsche, 1974, 58). 언어 구성주의자들은 일반적으로 단순히 사람들이 자기가 말한 이야기를 믿기 때문에 이 [이야기된] 현상들이 사실(facts)이 된다고 주장하지는 않는다. 그보다는 궁극적으로 믿음이 그 믿음의 근거를 제공하는 실천을 산출한다는 사실을 받아들인다. 창조를 신비화하고 '발견'을 찬미하는, 창조와 발견의 순환이 형식화되어 있다.

《성의 역사》(*History of Sexuality*, 1978)에서 푸코는 성 그 자체는 담론 실천의 산물이라고 주장한다. 그는 다음과 같이 말한다. "'성'이라는 개념은 해부학적 요소들, 생물학적 기능들, 행위들, 감각들 그리고 쾌감들을 하나의 인공적인 단위로 함께 분류할 수 있도록 만들었다. 그리고 그것은 이러한 허구적인 단위를 인과적인 원리, 편재하는 의미로 사용하는 것을 가능하게 했다. 그러므로 성은 유일한 기표(signifier)이자 보편적인 기의(signified)로 기능할 수 있었다"(154면). 푸코가 지금 우리가 '성'이라고 부르는 인공적 통일체의 창조 이전에 육체나 행위가 없었다고 주장하는 것은 아니라는 사실에 주목하자. 또한 "성은 없다. 억압된 성과 억압하는 성이 있을 뿐이다. 성을 창조한 것은 억압이며, 그 역은 아니다"(Wittig, 1992, 2면)라고 말했을 때, 위티그(Wittig)도 그런 주장을 한 것은 아니다. 위티그에 따르면 성이 구분된 것으로(as sexed) 육체를 개념화하는 것은 남성들이 사회적으로 인정받는 방식으로 그들[자신]을 상위의 것이 되도록 고안함으로써 이익을 얻는 권력 행사였다. 인간 육체들 사이에 있는 많은 차이들은 이 차이들이 표시되지 않는 한, 글자 그대로 무의미하다. 사회적 맥락 없이, 그것들은 의미하지 않는다. 오로지 규범의 구조 안에서 그리고 그것에 저항해서 이러한 단순한 차이들은 그 이상의 것, 사회가 가치 있다고 생각하는 것에 더 능숙하게 도달할 수 있는 사람을 확립하는 조직 원칙이 될 수 있다.

기술론자는 우리는 인간 육체들을 보고, 단순히 우리가 보는 것—머리, 눈, 손, 팔, 다리, 발 등을 기술한다고 말할 수 있을 것이다. 구성주의자는 손이 우리에게 중요하기 때문에 우리는 손을 본다고 그리고 그것들이 유용할 수 있는 기획들을 우리가 가지고 있기 때문에 손이 중요하다고 강조할 것이다(E. Martin, 1987을 보라). 우리는 우리 앞에 있는 육체를 단순히 본다고 생각한다. 그러나 위티그가 논증했던 것처럼 "물리적이고 직접적인 지각이라고 우리가 믿는 것은 단지 세련화된 그리고 신화적인 구성물일 따름이다. 그것은 물리적 외양(그것들 자체는 다른 것들과 마찬가지로 중립적이지만, 그것은 사회적 체계에 의해 표시된다)을 그것들이 지각되는 관계의 망을 통해 재해석하는, '가상의 형식화(imaginary formation)' 이다"(Wittig, 1992, 12면). 이 관계의 망은 우리의 담론 실천뿐 아니라 좀더 일반적으로 이해되는 우리의 사회적 실천에도 체화되어 있다. 우리는 모두 실재론자로 성장했기 때문에, 처음에 언어 구성주의는 기술론이나 표현론보다 직관적으로 덜 매력적이었다. 그러나 구성주의는 담론 실천을 통해 결과하는 담론적 권력에 대한 분석을 제공한다.

메릴린 프라이(Marilyn Frye)의 고전 《해악의 길 안과 밖에서: 오만과 사랑》(*In and out of harm's way: arrogance and love*, Frye, 1983 중)은 담론 실천에 의해 그리고 여타 다른 실천들에 의해 행해지는 해석에 의한 구성의 과정에 대해 통찰력있는 분석을 제공한다. 프라이의 《존재하기 그리고 보여지기》(*To be and be seen*, 1986)는 그 존재를 이해할 수 없는 것으로 만드는 방식으로 인해 레즈비언이 말소되는 것을 설명한다. 《레즈비언의 '성'》(*Lesbian 'sex'*, 1988)은 성에 대한 개념조차 레즈비언이 무엇을 하는지에 대해서는 이성애적으로 무지하다는 것을 유사한 방식으로 다루고 있다. 이러한 무지는 레즈비언들을 담론의 바깥으로, (이성애적이고 이성애 중심적인) 주류 사회의 개념 공간 바깥으로 몰아낸다. 주디스 버틀러(Judith Butler)가 논의한 바처럼, 성은 "문화적으로 이해 가능한 영역 안에서 육체에게 삶의 자격을 주" (Butler, 1993, 2면)는 규율적 규범으로 보인다. 언어가 어떻게 우리를 여성으로 형상화하는 데에 기여하는지 그리고 줄리아 페넬로페(Julia Penelope)가 '담론의 가부장적 영역(the Patriarchal Universe of Discourse)'이라고 부른 바에 의해 정의된 현실에서 바람직하지 않은 것으로 여겨지는, 레즈비언임, 마녀임, 노처녀임, 늙은 할멈임 그리고 [이와 유사한] 삶의 다른 형태로부터 우리를 지켜내는 데에 [언어가 어떻게] 기여하는지에 대해서는 논쟁 중이다. 이러한 논문들은 어떻게 우리의 담론 실천과 우리를 주체로 만드는 실천들이 우리의 젠더 정체성을 형성하는지를 보여 준다. 프라이, 페넬로페, 데일리, 위티그 그리고 버틀러의 위의 작업들과 또 다른 작업들은 우리에게 언어는 중립적이 아니며, 언어는 우리의 것이 아니라는 사실을 보여 준다. 그들은 우리의 삶을 형성하고 재형성하는 담론 실천의 권력을 드러낸다.

언어는 중립적이지 않다. 그리고 언어는 우리의 것이 아니다.

성차별주의적인 언어에 대한 여성주의자들의 초기 토론들은 이야기된 내용이 여성들을 폄하하고, 우리가 성공했을 때 그것을 예외로 분류하고, 또는 실제로는 일반적이지 않지만 소위 일반적인 용어들의 사용함으로써, 우리를 담론으로부터 완전히 지워버리는 데 이바지하는 방식을 강조했다(Moulton, 1981, 또한 Straumanis, 1978). 이와 같은 토론들은 우리의 '무력감의 사회화'(Penelope, 1990, 31면)를 구성하는 실천들의 세부사항들을 이해하는데 중요하다. 여성주의 철학자들과 언어학자들은 여성들은 일차적으로 두 가지 방식의 담론 실천에 의해 억압받고 있음을 보여 주었다. 첫째, 여성은 표시된다. 표시는 여성들의 여성성에 주의를 끌고, 열등성의 함의를 전달한다. 여성들은 현존한다. 그러나 단지 좀더 적은 것으로써 현존할 뿐이다. 표시는 대명사, 접두어 그리고 성-구분적인 단어들에 의해, 명명 실천들에 의해 달성된다. 여성을 축소된, 이차적인, 또는 비전문적인 것으로 표시하는 실천은 우리를 작아지게 만드는 데 기여한다. 특히 이와 같은 표시가 여성 폄하의 체계적인 문화적 유형에 적합할 때, [더욱] 그러하다(Frye, 1983, 또한 Vetterling-Braggins, 1981). 둘째로, 여성들은 주체로서 지워진다. 담론 실천은 여성을 국외자로, 텍스트의 대상으로 설정할 뿐이며, 시종일관 말하는 주체로는 설정하지는 않는다. 텍스트의 화자 또는 필자는, 여성은 일반적으로 결여하고 있다고 추정되는 권위를 필요로 한다(Wittig, 1992). 우리를 표시하고 우리를 지워버리는, 기호 그 자체와 같이 우리를 현존하게도 하고 부재하게도 하는 전통적인 담론 실천의 두 가지 방식 사이에는 모순적인 긴장이 있다.

메리 베터링-브래긴(Mary Vetterling-Braggin)이 모은, 《성차별주의적 언어》(*Sexist*

Language》(1981)는 1970년대 동안 철학자들이 성차별주의적인 언어로 쓴 중요한 논문들을 많이 포함하고 있다. 이것은 주체에 대한 핵심적인 [논문들을] 수집해 담고 있다. 베터링-브래긴은 이 선집(anthology)에 각기 다른 정도의 성차별주의적 언어를 산출하는, '성차별주의적으로' 작동하는 적어도 여섯 가지의 서로 다른 구성요소들이 있다고 지적한다(Vetterling-Braggins, 1981, 3~5면). 성차별주의에 대한 서로 다른 개념 구성들은 사실 언어와 언어의 권력에 대한 다소 강한 이론들이 그러한 것처럼, 성차별주의적 언어를 서로 다르게 설명한다. 언어적인 비평은 때때로 성차별주의적이라고 이야기된다. 왜냐하면 그것은 화자에 관한 특정한 성차별주의적 태도와 믿음들을 드러내거나, 또는 여성 억압을 영속화시키기거나, 또는 둘 다를 하기 때문이다. 하나의 비평을 더 가까이서 살펴볼 때, 우리는 세 가지 종류의 서로 다른 사례들이 나타난다는 사실을 볼 수 있다. 때때로 성차별주의로 간주되는 것은 (a) 말의 내용이라는 의미에서, 무엇이 이야기 되었는가, 또는 (b) 무엇인가에 대해 이야기하는 것, 즉 이야기하는 발화 행동, 또는 (c) 이야기하는 사람, 즉 행위자이다. 철학자로서, 여성주의자들은 (c)에 대해서는 주목하지 않는다. 대신 우리는 단어와 문장 그리고 발화 행위들에서 그것의 의미들에 초점을 맞춘다.

(a)에 해당하는, 명백하게 성차별주의적 내용을 담고 있는 경우들은 비교적 쉽게 발견할 수 있다. 가장 발견하기 어려운 두 경우들은 (1) 이야기된 것은 성차별주의적이지 않지만 그것을 이야기하는 것은 성차별주의적인 경우(이것은 아마도 순전히 (b)인 경우일 것이다. 즉 성차별주의적 발화 행위), 그리고 (2) 내용은 성차별주의적이지만, 이야기하는 것은 그렇지 않은 경우이다. 이 경우들을 더 자세히 살펴보기로 하자.

경우 1: 이야기 된 것은 성차별주의적이지 않지만, 이야기 하는 것은 성차별주의적인 경우. 스미스 부인은 아름다운 여성이다. 모든 사람들이 이에 동의한다. 일반적으로 어떤 사람이 아름답다고 단순히 이야기하는 것에는 성차별주의적 내용이 없다. 그러나 스미스 부인이 대학 철학과에 일자리를 지원했고, 고용을 하는 남자들이 일자리 지원자들의 자질에 대해 토론하는 맥락에서 '그녀는 아름답다고 말했을 때', 그것은 성차별주의적이다.

몇몇 사람들은 그녀의 아름다움이 그녀의 자질과 관련해서 중요하지 않기 때문에 이것이 성차별주의적이라고 말할 수 있는 반면, 다른 이들은 문제는 그녀의 아름다움이 중요하게 만들어지는 것이고, 바로 그것이 성차별주의라고 말할 수 있을 것이다. 어느 쪽이든 이 맥락에서 이 내용은 부적절하다. 여성주의 언어철학은 맥락과 내용 간의 상호 작용을 진지하게 다룬다.

> 경우 2: 이야기된 것은 성차별주의적이지만, 그것을 이야기하는 것은 성차별주의적이지 않은 경우. 언어에 대한 여성주의적 접근을 다루는 수업에서 학생들은 그들이 이제까지 들어온 성차별주의적 언급의 예들을 제시한다. 그들은 집단적인 목록을 만들고, 수학 교수의 최근 발언, "여성들은 수학에 서툴다"를 가지고 토론한다. 처음에는 수학 교실에서 발화된 이 문장은 토론 동안에 여러 차례 이야기되었다. 모든 경우, 논리학자들은 이것이 언급되었고, 사용되지 않았다고 말할 수 있을 것이다. 이것은 주장되지 않았고, 단순히 제시되었다.

때때로 무엇인가를 제시하거나 언급하는 것조차도 문제다. 왜냐하면 단순한 제시조차도 규범을 강화할 수 있기 때문이다. 한조각의 성차별주의적인 담론의 단순한 발화도 화자에 반해, 또는 발화에 반해 성차별주의의 부담을 지속할 수 있다는 사실은 사라지지 않는다. 문제는 화자가 성차별주의를 승인하는가 아니면 피하는가이다. 경우 2에서 발화들이 모두 단순히 언급되었다는 사실은, 어느 누구도 이 주장의 내용을 승인하지 않았다는 것을 암시한다. 또한 좀더 폭 넓은 맥락이 여기에서 중요하다는 점에 주목하자. 이것은 여성주의적인 수업이었기 때문에, 현재의 이 주장에 대한 해석의 맥락을 창조하는 반-성차별주의적 진술이 우선시되었다. 반대로 만일 종종 명시적으로 반-여성주의적 언급을 하는 언어학 교수가 학생들에게 문장 분석용으로 그것을 제시했다면, 여기에서 그 문장이 사용되기보다는 언급되었을 뿐이라 해도 성차별주의를 조장했음을 면할 수 없다. 교수의 과거 평가들이 현재 단순히 언급된 문장에 대한 해석적 맥락을 창조한다. 다시금 맥락과 내용 사이의 상호작용에 의존하여, 청자들은 화자의 승인을 추정한다.

우리를 여성으로 표시하는 실천들은 그것들을 귀속시키는 특별한 특징들이라는 미시적 차원에서 뿐 아니라, 귀속 실천이라는 거시적 차원에서도 문제적이다. 물론 모든 토론들은 이 이중성을 조율해 왔다. 엘리자베스 레인 비어즐리(Elizabeth Lane Beardsley)의 《지칭적 젠더화》(*Referential genderization*, 1976)는, 인간 존재에 대해 말하는 모든 순간 젠더를 상술하는 것을 화자에게 요구하는 바로 그 실천은 젠더화된 자아상, 심리학적인 젠더 정체성, 양성 사이의 지위의 차이 등과 같은 '젠더화의 다른 형식들을 세우기 위한 초석'이라고 주장했다. 비어즐리는 비록 '인격(person)', 또는 '누군가(someone)'와 같은 성-중립적 용어들이 존재하기는 하지만, 일상 언어 사용에서는 일반적으로 성을 확인하는 용어들을 선호하며 결코 우리에게 이 용어들[의 사용]을 피하도록 요구하지 않는다는 점을 지적한다. 그래서 "여기 당신을 보고 있는 누군가가 있다” 대신에, 일상 언어 사용에서는 “여기 당신을 보고 있는 남자[또는 여자]가 있다”를 요구한다. 이러한 실천은 지난 20년 동안 여성주의자들의 노력 덕분에 변화해 왔다. 오늘날 수납계원에게 명시적으로 그 개인을 젠더로 확인하기보다는 “여기 당신을 보고 있는 손님[또는 ‘환자’, 또는 ‘학생’]이 있다”라고 말하는 식이다. 그러나 [그것은] 화자가 “미스 존스가 여기 있다”고 말할 때, 다시 나타난다. 비어즐리 또한 지칭적 젠더화에 대한 요구는 “구분을 짓는 모든 곳에서 다르게 평가하는” 우리의 경향을 유지한다고 지적한다(Beardsley, 1977, 1981도 보라). 문법에 따르기 위해 [성별을] 구분하도록 요구하는 것은, 널리 퍼져있는 성차별주의적 차별대우를 조장하는 개념 틀을 생산한다. 이후에 프라이가 도입한 용어로 비어즐리의 요점을 표현하면, 언어에서 성-만들기(sex-making)와 성-공표하기(sex-announcing)는 성차별주의의 초석이다(Frye, 1983). 분명히 우리는 담론에 포함되어 있다.

그릇된 포함이라는 주제는 ‘man’의 이른바 일반적인 사용과 모든 사람들을 지칭하기 위한 동족 언어에 대한 초기 여성주의적 작업 안에 들어있다. 중립적인 ‘man’은 신화라고 논증한 영향력 있는 논문에서, 재니스 물톤(Janice Moulton)은 기생하는 지칭(parasitic reference)이라는 개념을 언어학적 성차별주의에 대한 철학적 토론에 도입했다. 물톤은 모든 사람을 지칭하는 ‘man’의 사용은 그렇게 취급받는 상표들(Clorox, Kleenex 등)에 의해 모아진, 동종의 이름에 대한 증대된 인식(그리고 경제적 장점)으로 인해, ‘Clorox’(세척제 상표)를 모든 창백하고 부드러운 것을 지칭하기 위해 사람에게도 사용하는 것과 같다고 주장한다. 물톤의 돌파구는 이와 같은 상표명을 일반명으로 배치하는 것의 규범적인 경향을 설명하는 방식을 도입하는 것이었다. 설령 그것들이 (그녀가 ‘man’의 경우에 반대하는) 일반명이 되었다 하더라도, 상품명의 이익은 여전히 남아 있다.—그 상표는 규범을 배치한다. 유사하게 사람들은 속적 단위—인류—의 규범을 이름을 할당하는 것과 함께 배치한다(Kittay, 1988도 보라).

우리 언어의 용어들이 갖는 규범적인 경향은 상품명의 문제만이 아니다. 여성에 관한 단어들은 언제나 강한 규범적 내포를 가지고 있다. 그래서 담론의 정치학에 대한 여성주의적 접근들은 늘 단어들에 초점을 맞추어 왔다. 엘레노어 퀴켄달(Eleanor Kuykendall)은 “비트겐슈타인적인 분석처럼 철학에 여성주의적 언어학을 도입하는 것은 일종의 치료이다. 그리고 오스틴적인 분석처럼 그것은 단어들 그 자체를 시험함으로써 화자가 단어를 사용하여 말하는 현실을 폭로 하려고 시도한다. 여성주의적 언어학은 단어의 사용은 화자가 그 안에서 행동하는 그 세계를 구성하는 것을 돕는다는 사실을 명시한다"(Kuykendall, 1981, 133면)고 설명한다. 여성주의자들은 단어의 잠재성을 믿는 경향이 있다. 단어들은 그것들이 기술하고, 표시하고, 또는 실제처럼 보이도록 묘사하는 것을 만드는 힘을 가지고 있다. 기술(記述)인 것처럼 위장된 규범적인 범주들을 통해 사회적 존재론을 창조하는 이러한 힘에 대한 탐구는 규범적인 형이상학이다. 누군가가 당신을 '퀴어'라고 부를 때, 당신은 당신이 그것을 소유하거나 혹은 그렇지 않은 범주의 잠재성을 느낀다. 이것은 여성주의자들이 이야기하는 것만으로 사태를 이야기한대로 만들 수 있다고 생각하는, 신비주의에 빠져 들어갔다고 말하는 것이 아니다. 나를 '흑인'이라고 부르는 것이 나의 인종을 바꾼다. 단어들의 잠재성은 다층적이다. 나는 채식주의자이다라고 말하는 것은 나를 그렇게 만드는 것을 동기화한다. 그러나 나는 페라리를 운전한다고 말하는 것은 결코 그와 같은 동기화를 주지 않는다. 첫번째 것은 자기-규정적 수행(self-prescriptive performative)이고, 반면 두 번째 것은 단순히 거짓말일 수 있다. 여기에서 자기-규정적 수행은 다른 사람들에게 생활양식에 있어서의 나의 변화를 알게 하는 그리고 이와 같은 변화의 전환점을 가져오는, 나 자신을 채식주의자로 만드는 과정의 일부이다. 여성주의자들은 우리에게 이와 같은 자기-규정적 수행을 보증하고, 존재 방식을 기술하고 규정할 수 있는 어휘들을 발견하고 또 창조해 왔다.

단어들의 힘은 인간(humankind)에 대한 용어들의 경우에 가장 선명하게 드러난다. 이 용어들이 발휘되는 실천과 더불어, 이 어휘는 사회 질서를 반성, 강화 그리고 심지어는 확립하는 데 기여한다. 줄리아 페넬로페는 다음과 같이 말하면서, 단어의 규범성을 명백히 한다.

> 단어들은 그것들이 문화에 중심적인 가치들과 태도들을 제공하기 때문에 존재하며, 창조된다. 사전들은 문화적 의미들을 기록한다. 여성다운, 여자답지 않은 그리고 남자다운, 여성적인 그리고 남성적인 …의 정의(定意)는 문화적 가치 수식어들이 표시하고 영속시키는 것을 드러낸다. 그것들이 마치 어떤 실재하는 것들을 기술하거나 관찰할 수 있는 현상을 설명하는 것처럼 여성들이 이러한 단어들을 사용하는 한, 우리는 사람들은 그들이 재현하는 이분법에 의해 특징지어질 수 있고 특징지어져야 한다는 생각을 믿게 된다(Penelope, 1990, 52면).

페넬로페의 입장은 확실히 구성주의적이다. 그녀는 담론의 가부장적 영역을 구성하는 실천으로부터 지지를 철회하는 것이 우리의 삶과 경험의 실재를 바꿀 수 있다고 주장한다. 그 담론 안에서 존재론적인 어근어(primitives)처럼 보이는 용어들의 사용을 중지하는 것은 중요한 전진이다. 마찬가지로 단어와 권력 사이의 연계를 강조하면서, 안드레아 드워킨(Andrea Dworkin)은 "단어들은 우리가 무엇을 아는지, 우리가 무엇을 하는지를 의미심장하게 결정하기 때문에 중요한 문제"라고 주장한다. 단어들은 우리를 바꾸거나, 또는 동일한 것으로 유지시킨다. 단어들을 위한 공공의 광장이 박탈된 여성들은 생존과 안녕 양자의 보장에 필수적인 권력을 박탈당한다(Dwokin, 1988a, 30면; Penelope, 1992, 39~49면도 보라). 단어들은 우리를 보전하기도 하고, 변형하기도 한다.

만일 정말로 단어들이 이와 같은 형이상학적이고 인식론적인 중요성을 가지고 있다면, 우리는 왜 여성을 위한 단어들이 그렇게 경멸적인 경향이 있는지에 대해 시급히 이의를 제기할 필요가 있다. 우리를 표시하는 일견 중립적으로 보이는 단어들도 문제가 있다. '여성적'은 우리가 사용할 수 있는 가장 중립적인 단어들에 위치한다. 그러나 보봐르는 "'여성적'이라는 용어는 그것이 여성들의 동물성을 강조했기 때문이 아니라, 여성을 그녀의 성에 가두기 때문에 경멸적"이라고 주장했다(Beauvoir, 1952, 3면). 캐롤린 코스마이어(Carolyn Korsmeyer)는 여성에 대한 일반적인 용어들의 형이상학적 전제들을 탐구함으로써 보봐르의 통찰을 확장한다. 그녀는 "남성적 본성과 비교하여 꽤 형평성이 없는, 여성적 본성이라는 관념을 조장하는 것은 일차적으로 여성을 그녀의 성의 용어에 동일시하는 것을 [지속하기] 위한 것"이라고 논의한다(Korsmeyer, 1977, 150면). 의미론적 경멸에 대한 그녀의 연구에서, 뮤리엘 슐츠(Muriel Shultz)는 "대략 잡아도 수천의 단어들과 관용구들이 성적으로 경멸적인 방식으로 여성들을 기술하고 있다"는 것과 남성들의 경우에는 "어떤 것도 이 정도의 수에 접근하지 못함"을 발견했다(Shultz, 1975, 72면). 코스마이어는 좀더 중립적인 언어로의 변화는 "장식적인 효과 이상의 의미를 가질" 것이라는 희망(그러나 보장은 아니다)을 제공한다. 그러나 그 효과가 의미론적 경멸을 끝낼 수 있을까? 드워킨을 바꾸어 쓴다면, 아마도 '단어들의 공적인 광장'을 창조함으로써, 여성들은 '생존과 평안 양자를 보장하는 데 필수적인 권력'을 모을 수 있을 것이다.

'명명의 권력'에 대한 메리 데일리의 관심은 여성주의 철학적 관심의 두 국면을 공략한다. (a) 우리가 사용하기를 원하는 단어들을 찾는 일. 그리고 (b) 타인들이 우리의 단어들을 이해하도록 요구하는 데 효과적인 이름붙이기. 언어에 대한 데일리의 작업은 《아버지 하나님을 넘어서》(*Beyond God the Father*, 1973)와 더불어 시작되었고, 《윅커더리》(*The Wickedary*, 1987)에서 정점에 이르렀다.—이 책에서 그녀와 제인 카푸티는 남근 중심적인 언어의 의미들을 해명하고 단어들의 고어체적 의미, 좀더 여성주의적인 의미들을 개척하고자 시도한다. 데일리와 카푸티는 "《윅커더리》는 새로운 단어들로 창조된 쭈그렁 할멈(Crone)의 책이다"라고 말한다. 이것은 근본적으로 의미를 만들어내는 작업이다. 그것은 담론의 정치학과 그것의 역사적 의미들에 대한 우리의 이해를 새로운 모양으로 고쳐 만들 잠재성을 가지고 있는, 언어에 대한 철학적 그림을 제공한다(Daly, 1987, 240면). 데일리는 과거 여성의 언어를 발견하도록 그리고 그것들이 권한 증진의 수단으로 소생할 수 있도록 여성들에게 용기를 준다. 이 작업의 발표에서 덜 강조된 것, 그러나 그것을 관통하여 분명하게 얽혀 있는 것은, 공적인 우리 언어의 장의 중요성, 우리를 화자로 포함시키는, 우리가 '서로서로의 말을 주의 깊게 듣고' 그래서 서로서로 새로운 종류의 존재가 되는 맥락을 창조하는 일의 중요성이다(Rich, 1979, 185면).

여기에는 강한 규범적 전망이 작동하고 있다. 이것은 사물들이 어떻게 여성을 위해 존재해야 하는가라는 빛에 의해 조명된 작업이다. 담론의 가부장적 영역에 대한 줄리아 페넬로페의 탐구는 《현실의 정치학》(*The Politics of Reality*, 1983)에서 보여 준 메릴린 프라이의 무의미성에 대한 용감한 춤(dance)을 언어학적으로 좀더 명백하게 만든 버전이며, 이 양쪽 모두는 의미를 창조하고 발견하는 메리 데일리의 작업에 대한 보충물이다. 이러한 작업들은 언어는 중립적이지 않다는 것, 언어의 전제들은 우리[여성]의 이익에 봉사하지 않는다는 것, 언어들은 우리가 신중하게 접근해야 하는 (비트겐슈타인의 은유들을 써서 말한다면) 도구 상자라는 것, 언어 게임들은 수평의 경기장에서 행해지지 않는다는 것을 보여 준다. 데일 스펜더(Dale Spender)는 다음과 같이 논의한다.

> 여러 세대 동안 여성들은 가부장적 질서 안에서 침묵해 왔다. [여성들은] 지식의 사회적인 저장고에서 기호화되고 받아들여진 그들의 의미들을 가질 수 없었다. 이 과정은 침묵 위에 세워진, 침묵과 더불어 축적되어 온 과정이었다. 여성들의 목소리가 침투할 때, 이와 같은 축적된 과정은 예비적으로 응용될 수 있다. 여성들의 존재의 모형들이 공식적이고 비공식적인 맥락 양쪽에서 나타나기 시작하면서, 여성 중심적인 의미들은 증가할 것이다(Spender, 1980, 74면).

우리 자신의 게임을 상상하는 일, 우리 자신의 실천들과 우리 자신의 의미들을 창조하는 일은 여러 세대에 걸친 도전이다. 이러한 도전과 만나면서 우리는 그들의 잃어버린 의미를 재발견하면서, 다른 여성들이 이미 이야기했던 것이 무엇인지를 잘 배워야만 한다. 이러한 도전과 만나면서 우리는 또한 의미론적 권위를 모으고, 우리 자신의 권리로 화자가 되어야만 한다.

중립적인 것은 중립적이지 않다: 신뢰성과 상황적 주체성

우리가 이미 언급했던 것처럼, 명명의 권력은 단지 우리가 말하고자 하는 것에 해당하는 단어들을 발견하거나 발명하는 것에 관한 것이 아니다. 그것은 또한 그렇게 말하는 것이 중요하게 되는, 맥락과 공동체를 갖는 것과 관련된 것이다. 말하는 주체들은 그에 대해 신뢰성을 갖는, 대화 상대자를 필요로 한다(Tirrell, 1993). 저자의 권위를 요구하면서, 여성은 그녀가 여성으로서(qua) 일반적으로 결여하고 있다고 추정되는 권위를 요구받는다. 여성이 여성으로서의 자기 경험에 대해 진정으로 쓰거나 말하고자 요구하는 한, 그녀는 그녀의 작업이 여전히 충분히 보편적으로 보이지 않는다는 이유로 신뢰성을 상실하거나, 또는 그녀가 그것을 보편화하고자 노력해 왔기 때문에 경험을 상실하는 문제에 빠진다. 위티그는 다음과 같이 설명한다.

> 전체로서의 언어는 모든 사람들에게 언어적 훈련을 통해 절대적인 주체가 될 수 있는 동등한 힘을 준다. 그러나 언어의 한 요소인 젠더는 이 존재론적 사실 위에 여성이 관련되는 한 이것을 무효화한다. … 누군가가 말하는 바로 그 순간에 부정으로 작동하는, 젠더를 부여하는 일의 결과는 여성의 발화 권위를 박탈하고, 그 자신을 특수화하고 끊임없이 변명하면서 샛길로 들어서도록 강요하는 것이다(Wittig, 1992, 81면).

유사하게 시몬느 드 보봐르는 여성의 주체성은 종종 책임져야 할 몫이 있다고 주장한다. 왜냐하면, "추상적인 토론의 한 가운데에서, 남자들이 '네가 그렇게 생각하는 것은, 네가 여성이기 때문이다' 라고 말하는 것을 듣는 것이 짜증스럽다. 그러나 나의 유일한 방어는 '내가 그렇게 생각하는 것은 그것이 진리이기 때문이다' 라고 답함으로써 논쟁에서 주체적인 자아를 지워버리는 것임을 나는 알고 있다"고 발견하기 때문이다(Beauvoir, 1952, 18면). 보봐르와 위티그는 여전히 여성들을 괴롭히는 문제를 강조한다. 그 문제는 신뢰성을 모으기 위해서 그릇된 중립성과 객관성을 가장해야 하는 문제이다. 목소리를 발견하는 일 그리고 신뢰할 만한 활동무대를 갖는 일의 중요성은 특별히 유색인종 여성들에게 중요하다. 그들에게 "목소리를 내는 일은 저항의 행위이다." 벨 훅스(Bell hooks)가 설명하는 것처럼, 그것은 "적극적인 자기-변형을 약속하는 방법이자, 대상 존재로부터 주체 존재로 움직이는 통과 의례라는 양 측면"에서 기능한다(hooks, 1989, 12면).

여성주의자들은 중립적이면서 신뢰할 만한 것으로 가정된 목소리는 실제로는 서로 다른 위치로부터의 목소리라는 사실을 보여 주고자 노력해 왔다. 그러므로 보봐르는 "남자라는 사실이 특권이 아니라는 것은 말할 것도 없다"는 것을 관찰하면서 이어서 말한다. 철학과 과학에서 가르치는 진리 그리고 진리에 호소하는 것, 논리적인 논증과 분석의 형식들, '객관적인' 담론들은 그의 주체성을 의심당하는 이들—유색인종, 여성으로서의 백인 여성, 너무 늙은이들과 너무 젊은이들에게 일종의 피난처를 제공할 것을 약속한다. 이러한 피난처는 모든 화자들을 마치 '정상적인(표준적인) 화자'인 것처럼 다루는 것에 의해 제공된다.—일반적으로 [정상적인 화자는] 백인 중, 상류 계급 남성이다. 텔레비전 뉴스 앵커들처럼 화자들은 [고유의] 악센트나 태도를 가지고 있다고 가정되지 않는다. 여성주의 언어철학의 훨씬 초기 작업이 추구했던 신뢰성은 백인 남성의 주체성을 채용하는 것에 의해 주어졌다. 성차별주의적 언어를 분석하는 초기의 노력들은 이것들을 개인적 맥락들에 적용할 때, 제도적 맥락과 공적 발화, '공식적 담론들'에 주목했다. 이러한 분석들은 여성(일반적으로 백인 여성)은 남성의 세계(즉 백인 남성의 세계)에서 신뢰성을 만들 수 있다는 것을 증명하는 기획의 일부였다. 그들은 남성의 발언이 지배적이어야 한다는 가정에 도전하면서 그리고 또한 담론적 권력의 실천에 대해 알지 못하는 지도를 제공하면서, 여성의 발언을 남성의 발언으로부터 벗어나게 하는 방식에 착수한다. 이러한 실천들을 채용하는 것은 객관성의 규범으로 체화된 목소리를 채용하는 것이다.

이러한 '중립적인' 담론 실천에는 대가(代價)가 있다. 모든 것들이 모든 목소리로 말해질 수는 없다. 법에 관한 그녀 자신의 글과 관련하여, 패트리시아 윌리암스(Patricia Williams)는 다음과 같이 말한다. "무엇이 '비인격적인', 그러나 자아를 부정하지 않는 글쓰기인가? 만일 [자아를] 억제하는 것이 이데올로기의 가치 교육이라면, 우리는 기획의 기초 선(線)으로써 그것에 관해 더욱 분명해져야 한다." 윌리암스는 우리는 "저자의 권리에서 자신의 권위를 부정하는 것과 자기 자신을 삭제하는 것이 동일한 외연이 아니라는 사실을 인정해야만 한다. 그것은 책략이지 현실이 아니다"라고 경고한다(Williams, 1991a, 91면). 좀더 심각한 위험은 이 책략이 현실이 되어간다는 것, 일시적인 자아의 부정, 일련의 단기적인 자기-억제는 실제로 여성, 사상가, 개인을 그녀의 장기적인 관심들의 항로의 상실로 이끌 수 있다는 것이다. 비인격적인 문체의 채용은 '옆걸음질치며' 허둥거리는 대화로 들어가기를 우리에게 요구한다.

많은 여성들에게 있어 신뢰성 획득이라는 중심적인 성취는 인정된 문체, 학과 또는 학교의 '중립적인 목소리'를 채용하는 데에 있다. 그러나 이것은 실천을 변형함이 없이 주체를 변형하는 성취이다. 여성주의자들이 상황적 주체를 위해 추구하는 신뢰성은 실천을 변형시킬 가능성을 가지고 있다. 캐롤 길리건(Carol Gilligan)은 해적(소년의 생각) 놀이를 할지, 이웃(소녀의 생각) 놀이를 할지에 대해 논의하는 두 어린 아이의 이야기를 들려준다. 길리건은 (각각의 놀이를 같은 시간만큼 하자는) '공정성' 접근은 게임[의 규칙]을 온전하게 남겨둔다고 주장한다. 반면 소녀가 최종적으로 이웃의 해적 놀이를 할 것을 제안하자, 모든 것이 변화한다. 해적은 이웃으로 살기에는 [다른 이웃들과는] 다르다. 그리고 이웃은 해적을 포함하기 때문에 변화한다(Gilligan, 1988). 이와 유사하게, 상황적 주체성들에게 신뢰성을 주는 것은 의미론적 권위를 산출하는 행위들을 변형한다. 권위는 특정한 개인에게 [자신이] 이야기하는 텍스트로부터 그녀 자신이 부재하도록 요구하지 않을 때, 이제 새로운 의미를 획득한다.

객관적 진리와 보편적 이론들을 발견해야 한다는 임무와 더불어 철학은 일반적으로 비인격적인 산문을 요구한다. 《방법의 윤리학》(*Ethics of Method*)에서 조이스 트레빌콧(Joyce Trebilcot)은 여성들은 일반적인 (혹은 더 나쁘게는, 보편적인) 이론들을 개발하고자 노력하는 것을 중단해야 한다고 재촉한다. 그녀는 그녀의 독자 또는 청자들이 그들이 누구이며 왜 이 이야기들을 말하는지 알게 하는, 상황적 여성들로부터의 이야기를 원한다. 트레빌콧 자신의 "방법의 윤리학은 … 그들의 삶의 언어로 그리고 그들이 돌보는 여성들의 삶의 언어로 말해야만 하는 것들을 말함으로써, 여성주의자들과 레즈비언들이 이야기로 현실의 측면들에 관해 쓸 때, 그것이 좋다(good)는 생각을 포함한다"(Trebilcot, 1991, 50면). 그러나 여성들이 왜 그들 자신의 이야기를 해야만 하는가, 어떻게 우리는 우리의 경험을 이야기해야 하는가 그리고 누구에게 우리는 말해야 하는가? 마리아 루고네스(Maria Lugones)와 비키 스펠만(Vickie Spelman)이 논의한 것처럼, "우리에게 중요한 것은 우리에 관해 무엇이 이야기되는가, 누가 그것을 말하는가 그리고 누구에게 그것이 말해지는가이다. 우리 자신에 관해 이야기할, 그것에 관해 설명할 기회를 갖는 것은 삶을 통해 이끌려지기보다 삶을 이끌어가는 데에 필수적이다. 또한 여성의 삶에 대한 설명을 지배하는 남성의 독점에 대한 우리의 불신[에 필수적이다]"(Lugones and Spelman, 1986). 이 이슈는 명료하게 하는 것의 힘, 담론의 안과 밖 모두에다 우리의 삶을 두는 힘이다(Tirrell 1990). 어떤 것을 설명하는 일은 그것을 범주화하는 것, 그것의 특질들을 확인하는 것을 포함한다. 우리는 우리의 단어를 선택하고, 그 안에서 우리의 이야기들이 나타날 수 있는 장르를 발견하거나 창조해야만 한다. 우리가 선택하는 범주와 장르를 채용함으로써 부과되는 명료화의 구조는 어느 만큼은 정확할 것이다. 루고네스와 스펠만은 여성들은 적당하지 않거나, 적당한 범주들을 제한하면서 그들의 삶을 살아서는 안 되며, 의미 있는 비용(cost)으로 살아야 한다고 윤리적이고 형이상학적인 요구를 한다. 이 비용은 "담론들에 의한 개인들의 물질적 억압을 강조"해야만 한다고 주장했을 때, 위티그가 확인한 그것이다(Wittig, 1992, 25면). 자기-명료화의 과정은 권력강화를 약속한다.

포르노그래피: 담론 실천의 확대판

자기-명료화를 통한 권력강화를 발견하는 일은 담론에서의 여성의 동시적인 현존과 부재를 이끄는 지배적인 실천들과의 싸움을 요구한다. 여성의 현존과 부재의 역설은 포르노그래피에서 특히 압도적이다. 그 하나의 이유는 언어에 관해 생각하는 여성주의자들은 또한 포르노그래피에 관해 생각해 왔기 때문이다. 다른 이유는 포르노그래피는 분류를 지배하는 남성 독점이 매우 명백했던 활동 장소라는 점이다. 또 다른 이유는 좀더 일반적으로는 언어와 마찬가지로, 포르노그래피는 의미론과 화용론 사이의 경계를 긋기 어려운 상징체계라는 점이다.

그래서 캐서린 맥키넌(Catherine MacKinnon)은 어떤 사람은 포르노그래피를 '단지 언어'로 생각할 수 있다고 그녀의 분노를 표현하면서, 포르노그래피에서는 "행하는 것을 말한다"고 주장했다(MacKinnon, 1993b, 25면). 그리고 또한 칼린 로마노(Carlin Romano)는 맥키넌에 대항해서 논의할 수 있는 최선의 방법은 그녀를 강간하는 것에 대해 그가 상상하는 것을 기술함으로써 그의 비판을 시작하는 것이라고 생각했다. 그는 이것이 말하는 것은 그것을 행하는 것이 아니라는 그의 취지를 입증한다고 생각한다(Romano, 1993). 그의 추하고 작은 '사고 실험'에 의해 너무나 폭력을 당해왔다고 느끼는 많은 여성들의 분노와 고통은 말하는 것이 종종 행하는 것의 일종이라는 사실을 보여 준다. 이러한 논의의 맥락에서 일상 언어철학은 살아난다. 의미론과 화용론 사이의 관계라는 이슈들, 발화(illocutionary)의 힘과 발화 매개적인(perlocutionary) 힘의 얽힘이라는 문제 그리고 다른 철학적인 문제들이 이제 분명한 관련성을 갖는다.

수잔 그리핀(Susan Griffin)의 《포르노그래피와 침묵》(*Pornography and Silence*, 1981)은 고통스럽게 포르노그래피가 (단지 굴욕이 가능할 정도면 충분한) 한정적인 주체성을 가진 대상으로 여성들을 포함하고 있는 방식을 그린다. 그녀는 여성들이 포르노그래피에 대한 우리의 그릇된 포섭 방식에 의해, 즉 그 텍스트들과 이미지들에서 우리의 현존과 부재의 방식에 의해 침묵하게 된다는 것을 강력히 주장한다. "여성은 제외되고 그녀의 현존은 부재로 만들어지고, 일종의 정신의 죽음이 된다. 아니면 그녀는 굴욕 당한다. 그래서 여성에 대해 우리가 알게 되는 이미지들은 타락한 이미지들이 된다"(Griffin, 1981, 14면). 담론의 다른 형식들과 마찬가지로 포르노그래피는 그 자체에 의해 모든 힘(권력, power)을 얻는 것은 아니다. 그리핀은 "[여성의] 삶에서 힘의 구조들 모두 그리고 권위의 목소리들 모두—교회, 국가, 사회, 가장 있음직하게는 그녀 자신의 어머니와 아버지—는 포르노그래피의 환상을 반영한다"고 강조했다. 그녀가 그럴 것이라고 상상되는 것이 되어가면서, 소녀는 이미지를 부정하는 것을 억눌러야만 한다. 그리고 그래서 "여성 집단(womanhood)의 포르노그래피적인 이미지를 부정하는 그녀의 부분은 침묵으로 되던져진다"(Griffin, 1981, 201~2면).

그리핀의 논제는 맥키넌의 《단지 언어만으로》(*Only Words*, 1991)에서 반향된다. 거기에서 맥키넌 또한 포르노그래피는 여성들을 침묵시킨다고 주장한다. 그리고 또한 포르노그래피는 전체화하는 맥락이라고 고발한다. 그것은 편재하며, 충분히 벗어날 수 없다. 맥키넌은 포르노그래피는 양성(sexes)의 사회적 구성의 대리인이라고 주장한다. 말하자면, "여성이 어떤 존재로서 말해지고 보여지고 다루어지는지를 확립하면서, 그녀에게 무엇이 행해질 수 있는지에 의해서 여성이 무엇인지 그리고 무엇일 수 있는지, 그리고 그것을 행하는 것에 의해서 남성이 무엇인지 사회적 실재를 구성함으로써, 포르노그래피는 그것의 제작과 사용을 통해 세계를 포르노그래피적인 장소로 만든다"(MacKinnon, 1991b, 25면). 그러므로 양성은 존재에 대해 얘기되는 것에 의해, 그리고 그들에게 무엇이 행해질 수 있고 행해질 수 없는지에 의해 정의된다. 우리가 말하는 것을 말함에 의해 우리가 무엇을 행하는지, 언어 행위에 주목하는 여성주의 언어철학의 최근 작업은 특히 포르노그래피에 대한 여성주의 철학 논쟁 안에서 활기를 띤다.

제니퍼 혼스비(Jennifer Hornsby)와 래이 랭톤(Rae Langton)과 같은 몇몇 사람들은 언어 행위 방식의 분방한 분석들보다는 올바른 분석을 제공하기 위해 오스틴(Austin)으로 돌아간다. 예를 들어 혼스비는 맥키넌의 침묵하는 요구에 대한 로날드 드워킨의 비판은 잘못 나아갔다고 주장한다. 왜냐하면 "그는 언어의 작업들에 관한 어떤 잘못된 관점들에 도움을 받고 있기 때문이다"(Hornsby, 1995, 220면). 랭톤 역시 "포르노그래피가 종속시킨다"는 맥키넌의 주장을 방어하고 정교화하기 위해 오스틴의 작업의 조심스러운 분석을 사용한다. 그리고 이 과정에서 그녀는 종속시키는 언어 행위에 대한 통찰력이 풍부하고 일반적인 근거를 제공한다(Langton, 1993b).

이러한 최근의 작업들에서 보이는 것처럼, 여성주의 언어철학은 형이상학적, 인식론적, 윤리적 그리고 사회적 이슈들에 대한 우리의 작업과 융합한다. 무엇이 성차별주의적 언어를 성차별주의적으로 만드는지를 정의하고 기술하는, 1970년대 기획에 따른 작업들이 현재에는 많지 않다. 오늘날 언어 행위이론은 어떻게 발화가 행위 하는지를 보여 준다. 그리고 어떻게 언어가 우리를 여성으로 만드는 사회적 실재를 형체화하는지에 대한 이해에 점점 더 가까이 접근한다. 포르노그래피에서 떠오르는 철학적이고 정치적인 이슈들에 대한 여성주의적 작업은 '여성'에 대한 억압적 구성에 반대하는 작업이다. 언어철학은 이 결정적인 작업에서 거대한 모습을 드러낸다. 다른 면에서 메릴린 프라이의 최근 작업은 이전의 '여성' 개념들과는 다르게 명백한 논리와 다원주의의 실천 안에서 고안되어야만 하는 "여성의 긍정적인 범주를 구성하는 일은 여성주의 공동체와 정치학의 활기찬 정치적 기능"이라고 주장한다. 해석과 범주 구성의 이러한 실천 실험은 여성주의 언어철학에서 중요한 작업이다. 우리는 이해해야만 하고, 지배해야만 하며, 분류의 새로운 규범들을 창조해야만 한다.

이제는 어디로?

여성주의 언어학자들과 사회 언어학자들은 우리의 언어적 실천들이 여성들이 '인류의 대화'에 온전히 참여하는 것을 억압하는 많은 방식들을 목록화했다. 여성주의 철학자들을 위해 어떤 작업들이 행해졌는가? 우리는 어떻게 우리의 담론 실천을 구성할 것인지 좀더 정교한 근거를 개발할 필요가 있으며, 우리의 사회적 존재론을 다스리는 규범들을 강화할 필요가 있다. 노골적으로 쓰자면, 여성에 대해 그리고 여성에 관해 무엇이 이야기 될 수 있는지를 지배하는 실천들이 어떻게 우리의 밖에서 여성을 만들고, 우리를 여성으로서 현존하도록, 노처녀, 또는 쭈그렁 할멈, 또는 마녀, 또는 동성애자, 또는 토르틸러라스(tortilleras, 라틴계 레즈비언), 또는 …로서는 [자신을 드러내면서] 존재하지 못하도록 기여했는지를 설명하는 더 많은 작업이 있다. 우리는 이 단어들을 자기-역량 강화의 수단으로 사용한다. 때때로 우리는 이것들을 자기-처방으로, 때로는 기술로, 언제나 자기-존중의 활기를 위해 실행할 수 있도록 요구하는 범주로 사용한다. 그것들을 요구하면서, 우리는 이것이 생존하는 범주들이라고 말한다. 우리가 되고자 원하는 사람, 원하는 것이 되기 위해, 우리는 다른 종류의 사회적 실천들과 마찬가지로 담론 실천들에 저항하는 전략들을 탐색해야만 한다. 여성주의 언어철학자로서 우리는 언어 공동체 안에서 그리고 또한 언어 공동체들을 가로질러 의미 변화의 역동성에 관해 더 많이 배워야만 한다. 우리는 과거의 저항적인 언어들로부터 성장한 자원들을 발견해야만 한다. 그리고 우리는 새로운 전략들 그리고 미래에 창조적 성장을 키워낼 새로운 언어를 창조해야만 한다. 우리는 우리 자신을 어떻게 존재로 기술하고 또 규정함으로써 우리 자신인 다양한 자아들이 될 수 있는지를 배워야만 한다.

(김애령 역)

15. 의미론

안드레아 나이(Andrea Nye)

1960년대와 1970년대 여성주의 운동의 '제2의 물결(second wave)'과 더불어 나타난 여성주의 철학 부활 초기에 이미 언어는 핵심적인 이슈로 인정되었다. 개인적인 관계들, 정치, 경제, 종교, 대학의 학제들은 언어 안에서 정의되고 또 행해졌기 때문에, 이와 같은 영역들에서의 실질적인 개혁 또는 변형은 종종 논리학, 문법 규칙들, 의미체계 그리고 성차별주의적인 함의들을 지닌 언어사용이 강제됨으로 인해 차단되어 왔다. 이러한 장벽들이 변화 가능한 언어사용[의 문제]이며 개혁 가능한 문법 관습[의 문제]인지, 아니면 합리성의 구성요소이기 때문에 불가해성(unintelligibility)이라는 위험 없이는 제거할 수 없는 것인지에 대한 물음이 직접 제출되었다. 언어는 남성과 여성 간에 존재하는 차이와는 무관하게 기술(記述)에 사용될 수 있는 가변적이고 유연한 도구인가, 아니면 이 차이들은 언어에 투사되는가? 여성주의자들에게 더 중요한 것은 언어와 사유 사이의 관계에 대한 물음이다. 언어는 사유의 구성요소이므로, 어떠한 [종류의] 이해할 수 있고 소통 가능한 사유도 이미 확립된, 어쩌면 성차별주의적인 의미의 경계 안에서 틀 지어지는가? 아니면 여성주의자들의 신념과 열망은 확립된 의미들로부터의 독립을 달성하고, 인류 관계의 근본적인 변화를 위한 토대를 마련할 수 있을까? 더 중요한 물음은, 자아는 언어 안에서 구성되는가, 아니면 자유로이 사유하는 여성주의적 자아들은 의사소통에 좀더 적합한 의미를 창조하고, 실재에 대한 좀더 참된 명명 방식을 창조하기를 희망할 수 있는가이다.

이러한 이슈들을 언어사용의 화용론적 관점에서 다룰지, 아니면 문법구조들 또는 의미이론에서 다룰지에 대한 여성주의의 숙고는 몇 가지의 독특한 특징을 가지고 있다. 첫째, 여성주의 언어철학자들은 다양한 학과들의 자원을 이용하는 경향이 있다. 성차별주의적인 언어를 묘사하고, 설명하고, 추방하기 위해 심리분석, 언어학, 사회학, 법, 심리학 그리고 문학이론을 흡수한다. 둘째, 여성주의 언어학은 기술적이면서 동시에 규범적이다. 그것은 여성을 격하하거나 그릇되게 재현하는 언어를 밝혀내는 데에 관여할 뿐 아니라, 말하기, 글쓰기, 사유하기 그리고 현실을 기술(記述)하기의 새로운 방식들을 설계하는 데에 관여한다. 셋째, 이러한 언어학은, 언어사용에 지배 형식들이 포함된다는 사실에 주목하지 않고는 언어의 본성에 대한 물음은 대답될 수 없다는 사실을 이해한다. 넷째, 여성주의 언어철학은 산드라 하딩(Sandra Harding)이 말한 의미에서, 강하게 객관적이다. 그것은 특수한 결과의 경험적 타당성에 대해 비판적일 뿐 아니라, 그것의 위치와 방법에 대해서도 비판적이다.

화용론

1970년대 여성주의 언어학자들은 남성의 언어사용과 여성의 언어사용 간의 차이를 연구했다. 기술적이고 통계적인 자료들을 사용하면서, 이들은 여성들이 더 많이 듣고, 덜 끼어들고, 더 정확한 문법형식을 사용하며, 문장의 끝에 주저하는 질문을 더 많이 덧붙이고, 속어를 덜 사용하며, 더 많이 포기한다는 사실을 보여 주었다. 사회 언어학자들은 언어가 흔히 연대성을 만들어내고, 대립하는 집단을 배제하고, 하위집단을 조롱하고, 배타적인 정체성을 창조하곤 하는 방식을 폭로하면서, 서로 다른 사회집단의 언어 표현방식이라는 차원에서 여성과 남성의 말하기를 연구했다. (이러한 연구들에 대한 세부적인 설명에 대해서는 Kramarae, 1981을 보라. 그리고 덧붙여 Lakoff, 1975; Spender, 1980을 보라.) 남성과 여성 간의 언어학적 차이들은, 양성이 서로 다른 구술 '전략'을 채용한다는 사실을 이야기함으로써 설명된다. 또는 권력을 가진 남성을 달래거나 조종하기 위해 언어를 사용하도록 강요당하는 '침묵하는 집단'으로 여성을 정체화함으로써 설명된다.

이러한 설명적인 작업들에서 이미 남성 언어학자와 여성 언어학자 간에 논쟁이 벌어졌다. 여성의 언어 표현방식을 진단하는 것은 현실을 중립적으로 설명하는 순수한 과학적 작업을 넘어섰는가? 여성주의자들은 객관적이고 과학적인 판단을 정치활동으로 오염시켰는가? 더 엄격한 '여성주의 경험론'에의 요구가 이러한 의심들에 대한 하나의 대답이었다. 그러나 언어에 대한 여성주의적 숙고의 이 초기 단계에, 이미 더 심층적인 이슈들이 걸려 있었다. 하나의 사회집단으로서 여성들이 남성들과는 다르게 언어를 사용한다는 사실이 증명될 수 있다 하더라도, 이러한 사실로부터 어떠한 결론이 끌어내져야 하는지에 대해서는 분명하지 않았다. 이것은 몇몇 사회학자들이 논증했던 것처럼, 피억압집단들은 지배집단에 의존하고 있다는 피할 수 없는 사회적 불평등의 예증일 따름인가? 아니면 [거기에] 규범적 문제들이 포함되어 있는가? 그리고 만일 규범적 문제들이 포함되어 있다면, 어떠한 판단이 내려져야 하는가? 만일 여성들이 남성들과는 다르게 언어를 사용한다면, 여성들이 바뀌어 논쟁에 참여하고, 단언하기를 훈련하고, 남성처럼 말하는 법을 배워야 하는가? 아니면 반대로 남성들이 합의를 구하고, 관점들을 선택적으로 조절하면서, 여성처럼 말하는 법을 배워야만 하는가? 이 같은 질문들이 던져질 때, 철학의 핵심적인 이슈들이 표면화된다. 언어란 무엇인가? 언어는 실재를 지배하기 위한 인식의 도구인가? 진화에 의해 나타난 장치인가? 개인적인 자기-표현의 수단인가? 실재에 대한 간주관적 관점을 만들어내는 방식인가? 여성과 남성의 언어 표현방식이 다르다는 사실을 인정하는 것에서부터 어떠한 여성주의적 실천이 뒤따라야 하는지를 결정하는 일은, 언어의 본성에 대한 이러한 질문들에 대한 대답에 달려있다.

보다 엄밀한 철학적 작업의 또 다른 계열도 이와 유사한 이슈들을 제기했다. 20세기 후반 영어권 나라들에서 지배적인 철학 학파인 분석철학은, 철학적 이해의 수단인 언어에 집중했다. 심리적 실재를 포함한 실재의 이해는 이제 과학의 한 분야인 것처럼 여겨졌다. 과학을 위해 이상적인 논리 언어를 규정하고자 하는 논리 실증주의자들의 기획을 폐기하면서, 영어권 철학자들은 단어들의 '일상적인' 사용의 지도를 그리는 개념 연구로 전환했고, 형이상학적 혼돈을 없앴다. 1970년대 분석철학의 방법론을 훈련받은 여성철학자들은, 언어-행위 철학자 존 오스틴(John Austin)의 말로 하자면 "언어와 더불어 행위하는 것(to do things with words)", [즉 언어를 통해] 성차별적인 행위를 하는 것이 어떻게 가능한지를 보여 주기 위해 이 [일상 언어 분석의] 기술(技術)들을 이용하기 시작했다.

그 대표적인 예는 메리 베터링-브래긴(Mary Vetterling-Braggin)이 다른 이들과 함께 편집한(1981), 초기 여성주의 철학 선집의 "일상 언어에서의 성차별주의" 부분에 포함된 논문들이었다. 언어 부분에 대한 서론에서 베터링-브래긴은, 우리가 말하는 방식은 우리가 사유하는 방식을 반영한다는 관점의 근거로 비트겐슈타인(Wittgenstein)을 인용했다. 더불어 그녀는 우리가 사고하는 방식은 우리가 행위하는 방식을 결정한다고 강조했다. 그러므로 성차별주의적 언어사용에 대한 연구는 성차별주의를 밝혀내고 진단할 수 있다. 그것에 뒤따르는 논문들은 성차별주의적 언어에 적당한 정의(定意)를 탐구했고, 성(sex), 남성적 언어의 일반적 사용 그리고 남성과 여성에 대한 차별적인 농담에 의존하여 평가되는 서로 다른 특징을 나타내는 방식들을 탐구했다. 여성주의 분석 작업의 또 다른 원형은 메릴린 프라이(Marilyn Frye)의 '남성 우월주의(male chauvinism)'에 대한 고전적인 정밀 분석이다(Frye, 1975).

언어가 남성지배를 포함하는 방식을 이해하고자 하는 여성주의자의 목적은 다시금 더 깊은 이슈들에 주목하기를 요구했다. 성차별주의적 언어사용은 지성(知性)의 구성물인가, 아니면 언어적 관습은 평가되고 교정될 수 있는 인류의 선택인가? 이 질문에 대한 섬세한 대답이 언어행위이론의 여성주의적 수용 제2세대인 주디스 버틀러(Judith Butler)에 의해 주어졌다(Butler, 1993). 버틀러는 젠더 정체성은 수행(performance)이지 고정된 생물학적 본성에 의해 결정된 것이 아니라고 주장한다. 그러나 그것은 임의적인 수행은 아니다. 우리를 '소녀', '소년', '퀴어(queer)', '게이(gay)'로 '명명하는' 관습은 언어에서 구성된다. 버틀러는 정상인 육체와 비정상인 육체, 정상 주체와 퀴어 주체를 생산하는 언어적 메커니즘이 어떻게 새로운 성적(sexual)/사회적 정체성들을 생산하는데 활용되거나 아니면 [그 생산에] 방해가 될 수 있는지를 이해하기 위해, 분석적 언어 행위 이론과 지시 이론(reference theory)의 자원들을 이용했다.

문법 연구

20세기까지도 철학자들은 그리스어 문법을 제1형이상학적 실재의 반영으로 본 아리스토텔레스의 기획에 의존해왔다. 주체, 객체, 동사 그리고 성별(gender)과 같은 문법적 범주들은 언어외적 실재들의 표징으로 생각되었다. 20세기의 현대 수학적 논리학에 의한 아리스토텔레스 논리학의 대체나 설명적인 연구보다 구조적인 연구의 부각은, 문법 개념을 실재에 대한 지시(reference)를 제공하는 의미가 그 안에 '위치지어져' 있는 형식 체계로 변화시켰다.

문법에 대한 두 관점 중 어떠한 것도, 단어들의 임의적 '사용'뿐 아니라 문법의 보다 영구적인 측면들도 성차별적 함의를 실어 나른다는 것을 여성주의자들이 점차 인식했다는 사실을 충분히 증명하지는 못했다. 실제로 모든 여성주의 저자들은 남성적 용어의 일반적 사용을 명령하는 문법적 관습의 유해한 효과를 지적했다(Lakoff, 1975; Spender, 1980; Moulton, 1981). 여성주의자들은 'mankind(인류)'와 같은 용어나 성적으로 불특정한 어떤 주체에게 대명사 'he(그)'를 일치시키는 문법규칙이 여성은 남성보다 덜 인간다우며, 남성만이 유일하게 행위하는 인간인 것처럼 암시한다고 주장했다. 또한 서구 학자들에 의해 언급된 [바처럼], 인도-유럽 언어들의 기본조직 특징인 문법적 성별(gender)은 쉽사리 제거될 수 있을 것처럼 보이지는 않는다. 많은 인도-유럽어에서 문법적 관습의 문제인 명사들은 여성, 남성 그리고 중성으로 범주화된다. [이러한 관습은] 이분법적인 성적 차이를 일차적이고 벗어날 수 없는 실재의 [양성적] 분리로 만든다. 형식적인 문법적 성별(gender)을 가지고 있지 않은 영어와 같은 언어조차도 '변호사(lawyer)'나 '의사(doctor)'와 같은 단어들에 남성 대명사를 일치시키고, 여성 주체에게는 약하고 여성적인 형용사를 짝지으면서 남성 주체에 대해서는 지배와 통제를 표시하는 형용사를 마련하는, 감추어진 젠더 체계를 가지고 있다. 그 결과 여성들의 무력함은 고유한 문법적 용례의 전통으로 코드화된 것처럼 보인다.

그러나 여성주의자들은 이러한 문법형식을 불변하는 실재의 반영으로 보거나, 중립적 관점으로 보는 것, 또는 '고정된' 인식구조로 보는 것에 동의하지 않았다. 이분법적인 젠더 정체성을 강화하거나, 여성은 완전한 인간이 아니라고, 또는 모든 행위자는 남성이라고 암시하는 언어는 여성을 위해하는 사회적 행동을 반영하며 정당화한다. 마찬가지로, 문법은 선입견을 드러내는 서술의 주제일 뿐 아니라, 여성주의적 개혁의 주제이기도 하다. 그래서 문법적 성별 연구에 대한 여성주의자들의 답변에는 특히 변화를 위한 규범이 포함되어 있다. 점차 철학적 저작을 포함하여 출판과 저작의 표준이 되고 있는, 비성차별주의적인 언어를 위한 지침을 고안하고 실행하기 위한 노력이 주목할 만한 운동으로 지속되었다(Miller and Swift, 1991).

여성주의적 문법 개혁에 대한 비판도 없지 않았다. 중요한 논쟁들에서 증명된 바처럼, 강요된 언어의 변화가 여성들을 위해서 실질적으로 어떠한 이익을 가져다주었는지 여부가 논란이 되었다. 다시금 언어와 실재, 그리고 언어와 자아 사이의 관계에 대한 질문이 개입되었다. 자의적으로 언어를 바꾸는 것은 가능한가? 사람들이 외면적으로 구어(verbal) 행동을 바꿀 수 있다 하더라도, 그 효과를 확정할 수 있을까? 언어가 사고를 결정하는가, 그래서 강요된 언어의 변화가 실질적으로 사람들이 다르게 생각하고 행위하는 것을 가능하게 만들리라고 기대할 수 있을까? 아니면, 차별의 오래된 유형들이 정치적으로 올바른 어법을 여전히 실질적으로 오염시키는 조작을 지속하고 있는 배후에서, 중립성의 환상을 폐기하는 이와 같은 변화는 표면적인 것일 뿐인가? 남성 저자에게 '그' 대신에 '그녀'를 사용하도록 강요하는 것은, 표현되고 있는 것이 여성의 생각이 아니라 남성의 생각이라는 사실을 단순히 감출 수 있도록 할 따름인가? 몇몇 여성주의자들은 'humankind'는 문화가 남성의 창조물이라는 사실을 숨기는 완곡어법일 따름이라고 주장했다(Daly, 1978). 다른 여성주의자들은 표면적인 문법형식의 선택이 무엇을 만들어내는지와 무관하게, 심층적인 논리구조에 대한 주의를 환기시켰다. 이 심층 논리구조는 성(sex)과의 연관이 불분명하고

자의적으로 변하기가 더 어려운, 사유의 남성적 양식을 만들어내고 지속한다(Nye, 1990).

몇몇 여성주의 철학자들이 논리적 기술들을 성차별주의적 논법과 개념들에 적용하는 동안, 다른 여성주의 철학자들은 논리학이 반대자의 남성적 언어표현 양식에 기여하고 있다는 의심을 표명했다(Moulton, 1983a). 이보다 더 논쟁적인 것은, 문법에 대한 설명적인 연구에 규범적인 논리학을 끼워 넣는 것이 추론을 자동화하고 논쟁을 차단하는 남성에 의해 고안된 언어형식을 이용한다는 주장이었다. 예를 들어 나는 일련의 연구들에서, 어떠한 지성적 언어의 심층구조를 구성한다고 추정되는 논리형식은 언어를 평등주의적 언어표현과 간주관적 개념 교정을 가로막는 진리 기계로 만든다고 주장했다. 단순한 술부 내의 주어와 목적어 사이의 차이와 같은 기술적인 이슈들(Nye, 1992), 지시 대명사와 인칭 대상사의 논리적 기호로의 변환(Nye, 근간), 문법을 단일화된 '구조'로 만들려는 시도(Nye, 1987)는 외관상 발화자들 사이의 관계에 대한 함의들을 가지고 있다. 이들 논리학자들의 해결은 종종 권위주의적 언어 표현의 형식들을 재가한다.

학과의 방법론과 개념 틀의 목적, 목표 및 가설들을 비판하는 여성주의 철학과 같은 연구들은 항상 산드라 하딩과 같은 인식론자들이 정의한 '강한 객관성(strong objectivity)'이라는 분명한 특징을 가지고 있다. 이러한 특징이 언어철학보다 더 분명한 곳은 없다. 언어철학은 그 정의에서 사유의 용어들에 대한 비판적 반성을 요구한다. 여성주의자들이 문제 삼는 문법의 형식적 체계나 단어들의 관습적 사용 뿐 아니라, 사유의 운반자인 문법형식들과 사적 언어들이 의미를 획득하는 방식 또한 그러하다.

의미이론

강한 객관성을 가능하게 만드는 의미이론을 개발하는 것이 여성주의 의미론자들의 목적으로 여겨져 왔다. 여성의 열세를 코드화하는 사전(辭典)의 편제에 대한 초기 언어학 연구들은, 다시금 언어의 본성과 실재를 지시하는 단어들의 능력에 대한 심층적인 물음들을 강조했다. 언어학자들은 어휘에 여성들에 대한 경멸적인 단어들이 불균형하게 많다는 점(Stanlye, 1977), 여성에 대한 완곡어법의 빈번한 사용(Lakoff, 1975), '주인(master)'과 '여주인(mistress)'과 같이 불균등한 대비(Lakoff, 1975; Karamarae, 1981)를 지적했다. 요구되는 변화의 피상성에 대한 논쟁과 더불어, 이러한 불공평을 시정하기 위한 치료적 지침이 출판과 저자를 위한 가이드라인

(Miller and Swift, 1991)에 포함되었다. 미즈(Ms)는 미스터(Mr)와 동등한 것으로, 미스(Miss)/미시즈(Mrs)를 대치할 것이 요구된다. 그러나 성차별주의자들의 사고와 행위가 변화했는가? 혹은 불균등한 용법으로 [다시] 끌려들어가, 미즈(Ms)는 많은 화자들에게 강력하게 밀어붙이는 여성주의자들에 대한 경멸적인 용어가 된 것은 아닌가? 언어변화를 위한 개혁주의자들의 운동은 몇몇 급진적 여성주의자들에 의해 계속 비판받아 왔다. 예를 들어 메리 데일리는 남성 화자와 행위자의 공격적인 고의성을 강조하면서, 삶을 지지하는 여성들의 분리주의 공동체 안에서 언어가 더 극단적이고 더 전복적으로 변형되어야 한다고 선언했다(Daly, 1978).

그 기간 동안 언어에 대한 여성주의적 반성의 다른 계열은 프랑스에서 발전해왔다. 사전에 쓰인 성 차별은 쉽게 지워질 수 있는가, 아니면 그것은 의미의 좀더 심층적인 발생구조의 징후인가? 미국의 구조 언어학이 문법성(grammaticality) 연구에 한정되는 경향이 있는 반면, 대륙에서 프랑스 언어학자 소쉬르(Saussure)의 작업은 모든 종류의 의미에 대한 광범위한 구조적 접근을 고무시켰다. 프랑스 여성주의 언어철학에 핵심적으로 영향을 준 것은 자크 라캉(Jacques Lacan)의 구조주의 심리분석학적 사유였다. 라캉에 따르면, 자아는 사적이고 개인적인 생각을 표현하기 위해 중립적이고 탄력적인 언어를 사용하는 원초적 의식이 아니라는 사실을 이해하는 데에는, 언어가 핵심이다. 그 반대로 자아는 언어에서만 안정적인 정체성을 요구하는 '주어(subject)'이다. 그 언어 안에서 젠더는 일차적인 역할을 한다. 라캉에 따르면 남성에게 있어서의 남근의 존재와 여성의 [남근] 결핍 사이의 대립은 바로 언어의 조직 동기이다. [여기서] 언어는 과정의 문제이며 여성주의자들에 의해 지적된 불균등한 사전적(lexical) 특성들[이라는 관점]에서 성찰된다. 그러므로 의미론적 구조의 불평등은 폐지될 수 있는 것이 아니다. 오히려 그것은 의미와 정체성(identity)을 가능하게 만드는 불변하는 '아버지의 법(law of the father)'의 당연한 결과들이다. 라캉은 여성들은 언제나 언어 안에서 불리한 입장에 있게 된다고 주장했다. 주인의 위치에 있는 주체가 아니라 하위적인 객체로 코드화되면서 여성들은 결코 남성들과 동등한 권위를 가지고 여성으로서 언어를 사용할 수 없을 것이다.

마찬가지로 도발적인 자크 데리다(Jacques Derrida)의 후기-구조주의 해체이론과 더불어 구조주의 사상의 또 다른 계열은, 언어와 언어의 성차별주의적 함의에 대한 대륙[철학]적 성찰의 대안적인 계열을 위한 기반을 마련했다. 주목할 만한 언어학자인 줄리아 크리스테바(Julia Kristeva)는 라캉에 의해 이론화된 합리적 언어의 논리적 구조를, 언어학적 형식에 표현토대를 제공하는 하위-합리적(sub-rational) 육체의 기호학과 대조시켰다(Kristeva, 1974). 크리스테바의 영웅들이 특별히 여성들이었던 것은 아니다. 여성들이 쓴 글을 크리스테바는 종종 제멋대로이고 감상적이라고 하여 반대했다. 오히려 남성 모더니스트 시인들이 그녀의 영웅들이다. 그들은 모성과 조화를 이루고 기호학적 표현력을 타진하지만, 결국 사회적 관계를 재구성하는 합리적 구조의 형식으로 회귀하고야만다. 이와 반대로 엘렌 씨수(Hélène Cixous)는 여성들의 정열적인 모든 충동, 욕구와 더불어 여성의 몸을 말하는, 논리적인 구조를 벗어난 글쓰기를 이론화하고, 자신의 작업 내에서 예증하려고 시도했다(Cixous, 1979). 뤼스 이리가라이(Luce Irigaray)는 합리적 구조를 철학적 전통과 연관짓는 라캉의 전례를 따랐다. 철학적 논증의 견고한 개념들과 직선적인 논리 안에서 모성의 육체를 거부하는 방어적 로고스중심주의를 밝혀내기 위해, 그녀는 데카르트나 플라톤과 같은 표준적인 인물들의 글쓰기를 심리 분석했다. 크리스테바와는 반대로, 이리가라이는 대안적인 여성적 관용구(idiom)를 환기시키고, 무모순의 법칙에 의해 한정되지 않는 여성적 경험, 무형식, 유동성 내에서 [그것을] 만들어 냈다(Irigaray, 1985).

이러한 접근에서는 구조주의의 특징적인 가정들이 고스란히 드러났다: 의미는 체계적이고, 각 요소들은 예정된 실재와의 개별적인 지시 관계보다는 요소들 사이의 관계에 의존한다. 단어와 사유 사이의, 또는 단어와 대상 사이의 일대일 관계는 존재할 수 없다. 대신 단어들은 다른 단어들과의 대조의 방법을 통해 의미를 갖는다. 여성적인 것은 남성적인 것을 의미하지 않는다. 아버지는 어머니를 의미하지 않는다. 의미는 이와 같은 대립의 유형 안에서 성립된다. 그러나 씨수와 이리가라이는 라캉의 가부장제 수용과 데리다의 로고스중심주의적 대립쌍의 파괴적인 해체 양자를 넘어섰다. [그들은] 논리적 형식이 의존하고 있는 대립쌍들에서 벗어나 남성의 상상력이 아닌 여성의 상상력으로 형태화된, 상상적인 어머니의 언어라는 가능성을 기획한다. 이리가라이는 무모순성의 논리법칙에 의해 정의되거나 한정되지 않는, 유동적이고 통합적이며 불명료하고 여성적인 단어들의 유희를 구상했다. 씨수는 여성 자신의 감각과 느낌을 표현하는, [그리고] 학문적 사유와 담론의 남성적 형식으로부터 자유로운 여성 저자를 상상했다.

다른 여성주의자들은, 이러한 문학적 접근을 엘리트주의로 가득 차 있고, 물질적 실재에 대한 지시를 결여하고 있다는 이유에서 반대했다. 후기구조주의 여성주의에 대한 비판자중 한 사람이 법철학자 캐서린 맥키넌(Chatherine MacKinnon)이다. 그녀는 언어의 목적은 남성적이거나 또는 여성적인 상상을 표현하는 것이 아니라, 성희롱이나 강간과 같이 명명하는 자가 남성이기만 할 때에는 주목되지 않는, 물질적이고 경험적인 많은 실재들을 지시하는 것이라고 주장했다(MacKinnon, 1987b). 그녀는 자신의 경험에 적합한 방식으로, 자기 자신의 고유한 용어로 실재를 명명하는 데 권력이 있다고 말했다. 공식적이고 합의에 의한 것이라고 가정된 언어가 사고와 행동을 형성하는 [작용이] 법보다 더 명백한 곳은 없다. 만일 명명이 사적이고, 자기 자신에 의해 또는 저자의 특정한 고립된 장소에 의해 이해되거나 연상되는 것이라면, 그것의 권력은 유한하다. 반대로 만일 명명이 소외된 상징구조 안에 필연적으로 포획되어 있다면, 그것은 실재를 지시하지 않는다. 그러나 맥키넌은 언어는 여성과 남성 모두에 응답하도록 만들어질 수 있고, 이 과정에서 법체계와 법 언어는 지시적이면서도 성차별주의적이지 않게 진화할 수 있다고 말했다.

맥키넌은 철학적 체계나 이론의 맥락에서가 아니라 실질적인 행동을 구조화하는 법적 추론의 맥락에서 언어학적 의미를 구조화하는 것으로 논리학을 해석했다. 논리학에 대한 프랑스 여성주의자들의 접근에 대해, 캐롤 구엔 하트(Carroll Guen Hart)는 이러한 논리학을 "우리의 추리를 규제하고, 우리에게 가정된 의미체계를 점검하고, 우리의 판단을 시험하는 우리의 시도의 일부분"이라고 묘사했다. 이와 같은 과정은 근본적으로 일반적인 '행위의 방식들(ways of acting)'을—역으로 '행위의 방식들'은 다양한 '종류들(kinds)'을 정의하는 특징들의 집합을 한정하는데,—규정하는 의미와 원칙의 복합적인 체계들을 끌어들인다(Hart, 1993, 205면). 하트가 여성주의 논리가 힘을 발휘해온 장소로 생각하는 법의 맥락에서, 이것은 성적 행동에 대한, 그리고 극단적으로는 무엇이 성(sex)인가에 대한 진정한 사회적 합의를 반영하는 증거의 규칙, 범죄의 정도, 형벌의 할당을 결정하는 것을 포함한다.

다시금 논리학의 지위가 문제가 된다. 논리는 소통가능하고 객관적인 실재를 지시하는 언어의 고유한 하나의 형식인가? 아니면 논리는 표현적인 어머니의 언어(母語)를 억제하고 억압하는 남성적 부과물인가? 이러한 물음들이 제기되는 형식은, 종종 남성적 언어에서 또는 언어에 대한 남성적 이론화에서 하나의 단위를 이루는, 논리는 생래적이라는 주장을 함축한다. 또한 논리는 변형되고 또 서로 다른 관용구들로 재현되지만, 늘 무모순성의 법칙이라는 공통적인 핵심을 가진다는 주장도 함축한다. 하트와 맥키넌은 여성의 경험과 남성의 경험 양자에 상응하는 사회적 합의를 만들어내는 목적뿐 아니라, 이념들의 일관성을 강요하는 목적도 포함하는, 다양한 목적을 위한 다양한 논리들이 존재한다고 암시한다. 이 관점 덕분에 역사 연구에서 여성주의자들은 논리학이 고안되는 형식과 [논리학의] 사용은 서로 다른 시대, 서로 다른 사회 문화적 환경에 따라 특수하다는 사실을 발견했다(Nye, 1990).

메릴과 자코 힌티카(Merrill and Jaako Hintikka)의 선구적인 논문에서 지적된 바처럼, 현대 서양 분석철학에서도 여성주의자들은 서로 경합하는 논리적 의미론의 버전들에 주목했다(Hintikka and Hintikka, 1983). 이들은 현재 대중적인 진리-이론적 의미론이 언어의 '구조적 체계'를 다루고 있으며, '지시적 체계'를 의심의 여지가 없는 것으로 받아들인다고 주장했다. 그 결과 구조적 체계에 입력되는 세계와 언어 사이의 관계는 고찰되지 않고 있다. [입력되는] 데이터들이나 의미들이 기대고 있는 '암묵적인 가치평가나 관심'도 고찰되지 않는다. 실재에 대한 지시가 진리-이론적 의미론에서 무시된다는 힌티카의 주장은, 그들의 논문에서 명시된 자코 힌티카의 게임-이론적(game-theoretic) 의미론이 진리-이론적 의미론보다 더 낫다는 것을 증명하겠다는 목적 배후에, 여성주의 인식론의 최근 작업을 수렴하고자 하는 의도를 감추고 있다. 과학의 대상, 또는 진리를 말하는 언어의 대상은 어떻게 결정되는가? 과학의 대상들이 과학이론의 용어들로만 동일성을 증명할 수 있는 것이라면, 자신의 대상들—즉, 원자, 중성미자, 쿼크(quark), 신경 뇌-연쇄(neural brain-links) 등—을 스스로 구성하는 과학이 이해하는 세계의 상태에 관해, 사려 깊은 비과학자들은 어떻게 관여하는가? 우리는 과학이 세계에 대해 진리를 말하고 있다고 믿으면서, '언어학적 노동 분업'을 수용해야만 하는가? 만일 과학자들이 'IQ'를 정의하고 또 이 정의를 사용한다면, 그리고 IQ가 인종과 연관이 있다거나 여성이 남성에 비해 지능이 낮다는 것이 과학에 의해 증명된다면, 그것은 진리로 받아들여져야 하는가?

다양한 의미론적 체계를 알려주는 논리학이 이미 주어져 있기에 발견되어야 하는 것이 아니라, 비판의 여지가 있는 언어이론이라는 생각은, 여성주의 철학의 가장 논쟁적인 부분 중 하나를 입증했다. 많은 철학자들에게 논리학은 철학의 심장부이고, 철학의 독립성과 활력의 근원이다. 과학의 시대에, 논리적 질서의 지도 작성, 법률 제정, 번역은 오로지 철학을 위해서 남겨진 일처럼 보일 수 있다. 최근 이 영역에서의 노력이, 언어의 요소들을 이항적인 기계 언어로 번역하는 일과 자동 추론, 엄밀한 정의들에 의존하는 컴퓨터 프로그래밍에서 중요하게 응용되고 있음이 발견되었다. 인공지능—인간의 인지를 컴퓨터 모델로 구성하는 것—에 대한 철학자들의 탐구는 결정내리기와 조작적 전략을 점차 컴퓨터화하는 것을 정당화하고, 그것을 위한 수단을 제공한다. 논리학과 그것에 뿌리내리고 있는 의미이론들 및 그것이 결과하는 자동화된 추론에 대한 여성주의적 의심은 이러한 전문적인 성공의 배후에 있는 가정들에 이의를 제기한다.

그러나 여성주의 의미론자들에게 전문적인 신빙성보다 더 중요한 것은 실재의 재발견이다. 여성주의는 성차별주의적 행동과 사고의 실재를 지시하고 규정하는 언어학적 수단을 요구한다. 또한 평등주의 운동과 같은 여성주의는 계급, 교육 또는 문화적으로 특권적인 엘리트 집단의 관점에서 보는 것이 아니라, 많은 다양한 여성들에게 경험되는 실재를 지시하는 언어학적 수단들을 요구한다. 많은 20세기 의미론들은, 그것이 오랫동안 지속되어 오던 철학적 난제를 독창적으로 해결하고자 하는 그리고 전문가들의 갈채를 받고자 하는 경쟁적인 시도들에서 생겨났건, 또는 미신에 저항하여 과학의 주권을 수호하기로 결정했건 간에, 이러한 여성주의의 요구에 대답하지 못한다. 힌티카가 논증했던 바처럼, 진리-이론적 의미론은 형식적 체계 내에서 진리에 대한 타르스키(Tarsky)의 정의를 수용함으로써 지시의 문제를 묵살한다. 마찬가지로 인지 심리학자들은 신비하고 고정된 '사유의 언어'를 긍정적으로 가정하는데, 이 ['사유의 언어']로부터 언어학적 요소들은 의미를 획득한다[고 본다]. 기능주의자들은 단어들에 지시를 제공하는 감각의 입력과 행동의 출력 사이의 관계는 실재를 위한 표지가 아니라, '생존'을 보장하는 생물학적 양식의 표지라고 주장한다. 콰인(Quine)과 같은 몇몇 철학자들은 이해는 해석의 문제이거나 구술 행위를 자신의 고유한 개념적 도식으로 번역하는 문제라고 주장하면서, 공통 대상에 대한 지시 의미론을 제공하려는 생각을 포기한다. 도날드 데이빗슨(Danold Davidson)과 같은 다른 이들은, 한걸음 더 나아가 타인들은 나와는 다른 개념적 도식을 가지고 있다는 생각은 아무런 의미도 있을 수 없다고 주장한다. 이러한 입장들이 사회적, 정치적 그리고 실존적 관심이 점차 차단된 지성사의 계열에서 유래하는 문제들과 관련된 전문 철학의 맥락 안에서는 의미가 있다할지라도, 언어에 대한 여성주의의 관심에는 적당한 답을 줄 수 없다.

여성주의자들의 정치적, 사회적 관심은 의미론적 이론의 고유한 목적, 결과 그리고 제도적 실행에 대한 비판적 관점을 요구한다. 실재를 엄밀하게 묘사하는 언어형식에 대한 강조, 그리고 일관성이 있으면서도 관점의 차이를 조절하는 사유를 이론화하려는 시도가, 이슈들에 내용과 의미를 주는 실존적 관심을 이론적이고 기술적인 이슈들과 융합하려는 언어 연구를 주도해왔다.

(김애령 역)

제4부

지식과 자연

16. 합리성

제네비브 로이드(Genevieve Lloyd)

이성에 대한 여성주의 비판

이성에 대한 여성주의 비판은 1980년대 초 이후에 여성주의 철학 문헌이 극적으로 팽창되는 데 큰 몫을 하였다(유용한 개괄서로서 Rooney, 1994를 보라). 그 비판은 많은 논란을 일으켰다. 그것은 종종 당시 유행하던 철학의 이상들과 관행들에 대한 비판으로서 — 그것의 종사자들과 격분한 반대론자들에 의해 — 보여져 왔다. 어떤 사람들은 그것을 전문 철학의 일반적인 구조들로부터 동떨어지고 주변화된 여성들이 가진 관심을 합리적으로 표현한 것으로 보았다. 다른 사람들은 그 속에서 단지 왜곡되어 추론된 비이성주의의 개입만을 보았다. 여기서 이성의 이상들과 철학의 자기-규정 간의 밀접한 연관관계는 쟁점들을 분명히 하는 것을 어렵게 한다.

서구 철학의 전통에서 이성 개념의 역사는 철학 자체의 역사만큼이나 복잡하고 유동적이다. 철학은 그 자체로 이성과 관련되어 정의된다. '합리성'(rationality)이 가진 함축들은 객관성, 추상, 분리 등이다. 그럼에도 불구하고 그 용어 자체는 강한 감정들을 불러일으킨다. '합리성'은 서구 철학의 전통이 소중히 여기는 모든 것의 상징으로서 작용한다. 즉 철학 그 자체에는 합리적인 것과 연관된 열망과 지적 가치로 가득 차 있다. 그리하여 철학의 요구들과 주장들은 이성의 요구와 주장에 대한 논쟁을 문제삼는다. 그렇다면 철학의 일반적인 관행들에 불만을 가진 많은 여성주의자들은 이성에 대한 일관된 비판을 발전시키려고 노력해야 한다. 그렇지 않으면 그들의 노력들은 곤혹스럽고 자주 적대적으로 된다. 그러나 이성과 철학의 일반적 관행에 대한 비판에 관여하는 것이 필연적으로 이성이나 철학을 거부하는 것은 아니다. 무엇보다도 철학의 역사는 그러한 비판과 도전으로 가득하다. 적절히 이해한다면 이성에 대한 여성주의 비판은 철학적 관행을 풍요롭게 하고 다시 활기차게 하는 것으로—모든 철학자들에게 이익이 되는 것으로—보일 수 있다.

그럼에도 불구하고 이성에 대한 현대 여성주의 비평에는 혼란스럽고 심지어 당황스러운 점이 있을 수 있다는 사실을 알아야 한다. 여성주의 철학자들이 도전하는 것은 합리성 자체인가? 아니면 오히려 기존에 수용된 이상적인 것에 따르는 수사학적 부속물과 장식물인가? 합리성의 이상들은 철학의 전통과 이와 상호 작용하는 더 넓은 의미의 지적 전통에 매우 필수적이다. 그래서 이성을 비판하려는 시도에 대해 역설적으로 보일 수 있다. 비판이 의존하고 있는 논의의 절차 그 자체가 공격당하는 대상의 일부이다. 이러한 쟁점들에 대한 논쟁이 불러일으키는 당혹스러움과 격렬함은 철학함의 지배적인 양식에 대한 저항들 속에서는 적절하게 명료화된 주장들을 얻기가 어렵다는 사실에 의해 조성되어 왔다. 철학의 일반적인 관행들에 대해 여성주의자가 불만족을 표현하는 방식 자체는 종종 바로 그러한 관행들에 희생물이 된다. 이성에 대한 여성주의 비판가와 그들의 적대자들간의 양극화는 그 논쟁의 용어들이 이성의 '남성성'에 관해 주장하는 철학의 관행들을 포함시키는 데까지 확대되지 않는다면 매우 빈약해질 수 있다.

이러한 영역에 포함된 많은 여성주의자의 저작들은 이성과 철학의 구조물들의 상징적 측면들과 관련이 있다. 그러나 현대 영어권의 철학은 철학적 담론의 수사학적, 상징적 차원들에 거의 주의를 기울이지 않는다. 이성의 남성성은 철학자들이 알아들을 수 있는 형태로 명료화될 때까지 담론의 상상적 차원과 감정적 차원은 종종 여과되었다. 창백한 추상만 남았을 뿐 쉽게 불합리성으로 환원되었다. 이성이 남성이라는 여성주의자의 주장은 여성의 비합리성을 재확인하는 것으로 다뤄지거나, 또는 전문 철학의 관행으로부터 배제되었다는 오해를 불러일으키는 주장으로서 다루어졌다.

다음에 나오는 부분들은 여성주의자들이 젠더(gender)로 합리성의 이상들에 대처하려고 시도했던 몇 가지 방법들을 개괄할 것이다. 즉 그것들은 은유와 상상에 대한 관심, 보편적이고 젠더중립적 이성의 주장들에 대한 회의주의와, 전통적으로 상상력과 감정에 이성을 대립시키는 이분법을 해체하려는 시도들 및 이성의 철학적 이상들과 철학적 관행의 규범들 간의 상호 연관 관계들을 드러내는 것 등이다.

은유와 '철학적 상상'

은유와 상상을 철학적 내용에 우연적인 것으로 보는 철학적 문화에서 이성의 남성성은 쉽사리 여성주의자들이 합리성 자체에 대한 문제로 잘못 과장하여 우연적 부속물로서 보이게 된다(Rooney, 1991; Lloyd, 1994 서문). 이성을 남성성으로 보는 것에 대한 여성주의 비판가들은 종종 텍스트에 명시된 철학적 내용과, 철학적 은유 및 상상이 만들어낸 남성성의 은밀한 특권 간의 긴장 관계에 초점이 맞추어졌다. 그러나 만약 은유가 철학적 의미에 외적인 것으로 보여진다면 은유된 '남성성'은 불가피하게 하찮게 될 것이다. 여기서 미셸 르 되프(Michele Le Doeuff)의 작업은 합리성과 젠더의 쟁점들에 관한 건설적인 논의를 방해하는 몇 가지 요소들을 폭로하는데 도움이 되었다(특히 Le Doeuff, 1990a, 1990b를 보라). 그녀가 주장하듯이 합리성이라는 관념과 철학의 관행들에서 문제가 되는 많은 것은 철학의 "상상"(imaginary)—철학의 상징주의와 은유들—속에 위치해 있다. 르 되프에게 있어서 철학적 텍스트들 안에서 분간할 수 있는 대부분의 상상은 철학적 사유에 우연적이며 외적인 것이 아니다. 그것은 추상적인 개념들의 수준에서 쉽게 표현될 수 없는 철학의 측면들을 은폐하는 기능을 하며, 철학적 텍스트들 속에 함축된 가치들을 구성하는 기능을 한다. 그녀가 지적하듯이 종종 텍스트 속의 이미지들이 전달하는 의미들은 그 체계가 스스로 정당화할 수는 없음에도 불구하고 텍스트의 고유한 작업에 필요한 것들을 뒷받침해준다. 텍스트들의 철학적 의미와 상징적 차원들의 연관 속에서 바로 이성의 남성성에 관한 많은 여성주의의 작업이 가장 효과적으로 자리잡게 된다.

합리주의에 대한 여성주의의 비판과 계몽주의 전통

이성에 대한 보편주의 주장과 앎의 주체의 젠더중립성을 비판하는데 헌신한 많은 여성주의 철학은 철학의 역사 속에 등장하는 특정한 인물들에 관해 비판적 논의를 하는데 중점을 두었다. 합리성에 대한 여성주의 비판은 여성주의 시각에서 서구 철학의 전통을 가진 핵심적인 텍스트들을 보다 광범위하게 재해석하려는 작업 속에서 지속되었다. 여기서 17세기의 철학자들—특별히 합리주의와 관련된 철학자들과 그 후의 계몽주의 전통에 미친 그들의 영향—이 특히 중요했다(2. "근대 합리주의"를 보라).

예를 들어 데카르트에 관한 여성주의의 독해는 때로는 현대 정신분석 이론의 관점으로부터 그의 이성의 이상들이 가진 보편성에 도전했다. 수잔 보르도(Susan Bordo)는 명석판명이라는 데카르트의 이상들을 현대의 발달심리학으로부터 나온 분리(separation)라는 이념들에 비추어 읽어냈다. 데카르트의 이성은 인간 정신의 보편적 본질을 표현한다기보다는, 중립적인 객관성으로서 설정되는 사유의 남성화를 포함한다(Bordo, 1987). 또한 나오미 셔만(Naomi Scheman)은 심리학적인 억압과 투사가 탈신체화된 앎의 주체라는 데카르트의 견해를 구성하는 데 일조했을 것이라고 생각했다(Scheman, 1993a).

루소(Rousseau)라는 인물 역시 철학의 역사에서 이성에 대한 여성주의의 비판에 중심이 되어왔다(Gatens, 1991; Green, 1993; Le Doeuff, 1990a와 1990b; Lloyd, 1983). 여기서는 철학의 역사 속에 나오는 다른 여성주의의 작업에서처럼, 여성들을 거부하거나 비난하며 논의했던 보다 악명높은 텍스트들의 단락들뿐만 아니라—보다 중요하게—분명히 젠더중립적인 텍스트의 다른 부분들에서 남성-여성(male-female)의 구별을 간파했던 방식들에도 주목하였다. 이성과 자연을 명료하게 구별하고 정념들(passions)을 다룬 루소의 작업은 이성과 남성성 간의 개념적 연관 관계와 감정과 여성성 간의 개념적 연관 관계를 강화하는 방식으로 여성에 대한 견해와 상호 작용하는 것으로 보여졌다. 메리 월스톤크래프트(Mary Wollstonecraft)의 저작들에 관한 몇몇 여성주의 논의는 루소가 여성을 무시하는 것과 더불어 이성과 자연 및 덕을 다루는 측면들에 만족하지 않는다는 사실을 강조했다(Green, 1993; Mackenzie, 1993).

철학사에서 모든 여성주의의 저작이 감추어진 젠더의 편견을 폭로하거나 또는 젠더중립성을 해체하는 방향으로 나가지는 않는다. 이성에 대한 여성주의의 비판은 전통 속에서 감정 없는 이성의 지상권에 도전했던 스쳐 지나간 순간들을 되찾으려는 시도들을 통합시킨다. 예를 들어 스피노자에 관한 몇몇 여성주의의 논의들은 어떻게 성적인 차이와 평등이라는 쟁점들이 더 잘 명료화될 수 있는지를 적극적으로 통찰할 수 있는 원천으로 그의 철학을 보았다. 그리고 어떻게 이성의 이상들이 상상력이나 감정과 보다 밀접한 관계를 가질 수 있는지에 대해 영감을 얻을 수 있을 것으로 보았다(Gatens, 1995c). 또한 데이비드 흄의 사교성에 대한 강조와 정념에 대한 반성은 아네트 바이어(Annette Baier)를 자극하여 흄의 지식의 문제와 최근의 여성주의 인식론의 몇 가지 관심사들 간에 유사성이 있다는 것을 제시하도록 했다(Baier, 1993b).

이성과 감정

남성-여성의 구별과, 이성과 조금 덜 중요하다고 가정하는 인간의 다른 측면들을 양극화하는 일부 철학적 전통 간의 상호작용에 대한 이러한 관심의 배경에 반대하여, 여성주의 철학이 감정들을 기술하고 재평가하려는 데 관심을 가진다는 것은 놀라운 일이 아니다. 이성과 감정 간의 관계에 관한 여성주의의 많은 논의들은 윤리이론의 일반적인 가정들을 재고하려는 시도에서 출현했다. 여성주의자들은—도덕이론을 적용하는 도덕의 복잡한 맥락들과, 도덕적 추리과정에서—감정의 역할을 강조했다. 다른 저작은 성적 차이의 사회적 구성과 성(sex)과 젠더의 정치학에서 보여지는 특수한 감정들을 이해하는 쪽으로 방향이 지어졌다. 엘리자베스 스펠만(Elisabeth Spelman)은 분노의 철학적 측면들을 복종의 정치학과 관련하여 탐구하였으며(Spelman, 1989), 또한 후회, 당혹감, 죄의식, 수치심과 같은 감정들이 여성주의의 정치학 안에서 작동하는 도덕적 태도들을 드러낼 수 있는 방식을 탐구하였다(Spelman, 1991). 산드라 바트키(Sandra Bartky)도 특히 수치심과 관련하여 젠더화된 감정의 패턴들을 탐구했다(Bartky, 1990a, 84~98면). 바트키가 강조하는 것처럼, 개별 감정들은 젠더화된 것이 아니라 "전체적인 심리적 상황과 일반적인 사회적 위치"에 있어서 다른 의미를 갖는다는 것이다. 바키는 차이들을 고찰하다가 수치심에 관한 철학적 설명을 도출해내었다. 즉 수치심은 개별적인 느낌이나 감정이 아니라 "사회적 환경에 대한 일반적인 감정적 조율"로 취급된다. 감정들이 경험되고 표현되는 방식은 그룹간의 다른 힘의 관계를 나타낸다. 나아가 남성과 여성에 대한 태도 속에 작동하는 다른 가정들과 기대들이 감정들 속에 성적 차이를 조장한다(Bartky, 1990a, 85면).

단일성과 다양성

르 되프가 "철학적 상상"(philosophical imaginary)이라 부른 것은 합리성이나 철학의 단일성을 이루는데 도움이 된다. 그러나 여성주의 철학 자체는 르 되프가 제시하듯이 어떤 방식으로는 이러한 상징적 작용들에 연루되어 있다. "여성"(woman) 또는 "여성적인 것"(the feminine)의 단일성은 "합리성"이나 "철학"만큼이나 철학적 상상의 구성물이다. 역설적으로 "여성"이나 "여성적인 것"이라는 이름으로 합리성과 철학의 단일성에 도전하면서, 여성주의 철학 자체는 차이를 은폐하는 단일성들을 생성할 수 있다. 여성주의 철학이 단일한 "여성적인 것"의 이름으로 이루어져야 하는지, 또는 오히려 그러한 단일성들의 구성을 거부해야 하는지는 이성에 관한 여성주의 담론들이 나뉘는 이론적 쟁점들 중의 하나이다. 합리성에 관한 새로운 여성적 견해들이나 대안들을 탐색하기보다는, 어떤 여성주의 철학자들은 여성적 경험의 특수성들에 초점을 맞추려는 시도를 해왔다. 그것은 사회적으로 구성된 젠더 차이들이 잘 알려진 이성이라는 중립적이고 보편적인 주체가 있는 어떤 맥락을 제공하는 방식들을 강조하는 것이다. 특수성과 맥락에 대한 강조와 개별적인 앎의 주체의 특권적 지위에 대한 거부는 여성주의 인식론의 두드러진 특징이다(17. "인식론"을 보라).

철학에 함축된 단일성, 즉 '남성'과 '여성'의 단일성이라는 쟁점들은 이성에 관한 여성주의 비판에 대한 논쟁들에 중심이 되어 왔다. 현대의 여성주의자들은 종종 서구 전통에서 여성적인 것에 대립적으로 정의되어 왔던 단일한 '이성'과 같이 '여성' 또는 '여성적인 것'의 단일성을 탈신비화할 필요가 있는 것으로 보게 되었다. 단일하고 보편적인 이성에 관한 주장들에 저항하여 어떤 여성주의 철학은 '포스트모더니즘'의 어떤 측면들에 집중한다. 이러한 집중으로 어떤 비판가들은 여성주의 비판 속에 비합리주의에 호의적인 철학이 거부되고 있다는 것을 알게 되었다. 브렌다 알몬드(Brenda Almond)가 논하듯이, 철학의 단일성은 현대 사상에서는 포스트모더니즘과 여성주의 모두로부터 도전을 받고 있는 이성의 단일성에 의존하고 있다. 상식적인 이성의 이념을 거부함으로써 철학은 "아무 데도 갈 곳이 없다"(Almond, 1992, 215면).

이성에 관한 여성주의와 포스트모더니즘의 비판들 간의 유사성은 실라 벤하비브(Seyla Benhabib)에 의해 구조적으로 탐구되었다. 그녀가 《자아를 자리매김하기》(*Situating the Self*)에서 지적했듯이, "이성의 남성적 주체"를 탈신비화하려는 여성주의의 시도들과 계몽의 이상들에 관한 포스트모던의 비판들 간에는 유사성이 있다(Benhabib, 1992, 1~19면). 그러나 이성에 관한 여성주의 비판은 포스트모더니즘의 모든 견해들과 마찬가지로 이성의 계몽적 이상들을 무차별적으로 거부하지는 않는다. 벤하비브가 논하듯이, 그 전통에서 이상화된 "앎의 주체"의 단일성과 보편주의에 관한 포스트모던과 여성주의의 비판들을 설명하는 방식들로 이성의 계몽적 이상들을 재건할 수 있다.

여성주의 철학 안의 수많은 논쟁은 어떻게 젠더가 상정된 이성의 단일성, 중립성, 보편성과 관련있는가라는 문제에 중점을 두고 있다. 많은 여성주의 비판들은 이성의 무성화(sexlessness)를—모든 신체적 차이를 초월하여—이상화된 동일성 아래 차이들을 은폐하는 것으로서 여성들에게 불이익이라 보았다. 평등주의의 이상으로 여기는 것은 사실 남성성의 감추어진 특권화이다. 그렇다면 다음과 같이 쟁점화된다. 즉 전통적 이상들 가운데 무엇이 구조될 수 있고 재평가될 수 있는가? 만약 젠더 차이들이—그것들의 기원이 무엇이든 간에—영혼의 이상화된 동일성 속에 은폐되기보다는 오히려 진지하게 다루어진다면 "합리적 사유"는 어떻게 변화할 수 있는가?

철학적 관행에 대한 여성주의 비판

얼마나 정확하게 성의 차별화가 도덕적, 지적 특성에 적용되는가라는 문제는 철학적 방법론에 대해 몇몇 여성주의로부터 영감받은 비판적 논의의 초점이기도 하였다. 여기서 이성의 젠더 중립성에 대한 여성주의자의 도전은 유행하는 철학적 관행에 대한 비판적 논쟁으로 확장되었다. 재니스 물톤(Janice Moulton)은 철학적 논쟁의 "반의적 패러다임"(adversarial paradigm)을 비판적으로 논하는 영향력있는 논문(1983)에서, 더 자세히 검토하자면 명확하게 중립적인 철학적 기술은 남녀에 대한 다른 사회적 의미를 가진다고 논했다. 그녀가 제시하듯이 반의적 접근 방식—쉽게 반박을 받을 수 있는 입장들을 동일화 하는 것—은 투쟁적 관행에 가장 잘 맞는 사회화된 젠더 정체성을 가진 사람들에게 유리하게 작용한다. 남자들에게 전용적이라 보여지는 행동은 여자들에게는 '공격적인' 것으로서 해석된다. 반의적 패러다임의 지배는 남성성의 특권을 미묘하게 강화시킬 뿐만 아니라 어떤 맥락들에서 더 효과적일 수 있는 보다 탐구적인 다른 접근들을 배제한 철학적 관행을 무력하게 만든다.

물톤의 논문은 어떻게 젠더화와 철학적 관행의 상호작용에 관한 반성적인 앎이 남성과 여성에 대한 학문 분과를 풍부하게 하는 방식들로 철학적 방법론을 변형할 수 있는가를 예증하고 있다. 여기서는 대안적이고 구별되는 여성스러운 방식의 철학함에 대해서는 어떠한 시인도 하지 않는다. 오히려 젠더 중립적 관행을 적용하는데 나타나는 실재적 차이들을 치밀하게 분석함으로써 남성과 여성 모두에게 순수하게 접근할 수 있게 하는 방식들로 철학적 관행을 수정할 여지가 생긴다.

여성주의 철학은 일차적으로 젠더화의 문제에 대한 관심에 의해 유발되지 않은 현대 철학의 조류들과 맞물려 있다. 어떤 여성주의 철학은 여성들에 대해 적대적이거나 억압적인 것으로서 보여진 분과 학문에 저항하는 태도를 가졌다. 그러나 많은 여성주의 철학은 오히려 다른 식으로 유발된 현대 철학의 안건들이나 관행에서 변화들을 이끌어내는—그 다음으로 강화시키고 확장시키는—것으로 보여질 수 있다. 여성주의 철학은 다른 시도들과 함께 철학적 관행을 변형시키는 데 집중하고 있다. 그것은 보완적이며 풍부하며, 몇몇 그러한 발전들에 의해 그 자체를 풍부하게 한다. 예를 들어 이성과 감정 간의 관계와 감정 자체의 합리성의 문제들은 현대 철학의 안건들이다. 철학적 작품 속의 은유와 상상의 작용에 대한 관심은 철학과 문학 간의 관계들에 대한 더 일반적인 관심에 의해 자극을 받았다.

여성주의 비판은 우리가 물려받은 합리성의 이상들에 대한 저항과 배제를 명료화하고 소개하는 데 중요한 역할을 한다. 또한 기존에 형성했고 형성되었던 철학적 관행들에 도전하는 데 중요한 역할을 하였다. 그러나 이성에 관한 여성주의 비판들은 항상 현대 철학의 다양한 관행들 속에서 독자적인 그룹으로서 쉽게 구별되지는 않는다. 그러나 많은 여성주의자들이 이러한 확고성이 부족한 것을 환영하였다. 정체성, 자기-동일화, 자기-구성의 문제들 자체는 현대 사회 철학에서 논쟁이 되고 있다. 또한 '여성주의 철학자'의 정체성 자체는 흥미로운 문제이다. 여성주의 철학자들은 어떤 독특한 여성적 형태의 사유에 대한 철학적 입장들에 충실함에 의해서보다는, 종종 그들이 가진 동기들이나 철학적 관심들 속에 나오는 반복되는 특징의 패턴들에 의해 더 쉽게 확인할 수 있다. 이성에 관한 여성주의 비판의 핵심은 수용된 이상들과 관행들이 젠더 차이의 복잡한 현실들에 직면하여 적응하게 될 때 일어나는 것을 탐구하는 데 있다. 그러나 그러한 탐구들에 대한 어떠한 적법한 여성주의의 결과물은 없다. 젠더가 의존하는 차이들을 은폐하는 가정들과 절차들에 대한 철저한 사유는 종종 여성주의 철학자들로 하여금 예상치 못한 영역들을 다루게 할 것이다. 그것은 최소한 다른 동기를 가진 다른 지적 전통에 대한 도전들에서 나오는 발전들과 일시적으로 제휴하는 영역들이다.

미래의 방향들

현대 프랑스 철학자들의 작업은 영어권 철학 내에서 작업하는 여성주의자들에게 강한 영향을 미쳤다. 우리가 훨씬 전에 알았던 르 되프(Le Doeuff)는 철학적 글쓰기에서 소홀히 되었던 상상의 차원들에 초점을 맞춘다. 뤼스 이리가라이(Luce Irigaray)의 작품도 철학적 텍스트들에 나타나는 상상력과 정서의 작용에 대한 탐구에 강력한 영향을 미쳤다(Irigaray, 1985; Whitford, 1983, 1991). 그러나 여성주의 철학의 문헌은 광범위한 철학적 양식들과 방향들을 보여준다. 이성에 대한 많은 여성주의 논의가 현대 유럽철학과 사회 이론에서 끌어왔지만, 합리성과 객관성의 규범들에 관한 젠더화와 관련된 측면들을 탐구하기 위해, 그리고 이성의 성차별에 관한 주장들을 분명히 하기 위해 철학의 분석적 방식들의 기술들을 사용하는 데 관심이 증가하고 있다(특히 Haslanger, 1993; Langton, 1993a를 보라).

여성주의 철학은 철학적 관행을 변형시키는 데 중요한 기여를 했다. 그것은 사회적 맥락과의 연대, 차이에 대한 민감한 반응, 사유의 다른 영역들의 발전들과의 조화를 목적으로 하는 지적인 탐구 양식의 출현에 중요한 역할을 했다. 그것은 또한 이성에 대한 새로운 대안이나 새로운 여성적 합리성을 발전시키는 데 개입되고 있는가? 우리가 보았듯이 이러한 문제에 대해 여성주의자들 간의 일치는 전혀 없다.

어떤 여성주의자들은 새로운 여성적 사유 방식을 제시함으로써 미래에 대한 자신들의 시각을 명료화한다. 다른 사람들은 남기고 떠나는 것이 좋을 영구적인 정형화와 같은 시각들을 내버린다. 즉 늘 입장들의 범위는 사이(in between)에 있다.

아마도 르 되프가 "철학적 상상"이라 불렀던 것에서 보다 선호될 수 있는 새로운 사유 방식들이라 할 수 있는 것을 개괄하려는 시도들을 가장 잘 볼 수 있다. 전문 철학에 전형적으로 나타나는 지적 관행들을 불만족스럽게 생각하는 여성주의 철학자들은 대안적인 사유 방식들—우리가 얼핏보기에 이성, 상상력, 감정에 대한 과거의 양극화를 통해 가능성들이 배제되었던 지적인 영역들—을 상상하려고 시도한다. 우리는 예를 들어 우리 자신의 관점으로부터 벗어날 수 있는—모든 관점들을 초월하는 앎의 방법의 가능성에 개입하지 않고도—객관성의 개념들을 상상할 수 있다. 우리는 철학적 전통 자체가 소홀히 했던 부분들에서 엄격성이나 무관심성(disinterestedness)의 이상들을 희생하지 않고도 과거의 양극화들을 거부하는 정서와 상상력 및 지성의 단일성을 구축하기 위한 수단들을 발견할 수 있다.

여성과 남성은 그들이 공유한 지적 전통에 나타난 과거의 배제과 특권과 관련하여 다르게 자리매김된다. 마찬가지로 그들은 합리성에 대해 다른 전망을 가지며, 합리성의 변형으로부터 바랄 수 있는 것에 대해서도 다른 태도를 가진다. 그러나 여기에 있을 수 있는 차이가 무엇이든지간에 그것은 원칙적으로 젠더를 무시하고도 철학적 상상에 접근할 수 있다. 합리성에 관한 여성주의 비판 중에 가장 중요한 결말은 독특하게도 '여성적인' 사유 양식의 출현이—또는 심지어 염원조차도—아닐 것이다. 아마도 그것은 오히려 인간의 사유 방식들과 그것들의 양극화의 거부 및 그것들을 종합하는 다른 방식들의 힘과 한계에 대한 더 높은 평가 속에 포함된 다른 단서들—지적 단서, 상상적 단서, 정서적 단서—을 더 첨예하게 명료화하는 것일 것이다. 지성과 상상력 및 감정 간의 다른 종류의 단일성은 다른 맥락들에서는 적절하거나 부적절하다. 지식의 그러한 요소들을 종합시키는 다른 방식들의 강점과 약점을 통해 사유하려는 여성주의의 노력들을 통해 철학자들은 우리의 인간성을—그것의 모든 차이와 공통점들에서—표현하는 사회적 관행에 적극적으로 참여하고 개입하는 방식들을 아주 분명하게 깨닫게 된다.

(장영란 역)

17. 인식론

로레인 코드(Lorraine Code)

서론

철학적 토론의 장에 비교적 늦게 등장한 여성주의 인식론은 1981년에 내가 그 당시로선 상당히 도발적이었던 물음인 '인식주체의 성(sex)이 인식론적으로 과연 중요한가?'를 제기한 이래 다양하게 정교화되면서 성장해 왔다. 그 당시 위와 같은 질문은 철학 내부에서 긍정적인 답변을 얻기 시작했다. 예를 들어 산드라 하딩(Sandra Harding)과 메릴 힌티카 (Merrill Hintikka)의 《실재의 발견: 인식론, 방법론 그리고 과학철학에 있어 여성주의적 관점》(*Discovering Reality: Feminist Perspectives on Epistemology, Methodology, and Philosophy of Science*)에 수록된 논문들, 낸시 하트삭(Nancy Hartsock)의 《돈, 성 그리고 권력: 여성주의 역사적 유물론을 향하여》(*Money, Sex, and Power: Toward a Feminist Historical Materialism*)와, 여성주의 인식론에 관한 논의들을 다루고 있는 앨리슨 재거(Alison Jaggar)의 《여성주의 정치학과 인간본성》(*Feminist Politics and Human Nature*)을 거론할 수 있는데 이 책들은 모두 1983년에 출판되었다. 이러한 저술들은 전통 철학 내에서 새로운 인식론의 영역을 확보하는 계기가 되었다. 또한 전통 철학은 도로시 스미스(Dorothy Smith, 1987), 캐롤 길리건(Carol Gilligan, 1982a), 낸시 초도로우(Nancy Chodorow, 1978) 같은 비철학자들의 저술에까지 문호를 개방하게 되었다. 그럼에도 불구하고 1960년대 후반과 1970년대의 철학적 기획에서 여성주의 윤리학과 정치철학이 학문적으로 주목할 만한 발전을 하며 성장하고 있었지만, 인식론, 과학철학 그리고 논리학에서 이와 유사한 개입이 지적될 뿐만 아니라 긴급하게 요청되었다는 주장은 여전히 이념적 과잉의 쓸데없는 표명처럼 들렸다. 지식, 과학 그리고 논리는 정의상 진리와 객관성의 저장고로서, 수호자로서 그리고 젠더가 개입된 특수성과 다변하는 정치학으로부터 보호되어 고립된 공간을 차지하고 있는 자들처럼 견고하게 버티고 있는 듯했다.

주류 영미 인식론은 그것의 본연의 임무가 회의론을 물리칠 수 있는 객관적이고 일관되게 정당한 '지식일반'의 필요충분조건을 결정하는 일이라는 확신을 갖고서 인식론을 정의했다. 그 확신이란 보편성, 추상성 그리고 선험성 이외에는 어떤 것이라도 배제한다는 것이다. 이러한 추론적인 가정 하에서 바로 이 용어—여성주의 인식론—는 마치 멍청한 모순어법처럼 들린다. 왜냐하면 제대로 이해된 인식론이란 다각적 특수성을 가진 주관성을 참작해서는 안되기 때문이다. 요지는 지식의 비정치적인 자기표현을 정당화할 수 있는 객관적이고 공정한 거리유지와 지식이 협력관계를 지속한다는 점이다. 반대로 지식의 정치학을 드러내고, 젠더가 개입된 인식적 주관성과 행위의 문제들을 명백하게 표명하고 있는 여성주의자들은 그 용어의 '실천적' 인식론적 측면을 가치있는 것으로 보고, 오히려 주류 인식론자들의 주장에 의문을 제기한다.

그러나 1983년 이래 여성주의 인식론의 기획들은 지금까지 수행되었던 범위를 훨씬 뛰어넘어 인식론적 탐구영역을 확장하고, 지식 문제들에 대한 대부분의 전통적인 탐구가 지니고 있던 근본적 전제들에 도전하기 위해 매우 세세하고, 매우 탐색적이며, 매우 다양한 성장을 해왔음이 사실이다. 여성주의자들은 주류 분석인식론 문헌에서 잘해야 그림자 모양으로나 등장하는 인식주체의 성에 대한 인식론적 중요성을 논의하는 것으로부터 대부분의 주류 영미인식론에서 논의된 '인식론적 기획'의 남성중심성을 폭로하는 데 이르기까지 발전을 거듭해 왔다. 그들은 더 나아가서 남성중심성이라는 속성조차도 너무 조야한 것임을 지적한다. 왜냐하면 이 속성은 철학적 지식론이 알아내고자 하는 범위를 얻어내는 데 실패했기 때문이고, 자세히 보면 알 수 있듯이, 이 속성들은 인종, 계층, 종교, 민족, 나이 그리고 육체적 능력에 따라 다르게 유지되는 권력과 특권의 구조들을 영속시키는 것만큼이나, 따로따로 그리고 단일하게 성격지을 수 있는 성/젠더체계에 의해 유지되는 그 구조들을 영속시키기 때문이다. 1990년대 후반, 수정된 인식론은 지식에 관한 물음에 관여하는 것만큼이나 주관성이라는 문제에 상세하게 관여하고 있음이 명백하다. 그리고 인식론적 문제들은 대부분의 철학적 탐구영역에 만연해 있을 뿐만 아니라, 대부분의 다른 학문분과에 그리고 그것들에 의해 소개되고 소개하는 실천의 영역 속에서 암암리에 활발히 작동하고 있다. 각 학문분과와 그것의 실천들은 대체로 이름값에 걸맞는 지식과 그러한 지식이 인정할 만한 것에 대한 밑바닥에 깔려있는 가정들로부터 작동한다. 이러한 가정들은 빈번하게 주류 분석인식론이 세운 전제들을 공고히 한다. 이 전제들은 확실성, 권위, 책임 그리고 신뢰에 대한 불공정하고 부정의한 다수의 기준들을 만든다. 이 기준들은 백인 상류 남성의 인식적 특권을 영속시키는 한편, 현재 권위적인 지식-생산자들에 의해 합법화되지 않은 채 만들어진 지식과 지혜를 무시하고 불신하게 한다.

인식주체의 성에 대한 인식론적 중요성을 주장하게 된 데에는 1980년대 초중반에 걸쳐 활동했던 이론가들의 작업에 큰 빚을 지고 있다. 그들은 이성과 합리성, 객관성과 지식 자체와 같은 '영원한' 철학적 관념들에 대해서조차도 그것들의 역사적 문화적인 특수성을 드러냈다. 제네비브 로이드(Genevieve Lloyd)의 《이성적 남성》(*The Man of Reason*, 1984, 1993년 개정판), 에블린 폭스 켈러(Evelyn Fox Keller)의 《젠더와 과학에 관한 성찰》(*Reflections of Gender and Science*, 1985), 수잔 보르도(Susan Bordo)의 《객관성으로의 이탈》(*The Flight to Objectivity*, 1987)은 이 사상가들이 이 책들에 발표한 내용들이 나돌기 전에는 영미철학에서 전혀 통용될 수 없었던 개념적 공간을 열어 놓았다.

로이드는 서양철학의 정전이라 할 수 있는 문헌들을 주의깊게 다시 읽으면서 역사적 다양성을 통해서조차도 남성다움과 이성에 대한 정의, 상징성, 연상작용들 간의 놀라운 우연의 일치가 존재한다는 것을 보여준다. 이성이란 단순히 이 세상을 관통하는 하나의 독립된 개념이 아니다. 그것은 상징적, 은유적으로 모든 것과 연결되어 구성된다. 즉 이상적인 남성다움과 이성이 연계되며, 이러한 구성은 이상적인 백인 남성다움이 그 자신과 맞는 정의와 불일치한 특성과 속성을 가진 사람들에게는 접근 불가능하거나, 용이하지 않거나 아주 어렵게만 접근 가능한 합리적 영역이라는 경계선을 긋는다. 이러한 제휴가 만들어내는 개념적-상징적 이분법은—이성/감성, 마음/몸, 추상적/구체적, 객관적/주관적 이분법이 전형적인 예들이다—또한 서술적으로든 가치평가적으로든 남성/여성 이분법과 나란히 한다. 그리고 이러한 이분법은 합리적 노력의 산물로서 이상적이고 보편적으로 타당한 지식의 형태를 구축하는데 작용하며, 말하자면 (전형적으로) 여성다움과 연계된 개별성이나 억견으로부터 지식을 분리해내는 데 작용한다(16. "합리성" 참조).

켈러와 보르도의 분석은 상징적이라기보다는 사회심리적이다. 보르도에게 있어서 데카르트적 객관주의란 17세기적 '여성다움으로부터의 이탈'의 한 단면이며, 실질적으로나 이론적으로 주요한 인식론적 과제는 '여성적 우주'(the female universe)라는 혼돈을 길들이는 일이라는 널리 퍼져 있는 확신의 결과이다. 냉철한 자기통제적 객관성에 가장 잘 표명된 남성적인 인식론적 입장을 받아들임으로써만이 인식주체는 이 과제를 성공적으로 완성할 수 있는 희망이 있다. 그리고 이러한 입장은 필연적으로 체현, 시간, 장소, 개성을 지닌 개별성들로부터 유리되며, 더 나아가 대상 그 자체로부터 멀어진다. 대상-관계이론(Chodorow, 1978 참조)에 빚을 지고 있는 이러한 설명에서 보르도는 어머니로부터의 분리 (현저하게 남성적인) 그리고 파생적으로는 '현실'로부터의 단절에 의해 생성되어 만연해 있는 두려움을 제거하기 위한 전략으로서 이러한 모든 요구들을 해석한다.

이와 유사한 맥락에서, 켈러는 합리성, 객관성 그리고 자연을 지배하려는 의지와 같은 개념들이 동시에 남성다움이라는 특별한 시각을 제공하며, 또한 이 개념들이 이러한 (남성) 행위자들의 속성을 특별히 채택한 '정상' 과학을 제도화하는 데 작용한다고 주장한다. 경험과학의 성과와 과학적 방법론에 대한 켈러의 존중은 그녀의 저술을 통해 뚜렷이 알 수 있다. 그러나 그녀는 또한 역사적 문헌들과 20세기 과학적 실험에 대한 독해를 통해서 지배적 개념들 중 로이드와 보르도가 (다각적으로) 주목한 이성, 남성다움, 지식 그리고 과학적 수행과의 제휴는 20세기 과학이 초래할 것을 예상치 못한 것처럼 플라톤과 베이컨의 사상 속에서도 명백하게 보인다는 점을 지적한다. 저명한 유전학자 바바라 맥클린톡(Barbara McClintock)에 대한 시기적절한 인정을 수여하려 했을 때 기존의 과학계가 취했던 거부나 무능함은 맥클린톡의 (남성적 규범으로부터) 벗어난 과학적 스타일에 기인하는—켈러가 설득력 있게 논증했듯이—것이다(Keller, 1983).

로이드, 보르도 그리고 켈러가 발전시킨 주장들은 자주 논쟁거리가 되지만, 그들의 작업은 명백히 혹은 암암리에 여성주의 인식론을 가능하게 한 텍스트들로—그리고 맥락 생산적 기능을 하는 것으로도—손꼽힌다.

여성주의 인식론적 기획들은 기존의 영미철학 인식론 내부와 외부 모두에 자리잡고 있다. 그것들은 그들에게 배타적이고 억압적인 영향력을 없애고자 노력할 때조차도, 비판적인 엄밀한 조사에도 견딜 수 있는 그들이 가진 자원들에 의지하면서 자주 기존의 이론들과 영합하기도 하고 반대입장에 서기도 한다. 이 논문에서 명백해지겠지만, 이러한 여성주의 인식론적 기획들 대부분은 과학철학과 사회과학의 비판적인 질문들로부터 실질적인 내용과 영감을 얻는다. 여성주의의 정치적 목적이 단순히 인식주체들 중 여성이 얼마나 많은지 그리고 수정된 인식론이 연구하게 될 지식의 일부가 '여성에 관한 문제들'에 대한 지식을 고려한다고 해서 성취될 수 있다고 믿는 사람은 거의 없다. 즉 그들 대부분은 기존의 확고한 주류 인식과 평행선을 달리는, 그러나 방해하지는 않는 단일하고 본질적인 '여성의 인식방식'이 있다는 입장을 거부한다. 그러나 여성주의 인식론과 여성주의 과학철학이 일련의 공통목적을 갖고 연합하여 혁신적이고 좋은 성과를 내는 교차교배를 허용할지라도 여성주의 인식론의 영역은 여성주의 과학철학의 영역보다 그 범위가 넓고 또한 다르다. 그리하여 여성주의자들은 인식론이 일상세계에서 점진적 영향력을 발휘하면서 서양사회를 관통하여 그리고 학문세계 안에서 모두 가부장제와 다른 위계질서적 사회구조를 유지하는데 일정한 역할을 하고 있다는 자각으로부터 출발한다. 인식론은 그것이 암암리에 합법화한 지식과, 그것이—또한 자주 암암리에—인식적 권위를 수여받은 인식주체들 그리고 결국 그것이 생산하는 배타성과 신뢰성의 차이로 인해 그러한 영향력을 발휘한다. 대다수 여성주의자들은 추상적 인식주체에 대한 이상화된 설명을 구축하기 위한 목표가 되는 것 모두를 던져 버린다. 이들은 실재-세계(real-world)라는 (그리고/혹은 실재 과학적/사회과학적) 환경 안에서 그들에게 잘 봉사할 수 있는 책임있고 신뢰할 만한 지식을 구축하기 위해 노력하는 가운데 만나게 되는 실재적, 구체적, 특정한 공간적 위치를 점유하고 있는 인식주체들을 인식적으로 요구함으로써 그들의 규범적 결론을 정초짓고자 노력한다(Code, 1987 참조).

1980년대 초 여성주의자들의 개입이 인식론적 연구를 어떻게 다시 형성하게 했는지를 살펴봄에 있어, 하딩은 《여성주의에서의 과학적 물음》(*The Science Question in Feminism*, 1986)에서 이 시기에 제공되었던 분류학을 강조한다. 이것은 과학철학 내에서 발단되었지만 여성주의적 입장들을 구분짓고, 다른 계보를 갖는 인식론의 기획들도 구별하는 더욱 광범위한 적용에 사용된다. 하딩은 세 가닥의 주요한 연구에 주목한다. 즉 여성주의적 경험주의, 관점주의 그리고 포스트모더니즘이다. 이 세 가지는 순서대로 급진성의 정도를 나타낸다. 경험주의는 전통적 지식론을 지배하는 원리들에 가장 가까운 충실성을 보유하며, 포스트모더니즘은 전통이론의 근원에 도전하고 그들로부터 가장 첨예하게 결별을 선언한다. 이러한 분류학은 여성주의 기획들이 처음 두 분류가 내포하는 것만큼이나 그리고 전반적 노력에 대한 포스트모던의 도입이 달리 인지된 만큼이나 명백하게 그리고 군더더기 없이 요약될 수 없다는 점이 점점 더 명백해짐에 따라 폐기되었다. 그럼에도 불구하고 나는 이러한 변화를 구획짓는 한 방식으로 경험주의와 관점주의의 몇몇 입장을 간단히 살펴보고자 한다.

경험주의와 관점주의

여성주의적 경험주의가 출발점으로 삼는 것은, 여성주의자들이—미래의 다른 인식주체들처럼—물리세계에서 자유로이 움직이면서 그들의 경험을 알리고 그들의 주변환경을 구축하는 사회적, 정치적, '자연적' 실재와 효과적으로 연계하고자 한다면 그들은 그들의 지식을 경험적 증거에 근거해야만 한다는 주장이다. 이러한 주장은 일상적 지식과 학문적/과학적 지식 모두에 적용된다. 그러나 고전적 경험주의는 추상적, 일반적인 지식주장을 평가하는 과정에서, 구체적이고 주관적인 상황을 갖는 인식주체의 특수성이 사라져버린 고립되고 상호교환 가능한 인식주체들에 의한 이상적 관찰조건에서 인지된 내용을 상당한 자랑으로 여긴다. (로크적인) 백지장에 대한 근대적 비유로부터 출발하는 많은 정통 경험주의자들은 냉철한 중립적 정보-처리자로서의 인식주체라는 허구를 갖고서 작업한다. 이러한 인식주체의 자연적 혹은 상황적인 개별성은 관찰적 증거로부터 발생하는 인지적 생산물들과 무관함에 틀림없다. 그러한 증거에 대한 인식주체의 접근은 그들이 단순히 증거와 우연히 부닥침으로써 확신된다. 자기선언으로서의 증거모델과 (만들어진 지식이 아니라 발견된 지식에 대한) 증거를 일괄적으로 받아들일 준비가 되어 있는 인식주체들은 일상지식에 대한 증거의 분석과, 자연과학적이고 사회과학적 실천 내에서의 증거의 정교함에 있어서 경험주의를 지배한다.

그러나 경험주의는 중립적이고 보편적으로 타당한 지식과 인식론 개념들을 포기하기는커녕, 그것의 창시자들에 의해 지울 수 없는 형색을 갖추게 되었고, 그것의 인식적 지위의 특수성을 입증하기도 한다. 정통 경험주의자들에게 있어서 인식주체들 간에 존재하는 역사적이고 젠더가 개입된 상황적 차이들은 [오히려] 편견이거나 오해로 바뀐다. 즉 이는 형식적 정당화 과정에서 뿌리째 뽑힐 오류들 그리하여 형식적 정당화 과정에서 무시될 오류들이다. 그래서 이른바 경험주의의 모든 경험적인 기초를 마련함에도 불구하고 경험주의를 작동하게 하는 경험이란 인지적 특수성들이 인식주체로서의 자격을 갖추고 지식으로 여겨지는 하나의 지배적인 개념 하에서 단일화된 추상적인 것이다. 실제로 이러한 개념들은 그것들의 (통상 백인, 남성, 상류층 그리고 교육받은) 창시자들이 본보기로 여기는 경험을 반영하고 모방한다.

1990년대 후반 여성주의자들의 연구 목표는 남성중심적이지 않으며 또한 인종차별주의자, 고전주의자, 남녀차별주의자 혹은 다른 어떤 편견에 의해서도 각인되지 않은 세속적이고 과학적인 지식을 생산해 내는 일이었다. 이들은 실험실과 일상생활 모두에서 사람들을 지적으로 생생하게 살아있도록 하기 위해, 경험적 조사에 대한 괄목할 만한 성공을 재확신한다(3. "경험주의" 참조). 여성주의자들은 불균형한 인식적 권력과 특권 체계를 유지하는데 공모하고 있다는 사실과 자신들의 특수성이 만들어내고 있는 것에 무지한 채 일을 수행하는 자들에 의한 경험주의가, 뻔뻔스러우리만치 가치평가적이지만 엄격한 경험주의보다 상대적으로 적절한 지식을 생산할 수 없다고 주장한다. 이러한 수정된 경험주의로 연구자들은 증거에 대해서 만큼이나 인식 공동체에 대해서도 답변할 수 있다. 즉 인식주체의 구체적인 인식적 상황과 이해관계들은 지식을 가능하게 하는 조건들 중 하나이고, 마찬가지로 이것들을 비판적으로 정밀하게 들여다 볼 필요도 있다. 이는 정치적으로 정보가 제공된 연구가 보다 나은 경험주의를 육성하며, 그 자신을 가능하게 하는 주변환경을 그저 놓쳐 버리고서 자신을 정의내리는 객관성보다 더욱 강하고 엄격한 객관성을 생산해 낸다는 생각이다. 여성주의적 정보를 갖춘 인식(그리고 인종적, 계층적, '차이'-민감성 인지)은 그것의 요구사항들에 대해 설득력을 증가시키면서 객관성을 향상시킨다. 이러한 인식은 제대로 된 관찰과 건전한 결론을 도출할 바로 그 가능성 위에서 주관적인 자리를 차지하는 결과를 초래한다. 이러한 결과가 객관성을 위협하지는 않는다. 인식주체의 인식적 상황을 구성하는 요소들은 그/그녀/그들이 추구하는 지식주장들을 평가하는 분석만큼이나 엄격한 경험적 분석을 요구한다.

이렇듯 재구성된 객관성 개념은, 이상적인 조건 하에서 감각 관찰이 객관적 지식의 특권적인 원천이고, 인식주체들은 냉철한 중립적 방관자들이며, 지식대상들은 지식-수집 과정에서 수동적인 요소인 인식주체로부터 분리되어 있다는 실증주의-경험주의 전통의 주요한 교의(tenets)에 이의를 제기한다. 이러한 정통주의에 따르면, 지식주장은 관찰적 자료들에 호소하여 일괄적으로 검증할 수 있는 명제들로 구성되어 있다. 개별 지식-탐구자 각각은 그의 인지적 노력이 똑같은 상황에 놓인 다른 어떤 인식주체에 의해서도 모방될 수 있지만, 그는 홀로 그리고 독립적으로 증거를 설명할 수 있다. 그러나 여성주의자들은 이러한 객관성 개념이 의존하고 있는 아무데서나 비롯된 이상화된 관점—'신의 책략'(Haraway, 1991d)—은 성취될 수 없을 만큼이나 큰 정치적인 함의가 있다고 주장한다. 이 개념은 헤게모니적 인식적 가치와 자율적이고 자기충족적인 주관성에 의해 유지되고 또한 유지한다. 이러한 주관성을 퍼뜨리는 자들은 중립적이고 자연스러운 위치에 있는 자들로 간주된다. 끝도 없는 객관주의로 치달은 이러한 완전한 객관성에 대한 환상은 그것을 옹호하는 자들이 처한 상황들이 얼마나 지울 수 없는 자국을 남기는 가를 가능한 한 객관적으로 (이러한 요구가 불러일으키는 것이 자기반박적임에도 불구하고) 보여줌으로써만이 잠재울 수 있다. 그리하여 현실적이고 책임감있는 객관성이란 주관성을 고려할 것을 요구한다는 결론에 도달한다(Code, 1993).

원래 과학철학 내부로부터 발전하기 시작한 1990년대 주도적인 신-경험주의적 여성주의 인식론의 특징은 폐쇄적이고 단선적인 인식적 책임에 대한 개념(관찰자로부터 증거에 이르기까지)으로부터 결별을 고하고 공동체-상황적 인식론으로 이동한다는 점이다.

헬렌 롱기노(Helen Longino)의 맥락적 경험주의의 핵심은 과학이란 사회적 지식이고, 그것의 배후가정들은 지식획득과 평가에 있어 건설적인 역할을 한다는 주장이다(Longino, 1990). 전통적 경험주의자들이 요구했던 과학적 탐구는 가치로부터 자유로울 수 없다. 왜냐하면 문화적 혹은 사회적인 가치들이 지식을 가능하게 하기 때문이다. 그러한 배후가정들이 [과학적] 탐구를 생성시키는 공공의 지혜 속에 깊숙이 깔려 있다 할지라도, 그것들은 혹독한 비평에 열려 있다. 그러한 비평은 '정당화의 맥락'으로 그 자신을 제한할 수는 없다. 왜냐하면 [과학적] 과제들을 개념화하는 데 가치평가적인 가정들이 증거로 채택된 것과 단지 오해로 판명된 것을 당연시 여기는 믿음들과 [과학적] 탐구를 규제하고 인도하는 가설들을 더욱 깊게 하기 때문이다. 진정으로 롱기노는 다양한 배후가정들이 '똑같은' 자연현상에 대해 현저하게 다른 해석을 내릴 수 있음을 보여 주고 있다. 그러나 "과학적 지식이란 주어진 물질에다가 하나의 방법을 적용하는 개별자들에 의해서가 아니라, 관찰, 이론 그리고 가설들을 수정하는 방식에 있어 서로서로 상호작용하는 연구자들에 의해 구축되는 것이다"(Longino, 1990, 111면). 연구 공동체 안에서 이러한 상호작용이 배후가정들을 드러내는 데 성공하지 못할지도 모른다. 그 가정들은 서로의 생각을 모아 구성하는 바로 그 사람들에게는 잘 보이지 않는 경향이 있다. 그리하여 롱기노는 담론적 공동체에서 '변형 비평'(transformative criticism, 112면)에 호의적인 참여자로서 '외부'의 비판적 목소리에 대한 필요성을 촉구한다. 롱기노의 관점은 청문회를 요구하고, 증거, 설명할 수 있는 인지적 행위, 신뢰할 수 있는 협동적 지식-추구를 존중하는 공동체 기준들을 유지하는데 기여할 다중적이고 다양한 목소리들에 대한 [과학적] 탐구의 다원적 개념에 놓여 있다. 그녀에게 있어 객관성이란 명백하게 소통적이며 공공적으로 얻는 것이다.

린 넬슨(Lynn Nelson)의 경험주의는 정통 경험주의자들보다도 인식론의 후계자들에게 더 많은 것을 제공하는 콰인(W. V. Quine)의 작업으로부터 일차적인 영감을 얻는다고 그녀는 주장한다(Nelson, 1990). 넬슨은 협동적인 행위자로서의 인식주체에 대한 개념 안에 들어 있는 증거에 대한 전반적인 생각에 대해 재고한다. 이러한 인식주체들의 인식적 과제들은 그들의 지식-생산 실천이 일어나는 공동체에 의해 형성되며 그 공동체 내부에서의 평가를 요구한다. 그녀는 "협동자들, 동의를 이끌어 낸 자들, 그리고 좀더 일반적인 용어로서, 지식을 생산하는 행위자들이란 공동체들과 그 하위 공동체들이지 개인들이 아니다"(1990, 124면)라고 주장한다. 콰인적 인식론의 급진적 잠재력을 확신하는 그녀는 자연과학에서의 주목할 만한 성과와 증거를 존중하는 건전한 형태의 경험주의를 위한 원천을 발견한다. 그러나 이러한 경험주의는 또한 개별지식을 가능하게 하고 포함하는 '믿음의 그물망'으로부터 고립되어 분리되거나 자율적인 속성을 갖는 지식을 표방하는 것에는 저항한다. 그녀의 해석에 따르면 콰인은 고전적이고 수동적으로 수용된 '한 사람당 한 가지 지식주장'이라는 가정을 거부한다. 그 이유는 '우리 자신을 형성하기 위한 매개'로서 과학개념을 사용하고 새로운 증거에 의해 반증되고 다양한 맥락 안에서 작동하고 있는 이론들이 총체적으로 진화하고 있는 만큼, 이론 안에 묻혀 있는 믿음개념을 사용하기 위해서이다. 그녀는 인류학의 수렵채집가이론과 사회생물학을 비판적으로 재독하면서 '자연주의 인식론'에 대한 희망을 상세히 설명한다. 인식론이 발생하는 장소로서 진짜 지식-생산(적어도 과학적 심리학은 그것을 탐구한다)을 하는 것에 관심을 돌린 콰인의 연구를 환영하는 것과, 콰인에게 있어 인식론이 만들어진 장소로 비친 바로 그 과학적 심리학을 포함하여 사회과학이론들에서 수행되는 젠더, 인종, 계층 문제를 드러내 보이는 것이 넬슨의 초점이다(Code, 1996 참조).

자연화된 인식론과 여성주의 인식론 간의 결합을 제안하는 제인 듀란(Jane Duran)은 또한 지식을 공공적으로 취득되고, 협력되고, 공들인 것으로 취급한다(Duran 1991). 롱기노와 넬슨이 기존의 과학적 이념의 남성중심성을 영속시키는 배후가정들(Longino)과 믿음의 그물망(Nelson)을 비판적인 사회문화적 시각으로 재독하면서 그들의 이론을 여성주의와 접목하는 반면, 듀란은 여성주의자들이 "자연화되고 여성중심적인 인식적 정당화의 모델을 만드는 것"(124면)에서조차도 분석철학의 정신을 간직할 수 있다고 주장한다. 그 모델은 듀란이 본질적으로 여성적 원리들과 추론의 양태들로 간주한 것을 최대한 활용할 것이다. 그것은 남성인식주체와 여성인식주체들이 심리적으로 어떻게 형성되고 재생산되는지를 조사하기 위해 대상-관계이론, 정신분석, 인지과학에 도움을 구할 것이다. 듀란은 이 모델의 경험-분석적 엄격함이 관점주의에서 그녀가 발견한 진리문제에 대한 회피를 무마할 것이라고 믿는다. 즉 프랑스 여성주의이론을 통해 읽혀진 정신분석으로부터 나온 포스트모더니즘은 여성적 특수성을 말하기 위해 이용될 것이다.

관점주의자들은 가장 엄격한 여성주의적 경험주의조차도 주관성과 지식을 모두 생산하는 역사적-물질적 상황에 대해 충분히 급진적 분석을 제공할 수 없다고 주장한다. 관점주의자들은 가부장제 하에 있는 여성의 인식적 위치와 자본주의 하에 있는 노동자의 경제적 위치 간의 관계를 유추한다. 자본주의 이념이 부르주아에 대한 노동자의 종속을 자연스럽게 표출하는 것처럼, 가부장제 이념은 남성에 대한 여성의 종속을 자연스럽게 표출한다. 그리고 맑스주의적 분석이 그들의 출발점으로 노동자적 삶의 물질적-역사적 상황을 택하는 것처럼, 여성주의적 분석은 여성의 삶의 물질적-역사적 상황으로부터 출발한다. 패트리시아 힐 콜린스(Patricia Hill Collins), 낸시 하트삭, 힐러리 로즈(Hilary Rose), 그리고 도로시 스미스는 1980년대에 관점주의 인식론의 주요한 주창자들이었고, 1990년대 후반에도 여전히 활동하는 가장 저명한 대변인들이다.

여성주의적 관점은 그저 여성들의 여성성에 의거한 여성들의 것이라는 '여성의 관점'(women's standpoint)과 혼동되어서는 안 된다. 즉 그것은 단지 어떤 사람이든 그렇게 하기로 결정함으로써 다만 점유할 수 있는 상호교환 가능한 관점도 아니다. 반대로 그것은 지배와 종속이라는 양상이 세워지고 유지되는 거짓 전제들을 폭로하는 의식고양과 사회-정치적 참여에 의해 어렵게 얻은 산물이다. 관점주의 이론가들은 피억압자들이 단지 사회질서 안에서 기능할 수 있기 위해 그 질서가 어떻게 돌아가고 있는지를 터득해야만 했던 세세하고 자세한 전략적 지식은 바로 그 질서를 붕괴하기 위한 자원으로도 쓰일 수 있다고 주장한다. 관점주의자들은 그들의 미심쩍지만 주요한 전략으로서 세련되고, 정교하고, 지역적이면서 전지구적인 의식고양의 실천들을 강조하는 동시에 그들은 피억압자들과 억압자들 간에서처럼 가부장제적 사회질서가 그 자체로 성공적이리만치 '자연적'인 것이라는 주장의 부자연스러움을 폭로한다. 그러나 그들의 과제는 여성을 하나로 통일된 혹은 추정적으로 대표적인 관점 안으로 집합시키는 것은 아니다. 그것은 오히려 통찰력있는 실천으로서, 여성이 참여하고 있는 물질적, 가정적(domestic), 감정적, 지적 그리고 전문적 노동에 경의를 표하는 것이다. 이러한 실천은 지식과 주관성을 구성하는 급진적 요소이다. 이 이론가들은 전문직업 안에서조차도 최소의 사회-정치적 권위를 행사해 온 여성의 노동을 평가절하하는 사회구조를 수정할 것을 목표로 한다(Ruddick, 1989; Rose, 1994; Harding, 1991 참조). 그리고 이러한 새로운 이해에 의해 힘을 갖게 될 때 그들은 사회질서의 급진적 변형을 만들어 낼 또 다른 목표를 세울 것이다.

경험주의자와 관점주의자들은 모두 지식에 초점을 둘 뿐 아니라, 다양한 정도로 '인식주체(들)'에게도 초점을 맞춘다. 이러한 새로운 인식적 과제를 위해, 인식론자들은 이제 더 이상 지식의 보장을 확신하기 위해 몰인간적으로 표현된 지식주장을 검토하는 데에 만족할 수 없다. 인식주체가 누구인가라는 질문은 모든 방면에서 논의의 대상이 되었다. 그러나 경험주의자들은 이러한 질문들을 맑스주의자와 혹은 포스트모던적 영향이 좀더 명백하게 작용하는 이론가들의 작업과는 다르게 제기한다. 여성주의적 경험주의자들 대부분은 고전적 경험주의를 특징지으며 또한 그것이 자주 의존하는 방법론적 유아론에 서명하는 좀더 견고한 추상적 개인주의를 피해간다.

그러나—다른 정도에서—새로운 경험주의에서의 인식주체는 그 혹은 그녀가 인식적 공동체 안에 밑바탕으로 깔려있는 것으로 나타날 때조차도 공동체적 확증과 비판을 위해 그들을 드러내는 데 그의 혹은 그녀의 지식주장을 독백으로 그리고 독립적으로 형성할 수 있는 여전히 분리된 개인으로 다가온다. 공동체의 강조는 증거-수집과 증명의 짐을 재분배하며, 인식적 실천을 철저하게 변화시키는 방식에 있어 책임의 양태를 재구성한다. 그러나 지식-생산이 명백하고 불가피하게 공공적 행위라고 여긴 롱기노와 넬슨 같은 혁신적인 경험주의자들조차도 지배와 종속이라는 권력이 스며든 구조 내에서 자아와 공동체가 사회적/공공적으로 그들 스스로를 어떻게 생산하는지에 대한 분석을 거의 제공하지 못하고 있다. 그리고 자아발전의 정신분석학 이론에 대한 듀란의 의존에도 불구하고, 그녀가 순수하게 여성적이라고 보는 속성들이 어떻게 하여 그녀가 '전형적으로' 여성적이라고 판단하는 바로 그 성향들을 규범화하고 자연화하는 계층, 인종 그리고 성/젠더 개입적 특권의 연계망들의 산물이 되는지를 고려하는 데 실패한다. 이러한 권력과 특권의 똑같은 구조들은 성인 남성과 여성의 자아실현에 대해 진실을 생산하는 담당자로서 정신분석을 정당화한다. 그 속에는 가부장제적 권력과 정신분석 간의 공모가 감춰져 있다.

경험주의자들과 관점주의자들 간의 주요한 차이점들 중 하나는 주관성에 대한 그들의 분석이다. 낸시 하트삭(1983)은 경제적 정치적인 교환행위에 의해 통치되는 풍조를 가진 풍요로운 서구사회가 어떻게 '합리적 경제적 인간'을 필수불가결하게 만들어내는지를 보여 준다. 이 인간상은 공적 세계에서 지식과 존재의 지배적인 이상향을 초래할 경쟁적이고 탐험적인 일을 수행하는 규범적 형상이다. 그러한 사회에서 가능한 공통적 이해와 관심은 이기주의적, 자율적, 상호독립적인 지식과 행위에게 양보한다. 그리고 로즈(1983)는 냉철한 지적 인식이라는 환상적인 이상에 특권을 부여하는 사회들이 과학적-인식적 수행자라는 축약된 개념에 의존하고 있다고 주장한다. 이 개념은 공통적이고 공공적인 인간 실천에 절대필수적인 지식과 주관성을 생산하는 측면들인 손과 가슴[노동과 감정]의 범위를 무사통과하고 있다. 소냐 크룩스(Sonia Kruks, 1995)가 확실하게 보여주듯이, 실천과 주관성의 상호 구성적인 결과들에 대한 개념들은 여성주의적 경험주의자들과 관점주의자들을 가장 확연하게 구별짓는 요소들이다.

경험주의와 관점주의를 넘어서

도나 해러웨이(Donna Haraway)는 경험주의와 관점주의적 통찰에 비판을 가한 기념비적 논문에서 이 두 이론 중 어느 것에도 분명하게 동조하지 않으면서, '상황적 지식'(situated knowledges)을 옹호하는 논변을 펼친다. 이러한 지식은 객관성—잘 보는 법을 배우는 것—에 대해 강하게 언명한다. 반면 [그녀는] '어디서나 모든 것을 볼 수 있는 신의 책략'에 의존하거나, 중립적이고 완벽하게 복사 가능한 인식주체에게 의존하는 인식론이 당연시 여기는 것으로서 모든 사람들이 정확하게 똑같은 방식으로 볼 것이라는 점은 거부한다(1991d, 189면). 해러웨이에게 있어서 '잘 보는 것'은 단지 좋은 시력을 갖는 문제가 아니다. 그것은 상황적 행위이며, 그 행위가 발생하는 곳에서 특별히 요구되는 의무와 개별성을 인지하는 행위이다. 그것은 "모든 지식을 비판적으로 해석하는 중심축임"(191면)을 주장하면서 지식생산에서 주체/객체 간 분리를 거부한다. 상황적 지식-생산 기획에 있어, 체현된 인식주체는 지식대상들에 능동적으로 참여한다. 이러한 지식의 수행과 예측불가능성은 완벽한 지식과 통제에 대한 어떤 희망도 제공하지 않는다. 해러웨이의 영장류 연구는 그러한 지식에 대한 정치학적 표본의 예들을 제공한다. 그리고 그녀는 능동적인 주체로서 세계와 관계맺고 있는 생태주의 여성학자들에게서 여성주의자들이 "우리는 세계에 대해 책임이 없어"(199면)라고 인지할 수 있는 주목할 만한 장소를 발견한다. '잘 보는 것'에 대한 해러웨이의 언명은 그녀나 그가 옳거나 틀릴 수 있는 인식주체의 진술에 대해 인식주체와 독립해 있는 세계에 대한 경험주의-실재론적 믿음을 보존한다. 상황성과 물질성에 대한 그녀의 강조는 관점주의자와, 계몽주의 전통의 단일하고 완전하게 파악할 수 있는 주체와 객체에 대한 포스트모던적 비판과도 공존하고 있음을 입증한다.

지식에 대한 물음과 관련한 나 자신의 입장은 우연한 재구성이나 간섭에 대해 물리적, 물질적 그리고 사회적 세계의 저항을 인지하는 점에서 여전히 경험주의이다. 그러나 나는 또한 인지적 행위자의 특수성과 다양한 인지적 상황들의 개별성에 대해 강조하고 있는 점에서 관점주의와 포스트모더니즘의 영향을 받았음에 틀림없다(Code, 1987, 1991, 1995, 1996). 나의 작업은 지식에 대한 것만큼이나 주관성에 대한 것이다. 아넷 바이어(Annette Baier)의 관점을 따라 나는 인간을 본질적으로 '이차적 인간'이라고 생각한다. 이들이 획득하는 주관성은 상호작용적이고 소통적이며(Baier, 1985), 사회문화적으로 밑바닥에 깔려있는 것이다. 타인을 안다는 것은 중간 크기 만한 물리대상물들에 대한 지식과 일치하는 전통적 인식론자들의 지위와 동일한 표본적 지위를 획득하는 것이다. 왜냐하면 인간의 혹은 인간에 대해 적절하게 응답하는 지식이란 표준적 경험지식이 제시하는 것보다 실질적인 일상지식-수집의 이질적인 건설적-해석적 형태에 있어 좀더 적절하고 좀 덜 환원적이기 때문이다. 나의 연구에서 보이는 방법론적인 다원주의는 '국지적 지식'에 대한 푸코의 생각에 빚을 지고 있다. 그것은 유추(그리고 반유추)에 의해 지식-생산의 한 상황으로부터 다른 상황으로 작동하는데 있어, 하나의 통합된 모델 하에 지식의 '대상들'이 되는 사건, 물리대상, 인공물, 사람들을 동질화하는 것에 저항한다. 인식주체들은 증거에 대해서만큼이나 인식 공동체에 대해 책임감을 불러일으키는 지식-생산에 있어서 선택에 직면한다. 그리하여 전통 지식론이 지식의 원천으로서 거의 배타적으로 기억과 지각에 초점을 두었지만, 나는 정치적으로 민감한 인식론 내에서 증언(testimony)이 적어도 지식의 원천으로서 두드러진 것이라고 주장한다. 그것이 누구의 증언인가에 따라, 증언을 인정하거나 무시하는 의심의 다양한 양태들은 권위와 전문가의 권력이 주입된 구조 안에서 놀랄 만한 정확성을 갖고서 지식의 정치학이 작동하는 수사학적 공간을 점령한다. 나는 인지적 상호의존성에 대한 (자연화된) 이해와 인간의 삶과 자연적-사회적 세계 간 급진적인 상호의존성에 대한 이해를 지향하는 작업을 하기 위해 생태학적으로 모델화된 지식과 주관성 내부에 이러한 양태의 자리를 놓았다(Code, 1991, 7장, 1996).

포스트모더니즘?

여성주의 인식론적 기획이 존재한다는 것은 다양한 정도에서 '계몽주의적 기획'에 대해 포스트모더니즘이 논쟁을 건 결과임을 입증한다. 그러한 논쟁들은 훌륭한 연구의 대표적 표본들과 함께 예를 들어 1990년대 초반 이 분야에서 주도적인 활동을 한 많은 사람들에 의해 쓰여진 린다 알코프(Linda Alcoff)와 엘리자베스 포터(Elizabeth Potter)가 편집한 《여성주의 인식론》(*Feminist Epistemologies*, 1993) 서론에서 명백하게 보인다. 그 서론을 관통하고 있는 해방, 체현, 권력, 물질성 그리고 억압이라는 언어는 '여성주의와 철학 간의 모순적 관계'에 대한 저자들의 언급에서 정점에 이른다. 그들은 "철학에서 여성주의적 작업은 일차적으로 소문거리이다. 왜냐하면 그것은 조금의 부끄러움도 없는 정치적 개입이기 때문이다"(13면)라고 당차게 주장한다. 이러한 주장은 여성주의 인식론이 비정치적 탐구에 명백히 동조하는 근대주의의 주장과 목표로부터 이별을 고한다는 점을 간명하게 입증한 셈이다.

포스트모던 사상가들은 하나의 이론적 규정집 밑에 모인 집합체를 거부한다. 그러나 그들은 다양한 지식-생산의 실천이 보편적으로 타당한 거대담론을 초래할 수 없다고 믿는 점에서도 일치한다. 그들은 단일하고 정합적이며, 탈육화되고, 완벽하게 투명한 자의식적 계몽 자아와 같은 모델로서의 인식적 행위자들을 고려할 준비가

되어 있지 않다. 이론적 측면에 있어 나는 여기서 경험주의자들이 대체로 주관성 문제보다는 지식 문제에 더 집중해 온 경향이 있고, 그리하여 근대성이라는 과제에 더욱 가까이 충실하게 유지하려는 경향이 있다는 점을 추적하였다. 관점주의자들은 주관성 문제에 좀더 이론적으로 주목한다. 그들이 근대성이라는 추상성으로부터, 체현된 주체들에 의해 수행된 특별한 경험들을 신중하게 취하는 실재-세계와 역사적-물리적 실천으로 인식론을 이동시키는 점에서, 전통이 표방하는 단일화된 주관성 가정들에 대한 그들의 개입은 포스트모던과 같이 위와 같은 탐구를 특징짓는다.

그러나 그 이름을 명백하게 소유한 포스트모던 사상가들은 그들의 관점에 있어 경험주의자들이나 관점주의자들보다 대체로 더욱 과격하다. 적어도 관점주의자들이 맑스주의에 빚을 지고 있는 것만큼이나 많이 '대륙' 철학과 정신분석학적 사유에 빚을 지고 있는 포스트모더니스트들은 불투명하고 자주 모순적이며, 비일관적인 주관성이라는 속성들에 대해 주장한다. 그들의 논쟁적인 가정들이 전하는 어조는 캐트린 레논(Kathleen Lennon)과 마가렛 윗포드(Margaret Whitford)의 논문집 《차이에 대한 인식: 인식론에 있어서 여성주의적 접근》(*Knowing the Difference: Feminist Perspectives in Epistemology*, 1994)에서 놀랄만치 크게 들을 수 있다. 레논과 윗포드는 그들의 서론에서 이 책에 수록된 논문 대부분에서 현저하게 보이는 포스트모던적 요소들을 지적한다. 그들은 "우리가 실재와 상호작용하는 모든 것들이 역사적 사회적으로 맥락화된 개념적 틀이나 담론에 의해 중재되며 … [그리고] 분열과 모순은 불가피하지만 우리가 그것들을 필연적으로 극복할 수는 없을 것이다"(5면)라는 점을 인지한다. 포스트모던 사상가들은 그리하여 해소되지 않을지도 모르는 일련의 긴장들 속에 갇혀 있는 자신들을 발견한다. 그러나 만약 여성주의 인식론자들이 동화주의자의 법 규정 하에서 경험과 차이를 없애지 않기 위해 전략적으로 회의적인 만큼이나, 빈틈없이 짜여진 사실들로 무장한 억압에 저항하기 위해 객관적인 것이 매우 중요하다는 그러한 상황의 복잡성을 조율하고자 한다면, 이렇듯 비판적-수정적인 작업을 해야 하는 때에, 이는 여성주의 인식론자들이 필요로 하는 에너지를 생산할 수 있는 바로 그러한 긴장들이기도 하다. 변형적인 중재에 문을 개방할 필요가 있는 사건들과 상황들에다가 완성되지 않은 틀을 부과하기 위한 정치적 범주와 정체성의 정치학이라는 경향을 거짓되게 본질화하고 견고하게 다지는 것을 알아차리는 것만큼이나 정치적인 정보를 갖춘 능동적인 사상가들로서 정체성과 충성을 확인하는 일은 중요한 것이다.

여성주의자들은 이러한 긴장들 속에서 창조적이고 혁신적인 기술(技術)들을 받아들이고 있다. 인식론자들은 오로지 철학적 목적에만 봉사할 수 있는 인식론을 발전시키기 위한 노력에 더 이상 만족하지 않는다. 이제 그들은 기존 인식론자들이 마련한 세련된 'S는 p를 안다'라는 명제에서가 아니라, 법, 도덕적 행위, 사회과학 그리고 정책입안과 같은 영역에서 지역적이고 구체적인 탐구와, 행위의 중심에서 문제가 되고 있는 지식을 활용하고 분석해야만 한다는 학제간 다각적 과제들에 관심의 방향을 돌리고 있다. 이러한 예를 하나 들어 보자. 패트리시아 윌리암(Patricia William)이 제시한 총체적 인종차별주의가 초래하는 바를 표시하는 도표는 미국내 전문직 흑인여성의 (지방분권적) 경험이 그에 독특한 지식을 생산함을 보여 준다. 그러나 이러한 지식은 훨씬 더 광범위한 영역 안에서 인종차별주의와 책임간 유비에 의해서도 번역 가능한 것이다. 이와 유사하게 여성주의자들은 지식 생산의 영역으로서 문학 텍스트와 문화적 산물에로 관심을 돌리고 있다. 이러한 지식 생산 영역은 권력과 권위, 섹슈얼리티, 인종과 젠더, 나이와 장애에 대해 기존의 주류를 이루고 있는 가정들에 의문을 제기한다. 이러한 다층적, 다방향적 기획들은 새로운 방식으로 자연화된 인식론적 탐구이다. 이는 인간의 삶을 구성하는 전문적이고 '사적인' 무수한 활동들에 있어, 그리고 그 삶 안에서 그들이 잘 인식할 수 있어야만 하는 점에서 인간의 자연사를 만들어가는 것이다. 이제 단선적이고 초연한 지식론은 더 이상 인간의 삶을 관통하고 있는 지식에 관한 물음들을 언급할 수 없다는 점을 위와 같은 기획들이 잘 들춰내 보였다. 따라서 그 기획들은 철학 일반 그리고 특별히 인식론의 경계에 도전장을 던지고 있는 것이다.

(최순옥 역)

18. 자연과학

캐트린 레논(Kathleen Lennon)

이 논문이 다루는 범위는 자연과학과 여성주의철학의 결합이다. 우리는 이 논의의 출발점으로 과학이 "특성상 합리적이며 경험적으로 적절하게 시험될 수 있고, '외부에' 물리적으로 존재하는 자연에 대해 일반명제를 끌어낼 것을" 목표로 한다고 볼 수 있다(Jordanova, 1989, 17면). 그러나 우리는 또한 '과학'이라는 용어의 유동성을 인지할 필요가 있다. 왜냐하면 어떤 것을 '과학적'이라고 명명하는 것은 그것에 경의를 표하는 일이기 때문이다. 과학은 신뢰할 만하고 의존할 만한 그 어떤 것으로 보이며, 이 명칭에 걸맞는 것과 관련한 지적인 토론만큼이나 정치적인 토론이 존재한다.

여성주의 과학철학에 대한 지적, 정치적 배경

자연과학과 여성주의 비평이 결합하는 배경에는 몇몇 지적 정치적 운동이 자리잡고 있다. 예를 들어 첫번째 중요한 운동은 토마스 쿤과 폴 파이어아벤트(Kuhn, 1962; Feyerabend, 1975)의 작업과 함께 후기 실증주의 과학철학 내에서 나타났다. 이 두 사람은 과학이론이 순수하게 경험적 적절성의 근거 위에서 받아들여지고 생산된다는 입장에 반대했다. 이들은 가공하지 않은 경험사실은 없다는 것과 경험자료에 의한 불확정성 이론을 지적했던 콰인(Quine, 1963)을 따라서 우리가 사용하는 분류법이 단순히 이미 범주화된 실재(reality)를 반영하는 것이 아니라 오히려 세계에 대한 우리의 관찰을 중재한다고 주장한다. 더군다나, 우리가 분류체계를 따르고 이론을 선택하는 것은 단일한 체계에 호의적이지 않은 예측적이고 기술적인 성공에 의할 뿐 아니라, 사회적, 역사적, 문화적, 미적 요소들에 의해 지배된다.

두 번째 맥락에서의 운동은 특히 1960년대 말과 1970년대 초의 급진적 과학비평을 탄생시켰다. 이 운동은 좌파로부터 기원을 갖지만, 그러나 자본주의 하에서 과학이 부르주아와 제국주의자의 이익을 반영하기 위해 형성되었음을 인지하면서, 이념적으로 엄격한 맑스주의 과학분과에 도전했다. 과학이 전 지구적 정치경제에 집중하는 동안, 실생활에 적용하는 것과는 독립하여 추구되어 온 지식으로서의 순수과학과 이러한 지식을 좋게 혹은 나쁘게 사용하는 기술 간의 구분이 훼손되었다. 과학연구 방향은 군사 혹은 방위와 관련된 연구(Rose, 1994)에 상당부분 할애하는 것을 포함하여 그것의 사적, 공적 자금투자자의 이윤창출이나 제국주의적 목적에 의해 지배되었음이 명백하다. 그러나 이러한 급진적 과학운동은 젠더와 과학 간의 상호관계에 대해서는 이상하리만치 침묵하였다(Rose, 1994, 서론).

세 번째 중요한 맥락에서의 운동은 지식사회학자들로부터 유래한다. 그들은 우리가 생산하는 지식의 종류를 구성하는 사회학적 요소들이 존재한다고 주장한다(Mannheim, 1960). 이러한 주장은 순수한 사회구성주의 형태를 취할 수 있다. 이 주장에 따르면, 지식이 독립적 실재에 의해 강제된다는 생각은 사라지고 만다. 그들의 가장 온건한 주장에서조차, 지식 생산자의 사회역사적 위치는 생산된 지식 안에 이미 포함되어 있다. 여기서도 다시, 젠더는 중요한 결정 요인으로서 주목받지 못했다.

제2여성주의 물결이 등장하면서, 여성건강 증진에 초점을 둔 그룹을 만드는 일이 중요한 활동영역이 되었다. 이러한 자조(self-help) 그룹들의 연결망을 통해 여성들은 보건전문가에 의해 행해지는 여성들에 대한 치료와 그들의 몸에 대한 정보와 경험을 공유했다. 예를 들어, 서구 원조팩키지의 일환으로서 피임약인 Depro Novera와 Norplant의 사용과, 이 약들이 여성들의 몸에 미치는 영향에 대해서 서구에서의 캠페인과 개발도상국에서 여성들에 대한 캠페인은 유사하다. 여성건강 증진운동의 특성은 좀 더 광범위한 영역에 걸쳐 여성주의 과학비평에 영향을 끼쳤다. 이 운동은 권위적인 과학전문가를 빌려 인용하지 않거나 혹은 그들없이도 정보를 퍼뜨리면서 지식공유라는 집합적인 방법을 사용했다. 이 운동은 관련된 사안에 대한 지식을 가진 자의 경험과 목소리를 우선시했다. 그러한 경험에 대한 응답력과 의지는 지식창조의 합법성을 위한 중요한 기준이었다.

서구에서 일어난 또 다른 중요한 정치운동은 여성평화운동이었다. 이는 수십년 동안에 걸친 핵반대 시위로부터 발전했는데, 특히 핵무기에 반대하는 직접 행동전략에 참여하면서 여성들만의 평화그룹 연결망이 조직되었다. 여기서 권력에 굶주리고, 폭력적 기술적으로 정교화된 남성다움의 양상들과 군사기술 간의 즉각적인 연합이 형성되었다(Griffin, 1978; Shiva, 1989). '개발도상' 국에서 여성들은 녹색혁명에 반대하는 일에 관여했고, 세대에 걸친 생태적 균형의 양태와 생활양식을 파괴하는 합리주의적 기술에 의한 환금작물 생산을 목격했다. 이러한 '과학적' 농업은 수세대에 걸쳐 숲을 돌봐 온 사람들 혹은 저항하면서도 생태학적으로 균형잡힌 작물을 진화시켜 온 사람들의 노하우를 무시하는 것으로 보인다. 이러한 정치운동은 과학이 수용하지 못했던 경험과 증거에 주목할 것을 주장하면서, 또한 과학 내에서 인지된 남성다움에 답변하면서 과학의 권위에 도전하도록 여성주의 행동가들을 인도했다. 그리하여 이러한 운동은 과학적 사유와 여성주의 지식인을 결합하는 하나의 방식을 제공한 셈이다.

'생물학적 남성' 으로서의 과학

이러한 배경을 등지고 '생물학적 남성' (male)으로서의 과학과 기술에 대한 여성주의 비평이 등장했다. 이 주장은 신중하게 펼칠 것을 요구하는 많은 다양한 형태로 등장했다. 학문과 산업 세계에서 전수되고 그 자체로 위엄있는 과학은 주로 남성들이 가르치고 종사한다는 사실은 이해하기 쉬우며 논쟁의 여지도 없다. 또한 특정한 남성들이 연구를 위해 국가나 산업체 기금의 지갑을 움켜쥐고 있고, 그들의 이해관계와 선취는 연구방향을 결정짓는 데 기여한다. 여기서 가장 중요한 예로 들 수 있는 것이 군사와 관련된 연구이다. 여성들은 잠재적 소비자로서만 그들의 연구목적에 포함된다(예를 들어 피임약이나 전자 오븐).

또한 과학에 종사하는 남성들의 주관성과 젠더가 개입된 일상경험은 연구목적과 방향뿐만 아니라 설명을 제공하는 이론적 서사구조(narratives)를 조건짓는다는 점이 제시되었다. 이러한 주장은 특히 일차적 보살피는 자로서의 여성의 위치에 의해 유래된 생물학적 남성과 생물학적 여성(female)에 대한 젠더 특성의 해부학을 제공하기 위해 대상관계이론에 호소하는 것과 연결되어 있다(Chodorow, 1978; Keller, 1985; Harding & Hintikka, 1983). 남성들은 매사에 공정하고 비감정적이고 개인주의적이며, 여성들은 관계적이고 통합적이라는 것이 뚜렷한 주제이다. 그리하여 이러한 생물학적 남성의 젠더 특성은 기존의 과학이론이 갖고 있는 속성으로 여겨진다. 예를 들어 생활세계를 하나의 거대한 무기경쟁으로 이론화하는 것 혹은 유전학에서 '우두머리분자' 라는 접근이나 면역체계에 대한 전쟁터로서의 이미지(Haraway,

1991b)는 남성다움의 반영으로 보일 수 있다. 이러한 접근이 처음 소개되었을 당시 이는 과학생산자들이 만든 생산물에 반영된 젠더개입으로서의 주관성으로 보였다. 여기서 제시된 것은 공정성과 보편성을 주장했던 이론들의 편파성과 지역성이다. 이것이 함축하는 것은 다양한 장소에 놓여진 다양한 생산자들과 더불어 다양한 목적이 추구되고, 다양한 설명적 서사구조가 생산된다는 점이다. 에블린 폭스 켈러(Evelyn Fox Keller)는 생물학자 바바라 맥클린톡(Barbara McClintock 1983)에 대한 그녀의 유명한 연구에서 맥클린톡의 접근이 가능한 대안을 보였다고 제안한다. 옥수수 연구에서, "맥클린톡은 관찰자와 연구대상 간 거리를 좁히고 유기체와 그것의 환경 간 복잡다단한 내부 활동에 주목한다"(Tuana, 1989, 9면). 켈러에게 있어 이러한 접근은 타자와의 관계성과 세계와의 연결성을 반영한다(Keller, 1985, 117면). 이러한 초기작업을 이해하는 한 방식은 고정적으로 젠더가 개입된 정체성이 과학이론과 과학개념을 구축하는 데 구성적인 영향을 끼친다고 보는 것이다. 그러나 과학이라는 기획이 '생물학적 남성'으로 보일 수 있는 또 다른 방식들이 존재한다.

프란시스 베이컨(Francis Bacon)으로부터 리차드 파인맨(Richard Feynman, 그의 1965년 노벨상 수상 연설)(Rose, 1994, 18면)에 이르기까지, 과학자들이 탐구하는 자연이란 생물학적 여성으로서 그리고 침략, 지배, 통제의 대상으로서 개념화되었다(Jordanova, 1989. 25면). 생물학적 여성의 몸에 대한 신비를 벗기는 유추와 함께 '과학 앞에서 베일을 벗는' 자연의 모습은 널리 사용된다(Jordanova, 1989). "영웅적 탐구행위로서의 과학과 자연이라는 몸에 가해진 성애적 기술로서의 과학은 확실히 관습적인 모습이다"(Haraway, 1991c, 205면). 이렇듯 적나라한 은유가 아니더라도, 과학에서의 진행과정에 대한 가장 공통적으로 정교화된 설명은 젠더가 개입된 것이다. 여기서 중요한 용어들은 객관성과 합리성이다. 과학지식의 정당성은 그것이 주장되어진 바 객관적 테스트과정을 거쳐 획득된다. 이 과정은 지식생산자의 주관성이 보편적이고 합리적인 진행과정을 적용하여 제거된다는 점을 명백히 한다. 여기서 사용된 객관성과 합리성의 개념화는 남성다움과 여성다움이라는 개념을 구축하는 데 따르는 개념들을 구성하는 상징적 질서 내부에 자리잡고 있다. 객관성과 합리성이라는 개념은 우리의 젠더 규범을 반향한다. 남성들이 보편적 합리적 원리를 적용하여 그들의 연구대상으로부터 그들 자신의 거리를 유지할 수 있으며 감정과 유리된 판단에 도달할 수 있다는 것은 남성다움(백인, 전문직 유럽인)에 대해 우리가 갖고 있는 지배적 개념이다(Irigaray, 1989). 여성들이 감각적이고 감정적이며 개별적인 것에 닻을 내리고 공정한 판단을 잘 내리지 못한다는 것은 여성다움에 대해 우리가 갖고 있는 지배적 개념들이다(이러한 상호의존성을 드러낸 주요한 연구는 로이드(Lloyd)

의 1984년 책에서이다). 이와 평행하는 언급이 기술 문화에 대해서도 가능하다. 기술적으로 여겨지는 것은 기술적 전문성을 요구하는데, 이는 남성다움의 정교화로 개념화된다. 소녀들이 과학과 기술을 거부할 때 '여성다움을 실천하는 것'으로 보일 수 있는 것은 이러한 상호의존성 때문이다. 이에 대한 인지는 젠더와 과학과 기술 간의 상호관계를 설명하는 데 우리를 지적으로 세련되게 이끈다. 이미 고정적으로 젠더가 개입된 정체성이 과학 진행 과정의 본성에 구성적인 영향을 끼치는 경우는 이제 드물다. 오히려 과학적 혹은 기술적으로 여기는 것은 생물학적 남성과 생물학적 여성으로 인지된 것과 상호의존하여 구성된다.

과학 자체가 남성다움과 여성다움이라는 개념을 소개하는 몇몇 주요 텍스트를 생산한다는 사실을 우리가 인지할 때 젠더가 개입된 과학의 복잡성은 증가된다. 이러한 텍스트들의 주요한 원천은 남성과 여성 간 반대되는 차이를 자연화하는데 기여해 온 생명의료과학이다. 우리에게 주어진 호르몬이나 뇌 크기는 자연이나 생물학의 결과이다. 이것은 특정한 대상에게 해악적이거나 적대적이지 않다. 그러나 특정한 인종 개념에 생물학적 안착을 제공하는 것과 관련한 과학적 작업과 명백한 평행선을 달리는 것들이 있다. 신경생리학적 차원과 심리학적 차원에서의 성차이에 대한 연구는 성전환자의 뇌에서 차이를 발견하거나 동성애를 위한 유전자를 발견하기 위한 연구와 더불어 여전히 현재 진행형인 과제이다(Guardian지, 3월 12일, 1996). 사회생물학의 일정 부분은 여성과 남성 유전자 각각의 생존을 극대화하기 위해 요구되는 양식에 따라 그들의 서로 다른 사회적 행동을 찾아내는 것이다(Lewontin, Rose & Kamin, 1984). 동물연구의 전체 범위는 '자연적'인 것으로 여겨온 사회질서를 합법화하는 기능을 재검토하고 우리 자신들이 갖고 있는 사회질서라는 렌즈를 통해 동물세계에 의문을 던지는 것이다(Bleier, 1988 ; Haraway, 1989). 여성의 몸은 균형을 유지하기 위해 의학적 간섭을 필요로 하는 호르몬에 의존하여 존재하는 것으로 보인다(Oudshoorn, 1994).

이러한 이론의 범위와 여성주의 비평을 결합하는 방식에는 두 가지가 있다. 첫째는, 의심할 것 없이 이 작업의 상당 부분이 경험적으로 부적절하다는 점을 드러내는 매우 신중한 경험적 연구이다(Bleier, 1984 ; Hubbard & Lowe, 1979 ; Hubbard et al., 1982 ; Fausto-Sterling, 1985). 둘째는, 이러한 과학적 서사구조의 이데올로기적 구성에 초점이 맞춰진다. 즉 이러한 서사구조는 사회 안에서 남성과 여성 간 위계적 차이를 후원하기 위한 방식으로 구축된 듯하다. 이러한 방식에서 과학이론을 남성적 이데올로기로 보는 것은 연구목적의 한계나 미완성도보다도 더 많은 부분에서 비평에 해가 된다. 이로부터 결과하는 이론들은 좀더 철저한 방식으로 불신된다. 이러한 두 가지 비평에 주목하는 것은 중요한 일이다. 이렇듯 자연화된 이야기의 이데올로기적 기능에 대한 인지는 텍스트로서의 과학이론에 주목할 것을 허락했다. 텍스트란 예술과 인문학에서는 아주 친숙한 일종의 해체적 기술에 의해 영향받기 쉬운 것이다. 세계에 대한 과학의 이론적 서사구조와 과학 개념 자체에 고용된 언어, 은유, 상징을 주목할 때, 우리는 생물학적 남성지배적 위치를 자연화하고 합법화하는 과정이 여기서 사용된 이미지와 개념적 형태 안에 이미 구체화되어 있음을 보게 된다. 이것은 과학텍스트의 부재, 반대되는 범주들과 주변부를 신중하게 펼쳐 보임으로써 명백해진다(Keller, 1993). 여기서 영장류 동물학에 대한 도나 해러웨이(Donna Haraway)의 작업은 하나의 본보기가 된다(1989와 1991a). 그녀는 영장류동물학자의 이론적 설명과 주변 문화권에 있는 영장류들에 대한 이미지와 그들끼리의 연합 간 관계에 대해 탐구한다. 이러한 핵심적 서사구조는 과학관찰의 방향을 정하고 해석을 구축한다. 그녀는 또한 서사구조가 남성과 유럽인이 갖는 권력의 위치를 합법화하는 방식을 탐구한다. 해러웨이의 작업은 세월에 걸쳐 변해온 이러한 서사구조를 알려준다. 그것은 또한 여성주의 영장류동물학자들이 여성적 행위와 권력과 상호협동하는 사회에 대한 새로운 이야기를 만들어내는 방식을 강조한다. 그러나 이러한 설명은 다양한 종류의 문제들에는 답할 수 있을지라도 그럼에도 불구하고 이것은 다만 이야기일 뿐이다.

과학적 기획에서 원전(textuality)을 높이 평가하는 것은 그것이 우리에게 "과학 텍스트가 사회적 상상력의 자료들을 엮어서 구성된 것임"(Duden, 1991)을 볼 수 있도록 해주기 때문이다. 결과적으로 젠더가 개입된 과학의 방식은 단순히 그것을 주로 생산하는 사람들의 주관성과 경험과 이해관계를 반영하는 데 있지 않다. 과학자들이 사용하는 개념적 틀은 전문직 여성과학인의 등장에 의해서 필연적으로 수정되지 않는다는 방식에서 젠더가 개입될 수 있다. 최근 작업에서 과학 텍스트에 대한 해체주의적 접근을 택하는 에블린 폭스 켈러에 따르면, "젠더 규범이란 우리가 동시에 거주하면서 구성하고 있는 자연세계—여자들은 결코 들어가지 못하는 그러한 세계—에 대한 심적이고 추론적인 지도(map)를 만드는 조용한 조직자로 보인다"(Keller, 1993: 13), 그리고 우리는 여기에다 남성이나 여성에 대해 명백하게 언급하지 않는 그러한 세계를 첨가할 수도 있다.

여성주의 과학철학에서 이러한 해체주의적 전환에 따라, 여성주의 이론가들은 과학이론의 등장과 관련하여 체계적 고고학에 관심을 갖기 시작했다. 개별이론들의 등장에 대한 신중한 역사적 발굴에 의거하여, 개별 과학 텍스트가 고용한 개념화의 형태에 주목할 뿐만 아니라 드러나는 과학적 '사실들'로부터 다양한 권력들 간의 타협과 과학 실험실에서 사용하는 구체적인 물리적 실천에도 주목하게 되었다. 도나 해러웨이의 작업은 이러한 고고학과 협력하고 있다. 또 다른 본보기가 되는 텍스트는 넬리 우순(Nelly Oudshoorn)의 《자연적 몸을 넘어서》(*Beyond the Natural Body*)인데, 여기서 그녀는 성호르몬 이론의 등장을 탐구한다. 이 이론으로부터 생물학적 남성과 생물학적 여성으로서의 호르몬 분류법이 나왔고, 호르몬 균형에 의존하여 존재하는 여성 몸에 대한 개념이 나왔다. "과학이란 다만 단어들의 나열이 아니다. … 과학지식의 발전은 아이디어, 이데올로기, 이론에 의존할 뿐만 아니라, 복잡한 도구들, 연구 자료들, 테스트 실행 등에 의존한다"(Oudshoorn, 1994: 13). 성호르몬 이론의 등장은 젠더가 개입된 문화적 전제에 의존할 뿐 아니라, 소위 여성 성호르몬에 대한 연구와 생산을 가능하게 하는 산부인과 병원으로부터 소변의 채취가 가능한지 혹은 마구간으로부터 암말의 소변 채취가 가능한지와 같은 개연성에 의존한다. 이 과정에서 결정적인 것은 의사와 실험실 과학자 간의 역동적인 권력-균형이었고, 하나의 개념을 생산할 수 있는 화학 물질로 변환시켰던 의약품 산업과의 연계였다.

해체론자와 고고학적 작업을 통해 철학적으로 가장 뚜렷해진 것은 과학 서사구조의 개연성에 대한 인지이며, 우리의 인식론적 목적에 보다 적합한 자료들을 다루는 방식에 있어 대안적 가능성에 대한 인지이다.

여성주의 과학철학들

다른 후기실증주의 과학철학자들과 여성주의 과학철학자들이 생각의 단초를 서로 공유하게 된 것은 남성적 특징을 지닌 과학에 대한 여성주의 비평의 영향 때문이다. 그것은 관찰의 소여(givenness)에 대한 거부, 자료에 의한 비결정론의 수용, 그리고 과학이 '이야기-의존적'이라는 인지 등이다. 그러나 여성주의 과학철학에서의 해체주의적, 고고학적 전환은 분석적 후기실증주의 내에서는 제기될 수 없었던 과학적 이야기 방식에 대한 사회적, 정치적 영역을 탐구하는 도구를 제공했다. 여성주의 과학철학자들에게 있어 과학이 털어놓는 이야기는 한 문화 안에서 이용 가능한 개념적 기원들, 증거와 반증거를 구성할 때 수용된 실행들, 구성이론에 내포된 이러한 것들 간의 권력관계 그리고 애초에 과학 이야기를 구성하는 데 참여할 수 있었던 사람들이 살고 있는 사회 안에서의 권력관계 등을 반영한다. 이러한 요소들의 복합적 총체로부터 '사실들'이 모습을 드러내며 우리가 '자연'이라고 여기는 것은 거기에 이미 존재하고 있는 것이다.

여성주의 과학철학자들 대부분은 이것이 '나쁜' 과학에 대해서가 아니라 일상과학에 대한 반성이었음을 받아들였고, 생산의 물질적 문화적 조건을 제시하지 않았던 지식생산의 과제를 실현불가능한 것으로 거부했다. 그러나 자연에 대한 설명이 문화에 의해 매개된다는 점이 단지 이념상 왜곡된 이론생산을 하는 것은 아니라는 사실을 인지할 때, 우리는 인식론적 난관에 직면하게 된다. 이론은 대체로 실재에 대한 적절한 반영으로 단순히 평가될 수 없고, 합리성이라는 보편적 규범에 의존함으로써도 불가능한다. 이론은 그들 스스로 자리잡고 있으며 텍스트를 갖는 아주 다양한 것이다. 자주 포스트모더니스트 여성주의자로 동일시되는(Nicholson, 1990) 몇몇 작가들의 이러한 인지는 정당화에 관한 전통적인 인식론적 물음을 포기할 것을 강요한다. 대신에 채택된 서사구조에 대한 우리의 방어는 전략적이고 작은 범위에 한하며, 이미 동의를 공유하는 사람들 가운데서만이 가능하다. 그러나 과학에 종사하는 많은 여성주의자들에게 있어, 그러한 '포스트모던'한 순간은 특히 문제시된다. 많은 여성주의자들은 예를 들어 성차에 관한 자연화된 담론을 차용하면서 특정한 과학이론을 불신하며 이것의 지위해제를 희망한다. 더군다나 여성주의자들은 효과적으로 간섭하거나 특정한 실질적 생활양식을 가능하게 하는 세계에 대한 서사구조를 필요로 한다(예를 들어, 우리는 질점액이 어느 정도의 수정능력을 갖는지 혹은 인터넷이 어떻게 작동하는지 알기 원한다).

그러므로 과학지식에 있어 원전과 위치성(locatedness)에 대한 인지는 인식론적 물음을 포기하지 않게 하며, 오히려 그 물음들의 복잡다단함을 강조한다. 해러웨이는 다음처럼 지적한다.

> 과학의 실행은 우리에게 동시에 명백하게도 양립 불가능한 두 가지 진리를 받아들이도록 강요한다. 하나는 우리를 위한 자연으로 간주해온 것의 역사적 개연성이다. 즉 과학지식의 대상에 대한 철저한 인위성은 자연을 피할 수 없이 과격할 정도로 개연적이게 만든다. … 그리고 동시에 과학담론은 피할 수 없는 일종의 물리적 실재를 갖게 만든다. … 어떤 과학적 설명도 이야기 의존을 피할 수 없다. 그러나 여기서 이야기들 모두가 동등한 것은 아니라는 사실 또한 동일하게 맞는 말이다. 그러나 급진적 상대주의는 그렇지 못하다(Haraway, 1991b).

그리하여 여성주의 과학철학자들 대부분은 그들 입장 간의 차이에도 불구하고 비판적 실재론이라는 틀 안에서 작업해왔다. 이들은 우리의 서사구조가 그것의 구성에 있어 적극적인 역할을 수행하면서도 서사구조와는 독립적인 어떤 것에 답할 수 있으며, 그것을 명료화하는 특정한 양식에 저항할 수 있다는 것을 인지하고 있다. 나오미 셰만(Naomi Scheman)은 실재론에 대해 다음처럼 말한다. 그것은 세계를 "생기 없거나 기계적인 것이 아니라, 세계에 대해 알기 위해 우리가 기울이는 최선의 노력으로부터도 항상 빠져나가는… 변화무쌍한 요술쟁이로서 인지한다. 실재 세계는 우리가 바라는 최선의 물리학으로서의 세계가 아니라 마지막 한 마디이기를 갈망하는 궁극적인 어떤 물리학을 패배시킬 세계이다"(Scheman, 1993b, 100면).

이러한 비판적 실재론에 대한 존중은 우리의 이론이 우리가 동시에 만나고 생산하는 것을 의미있게 한다고 주장하면서 우리에게 경험적 적절성의 기준을 보유할 것을 요구한다. 그러나 다른 후기실증주의 철학자들과 더불어, 여성주의 과학철학자들은 이러한 요구를 만족시킬 수 있는 설명이 하나 이상일 수 있다는 점을 인식한다. 더군다나 경험적으로 적절한 듯 보이는 것은 전제를 둘러싼 전체 배경에 의존한다. 지금까지 심장병 원인에 대한 표준이라 지칭할 수 있는 연구는 단지 남성주체를 이용해왔다. 이 연구는 남성 몸이 정상이라는 전제와 남성과 여성주체 간의 차이가 출산 영역 이외에는 중요하지 않다는 전제 때문에 경험적으로 적절하게 보인다. 여기서 명백한 것은 경험적 적절성이라는 개념이 그다지 '순진'하지 않다는 점이다. 이와 같은 설명으로 얻는 것은 이러한 개념이 '사실적' 범주와 '평가적' 범주로 정교하게 나눌 수 없는 믿음의 총체에 의해 조건지어진다는 점이다. 이는 증거의 본성에 대한 논의를 하는 린 핸킨슨 넬슨(Lynn Hankinson Nelson, 1993b)의 논문에서 강조되었다. 질문되지 않은 개념인 경험적 적절성이 이론 선택의 기준으로 작동하기에 불충분하다는 점을 인식할 때, 우리는 우리의 이론을 드러내려는 인식론적 덕목에 주목할 필요가 있다. 여기서 우리의 과학철학이 명백하게 정치화될 가능성이 있으며 과학에서의 서사구조가 그것이 봉사하는 공동체의 평가와 헌신에 답할 수 있다고 확신하게 하는 인지적 사회적 목표를 가능하게 한다. 우리는 간섭할 권한을 제공할 것을 허용하는 설명적 서사구조를 발전시키고자 한다. 그러나 우리는 명백하게 이념적인 목적에 봉사하는 서사구조를 거부하고자 한다. 그리고 우리는 우리의 이론을 내보이고자 하는 목적으로 명백하게 그러한 기준을 세울 수 있다. 여성주의 영장류 동물학자들이 여성적 행위와 권력과 상호협동하는 사회에 대한 새로운 서사구조를 만들었을 때, 그들의 설명은 경험적 적절성의 요구에 의해 제한되었지만, 정치적으로 중립적이지도 않았다. 그들은 권한을 제공할 만한 설명을 찾고 있었다. 넬리 우순(1994)은 호르몬을 남성 호르몬과 여성 호르몬으로 분류함에도 불구하고 그 어느 것도 상대방 없이는 우리 몸 안에서 발견되지 않는다는 점이 명백해진 한 시기를 논한다. 남성 성기관으로 간주되었던 것은 소위 여성호르몬 없이는 성장하지 못했다. 성차이의 표시로 보이는 호르몬 존재에 대한 주목은 성차를 단지 둘로 구분하도록 지시하지 않는다. 오히려 거기에는 성 간 유사성과 차이의 연속과 조각보 맞추기가 있다. 문화 안에서의 젠더 구분은 단지 두 가지 성차만으로 구분짓지 말자는 이론적 서사구조를 새로 만드는 것에 반대하였다. 그러나 변화된 민감한 정치적 상황과 더불어 지금 이 시점을 재고하는 것은 대안적 설명가능성을 여는 일일지도 모른다.

그러나 이러한 방식으로 인식론적 덕목의 범위를 넓히는 것은 과학의 경험적 적절성을 상호의존적으로 평가하고 그것에 더하여 과학원전과 언어, 은유 그리고 서사구조에 주목할 것을 요구한다. 이것은 과학철학에서 좀더 전통적인 인식론적 관심과 해체적인 관심을 함께 연결하는 문을 연다. 그리하여 결정적으로 과학 텍스트의 등장으로 인한 권력관계를 포함하여 이론생산에 대한 고고학적 설명과 과학 텍스트의 해체적 읽기는 과학 텍스트의 평가를 위한 관련된 증거를 제공할 수 있다. 예를 들어 젠더와 인종에 관한 자연화된 서사구조의 이데올로기적 역할을 인지하는 것은 과학 텍스트에 반대하는 증거로 간주할 수 있다. 이러한 틀 안에서 이론이 증거에 대해 응답할 수 있다는 식의 개념은 핵심적 관심사로 남는다. 그러나 증거로 간주할 수 있는 범위는 넓게 열려 있는 셈이다.

그러나 경험적 적절성 이외에도 우리의 과학이 밖으로 알려야만 하는 인식론적 덕목의 범위는 상당히 시험되어야 할 문제이다. 이는 과학공동체의 구성에 주목할 것을 요구하며 이러한 덕목은 공동체에 의해 설정된다. 넬슨에게 있어, 증거에 대한 우리의 평가는 공동 작업이며 "지식에 대한 나의 주장은 내가 한 구성원인 다양한 공동체에 의해 구축된 지식과 표준을 필요로 한다"(Nelson, 1993b, 186면). 헬렌 롱기노(Helen Longino 1990, 1993b)에게 있어, 그러한 공동체는 관련된 증거를 평가하는 것에 대한 배경전제들을 부각시킬 수 있는 다양성을 내포해야만 한다. 산드라 하딩(Sandra Harding 1991, 1993a)이 지식생산에 있어 주변인의 관점에 주목하는 것은 그것이 지배그룹에게는 보이지 않는 증거의 원천을 부각시키고, 그렇지 않았다면 당연시 여길 배경전제를 명백히 내보이고, 서사구조의 이념적 구성을 드러내기 때문이다(하딩과 롱기노의 더 진전된 논의와 객관성과 관련된 문제들은 17. "인식론"을 참조하시오).

내적인 차이에도 불구하고 여성주의 과학철학은 힐러리 로즈(Hilary Rose)가 언급한 '책임있는 합리성'으로 특징지어진다. 여기서 책임이란 우리가 만들지 않은 세계와 우리의 과학이 권한을 부여하려고 의도하는 세계로서 우리가 한 구성원인 다양한 공동체에 대한 것이다. 그러한 책임은 우리의 연구목적이 이러한 공동체의 다양한 필요와 연계될 것을 요구하고, 공동체 경험이 우리의 경험자료와 협력할 것을 요구한다. 과학자들은 과학이 사회적 상상력을 반영하는 방식으로 성찰적 감수성(reflexive sensitivity)을 발전시킬 것을 요구하고, 그들이 봉사하려는 공동체에 권한을 부여할 것을 요구하며, 그들이 반영하는 것을 확신하기 위한 서사구조, 언어와 은유에 질문을 제기할 것을 요구한다. 또한 결정적으로, 상호연관된 정치적, 인식론적 목적을 위해 '과학전문가'로 여겨지는 사람들의 다양한 공동체를 요구한다.

(최순옥 역)

19. 생물과학

린다 벅크(Lynda Birke)

'생물학적 몸' 이란?

우리의 몸은 우리 자신의 것이다. 그러나 우리는 우리의 몸 이상의 것이기도 하다. 서구에서 초창기의 '제2세대' (두번째-물결) 여성주의는 여성 보건 단체의 활동과 생식(재생산) 권리 운동에서 (육)체화를 은연중에 인정했었다. 그러나 우리는 동시에 몸에 대해 이론화하는 데까지 이르지는 못했다. 이때 이론화의 중심을 이루는 것은 '성별' (gender, '여성' 과 '남성' 이 되는 과정들)과 (생물학적 남성과 생물학적 여성을 해부학적으로 구별하는) '성차' (Sex) 간의 구별이다. 비록 최근의 여성주의 저작은 그러한 단순한 대립(29. "젠더"를 보라)을 비난하는 경향이 있기는 하지만, 생물학의 유령은 아직도 우리를 괴롭힌다. 생물학적 성차, 생물학적 몸은 아직도 여성주의적 이론화를 위해서는 중요한 개념으로 남아있다.

그러나 '생물학' 이라는 용어는 무엇을 내포하는가? 그것은 자연과학의 특수 분야, 자연과학의 일부분을 의미할 수 있다. '생물학' 은 살아있는 유기체와 그것들의 과정에 대한 연구를 의미한다. 그러나 그 단어는 '인간 생물학' (human biology)의 과정과 동일한 의미를 지니는 과정일 수도 있다. 이런 의미에서 '생물학' 이라는 용어는 몸의 과정들을 포함하는데 적용되듯이 아쉽게도 너무나 자주 이원론을 그리고 '저쪽 편의' 자연을 불러일으킨다. 생물학과 '생물학적' 이라는 의미는 여성주의에게는 까다로운 [문제를 야기하는] 경향이 있다.

생물학적 논쟁들은 아쉽게도 너무나 자주 성별(젠더) 구분을 지지하는 방식으로 진행되어 왔다. 예를 들면 그러한 생물학적 결정론은, 가령 여성은 발생론적으로 양육 행위로 기우는 반면에 남성은 모험과 싸움으로 기우는 경향이 있다고 주장할 때에 인용되곤 한다. 그래서 정치적으로, 여성주의자들은 생물학적 결정론에 반대하면서 성별의 사회적 구성주의 형식이나 (성과 같은) 여타의 사회적 범주들의 형식을 주장하는 경향이 있다.

이 논문에서 나는 생물학적 주장에 기초하고 있는 논쟁들을 분석하는데 사용했던 몇 가지 방식들을 검증하고자 한다. 특히 나는 생물학적 이념들을 철학적으로 그리고 이론적으로 지지하는 데 도전하는 여성주의자들의 연구에 의존한다. 주류 생물철학은 많은 영역들을 포괄한다. 그것[주류 생물 철학]은 경험주의와 실증주의의 논쟁처럼, 한 예로 객관주의와 실재론의 논쟁에 대한 관심을 과학 철학에서의 우리의 연구와 공유한다. 그러나 그것은 이를테면 진화론이나 유전학에 대한 관심도 지닌다. 이 글의 논쟁점은, 생물학자들이 가령 자연 선택이나 자연 적응 같은 현상에 대해 말할 때 [적용되는] 설명의 본성(자연)과 증명의 본성(자연)을 포함한다(한 예로 Hull, 1988 ; Sober, 1993).

생물학적 사고에서 철학적으로 논쟁이 되는 것들과 연대하는 여성주의자는 전적으로 다른 몇몇 영역들을 포괄한다. 이 영역들은 생태학(Gross & Averill, 1983 ; Plumwood, 1993), 면역학(Haraway, 1991b ; E. Martin, 1994), 진화론과 분자생물학(Keller 1993, Masters 1995), 새로운 생식(재생산) 과학 기술과 유전 공학을 포함하는 생명윤리학(Hubbard, 1990), 인간 개념과 다른 동물들 간의 관계(Birke, 1994) 그리고 몸과 그것의 발전 과정들(Bleier, 1984 ; Birke, 1986 ; Fausto-Sterling, 1992)을 포함한다.

게다가 이러한 접근법들은 겉보기에는 매우 다양하지만, 내가 여기에서 한두 가지 영역들을 실례로 사용하면서 묘사하고자 하는 어떤 테마들을 공유하고 있다. 이 책에 실려 있는 다른 논문들이 지적하듯이, 여성주의 학자들은 과학적 사고를 특징짓는 논리실증주의에 대해 비판적이다. 차라리 그들은 인식 주체의 사회적 위치와 이론 부담이 많은 과학적 탐구의 본성에 대해 강조한다(20. "사회과학"을 보라).

그러나 실증주의 생물학에 대한 다른 갈래의 비판들은 인식론적 환원주의에 반대한다. 환원주의에 대한 일반적인 비판들(예를 들면 Koestler & Smythies, 1968 ; 생물학 변증법 그룹 1982a, 1982b ; Lewontin, Rose 그리고 Kamin, 1984)은 여성주의적 버전들과 한 패를 이룬다. 여성주의적 버전들은, 인식론적 환원주의가 생물학적 결정론에 공헌하는 방식들을 그리고 그렇게 해서 젠더를 개념화하는 특수한 방식에 공헌하는 방식들을 분석한다.

헬렌 롱기노(Helen Longino, 1990)는 한 예로 행동 생물학에서 우세한 선형적-인과론적 설명 모델을 검토한다. 그녀는 특히 인간적 행동이나 비-인간적 행동에 대한 호르몬 설명들 속에 내재하는 선형적 인과성이라는 전제들에 초점을 맞춘다. 말하자면 호르몬은, 성인이나 태아의 뇌에 작용하여 특수한 종류의 행동을 낳는다고 추정된다(선형적-인과론적 모델과 유사한 분석은 Birke, 1986과 Oudshoorn, 1994에서 발견될 수 있다).

롱기노는 이런 식으로 행동의 성 차이를 조사할 때 작용하는, 이론 부담이 많은 전제들을 검토한다. (예를 들면 시끄러운 소년들과 수동적 소녀들과 같은) 맹목적 정형화는 가설 구성 과정들과 자료 해석 과정들에 불가피하게 영향을 미치면서 이 조사의 많은 부분을 관통하고 있다. 그녀의 기록에 따르면, 선형적 모델은 뇌를 호르몬과 행동 사이에 위치하는 일종의 블랙 박스로 가정하며, 유기체는 행위성이 결핍되어 있다고 가정한다. 행동은 상자의 굵은 배선에 따라 작동하는 호르몬에서 유래한다.

양자택일적 접근법에서처럼 그녀는 뇌 기능의 선택주의적 견해를 주창하는데, 이 견해는 뇌의 복잡성과 행위성을 강조한다(이것은 인식에 관한 최근 작업에 의존하여, 한 예로 뇌가 정보를 어떻게 병렬적으로 처리하고 복합적으로 분류하는지를 강조한다). 이러한 특수 이론의 장점이 무엇이든지간에 그녀는, 이것이 유기체를 행위성으로 복귀시킨다고 주장한다.

롱기노는 '맥락적 경험주의'를 주장한다. [맥락적 경험주의를 주장할] 때까지 그녀는 경험주의의 어떤 측면들을 상실하고 싶지 않다는 의도를 지니고 있다. 그녀는 "우리가 본 것은 우리가 경험한 것이다"(1990, 215면)라고 강조한다. 샌드라 하딩(Sandra Harding, 1991)이 인식 주체의 사회적 위치를 고려하는 '강한 객관성'을 옹호하는 것처럼 롱기노는 논증력있는 추리의 배경이 되는 전제(배경 지식)들은 인정한다. 그러나 롱기노는 동시에 극단적 상대주의의 진리 주장들이 지닌 함정을 회피할 수 있는 [그런] 객관성의 사회적 설명을 시도한다. 그녀가 주장하는 배경 가설들의 역할은

> "과학적 방법과 과학적 지식을 개인주의적 착상이라는 맥락에서 [고려할 때]만 난폭한 상대주의의 근거가 된다. 만약 과학에서 지식을 구성하는 방법들에 대한 우리의 착상이 논증력 있는 그리고 특히 개념론적인 비판주의의 사회적 활동성들을 포용하는 데까지 확대된다면, 우리는 개인적이고 주관적인 선호물이 최종 산물에서 어떻게 극소화되는지를 알게 된다"(216면).

생물학적 사고에 대한 여성주의적 분석들은 전형적으로 다음과 같은 전제들에서 출발한다. 즉 생물학에서 논증력있는 추리는—과학의 다른 경우에서처럼—매우 사회적인 활동성이며 사회적 가치들을 포함한다. 따라서 그것은 여성주의자와 여타의 비판가들이 개입하는 활동성이다. 더구나 여성주의자들은 언제나 '생물학적' 세계에 대한 보다 더 복잡하고 맥락-의존적인 접근법들을 주창한다. [더 복잡한 맥락 의존적 접근법들은] 우세한 선형적 모델들보다도 덜 규정적이며, 따라서 더 많은 설명력을 지니는 것 같다. 여성주의 이론가들은 종종 어떤 절대적 진리를 주장하는 것에 대해서는 신중하지만, 더 복잡하고 맥락 의존적인 생물학적 견해들을 강조할 때는 그 견해들이 더 "참되다"는—적어도 그것들은, 자연이 어떻게 작용하는지를 단순하고 선형적인 모델들보다도 더 잘 설명할 수 있다는 의미에서—신념을 암암리에 내포한다.

여기에서 논쟁이 되는 것은 진리 주장들의 타당성만은 아니다. 왜 여성주의자들이 맥락-의존성을 강조하는지에 대한 하나의 중요한 이유는 단순한 환원주의적 모델들이 낳는 정치적 효과와 관련이 있다. 환원주의는, 자연은 구성 요소들을 분석할 때 가장 잘 이해된다는 전제를 지니며 이 전제는 자연에 대한 폭력을 함축하며 환원주의와 선형적-인과 모델들이 '마법의 탄환'[박테리아, 바이러스, 암세포만 파괴하는 약제]이라는 결론들에 이를 수도 있다. 그래서 과학자들은 문제의 복잡성을 이해하려고 시도하기보다는 오히려 때때로 외과, 약물, 또는 유전학적 해결책들로 방향을 튼다. '[과학자들은] 학습 무능력에 관한 유전 인자'를 주장함으로써 교육 체계들이 손쉽게 궁지에서 벗어나도록 한다(Hubbard와 Wald, 1993).

생물학의 환원주의에 도전하기

비판가들이 생물학의 인식론적 환원주의에 도전했던 방식들은 많이 있다. 과학이 분석적으로 그리고 경험적으로 진행시킨 방법들인 방법론적 환원주의는 종종 비판을 보다 덜 받았다(Longino, 1990을 보라). 이러한 도전들에는, 비록 겹쳐지기는 하지만, 두 가지의 중요한 갈래들이 있다. 첫째로, 비판가들은 자연/생물학을 많은 환원주의적 설명들이 허용하는 것보다도 더 복잡한 것으로 그리고 덜 고정된 것으로 조망하라고 강조한다. 그리고 두 번째로, 비판가들은 인과성이 상호 작용하는 모델들을 강조한다.

첫번째 갈래에 대한 하나의 예는 동물 행동에 대한 과학적 설명들을 분석하는 작업에서 유래한다(Haraway, 1989; Birke, 1994). 생물학적 결정론을 논증하는 사람들은 인간 행동의 생물학적 규정에 대해 논증하기 위해 전형적으로 “동물은 무엇을 [행]하는가”에 대한 이야기(서사)들을 사용한다. 그러나 그 이야기들은 처음에는 비-인간들의 열등성과 고정성을 함축하는 언어로 쓰였는데, 이제는 인간 행동에 근접한 것으로 이해된다. 한 예로 동물들은 (인간의) 사회 이론 안에서는 본능 다발에 지나지 않는다(Birke, 1994, 105~9면). 그러나 비-인간적인 동물들의 행동은, 인간이 가정하곤 하는 것보다 더 복잡하다고 할 만한 증거를 많이 지닌다. 더구나 과학자들이 동물의 기술과 능력이라고 보고했던 방식들은 모든 종류의 위계 개념과 지배 개념들에 근간을 두고 있다(Haraway, 1989; Birke, 1994). 만약 우리가 비-인간의 이미지들을 바보 같은 것으로 구성한다면, 그러한 종들을 인간 행동의 거울로 간주하는 것은 인간에게는 확실히 문제가 있다. 더군다나 바보 같음이라는 관념들은 (인간의, 생물학적 남성의) 합리성이 우월하다는 계몽주의적 믿음을 가속화한다.

여기에서 논쟁이 되는 것은 과학적 지식의 사회적 위치이며 (그리고 동물성과 인간성에 대한 서구 문화적 전제들에 대한 의존이며) 서로 다른 종류의 지식의 권리들을 산출하기 위해 ‘이야기들을 고쳐 쓰는’ 것에 대한 관심이다. 이것은 접근 가능한 증거에 의존하지만, 그러나 상이한 전제들이나 결론들을 발생시키기 위해 그것[접근 가능한 증거]을 사용할지도 모른다.

두 번째 갈래의 예들은 더 복잡한 그리고 상호 작용하는 모델들을 사용하며, 생태학적이고 진화론적 이론화에서 유래한다. 한 예로, 진화론적 관념들과 관계가 있는 비판 이론가들은 자연에서의 경쟁과 ‘이기적 유전자’ 개념들을 고집하는 신-다윈주의의 성장을 종종 개탄한다. 비판가가 지적하듯이, 특히 그러한 담론들은 모두 특수한 형식의 후기 자본주의 사회에 근간을 두고 있으며 그리고 후기 자본주의 사회를 정당하다고 주장한다(Bleier, 1984).

자연에 대한 그러한 착상들은 유기체의 환경을 죽은, 정적인 것이라고 전망한다. 근대의 진화론을 비판할 때 주디스 매스터(Judith Master, 1995)는 생태학적이고 진화론적인 이론이 종들에 의해 ‘가득 채워져야’ 한다고 하는 ‘벽감들(niches)’—확실히 수동적인 관념—을 어떻게 이야기하는지에 대해 기술한다. 그녀는 환경들이 언제나 변화하고 상호 작용하는 유기체로 구성되어 있다고 전망하고, 이렇게 해서 ‘벽감들’을 변화시켜야 한다고 믿는다. 그녀는 틀에 박힌 신-다윈주의처럼 한쪽이 다른 쪽에 순응하기보다는 차라리 유기체와 그것의 주변 환경들이 상호-적응(co-adapt)한다고 주장한다.

그때 환원주의에 대한 반대는 여성주의적 이론화에서 중요한 역할을 한다. 이러한 작업은 (가령, 진화와 관련하여) 어떤 주류 생물 철학에 도달하는 지도를 만든다.

그러나 여성주의적 이론화는 생물학을 달리 사유하는 방식들을 발전시키는 것과 관계하기 때문에 초점이 [주류 생물 철학과는] 다르다. 그러한 테마들—환원주의에 대한 반대, (덜 환원주의적인 구조들 속에서) 접근 가능한 증거로부터 상이한 설명을 추론하는 데 수반되는 관심사—은 생물학에 관한 대부분의 여성주의적 작업을 관통하고 있다. 나는 이제 몸에 대한 이론화로 방향을 틀어서 철학과 생물학 안에서의 몸에 대한 여성주의적 접근법들을 다소 상세하게 분석하고자 한다.

몸은 [정신과] 똑같이 생각할 수 있는가? 1980년대 여성주의의 몸 살리기

'몸'은 여성주의 내부에서도 그리고 여성주의와 관계가 없어도 초미의 지적 관심사가 되고 있다. 모이라 게이튼스(Moira Gatens)와 같은 몇몇 저자들은 성차/성별과 같은 이원론들을 초월하기 위해 보다 초기의 구조들을 사용한다. 그녀는 스피노자의 형이상학으로 회귀할 것을 주장한다. [스피노자 형이상학에서] "몸은 능동적 정신에 의해 지배되는 수동적 자연의 일부가 아니라 오히려 인간 활동의 근거이다."(1988, 68면). 그녀의 주장에 따르면, 이것은 몸을 주어진 것으로 간주하는 전통적인 정치적 전제들을 초월하며, 우리로 하여금 문화적이고 역사적인 특수성들을 인정하도록 만든다.

비록 사회적 구성주의의 형식들이 아직도 우세하지만, 몇몇 이론가들은 살아있는 몸을 강조하는 현상학적 접근법들을 통해서 정신/육체(몸) 이원론을 초월하려고 시도한다(예를 들면 Young, 1990b). 이것은 주어져 있는 몸이 아니라 기표적이면서도 기의적이기도 하고, 역사적으로 우연적이면서도 사회적이기도 한 몸이다(Grosz, 1994c). 이렇게 이론화하는 '몸'은 여성의 경험을 이해하는 데 중요하지만, 고정되거나 전 사회적인(사회 성립 이전의) 것은 아니다. 그 대신 "하나의 몸은 사회적이고 추론적인 객체가 되며, 욕구, 의미, 그리고 권력의 순서로 관련을 맺고 있는 몸"이 된다(Grosz, 1994c, 19면과 Butler, 1993).

'살아있는 몸'을 강조하는 것은 중요하다. 그리고 [살아있는 몸]이 어떻게 기의적이게—살아있게—되었는지를 이해하는 것은 더 이상 몸을 무시하지 않는 여성주의적 이론화에서 중요하다. 아직도 간극들은 남아있다. 첫째, [여성주의적 이론화는] 몸의 내부와 몸의 과정에 좀더 주의를 기울이지는 못하고 있다. 그리고 두 번째로, [여성주의적 이론화는] 몸의 발달을 충분하게 다루지는 못한다. 이것들 모두는 '생물학'의 제한영역 속에 있다. 마찬가지로 그것들을 재이론화하는 과제에 착수하는 것은 여성주의적 생물학자들의 몫이다.

여성주의적 이론가들은 텍스트와 시각적 이미지들을 지속적으로 해체한다. 게다가 '몸의 도표들'이라고 불렸던 추상적 개념들은 역사적 인공물과 같은 것들을 제외하고는 관심 대상이 되기 어렵다. 토마스 라퀘르(Thomas Laqueur, 1990)는 최근 몇 세기 동안 생식(재생산) 기관에 대한 재현들이 어떻게 변했는지에 대해 언급한다. 해부학적 삽화는 미세한 세부 묘사들을 보여 주기 위해 음영으로 처리되고 신중하게 제작된 드로잉들로부터 고도로 추상적이고 양식화된 이미지들로 나아갔다. 우리들 대부분이 생물학 교과서에서 당연하게 받아들이는 것들은 더 많은 상세한 여성주의적 분석들을 필요로 한다.

그럼에도 불구하고 몸의 내부를 그림으로 그리는 것은 면역학과 관련되는, 두 개의 영향력 있는 여성주의 작업에서 분명하게 [시행되고] 있다. 도나 해러웨이(Donna Haraway, 1991c)와 에밀리 마틴(Emily Martin, 1994)은 면역 체계의 이미지들을, 그리고 그 이미지들이 문화적으로 전달되는 방식을 변화시키려고 한다. 여기에서 적어도 몸의 내부는 문화 생산계와 여성주의 이론계로 진입한다. 나는 이런 텍스트들의 두 가지 측면을 강조하고자 한다. 첫번째는 문화적 이해에 대한 강조이며, 그래서 '면역 체계'는 (아마도) 묘사되는 언어와 이미지들에 의해서(만) 원리적으로 이해될 수 있다. 이렇게 해서 에밀리 마틴은, 면역력 있는 몸에 관한 이야기들이 외부 병원균에 의해 포위되어 몸을 방어하는 것으로부터 외적 요구들에 유연하게 반응하는 몸들로 극적으로 변화된 방식들에 대해 언급한다.

몸의 외부의 투과성은 두 번째 주제이다. 해러웨이가 주장하듯이, 포스트모던한 면역 체계는 '네트워크-몸'(network-body)의 일부분이다. 그것은 동시에 "어디에도 있으며 어디에도 없다."(1991d, 218면). 경계지어진 개체로서, 전형적인 개체로서—몸은 과학 자체의 담론에서조차도 위협받는다. 그것의 경계들은 삼투되고 안팎으로 영향을 미치는 네트워크에 이를 때까지 개방된다.

우리는 이러한 설명들에서 과학적 지식의 위치와 생물학적 복잡성에 대한 여성주의적 주장을 이해할 수 있다. 그럼에도 불구하고 면역학의 담론들에 대한 이 연구들과는 별도로, 몸은 상당 부분 생물학적인 것으로 간주되지 않는다. 참으로, 나에게는 많은 여성주의적 사고들이 생물학적 몸을 고정된 것으로 간주하는 잠재적 믿음을 아직도 품고 있는 것처럼 보인다.—심지어 문화를 관통하는 것 이외에는 우리의 생물학적 자아(self)를 이해할 수 없다고 주장하면서 그 믿음을 명백하게 부인할 때조차도 나에게는 그렇게 보인다. 가령 [도대체] 신경 활동, 면역 체계 기능 또는 수정된 알에서 배아의 성장을 포기하는 것이 어디에 있는가? 몸의 작업 수준은 영원히 문화 외부에, '생물학' 속에 고정된 채 남아있는 것처럼 보인다. 중요하게도, '생물학'의 어떤 측면들은 고정되어 있다는 이런 잠재적인 전제는 그 자체로 여성주의자와 여타의 사회 이론가들이 회피하고자 하는 거대 서사가 된다.

몸에 관한 새로운 초점은 환영받지만, 그에 반해 부가적 모델은 영속화된다. 언제나 문화적 분석을 넘어서는 것처럼 보이는 '생물학'의 수준—일반적으로, 몸의 내부—이 있다. 흥미롭게도, 진화나 유전학과 같은 영역에 초점을 맞추는 경향이 있는 주류 생물 철학자들의 관심을 주로 회피하고자 하는 내부 작업들도 있다. 생리학은 철학적 관심에 의해 오염되지 않고도, 기계론과 환원론의 서사들이 될 운명을 지닌 것처럼 보인다.

대부분 우리의 생리학은 불변적인 것처럼 보인다. 그것은 우리의 몸의 '본성'의 일부분이다. 이제는 그런 불변성을 전제할 만한 중요한 이유가 있는데, 그 이유는 생리학의 연구 자체에서 유래한다. 생물 과학 교육을 받은 우리들에게 몸의 기능들—생리학—은 대개 체계들로 범주화될 수 있다. 즉 신경 체계, 내분비 체계, 면역 체계 등이다. 이러한 체계들이 작용하는 방법 중에서 중요한 원리는 항상성이며, 항상적 상태를 유지하는 몸의 능력이다. 그래서 한 예로 몸의 온도는 섭씨 37도 주변이 정상이다. 피의 당도는 언제나 (몇몇의 질병 상태를 제외하고는) 어떤 한계치 안에 있다.

불변성을 유지하는 분리 체계들에 대한 과학적 언어는 보다 폭넓은 문화적 언어의 일부가 되었고, 심지어 '사회적으로 구성된 몸'을 설명하는 곳에서조차도 그 과학적 언어를 전제한다. 이렇게 해서 건강은 지속의 문제이거나 사물들을 항상적으로 유지하는 문제인 데 반해, 질병은 동요를 재현하는 것이다. 이러한 사고 방식은 유전학의 언어에서는 고정성과 같은 추상(적 개념)에 그리고 환원주의에 필적하는데, 이 언어는 점차적으로 도서관에서 거리로 이동해 가는 언어이다. 이러한 서사 내부에서 생물학적 몸들은 (우리가 누구인가를 결정하는) 유전 인자들과 (우리가 그러한 방식으로 머무는 것을 보증하는) 항상성에 필적하는 언어에 의해 고정된다. 그런데 그러한 언어 자체는 사회적이고 문화적인 구성은 아닌가?

몸의 내부는 생리학적 담론 영역으로부터 [벗어나] 보다 넓은 문화적 비판주의로 출현할 필요가 있다. 우리는 생물학적 몸을 변하고 있는 것으로 그리고 변화 가능한 것으로, 즉 변형 가능한 것으로 생각하고자 할 필요가 있다(Birke, 1986, 1994 ; Fausto-Sterling, 1992 ; Hubbard, 1990). 우리의 모든 세포들은 지속적으로 자신을 새롭게 하며, 심지어 뼈조차도 그러하다(뼈는, 특히 우리가 연습삼아 짐을 실었을 때조차도 끊임없이 개조되고 있다). 그럼에도 불구하고 몸의 한 부분에 의해 다른 부분에 가해지는 압박들이 있다. 결과적으로 우리의 몸 전체의 외관이 성인기에는 상대적으로 적게 변한다.

몸이 살아있다는 것은 몸을 변형 가능한 것으로 경험하는 것을 의미하는데, 그것은 문화적 의미/문화적 독해로서 뿐만 아니라 그 자체 안에서도 그러하다. 생리학이 무엇을 말하려고 하든지간에, 만약 우리가 살고 있는 곳의 문화가 극적으로 변할 수 있다면 우리는 우리의 몸의 내부 작동들을 이와 유사한 방식으로 경험할 수 있을 것인지에 대해 나는 알지 못한다. 질병이나 어떤 형식의 신체적 장애를 지닌 사람이 자신의 몸의 내부를 건강하고 유능한 몸을 지닌 사람들과는 다르게 경험하는 것은 당연하다. 그러나 그런 경험의 일부분은 병리학적 기능에 대한 의학적 정의들 밖에서 존속하고 있는 문화적 경험에 의존한다. 적어도 이런 의미에서 문화는 우리의 내적 경험을 형성한다.

더군다나 '항상성'은 외면당할 수 있으며, 이와 동시에 '불변성' 테마를 중심에서 벗어나게 하면서 그 대신 전체 범위를 [동일하게] 유지할 때[도] 개입되어 있는 미세한 변화들에 초점을 맞출 수 있다. 우리는 이 속에 있는 잠재적 변화들을 어떻게 이해할 수 있는가? 그것들은 문화적으로 어떻게 불확정적인가? 시간이 흐르면서 몸도 변형 가능하다. 어떤 하나의 근육 덩어리를 지배하는 근섬유 유형은 부분적으로는 적어도 활동하는 근육을 자극하는 일종의 스트레스의 산물이다. 주디스 버틀러(Judith Butler, 1993)의 수행성(performativity)이라는 개념이 여기에서 유용하다. 그녀는 성별 위반(gender transgression)이라는 문화적 산물을 상세하게 분석하면서 성별화된 수행에 초점을 맞춘다. 그러나 수행성은 (성별과 관계가 있든지 아니면 없든지간에, 반복되는 수행이라는 의미에서) 그 자체 '몸이 작동하는 방식'에, 그것의 내면성에 영향을 미칠 것인가? 우리는 그 중 어떤 것이 그렇지 않으면 그것들 모두가 몸의 작업에 영향을 미칠 수 있는 많은 역할들을 수행한다.

그럭저럭하는 동안 우리의 내부 기관들과 내부 조직들도 수행한다. 생리학적 언어는 교묘하게 기계론적이다.—그것은 통제 체계들에 대해 그리고 통제 체계들을 고정시키는 데 봉사하는 피드백 회로에 대해 말하는 것이다. 그러나 이러한 체계에는 변화와 우연성에 대한 활동적 응답이 내재하며, 안팎으로 변화하는 것에 대해 지속적으로 응답하고 세계에 따라 행동하는 몸의 내부들이 내재한다.

몸의 생성

태아기를 시각화하고 영사하는 기술을 사용함으로써 태아들조차 문화에 참여한다. 그러나 인간의 성장—우리가 세계에 참여할 때 인간이 되는 과정들이나 성장할 때 어른이 되는 과정들—은 '살아있는 몸들'이나 사회적 구성주의에 관한 여성주의적 주장들에서 간과되고 있는 것처럼 보인다.

우리는 약간의 '그 유전 인자' 개념들에 수반되는 고정성에 반대하면서 변형 가능성의 관점에서 인간의 성장을 강조할 수 있다. '그' 유전 인자라는 담론은 확실한 지반을 획득하고 있다. 도로시 넬킨(Dorothy Nelkin)과 수잔 린디(Susan Lindee)는, "인간의 행동, 질병, 인격성 그리고 지성에 관한—과학적 유전학의 발견들은, 인간들이 동일성(정체성), 가족, 성별 그리고 인종에 관한 실존하는 믿음들을 따르고 보충하기 때문에, 곧바로 대중적 자원이 된다"(1995, 197면)라고 주장한다. 그래서 여성주의 이론가와 포스트모던 이론가들이 점차적으로 동일성(정체성) 관념들에 대해 문제제기를 하는 데 반해서, 그 관념들이 '유전 인자들'이라는 (위험스런) 담론 안에서는 더 광범위한 문화로 강화된다.

동일성(정체성)과 결정론에 대한 이러한 담론 안에서 '우리'는 정자가 알(난자)을 만날 때 내던지는 유전 인자들로부터 전개된다. 그것은 전성설의 근대적 버전이다.—즉 우리가 정자(또는 난자) 속에 스스로 편안하게 거주한다는 보다 사소한 버전에서 전개되는 18세기 관념이다. 수잔 오야마(Susan Oyama, 1985)가 지적했듯이, 유전인자들은 청사진처럼 비슷한 그리고 영속적인 관념이다.

그러나 우리의 생성에 대한 다른 방식의 사유들이 있다. 과학 내부에서조차 배아가 성장할 때 배아 스스로 활동적으로 연대한다는 점을 강조하는 것과 같은 다른 입장들이 있다(한 예로, Fausto-Sterling, 1989를 보라). 배아는 그 자신의 환경과 연대하면서 그 환경을 활동적으로 변경시킨다. 이런 식으로 배아는 유전학적 유산의 수동적 희생자라기보다는 오히려 자기를-유기적으로 조직하는 실재이다(Goodwin, 1994를 보라). 만약 하나[의 배아]가 있다면, 그것의 본질은 고정성이 아니라 변형 가능성이다. 이 이야기에서 배아/태아는, 내가 위에서 구상했던 생리학적 유기체와 유사하다. 그것은 지속적으로 변화하고 있으며 그 변화 속에서 행위성을 지니고 있다.

유기체를 재창조하기

유기체나 성장이 변형 가능한 것이라고 생각할 때 나는, 유기체 자체는 (자기성과 주관성을 내포하면서) 좀더 유동적이고 삼투성을 띠는 개념이 된다는 점을 인정한다. 엘리자베스 그로츠(Elizabeth Grosz, 1994c)는 유동성 관념들 안에서 성별과의 연합을 제안한다. 그녀는 "여성의 유체(corporeality)는 유출 양식으로 새겨져 있다"고 주장한다(1994c, 203면). 이런 식으로 생물학적 여성의 몸들은 스며나오는 액체들, 형태 없는 흐름, 그리고 통제 불가능성이라는 테마들을 문화적으로 반영한다.

도나 해러웨이(1991d)의 사이보그 버전도 유동성을 암시한다. 그녀는 몸의 완전한 보존보다는 차라리 경계들을 가로지르는 흐름의 비율을 강조하면서 '다형적인 정보' 체계들에 관해 얘기한다. 해러웨이의 버전과 그로츠의 생물학적 여성의 유동성에 대한 묘사는 나의 변형(transformation)이라는 주장과 양립 가능하지만, 나는 어떤 의미의 유기체들 또한 실재들로 간직하고 싶다. 해러웨이는 전체론적 유기체론적 견해들을 마치 일종의 유아론을 촉진시키는 것처럼 반대한다. (그리고 그녀는 성장을 과정과 관련시켰다.) 그녀의 유토피아에서 유기체들은 정보로 분산되어 버리는 실재들과 마찬가지로 복잡성의 망들로 사라져 버리는 것처럼 보인다. 유기체들은 "전략적 조합이 … 존재론적으로 불확정적인 구조물이" 된다(1991b, 220면).

그러나 유기체는 바로 세포/정보의 전략적 조합 이상의 것이다. 유기체들은 자기를-실현하는 행위자들이다. 유기체들을 실재들/행위자들이라고 주장하는 것은 그것들을 생물학의 연구로—즉 유전 인자들이 원동력이 되는 세계에서는 전체 유기체들이 사라지는 생물학의 연구로—되돌려 보내는 것이다. 해러웨이가 주장하듯이, 만약 (유전학적) 과정의 길(서구 문화 속에 깊이 뿌리박혀 있는 서사)이라는 관점에서 유기체들에 대해 생각하는 것이 문제가 된다면, 이때 우리는 확실하게 다른 메타포들을 사용해야 한다. 유기체론적 실재들을 보존하는 한 가지 접근법은 브라이언 구딘(Brian Goodwin, 1994)에 의해 증명된다. 그는 출현하는 질서가 자연 속에 있는 외견상의 혼돈에서 발생할 수 있는 방식을 혼돈 과학을 끌어들여서 묘사한다. 유기체들(몸들)은 이런 관점에서 자기를-유기적으로 조직한다(self-organizing). 유기체들은 과정들이다. 그리고 그가 주장하길, 유기체들은 실재들로서 가치를 지닌다.—즉 (한 예로 유전 공학에서처럼 또는 이식 수술을 위한 장기 '기증자들'을 동물로 사용할 때처럼) 유기체들을 재구성(해체)하기 위해 유기체들을 분해하는 극단적 환원주의에 반대하는 입장이다.

행위성과 변형가능성이 유기체들/몸들에 속한다고 생각하는 것은 몸의 사회적 가치를 떨어뜨리는 것에 반대하며, 여성(과 타자)를 억압하는 데에 기여하는 그것[몸]의 내부에 대해 반대한다. 더군다나 그것은 정신/자아 대 몸이라는 단순한 이분법적 분류법들에 반대하는데, 왜냐하면 둘 다 동일한 행위성이나 중첩되는 행위성들을 예증하기 때문이다. 그로츠(1994c)는 유사하게 '(육)체화된 주관성'(22면)을 추구하는 여성주의 철학의 필요성을 강조한다.

유기체들/몸들이 행위성과 자기를-유기적으로 조직하는 능력도 지닌다고 보는 것은, 성별의 사회적 구성들과 성별의 사회적 경험들이 스스로 하나의 과정의 일부분일 수 있다는 것을 시사한다. 이렇게 해서 '성차'는 성별보다 선행하는 것이 아니라 그 자체 성별에 의해 형성되고 성별에 부속하는 것일 수 있다. 바꾸어 말하면 (성차화된) 몸들을 창조하고 지속적으로 재창조하는 데 개입되어 있는 과정들은 부분적으로는 물질적이고, 부분적으로는 사회적 · 경험적이다. 그로츠와 같은 여성주의 저술가들이 주장하는 기호화된 몸들, 차이를 지닌 몸들은 그것들로부터 창조된다.

불확실성의 잔존

나는 과학적 설명들과 관련시켜서 (육)체화에 관한 여성주의자의 작업을 고찰할 때 나타나는 두 가지 긴장들을 인정한다. 첫째로, 나는 이야기(서사)로서 과학에 대한 포스트모더니스트의 주장과 그리고 어떤 형식의 실재론에 관한 믿음을 모두 끌어들인다. 이것들[서사 과학과 실재론]은 필연적으로 양립하지 않으며, 만약 우리가 이야기 대 실재론과 같은 경계들 자체로부터 도망치고자 한다면—둘 사이의 긴장은 불가피하며—참으로 바람직하다.

두 번째로, '변형'이 언제나 여성주의자의 정치적 목적을 제공하는 것은 아니다. 변형가능성에 대한 나의 주장은 유기체들에 대해 생각하기 위한 것이다. 그러나 유전학적 환원주의는 환원주의의 수사학 내부에서 유전 인자들을 이리저리 옮김으로 해서 (다소 역설적이게도) 변형의 담론들도 허용한다. 외과 수술적 변형은 원하는 목표를 달성하기 위해 말 그대로 몸을 변형시키는 성형 수술이든 성 전환 수술이든 간에 어느 쪽에 대해서도 진보적 관심을 제공하지 않을 것이다. 그러나 어느 경우에도 물질적 몸은 내적 행위성을 지니는 것으로 간주될 수 없다. 오히려 그것은 원하는 것과 사이가 나쁜 고정된 실재이다. (나는 여기에서 행위성에 대한 생각이 원했던 변화를 필연적으로 야기할지도 모른다고 말하고 있는 것이 아니며, 단순하게 몸들을 교환 가능한 조각들로 환원시킨다고 이해하는 것이 고정성 담론의 일부분이라고 말하고 있는 것은 아니다).

그러나 환원주의적 논리 내부에서 몸들이 변경 가능하다는 사실이 그 자체로 변형과 복잡성에 저항하는 논증인 것은 아니다. 우리는 단순한 환원주의로부터 물러나는 몸의 과정들에 대해, 그리고 동시에 문화 속에서 살고 있는 몸들을 우리가 이론화하는 것을 허락하는 몸의 과정들에 대해 (또는 보다 더 일반적으로 '생물학'에 대해) 생각하는 방식을 긴급하게 발견할 필요가 있다.

상이한 이야기들을 표현하는 대안 모델에 대한 탐색은 여성주의자의 심정으로 생물학을 이론화하는 것이다. 여성주의자들은 생물학적 과정들을 해석할 때 더 복잡하고, 더 많은 뉘앙스를 지닌 방식들을 고수한다. 부분적으로 우리는, 경험론조차도 증거를 해석하는 상이한 방식들을 허용하기 때문에 그런[더 복잡하고 더 많은 뉘앙스를 지닌] 방식들을 고수한다. 복잡한 모델들은 사물들이 어떻게 작동하는가를 더 잘 묘사한다. 복잡한 모델들은 또한 하나의 진리라는 계몽주의적 개념에 도전하는 대안 이야기들을 포스트모던한 의미에서 제공한다(Hekmann, 1992을 보라).

여성주의자가 복잡성과 변형성을 통해서 자연에 새로운 이름을 지어주려고 투쟁하는 두 번째의 이유이면서, 좀더 분명하게 정치적인 이유는, 우리가 이렇게 해서 영속적인 이원론에 도전할 수 있다는 것이다. 성별을 성차라는 근본 원리에 대립하는 것으로 이해하는 것이 [이원론의] 하나의 예이다. 다른 예들은 유기체/환경 이원론, 인간/동물 이원론, 몸의 고정성/문화적 불안정성 이원론, 본성/교육 이원론 등과 같은 이원론들을 포함한다. 여성주의적 비판들이 종종 언급하듯이, 이원론적 사고는 심각하게 문제가 있으며—적어도 그것이 성별 이원론들에 영양분을 공급하기 때문에 그러하다.

환원주의와 환원주의에 뒤따르는 이원론에 반대하기 때문에, 여성주의자들은 몸들의 불확실성과 불확정성을 주장해야 한다. 그러나 우리는, 불확실성과 불확정성이 한계가 없는 것이 아니라는 점 또한 인정해야 한다. 몸들은 지속적으로 내적 변화를 경험하지만, 그러나 외적으로는 동일성을 유지하는 가운데서 내적 변화를 경험한다. 아마도 이러한 일이 신체적 장애를 지닌 몸 안에서보다 더 분명하게 일어나는 것은 어디에도 없을 것이다. 변형은 몸의 내부의 활동 양태일 수도 있지만, 그러나 그것은 아마도 갑작스럽게 그럴 수 있는—육체화(bodiedness)에 이르지는 못할 것 같다. 그리고 변형의 관점에서 몸들에 대해 생각한다고 해서 장애를 문화적으로 재생산하는 현존하는 [모습]을 변경시키지는 못할 것이다.

최근의 여성주의 작업은 몸들을 기호화된 것으로, 문화의 기의로 묘사하면서 문화적 우연성을 강조하지만, 그 반면에 몸의 외피들을 좀처럼 넘어서지는 못한다. 문화는 그러한 외피 위에서 묘사된다. 그렇게 할 경우에 우리는, 그로츠가 정당하게 인정한 것처럼, 몸의 내부를 생물학적 고정성의 영역 속에 내팽개치는 위험을 무릅쓰게 된다. 그러나 그런 위험은, 우리가 생물학 자체를 어떻게 개념화하는가에 의존하게 된다. 몸은, 우리가 불확정성이나 변형에 대해 생각할 때만 똑같이 생각하기에 좋다. '생물학'이 언제나 최종적 한도인 것은 아니다.

(이정은 역)

20. 사회과학

메리 혹스워스(Mary Hawkesworth)

사회과학은 인간 존재가 놓여 있는 모든 복잡성 속에서 인간 존재를 설명하고 이해할 것을 추구한다. 따라서 사회과학은 개별 의식과 행위, 사회적 관계들과 문화적 관습들, 사회 구조들, 구조적 힘들에 대한 연구를 포괄한다. 이들 다양한 현상들에 대한 탐구는 인류학, 고고학, 문화학, 경제학, 지리학, 역사학, 정치학, 심리학, 사회학, 여성학의 학문분과에서 인가된 연구 방식에 따라 진행된다.

사회과학 철학자들은 사회과학 연구의 본질과 이들 다양한 분과들 안에서 사용되는 방법론적 실행들의 인식론적 정당성을 연구한다. 20세기 사회과학 철학 분야에서의 주 논쟁은 "구획"(어떻게 과학과 비과학을 구분할 것인가)의 문제, 타당성의 문제(어떻게 거짓과 진리를 구분할 것인가), 실재의 이론적 구성과 관련된 문제(실재라고 지각되어진 것이 문화적으로 영향받은 전제들에 의해 매개된다는 인식)에 대해서였다. 과거 30년 동안 이 분야는 과학사, 과학사회학, 탈근대주의, 여성주의 학자들이 제기한 도전의 결과로써 실증주의와 비판적 합리주의적 접근이 받아들여지면서 구조적인 변혁을 겪고 있다.

논리적 실증주의의 중심 교의는 의미의 검증 규준을 갖고 있다는 것(한 명제는 그 것이 경험적으로 검증될 수 있을 때에만 의미를 가진다는 견해), 사실/가치의 이분법(가치중립적 관찰, 기술, 설명이 가능하고 그것들이 과학의 독특한 영역을 구성한다는 믿음), 과학의 일관성(과학 연구 논리가 모든 분야에서 동일하게 적용된다는 믿음), 귀납적 방법(개별자들에 대한 관찰을 통해 경험적 일반화가 가능하다), 설명의 포괄 법칙 모형(사례들은 그 분야에서의 일반 법칙과 특정한 초기 조건이 주어진 상태에서 그 발생을 예상할 수 있음이 증명될 때 설명된다)이다. 이러한 교의들은 1960년대 미국에서 주도권을 얻고 있던 사회과학 내 행동주의적 접근에 영향을 주었고 사회과학을 "가치배제"의 관점에서 사회적 행위의 "법칙"을 발견하기 위해 설계된 양적 연구로 인식하게 하였다.

실증주의가 여전히 사회과학 원칙의 대부분의 실행들을 구성함에도 불구하고, 과학철학자들은 실증주의의 주요한 교의들이 가진 심각한 결함들을 지적했다. 의미의 검증 규준은 자기모순적이다. 사실/가치의 이분법은 지각의 심리학, 서술상 언어의 역할, 가설 수립에서의 이론의 역할, 과학자들의 학문적 실행을 잘못 이해하고 있다. 인간 존재의 성찰성과 사회적 관습의 문화적 특수성을 감안하면, 자연 세계를 연구하기 위해 고안된 방법은 사회적 실재를 해석하는데 적절하지 못할 것이라고 보아진다. 귀납법은 과학적 지식의 타당성을 보증하지 못한다. 왜냐하면, 확증이 결정적으로 보편적인 일반화를 증명하거나 또는 미래가 과거와 다를 수 있다는 가능성을 부정하지 못하기 때문이다. 포괄 법칙 모형은 정확한 예측을 진리의 지표로서 삼으면서 설명과 예측을 통합한다. 틀린 이론은 결코 맞는 예측을 가져올 수 없다는 것이다.

실증주의자들의 과학철학에 대한 접근은 사회과학자들의 실행은 본래적으로 이론적이라는 것을 강조한다. 이론적 전제는 지각을 형성하고, 무엇을 사실로 받아들일 것인지를 결정한다. 즉 경험에 의미를 부여하고 사소한 사례와 중요한 사례의 구획을 결정한다. 이들 전제들은 적절함의 규준을 제공하고 이에 따라 사실이 구성될 수 있고, 평가 방법이 제시될 수 있으며, 어떤 과학적 결론이 수용 가능한지 평가될 수 있다. 이들은 특정한 설명 모형과 이해의 전략을 수용하고, 자료를 수집, 분류, 분석하기 위한 특정한 방법론적 기술을 지지한다. 이론적 전제들은 어떤 용어로 과학적 논쟁을 해야 하는지를 정하고, 과학적 활동의 요소들을 구성한다. 탈실증주의자들의 과학관이 함의하고 있는 것은 다양한 해석을 하는 경험주의 지지자들(과학적/비판적 실재주의자, 맥락주의자, 자연주의자, 역사적/변증법적 유물론자, 비판이론가, 포스트모더니스트) 사이에서 지금도 진행중인 논쟁의 주제이다. 이들 경험론자들은 비결정적인 모든 이론들과 이론적으로 구성된 사회적 실재와의 연관 속에서 진리, 이론 선택, 인식적 실행에 관련한 질문들을 풀기 위해 애쓰고 있다(번스타인, 1976, 1983; 해킹, 1983; 헤르, 1986; 헤세, 1980).

여성주의 사회과학 철학자들은 실증주의에 대한 탈실증주의적 비판에 중요한 공헌을 했다. 사회과학이 초기부터 남성중심주의를 유지했음을 밝힌 여성주의 사회과학자들의 입장을 취하면서 여성주의 철학자들은 어떤 식으로 젠더에 대한 가정들과 경험들이 사회과학 이론을 구성하는지를 설명하려고 했다(하딩, 1986, 1991; 롱기노, 1990; 마샬, 1994; 넬슨, 1990; 와일리, 1991a, 1991b, 1991c, 1992). 그들은 현재의 젠더 관계에서 비롯된 젠더 상징성과 유추들이 이른바 "중립적" 과학적 명제를 구성하고 있다고 지적했다. 따라서 젠더가 반드시 사회적 관계에서의 구성 요소로서만이 아니라, 과학적 활동에서의 지각과 추론의 구성요소로서도 고려되어야만 한다고 본다(하딩, 1986; 케슬러와 맥케너, 1978; 스코트, 1986; 와일리, 1992). 여성주의자들이 젠더를 분석적 범주로서 사용한 것은 과학적 객관성, 과학적 방법론, 경험에 대한 전통적 개념들에 대한 일련의 비판을 제기하는 것이었다. 여성주의 사회과학의 실행을 탐색하면서, 사회과학 여성주의 철학자들은 해방이란 정치적 과제와 진리에 대한 학문적 규범 사이의 관계에 대해 복잡한 질문들을 제기해 왔다(알코프, 1989;롱기노, 1989, 1993b; 와일리, 1992).

객관성, 방법론, 경험에 대한 비판

전통적 과학 연구의 맥락에서 객관적 설명은 대상의 실질적 속성과 관계를 파악하는 것을 의미하는데, 이 때 대상들은 연구자의 대상들에 대한 사고와 열망과는 독립적으로 존재해야 하는 것이다(커닝햄, 1973, 4면). 그래서 객관성은 지적 연구에서 발생하는 왜곡, 편견, 오류로부터 자유로워야 했으나, 실제로는 그러하지 못했다. 여기서부터 객관성에 대한 여성주의의 비판이 시작되었다. 사회과학 학문 내의 여성주의 학자들은 남성중심주의가 과학 연구에서 일반적으로 자리잡고 있음을 밝혀냈다. "객관적"이라고 일반적으로 일컬어졌던 관찰, 믿음, 이론, 연구 방법, 제도적 관행은 그 규범과 동떨어져 있었다. 여성주의 학자들은 학문적 기준으로서 객관성이 중시되면서 형성된 여성에 대한 잘못된 주장에 대해 세밀하게 반박하는 데 중요한 기여를 했다. 여성주의 학자들은 연구, 연구계획, 주요 용어와 개념의 정의, 관련 증거와 반증례에 대한 결정, 자료의 수집과 분석, 결과의 해석, 실질적 반증의 평가 등과 같은 과학적 문제들의 선택과 관련된 다양한 과학적 방법들 속에 광범한 남성중심주의가 자리잡고 있음을 제시했다(판햄, 1987; 파우스토-스털링, 1992; 듀에르스트-라티와 켈리, 1995; 스펜더, 1981; 웨스트콧, 1979; 와일리, 1992). 또한 여성주의 학자들은 여성을 연구할 때 사회 과학자들이 종종 그들 분야에서의 방법론적 제약을 무시하거나 어기고 있고, 인간 존재에 대한 그들 논거의 내부적 정합성을 거스르는 여성에 대한 모순적 주장을 제기하며, 그들이 제시한 여성에 대한 가설은 부적절하게 정당화된다는 것을 인지하지 못한다고 밝힌다(블라이어, 1984; 아히러, 1980; 파우스토-

스털링, 1992; 피, 1983; 해러웨이, 1989; 허버드 외, 1982; 롱기노, 1990; 웨스트콧, 1979). 빈번하게 "객관적" 연구 방식의 맥락에서 발생하는 그러한 문제들은 객관성에 대해 실재하는 제한점들이 진리를 얻는 데 불충분하고 객관성의 지배적 개념에 심각한 결함이 존재함을 암시한다(블라이어, 1979, 1984; 아히러, 1980; 파우스토-스털링, 1992; 피, 1983; 허버드 외, 1982; 웨스트콧, 1979).

여성주의 철학자들은 과학의 객관성에 대한 핵심 전제들이 심각한 결함을 가지고 있다고 본다. 행동주의 사회과학자들은 객관성과 방법에의 집착, 감정배제적 태도의 채택, "그 자체의(brute)" 사실이라는 소박한 개념에 의존함을 자주 혼동한다. 그러나 이러한 가정들은 검토되어야 한다.

이론화, 평가, 가설 반증 등에 관한 과학적 방법의 광범한 해석들과 대조적으로 여성주의 학자들은 "과학은 다양한 방법을 갖고 있다"고 지적하는데, 그 방법들 전부는 특정 학문적이고 그 중 대부분은 연구 중인 현상들과 밀접하게 연관되어 있다(하딩, 1986, 36면). 더욱이 연구의 특정한 방법이 귀납, 연역 또는 통제된 실험을 포함하든지 간에 그 어떤 방법도 결과의 타당성을 보증할 수 없다. 진리의 획득은 그 과정에 있어서 단순히 어떤 절차적 형식에 충실하다 해서 보증될 수 없다(버만, 1989). 그래서 적합한 학문적 방법에 충실할 것을 강조하는 객관성의 개념은 심각한 결함을 지닌다. 반복가능성에 대한 호소도 과학적 방법이 결과의 객관성을 보증한다는 믿음을 보장해주지 못한다. 상호주관적 평가와 확증도 진실성의 신뢰할 만한 증거로서 인정받지 못한다. 여성에 대한 과학과 철학의 역사가 분명하게 제시하듯, 전통적 여성혐오는 잘못된 관점을 정당화하는 데 이바지했다(루쓰, 1981). 동일한 방법을 사용하는 다양한 연구자들은 같은 결론에 이를지 모르나 그러한 상호주관적 합의가 주장의 진실성을 입증하지는 못한다. 예를 들어 남성 정치학자들은 여성이 정치에 관심이 없고 관여하지 않으려 한다는 명제를 지속적으로 "증명"해 왔는데, 이러한 명제는 대선을 정치학의 유일한 발생지로 보는 남성들의 배타적인 관점을 거부하고 선거 캠프에서의 여성의 과소대표성을 관심의 부재에서 찾기보다 여성의 완전한 정치 참여를 막는 구조적 장벽을 연구하는 여성주의 학자들에 의해 체계적으로 반증된다(러벤두스키, 1986; 가이, 1992; 비아넬로 외, 1990).

비판적 합리주의자들이 과학자의 탓으로 돌리는 구조적 회의론과 대조적으로 여성주의 학자들은 많은 과학자들이 대중적 젠더 스테레오 타입에 문제를 제기하지 않을 뿐 아니라, 다양한 동물 종들, 세포 유기체, 사회구조 등에 관한 그들의 가설에서 문화적으로 특정한 젠더 역할을 고려하지 않는다는 점을 제시한다(블라이어, 1979, 1984; 해러웨이, 1989; 롱기노, 1990; E. 마틴, 1991). 분리, 무관심, 거리두기,

보편성은 특정한 남성의 관점들을 대변하면서 단지 남성의 헤게모니를 위한 기제로서 작동한다(켈러, 1985; 재거, 1989; 맥키넌, 1987b; 영, 1986).

많은 탈실증주의자 비평가들처럼, 여성주의 학자들은 연구 방법 또는 연구자의 태도에서의 가치중립성이란 신화와 같이 "그 자체의 사실(brute facts)" 또는 "매개되지 않은 경험"의 관념이 심각하게 인식의 본질을 왜곡시켰다고 지적한다. 이 개념들은 지각과 해석을 틀지우는 이론적 전제들을 간과하고, 연구하는데 있어 선택과 삭제의 과정을 감추며, 연구 문제들을 형성하고 증거를 반증하는 학문적 실행들을 은폐한다(피, 1983; 혹스워스, 1989; 재거, 1989; 롱기노, 1990; 와일리, 1992). 과학적으로 증명된 "사실"은 확실한 것, 부정할 수 없는 것, 불변의 주어진 것이 아니라 오히려 이론적으로 구성되는 명제들이다. 이 명제들은 이론적으로 매개된 증거에 의해 지지되고 실재를 이론적으로 공식화하는 한 부분으로서 간주된다(혹스워스, 1988a). 많은 여성주의 철학자들은 최근 사실성에 대한 보다 세련된 설명과 비담론적 실재와의 관계를 발전시키려는 노력을 하고 있다. 이는 어떻게 여성주의 연구가 남성중심적 사회과학의 결함있는 시각을 바로잡을 사회적 관계에 대해 비독단적인 설명을 제공할 것인지 말하기 위해서이다. 한편 여성주의 철학자들은 인간 인지자의 오류성과 상황성을 인정하면서 성찰성, 주체성, 변혁, 자기충족적 예언, 의도되지 않은 결과, 의외의 속성 그리고 구조적 영향과 같은 사회적 삶의 특수한 측면을 충분히 고려한다(그랜트, 1993; 그림쇼우, 1986; 하트삭, 1983; 하딩, 1986, 1991; 혹스워스, 1989, 1991; 재거, 1983; 카프만-오스본, 1993; 롱기노, 1989, 1990, 1993b; 와일리, 1992).

일부 여성주의 학자들 역시 과학에서의 남성중심성의 존속이 전통적 과학철학자들에 의해 간과되어온 지식의 문제들을 드러나게 했다고 주장한다(롱기노, 1990; 혹스워스 1991; 와일리, 1992). 오류의 동일한 근원들의 상호주관적 수정에 의존할 뿐 아니라 편견, 가치 또는 감성의 자기 정화를 전제로 하는 과학적 객관성의 개념은 과학적 지식에 대한 근본적 위협이 특이함(idiosyncrasy)을 암시한다. 양자는 베이컨학파의 주관성에 대한 견해를 모호하게 공유한다. 주관성이란 "만일 그것이 포기되고 축소되지 않는다면, 맹신과 사기로 가득 찬, 황홀한 유리"와 같은 것이다(베이컨, 1968, VI, 276면). 양자는 개인의 진리 획득에 있어서 주요한 장애물을 상정한다. 그리하여 순수하게 지적이거나 또는 상호주관적 수정 작업을 행하는 견지에서 인지되던지간에 과학 연구 기술은 "외부 세계에 대해 잘못된 내면 투사를 하는 인지자의 능력"으로부터 보호하도록 설계되었다(보르도, 1987).

여성주의 과학자들은 "객관적인" 연구에 존재하는 성차별적 오류의 지속적인 유형을 발견해 냈고 그 결과 이러한 다양한 수정 전략의 목표가 잘못 설정되었음을 지적할 수 있었다. 객관적 지식의 주요한 문제는 왜곡되고 혼돈스러우며 현상에 대한 객관적인 이해를 방해하는 주관적 자아의 감정적이고 인지적인 면에서의 급변에 있다는 확신은 내면 의식의 사회적 측면을 간과한다. 객관성의 문제를 내면적 자아와 외부적 실재 사이의 투쟁으로 위치 지우는 것은 주관성이 사회적으로 구성됨을 은폐한다. 인지를 검열하고 논거들을 매개하고 연구 가설들을 구조화하며 "가설 검증을 위해 특정 종류의 관찰 및 실험들이 중요하다는 가정들을 제공하여 연구를 제한시키"는 정교한 수준의 성차별주의는 진리를 찾지 못하도록 왜곡하는 데 현저하게 일관적으로 재현된다(롱기노, 1990, 99면). 그러한 일관성은 급진적 특이성(radical idiosyncrasy)의 신화에 도전한다. 개인의식 안에서 통합된 사회적 가치는 객관적 지식에 있어 주요한 장애물이다. 개인에게 그들의 역할에 눈멀게 하고 상호주관적인 합의가 충분한 해결책이라고 확신케 하는 과학적 연구 규범은 세계에 대해 객관적인 설명을 제공하지 못한다. 왜냐하면 만일 어떤 특정한 사회적 가치가 자아 개념과 사회와 자연 세계 지각을 구성한다면, 독립된 순수한 지적 행위 또는 상호주관적 평가 모두 과학적 연구 규범을 규정짓는데 충분하지 않을 것이기 때문이다. 반대로 주관성이 객관성에 대해 근본적인 장애물이라는 믿음은 공유된 관찰과 상호주관적으로 증명된 이론의 구체적인 연구들을 불가능하게 할 것이다. 널리 퍼져 있는 성차별주의와 인종차별주의는 오류의 잠재적 원천으로서 인식되기보다 비판적 성찰을 피해갈 것이다. 이러한 가치들의 대중성은 그 정당성을 증명하는 것으로 보여질 것이고, 그래서 그것들의 장점이 있는지 더 연구하는 것을 못하게 할 것이다.

객관성/주관성, 객관주의/상대주의의 이원적 구성에 대한 대안으로서 의식이 사회적으로 구성된다는 것에 대한 여성주의자들의 관심은 인간 실행으로서의 인식에 대한 논의를 촉발시켰다. 인간 실행이란 모든 인식 행위 안에 존재하는 전통적인 가정들, 사회적 규범들, 이론적 개념들, 학문적 제한점들, 언어상 가능성들, 감정적 경향들, 창조적 과제 사이의 복잡한 상호작용을 인식하는 개념이다(혹스워스, 1989). 인식을 복잡한 사회적 실행으로 보는 맥락에서 사회과학 연구는 개인 연구자의 일부로서 비판적 성찰과 과학공동체 안에서의 변혁적 비판주의의 형태로서 상호주관성을 발달시키는 것을 수반한다(롱기노, 1990). 이러한 틀에서 상호주관성이 말하고자 하는 것은 정상적이고, 자연스럽고 또는 실제적인 것에 대한 공유된 전제들을 확증하는 것이 아니라 가장 문제 없는 듯 보이는 것을 치밀하게 비판적으로 검토하는 것이다. 비판적 상호주관성은 다양한 문화와 학문 속의 암묵적 전제들과 기초적인 믿음을 검토하는 하나의 수단을 구성한다.

만일 사회과학이 문제되지 않는 것처럼 보이는 것까지를 포함하는 치밀한 체계적 검토를 요구한다면, 여성주의 철학자들은 누가 검토를 하는가가 사회과학 연구에 참여하는 사람에게 있어 주요한 관심사 중 하나가 될지 모른다고 본다. 왜냐하면 당연시여기는 것, 자연스러운 것으로 보이는 것, 연구의 합법적 영역에서 벗어나 보이는 것이 연구자의 젠더, 인종, 계급, 역사적 맥락과 관련이 있을지 모르기 때문이다. 여성주의 학자들은 사회과학의 정교한 상호주관적 비판의 역할을 이해하는 것이 적당한 지적 과정에 대한 추구를 넘어서는 것이라고 암시한다. "방법론적 제약은 과학적 연구로부터 가치를 제거하는 일에 부적절하다(롱기노, 1990, 15면)"고 확신하면서 일부 여성주의자들은 사회과학이 포괄적인 실행이 되어야만 한다고 주장한다(혹스워스, 1988b, 1991b; 롱기노, 1990; 와일리, 1992). 정교한 상호주관적 비판은 특권의 배타적 보호 하에서 얻어질 수 없다. 그 특권이 백인, 중산층, 이성애자, 남성의 특권이든지 아니든지 간에 말이다. 사회적 가치가 지각과 설명을 매개하는 수준에서 배타적인 실행은 단지 의문스러운 가정들을 검토하지 못하게 도울 뿐이다. 사회과학 안에서 정교한 상호주관적 비판에 대한 언명은 하나의 수단으로서 다양성을 받아들이고 있다. 실재의 미궁에 대한 더 다양한, 다른 지침들은 우리의 관념적 장치에 깊게 침전되어 있는 논쟁적인 가정들에 맞설 수 있게 우리를 도와줄 것이다. 과학과 철학 안에서 다른 사회적 배경, 다른 문화, 다른 언어 공동체, 다른 젠더, 다른 섹슈얼러티를 가진 사람들을 포함시키는 것은 상아탑적 학문 안에 오랫동안 자리잡아온 문제적인 가정들에 대한 지속적인 비판을 보증할 수는 없지만 발전시켜 나갈 수는 있다.

여성주의 사회과학

여성주의 사회과학 철학자들은 또한 여성주의 연구 방법론의 본질에 통찰력을 부여하기 위해 여성주의 사회과학자들의 학문적 실행에 대해 연구하고 있다. 비록 여성주의자들이 사회 과학 학문분과 내에서 발전된 다양한 방법들을 사용하고 있을지라도, 여성주의 사회과학은 여성주의 이론과 비판이론처럼 보다 전반적으로 "자유주의적 정치 목표를 명백하게 지향해야 한다(하딩, 1991, 98면)." 여성주의 연구자들은 여성의 억압에 대한 포괄적인 분석을 발전시키고, 평등주의적 사회 변혁을 위한 전략을 확고히 세우기 위해 여성의 경험을 그들의 분석의 중심에 두고, 젠더를 분석범주로 사용한다(재거, 1983). "타자"에게 발언권을 주는 것, 차이를 축하하기, "보이지 않는 것을 가시화하기, 주변부를 중심으로 가져가기, 사소한 것을 중요시하기, 여성을 유능한 행위자로서 조명하기, 여성을 남성의 대상이라기보다 그들 자신의 권리를 갖는 주체로서 이해하기(라인하르츠, 1992, 248면; 스탠리와 와이즈, 1983)", "연구자와 연구주체 간의 신뢰성, 상호호혜성, 상호주관성으로 특징지워지는 평등주의적 연구 과정(매시어-리스 외, 1989, 21면)"은 여성주의 연구의 특징이다.

여성주의 사회과학의 면면들을 특징짓는 것에서 벗어나, 여성주의 과학철학자들은 여성주의의 해방적인 과제와 진리에 대한 물음과 관련된 복잡한 문제들을 제기하였다. 탈실증주의적 구조주의 하에서 이론 선택 기준과 진리의 가능성에 대해서 여성주의 철학자들 간에 중대한 불일치가 존재한다. 탈실증주의적 구조주의는 실재에 대해 서술한 우리의 이론이 실재 자체보다 빈약할 수밖에 없다는 것을 인식하고, 모든 이론들이 증거에 의해 필연적으로 결정되지 않는다는 것을 받아들이는 것이다.

일부 여성주의 학자들은 모든 인식 주체가 처한 맥락과 오류 가능성을 인지하지만 확고한 상대주의는 피해가는 진리 개념을 채택해 왔다. 그들은 인식적 실행이 우리를 지식과 억견, 부분적 관점(피할 수 없는 인간의 조건)과 잘못된 믿음, 맹신, 틀린 전제들, 의도적 왜곡들을 구분할 수 있도록 해주는 일련의 기준을 제공한다고 주장한다(하딩, 1986, 1991; 혹스워스, 1989; 롱기노, 1990; 마샬, 1994; 넬슨, 1990; 와일리, 1992). 앨리슨 재거(Alison Jaggar, 1983)는 해석적 설명의 체계성과 포괄성, 이론적 전제의 일관성과 정합성, 이용가능한 자료와 관련한 증거의 확실성의 견지에서 그 기준을 설명한다. 산드라 하딩(Sandra Harding, 1987b)과 로레인 코드(Lorrain Code, 1994)는 성공적인 변혁 전략과 관련된 기준을 제시한다. 하딩에 따르면, "억압받는 집단이 대답듣기를 원하는 질문들은 소위 순수한 진리에 대한 요청이 아니다. 대신에 질문들은 어떻게 자신들의 조건을 바꿀 수 있을지, 어떻게 이 세계가 그들을 넘어서는 권력에 의해 구성되는지에 관한 것이다. 즉 그들의 해방, 성장 또는 발전을 막도록 배열되어 있는 그러한 권력들을 이겨내고, 패배시키고, 중립화시킬 수 있을 것인가이다(하딩, 1987, 8면)." 이런 관점은 "여성주의 연구자들이 플라톤 이래 철학을 지배해 온 '무엇이든 좋다'란 상대주의의 망령과 '다원주의'를 동일시하지 않도록 자기규제 지침을 제공해줄 발전하고 변화되는 여성주의적 실행에 참여하게 한다는 것이다(코드, 1994, 189면)."

한편 일부 포스트모던 여성주의자들은 개인적 관점의 부분성과 근본적으로 양립될 수 없는 진리 개념의 폐기를 요구한다. "우리는 거대담론을 참조하는 것만으로 진리 언명이 정당화될 수 있는 세계를 열망하는지도 모른다. 그러나 우리는 더 이상 그러한 세계에 살고 있지 않다. 너무나 오랫동안 지속해 왔던 거대담론은 보편성에 대한 잘못된 주장에 의존하고 있다. 그런 주장을 대체하게 될 어떤 거대담론도 역시 부분적이다(헥크먼, 1995, 16면, 1990, 스코트, 1991)." 크리스티 맥클러(Kristie McClure)는 여성주의자들이 그들의 변혁적인 목표를 이루기 위해서는 진리 개념의 폐기가 중요하다고 주장한다. 맥클러에 따르면, 체계성과 포괄성과 같은 학문의 기준으로부터 도출된 이론 선택의 척도를 확고히 세우려는 여성주의자들의 노력은 과학화된 정치학의 넓은 세계에서 과학적인 설명과 일치되는 일반적 특권을 붕괴시키지 않고 과학을 정치화하는 모더니스트적 실행과 관련되어진다. 그들은 "꽤 근대적인 정치적 감수성이란 '정치적인' 것을 사회적 관계 구조의 구성 및 운영과 동일한 것으로써 파악하며, 결과적으로 정치적 행동이 그 구조에 대해 적절하게 과학적인 지식 생산에 의해 현저하게 영향받는 것으로 본다." 여성주의를 단일하고 의미가 명확한 것으로 구성함으로써 여성주의자들의 이론적 정당성에 대한 추구는 여성주의의 비판적 실행의 가능성과 정치적 특성에 손상을 주면서 이루어진다. 그래서 여성주의 안의 구분은 은폐되고, 여성주의 시각들 간의 차이는 무시되고, 새로운 지식, 주체성, 실행이 정치세계를 바꿀 수 있다는 가능성은 배제된다(맥클러, 1992, 351면).

린다 알코프(Linda Alcoff)는 이러한 논쟁에서 주요한 차이는 서로 다른 존재론에 의거하고 있다는 점에서 이해될 수 있다고 본다. 그녀는 모든 논쟁의 참여자들은 이론 선택에 대한 기준으로 정합성을 명쾌하게 받아들인다고 말한다. 그러나 이러한 명백한 채택은 이론 선택에 있어서 "전체론적 모델(holistic model)"의 지지자와 "구성주의적 모델(constructivist model)"의 지지자 사이의 중요한 구분을 은폐한다. 이론의 미결정이 믿음에 대한 모든 제약 조건의 부재를 의미하는 것은 아니라고 제안함으로써 전체론적인 모델은 급진적 상대주의를 거부하는 진리에 대한 패러다임 의존적 개념을 갖는다. 이러한 틀 안에서 비담론적 실재는 어떤 것이 합리적으로 믿어질 것인가에 대해 한계선을 정한다. 그래서 알코프는 전체론적인 모델이 비록 그것이 진리의 기준으로 명백히 정합성을 선택했다 하더라도 진리대응설과 함께 작동한다고 제시한다.

> 이러한 진리의 개념으로 인해 우리는 실재와 인식주체 사이에서 발생하는 분열을 갖는다. 그 점에서 지식 언명은 인식주체에 의해 표현되며 또한 그 것은 실재에 관한 것이다.
> 비록 우리의 주어진 진리와 정합성의 기준이 인식주체나 과학자의 개별적 특성과 관련되지만 어떤 명제의 진리치에 대한 궁극적 심판자는 실재이다. 한 명제를 참으로 만드는 것은 그 명제의 정합성이나 실험적 검증이 아닌 실재와의 대응이다. 결론적으로 실재의 개념은 믿음의 정합적인 틀이나 영역 안에서 반드시 변화하는 것은 아니나 확실히 시공간적으로 변화하는 자율적인 실체이

다(알코프, 1989, 93면)

다른 한편, 구성주의적 모델은 모든 지식은 담론적으로 구성된다고 말한다. 즉 어떤 것도 텍스트 밖에 있을 수 없다는 것이다. 역사적으로 특정하고 개연적인 특정 담론은 과학적 주장에 의미를 부여하는 배경조건을 제공한다. 이 틀 안에서 상대주의는 결코 피할 수 없는 것이다. 왜냐하면 진리란 역사적이고 개연적인 담론과 실행에서 "출현하는 속성(emergent property)"이기 때문이다.

> 인식주체와 인식대상 사이의 분열은 제거되어 왔다. … 진리란 명제와 … 실재 사이의 대응관계라기보다는 관찰, 실행, 이론과 관련된 과정의 산물인 것이다. 앎의 과정은 진리가 무엇인지를 구성한다. 즉 진리란 발견되는 것이라기보다 구성되는 것이다. … 진리는 실재에 관한 것이나 실재 그 자체는 역사적 발전 과정 속에서 담론과 실행 사이에서 출현하는 속성인 것이다.(알코프, 1989, 94~5면).

알코프의 분석은 여성주의 사회과학 철학자들 사이에 현재 진행 중인 논쟁에서 무엇이 문제인지를 아는 데 도움을 준다. 문제가 되는 것은 실재에 대한 경쟁적 설명들과 진리에 대한 경쟁적 개념들이다. 여성주의 철학은 지식을 사회관계들 안에서의 구조적 규칙성 및 미미한 영속성뿐만 아니라 그 관계들의 혁신 및 개연성에 관하여 여성주의 인식 실천으로서의 해방적인 관심을 가지는 것으로 설명함으로써 사회과학에 도전한다.

(고유영아 역)

21. 환경

발 플럼우드(Val Plumwood)

여성주의 생태학의 다양성

환경을 중심으로 사유하면서 활동하는 여성주의자들은 생태학이 여성주의의 한 가지 쟁점이라고 주장한다. 그들은 세계에 관해 보다 완전한 여성주의적 설명을 전개하기 위해 여성주의 철학의 개념적이고 비판적인 수단들을 광범위하게 이용해 왔다. 또 하나의 목적은 환경 철학에 대해서 다양한 여성주의적 접근을 시도함으로써 전통적인 서양의 생태학적 사유와 현대의 환경 철학 분야에서 나타나는 남성주의를 드러내기 위한 것이었다. 여성주의는 일련의 주요 관심사들과 전망들 및 이론적 제약들을 제시하려고 노력하는 가운데 여성주의적 사유와 환경적 사유의 비판적 수단들과 시야를 확장시키는 기여를 했다.

여성주의 생태학의 광범위한 영역에는 몇 가지 차이가 나긴 하지만 중첩되는 기획들과 특징적인 쟁점들이 있다. 주요 기획들은 다음과 같다.

(1) 여성과 자연 사이의 연관에 관한 쟁점을 조사하기
(2) 여성주의 철학의 방법들과 학문 및 특징적인 통찰들을 환경 철학의 문제들과 환경 철학의 비판적인 남성주의의 형태들에 적용시키기
(3) "생태학적인 여성주의와 여성주의적인 생태학"(King, 1989)을 발전시킴으로써 여성주의와 생태학의 견해들과 비판들을 연결시키기. 여성주의 사유만 환경주의를 조율해야 하는 것은 아니고, 생태학적 사유도 여성주의를 수정해야

한다. 그래서 워렌(1987)은 생태학이 들어간 여성주의의 많은 분파들이 등한시한 것을 비판한다.

정형화와 본질주의

철학자 카렌 워렌(Karen Warren)은 "하나의 여성주의만 있지 않은 것처럼, 하나의 생태여성주의만 있는 것도 아니다"라고 말한다(1991, 111면). 그럼에도 불구하고 모든 형태의 여성주의 생태학은 특히 본질주의와 관련하여 정형화(stereotyping)라는 심각한 문제들에 직면한다. 여성주의 생태학이 20년 전에 시작된 이래로(D'Eaubonne, 1974; Ruether, 1975) 그 발전의 기간은 여성주의 이론에 있어서 중요한 변화와 논쟁의 기간과 일치했다. 나아가 주변화된 관점들과 여성의 차이를 강조하는 반본질주의적인 포스트모던 여성주의에 의해 급진적 혹은 문화적 여성주의가 대체된 기간과 연관되어 있다. 이러한 변화들은 가설들에 대한 더 신중하고 비판적인 조사로 완성도가 높아진 여성주의 생태학에 반영되었다(Slicer, 1994).

여성주의 생태학자를 일반적으로 '본질주의자'라고 취급하는 것은 부정확하다. 어떤 단계에서는 다수의 여성주의 작가들은 (생물학적으로 기초되었든 또는 사회적으로 기초되었든간에) 여성들의 양육 또는 "진정한 여자의 마음"(Spretnak, 1989)의 어떤 측면을 보았다. 그것은 여성들을 사회적으로 비인간적인 자연의 옹호자로 위치시키는 비인간적인 삶과 연관된 특별한 성질들을 여성들에게 부여함으로써 가능했다(D'Eaubonne, 1974; Dodson, 1979; Griffin, 1978; Salleh, 1984; Shiva, 1988). 최근의 생태여성주의는 여성의 본성에 대한 일반화와 양육에 대한 무비판적 접근을 거부할 뿐만 아니라, 생태여성주의보다는 생태여성적인 것(the ecofeminine)의 사례들로 "생태계 안의 천사"라는 모델에 기초한 여성들의 표상화도 거부하는 경향이 있다(Cuomo, 1992; Mellor, 1992; Plumwood, 1986/1988/1993; Davison, 1994; Slicer, 1994; Merchant, 1994). 그것은 여성의 복종이라는 맥락에서 가변적이고 지역적이고 우연적이며 발전된 관계들을 살펴본다(이러한 경향이 여성의 지나친 여성화로부터 부족한 여성화로의 변동을 묘사하는지는 더 지나봐야겠지만, 내 생각으로는 무비판적으로 긍정할 필요는 없다는 점에 주목하는 것이 중요하다). 본질주의자로서 생태여성주의 저작을 닥치는 대로 정형화하는 비판가들(Biehl, 1991; Jhonson, 1994)은 주요 비판적 논의들을 등한시한다. 그들은 그 자신이 잘못 보편화하는 '본질주의자'이며, 생태여성주의의 영역 내부의 발전에 주목하는 데 실패하고 환경적인 사유를 하기 위한 중요한 비판적 수단을 포기한다.

여성과 자연의 관계를 조사하기

제네비브 로이드(Genevieve Lloyd, 1991, 1994)와 캐롤린 머천트(Carolyn Merchant 1980, 1994, 1996) 같은 여성 역사 철학자들의 중요한 논제는 서양 문화 안에서 여성이 역사적으로 자연과 물질이라는 '하위' 질서와 연관되어 왔고, 남성은 정신과 이성과 문화라는 대립적인 '상위' 질서와 연관되어 왔다는 것이다. 많은 여성주의 생태학은 서로 얽혀 있으며 서로 지배 형태를 강화하는 맥락 속에서 구성된 것으로 여성을 자연화하고 자연을 여성화하는 서양의 전통을 문제시했다(King, 1989). "하나의 인간 그룹이 다른 그룹보다 자연에 더 가깝거나 그렇지 않다는 생각은 바로 환경생태학이 거부하는 자연-문화의 분열을 가정한다"라고 카렌 워렌은 말한다(1987, 15면; Griscom, 1981). 오르트너(Ortner, 1974)가 주장했던 것처럼, 여성과 자연 간의 연관 관계는 보편적인 것은 아니지만 역사적이며 문화적으로 굴절되어 있다(McCormack와 Strathern, 1980). 그것은 여성에게는 문제를 야기한다. 왜냐하면 우리를 자주 억압하는데 사용되었기 때문이다(King, 1989; Plumwood, 1988).

여성주의 생태학은 억압들간의 상호 강화라는 생각을 어떻게 이해하고 정교화시키는가에 따라서도 달라진다. 급진적 여성주의의 여성중심적 형태와 연관된 어떤 설명들은 두 가지 형태의 억압들을 젠더를 다루는 남성 우월의 문제들로 축소시킨다. 그렇지만 그것들은 다른 형태의 억압과 같이 설명적이거나 전략적 우선성을 가진 억압의 일차적 축으로서 자연의 격하를 강조하는 것으로 본다(Collard et. al., 1988; Spretnak, 1989; Doubiago, 1989; Birkeland, 1993, 1995). 반대로 젠더의 축소를 거부하지만 인종과 계급에 관한 현대의 여성주의와 더 잘 조화시키려는 설명들은 젠더에 대한 이러한 특권적인 설명과 전략적 지위를 인정하는데 반대한다(Warren, 1989; Plumwood, 1993, 근간; Mies and Shiva, 1993; Mellor, 1992; Slicer, 1994).

여성주의 생태학 내에는 하나의 중요한 구분이 있다. 한편으로 여성이 적극적으로 자연과 역사의 관계를 긍정하고 발전시켜야 할 특별한 연관 관계로서 긍정적으로 이해하는 사람들과, 다른 한편으로는 그 관계를 폐기시켜야만 하는 억압의 원천으로 보는 사람들이다. 급진적인 여성주의의 여성중심적 형태는 이러한 구분의 긍정적인 측면으로 나아가는 경향이 있는 반면에, 자유주의 여성주의의 남성 중심적 형태는 지배적인 남성주의 체제에 의문을 던지지 않는 방식으로 동등성을 추구하는 부정적인 측면으로 나아가는 경향이 있다. 여러 철학자들에 따르면 이것은 여성을 문화로부터 떼놓는 무비판적인 역전을 주장하는 여성주의와, 여성을 자연과 분리시키고 대립시키는 남성주의적 인간 모델로 흡수시키는 무비판적인 동등성을 주장하는 여성주의 사이에서 잘못된 선택이다(Plumwood, 1988, 1993; King, 1989). 여성주의는 여성을 문화로부터 배제하는 것을 거부하는 비판적 연대라는 훨씬 복합적인 대응을 발전시킴으로써만 무비판적인 동등성과 무비판적인 역전 사이의 딜레마를 벗어날 수 있을 뿐이다. 그러나 여성주의는 또한 합리주의자의 구조 틀 내의 서구 전통의 맥락에서 발전된 인간 정체성의 이원론적이고 남성주의적 구조와 경쟁할 수도 있다.

여성주의 환경철학

인간과 자연의 남성주의적 모델들 문제삼기

여성주의 생태철학자들은 인간/자연이라는 경계의 이원론적 구조를 문제삼기 위하여 철학에서 남성/여성의 경계와 남성주의의 개념들에 관한 비판적 사유라는 여성주의 수단들에 의존한다. 그들은 자연 밖의 극단적으로 분리된 범주들로서 인간을 보는 것과(Midgley, 1980; Plumwood, 1991, 1993), 인간성, 동물성, 자연이라는 개념들을 정치학을 넘어 자연화된 범주들로서 보는 것에도 의문을 던진다(Haraway, 1989, 1991). 도나 해러웨이의 저작은 수동적이고 저항할 수 없는 '자연'이라는 범주에 관한 완전하고 비정치적인 인간의 지식과 정복을 문제삼음으로써, 근대 과학에서 자연, 동물, 인간, 기계라는 개념들의 정치적 구조를 폭로하고 뒤흔들었다. 선구적인 저작인 《영장류의 시각》(*Primate Visions*, 1989)에서, 해러웨이는 인류학과 생물학의 관련 분과들뿐만 아니라 영장류 동물학(primatology)이라는 새로운 '중립적인' 분야가 어떻게 과학의 남성성을 여성, '원주민', 동물 자체에 반대되는 것으로 규정함으로써 전제적인 백인 가부장제의 시각에 의해 영향을 받았는지를 보여 준다. 영장류 동물학이라는 분야는 침팬지와 고릴라들을 과학적 기원에 관한 이야기 속에 자리잡았다. 그것은 이러한 동물들을 인간 문화의 하위에 있는 유연하지만 규정하기 어려운 자연 그대로의 것인 '순수하고' 객관적인 자연적 대상들로서 표현하고 있다. 그렇기 때문에 그들은 인간 자체에 대해 여전히 무제한적으로 접근하는 것을 금지한 이성의 획책에 필요한 자유로운 공간을 제공한다.

내 자신의 저작에서는 자연이라는 개념이 역사적으로 인간과 대조될 뿐만 아니라, 인간들의 중요한 특징이며 인간 문화의 토대라 여겨졌던 이성과 대조되는 것으로 정의된다고 논의되고 있다(Plumwood, 1991, 1993). 이성이라는 서구의 주요 개념을 지배의 영역으로 형성하고 자연을 다양한 종속적인 타자들의 영역으로 형성했던 개념적이고 역사적인 틀은 따라서 합리주의 철학의 틀이다. 이러한 맥락에서 이성은 자연을 도구화되고 열등화된 타자로서 인식하는 주인이라는 특권적 영역으로 형성되었다. 이성과 자연은 대립적인 정반대의 영역들을 가진 이원론이라는 용어에 의해 만들어졌다. 즉 이원론은 근본적으로 동떨어진 것으로서 더 높은 것과 더 낮은 것, 중심과 주변, 능동과 수동, 분별 있음과 분별 없음, 모든 것을 아는 주체와 지식의 대상으로 배열한다. 이러한 개념들이 서구 역사의 여러 단계들에 다양하게 연관되어 온 과정을 안내하는 프로젝트는 점유와 이성적 획책을 통해 (인간 영역 내부와 외부에서) 자연을 식민지화한다.

이원론과 억압의 논리

식민지화나 억압의 논리는 이원론이나 이항대립의 개념과 연결된다. 이항 대립(binary opposition)의 개념은 남자/여자와 인간/자연의 경계들의 경우에서처럼 배타적인 대립자들에 의해 동일성과 경계들을 구성하는 영성주의 사유의 핵심적 개념이다. 그러나 이원론의 개념은 불확실한 것들을 많이 갖고 있다. 그래서 어떤 해석들은 이원론 개념을 차이나 구별로 무너뜨린다. 나는 다수의 여성주의 사상가들의 저작에서 여성주의 생태학에서 사용되는 이원론의 개념을 명확하게 하기 위해 상세한 비판적 설명을 발전시켰다(Plumwood, 1993). 여성주의 심리학으로부터 이원화된 범주들의 틈새—극단적 분리의 범주—를 설명하기 위해 사용될 수 있는 한 개념이 도출된다. 프라이(Frye, 1983)가 지적한 것처럼, 이원화된 부류들의 구성요소들은 극단적으로 분리되기도 하고 동질화되기도 한다. 즉 서로가 유사한 것으로 가정되기도 하고 대립적인 그룹의 구성요소들과 매우 다른 것으로 가정되기도 한다(Frye, 1983; Collard et al., 1988).

여성의 경우에 이원론은 남성에게 부차적인 자연과 역할 및 운명을 여성에게 귀속시키는 극단적이며 보완적이거나 혹은 복잡한 형태의 동일성을 생기게 했다. 인간/자연이라는 이원론의 경우에는 젠더 정체성과 인간 정체성으로 양극화된 구조가 생기게 되었다. 이 구조는 인간을 '타자'라는 동질적인 지위를 갖는 자연보다 위에 놓고, 자연이라는 하위 질서로부터 떨어진 것으로 생각한다. 가장 진정한 인간의 형태를 자연으로부터 가장 멀리 떨어지고 외부에 있는 것(동물과 '원시'를 포함해서)으로 자리매기는 정체성의 이러한 왜곡들은 생태학적 합리성의 매커니즘과 현대의 실패에 함축되어 있다. 우리가 그것들에 맞서기 위해선 연속성을 다시 요구할 필요가 있지만, 그것은 차이의 부정을 보증하지도 않으며 심층 생태학이 종종 제시하는 방식으로 수렴되거나 구별되지 않는 이원화된 항목들을 재인식하게 만들지도 않는다.

이원론과 자연 개념의 해석에 두루 나타나는 차이들은 여성주의의 설명들에서 더 강한 형태의 구성주의와 더 약한 형태의 구성주의를 생기게 한다. 젠더 이원론과 함께 인간/자연의 유비를 발전시키기 위한 하나의 가능한 방향은 포스트모더니즘의 변형들에서처럼 자연을 강하게 사회적으로 조직된 것으로 다루는 것이며, 또한 대립적인 범주들의 억압적 구조들을 극복하기 위한 주된 전략으로 경계를 붕괴시키고 모호하게 하는 일을 보여주는 것이다. 그렇지만 반이원론은 다음과 같은 분석을 제시한다. 일반적으로 경계 허물기를 촉진시키는 방식은 젠더 해방을 위한 얄팍하고 부정확한 전략이다. 왜냐하면 그것은 억압의 방법뿐만 아니라 자유의 방법에서도 일어날 수 있는 애매한 특징이기 때문이다. 비록 이미 부인되었던 연속성이라는 요소들을 다시 요구하는 것이 결정적이라 할지라도, 어떠한 종류의 경계 허물기도 또 다른 사람들의 경계들을 존중하는데 실패하며 타자를 식민화하고 제거하는 프로젝트에 함축된다.

사회적 구별들을 자연적이고 불가피한 것으로 상정하는 방법론적 원리는 정치적이며 구성된 것으로서 항상 논쟁될 수 있는 것으로 다루어져야 한다. 그래서 재합법화하고 재형성하는 것(Bennet & Chaloupka, 1993)은 사회의 변화를 꾀하는 여성주의자들과 타자들에게 강한 호소력을 갖는다. 그러나 이 원리는 비인간적 자연을 주장하기 위해 더 강한 형태의 구성주의를 요구하거나 합리화시키지 않는다. 비인간적 자연이란 차이성과 독립성을 내보이며, 자연을 단지 인간이나 문화의 구성물로서만 다루는 데 포함된 식민지화 정치학에는 영향을 받지 않는다. 따라서 해러웨이는 동물 사회가 인간 사회 안에서 얼마나 광범위하게 지배라는 억압적 질서를 합리화하고 자연화시키는 데 사용되어 왔는지를 보여 주는 반면(1989, 1991b), 자연을 "사회적 서명을 위한 백지"의 지위로 축소시키는 것에 반대한다(Haraway, 1993). 해러웨이(1989)는 지식은 인간이란 앎의 주체와 인간과 무관한 앎의 대상 간의 상호 구성이라고 주장하면서 인간 사회와 마찬가지로 자연의 독립과 기능을 인정한다.

자연을 문화의 실질적인 '원 재료'(raw material)에 지나지 않는 것으로 환원시키는 강한 구성주의의 접근은 반이원론의 자연/문화의 분석에 의해서 지지받지 못하며, 인간인 우리가 세계의 복잡한 변화 안에 있다는 인간중심적인 환상을 조장한다. 반대로 이원론의 견지에서 인간/자연 관계에 관한 비판적인 설명은 비이원론적이고 비인간중심적인 방식으로 이러한 차이를 다시 고안해내지 않고 보류하는 전략을 제안한다. 이러한 일련의 방법론적 쟁점들에 나타나는 차이들은 여성주의의 폭넓은 영역에 두루 함축되어 있으며, 여성주의 생태학 자체에서 신체는 물론 자연과 야생이라는 생태학의 핵심 개념들에 다르게 접근하도록 이끈다(Plumwood, 근간, a).

생태여성주의 인식론에 있어서 인간중심주의와 남성중심주의

인간중심주의의 개념은 환경철학의 중심 개념이었다. 그것은 자연과 동물을 생태학적인 사유와 활동의 분과들과 연결시키고, 생태학을 다른 사회적 운동들과 급진적인 사유 형태들과 연결시킨다. 그러나 그 개념은 이제 의심받고 있다. 생태철학자들이 널리 받아들여지는 인간중심주의의 설명들을 발전시키지 못했고, 그것이 왜 문제인지 혹은 왜 실천적인 환경 행동주의와 분명하게 연결되는지 설명하지도 못했기 때문이다. 인간중심주의를 불가피하고 유익한 것으로 다루는 중요한 생태철학적 프로젝트의 비판가들과 인간중심주의를 중요하지 않고 유해하다고 간주하는 심층 생태학과 연결된 생태철학자들은 이러한 중요한 개념을 미심쩍게 읽는다. 어설프게 이론화된 지구중심주의(geocentrism)의 개념은 인간중심주의를 위한 가장 대중적인 모델을 제공했다. 그러나 여성주의와 다른 억압받는 집단들이 남성중심주의, 남근중심주의, 자민족중심주의, 이성애중심주의, 유럽중심주의와 같은 병렬적인 '중심' 개념들에 기울인 폭넓은 이론적 관심은 무시되었다. 주로 지구중심주의와 관련된 문제를 특수성과 융합시킨 '편협주의'에 놓으며, 치유책으로 보편성과 형평성을 처방하는 역동적 남성주의를 따르는 걸로 읽힌다. 이러한 남성주의적 이해방식을 깨닫기 어렵다는 사실이 인간중심주의에 관한 대안들을 소홀히 할 수 있으며 인간중심주의에 대한 도전이 실패할 수밖에 없다는 것을 증명한다.

'연구하라'는 여성주의 인식론의 견해는 대안적으로 유럽중심주의와 남성중심주의와 같은 모델들에 초점을 맞추자고 제안하며, 식민지화라는 다중적 프로젝트들에 나타나는 그것들의 기원에 주목한다(Plumwood, 근간, a). 식민지화의 주체와 대상의 관계는 이원적인 '우리'와 '그들'을 가정하면서 시작한다. 이것은 타자를 분명하게 분리된 열등한 그룹의 전형적인 요소로 다루는 양극성의 맥락에서 나온다. 그러나 그것은 식민지화의 주체와 대상이라는 이원적 관계에다가 식민지화의 주체를 개념적이고 윤리적이고 인식론적인 중심으로 정의하는 보다 발전된 논리적 특징들을 추가한다. 예를 들어 식민지화의 주체는 식민지화의 대상을 가치의 주변부에 놓고, 그 자신은 중요성과 가치의 중심부에 놓는다. 시몬 드 보봐르는 여성을 타자로 놓는 고전적인 분석이 어떻게 남성중심주의 문화 안에서 남자의 정체성을 개념의 중심으로서 '절대자'로 정의하는 반면에, 여자의 정체성이 '식민지화 주체'의 중심과 관련하여 결여로서, 즉 가치있는 특징들이 없는 것으로 정의하는지를 보여 준다. 식민지화의 주체는 타자를 동화시키며 자신의 변형, 즉 모사물이나 열등한 변형으로서 재구성될 수 있는 한에서 존중받을 만한 것으로 다룬다. 또한 식민지화의 주체는 식민지화의 대상을 배경으로 삼고 있다. 즉 그는 자신과 관계에서 식민지화의 대상을 비본질적인 것으로 인식하고, 착취를 기초로 하여 식민지화 대상의 노동이나 기여에 대한 의존성을 부인한다. 나아가 식민지화의 주체는 식민지화의 대상을 도구적인 용어들로 정의한다. 즉 그는 식민지화 대상의 기능과 자기-규정의 존재나 중요성을 부인하고 식민화 대상을 수동적이거나 또는 순수하게 기능적인 용어로 식민지화 주체의 목적에 대해 단지 수단, 즉 자원으로서 인식한다. 별다른 특징 없는 인식의 중심으로서 식민지화 주체의 시선은 어떠한 저항이나 한계나 과도함도 알아채지 못하게 특징적이고 객관화된 타자를 완전히 노출시킬 수 있다. 만일 이원론이 특징적으로 특권의 철학적 표현으로서 배제와 양극화를 강화한다면, 중심부에서 바라보는 이러한 시선은 타자의 차이를 정의할 권리를 가짐으로써 배제에 기초하여 형성된다.

만약 지배적인 인간 문화가 자연에 대한 관계에 자연화된 타자를 향한 시선과 목표가 식민화 주체의 입장으로부터 나온 형태를 부여한다면, 여성주의 분석은 정치학, 인식론, 탈식민화의 윤리학에 의해 환경윤리학의 많은 특징적인 통찰들을 다시 정형화할 여지를 남긴다. 지배적인 인간 기술문화가 이제 자연에 대해 제시해야 하는 (재)고찰은 타자의 편에 서서 가치와 공간과 자원들을 재분배할 필요성을 인정한다. 왜냐하면 비인간적인 자연의 이익과 필요가 인간의 야망과 계획과 요구에 대해 한계를 드러낸다는 것을 인정하는 협의된 관계 때문이다. 이러한 고찰은 인간 정체성에 관한 이원화된 개념에서 이미 부인되었던 인간과 자연의 연속성과 상호의존성을 인정해야 한다. 그러나 그것은 또한 자연의 독립성을 인정해야 한다. 즉 자연은 그 자체를 중심으로 놓는 것을 부인할 뿐만 아니라 자연을 단지 일련의 대체 가능하고 교환 불가능한 단위들에 불과한 것으로서 다루는 것도 부인한다.

이것은 단순히 정의나 이타주의의 문제만이 아니라, 장기 생존의 문제이기도 하다. 남성중심주의나 유럽중심주의나 마찬가지로 인간중심주의는 자아와 지각과 분배(정치학)의 광범위하고 위험한 왜곡으로 끝난다. 이것의 가장 위험한 몇 가지 징후는 인간이 자연에 의존한다는 사실을 부인하고 한계를 인정하는 데 실패하는 것이다. 인간중심주의를 계산해내기 위한 행동의 프로그램은 자연과 동물들에 대한 이원론적이고 기계적으로 이해한 사실들을 무너뜨리는 데 목표가 있을 것이다. 그러나 이러한 사실들은 동물들이 가진 독립성과 차이 및 특수하고 복합적 구조를 인정하고 있지만, 주체성을 가졌으며 사려 깊으며 의사소통을 할 수 있는 능력을 부인했다. 여성주의의 분석들은 대화와 활발한 논쟁을 포함하는 것으로 재해석되는 실천적이며 지적인 관계에 있어서 능동적인 행위자들로서 자연과 동물들의 개념을 받아들이기 위한 방법을 열어놓는다(Haraway, 1989). 분리를 강조하는 남성주의 설명들과 대조적으로 여성주의 방법론은 실천적인 생태학적 상호작용을 위한 목표로서 관계와 전달을 강조한다.

여성주의, 동물 윤리학, 비판적 채식주의

여성주의 동물 윤리학과 비판적 채식주의는 최근 발표회(Warren, 1994; Gaard & Gruen, 1995; Slicer, 1991)와 캐롤 아담스(Carol Adams)의 작업에서 제시된 생태여성주의적 사유라는 활발하고 흥미로운 영역이다. 킬(Kheel, 1985)은 현대 생태철학에서 동물을 소홀하게 다루는 것을 비판하는 반면, 슬라이서(1991)와 도노반(Donovan)은 동물 권리론의 합리주의를 비판한다. 어떤 여성주의자들은 중층적으로 연관된 억압들을 비판함으로써 여성과 동물을 향한 폭력을 다루지만, 다른 여성주의자들은 육식의 일차적 근원으로서 남성성을 분석한 후에 여성과 가축을 폭력적으로 학대를 하는 데에서 그리고 사냥을 하는 데에서의 남성의 역할에 초점을 맞추고 있다. 매우 급진적인 여성주의가 분명히 이러한 쟁점에 초점을 맞추고 설명의 방향을 설정하는 데 상당한 영향을 미치고 있다. 현재 주도적인 텍스트들은 가축들과 야생동물들뿐만 아니라 그들의 생태적 맥락들에 적합한 광범위한 지식체제에 남성주의와 인간중심주의가 얼마나 공헌했는가에 초점을 두고 있다기보다는, 오히려 설명으로서 "사냥꾼 남성"(Collard et al., 1988)의 모습에 호소하고 있다. 여성과 동물에 대한 남성의 폭력적 성향에 관한 설명은 남성 사냥이라는 전통적 가설을 남성의 정체성을 설명하는 데 중심을 두고 있으나(Collard 외, 1988) 여성주의의 비판을 간과하고 있다(Jaraway, 1989, 1991). 또한 그것은 어떤 토착 문화들에서는 여성이 사냥하는 것은 흔한 일이었기 때문에 잘못된 문화적 보편주의를 포함하고 있다. 어떤 여성주의 채식주의자들은 동물의 절단과 포르노그래피의 유사성을 추적하면서 주로 폭력과 학대에 의한 동물 억압을 다룬다(Adams, 1990). 여성주의적 채식주의는 포르노그래피의 경우에서와 동일한 여성주의 다원론의 쟁점들 중 몇 가지를 제기한다. 그것은 여성주의 채식주의자들이 다른 여성주의자들이 육식에 연루되어 있는 것을 비판하는 것과 마찬가지다.

캐롤 아담스(1990)는 다음과 같은 근거를 확립하여 육식을 탈자연화하려고 했다. 첫째, 육식의 일반적인 사회적 구성, 둘째 성정치학의 역학에 의한 육식의 특수한 형성과정, 셋째, 육식의 보편적인 억압적 특성과 윤리적으로 지지할 수 없는 특성 등이다. 탈자연화의 첫번째 목표는 잘 논의되었고 확실하다. 그러나 두 번째 목표는 성 정치학이 남성의 역할에 의해 주로 설명된다는 점에서 그리고 고기 대체식품을 항상 이용할 수 있다고 가정하는 서구의 도시 소비자로부터 이야기된다는 점에서 더 문제가 많다. 현대의 농사일과 다이어트 담론 및 실천에 관한 윤리학을 설명하는 아담스의 입장은 보다 확고한 근거에 입각해있다. 그것은 인간/자연 이원론과 인간 중심주의 경우에서 주목했던 억압의 논리의 많은 특징들을 지적하고 있다. '식육' 동물들과 인간화된 비-식육 동물들(가령 애완견들)은 '근본적으로 분리되고' 양극화된 특권의 범주에 속하는 것으로 다루어진다(Adams, 1990 ; Collard et al., 1998). '식육' 동물은 '고기'(meat)를 동물로부터 분리시키고 의식적이며 독립적인 존재로서 생각하지 않는 부정의 형태인 '부재하는 지시체'(absent referent)라는 개념을 통하여 살아있는 동물만큼은 본질적이지 않은 것으로 인식되거나 이해된다. 동물은 인간의 필요에 따라 정의됨으로써 '고기'로 통합되거나 동화된다. 특히 공장식 농장에서 동물의 전 생애와 성장은 인간이 먹는 필수품으로서 기능이 제한되는 '도구화'("소들은 우유 나오는 기계로 바뀐다")라는 극단적 조건으로 환원된다. 이러한 억압 논리의 붕괴는 여성주의가 모든 동물들, 특히 모성 능력의 착취에 의해 암컷으로서 억압받는 암컷 동물과의 연대할 수 있는 가능성을 열어준다.

생태여성주의적 채식주의는 동료이자 능동적 행위자로서 동물을 재개념화하는 논의를 하고 있지만, 아직 그것의 사상을 생태론적 공동체 속에서 동물과 인간의 정체성을 자리매김하는 더 넓은 의미의 생태철학과 충분히 조율하지 못하고 있다. 보편주의나 일종의 황금률에 호소하는 비폭력적 음식의 윤리학은 일부분에 지나지 않는다. 만약 인간과 동물을 자연 속에 포함된다고 강조하고, 인간 자신을 윤리적 용어는 물론이고 생태론적 용어로 살펴보는 반이원론적 생태철학의 맥락(Adams, 1991) 속에서 윤리적으로 다루기 바란다면, 특별히 주의를 하면서 이 문제를 말해야 한다. 생태여성주의적 채식주의는 이러한 도전을 일관적으로 받지 않았거나, 또는 그것이 가진 문화 보편주의에 내재한 문제들과 제대로 직면하지 못했다(Gaard & Gruen, 1995 ; Adams, 1991, 1993a, 1993b, 1995). 그래서 만약 아담스의 위의 논의가 주요한 서구음식의 필수품인 동물에 대해 억압적 특성을 확립한다면, 이러한 조건들(가령 어떤 토착적인 민족들의 관행)을 만족시키지 않는 육식 관행이 비윤리적이라는 것을 보여 주지 못한다. 더 주의깊게 맥락화되고 미묘한 차이가 있는 채식주의의 유형은 이러한 문제들을 해결하는 데 필수적일 것이다.

환경 윤리학에 대한 여성주의 접근

많은 생태론적 여성주의 철학자들은 윤리학 속에 포함된 남성주의에 관한 여성주의 비판에 의해 영감을 받았다. 이러한 비판들은 어떻게 윤리적 사상의 주류가 남성적 삶과 공적 영역과 연관된 보편성과 이성이라는 인간 중심적 개념들에 의해 결정되는 윤리학을 만들었는지, 그리고 여성의 삶과 몸 및 자연과 연관된 영역들로부터 나온 윤리적 개념들과 관행들을 소홀히 다루거나 평가절하시켰는지를 보여 주었다.

윤리학에서의 이성/자연 이원론의 비판으로부터 도출된 새로운 여성주의적 접근들을 환경 윤리학에까지 확장시키는 힘은 윤리학의 주도적인 설명들이 생태론적 윤리학이라는 새로운 영역에까지 확장될 때 마주치는 난관들과 제한들로부터 또 다른 추진력을 얻는다. 칸트적 유형의 윤리적 이론들은 칸트주의자들이 인간에게 표하는 존경을 모든 살아있는 것들에로 확장시키려는 데에서 난관에 처한다. 왜냐하면 칸트주의 윤리학은 극단적으로 이원론적이고 이성중심주의적이기 때문이다. 환경 윤리학에 대한 주요한 다른 전통적 접근들, 즉 '권리의 윤리학'과 '공리주의 윤리학'은 상대적으로 별다른 문제없이 인간의 보살핌을 받는 가축들에 대해 적용될 수 있다. 그러나 그것들은 자연과 야생동물들에 대해서는 심각한 문제들과 마주치게 되며 여성주의자들에게 비판받는다(Kheel, 1985; Warren, 1990; Plumwood, 1991). 이러한 세 가지 접근들이 생태계와 같은 자연의 비-동물적 부분들에 적용되는데는 많은 어려움이 있으며, 또한 인간과 비슷한 특징들을 나타내는 다른 것들에 이르기까지 윤리적 관심을 확장하는 도덕 확장주의(moral extensionalism)의 문제로부터 시달리게 된다.

네 번째 접근인 주도적인 형태의 '심층 생태학'은 윤리학을 현상학으로 환원시켜 이러한 난관들을 우회하기를 바란다. 즉 그것은 자연을 자아라는 도덕적 영역에 통합시킴으로써 자연에 대한 윤리적 관심을 불러일으키고 있다. 심층생태학이 가진 의심스러운 특징들 가운데에는 자연의 독립성을 인정할 수 있다는 것 외에도 이성주의 윤리학과 친숙한 남성주의적 주제들을 재생산할 수 있다는 것이 있다. 특히 이성주의 윤리학은 이기심과 잘못 동일시되는 개인적 애착(personal attachment)의 영역으로부터 이탈과 혐오를 강조한다. 그래서 권리 이론과 심층 생태학은 인격적, 감정적, 공간적 과정과 동떨어진 도덕적 과정의 개념에 의거하여 자연에 대한 존경이라는 윤리적 이론들을 세웠다(Cheney, 1987, 1987a, 1989b; Plumwood, 1991). 반면에 칸트주의에서 영감을 받은 윤리 이론들은 특수한 애착과 추상적인 윤리적 보편주의를 대립시키면서 성향(inclination)을 가진 '더 낮은 자아'와 몸을 적대적인 지대로 다룬다. 윤리학의 이러한 남성주의적 개념들은 계속 윤리적 삶의 중심에 대립적으로 인식된 이성을 놓을 뿐만 아니라 그것들이 재평가하려는 영역을 열등하게 만드는 대안을 제시한다. 즉 그 영역은 감정과 여성 및 자연과 연관된 공간적이며 구체적인 신체적 관계들을 포함하고 있다.

이러한 상황에서 여성주의의 보살핌의 윤리학은 많은 생태론적 철학자들에게 잠재적인 구원자로서 나타난다. 여성주의의 보살핌의 윤리학을 생태학으로 확장하는 것은 우선 보살핌의 윤리학에 새로운 일련의 윤리적 개념들과 문제들을 가져온다. 다음으로 인격적 삶의 영역으로부터 끌어온 온건하고 국지적인 윤리적 개념들, 가령 보살핌, 감사, 우정, 신뢰, 관대, 관심, 타자에 대한 개방성 등의 중요성을 강조하면서, 생태학적 관심과 야생 동물과 가축 및 자연에 대한 존경에 폭넓게 적용할 수 있는 가능성을 살펴본다. 여성주의의 생태학적인 보살핌의 윤리학을 옹호하는 사람들은 그것이 동일성(identity)에 기초해있는 것으로 보고 있으며, 자아의 개념을 타자와의 관계 속에 표현된 것으로 본다(Plumwood, 1991). 전통 윤리학의 추상화를 비판하는 이론가들은 관계와 동일성으로부터 나타난 맥락 중심적이며 서사 형식의 새로운 윤리학적 접근에 찬사를 보낸다(Cheney, 1987, 1989a, 1989b). 그래서 카렌 워렌(Karren Warren, 1990)은 지역적 윤리 개념들(local ethical concepts)이 자연과의 관계라는 특수한 맥락에서 사용될 수 있는 방법의 한 사례로서 보살핌, 사랑의 관심, 감사라는 용어로 바위와 관련된 암벽 등반가의 이야기를 구성한다. 그 설명은 어떻게 이러한 개념들이 전통적인 윤리적 견해들 속에 함축된 윤리적 확장주의의 한계를 극복할 수 있으며 결코 인간과 유사하지 않은 도덕적 주체에 적용할 수 있는가를 보여준다.

그러나 보살핌의 윤리학을 생태학으로 확장한다면 보다 일반적으로 보살핌의 윤리학의 사례에 나타나는 애매성과 차이점들을 똑같이 갖게 된다. 또한 생태학적 윤리학의 영역에서 이론가들이 그것들을 이해한 방식에는 상당한 차이점들이 있다. 길리건(Gilligan)의 원래의 입장처럼, 여성적인 것(the feminine)과 여성주의 윤리(the feminist ethic)간에는 애매성이 있다. 또한 '보살핌의 윤리'가 전통 윤리학의 권리와 가치에 의한 설명들로 대체될 수 있는 것으로 보이는지, 또는 그것들을 보완하며 풍부하게 해주는 것으로 보여지는 지도 불투명하다. 만약 그렇게 대체하려고 한다면 어떻게 서사와 동일성에 기초한 윤리적 개념들이 성립될 수 있는 가라는 문제가 있다. 우리는 보살핌의 윤리학에 대해 어느 비판가(King, 1991)가 주장하듯이, 여전히 다음과 같은 질문을 할 수 있다. 즉 우리는 어떤 이야기들을 들어야 하며 존중해야 하는가? 이러한 문제에 대답하는 것은 제공된 이야기의 틀이나 또는 여태까지 보살핌의 이론가들의 작업에서 명료화된 보살핌의 윤리학 자체의 틀보다 더 큰 윤리적 틀을 요구하는 듯하다. 보완적이거나 대안적인 보살핌의 윤리학으로 발전해 가는 다른 접근들은 의사소통의 윤리학과 덕의 윤리학(Plumwood, 1993) 및 자연에 관한 생태여성주의적 도덕 인식론(Gruen, 1994)을 포함한다.

(장영란 역)

제5부

종교

22. 기독교

캐더린 켈러(Catherine Keller)

기독교 여성주의를 구체적으로 설명하기에 앞서서, 무신론에 관한 다른 논문들과는 달리 이 논문의 기본 규율(discipline)을 규정해야 할 것이다. 이 책의 다른 논문들과의 일관성을 위해서 말이다. 신학, 즉 이단자 플라톤에 의해 만들어진 용어 '신의 말'(god-word)은 나사렛의 예수 사후 일세기도 못되어 기독교 지성인들의 언어게임이 되었다. 유대인 예수의 삶, 그의 때 이른 죽음, 그에 의해 시작된 실제적으로 유례없었던 영성운동의 확산은 알렉산드리아의 클레멘트(Clement)와 그 이후 히포의 어거스틴(Augustine)과 같은 사람의 철학적 심성을 매혹시켰으며, 그러는 동안에 어거스틴 황제는 개종하였다. 문화적 엘리트의 철학적 로고스가 확립되었듯이, 기독교 운동의 담론인 신학적 로고스도 확립되었다. 제4복음서의 작자는 진정으로 예수를 우주적 로고스의 현현으로, 스토아주의에 유의미한 질서의 원리로, 그리고 유대인을 위한 하느님의 말씀으로 인정하였다. 히브리 메타포의 헬레니즘 철학으로의 이러한 전이는 기독교 세계의 교의(그리스어로 symboloi)로서 일련의 합리화된 상징들의 제도화를 예시한 것이었다. 그러한 제도화는 믿음을 중심으로—사람들이 동의하든지 동의하지 않든지 간에 추론적 명제를 중심으로—기독교 영성을 체계화하면서, 동시에 교회와 제국을 통합시키는 정치적 기민함에 의해서 다방면에 걸친 무질서적 · 전복적 운동을 통일하였다.

신앙의 그러한 조직화는 공격적으로 담론과 지도력의 가부장적 실천을 요구했다. 일부 초기 기독교 공동체들 안에서는 상대적인 성별(gender) 평등주의가 우세했으며, 어머니로서의 성령과 같은 어투나 클레멘트의 페다고고스(Pedagogos)의 언어에서—즉 세례를 통해 거듭난 어른을 기르는 아버지 하느님에 의한 모유로서의 예수의 언어에서—신성성에 관한 성별 상상에 있어서의 유동성이 인지된다(*Clement of Alexandria*, 1983, 1책, 6장 221면). 그런데 이 같이 추론적이면서도 산만했던 여백들은 4세기에 실질적으로 제거되었다. 따라서 21세기의 여성주의 신학은 신성성에 대한 배타적인 남성적 상상력, 즉 신성성을 나타내는 '삼위'에 대한 대항과 교회 사제직에서의 여성배제에 대한 대항으로서 발생했다. 오드리 로드(Audre Lorde)의 말로 풀어 쓰자면, 그것은 '내부 아웃사이더의' 대항이었다. 엘리자베스 슈슬러 피오렌자(Elisabeth Sch ssler Fiorenza)의 《그녀에 대한 회고 속에서》(*In Memory of Her*, 1983)가 남성 중심적 해석의 성경복음에 대해 체계적인 전복을 입증함으로써 성경연구영역에서 혁명을 일으켰기 때문에, 우리는 평등주의 예수 운동이 갖는 잠재력을 알고 있다. 초기전통의 해방적 에너지를 방출하는 것은 모든 해방과 진보신학을 추진시키는 힘이 되어왔다. 또한 우리는 여성 자신을 위한 창구를 만들어내는 여성에 관한 이야기들을 수집해 왔다. 게다가 특히 초교파적인 기독교 종파들 안에서 우리는 젠더 상징주의 문제에 대한 관심뿐만 아니라 여성의 성직안수와 고용에 대한 의미 있는 제도적 진보를 목도하고 있다.

이러한 까닭에 기독교 안에서 일하고 있는 여성주의자는 기독교 자체의 성차별주의에 대하여 교회를 비방하려고 하지 않는다. 그러나 이러한 입장은 교회 자체를 위해서도 옳지 않으며, 윤리적 · 영적 수행을 지적 작업과 결합시키고자 하는 우리의 관심을 위해서도 옳지 않다. 왜냐하면 이제 기독교 신학의 역사 속에서 철학의 역사와는 딴판으로 제도권력의 문제로부터 제도권력을 정당화하거나 제도권력에 저항하는 사상을 분리시키는 명확한 경계가 없다는 것이 분명해졌기 때문이다. 정통을 주장할 때 사람들은 순수이성에 대한 호소를 포기하는 것은 아니다. 푸코(Foucault)는 모든 규율에서 지식과 권력이 이처럼 뒤범벅되어 분리되지 않는다는 것을 보여주었다. 그래서 우리는 신학—특히 단도직입적으로 정치적인 관점에 관여하고 있는 여성주의적 비평이라는 신학—이 상대적인 투명성을 가지고 권력투쟁의 용어들을 보여 주는 이점을 갖는다고 주장할 것이다. 게다가 언어게임을 하기 위해서는 누구도 결코 하느님의 언어학자처럼 말할 수는 없을 것이다. 그의 언어는 신학이나 철학적 신학보다는 종교사나 종교철학의 형태로서 하나님의 언어일 것이다. 우리는 그 전통에 참여하는 자처럼 말하지만, 그는 그 관습과 믿음을 비판하고 재해석하는 것을 선택할 것이다. 우리는 권력과 의미를 찾아서 전통적 기호들을 가지고 전통적 투쟁의 소용돌이를 순환할 것이다.

여성주의 신학은 그러므로 하느님에 관한 질문, 즉 우리가 기호학이라고 부르는 고전분야 속의 언어와 권력 관계에 관한 문제와 얽혀 있다. 창세기 1장 창조이야기의 기호 언어 속에서 남성과 여성은 "하느님의 형상에 따라 만들어졌다. 즉 남성과 여성인 하느님이 남성과 여성을 만들었다"(1:26). 따라서 여성은 남성처럼 — 남성이 우리 자신의 우주적 의미를 만들어 온 것처럼 — 여성의 이미지로 하느님의 기호를 만들 권리가 있다. 그런데도 우리는 왜 이천년 이상 동안 이 조직적인 과실을 교정할 수 없었는가? 또한 준비된 신성성으로써 몇 안되는 여성적 메타포를 감싸 안지 못했는가? 뉴욕의 카디날 오코노(Cardinal O'connor)는 신문 제목으로 "하느님은 남자다"라고 간단히 선언하였다. 전통을 더 교묘하게 표현하여 다음과 같이 주장하기도 한다. 즉 "너는 하느님을 여성으로 만들 수 없다. 성경의 형상들은 하느님에 대한 온당한 은유들이다. 그분(He)은 성별을 갖지 않는다." 매우 현명한 사람조차도 이 작은 대명사 '그분'의 단순성에 속는 것이다.

나는 하느님의 언어 문제와 하느님의 젠더의 문제가 사소하거나 초자연적 탐구가 아니며, 궁극적인 가치의 성별을 부호화하는 방법이라는 것을 재강조하고자 한다. 언어와 하느님은 항상 그것들 이상을 지칭하기 때문에 신학은 로고스나 디오스(theos)보다 더 많은 것을 지칭한다. 나는 다소간 초신학적이기는 하지만 다음과 같은 하나의 여성주의적 해체를 제안하고 싶다. '하나님'은 가야트리 스피박(Gayatri Spivak)이 '카타카레시스'(catachresis: catachesis와 혼동하지 말기를!) — '위기를 가져오는 것'을 의미 — 라고 명명한 것을 만들어낸다는 것이다. 우리가 하느님을 여성으로서 재구성할 때 하나의 중대한 의미의 모순을 야기시킨다. 즉 우리는 몸 초월적인 남성성의 인성을 모방하지는(imitating) 않으나 흉내 내는(mimiking) 여성의 몸을 만들어내고, 신학적 근원을 갖는 가부장제 안에서 추론적인 권위(authority)를 주장하는 여성의 몸을 만들어낸다.

담론의 장으로서 조그만 역할이라도 하기 위해서, 여성주의 신학은 전근대적 가부장제와 후근대의 환원주의에 의지하지 말고, 이 양자 모두를 넘어서는 불확실한 공간으로 이동해야 한다. 포스트모던 시대는 만일 — 이것이 극단적 현대와 구별된다면 — 이러한 개막을 불러오고 있다. 만일 우리가 전통적 헤게모니에 대항하여 전통적·해방적 에너지를 지향한다면, '창조'에 의한 비젼과 행위를 위해서 뿐만 아니라 오늘의 모든 피조물들을 위해서 우리는 그렇게 해야 한다. 왜냐하면 아모스(Amos)가 다른 종말론적 순간에 "비전 없는 국민은 망한다"고 말한 것과 같기 때문이다. 그러나 여성주의 신학의 비전은 샤론 웰치(Sharon Welch)가 사회신학적 윤리를 위해서 메리 데일리(Mary Daly)를 통해 푸코를 읽으면서 '연대와 저항의 공동체'라고 불렀던 것 이상의 의미를 갖지 않는다(1990). 후속 계획은 그와 같은 공동체를 특징짓는 유의미한 관습들—한 때는 성찬이었을 뿐만 아니라 개념적이고 정치적이었던 관습들—을 드러내 보이고 그러한 관습에 대한 참여를 전제하는 것이다. 이러한 까닭에 여성주의 신학에 함축된 윤리적 실천부분은 분리될 수 없을 것이다. 이는 일반적으로 진보적인 학계의 여성주의적 윤리 실천과 유의미하게 다른 것이 아니다. 낙태와 종교적 권리와 같은 사회경제적으로 비중 있는 특정문제들을 제외하고 말이다. 지금까지 필자가 주장해온 것처럼, 가장 특징적인 것은 규범도덕의 입장이 신학적 제도 안에서 지지되는 것이 분명하다는 것이다.

기독교의 하느님 언어는 셋으로—신성(the Godhead)을 성부, 성자, 성령이라는 삼위로—깨어지면서 기독교 자체의 일원주의에 저항하였다. 삼위일체의 리듬이 남긴 것은 여성주의적으로 구성되는 신학의 중심 주제에 의해서 우리가 체계적으로 인도될 것이라는 점이다. 이러한 과정은 미국 기독교 여성주의 신학의 대의를 가능하게 할 것이다. 그러나 나는 라틴어로 '가면들'을 의미하는 이 세 가지 신성한 페르소나 각각에 대하여 인류학적 회전을 가하고 싶다. 바꾸어 말하면, 신성한 존재의 방식으로 나타난 것이 인간의 자기 구성의 양식으로서의 신성한 존재라는 것을 (최소한 일시적으로라도) 나는 폭로할 것이다. 작업방법을 명백히 하기 위해서, 필자는 보다 많은 지면을 '제1위', 즉 '하느님 아버지'에 필수적으로 할애할 것이다. 그러나 이것이 '성부'의 상대적 중요성을 가리키는 것은 아니다. 성자와 특히 성신의 전복적 잠재력은 희망컨대 분명히 성부와 대조가 될 것이다. 삼위일체 자체는 자유주의 신학자들이 많은 비판을 가한 다수의 메타포로부터 추상된 후성경적인 것임이 주지되어야 한다. 그리고 삼위일체는 이것이 명쾌하게 조직화하는 역량을 가지고 있으므로 현재 정황에서 얼마간은 인용되어야 하고, 또 얼마간은 주디스 버틀러(Judith Butler)가 '수행적 패로디'라고 부른 정신(1990, 3장)으로 인용되어야 한다. 그래서 다음 작업에서 필자는 단순한 조사가 아닌 여성주의 신학을 수행코자 한다.

성부

1

'위'(位)로서의 성부: 전통적인 성상에서 삼위일체의 제1위의 본성과 관련하여 '그의' 성별(sex)—이단적 성기노출에 의해서가 아니라 유대문화와 기독교문화에서 이상적인 가부장의 징표가 되는 속성에 의해서 검증된, 그의 무시무시하고도 권위적인 남성성—보다도 더 질기고 더 역설적으로 소통되어지는 것은 없다. 그의 권위,

그의 꿰뚫는 듯한 미소 없는 응시, 명령, 심판 그리고 간혹 느껴지는 자비는, 아마도 느껴질지라도 그것은 저 친숙한 미켈란젤로의 상과는 다른 남자이다. 우리는 무성의 사람은 상상할 수 없다고 들어왔기 때문에, '인격적 하느님'이기 위해서 하느님은 성별을 필요로 한다. 그러나 여기에서 똑같은 하느님이 무성이라는 복합성을 내재적으로 갖는다. 그의 바로 그 '특별성'(above-all-ness)은 그의 초월적 무성성에 의존해 있다. 성서의 야훼·예언적 전통과 현대의 성서학자들 양쪽 다 이단의 '다산을 상징하는 우상들'(fertility idols)—요염한 여성성별이나 다수적인 성별을 인정하고, 우리로 하여금 물질세계에 내재한 신성이라고 생각하도록 부추기는—의 창에 대항하는 신의 초월성을 만들어 내고 있다. 하느님이 무성적인 성별을 갖는다는 역설이 주어지자 신의 남성성은 실제로는 결코 논의되지 않지만, 항상 묵시적으로 전제되며, 시각적 상상에 맡겨져서 메타포는 불변의 정통으로 굳어지고 권위적인 정통의 제도 안에서 실행된다. 이러한 하느님의 형상으로 구성된 남성성에 상응하여, 곧바로 이와 같은 초월적 구성이 일어남을 주목하자. 즉 남성성에 의해서 지울 수 없이 특징지어지면서 이성의 본질로서 규정되는 가부장제의 발생을 주목하자. 여기에서 우리는 무신론적 여성주의나 회의적 여성주의가 위험을 무릅쓰고 하느님의 말씀을 무시하고 있다는 것을 생각하게 된다.

신학적 여성주의의 원래 과업은 제1위에 대한 신학적·제도적 대항에 있는데, 이는 메리 데일리의 《아버지 하나님을 넘어서》(*Beyond God the Father*, 1973), 로스마리 류터(Rosemary Radford Ruether)의 《성차별주의와 하느님 말씀》(*Sexism and God-Talk*, 1983), 수잔 부룩스 티슬레트웨이트(Susan Brooks Thistlethwaite)의 《성, 인종, 하느님》(*Sex, Race and God*, 1989) 그리고 샐리 맥파규(Sallie McFague)의 《하느님의 몸》(*The Body of God*, 1993)과 같은 책들이 제시하고 있는 바와 같다. 메리 데일리가 앞의 책에서 고전적 공식으로 제시한 것처럼, 그것은 "만일 하느님이 남성이라면, 남성은 하느님이다"(19면)(데일리가 이 말을 한 것은 '가부장적 교회로부터 탈출'하는 순간이었으며, 그 때 그녀는 자신의 신학을 실천하였다. 그녀는 하버드의 기념교회에 초청된 최초의 여성으로서, 기독교 가부장제를 떠나고자하는 사람들은 모두 자신과 함께 복도를 행진하자고 제안하면서 설교를 매듭지었다. 200명의 여성과 몇몇 남성이 그 제안을 따랐다). 이러한 까닭에, 여성주의 신학은 이중의 전략을 추구한다. 가장 먼저, 하느님이라는 덮개를 걷어내어, '그'를 남성이라고 보거나, 하느님의 부성은 실제로는 은유이므로 절충 가능하다고 본다. 그런 다음, 대안으로서 우상파괴(gynomorphism)(잠시 동안 성 '여신'(the Holy Godness)이라고 부르기로 하자. 이렇게 부르는 것은 여성신학의 대모인 넬 모톤(Nelle Morton)의 제안에 따른 것으로써 '그'는 성별을 갖지 않는다는 개념을 검증코자 함이다)를 선택하든지, 아니면 '모든 것을 포함하는 말'('하느님'; God)은 하느님 자신의 대명사로서, 혹은 '신/여신'(God/ess)이나 '그것'(it)을 취하는 '신성한 것'(the divine)과 같은 말로서, 그리하여 현재 성경에 나타나 있는 불변의 남성상을 역사적 자료정도의 가치를 갖는 텍스트로나 남겨두면서, 궁극에 대한 여성적 · 중성적 이미지를 그려내는 것이다)을 선택한다.

이와 같은 명백한 형이상학적 변환이 함축하고 있는 인류학을 끌어내기 위해서, 나는 이렇게 제안한다. 즉 인격적 신의 속성들(예컨대 아버지, 창조주, 근원과 같은)을 신의 실체를 나타내는 명사로서보다는 인간의 자기이해를 나타내는 형용사로서 다룰 것을 제안한다. 포이에르바하는 무신론을 위하여 이 같은 인류학적 전도를 도모하였다. 바꾸어 말하자면, 언어의 자기 지칭적 특징에 대하여 보다 많은 성찰이 진행되고 있는 시대에 우리는 은유와 은유어라는 지칭대상 사이의 차이를 말하고 있는데, 나는 여기에서 유신론을 위해서 이 차이를 반복하여 말하고자 한다. 이 차이는 'imago dei'에 이미 함축된 것을 명백히 해준다. 즉 하느님 말씀은 광의의 의미에서 우리들의 자아 이미지—하느님 말씀의 결여에 의해서 비추어지는 우리의 이고 이상(ego-ideal)—의 구성과 관계가 있다. 하느님 말씀의 심연은 알려져 있지 않기 때문에 우리는 낡아빠진 신비적인 언어를 쓴다. 이와 같은 은유는 항상 열린 문제로 남아 있을 '하느님'이라는 상징, 즉 '초월적으로 지칭된 것'의 존재를 결정할 수 없다. 문제는 본질적으로 '하느님'이 아니라 한 종족의 특정 집단이 신의 거울에 대한 독점을 주장해 왔다는 데 있다. 게다가 그 집단이 에고와 에고의 자기지식을 주체와 객체라는 데카르트적 이분용어에 의해서 규정하였다는 것이다. 이러한 까닭에 여성주의적 렌즈를 통해서 굴절된 신학적 인식은 객체에 대한 지식(자신이나 타자에 대한 지식)이 아니라 인식의 방식에 대한 것이다. 즉 하느님에 관한 지식에 대한 것이 아니라 옛 문투로 쓰여진 경건한 앎(godly knowing)에 대한 것이다. 이것은 항상 진실이었음에도 빈번히 억압되어 왔다. 그러므로 아버지로서의 제1위에 대한 믿음을 고백하는 것은 아버지의 관점에서 세계를 아는 것을 의미한다. '부성'은 이것의 부수적인 구성물인 '모성'(motherhood)처럼 개인의 실존을 구성하는 사회적 · 언어적 날조물로서 부호화되게 된다. 그래서 우리는 그 무엇보다도 우선하여, 심층적으로 구성된 인성에 대하여 진솔하게 말할 것을 주장할 것이며, 또한 더욱 더 그와 같은 신성한 인성(divine personhood)에 대해서 진솔하게 말할 것을 주장할 것이다.

우리는 여성주의 관점에서 제1위(소문자 the first person)의 인성을 재구성할 수 있을 것이다. 우리는 성, 혹은 특정의 성이 인간성이나 신성성의 본질을 규정한다는 것을 논파하면서, 우리가 제1위라는 부호 하에서 개인으로서 우리자신을 인지한다고 확언할 것이다. 즉 자아와 세계에 대한 지식이 우리들 자신을 사람으로서—경험상의 구체적인 대인관계로 묶여있는 사람으로서—우리의 경험 속에 각인시킬 것이다. 그 결과 우리는 하느님의 페르소나, 즉 '하느님의 가면'에 대해 그다지 주목하지(gaze at) 않을 것이다. 대신에 우리는 그것에 대해 직시(look through)할 것이다. 그런데 개인의 인성은 제1위에 대한 지식을 대인 관계적으로 육화한 것이기 때문에, 여기에서 주의해야 할 인식론적 문제가 발생한다. 즉 타인과 함께 제1위의 다중적인 차원을 체험하는—친밀하고 정치적이지만 항상 사적으로 체험되는—자아를 복합적으로 통합하는 인식론적 문제가 발생한다.

2

전통적으로 창조주 제1위에 대한 여성주의적 성찰을 통하여 우리는 우리 자신의 설명을 내놓게 되었는데, 이는 여성주의 신학자 로스마리 래드포드 류터(Rosemary Radford Reuther)가 '급박한 문제는 … 인간의식을 땅으로 전환시키는 것'(1992, 250면)이라고 부른 것이다. 이러한 생태학적 수용은 쉬운 전환이 아니었는데, 왜냐하면 이것이 한편으로는 프로테스탄트 신학의 반자연주의와 카톨릭의 자연법 정통성을 인정하고, 다른 한편으로는 진보적 사회이론의 인종중심주의를 인정하기 때문이었다. 여성주의 신학자들은 제1회전에서 지구 중심의 '여신 여성주의'—성경적 전통의 입장에서, '하느님'은 보수주의자들이 주장하는 '그'(대문자 He)와 마찬가지로 성을 바꿀 수 없는 남성이라고 말하는 유대 여성주의나 기독교 여성주의는 모순이라고 주장한—에 대항하였다. 그러나 신의 성별에 관한 것보다도 더 심대한 차이가 있었다. 초기의 류터—신의 계시 장소로서 자연에 대한 역사의 우위에 대한 성경의 편견을 처음 생각했던—를 포함한 신학적 여성주의자들은 여신운동의 '자연주의'—여성생물학을 낭만적으로 취함으로써 자연주의적 경향을 띠었던—와 결별하는 사회주의적·여성주의적 역사주의와 여타의 사회정의운동에 기꺼이 가담하였다. 대화는 성숙하였는데, 그 성숙은 류터가 하느님을 생명의 신성한 모체—그녀가 '여/신'(God/ess)이라고 재명명 했던—라고 규정한 그 순간에 드러났다(1983, 70~71면). 이러한 명명은 문화와 자연이라는 이원적 대립을 해체한 것이었다. 그것은 지구상의 생태사회적 정의의 위기라는 십자가를 택한 것이었다.

이러한 발전 노선은 인식론적으로 천지 창조자의 속성—'새로운 창조'(New Creation), 즉 창조의 재개에 대한 방향이 종말주의라는 후기 유대교적 상황 안에서 재설정된—을 인간의 창조성이라는 특징으로 전환시킨다. 우리의 창조 작업은 더 이상 그 창조(the Creation)의 지배하에 있는 한 창조자(a Creator)를 보증하지도 않으며, '그 자신의' 피조물과 인식되는 세계를 초월하는 지자(the Knower)에 대한 계몽적 인식론이라는 자만을 갖지도 않는다. 그렇다면, 우리는 종말론적으로 더해진 밀레니엄이라는 전환점에 서서, 여성주의 관점에서 재구성된 설명에 비추어서 어떻게 천지의 제1위에 관하여 인식할 것인가? 우리는 현세적으로(earthly) 알아가고자 한다. 현세적으로 알아간다는 것은 우리의 지각과정을 철저하게 생태학적인 것으로서 인지하는 것이다. 즉 우리가 접근하는 지각의 과정을 철저하게 육화의 문제로서 인지하는 것이다.

여성신학은 질료—즉 모체로서의 질료—에 대한 가부장적 두려움에 대하여 정신분석학적 설명을 전제하지만, 이것 자체를 성모(Divine Mother)에게 고정시킬 필요는 없다. 물론 신에 대한 모성적 은유를 등장시키는 것에 대하여 '본질주의자'라는 비판을 할 수도 있겠다. 그러나 생명 중심적 이해라는 어려운 가능성을 부호화하는 것과 마찬가지인 여성적인 대지 어머니라는 고정관념을 일으킬 필요는 없을 것이다. 그것은 모성의 부수적 퇴화와 대지의 육신들의 교차점의 표식으로서 읽혀질 수도 있을 것이다(Williams, 1993). 생태학적 인식은 우리가 이르게 된 방법, 즉 문화적·언어학적 산물들은 생태학적 생동력—우리의 영성이 이에 대한 우리의 주의를 훈육시킨다—으로부터 언제나 분리불가하다는 점에 주목한다. 창조자와 천지의 재창조자에 대한 신앙은 서구의 '땅에 대한 지배'(창세기 1:26)에 의해서 종말론적으로 황폐화되고 있는 대지, 바다 그리고 환경의 재창조라는 실천을 의미한다. 생태신학은 성경의 지배 수사학을 통한 현대의 관계 단절적 착취에 대해서 반대하기 위하여, 전략적으로 '생태학'과 '경제'를 어근으로 하는 '관리'(oikonomia), 즉 '가사'라는 고대의 성경적 의무를 다시 필요로 한다. 생태여성주의 신학자들은 자신들이 창조하는 주부들을 등장시키고 있음에 대해서 의식하고 있어야 할 것이다.

3

이러한 신학적 변환은 제1위의 다른 속성—우리 자신의 인성의 다른 측면인 권위적인 인성—을 고무한다. '하느님 아버지'는 슈슬러 피오렌자가 '키리아키'(kyriarchy)—남성엘리트들, 주로 백인남성이 모든 사람과 그 밖의 모든 것에 대한 지배력을 행사하는 가부장적 지배체제—라고 부른 수천년 왕국을 반영하는 만능의 권력에 대한 주장을 부각시킨다(1994). 우리 스스로가 권력을 주장하느냐 마느냐에 관한 여성주의자들의 논쟁은 우연하게도 권력의 개념을 거부하거나 권능부여로서의 권력을 재해석하기 위한 하느님 언어에 관한 논쟁과 평행을 이루는 것은 아니다. 그렇다면 우리는 우리 자신을 위하여 권력을 주장해야 할까, 거부해야 할까, 혹은 재구축해야 할까? 다만, 나는 이 시점에서 한 가지만을 제안하고자 한다. 즉 나는 푸코의 권력독해—정점에 있는 권위적인 권력 주체로서의 권력이 아니라, 우리의 몸속을 타고 흐르면서 그리고 우리의 사회관계의 모든 네트워크의 모세혈관 속을 타고 흐르면서 행사되고 있는 권력으로서의 푸코의 권력독해—가 여성주의적 신학 윤리에 대해서 매우 시사적이라고 제안하고자 한다. 여성주의자들은 인간권력에 대하여 윤리적으로 주목하는 인식론으로서 신의 권력이 갖는 속성을 다룬다. 권능부여적으로 이해한다는 것은 무엇보다도 좋은 것을 위해서든지 나쁜 것을 위해서든지, 우리가 이미 육화하고 있는 권력에 대하여 주목한다는 것을 의미한다. 자아에 대한 이 같은 정밀조사는—이것이 자아와 세계를 변화시키는 우리의 능력뿐만 아니라 내적 신으로서 내면화하고 있는 가부장제의 주시를 알게 됨에 따라—영적 훈육과 매우 흡사한 어떤 것을 요구한다.

여성 권위(authority)에 대한 주장은 1970년대 기독교 사회 윤리학자 베벌리 해리슨(Beverly Harrison)에 의해서 빈곤, 인종차별, 낙태와 관련하여 구체화되기 시작한 상호성의 윤리를 도출한다. 《관계 만들기》(*Making the Connection*)에서, 그녀는 '올바른 관계'에 대한 권능을 부여함으로써 정의의 사역을 재규정한다(1985). 왜냐하면 정의는 권력이 문제가 되는 그릇된·정의롭지 않은 관계에 대한 반응으로서 존재하기 때문이다. 애굽 탈출기와 예언자적 성경 전통 내에서, 그리고 후가부장적인 성경 전통의 변형 속에서, 제1위를 통해서 안다는 것은 불일치와 가능성이라는 힘의 영역을 통한 극복으로써 사람들 사이의 권력추세와 정치적 권력추세를 명기하는 것이다. 즉 지식을 실천한다는 것은 결코 가치중립적이지 않으며 항상 윤리적으로 책임이 있다. 이러한 상호적인 지식을 통하여 우리는 새로운 권한을 체화하기 시작한다. 즉 우리는 신학의 주체로서 새로운 창조라는 인식적 특권을 행사하기 시작한다.

그래서 초월적 부성이 벗겨진 제1위는 개별적이고, 창의적이며, 현세적이고, 권능부여적이며, 권한부여적으로 자기이해와 그 현세적 실천을 위한 대안적인 영적 공간을 열어나갈 것이다.

성자

1

그리스도이자 로고스며 하느님의 아들인 제2위에서 삼위일체는 실제로 인격을 갖게 된다. 똑같이 신의 아들인 유일한 아버지는 아버지로서 '자신'을 계시한다고 말해지고 있는 태초의 한 분의 하느님인데, 이 반대 또한 성립한다. 독생자—나사렛 예수의 신화적 호칭—는 인간의 몸이 된 하느님의 말씀을 행한다. 미리암(Miriam/Mary)의 '그릇'으로서의 '성육'은 기독교 여성주의에 대해서 희망과 실망을 동시에 준다. 그것은 점차적으로 육체를 덮으로서 규정하고 '여성의 탄생'으로서 인간을 표시하는 고전적 정황 안에서, 우리의 물질성의 신성함을 회복케 할 수 있는 것으로 보일 수 있다. 여성에게 있어서 성육은 지극히 '감수성 있는 남성'과 함께하는 친밀성을 요구한다. 그러나 초기에 예수가 인간조건에 대한 궁극적 예외로서 이해된 것과 마찬가지로, 그는 통치—영적 아버지의 통치—를 입증할 뿐이다. 정통은 본질적으로는 초월성에 관한 징표들에 대하여 온 힘을 집중하면서도, 신의 내재성이라는 이러한 홍일점을 기독교인에게 허용하였다. 동시에 정의상 독생녀(a Daughter)에 의해서는 결코 성취될 수 없는 상태로 독생자(a Son)를 고양시킨 것은 아직까지도 성직으로부터 가톨릭 여성을 배제하고, 완전한 소명수행으로부터 프로테스탄트 여성을 배제한다. 이러한 까닭에 여성주의 신학은 기독교학을 우리 '몸속의 가시'—가부장적 신의 말씀에 대한 독특하고 단호한 육화를 지칭하는—로 이해하였다. 매리 댈리는 '여성의 제2의 도래'에 대해 확언하였는데, 그것은 기독교의 말씀에 대한 속박으로부터 탈출한 후에만 가능한 것이다. 그럼에도 불구하고, 그러한 로고스는 자신의 주변에 평등주의적 사회적·영적 운동을 집결시켰던, 유한하고 카리스마적인 유대남성인 역사적 예수 이야기를 다시 쓰는 여성주의 기독교학의 물결을 고무시켰다.

교부들은 하느님의 아들의 지순한 고난을 통해 이해되는 대속이라는 통설을 십자가의 성상으로부터 발전시켰다. 정확하게 여기에서 순종적으로 고통 받는 딸을 고무시키는 데 활용되는 기독교학에 대한 여성의 항의가 유입된다. 예컨대 여성주의 기독교학은 예수의 수난을 신의 의지로부터 비롯된 결과가 아니라 인간의 죄로부터 비롯된 결과라고 이해한다. 특히 미국인 가족의 삶 속에 아동의 신체적 학대—소녀에 대한 성적 학대를 포함하는—가 확산되고 있음을 밝히려는 관점에서, 여성주의 신학자 리타 나카시마 브록(Rita Nakashima Brock)은 자신의 영향력 있는 책《마음

의 여정: 성애적 권력의 기독교학》(*Journeys By Heart: A Christology of Erotic Power*, 1988)에서 대속의 포섭적·대리적 구성 속에서 '보편적인 아동학대'를 확인하였다(Nakashima Brock, 1988). 즉 아동의 신체고문, 모욕, 희생에 대한 욕구가 하느님 아버지에게 전가된다. 델로리스 윌리암즈(Delores Williams)는 《황무지의 자매들》(*Sisters in the Wilderness*, 1993)에서 노예여성 대리모와 대속설의 대리 사이의 대응에 대한 여성주의적(womanist) 분석을 전개하였다. 그녀는 흑인여성들에게 고통을 받아들이라고 고무하는 믿음에 대하여 의문을 가지라고 환기시켰다. 우리는 또한 우리자신을 가부장제의 무구한 희생자로서 구성하는 여성주의(특히 백인 여성주의)의 성향을 벗어나고 있다. 그 밖에 나카시마 부록은 '성애적 권력'(erotic power)을 제안한다. 성기적 의미에서가 아니라 정치적·보편적 의미에서의 에로스는 그리스도를 상호적 관계의 열쇠로서 현금가치화한다. 그러므로 핵심은 특정 개인의 영웅주의가 아니라, 그리스도가 자신의 주위에서 그리고 자신을 넘어서 만들어 내었던 관계들의 치유적·활력적 속성이다.

우리는 성자의 가면을 통해서 인간의 삶을 규정하는 매우 취약한 유한성, 즉 매우 구체적이고, 민족적이며, 죽을 운명에 있는 의미의 성육을 본다. 우리의 지워버릴 수 없는 육적인 인식(carnal knowing)은 타인과의 상호성—다른 이의 삶으로부터 우리가 있게 되고 우리 자신이 '다른 이의 구성원'이 됨으로써(고린도전서 1) 그들의 미래에 영향을 미치게 되는 타인과의 상호성—에 대한 육체적 욕망으로부터 생겨난 것이다. 그래서 '예수의 몸'이라는 바울의 메타포가 있게 된다. 우리의 신체적 인식은 공동체의 신체들에 대한 인식이다. 즉, 신체적 인식은 사회성이라는 무한한 네트워크와 이 자체를 넘어선 생태학 속에 얽혀 있는 유기적 공동체로서의 신체들에 대한 인식이다. 신체의 이러한 관계들은 신체들이 상호적 관심의 주체가 되었을 때만 기독교적 '속죄'가 된다. 그들이 상호주의의 주체가 됨에 따라서만 기독교적이 되는 것, 즉 참으로 '속죄하는' 것이다. 결국 제2위는 사랑을 가리기도 하고 사랑을 드러내기도 한다. 그런데 이러한 상호주의가 사도 바울의 공동체의 몸에 대한 메타포가 옹호하는 배타주의를 버릴 수 없게 하는 것은 아니다. 아이리스 매리온 영(Iris Marion Young)의 공동체 이상화에 대한 경고는 에로스(eros)에 관한 여성주의 기독교학에 중요하다(1990a). 신학자 캐트린 샌즈(Kathleen Sands) 또한 우리의 사랑 추동적인 상호주의의 지나친 복수성과 애매성을 선호하는 문헌분석을 유발시킨 상호주의에 대한 여성주의 신학의 과신에 대하여 도전한다(1994). 제1위로부터 권능을 부여받아 한계, 성육, 십자가의 수난을 성취한 제2위라는 부호하의 여성주의적 상호주의는 사랑의 가혹한 진리를 겪어 온 모든 사람들에게 하느님의 말을 각인시키고 있는 것이다.

2

'로고스'라는 말은 신화적・인식론적으로 우주적 질서의 아름다움에 대하여 여성적으로 의인화한 이디시말(Hochma/Sophia), 즉 '지혜'(Wisdom)를 반향한다. 소피아는 신이자 인간이다. 슈슬러 피오렌자(Sch ssler Fiorenza)는 소피아의 예언자이자 미리암(Miriam)의 자녀인 역사적 예수에 관한 성서신학을 발전시켰다(1994). 기독교학은 원래 소피학(Sophiology)로부터 분리되어 있지 않았다. 그러나 그러한 의미로 남아 있었던 소피아는 완전히 사라지게 되었는데, 그것은 요한복음의 그리스도에 대한 우주적 이해와 그 후 로고스에 대한 특별 취급—로고스에 대하여 하느님의 독생자 신분(Sonship)이라는 수식어구를 붙인—을 위한 로고스의 남성적 유용 때문이었다. 슈슬러 피오렌자는 역사주의적・수사학적 비평 차원에서 기독교학 주석의 기본원리를 예수 주변의 '유대인 여/남성(wo/men) 해방운동'의 전조적인 실천으로 발전시켰다(88면). 그렇지만 그녀는 지혜에 대한 어떠한 신학적 구성도—오직 신학적이기만 어떠한 우주론적 내용도—허용하지 않았다. 우리는 여기에서 현대 여성주의 신학 속에 있는 골 깊은 긴장을 드러낼 필요가 있을 것이다. 그녀는 레즈비언 신학자 카터 헤이워드(Carter Heyward)와 아시아계 미국신학자 리타 나카시마 부록(Rita Nakashima Brock)의 관계주의적 기독교학을 '버리고 대체'시켰다(1994, 57면). 그녀는 성/성별(sex/gender) 시스템에서 여성주의적 상호주의가 함축하고 있는 바에 대하여 신랄하게 질문을 제기하면서, 보다 철학적인 여성주의자들이 완승하기 시작한 초양도주적 반본질주의 논쟁을 전개한다(예컨대 Naomi Schor와 Elizabeth Weed가 편집한 책, 《본질적 차이》(*The Essential Difference*, 1994)에 기고한 사람들의 저술을 보라). 초양도주의적 반본질주의 논쟁의 절충적 입장—'비타협적 해방론자의 실천'과 '비판적인 여성주의적 해방신학에의 호소—은 다른 형태의 무비판적 정체성의 정치학보다도 더 독특하게 보인다(1994, 189면).

그런데 정의의 지혜를 사랑과 함께 성육 하고자 하는 우리의 모순된 시도에도 불구하고, 기독성자에 의해서 소피아가 억압받는다는 여성주의적 설명에 의하면 이러한 소피아(Hochma/Sophia)는 원상태로 회귀하는 것 같다. 저 속담에 의하면, 그녀는 "거리에서 크게 울고 있다"(12면). 나는 기독교학적으로, 신학자 레베카 쵸프(Rebecca Chopp)의 후기구조주의의 '선언'—즉 신약에 나오는 희랍어 'kerygma'로부터 유래한 말—이라는 칙령을 권한과 권위에 대하여 소리 내어 말하는 여성의 환유로서 추천한다(1989). 여성에 대해서도 속죄의 힘을 가질 것이라는 신학적 이해 역시 침묵을 지키지 않을 것이다. 이는 선언적으로 알려진 것이다. 오늘날 우리가 영/정신을 해석하는 것처럼, 그리스도 안의 영(the spirit), 즉 종교적 정치적 질서에 대한 예언적 저항의 영/정신이 이렇게 작용할 뿐이다. 영의 작용 없이 혹은 영의 실천 없이, 영은 어떠한 열매도 맺지 못하며 어떠한 가치도 갖지 못한다. 이는 마치 예수의 거친 말속에서 열매 맺지 못한 저 무화과 나무가 잘려질 수밖에 없었던 것과 같다.

성령

여성주의 신학적인 인류학에 적합한 인식론 자체가 가능한 것은 '영 안에서'(in the Spirit)이다. 정신—'the Holy Spirit'라고 알려진, 또는 킹 제임스 성경을 좋아하는 사람들이 말하는 'the Holy Ghost'—이라는 카리스마는 엄격히 말하자면, 이미 일세기에 낯설고 분열적이라고 간주된 인식형태이다. 무아지경의 예언적 은총뿐만 아니라 그러한 가르침과 은총, 심지어는 그러한 치유는 고대의 정교한 인식은 물론 현대의 인식양식에 거슬리는 성령의 실천이다. 그리스어와 히랍어로 각각 바람과 숨 혹은 성령\정신을 의미하는 말 'pneuma'과 'ruach'는 "그것이 지향하는 곳을 불다"라고 설명된다. 이 말은 문화의 인지적인 규율들에 대하여 저항하도록 '고무'(inspire) 한다. 그래서 바울은 성령의 양면성에 대해 매우 비판적이었다. 그는 지혜롭게도 "결코 성령을 억압하려고 하지 말라"라고 경고한다(데살로니가 1, 5:19). 그러나 성령의 직접적 체험을 통한 고민은 바울로 하여금 고린도 전서에서 공동체의 위계에 대한 자신의 생각에 따라 은혜를 명하게 한다(고린도전서 2, 11:12). 신약성경학자 안토이네트 와이어(Antoinette Wire)는 고린도 사람들에 대한 바울의 규율은 고린도의 여성 예언자들—이들에게 성령이 선언적으로 너무 많은 공권력을 부여하여 고린도의 가부장들이 여성에 대해 관용할 수 없었던—에 의해서 유발되었다는 설득적인 주장을 하고 있다(1990).

그러므로 만일 우리가 호기심을 유발시키는 성령의 성별—애매성—성령의 여성 형상인 불, 물, 바람과 같은 성령의 근본적·비인간동형적 현현 그리고 돌보는 어머니와 출산의 힘과 같은 초기 기독교에서의 성령출현에 대해 숙고해 본다면, 성령의 신성은 성령에 관한 여성주의적 사색에로 우리를 이끈다. 그러나 지금까지 성부와 성자에 짙게 드리워진 남성성은 교회의 정통성뿐만 아니라 여성주의적 반응을 규정하였다. 이러한 남성동형적 영에 대한 묘사는 성령이 비스콜라신학적 인식론과 우발적인 사회혁명을 고무시켰다는 점을 고려하면 놀라운 것이 아니다(Bolch, 1986). 따라서 영은 흔히 감정 및 여성성과 깊이 연관되어 있었던 반합리주의적 전통의 역사적 경전주의 안에서 재규정되도록 남겨졌으나, 주류신앙과 문화 안에서 작동하는 인식론이 고쳐 만들어지지는 못했다. 매리 댈리는 결정적인 후기기독교 예언저작 《순수한 열정》(*Pure Lust*)을 '영'에 봉헌하고 있지만, 대부분의 여성주의 신학자들은 '영성'이라는 육화된 무역사적 경건주의를 회피해 왔을 뿐이다. 그러나 이들은 회피함으로써, 광인들을 위한 유령이라고 하여 성령을 무시한 합리주의자와 은밀히 결탁하고 있다.

로마 가톨릭 신학자 엘리자베스 존슨(Elixabeth Johnson)은 로마의 심한 감시를 견뎌낸 여성주의적 수녀였는데, 그녀는 여성주의 안에서 영혼의(pneumatic) 장벽을 깨뜨렸다. 그녀의 주저 《그녀는 누구인가》(*She Who Is*, 1992)에서 제3위는 제1위가 된다. 이러한 변환은 혁명적이리만큼 소피아론적(sophialogical)인데, 그녀는 적극적인 여성동형주의와 관계적 잠재력을 위해서 소피아라는 메타포를 활용한다. 따라서 그녀는 자신의 체계신학을 (삼위일체에서와는 반대로) '성령과 소피아'로부터 시작하여, 예수와 소피아 그리고 성모와 소피아로 옮아간다.

영에 대한 보다 개방적인 후가부장적 담론은 이제 겨우 탐구되기 시작하였을 뿐이다. 탐구동안에 제3위가 영적으로 알려진다면, 영의 의인화는 어떠한 유령적인 육화(reification)와도 조화될 수 없으며 자기 자신의 인성 속에 있는 뭇 생명의 영이라는 의미와 조화된다. 그러나 인성은 항상 대인 관계적이면서 진실로 초개인적인 것으로서 우리의 성품을 구성한다. 아마도 그래서 그것은 신동형적일 것이다. 그것에는 유령 같은 것은 전혀 없다. 따라서 제3위의 인성은 관계자체의 역동성에 대한 우리의 관계와 같은 어떤 것을 불러일으키는데, 이는 마치 그것이 아무 것도 없는―상호의존성이라는 우주의 에워싼 모체(matrix)로부터 추상된 것 속에 있는―우주를 나타내는 것과 같다. 이는 결국 '사랑 자체'라는 어거스틴 판 성령학이라고 생각된다. 그러나 어거스틴과 달리 '사랑'의 서술어는 '사랑하는 자'(Lover, 아버지)와 '사랑 받는 자'(Beloved, 아들)라는 명사에 예속되지 않는다. 보다 정확히 말하자면, 이러한 인성화는 이 자체로서 창조를 대체하는 관계들의 장으로부터 추론된 추상이라고 생각된다. 이러한 인성화는 유일절대로서는 타당하지 않으나 관계들의 전(全) 모체와 상관되어 있는 메타포로서는 의미가 있다.

영으로서 '하느님'은 역사할 뿐만 아니라 사랑이시다(요한복음 1). 중요한 것, 즉 이러한 사랑을 구체화시키는 것―그것도 사랑이 구체화될 수 있는데까지―은 어떠한 주어진 순간에서든지 우리의 삶의 실천들에 대한 총체적 복합이라는 것이다.

영적 실천은 어떤 종교에서든지 이러한 복합적 다측면성에 대한 반성적·의도적 참여이다. '성령이라는 은총'을 통해서 우리는 우리 자신의 '몸'의 경계를 마음속에 품고, 고양시키며, 확장시킬 수 있는 것이다. 개인적인 것이면서도 초대인적인 이와 같은 몸은 콘스탄틴 이후의 선교운동이 가졌던 호전적인 제국주의에 더 이상 봉사하지 않을 것이다. 그것은 대신에 피조된 몸—유대인의 몸, 여성의 몸, 노예의 몸, 유색인과 식민지인의 몸, 인간이 아닌 생명체계 자체—에 대하여 그리스도의 수난의 몸(the pathologized Body)이 갖는 극적인 효과를 지향하는 메타노이아(metanoia)(마음의 변화: 회개)를 서약하는 공동의 몸(a collective Body)을 위한 잠재력으로 나타난다. 그래서 사역은 우리가 천년왕국에 접근할 만큼 압도적이다. 그리고 사역은 종말론적 반향을 내포하고 있어서 오직 생동적이면서 교회의 영적 실천만으로도—단지 성령으로부터 추상되어 누진되어 온 말씀들에 반대되는 것으로서—필요한 서약이 유지될 것이라고 나는 확신한다. 우리는 회피의 힘보다는 쇄신의 힘으로서의 '영에 근거'할 수 있는 것이다(Sharon Betcher의 미발표 박사학위 논문). 근거한다는 것(grounding)은 토대의 문제가 아니라 생태사회적 정의의 문제이며 이것에 활기를 불어넣는 감수성의 문제이다.

그래서 만일 제1위가 권한(Author-ity)을 해체시키고 재구축한다면, 제2위, 말씀, 그리고 '바람을 타고 불고 있는'(blowing in the wind) 제3위는 우리에게 여성주의 신학의 기초를 제공할 것이다. 그러나 영은 새로운 관계와 새로운 창조의 가능성들을 추적해가면서, 열려 있는 현재의 순환 속에서만 항상 자신을 명기할 것이다. 우리는 열려 있는 현재의 순환 속에서 현재적으로 우리가 안다는 것을 알고 있으므로 절대적으로 아는 것은 아니다. 여성주의 신학의 발전적 잠재력과 관련시켜 말하자면, 이러한 과업은 보다 정의롭고 보다 상호적인 신체들—애정이 깃들어 있고 생기 있는 신체들—을 구체화해내는 하나의 전략으로서만 의미가 있고 가치가 있다.

(안옥선 역)

23. 회교

바사라트 타얍(Basharat Tayyab)

머리말

이 논문은 회교도가 아닌 독자들에게 회교 여성주의를 소개하기 위한 것이다. 중심이 되는 본문은 코란(Qur'an)과 예언자 무하마드(Muhammad)의 말에 근거하여 서술하였다. 그런데 필자의 출생 배경이 인도 파키스탄 대륙이기 때문에, 필자가 서술한 전통과 입장은 다른 회교지역에서의 여성의 역할과 지위에 관한 입장과 조금은 일치하지 않을 수도 있을 것이다. 그러나 그러한 불일치는 인도 파키스탄 문화와 사회에 대한 직접경험에 근거한 필자의 개인적 견해의 핵심 부분은 아니다.

무하마드와 코란

유대교의 초월성과 기독교의 내재성이라는 두 극단을 피하는 중도적 종교의 정립이라는 의미에서 회교는 유대교와 기독교 전통의 완성이라고 주장될 수 있을 것이다. 회교는 거대한 반도인 아라비아에서 7세기에 시작되었다. 아랍인들은 사회적으로는 부족들로 조직되어 있었으며, 대부분이 집단을 이루어 널리 흩어져 살고 있었다. 중앙정부는 존재하지 않았다. 무역과 종교의례의 중심지로서 주로 메카(Mecca)와 메디나(Medina)와 같은 몇몇 도시가 번창하고 있었다.

610년과 632년 사이에 하나님[알라신]에 의해서 무하마드에게 계시된 것이 회교의 근본경전인 코란인데, 그 요점은 회교도의 삶 전반을 중심으로 구성되어 있다.

무하마드는 40세까지는 사적인 삶을 살았는데, 그 동안에 그는 양치기로서 일했고 후에는 메카의 부유한 여상인인 카디자(Khadija)의 대리인이 되었다. 그는 5년 동안 일한 후에 카디자로부터 청혼을 받았는데, 그 때 그녀는 40세였고 무하마드는 단지 25세였다. 그들은 결혼하였고 결혼생활은 카디자가 사망할 때까지 25년간 지속되었다.

40세에 무하마드는 하나님으로부터 첫 계시를 받았다. 그는 점차로 종교지도자이자 도덕설교자로서의 지위를 얻었으며, 그 후 623년 메디나에 첫 회교국가를 세운 후에는 입법자의 지위를 얻었다.

무하마드는 재혼하였다. 무제한적 일부다처제가 그 당시 아랍인들의 관습이었다. 여성은 천시받았고, 아무것도 소유하지 못했으며, 어떠한 사회적 지위나 종교적 지위도 얻을 수 없었기 때문에, 여성 유아살해가 폭넓게 자행되었다.

무하마드에게 계시된 하나님의 말씀인 코란은 일반 회교도의 개혁정책을 포함한다. 코란의 가장 중요한 법률조항은 여러 영역에서 여성의 지위를 향상시키고자 하는 여성문제에 대한 것이다. 코란은 여성에게 완전한 인격을 부여한다. 배우자는 서로에 대하여 '옷'이라고 선언된다(2: 187). 생계를 꾸리는 사람으로서 남성이 여성에 대한 보호자이자 부양자라는 것을 제외하고는, 여성은 남성이 여성에 대해서 그러한 것처럼 남성에 대한 똑같은 권리를 부여받는다. 넷 모두를 공평하게 대해야 하는 기수처럼 무제한적 일부다처제는 아내의 수를 넷으로 제한함으로써 엄격하게 규제되었다. 이에 대하여 보통의 환경에서는 일부다처제를 금지하는 것과 같은 일반적·논리적 결과를 갖는 원칙—"네가 어떻게 (하기를) 바라더라도 너는 결코 그들 사이에서 공정하지 못할 것이다"(3: 128)라는 원칙—이 부가되었다. 코란은 여성에게 재산 분배권과 이혼권을 주었으며, 과부에게는 재가권을 주었다. 회교는 여성에게도 창조와 영적 가치에 있어서의 평등을 인정하였다. 그래서 "인간들아, 너의 하나님을 공경하라. 그 분은 단 한 사람(soul)으로부터 너를 만들어내셨으며, 그로부터 그의 배우자를 만들어내셨고, 그 둘로부터 많은 남자와 여자를 뿌리시었다"라고 말한다(4: 1).

예수의 어머니 마리아의 경우에서처럼, 하나님의 계시를 받은 존재로서의 여성은 남성과의 영적 평등이 확립되었다. 마찬가지로 코란은 남성과 여성 모두를 인도하며 양자가 평등하게 대우받거나 처벌받을 것이라고 한다. 그래서 코란은 도처에서 독자들을 '회교 남성과 여성, 신심 있는 남성과 여성, 혹은 경건한 남성과 여성'(33: 55)이라고 부른다.

회교의 모든 남성과 여성은 지식을 추구해야 할 의무가 부여되어 있다. 예언자 무하마드의 아주 유명한 잠언은 다음과 같다. 즉 "그것이 너를 중국으로 데려다 줄지라도 지식을 구하라." "너의 요람에서부터 무덤까지 지식을 구하라." "모든 회교 남성과 여성은 지식을 구해야 할 의무가 있다"(Bukhari, 1938).

회교가 남성을 가족의 주요 경제 주체로 인정한다고 할지라도, 이것이 여성으로 하여금 전문활동에 참여하고 전문직의 최고까지 올라가는 것을 금지하는 것은 아니다. 여성은 동일 직업에 종사하는 남성과 똑같은 보수를 받을 권리가 있다. 보육하는 어머니는 자신의 아이들을 다른 유모에게 맡길 수 있도록 허락되어 있다. 2: 233에서는 어머니는 수유를 완전히 다하기를 원한다면, 만 2년간 자기 자식에게 젖을 빨게 해야 한다고 한다. 부모가 상의한 후에 이유시키고자 한다면 아무에게도 죄가 없다고 한다. 또 자식을 유모에게 맡길 경우를 성의를 다하여 지불한다면 죄가 되지 않는다고 한다.

회교는 여성에게도 자신의 재산과 상속재산에 대한 권리를 부여한다. "부모와 친척이 남긴 유산은 적든 많든 남성의 몫과 여성의 몫이 따로 있다"(4: 7).

회교는 또한 도덕과 법적 문제들에 대하여서도 남성과 여성의 평등을 인정한다. 여성은 독립된 법적 인격체로 간주되며 보호자의 부속물이 아니다. 여성은 죄를 짓는 데 대해서는 더 작지도 더 많지도 않게[남성과] 똑같은 처벌을 받을 권리가 있으며, 여성이 성취한 것에 대해서도 남성과 마찬가지로 똑같은 보상을 받을 권리가 있다. "남성이든지 여성이든지 신자로서 옳은 일을 한 자라면 누구에 대해서나 하나님은 선한 삶으로 활기차게 할 것이며, 그들이 한 일들 중 가장 좋은 일에 대하여 적절한 보상을 할 것이다"(18: 97). 남성과 여성은 선거할 수 있으며 수라(Shoora, 회교의회)의 구성원이 될 수 있으며, 각료가 될 수 있고 국가의 우두머리가 될 수 있으며(비록 이에 대해서는 견해차가 있기는 하지만), 혹은 재판관이 될 수도 있다(Musheerul Haq, 1989를 보라).

회교의 여성역할에 대한 이해: 전통적 이해, 절충주의적 이해, 현대적 이해

현대의 많은 회교 국가들은 파키스탄—회교 여성이 법적 개체로서 투표권을 가지며, 교육받을 권리를 가지며, 의원으로 선출될 권리를 가지며, 국가의 원수가 될 권리를 갖는 파키스탄—의 경우에서처럼, 회교 이념에 의해 남성과 여성의 평등을 헌법적으로 인정한다. 그럼에도 불구하고, 자유스런 개체의 모든 특권을 향유하는 상류층과 중상층 여성의 경우를 제외하고 여성은 아직도 극심한 사회적 억압으로부터 고통받고 있다. 사실상 회교 여성은 부러워할 만한 역할을 갖는다고 생각되지 않는다. 너무 오랫동안 회교 여성은 보호 아래서 살아왔다. 자발적으로, 습관적으로, 혹은 전통적으로, 그들의 남자들은 여성들을 그러한 위치에 놓아두었다.

그럼에도 불구하고 현대의 젠더 이해는 (a)전통(정통)적 이해, (b)절충주의적 이해, 그리고 (c)현대적 이해로 크게 분류될 수 있다.

전통적 이해

전통주의자들의 사유방식을 이루는 것은 회교의 사유 방식보다는 봉건적·부족적 사유 방식을 대표하는 회교 지식인들이 그 주를(주축을) 이룬다. 그들의 종교적 영향력은 회교도 사회에서 사회적·정치적 지도력의 중추를 이루며, 따라서 그들의 영향력은 강력하고도 실제적이다. 보수주의자들은 지적 능력에 있어서 여성이 남성보다도 열등하다고 간주한다. 따라서 여성은 일반적으로 대부분 사회악의 원인으로 간주되며, 여성은 공적 장소에 모습을 나타낼 수 없으며, 여성이 공적 장소에 모습을 나타낼 때는 완전히 가려야 하며, 여성의 활동영역은 자신의 집 네 벽 안에 제한되며, 여성은 아버지나 남성보호자의 동의하에서만 결혼할 수 있으며, 여성은 이혼의 권리를 갖지 못하며, 일부다처제가 정당하다.

1970년대 저술에서 정통파신앙의 대변인 마리얌 자밀라(Maryam Jameelah)는 다음과 같이 주장하였다. 즉 "회교에서 여성의 역할은 투표상자가 아니라 집과 가족의 유지에 있다. 개인으로서 여성의 성공은 남편에 대한 성실과 훌륭한 아이양육에 따라 평가된다. 회교 여성은 드러나지 않게 살아야 마땅하다. 파르다(pardah)는 이러한 목적에 이르는 데 없어서는 안 되는 수단이다"(Jameelah, 1988, 9면).

현대 회교학자 아스라 아흐매드(Asrar Ahmad)는 자신의 *Islam Main Aurat Ka Maqaam*(1984)에서 다음과 같이 말한다. 즉, "여성은 무하마드의 아내들을 자신의 모델로 삼아야 하는데, 왜냐하면 그들만이 출산과 양육이라는 소임에서 회교 여성들을 인도할 수 있기 때문이다." 그는 더 나아가서 예언자 무하마드는 남성만을 위한 모델이라고 주장하였다(Ahmad, 1984, 48면). 사실 아흐매드의 입장은 인도자로서 무하마드의 가르침의 범위를 단지 남성에만 국한시킨 것이다. 그는 이러한 방법에 의해서 여성의 활동영역을 출산과 양육에 제한할 수 있었다.

종교학자들(ulema)은 여성문제를 풀기 위해서 가짜 전통적·역사적 규범들을 이용하였다. 봉건적·자본주의적 체제의 가부장제와 남성 쇼비니즘은 여성을 남성의 사적 소유물로 바꾸었다(Hussain, 1984, 29면). 모든 형태의 사회적 통제를 활용하면서 울레마들은 자신들이 규정한 규칙들로부터 이탈하는 것을 막으려고 노력한다. 마리얌 자멜라는 이렇게 쓰고 있다. 즉 "모든 회교도들은 여성해방운동을 가정과 가족을 파괴하고 궁극적으로는 전사회를 피폐화시키려는 악의적인 음모라고 인식해야 한다"(Jameelah, 1988, 29면). 이 말은 여성해방이 사회의 모든 악의 원인이라는 것을 함축하고 있다. 여성에 대한 남성의 우위를 유지하지 위하여, 예언자 무하마드의 많은 말들이 조작되었고 신자를 방해하는 세 가지 원인—개, 당나귀, 여자—이 말해지게 되었다(Farid, 1994, 75면). 코란의 구절들은 흔히 남성에게 유리하게 잘못 해석되었다. 남성 우월성에 대한 개념에 관하여 니사(Nisa)장 34절은 하나님이 남성을 여성보다도 뛰어나게 만들었기 때문에 남성이 여성에 대해 책임이 있다고 흔히 잘못 인용되고 있다. 이러한 잘못된 해석은 남성이 여성을 부양한다는 이유만으로 남성이 여성에 대하여 책임이 있다는 같은 장의 그 다음 구절을 무시한 것이다. 남성과 여성 간 차이는 남녀 간의 어떤 근본적 차이 때문이 아니라 단지 어떤 기능의 차이일 뿐이다.

절충주의적 이해

이집트의 무하마드 아바두(Muhammad Abduh)와 파키스탄의 마울라나 마우두디(Maulana Maududi)로부터 비롯된 절충파 사상은 회교 사회에서의 젠더 역할에 대하여 약간 더 낫게 지각한다. 회교 여성에 대한 자신의 입장을 설명하면서 마우두디는 자신의 책 《이슬람에 있어서 프루다와 여성의 지위》(*Purdah and the Status of Women in Islam*)에서, 회교는 사실상 여성에게 권리를 부여하는 개념과 사회적으로 명예로운 지위를 부여하는 개념을 소개해 왔다고 주장한다. 여성해방과 여성교육에 대한 슬로건은 회교도에 의해 처음 제시되었다. 그러나 사회적 · 종교적으로 남녀평등에 대한 모든 지표가 받아들여진 후에, 마우두디는 자신이 자연적인 것이라고 생각하는 회교의 사회제도적 질서에 대해서도 말한다. 회교적 질서라기보다는 자연적 사회질서에 대하여 말하면서, 마우두디는 다음과 같이 주장한다. 즉 회교는 모든 성적 자극으로부터 사회적 환경을 깨끗이 하기를 원하고, 남성으로 하여금 순수한 환경 속에서 육체적 · 정신적 능력을 발전시킬 수 있기를 원하고 그리고 에너지를 잘 보존하여 문명을 건설하는 데 있어 남성의 역할을 효과적으로 발휘하기 위해 준비할 것을 원한다. 마우두디는 성적관계를 결혼에만 한정시키면서, 지금은 남성의 활동영역으로부터 여성의 활동영역을 분리시키고 있다. 남성과 여성은 각자의 본성에 따라 다른 책임을 져야 하며 상대의 성별 영역을 침범하지 말아야 한다. 남성은 가족 안에서 통치자의 지위를 가져야 하며 다른 구성원들은 그에게 복종해야 한다(Maududi, 1981, 159면). 이러한 철학에 근거하여 마우두디는 푸르다—사회적 생활에 있어서의 성별의 완전한 분리—를 명한다. 그는 예외적 상황을 제외하고는, 사회에서 여성이 정치적 수장이 될 권리를 부정한다. 그는 여성이 자신의 얼굴과 손을 빼고 완전히 가렸을 때만 공공장소에 나가도록 허용된다고 한다(*ibid*, 1981, 23면). 이는 마우두디가 여성에 대해서 남성이 자연적으로 우월하다고 봄으로써, 회교의 자연주의를 어떻게 일견하고 있는가를 보여 준다. 그는 남성과 여성 간 생리적·심리적 차이가 존재한다는 출발점을 견지하면서, 사회제도 안에서 남성과 여성의 지위와 책임을 결정하기 위해 이러한 차이들을 활용한다.

현대적 이해

회교 그리고 특히 젠더 이해에 대한 현대주의자의 접근은 재구성적 접근이다. 현대주의자들은 인간상황을 이해할 것을 보다 더 강조하고, 코란의 주요 가르침이 이 세상에서의 행위를 위한 것이라고 생각한다. 여성주의자의 관점에서 볼 때 19세기 후반의 현대주의자들이 중요한데, 그들은 영국지배 하의 셔드 아흐매드 칸(Syed Ahmad Khan), 이란의 알리 샤리아티(Ali Shariati), 파키스탄의 파즐루 레만(Fazlur Rehman), 이집트의 콰심 아민(Qasim Amin)이다. 샤리아티의 책 제목 《파티마는 파리마이다》(*Fatima is Farima*)는 다른 여성(들)에 대항하는 회교 여성의 정체성을 상징한다. 이 책은 모든 여성들에게 자신을 '만들라', 자신을 '창조하라'고 권고한다. 말하자면 이 책은 여성이 살고 있는 사회뿐만 아니라 여성 자신에 대한 책임의 필요성을 강조한다(Shariati, n.d., 6~7면).

샤리아티는 회교 여성이 회교의 가치를 자신의 형태로 발전시킬 필요가 있다고 주장한다. 그녀는 이렇게 말한다. "회교 여성은 이성과 선택에 근거하여 결정하기를 원하는 사회의 여성이기를 열망해야 하고, 그 결정들을 회교적 정신·기원을 갖는 역사, 문화, 종교, 사회로 결부시키기를 원하는 사회의 여성이기를 열망해야 한다. … 이러한 사회에서의 여성은 그녀 자신이기를 원하며, '그녀 자신'이 그녀 자신을 정립하기를 원하며, 그리고 그녀(She/Fatima)가 원하는 '그녀 자신'이 재탄생 하기를 원한다. 이러한 재탄생 속에서 그녀는 자신의 산파가 되어야 한다. 그녀는 자신의 유산의 산물이 되기를 원해서도 안 되며, 피상적 허울이 되기를 원해서도 안 된다"(*ibid*, 23~4면).

샤리아티에게 회교 역할 모델은 여성문제에 대한 최선의 해결책이었으며, 회교 사회의 신세대 간 고의적인 갈등을 만들어내는 무기였다. 이러한 목적을 위해서 선택된 모델은 회교도가 바라는 여성을 상징하는 무하마드의 딸 파티마(Fatima)였다. 여성됨의 여러 국면들—딸, 아내, 어머니, 요청될 때 책임감 있는 전투여성, 이맘(Imam, 기도 주도자), 안내자—이 파티마의 인성으로 상징화되어 있다. 이처럼 회교 여성은 사회의 역사적 발전에 있어서 적극적인 역할을 하는 사람들이다. 즉 그들은 사회적, 정치적, 경제적 자유를 소유하며, 여성으로서 존중받는 독립된 인간이다.

인도와 파키스탄 대륙에 있어서 회교 여성

샤리아티와 같은 사람들이 여성에 대해 갖는 진보적 견해에도 불구하고, 남아시아와 동남아시아는 물론 전 세계의 여러 회교 문화와 사회에서 여성의 실제상황은 예외 없이 열등하고 억압적이다. 사실은 1400년 전보다도 더 일찍 원래 확립된 이상적 입장으로부터 사회에서의 여성의 지위는 예언자 무하마드 사후 바로 점차 하강하기 시작했다. 10세기부터 1857년까지 아랍과 중앙아시아 종족의 문화를 가져온 회교 정복자들의 통치 하에 남아 있었던 인도대륙은 그 후 약 100년 동안 영국의 식민통치를 받은 후, 1947년 회교 독립국가인 파키스탄의 성립과 함께 독립을 선포하였다. 그러나 1970년 파키스탄은 해체되고, 회교인구가 지배적인 방글라데시라는 세속국가가 수립되었다. 이보다도 이전에 인도대륙은 힌두교의 정치사회 노선을 따랐다. 힌두교인의 인도에서의 사회적 삶은 카스트제도에 의해 계층화되어 있었다. 마누(Manu)와 같은 입법자들은 인도의 규범—이 규범에 의해서 여성들은 자신들의 종교의 희생자가 되었다—을 어긴 여성들에 대하여 잔인한 처벌들, 즉 수티제도(남편 장례식의 장작더미 위에서 여성을 타죽게 하는 관습)와 '데바 다시에스'(deva dasies, 신들의 노예들로서 힌두교 사제를 섬겼던 인도의 어린 소녀들)를 규정하고 있었다. 수티와 사원매춘을 피하기 위해 회교도로 개종코자 했던 많은 인도여성들에게 회교는 구원이었다. 회교 통치자들은 곧 부패하였고, 그들의 궁전은 춤추는 소녀들이 노는 하렘(harem)으로 남게 되었다. 도덕적으로 부패한 여성에게 직업은 닫혀 있었고, 유일하게 열려 있었던 과정은 매춘직업이었다. 더 부유한 계급의 여성은 엄격히 분리되어 있었다. 권력과 부가 회교통치를 부패시켰으며, 100년 동안은 영국이 자리 잡았다. 회교 통치자들의 행위를 경멸했던 부패한 가짜 회교 학자들은 회교의 이름으로 그 당시의 전통을 보존코자 했던 대륙의 회교도들에게 반동세력이 되었다. 회교는 봉건엘리트들, 관료, 군대권력의 요구에 맞추어 타협하였다.

따라서 파키스탄과 방글라데시의 종교·정치 정당들은 여성에 대하여 전통적·

관습적 도덕을 대변하는 봉건주의의 연장이다. 여성은 근본적으로 봉건질서 속에서 남성자손—아버지의 부의 상속자—을 생산하기 위한 도구이다. 그래서 반동세력의 종교적 이데올로기는 여성을 집이나 하렘에 엄격하게 가두는 남성 지배체제를 제도화하기 위한 것이었다. 자연히 푸라다(puradah, 성별분리)라는 회교제도가 도입되었다. 종교적인 학자들은 일부다처제와 노예행동을 정당화하며 출산통제를 반회교적인 것으로 간주한다.

지금까지 많은 사회적, 문화적, 종교적, 직업적, 여성 단체들이 등장했음에도 불구하고, 이러한 이유들로 인하여 파키스탄의 후속 정부들은 여성의 역할과 권리를 보호하고 인정하는 데 실패하고 있다. 이러한 여성 단체들 중에서 가장 중요한 단체 중의 하나가 APWA(전파키스탄 여성연합, All-Paistan Women Association)이다. APWA의 노력은 결혼, 이혼, 일부다처제의 부당성을 다룬 1961년의 가족법 법령(Family Law Ordinance)을 입법화시켰다. 이 법령은 그 이후 논쟁주제로 남겨졌다. 정통파는 그 법령이 아내와 이혼할 회교도의 항구적 권리를 회교도 남편으로부터 박탈하며, 동시에 네 명의 아내를 가질 남편의 권리를 제한한다고 믿는다. 결혼등록과 결혼계약(nikah nama)이라는 표준양식의 활용에 관한 법령조항들은 그들에게 받아들여지지 않는다(Patel, 91면).

회교 여성에 대한 약간의 보호에도 불구하고, 가족법 법령은 아직도 이혼 문제에 있어서 여성을 남성과 똑같이 취급하지 않는다. 법에 따르면 아내와 이혼하기를 바라는 남성은 탈라크(talaq, 이혼)를 선언해야 하고 지방의회의 의장에게 통지서를 제출해야 한다. 만일 90일 이내에 화해가 이루어지지 않으면 이혼이 결정된다. 그럼에도 여성은 이와 같은 권리를 갖지 않는다. 여성이 결혼(khula)을 무효화하기를 원한다면, 결혼의 특권을 포기한 후에야 그렇게 할 수 있다(*ibid*, 93면).

1979년 파키스탄에서 법률의 '회교화' 과정에서, 후두드(Hudud) 법이 도입되었다. 그 법령은 다섯 가지 형법으로 구성되어 1980년 발표되었다. 다섯 가지 형법 중에서 하나는 강간, 유괴, 간음죄와 관계된 것이다. 후두드 법 하에서 범죄자들은 매질을 당하거나 코란에 규정된 다른 형태의 처벌—예컨대 지나(zina, 불륜과 간음)의 경우 돌로 쳐서 죽인다든지, 도둑질의 경우 손을 절단한다든지 등—을 선고받았다. 이러한 법률들은 오늘날까지도 논쟁이 되고 있다. 그러나 그 법령은 회교화 과정을 위험에 빠뜨릴 수 있기 때문에, 누구도 이러한 법률이 폐지되기를 원치 않는다. 지나 법령의 공포는 여성인권에 대한 심한 침해로서 여성뿐만 아니라 국제 변호사 위원회에 의해서도 폭넓게 비판받아 왔다. 법령은 여성에게 불이익을 주어 악용될 수 있는 조항들을 포함한다. 라호레(Lahore) 고등법원장 자외드 이크발(Jawed Iqbal)은 1994

년 11월 5일 카라치(Karachi)에서 개최된 '여성과 법'에 관한 한 워크샵의 강연에서 법령의 오용 실례들을 인용하였다. 그는 《모든 파키스탄 법률판례》(*All Pakistan Legal Decision*, vol. XL)라는 저널에서 인용하였다.

여성의 순결에 대한 강박관념은 대부분의 회교 사회에서 여성이 어느 정도까지 사적 재산으로 취급되는지 보여 줄 것이다. 순결한 아내에 대한 선호는 수많은 억압적 관습들을 야기시켜 왔다. 부모는 딸을 가능한 한 빨리 잘 결혼시켜 자신들의 손에서 그들을 떼어 내보내려고 한다. 더 나아가서 격리된 여성에게는 남성의 접근이 차단된다. 인도대륙에서는 만일 신부의 순결이 결혼 첫날밤에 증명되지 못한다면, 그것은 여자의 나머지 일생 동안 신부를 버리는 충분한 이유라고 간주된다.

회교 세계에 있어서 여성운동

부당한 관습들에 대항하여 여성의 이익을 보호하기 위해서 회교 세계에는 다양한 여성단체들이 존재한다. 이러한 단체들은 여성운동에 대항하여 싸우는 한편, 국가정체성을 옹호하고 사회를 현대화하면서 정치적 독립을 성취하는 데 목적을 둔 민족주의적 투쟁과 제휴하였다. 이것이 회교세계에서 토착적 여성주의 운동의 속성이 되어왔다. 19세기 후반과 20세기 초 사회에서 일어난 여성주의 운동은 외국의 토지소유주와 전국의 토지소유주 그리고 자본주의자의 제국주의적 지배에 대항하여 싸우는 것이었다. 이러한 사회에서 여성은 농장과 공장을 위한 값싼 노동력의 원천이었다. 식민통치자들에게 전국의 여성은 현대 산업 노동에 대처할 수 있기 위해서 교육받아야 할 대상이었다. 반면에, 전국의 남성 개혁가들은 현대 국가 이미지를 고양시키기 위해서 적절하게 서구화된 여성이 필요했다. 모든 계층의 여성은 국가적 관심문제들과 관련하여 시위하기 위해 거리로 나섰다. 1903년과 1947년의 민족주의 투쟁기의 인도, 1906년, 1911년, 1979년(이란혁명) 이란 그리고 민주혁명기의 이집트의 경우가 그 실례들이다. 많은 탁월한 여성 운동가들이 대중성을 얻었다. 그들 중에서는 카르티니(Kartini, 인도네시아), 사디콰 다우랄타바디(Sadiqa Daulatabadi)와 카눔 아자모데(Khanum Azamodeh, 이란), 그리고 후다 샤라위(Huda Sharawi, 이집트)가 있었다.

아시아와 유럽의 교차로인 이집트에서의 여성주의자의 활동은 국가의 교육적, 문화적, 행정적 구조의 현대화와 연관되어 있고, 민족주의 발전과 영연방 국민의 반제국주의 질서와 연관 속에 있다. 이집트 개혁가들은 회교에 있어서 여성권리에 대한 토론을 시작하였는데, 그 선구자들 중 한 사람이 셔이크 무하마드 압두(Sheikh

Muhammad Abduh)이다. 그는 여성의 지위에 대하여 기탄없이 말하였는데, 일부다처제를 비회교적인 것이라고 규탄하고 축첩제와 노예제를 비난하였다. 그는 여성교육에 대한 코란의 가르침을 인용하면서, 아랍여성의 후진성을 아랍세계의 미래에 해로운 것이라고 간주하였다. 압두의 제자 카심 아민(Kasim Amin)은 자신의 저서《여성해방》(*Women Emancipation*)(n.d.)에서 성전에 근거하여 여성에 대한 분리, 베일 쓰기, 중매결혼을 주장하였으며, 유행하고 있는 이혼관습은 비회교적인 것이라고 주장하였다. 그는 여성의 노동권을 옹호하였으며 여성의 지위를 향상시키기 위한 법률적 개혁을 옹호하였다. 수많은 영향력 있는 여성 저술가들이 20세기의 처음 10년 동안에 여성주의 문제에 대하여 광범위하게 저술하였다. 말리크 히바(Malik Hiba)는 결혼, 이혼, 베일에 의한 분리, 여성교육에 대해 저술하였다. 여성을 위한 다른 영역은 자선단체였다. 히디야 아피피(Hidiya Afifi)는 1906년과 1919년에 여성 클리닉 네트워크를 결성하였으며, 여학교, 고아원, 아동보호센터와 같은 다른 네트워크도 결성하였다. 여성에 의한 공적·정치적 운동은 1차세계대전 후 영국에 저항하는 민족주의 운동에 대한 참여와 함께 시작되었다. 후다 샤라위는 여성 시위대를 조직하였다.

아프가니스탄에서 여성해방에 대한 시도는 터키와 이집트에 있었던 유사한 시도의 영향을 받았다. 아프가니스탄의 장래를 위한 초석으로서 여성해방을 주장하면서 아프가니스탄을 1919년부터 1929년까지 통치하였던 통치자 아마눌라 칸(Amanullah Khan)은 1921년 가족법령을 도입하였다. 이 조례는 조혼을 금지하였고, 여학교를 다니도록 장려하였으며, 공무원들의 일부다처제를 금지하였으며, 여성에게는 서구식 복장을 하도록 명령하였다. 1929년 그의 아내 수라야(Suraya)는 베일을 쓰지 않은 채 공공장소에 나타났다. 그러나 1929년 그의 뒤를 이은 나디르 샤(Nadir Shah)는 정통파의 마음을 끌기 위하여 여성에게 혜택을 주었던 이러한 조치들을 폐기하였다.

인도에서는 힌두교와 회교 여성이 여성에 대한 사회적 개혁을 위한 운동을 주도했다. 그러나 힌두교 여성을 동요시켰던 많은 문제들이 회교 여성들—과부의 재가, 이혼, 부모재산의 상속을 회교법에 의해 허용 받고 있었던 회교 여성들—에게는 적용되지 않았다. 그러나 회교 남성개혁가들의 관심이 교육, 일부다처제, 푸르다의 영역에서 표출되었다. 회교 여성주의 선구자들 중에는 고아원을 창설한 베굼 나왑 미르자(Begum Nawab Mirza)와 보육원을 시작한 샤레파 하미드 알리(Shareefa Hamid Ali)도 포함되어 있었다. 지방 여성 연합회 또한 국가전역에 여러 센터들을 결성하였다. 1906년 보팔의 베굼은 전인도 회교 여성회의를 결성하였다. 키라파트(Khilafat) 운동(인도에서 터키 제국의 해체에 저항했던 운동)은 여성을 공적인 영역으로 불러내었다. 무하메드 알리(Muhammed Ali)의 어머니 비 아만(Bi Aman)과 그의 아내, 그리고 하스라트 모하니(Hasrat Mohani)의 아내는 여성 집회에서 연설하였으며, 후에 분파한 여성(들 중) 일부는 파키스탄 건설을 위해 투쟁했던 회교 연맹에 합류하였다. 파티마 진나(Fatima Jinnah)와 베굼 라나 리아쿼아트 알리 칸(Begum Rana Liaquat Ali Khan)은 민족주의 투쟁에 참가했던 소수의 여성일 뿐이었다. 파키스탄이 수립된 이후에 여성은 적극적으로 국정에 참여해 왔다. 전임 국가수상 베나지 부토(Benazir Bhutto)는 제1정당을 이끌었다.

회교를 지배적 이념으로 삼고 있는 인도네시아에는 많은 인도 문화양식이 지속되고 있다. 이는 힌두교와 불교 신앙에 기인한 것인데, 이들 신앙은 푸르다와 다른 유사한 관습을 보존하는 원인이 되어 왔다. 그러나 여성해방을 위해 일한 최초의 인도네시아 여성들 중의 한 명인 카르티니는 교육, 일부다처제의 거부, 직업에 대한 개방, 개인의 자유에 의한 해방의 열망을 보여 주는 저술을 하였다. 1928년 인도네시아의 첫 의회가 열렸는데, 여기에 약 30개의 여성연합회가 결속하였다. 1929년에는 여성의 이익을 위해 일했던 인도네시아 여성 연합회 동맹이 결성되었다.

마지막으로 분석해 보자면 다음과 같다. 이상의 논의로부터 많은 관습들이 많은 회교 사회 속에서 종교적 지위를 획득했으며, 그러한 관습들은 종교적이라기보다는 주로 문화적·사회적인 것이라고 결론짓는 것은 아주 틀린 말은 아닐 것이다. 지금은 회교에서만 배타적으로 인지되는 푸라다(남녀격리)는 주로 고대 페르시아의 유대인 국가와 고대인도의 일부지역에서 실행되었던 前회교적 제도이다. 이와 유사하게, 일부다처제도 또한 아랍부족의 전통이었는데 회교관습으로 동일시되었다(회교의 여성주의 운동역사에 대해서는 1986년, Jaywardena를 보라).

결론

많은 여성주의 저술가들(예컨대 Farid, 1994)은 회교 문헌이 포스트 모던 시대의 변화된 사회조건의 관점에서 재해석될 필요가 있다고 믿는다. 샤리아(Shar'ia)라고 공히 알려진 회교법은 8, 9, 10세기 동안에 처음으로 전개되었으며, 그 이후로는 거의 발전하지 못했다. 비록 코란이 메디나에서의 최종적 국가(최초의 회교국가) 건설과정 동안에 발생한 특정의 법적 진술들을 구체화하고 있을지라도, 회교도들은 일반적으로 코란이 법률 기록이라기보다는 주로 종교적·도덕적 원리에 관한 책이라고 믿는다. 코란의 입법은 주로 그 당시 존재하고 있었던 사회에 대하여 피력한 것들이다. 그럼에도 불구하고 회교 울레마(ulema)는 코란의 역사적·법률적 측면을 무시하면서, 코란의 내재적 역동성과는 상관없이 초기회교 동안에 발전된 법구조를 특정사회에 교조적으로 적용하였다. 이것이 회교의 사회문화적 구조의 침체를 유발했다.

여성주의 문제에 관한 한, 회교 여성은 내부 세력(종교 정통파)과 외부 세력(봉건 부족의 사회적 구조) 모두에 대항하여 투쟁해야 할 것이라고 생각된다. 이러한 투쟁은 진정한 회교를 스스로 해석함으로써 수행되어야 할 것이다. 여성에 의한 회교에 대한 이러한 해석은 아직 출현하지 않고 있다. 정통파의 잘못 해석되고 잘못 생각된 견해에 대항하여 선입관으로 공백을 메우려고 하지 말고, 우선 회교의 주요 문헌을 연구하기 위해서 학문적으로 접근해야 할 절박한 필요성이 있다. 우리는 코란의 여성에 대한 기초지식, 능력, 과정, 행위—현재 사회에 만연해 있는—에 대항하는 해석을 내려야 한다. 이러한 해석의 여지를 회교 안에 두는 기제를 만드는 것은 오래전에 잊혀진 이즈테하드(ijtehad) 제도이다. 이즈테하드를 활용하는 것은 '분투하는 것'이다. 이즈테하드에 대한 코란의 구절은 "분투하는 사람들에게 우리는 우리의 길을 보여 준다"(29: 69)이다.

마지막으로 회교 여성주의 운동에 대해 주의사항을 말하고자 한다. 회교 페미니스트 운동은 진정한 페미니스트 문제를 서구화의 문제와 혼동하는 위험에 대해서 경계할 필요가 있다. 보다 보수적인 회교 사회의 요소들 가운데 반발을 일으키는 것은 서구화의 요소이다. 그럼에도 불구하고, 진정한 페미니스트의 관점은 회교 여성주의에 활력과 의미를 빌려주기 위해서 강조될 필요가 있다.

(안옥선 역)

24. 유대교

레이첼 아들러(Rachel Adler)

유대 형식으로서의 철학적 신학의 문제

여성주의 유태 신학에 대한 최초의 문제는 이것의 '신학'으로서의 바로 그 정의에서 시작된다. 처음부터 기독교 여성주의는 하나의 주된 목표로서 신학의 변화를 규정했던 반면에, 유태 여성주의적 설계의 본성과 경계들은 보다 무정형의 상태이었다. 부분적으로 그 이유는 기독교 여성주의자들이 대응한 신학적 전통이 고도로 체계화되어 있다는 것이다. [하지만] 유대교 안에서 신학의 본성과 방법론은 더 열려진 물음들이다. 성서적 유대교와 랍비적인 유대교는 이야기, 기도, 율법 그리고 원문의 주석에 대한 신학들의 다양성을 구체화한다. 후기성서주의(postbiblical) 유대교의 모든 시기들에서, 철학적 양식과 범주들을 활용하는 영향력 있는 신학들이 존재했던 반면에, 그들의 유대인적 내용을 체계화하는 것에 대한 표준적 방법은 전혀 없었다. 그것은 유대 철학적 신학들이 이중 목적들에 이바지하고 있기 때문이다.

기독교 신학들이 원칙적으로 말해서, 수용된 예배규정의 내용을 구성하고 명료화하는 신앙공동체 안에서의 담화들인데 반해서, 유대 철학적 신학들은 공동체 내부의 담화이면서 또한 공동체들 서로 간의 담화인 것이다. 내부적 담화로서 철학적 신학들은 규범적 유대 담론의 경계들을 확장시키고 옹호하고 극복해간다. 공동체 상호간의 그리고 신앙 사이의 담화들로서 유대 철학적 신학들은, 더 큰 사회적 환경으로부터 그리고 그것이 유대인적 사고와 실천에 미치는 영향으로부터 나오는 도전들에 응하고 있는데, 이는 그러한 확장된 토론에 비추어서 유대인적인 개념들과 범주들을 검토해 나가면서 대응하고 있다는 것이다. 그 결과란, 최악으로는 신학상의 논증법과 변명에 머물겠지만, 최상으로는 단순하게 반응하는 차원이 아닌 '구성적인 신학'이 출현하는 것이다.

그렇게 된다면, 유대 여성주의 신학은 다른 유대 철학적 신학들과 함께 일부 유형들과 동기들을 나누게 될 것이다. 이는, 유대교의 사상과 실천을 향한 도전이 나타나는 더 큰 사회적 환경 안에서 '변화를 일으키는 사건들'에 대응하는 것이 된다. 이것은 내부적 청중과 외부적 청중들 둘 다에게 전해져야 한다: 유대교에 대한 비판과 재구성을 추구하는 여성주의 유대인들, 비여성주의 유대인들—이들의 관심도 반드시 거론되어야한다—그리고 비유대인 여성주의자들인데 이들에게는 공통의 언어와 결정적인 차이들 이 두 가지 모두가 반드시 명료화되어야 한다. 이러한 것 역시, 재형식화하거나 반대하여 대항할 표준적 예배규정들이 없는 상태에서, 신학적 범주들을 새롭게 개척했어야 했다. 결과적으로, 1970년대와 1980년대의 유대 여성주의의 적대자들은 유대 여성주의 글들을 신학으로 보다는 사회-정치적 변증법으로 분류하였다. 심지어 오늘날에도, 여성주의 유대 학자들은 그들의 연구가 암암리에 혹은 심지어 공공연히 신학적임에도 불구하고, 그들 스스로를 신학자로 거의 보고 있지 않다. 그렇지만 유대 여성주의 사상은 현대 유대교의 모든 다양성들에 상당한 영향을 끼쳐왔다. 계몽주의와 노예해방에 응하여서 '개혁 유대교'를 생산해 낸 신학적 격변처럼, 유대 여성주의 사상은 유대인의 사상과 실천에 주된 변화들을 생산해 내었다.

유대 여성주의 신학의 역사적 문맥

사회와 문화에 대한 여성주의적인 비판이 1960년대와 1970년대에 시작되어졌는데, 이것은 유대교의 모든 분파들에게 심각한 도전을 주는 것이었다. 이 시기 전에 유대교 형식에서는 여성들에게 공동체적인 참여, 지도력 또는 종교 교육에 대한 동등한 접근성이 주어지지 않았다. 계몽주의적 보편주의에 영향을 받은 자유주의적인 유대교들조차 여성들을 "(실권 없는) 명예 남성들"이라고 여겨서 눈에 띄지 않게 만들었는데(Prell, 1983), 이것은 사실상 남성들에게 부여된 종교적 기회들을 여성들에게 주지 않는 것이었다. 유대 법률상의(halakhic) 근거들에 의거한 차별은 정통 유대교에서 뿐 아니라, 유대교의 다른 모든 분파들에게 공통된 것이었다. 유대 법률의 차별(Halakhic discrimination)은 심각하다. 여성들은 유대종교위원회(the minyan)에 들어갈 수 없으므로 예배를 인도할 수도, 유대교 경전인 율법서(the Torah)를 봉독할 수도 없다. 여성의 증인으로서의 신뢰성은 극심하게 제한되어 있다. 게다가, 여성은 자신의 결혼 상태에 영향을 주는 변화를 일으키는 데 무기력하다. 유대교 자신의 신도들뿐 아니라 유대 이스라엘 시민들 전체에 영향을 미치는 이 정통 유대교에서는 여성들이 이혼을 신청하는 것을 허용하지 않는다. 심지어 남편들이 가출하여 찾을 수 없거나, 미쳤거나 또는 단순히 결혼생활의 의지가 없는 경우에 처한 여성들조차 다시 결혼할 자유가 없는 것이다. 만일 종교에 의거하지 않고 재혼하여 그 두 번째 관계에서 아이들을 출산한다면, 그 아이들은 사생아의 신분을 가지게 되며 이들은 다른 유대인들과의 결혼이 유대 법(halakha)에 의하여 금지된다.

유대교의 핵심은 신성한 문서(성서)에 헌신하는 것이며 그 성전(聖典)을 계속적으로 재창조하는 해석의 과정에 헌신하는 것이다. 그러나 이러한 문서들은 자주 여성을 무시하였고 주변화시켰으며, 따라서 여성들은 그 해석의 과정으로부터도 배제되어 왔다.

전통적으로, 여성의 주된 임무는 남성들로 하여금 유대 관습들을 잘 준수할 수 있게 하는 일이었다. 후기계몽주의 동화에 이끌려진 그리고 유대인 대학살에서 세계 유대인의 인구가 삼분의 일 가량 감소했다는 것에 영향을 받은 근대 유대교들에서는, '유대인 생존'을 가능하게 하는 것으로 여성들의 책임을 오히려 보강하였다. 여성들은 유대인의 인구증가를 꾀해야 하고, 따뜻하고 쾌적한 유대 가정환경을 유지해야 하며 그리고 공동체적인 프로젝트들과 기관들을 위한 자원 노동 부대에 속하여야 한다. 따라서 유대교에 대한 초기 여성주의적 비판들은, 그들의 적대자들에 의해서 비여성적인 것, 부자연스러운 것으로 묘사되었을 뿐만 아니라, [유대 민족에 대해] 이기적이고 혼합주의적이며 유대인의 생존을 위협하는 것으로 그려졌던 것이다.

하지만 이러한 반대에도 불구하고, 유대 여성주의의 사상과 실천은 근대 유대교를 깊이 변화시키는 데 성공하였다. 1973년에서 1983년 사이에, 개혁파, 현대적 개혁주의파 그리고 보수파의 운동들은 드디어 여성들에게 랍비가 되는 안수를 시작하였다. 유대교의 모든 분파들에서 종교적 참여, 공동체적 지도력 그리고 고등 유대교육에 대한 [여성의] 접근성이 획기적인 비약을 이루었다. 새로운 종교의식들은 여성들의 인생 주기에서 그 이전엔 무시되어 왔던 사건들에 대하여 언급할 만큼 진보되었다. 현대적 개혁주의파와 개혁파 운동들의 기도서들은 포괄적 언어가 지니는 예배의식에서의 문제들에 대해 이야기하기 시작했다. 젠더 구성에 대한 새로운 학문적 연구와, 다른 시대에서 여성의 활동들에 관한 새로운 증거들은 유대인의 역사적이고 성서적인 학문에 영향을 미치게 되었다.

여성주의 이론의 영향

여성주의 이론에 관하여 결정적인 논란을 불러일으키는 두 가지 논쟁들이, 유대교에 끼친 여성주의적 충격의 성질과 범위에 영향을 주었다. 그 첫번째 종류의 논쟁들은 여성주의 목표의 중심이, 이미 존재하는 구조, 지식의 범주, 실제들에 대해서 단지 여성의 동등한 접근성을 획득하는 것에만 있는지, 아니면 그러한 구조들, 지식, 실천 자체에 대한 변화를 꾀하는 것에 있는지에 대해 묻고 있다. 유대교 안에서 여성들의 동등한 접근성을 위한 치열한 전투가 벌어져 왔다. 전통적으로 여성의 종교적 행위는 가정-중심적이고, 지도적 역할보다는 곁에서 돕는 것이었다. 토라 연구는 남성들의 탁월한 의무이자 특권이었던 까닭에, 여성이 받는 종교교육이란 초보적인 수준의 것이었다. [수준 높은 종교] 교육에의 접근성 없이는, 성전(聖典)에의 헌신으로 규정되는 종교에 대하여 여성들이 권위 있는 발언을 할 수 없었고, 설혹 발언의 기회가 주어졌다 하더라도, 그들의 예배의식 집전은 히브리식의 학문과 다른 전문화된 지식을 요구하는 것이므로 그러한 예배의식의 지도적 역할들을 떠맡기에는 능력이 부족할 수밖에 없었을 것이다. 따라서 동등한 접근성 없이는 여성들은 주변적인 유대인밖에는 아무것도 될 수 없었다(Adler, 1973). 그러나 동등한 접근성은 남성들에 의해서 만들어진 구조들 속으로 여성들을 통합시킨다. 만일 평등성이 여성들의 [남성들과의] 차이를 삭제해버리는 것만을 단지 의미한다면, 평등은 여성들을 명예 남성들로 만들어서 비가시화 해버리고 말 것이다(Prell, 1983). 그렇지만 만일 '변화를 일으키는 것'이 여성주의 이론의 핵심 목표라고 한다면, 기도, 연구, 실천의 그 내용들은 반드시 다시 고찰되어야 한다. 유대교 자체는 반드시 다른 방법으로 연구되고 실현되어야 한다. 여성주의 대안들을 창출해내고 제도화하는 것과 함께, 이렇게 문제가 되는 주제들을 인식하는 것은 바로 여성주의적인 유대교의 핵심과제이다.

여성주의적 논쟁에 관련된 그 두 번째 종류는 성차(gender difference)의 본성 문제에 관심을 기울이고 있는데, 왜냐하면 [논쟁의] 문제들과 해결책들은 '여성 또는 남성이 된다는 것이 무엇을 의미하는지'에 대한 기초적인 정의들을 함축하고 있기 때문이다. 역사적으로 다른 시대들과 문화적으로 상이한 장소들을 통해 항상 변하지 않고 유지되어 온 '여성다운 그리고 남성다운' 본질적 속성들이 과연 존재하는가? 아니면, 젠더란 하나의 사회적 구성물 — 즉 '여성성(femininity)'과 '남성성(masculinity)'으로 유형화 해주는 욕구들, 성격학적 특징들, 사회적 기능들이 우연한 사회-역사적 맥락에 따라 다양하게 변화해 가는 그런 구성물인가? 역사적인 신적 계시를 확언하고 있는 정통 유대교들이, '여성성'에 대해서는 역사적 사실에 의거하지 않은 본질적인 이해를 채택하고 있는 경향이다. 그런데 이러한 본질주의는 비(非)정통 유대교들조차 부추기고 있는데, 그 이유는 남성들의 참여 없이 그리고 기존의 제도들을 다소 방해하는 것을 조정할 수 있는, 여성들만을 위한 종교적인 역할과 의식들을 바로 이 본질주의가 제공하고 있기 때문이다. 상현달(New Moon) 축제들, 여성들의 유월절(Passover) 밤 축제, 기도 단체들 그리고 예배의식과 학습에서의 여성의 비가시성(invisibility)에 대한 창의적인 대응으로 생겨난 수업으로, 성경이나 탈무드에 나타난 여성들에 대하여 공부하는 특별 반들과 같은 것들이(Adelman, 1986; Broner, 1993; Levine, 1991; Umansky and Ashton, 1992; Orenstein, 1994), 여성들의 전통적인 역할들을 오히려 강화해주기 위한 부가적 프로그램으로 흡수될 수 있다. 예를 들어, [구약성서의] 레위기 속에 율법으로 기록된 성결 규례들에 대한 본질주의적인 재해석들은 여성의 생리와 출산에 대한 오명을 벗겨주고는 있지만, 여전히 그 규례들을 계속 준수할 수 있도록 하고 있다(Adler, 1973, 1993).

이와는 대조적으로, 젠더를 하나의 사회적 구성물로 인지한다는 것은, 전통적인 전제들에 도전하여 일부 종교적 관습들을 문제가 되게 만드는 신학적인 물음들에 대하여 열린 자세를 갖는다는 것이다. 비정통 유대교들은 불변하는 초시간적인 계시를 믿지 않는다. 이 종파들의 처음 발단에서부터 그들은, '사회는 맥락에 관련되지 않고서는 적절히 이해될 수 없는 인간의 구성물이라는' 현대 역사편찬의 전제들을 받아들이고 있다. 그렇기 때문에 젠더가 이 법칙에 유일한 예외라고 주장하는 것은 거의 지지되어질 수 없다. 하지만 비정통 유대교들은 젠더의 구성성에 대한 함축된 의미들을 추구하는 데 더디었다. 만일 젠더가 하나의 사회적 구성물이라면, 젠더의 유대교에 대한 영향은 단지 여성들의 문제로만 분류될 수 없는 것이다. 남성성이 여성성보다 덜 구성적이지도 않으며, 덜 맥락-의존적이지도 않기 때문이다. 젠더에 대한 고려에 의해 영향받지 않는, 단지 거기에다 여성의 역사적 또는 문학적 정보들을 선택적으로 덧붙일 수 있는, 그러한 '유대교의 순수한 양식'을 요구하기보다, 오히려 사람들은 성서와 전통에 나타난 젠더의 모든 표상들은 비판적인 정밀검사를 필요로 한다는 점을 가정해야 한다. 그래야 성서 해석의 방법과 과정들 그리고 유대법의 판결에 이것이 더 깊이 있는 영향을 끼칠 수 있게 될 것이다.

게다가 젠더에 대한 비판적 검토들은 유대교의 근대성에 대한 불완전한 적응을 폭로한다(Heschel, 1983). 미국의 다수 종교 집단들이 존경해마지 않았던 계몽주의적 원리들—즉 모든 인격체들에 대한 동등한 존중 그리고 차이에 대한 관용—에 대하여 신성한 문서들과 해석학, 종교적 법률들과 실천이 갈등을 일으키고 있는 그 예들을 이러한 검토들이 들추어내고 있다. 그러므로 맥락을 통해 설명되는 젠더

(contextualizing gender)는 유대교에 대한 윤리적 도전들을 창출해내고 있다. 젠더와 성적인 표현의 경계들, 이 두 가지는 모두 다 지배와 위계로 이뤄진 사회 구조들과 깊게 관련되어 있다. 젠더가 사회맥락에 따르는 우연적인 것이라는 주장은, 성별에 의한 부정의들이 사회를 재구성함으로써 개선될 수 있다는 것을 인정하는 것이 된다(Plaskow, 1990). 만일 성차별적인 관습들이나 성의 윤리학이 낡고 억압적인 구조들과 신뢰할 수 없는 가정들에 근거한 것으로 알려진다면, 그런 것들을 재평가해 볼 만한 윤리적 의무는 있는 것이다. 그 재평가하는 물음들의 예를 들자면, 다음과 같은 것들이 되겠다. 남성들과 여성들의 육체들이 어떻게 파악되고 평가되어야 하는가? 만일 성적 경향성들이 생물학과 사회적 가능성들 둘 다에 의해서 영향을 받는다면, 그것들을 살아남게 할 책임 있는 방법들은 무엇인가? 아이를 낳는 일과 기르는 일에 관련된 선택과 책임들은 어떻게 재형성되어야 하며, 이것이 어떻게 산아제한, 임신중절, 인공수정 기술, 가족에 대한 정의들과 조직들에 관하여 결정을 내리는데 영향을 미칠 것인가? 조직화된 구조와 과정들은 반드시 위계적이어야 하는가? 정보와 권위가 좀더 넓게 분배되어지는 모델들에 미치는 그 영향들은 무엇인가? 인구가 조밀하고 상호의존적인 우주에 인류의 위치는 무엇이며, 어떻게 그 인류의 주장들과 바라는 것들은 다른 존재들의 그것들에 맞서서 조화를 이뤄갈 것인가? 과거 유대교들의 가치들이 맥락-의존적인 것으로 인정된다면 그러자마자 곧바로, 이 아우성치는 외침들과 같은 물음들은 보다 중점적으로 다루어지게 될 것이다.

주요 신학적 문제들에 대한 간추린 분류학

만일 하나의 전통이 하나의 실체로서, 그것의 법칙들이 역사적 사실에 근거하지도 않으면서 변할 수 없는 것들인 그러한 존재물이라면, 여성들은 맨 먼저 그것에 초대될 수 없다. 그러나 만일 하나의 전통이 하나의 담화라면, 수많은 물음들이 제기된다. 여성들을 수세기 동안 배제하여 왔던 하나의 담화에 그리고 여성들 자신들보다는 다른 사람들의 관심과 경험들에 의해서 틀이 짜여져 왔던 과거 주제들, 언어, 범주들의 상호변화에, 여성들을 초대한다는 것의 의미는 무엇인가? 여성들이 그들의 경험과 필요 그리고 요구들을 그 담화에 가져올 때, 어떻게 그 담화 자체가 변화하며, 그것들을 가져와 포함하기 전부터 담화들은 어떻게 회상해 보면서 재검토되는가? 일단 종교적인 전통들과의 담화 안으로 들어오면, 여성들은 새로운 물음들에 뿐만 아니라 오래된 물음들에도 함께, 새로운 관점들을 제시하게 될 것인가? 이러한 물음들은, 사회적 권력과 종교적인 권위 및 지도력의 재분배들에 대한 광범위하게 예상되는 결과들을 가지고 있으며, 경전, 해석학 그리고 실천에 대한 재평가들을 요구한다. 아래는 그 물음들에 영향을 받은 영역들 중의 일부이다.

유대 법률에 대한 비판

여성주의 유대인들에 의해 제기된 신학적 물음들로, 가장 초기에 시작되어 가장 현재까지 지속되는 것 중의 하나는 유대법(halakha: 하라카)의 권위에 관한 것이다(Adler, 1971, 1993; Greenberg, 1981; Plaskow, 1983; Ozick, 1983; Orenstein, 1997). 하라카의 신학적인 함의들은 실제적 영역에서 이미 실현되었기에, 이것이 여성을 종속시키는 문제는 단순한 신학적 주제가 아니다. 정통파 여성주의자들은, 여성에 대한 차별이 신적 의지의 현현이라기보다는 역사적으로 조건지어진 것이라고 보고 그 차별의 문제는 기존의 법률적 장치들을 통해서 개정될 수 있고 개정되어야 한다는 입장을 견지하고 있다. 다른 여성주의자들은, 하라카는 단순히 유대 공동체적 삶에서 남성의 권력과 권위를 최대화하기 위한 하나의 구조이며 여성주의 유대교 안의 어떠한 유용한 목적에도 이바지할 수 없다는 점을 주장한다. 하지만 또 다른 여성주의자들은 주장하길, 하나님과 협력해서 법률을 제정하는 과정이란 바로 유대교의 지형을 정하는 일이므로 단순히 차별적인 법률들을 개정하는 것만으로는 불충분하다는 것이다. 하라카는 반드시 다시 기획되어야 하며, 그것에 뿌리를 내리고 있는 이야기들은 다시 해석되어야 하고 그리고 그 법을 만들고 유지하는 권력들은 자신을 그 법에 위임하는 사람들로 이루어진 공동체 전체에 걸쳐서 반드시 공평하게 배분되어야 한다.

더 나아가서 또 다른 종류의 물음은, 여성주의의 주제들이 반드시 법률상의 문제들이어야 하는가라는 것이다. 유대 여성주의 신학자들은 처음부터 여성주의적 문제들의 일부를 하라카의 용어들 안에서 정식화하였는데, 이 이유는 단순히 젠더, 여성의 몸 그리고 성의 주제들에 대한 하라카의 문헌들이 있었기 때문이었지만, 사실 그러한 주제들은 과거 유대 또는 비(非)유대 철학적 신학들 안에 그 어떠한 선례도 가지고 있지 않았다. 여성들이 민얀(minyan: 유대종교위원회)의 일원으로 간주될 수 있을지, 토라를 봉독할 수 있을지, 또는 랍비로 안수받을 수 있을지 등과 같은 접근성의 문제들은, 그 접근성을 관장했던 남성-지배적인 제도들이 그러한 하라카의 용어로 그 문제들을 진술하기를 고집하였기에, 법률적 언어 안에서 진술되었다. 그러나 모든 여성주의 주제들을 하라카의 물음들로 정돈하여 말하려는 경향은, [극복해야 할] 하라카의 언어와 범주들을 오히려 허용하는 것이 되고 만다. 본질적인 신학의 물음들이 무엇인가라는 것을 볼모로 잡기위해 그리고 '배타적으로 남성적인 하나님-언어(God-language)와 남성중심적인 신화들'에 관련된 다른 중요한 비(非)-하라카의 물음들도 동등하게 핵심적으로 다루지 못하게 하기 위해서 말이다(Plaskow, 1983).

또한 하라카에 대한 여성주의 논쟁은 '근대성'에 관한 잘 알려진 신학적 도전을 다시 일깨워주고 있다: 믿음과 그 믿음에 근거한 행위들이 사회적 맥락 안에서 형성되어서 장소와 시간에 따라 다양하게 변하는 것이라면, 과연 어떻게 신적 계시가 영원불변하게 참되고 구속력을 가질 수 있을 것인가? 신성한 것(sanctity)은 반드시 전통과 조화되어야 하는가? 과거는 우리에게 주장할 어떠한 요구들을 가지고 있는가? 계시는 어떤 과정에 의하여 역사적인 시간 속에 다시 새롭게 구성되는가? 그리고 그 재구성을 수행할 권위를 누가 가지는가?

하나님과 이스라엘에 대한 표상들: 언어와 형상

여성주의 신학에의 또 다른 접근방법은, 언어와 형상(imagery) 안에 나타난 하나님과 이스라엘의 표상들에 관련된 주제들에 우선권을 주는 것이다. 그로스(Gross)와 플라스코(Plaskow)의 논의들은(Heschel, 1983에 실린 논문들), 하나님을 남성으로 묘사하는 것은 바로 세계의 권력과 권위들이 남성들에게 할당되어 있다는 주장을 구성하고 정당화한다고 비판하고 있다. 여성을 타자("the Other")로 만든 최초의 책임은 하라카에 있지 않고 오히려, 이야기들과 기도문들에 깊이 파고들어 가 있는 남성으로서의 하나님에 대한 신학적 개념들에 있다는 것이다. 배타적으로 남성적인 하나님-언어는, 그것이 부정의를 조장하기 때문에 윤리적 측면에서 당연히 반대할 만하지만, 사실 또한 이것은 신학적으로 볼 때 적절하지 못하다. 이러한 논의가 새로운 신학과 새로운 예배의식 두 가지 모두를 산출해왔다.

많은 여성주의 사상가들은 '여성적인 하나님의 형상(God-imagery)'과 '성별화되지 않은 형상들'에 대한 관심 주제들에게 생기를 불어넣고 있는데, 후자의 주제는 자연으로부터 이끌어져 나온 것으로, 그 일부는 하나님을 바위, 사자 또는 나무로 묘사하는 예에서와 같이 원래 전통적인 것이기도 하다(Gross, 1983; Falk, 1989; Plaskow, 1990). 마샤 포크(Marcia Falk)는 하나의 기도서를 만들어 왔는데, 이것은 그러한 형상을 구체화해주는 것일 뿐만 아니라, 유서 깊은 표준적 신앙 고백서들이 지닌 남성적인 언어를 대체시켜 주는 것이기도 하다(Falk , 1996).

유대 신비주의의 은유적 언어들을 재구성하는 여성주의적인 영성(靈性)들이 이와 관계있는 또 하나의 혁신적 논의이다. 그러한 영성들은, 유대교의 현대적 개혁주의파 포스트모더니즘 신학자들에 의해 널리 퍼진 '연합적 신비주의(unitive mysticism)'의 형식과의 대화 안에 존재한다. 여성주의자들과 개혁주의파 사람들은 모두 '초월'에 대한 전통적 언어가 지닌 구체화의 힘을 두려워하고 있는데, 그 이유는 다음과 같다. 여성주의자들에게 있어서는 항상 변함없이 그 구체화되는 것이 바로 하나님의 남성성이어서 두려운 것이고, 개혁주의자들에게 있어서는 하나님에게 인격성을 귀속시키는 바로 그 속성이 그러한 구체화 과정으로 여겨지기 때문에 두려운 것이다. 이렇게 재구성된 신비주의 안에서 가장 순수하고 전형적인 영적 체험은 자아, 세계 그리고 하나님 사이의 경계들을 허무는 하나의 융합이다. 이것의 가장 일반적인 신인동형동성론적인 의인화 메타포가 성 관계이지만, 물, 빛, 불과 연결된 형상들 또한 풍부하다. 연합적 영성이 호소력을 갖는데 그 이유는, 위계적 관계의 은유들은 적용불가능하고 성 차별화는 부적절하기 때문이다. 신인동형동성론이 부적합하다는 것을 증명하는 것은 불필요한데, 왜냐하면 그것은 이미 인정되고 있는 바이며, 다른 대안들을 기꺼이 받아들이기 때문이다.

그러나 위와 같이 '타자(an Other)로서의 하나님'이라는 개념을 포기하였을 때, 다음과 같은 몇몇 주된 신학적 문제들이 일어나게 된다(Adler, 1997). 첫째로, [신과 인간 사이의] 성약(聖約)은 신적인 타자의 존재를 요구한다. 따라서 만일 하나님이 자아와 공동체로부터 구별되지 않는다면, 동역자적 관계에 대한 신학적 언어는 사용가능하지 않다. 둘째로, 타인들에 의해 포섭되지도 말고 먹혀버리지도 말아야 할 '개성의 완전성(integrity of selfhood)'을 위하여 여성주의자들이 얼마나 치열하게 싸워왔는지를 생각한다면, 그 융합의 체험이란 여성주의 영성에 대하여 이상한 토대를 만드는 것이 된다. 마지막으로, 만일 하나님, 자아 그리고 세계 사이의 경계들이 붕괴된다면, 어떠한 이야기도 존재할 수 없다. 따라서 유대교의 기초가 되는 설화들은 고답적이고 퇴화한 것으로 간주되어야만 할 것이다.

성서해석학: 남성중심적 또는 여성혐오적 문서들 다루기

법률적 문서들과 같이, 성서적 설화들, 랍비의 주석과 이야기들(midrash와 aggadah) 그리고 주석서들은 '여성들의 현존' 전부를 송두리째 무시해버리거나, 악마처럼 여기거나, 혹은 말살해버릴 수 있다. 여성주의 해석자들이 이러한 표상들과 비가시화들을 문제로 만들어주기 전까지, 그것들은 단순히 주어진 것으로서 받아들여졌다. 그런데 토라 안의 할당된 몫을 요구하고 그것을 거룩한 문서로 활용하는 것은 유대교에 있어서 근본적이다. 그렇다면 어떻게 여성들이, 그들의 차이를 잘못 표상하거나 무시해버리는 문서의 세계에 상상으로라도 들어갈 수 있겠는가? 하지만 여성주의 해석자들이 신성한 문서들을 문제시 해준 이 시점에서, 여성들은 어떻게라도 그러한 것들을 요구할 수 있지는 않을까? 하나의 해결책이 여성주의 해석학에 놓여있는데, 그것은 그러한 문서와의 씨름을 하나의 거룩한 활동으로 만들어주는 것이다.

또 다른 해결책은, 남성 엘리트에 의해 명명된 하나의 정전(正典)이 거룩한 문서들의 오직 하나의 가능한 근원이 아니라는 주장을 하는 것이다. 여성들이 쓴 문서들은 역사적인 연구를 통해 다시 발견될 수 없다(Umansky와 Ashton, 1992). 유대 여성들과 남성들에 의한 현대적인 문서들은 서로 통합될수 있다. [사실] 여성들이 정전(正典)으로 인정된 문서들에 기여했다는 설이 제기되었지만(Goitein, 1988; R. E. Friedman, 1987), 그렇게 되면 묻게 되는 또 다른 물음은, 고대 유대 여성들의 전통의 일부로 형성되어온 '다신적인(polytheistic)' 문서들을 정전으로 인정해야 하는지(Plaskow, 1990), 혹은 정전이라고 하는 것이 도대체 존재해야 하는지에 관한 것이다.

그 밖에 또 다른 해결책은 여성주의적인 이야기(midrash 미드라쉬)를 창조하는 것인데, 이것은 고전적인 미드라쉬와 같이 성서적인 이야기들에 대한 새로운 이야기들을 말해주고 있다 (Plaskow, 1976; Gottieb, 1995). 이러한 새로운 미드라쉼(midrashim)은 여성들의 행동과 동기들을 신선하게 만들어 주고, 그 동안 여성들을 변두리에 두었던 이야기들 속에서 '무대의 중앙'을 여성들에게 내어준다. 그것들은 전통적인 문서들에 대한 색다른 주석들이면서 동시에 새로운 창조물들인 것이다.

새로운 의례들과 의식들

정통 유대교는 여성들에 대하여 오직 두 가지 인생-주기 의례들이 있다는 것만을 알고 있다: 결혼식과 장례식. 여성은 그 두 가지 모두에 대해 동등하게 침묵을 지킨다. 전통적으로 말해서, 여성들은 공동 기도회의 참여자들 축에 들지도 못하고 유월절 밤 축제와 같은 가정적인 의례들을 인도하지도 못한다. 그 결과로, 여성주의 유대인들은 인생-주기 의식들과 공동 기도회에 대한 여성의 동등한 접근성을 요구하였으며 동시에 그들은, 여성들의 삶에서 그 이전에는 인정받지 못했던 경험들을 중점적으로 다루기 위한 종교적인 의식들과 종교적인 언어를 고안하였다(Orenstein, 1994). 비정통 미국 유대교들 속에서 여성들이 동등한 접근성에 도달한 그 첫번째

의식인 '뱃 미츠바(bat mitzvah)'는, 소년들의 남자 성년의식인 '바 미츠바(bar mitzvah)'에 정확하게 대응하는 것이다. 그렇지만 어린시절부터 유대 교육을 받지 않았던 여성들 속에서 '뱃 미츠바'의 요구 때문에 성인들을 위한 바 미츠바, 뱃 미츠바 의식들이 생기게 되었다. 즉 그 의식에서는 이미 성인이 된 여성들과 남성들이 그들이 성년의 나이가 된 것을 종교적으로 축하하는 것이 아니라, 그들의 '종교적인 자격'에 도달한 것을 축하하고 있다.

여성들이 접근할 수 없는 하나의 중요한 의식은 '할례(circumcision)'이다. 남자아기들은 전통적으로 이 할례를 통하여 성약(聖約)에 입문하게 된다. 이 사건으로 그들은 이름을 얻고 역사적인 이스라엘 공동체 안에서 그들의 지위를 차지하게 되는 것이다. 이와 비교할 만한, 여자아기들이 성약에의 입문을 확증하는 의식은 없다. 이 문제는 종교적인 의례에서 그리고 신학적으로 다루어야 했다. 아이로 하여금 서약하게 만드는 그 성약의 본성은 무엇인가? 여성들에게 할례의 성약이 결핍된다면, 그래도 여성들은 '하나님의 언약 백성들'에 포함되는가, 아니면 그것에 단지 추가된 부록인가? 유대교가 성약에의 동등한 접근성을 여성에게 부여해야 한다고 주장하는 여성주의자들은, 여자아기들을 언약 공동체에로 환영하여 맞아들이는 "브릿 바(b'rit bat)"의식들을 새롭게 시작하였다. 이 의례적 행위에 의해서 성취되어야 하는 것은 더 많은 논쟁들의 주제가 되어 왔는데, 그 예로 가장 극단적인 (이론적인) 제안은 처녀막을 절제하는 것(hymenotomy)이다. 널리 퍼진 의례들이 빛 또는 물을 포함하긴 하지만, 아직까지 이 의식에 대한 표준적인 형식은 없다. 이에 대하여 최근에 제기된 한 여성주의의 비평은 제안하기를, 할례를 성약에 관련시키는 것은 본질적으로 남근을 영화롭게 만드는 것이고 유대교에 남성적 특권을 뿌리내리게 하는 것이다. 이 비평의 지지자들은 여아들은 물론 남아들도 포함시킨, 대안적인 성약 의식을 제안하고 있다.

이러한 혁신적인 제안들의 다양성은 여성들의 경험들과 관심들 속에 있는 거룩함의 가능성에 대해 분명하게 말해주고 있는 것이다. 새로운 축복의 말들과 의례들은, 여성의 생리, 출산, 젖떼기, 여성의 노년기에로의 입문과 지혜를 축하하고, 유산(流産), 강간, 자궁절제와 같은 '상처가 된 충격들(traumas)'을 치유해준다. 전례(典禮)적인 행사들의 다양성은, 상현달 축제(Rosh Hodesh)에 있어서 여성들의 축하의식에 대한 랍비적인 언급을 이끌어 낸다. 또한 많은 여성 집단들은 부가적인 유월절 밤 축제를 거행하는데, [이집트 노예생활로부터의 탈출에 빗대어] 이것은 성차별주의의 속박으로부터의 구출에 초점을 맞춘 것(haggadot)이다.

이러한 의례들의 상당수는 비정통파 유대교 여성들에게 만큼 정통파 유대교의 여성들에게도 허용 가능하다. 왜냐하면 만일 그것들이, 이미 존재하는 전례적인 형식의 일부를 교체하는 것이기보다는 오히려 전례적인 공백상태(liturgical vacuum)를 채우는 것이라면 그리고 만일 그것들이 여성들만을 위한 별도의 행사들이라면, 고전적인 유대 법률은 그것들을 금지할 어떠한 선례도 가지고 있지 않기 때문이다. 이와 더불어서, 그러한 새로운 의례들은 사적이고 공적인 것 사이의— 참석은 선택적이며 초대되어진 손님들에 국한된 의례라는 측면에서— 중간적인 공간에 존재하는 것이기 때문에, 그 새 의례들은 여성들의 경험과 관심들을 제도화된 전례의 유형들과 공적인 회당 예배의 의례적인 행사들에로 통합하기 위해 더 큰 공동체를 요구하지 않는다.

(이지애 역)

제6부

주체성과 육화

25. 자아/타자

미셸 무디-아담스(Michelle M. Moody-Adams)

자아의 본성에 대한 여성주의적 성찰

세계 안에서 인식하는 자이자 행위자(agent)인 개별 자아들의 존재에 대한 믿음은 많은 철학자들에게 경험에 대한 합리적 견해를 구성하는 데 필수 불가결한 것이다. 확실히 여성주의의 입장에 있든지 아니든지 몇몇 철학자들은 자아에 대한 전통적인 개념들의 존재론적이고 인식론적인 언명에 도전해 왔다. 예를 들어 이들 철학자들은 자아가 시간이 지나도 단일체로서 존속하는 종류의 것인지, 자기-인식이(적어도 어느 정도) 가능한지를 질문해 왔다. 이러한 언명에 도전하는 사람들은 자아라는 관념 자체의 가능성을 부정하는 것처럼 보인다. 물론 많은 사람들이 달리 주장하기도 하고, 또 적어도 그 관념이 불가능하다 해도 인간의 주체성을 이해하려는 기획에는 큰 어려움이 없다고 주장하는 사람도 있기는 하다. 그러나 많은 여성주의 철학자들은 인간 주체성과 정체성을 이해하기 위해서 자아 관념의 합리성과 그 관념의 중요성을 전제로 하고 있다. 사실상 여성주의 철학에서 가장 중요한 발전들 중의 일부는 자아의 본성을 이해하기 위한 노력들에 있다.

이러한 문제들에 대한 최근 여성주의자들의 성찰은 대체로 하나의 문제를 핵심적인 것으로 간주해왔다: 자아의 본성과 정체성은 구체적인 사회적, 역사적, 물리적 환경에 관계된 우연한 사실들로부터 분리될 수 있는가 혹은 그러한 사실들은 자아를 근본적으로 구성하는 것들인가? 울스턴크래프트와 밀과 같은 사상가들을 따르는 오늘날의 일부 여성주의자들은, 자율적이고 모든 우연성으로부터 본질적으로 독립적이며 자기 충족적인 개인으로서의 자아에 대한 고전적이고 자유주의적인 개념을 받아들인다(Wollstonecraft, 1975; Mill, 1983). 그러나 많은 여성주의자들에게, 인간 존재의 사회적, 역사적, 물리적 환경에 대한 사실들은 개별적인 자아들의 본성과 정체성으로부터 분리될 수 없다. 일부 여성주의자들은 남성과 여성 사이의 생물학적 차이들이 남성적 자아와 여성적 자아 사이의 근본적인 차이를 만들 수 있다고 주장했다. 그러나 많은 여성주의 철학자들은 자아를 구성하는 가장 중요한 것으로서 사회적, 역사적, 물리적 사실들과는 다른 범주를 받아들였는데, 즉 자아가 다른 자아들과 맺고 있는 관계에 대한 사실이다. 더 나아가 이러한 견해를 옹호하는 사람들은 대개 자아와 다양한 타자들 간의 근원적인 상호관계성 혹은 상호연관성을 주장한다. 따라서 이들은 자아의 관계이론(relational theories of the self)이라 불리는 것을 옹호하는데, 이 이론은 대체로 최근 여성주의 사상의 가장 영향력 있는 요소들 중 하나를 구성하고 있다.

여성주의 사상가들에 의해 옹호되는 관계이론은 자아의 구성에 근본적인 것으로 가정되는 특정한 종류의 관계에 따라 다양한 형태를 취한다. 주로 두 가지 종류의 관계들이 가장 널리 주목을 받아왔다. 관계이론 중에서 가장 큰 그룹은 부모와 자식 간의 관계처럼, 가족 내에서 가장 전형적으로 가까운 사람들 간의 관계를 자아의 본성과 정체성에 기초가 된다고 본다. 그러나 이러한 견해에서 볼 때, 정체성을 구성하는 데 중심이 되는 관계는 대체로 자녀에 대한 일차적인 보호자인 부모—역사적으로 주로 어머니—와 그 부모의 책임의 대상인 자녀들 간의 관계에 있다(Held, 1993; Nodding, 1984; Ruddick, 1989). 관계이론에 두 번째 주요 그룹은, 친구 관계가 적어도 보호자와 자녀들 간의 가족적인 결속만큼이나 자아의 구성에 중요하다고 주장한다. 실제로 이러한 이론들 중에는 친구 관계의 유대가 가족적 유대보다—주로 친구들 간에 존재하는 유대의 자발성(또는 자발성에 준하는 것) 때문에—성숙한 자아를 구성하는 데 더 완전하다고 여기는 것도 있다(Friedman, 1993; Code, 1987b).

관계이론의 두 가지 다른 주요 형태들의 기저에 놓인 근본 전제들 간에는 중요한 긴장이 존재한다. 이는 분명 왜 가장 영향력 있는 관계이론들 중의 일부가 친구 관계의 유대 혹은 어머니와 자녀 간의 결속 중에서 둘 중의 어느 하나만을—둘 다가 아니라—성숙한 자아의 구성에 근본적인 것으로 강조하는지를 말해준다. 출산과 어머니 역할에 따라 만들어지는 결속에 일차적으로 흥미를 갖는 관계이론가들은 이것이 철학적 토론에서 여성의 경험을 공정하게 다룰 수 있는 유일한 방안을 제공한다고 자주 주장해왔다. 이러한 견해들에 따르면 철학적 전통에 의해 소홀히 되거나 일체 무시되어온 여성의 경험—특히 남성들에 의해 공유되지 않는 일부 경험—의 측면들을 밝힐 때에만 여성주의 이론은 철학 사상에 여성주의 특유의 기여를 한다는 것이다(Held, 1993). 다른 이론가들은 어머니와 자녀들 간의 결속에 대한 이론적 강조는 그 범위가 한정되어 있다는 사실에 우려를 나타낸다. 이들 이론가들은 첫째로 어머니 역할과 관련된 통찰력이 어머니가 된 적이 없는 여성들에게도 완전히 이해될 수 있는 것인가를 묻는다(Moody-Adams, 1996). 더 나아가서 그들은 친구 관계의 결속을 연구하는 것이 일반적으로 누구나(여성과 남성) 정말로 이해할 수 있고 배울 수 있는, 성숙한 자아(그리고 자아와 타자의 관계)의 본질에 대한 통찰력을 제공하기 쉬울 거라고 주장한다(Friedman, 1993).

관계이론의 두 가지 다른 주요 형태들 간의 이와 같은 긴장은 그 이론의 지지자들 간의 토론이 자주 논쟁의 난국에서 끝나게 됨을 의미했다. 이러한 난국을 벗어날 수 있는 방법이 있다면, 자아에 대한 여성주의적 성찰일터인데, 이것은 가장 최근의 어떤 이론들보다도 더 절충적인 접근을 요청한다. 그러한 접근은 개인적이거나 공동의 — 가족 내에서나 친구 관계들 그리고 심지어 다양한 직업적, 개인적 관심사를 중심으로 조직된 공동체나 단체들에서의 관계들을 포함해서 — 다양한 관계들의 정체성을 구성하는 속성들을 연구할 수 있을 것이다. 점점 더 많은 여성주의 철학자들이 어느 한 종류의 관계만을 성숙한 자아의 본성과 정체성에 가장 근본적인 것으로서 우선시하는 것이 과연 의미있는지를 묻기 시작했다(Code, 1987b). 이러한 질문이 훨씬 중요한 의미를 지니게 되면 여성주의 사상과 많이 연계되어 있는 관계이론에 대해 보다 절충적인 접근들이 더욱 가능해질 것이다.

자아에 대한 관계이론의 여성주의적 전제들

관계이론들이 정확히 어떻게 여성주의 특유의 통찰력을 제공하는지 혹은 어떻게 여성주의 특유의 방법론의 전제들에 의존하는지가 문제될 수 있다. 결국 여성주의적이지 않은 다양한 철학 개념들(예를 들어 아리스토텔레스나 헤겔의 사상에 기초한 개념들)도 자아에 대한 관계이론의 다양한 형태에 어느 정도는 관여하고 있다. 그러한 개념들 다수는 — 자유주의 사회이론과 정치이론의 외견상의 원자론을 거부하고자 노력하는 일부 정치철학자들이 최근 옹호하고 있는 공동체주의를 포함해서 — '방해를 받는(encumbered)' 혹은 '상황 속에 놓여 있는(situated)' 자아의 관념을 옹호하는데, 그러한 자아의 본성과 정체성은 (적어도 부분적으로나마) 사회적 역할에 따라 정의된다(Sandel, 1982; MacIntyre, 1981). 여성주의자들에 의해 옹호되는 관계이론과 마찬가지로, 그러한 개념들은 개인들이 우연적인 사회적 역할과 개인적인 관계들로부터 본질적으로 분리되어 있다고 가정하는 개인주의 이론들에 대한 중요한 대안을 제공한다고 주장한다.

그러나 여성주의 철학자들에 의해 옹호된 관계이론들은 여성주의적이지 않은 철학자들과 공유하지 않는 두 가지 가정들에 대체로 의존하고 있다. 첫째, 거의 모든 여성주의 철학자들은 여성주의적이지 않은 철학이 주로 여성들의 관점을 무시해왔다는 것과 그것이 철학 그 자체에 손실을 가져왔다는 데 동의한다. 자아에 대한 여성주의 이론들은 여성들 경험의 주요한 특징들(그리고 말하자면 여성들 특유의 인지하고 사고하는 방식들)에 대한 분석이 여성주의적이지 않은 그 어떠한 설명보다도 자아의 본성에 대해 보다 풍부한 이해를 산출하리라고 주장한다. 관계이론가들의 주장에 따르면, 분석의 가장 중요한 주제들 가운데에는 남성들이 일반적으로 배제된 채 대체로 여성들이 맡았던 사회적 역할들(특히 자녀들에 대한 일차적 보호자로서 여성의 역할들), 여성의 유년기와 청소년기 성격을 오랫동안 결정지어 온 발달과정들, 그리고 심지어 임신한 여성과 자라나는 태아 사이의 독특한 관계 등이 있다. 그러나 많은 여성주의 철학자들이 받아들이는 자아에 대한 두 번째 가정은 자아에 대한 적절한 설명은 필연적으로, 인습적인 사회관계들이 때로 여성의 억압에 기여해 온 방식에 대해 어느 정도는 비판적이라는 것이다(Ferguson, 1987). 이러한 가정은 '상황 속에 놓여 있는 자아'에 대한 공동체주의적 설명에 대해 특별히 격렬한 여성주의적 반발을 발생시켰다. 성별 구성(gender construction)에 대한 심리학 이론뿐만 아니라 사회적이고 역사적인 연구에 의거해서 많은 여성주의 철학자들은 여성들이 관습적으로 용인된 사회적이고 문화적인 역할과 관계들에 의해 자주 억압되어온—그리고 때론 희생되어 온—방식들에 대한 이론적 중요성을 주장한다. 더 나아가 이러한 이론가들은 관습적인 사회, 문화적 역할들이 흔히 여성의 자아 발달을 정의할 뿐만 아니라 제한하는 방식에 대해서 공동체주의의 설명은 대체로 주의를 기울이지 않는다고 주장한다(Friedman, 1993; Code, 1987b; Benhabib, 1987, 1992b). 따라서 일부 집단들의 전통을 구성하는 잠재적 억압 요소들에 대한 우려는 여성주의 철학자들에 의해 옹호되는 많은 관계 이론들과 공동체주의 사상가들에 의해 옹호되는 '상황 속에 놓여 있는 자아'에 대한 설명들 간에 중요한 차이의 영역들을 만들어낸다.

그러나 여성주의와 공동체주의 사이의 이러한 의견차이의 실마리가 되는 바로 그 우려는 여성주의 사상 그 자체 내에서도 심각한 이론적 갈등을 빚어냈다. 특히 자녀들에 대한 일차적 보호자로서 여성의 역할에 근거해서 관계이론을 옹호하는 여성주의자들은 그러한 근거들이 역사적으로 전개되어 온 바 여성들에 대해 잠재적으로 억압적인 사회적 관습들을 재확인하는 것으로 보는 여성주의자들에 의해 비판되었다. 그에 뒤따르는 논쟁은 긴박한 문제를 제기했다. 즉 여성주의는 여성들이 일차적으로 맡아온 사회적이고 개인적인 역할들과 관계들을 역사적으로 정의해 온 이러한 관습들에 의거해서 진정으로 사회적이고 정치적인 삶을 변형시킬 수 있는 전망을 발견할 수 있는가? 이러한 질문은 여성주의 사상가들에게 특별히 중요하다. 왜냐하면 여성주의 철학이 대부분의 철학보다 '이론'과 '실천' 사이에 흔히 있는 분리를 연결하기 위해 전적으로 노력하기 때문이다. 실제로 대부분의 여성주의 철학자들은 자신들의 이론적 탐구가 여성의 사회적, 경제적, 정치적 상황을 변형시키고자 하는 보다 폭넓은 노력에 적어도 부분적으로나마 기여하는 것으로 본다. 이는 자아의 본성과 구성에 대한 미래의 여성주의적 성찰이, 어떤 종류의 관계이론—만일 있다면—이 여성주의 철학자들의 이론적이고 실천적인 목표를 가장 조화롭게 만들 수 있을 것인가를 결정하기 위한 노력과 불가분하게 연계될 것이라는 것을 시사한다. 많은 여성주의 철학자들은 여성주의 이론과 실천의 조화가 가능하고, 여전히 많은 여성들의 삶에서 모성애와 보살핌이 갖는 중요성에 호소하는 것도 가능하다는 낙관적인 견해를 지닌다(Held, 1993 ; Ruddick, 1989). 그러나 다른 여성주의 철학자들은 그러한 낙관주의가 사회생활의 기정사실들과 화해할 수 있는 가능성에 대해 회의적이다(Moody-Adams, 1996). 중요한 우려의 한 가지 근거를 들자면, 훨씬 더 많은 수의 여성들이 대부분의 자녀양육이 이루어지는 가정의 바깥에서 증가된 책임을 떠맡게 되는데도, 여성들은 여전히 자녀들을 보살피는 것—그리고 일반적으로 가사의 책무—과 관련된 엄격한 규범적 요구들에 남성들보다 더 예속되어 있다는 것이다. 일부 여성주의 철학자들은 관습적으로 주로 여성들이 맡아왔던 사회적 역할들로부터 얻어낸 통찰력에 변형을 이끌어낼 수 있는 잠재력이 있다는 신념에 이의를 제기할 수 있는 어떤 진전이 있어야 한다고 믿는다.

관계이론들에 대한 도덕적, 인식론적인 함축

자아에 대한 여성주의 이론은(자아에 대한 모든 철학이론들과 마찬가지로) 여성의 사회적, 정치적, 경제적 지위에 대한 도덕적 성찰을 행하는데 명백히 중요할 뿐 아니라 도덕성의 본성과 사회적, 정치적 삶의 도덕적 기반을 이해하는 데에도 결정적인 함축성을 지닌다. 자아와(적어도) 일부 특정한 타자들 사이의 근본적인 상호의존성의 개념은 자아와 타자 사이의 근본적인 대립관계에 대한 잘 알려져 있는 가정들을 의심한다(Whitbeck, 1983). 따라서 자아에 대한 관계이론은 자아와 타자 간의 대부분의 상호작용에는 경쟁과 갈등이 뒤따른다고 가정하는 도덕적이고 정치적 이론들에 근본적으로 도전하는 것이다. 공동체와 협력이 어떤 의미에서 자아에게 '자연스럽지' 못하다거나 혹은 그 자아의 통합성을 잠재적으로 위협한다고 보는 자아 개념은 관계이론의 핵심 주장들과 양립할 수 없다. 그러나 관계이론은 또한 '타자'에 대한 잘 알려진 개념들을 허무는 것이기도 하다. 많은 유력한 도덕이론들은 타자들에 대한 공평성(impartiality)이야말로 성숙한 도덕적 관점과 진정으로 양립할 수 있는 유일한 입장이라고 주장한다. 그러나 여성주의 사상가들이 주장하는 바와 같이 우리는 타자의 구체적인 정체성, 역사, 요구에 주의를 기울이는 것이 도덕적으로 필수적인 상황에 자주 마주치게 된다. 그러한 상황에서 공평성의 입장은 사실상 도덕성이 요구하는 바와 양립하지 않을 것이다. 세일라 벤하비브(Seyla Benhabib)가 지적한 바와 같이, 관계이론은 '구체적인 타자'의 도덕적 중요성을 우리에게 상기시켜 준다(Benhabib, 1987, 1992b). 관계이론에서, 구체적 타자에 대한 주의가 요구되는 상황들은 도덕적인 성숙의 요구에 대한 우연적인 예외가 아니며, 순수하게 '개인적'이고 본질적으로 비도덕적인 관심들의 영역으로 건네질 수 있는 것도 아니다. 따라서 그와 같은 이론들은 여성주의적이지 않은 많은 도덕이론들에 함축된 핵심 가정들에 대해 근본적으로 도전하는 것이다. 더 나아가, 여성주의 이론가들은 관계이론들이 도덕적 관심을 개인들 간의 상호연관성(그리고 궁극적으로는 그들의 공통된 욕구와 욕망의 일부)에 초점을 맞추면서, 공평성에 대한 요구가 일반적으로 무시하는 규범들, 즉 우정, 사랑, 보살핌의 규범들이 지니는 도덕적 중요성에 대한 유용한 통찰력을 더욱 많이 제공할 것이라고 주장한다.

관계이론을 이루는 핵심 요소들은 또한 이상적인 도덕적 행위자가 자율적인 존재라는 견해의 유력한 설명에도 도전한다. 이러한 견해의 가장 완벽한(그래서 가장 이론의 여지가 있는) 전개는 임마누엘 칸트의 도덕철학에 담겨져 있다. 칸트에게서 이상적인 도덕적 행위자는 적어도 두 가지 의미에서 자율적이다. 첫째, 이상적인 도덕 행위자의 정체성은 특정한 인간관계와 역할들의 사회적이고 역사적인 우연성으로부터 본질적으로 분리될 수 있다. 그러나 둘째로, 자율적인 도덕적 행위자는 보편적으로 적용될 수 있는 이성의 요구와 일치하는 입법에 의해서 오직 그 자체에만 도덕법을 부여한다. 이렇게 이해된 자율성은 칸트에게 모든 도덕성의 궁극적인 원천이다. 관계이론의 도덕적 함축성들은 이러한 칸트적 개념의 주요한 특징들과 대조를 이룬다. 일부 관계이론가들은 칸트가 이성의 요구를 강조한 것이 자아와 타자들 간의 근본적인 상호연관성을 긍정하는 데 있어서 감정이 지니는 도덕적 중요성에 충분한 관심을 기울이지 않은 것이라고 생각한다(Baier, 1987a, 1994b ; Code, 1987b). 다른 관계 이론가들은 도덕적 자율성에 대한 칸트식 개념에 대한 대안적 개념, 즉 자아의 상호의존성을 긍정하고 인간관계에서 보살핌에 도덕적 우선권을 부여하는 행위자들이 받아들일 수 있는 도덕성과 더욱 잘 양립할 수 있는 개념을 전개하고자 노력했다(Meyers, 1987). 그러한 견해에서 볼 때, 스스로 다스리는 도덕적 행위자의 관념에서 중요한 것이 무엇인지를 포착하는 것은 자아와 타자 간의 상호관련성의 도덕적 중요성을 무시하지 않고도 가능하다. 사실 일부 여성주의 철학자들은 차별과 억압에 대한 여성주의적 관심에서 행위자의 개인적 자율성뿐만 아니라 도덕적인 자율성의 존중이 중요하다는 것을 여성주의자들이 토론할 필요가 있다고 주장한다.

자아에 대한 관계이론들은 도덕적 성찰과 행동에 대한 함축성과 비슷하게 중요한 인식론적 함축성을 지닌다. 특정한 사회적, 역사적 환경들로부터 본질적으로 분리된, 자율적인 도덕적 행위자라는 관념이 자아와 타자 간의 본질적인 상호관련성에 주의를 기울이지 않았다고 여겨지는 것과 마찬가지로, 자율적 인간으로서의 인식하는 자들 — 그들은 모든 선험적 믿음, 육체적 방해물들, 그리고 다른 인간 존재들의 외부적 증언으로부터 그녀의 성찰을 해방시키고자 노력해야만 하는데 — 이라는 관념은 관계이론에 의해 제공되는 통찰력과 양립할 수 없는 것으로서 도전받아 왔다(Code, 1987b; Baier, 1985). 사실상 심지어 자율적 인간으로서의 인식하는 자들의 이상화 — 참된 인식은 '객관적'이고 이론적인 탐구의 자율적이며 자기 충족적인 결과물이라는 — 와 전형적으로 연관된 인식의 개념조차 공격의 대상이 되었다(Code, 1987b). 이와 같은 주장들 대부분은 더욱 진전되기를 고대하지만, 관계이론들의 인식론적 함축성은 현대 실용주의자들 — 특히 퍼어스와 듀이의 작업에 의해 영감을 받은 실용주의 — 이 인지적 자율성에 대한 전통적인 옹호에 도전한 것과 중요한 점에서 유사하다는 것이 주장되었다(Code, 1987b; Rorty, 1991). 이러한 주장에는 많은 가치들이 있다. 따라서 예를 들어, 지식을 탐구하는 공동체들의 구성원으로서 인간 탐구자들 간의 상호의존성에 대해 실용주의자들이 상기시킨 바가 여성주의가 핵심적인 인식론적 관심들을 취급할 때 확실히 반향되고 있다. 그러나 인간의 지식에 대한 여성주의적 견해와 실용주의적 견해가 수렴되는 중요 지점이 존재하는 반면에, 궁극적으로는 — 아마도 여성주의와 공동체주의 간의 도덕 이론에서의 차이와 유사하게 — 훨씬 더 중요한 차이의 영역이 있을 것이다. 심지어 여성주의와 실용주의 간의 수렴을 강조했던 오늘날의 실용주의자들조차 차이에 대한 가능성을 인정한다. 예를 들어, 리처드 로티는 객관성, 진리, 지식에 대한 철학적 주장들의 실체로 생각된 실용주의가 여성주의와, 사회를 변화시키고자 하는 여성주의 철학의 목표에 냉담한 '남성주의' (masculinism) 사이에서, 본질적으로 중립적이라고 지적한 바 있다(Rorty, 1993). (5. "실용주의"를 보라)

관계이론들의 문제점과 전망

자아에 대한 여성주의 철학적 성찰이 지닌 이와 같이 많은 함축성, 특히 도덕적 사고를 위한 함축성은 자아의 본성과 정체성에 대해 광범위한 여성주의적 토론을 처음 발생시켰던 관심들과 함수관계에 있다. 그러한 토론은 발달 심리학에서 도덕적 성숙과 도덕 영역의 본성 및 성숙한 도덕적 추론을 적절히 승인하는 자아의 본성에 대해 오래 지속해온 논쟁에 의해 강력하게 영향을 받아왔다. 이러한 논쟁은 심리학자 로렌스 콜버그가 경험적인 심리학 연구를 통해서, 성숙한 도덕적 추론은 항상 정의, 공정함, 권리라는 도덕 개념에 의해 이끌린다는 것을 발견했다고 주장했을 때 시작되었다(Kohlberg, 1981). 심리학자 캐롤 길리건은 콜버그의 주장을 자신의 경험적 연구에 적용하려는 시도에서 실패한 이후에, 도덕적 성숙에 대한 콜버그의 견해에 심각한 난점들이 있음을 확신하게 되었다(Gilligan, 1982a). 길리건은 여성들이 도덕성과 도덕의 영역에 대해 생각하는 방식에 주의를 기울이는 것이 다르긴 하지만, 똑같이 성숙하고도 설득력있는, 도덕적인 목소리를 드러내 줄 것이라고 주장했다. 그 목소리는 정의와 권리 같은 개념들보다는 우선적으로 보살핌의 언어와 보살피는 관계에서의 책임의 개념에 의존한다. 그녀의 주장에 따르면, 보살핌과 책임의 도덕적인 언어는 콜버그에 의해 기술되고 옹호된 관점으로는 접근할 수 없는 자아의 개념—자아와 타자가 근본적으로 상호의존적이라는 개념—에 뿌리를 두고 있다. 사실상 이러한 도덕적 관점의 가장 성숙한 설명에서, 정의와 권리에 대한 숙고는 부적절하고 도덕적으로 불충분한 것으로 입증될 때가 많다. 그녀는 보살핌의 도덕이 전혀 다른 반응을 요구하는 바로 그 지점에서 권리의 도덕은 근본적인 도덕적 요구로서 불간섭에 너무 자주 우선권을 부여하고 있다고 결론짓는다. 많은 여성주의 철학자들이 자아에 대한 관계이론의 이론적 중요성에 대해 확신하는 것은 길리건의 주장이 끼친 영향력에서 유래한다. 이들 사상가들에게 길리건의 경험적 연구는 성숙한 도덕적 추론이 도덕적인 권리라는 개념에 의해 조정되어야 하는 끊임없는 경쟁과 갈등이 아니라 자아와 타자 사이의 상호의존성이라는 관계를 전제할 수 있다는 것을 보여주는 것이다(Noddings, 1984; Baier, 1985, 1987a, 1994b; Ruddick, 1989). 다시금 여성주의 이론과 실천 사이의 연계가 여성주의 철학에서의 중요한 발전을 이해하는 데에 결정적인 것으로 드러난다.

길리건의 연구는 또한 많은 여성주의 철학자들에게, 자아에 대한 관계적 개념의 이론적 가능성들을 충분히 통찰하기 위해서, 여성의 경험이 지니는 핵심적인 특징들—심지어 그러한 경험이 남성의 경험과 다를지라도—에 주목하는 것이 필연적이라는 것을 믿게 하는 근거를 제공해준다(Held, 1993; Whitbeck, 1983). 이러한 견해를 발전시키면서, 여성주의 이론가들은 여성의 사회적이고 심리적인 발달의 문제를 탐구하고 있는 정신분석학적 여성주의자들에 의해 개발된 성별 구성에 대한 이론들을 참고함으로써 길리건의 작업에 대한 연구를 보충했다(Chodorow, 1978; Dinnerstein, 1976). 그러나 여성의 경험에로의 이러한 전환은 몇몇 중요한 비판에 문을 열어 준다. 예를 들어 여성주의적이지 않은 접근을 옹호하는 사람들은 자아에 대한 이론들이 항상 (남성적이거나 혹은 여성적인) 경험의 특수성으로부터 추상화하고자 노력해 온 점과 여성의 체험에 관한 경험론적 주장들에 대한 여성주의적 접근이 연구범위에서 일반적이기에는 충분치 못하다는 점을 비난할 수 있을 것이다. 물론 여성주의 이론가들은 그러한 비판들에 응답을 했다. 그들 대부분은 인류에 관한 보편적 사실들에 대해 성별화되지 않은 성찰을 통해 제안된 이론화는 자주 남성의 경험을 일반화한 것에 지나지 않는다고 주장한다(Code, 1987b; Held, 1993; Benhabib, 1987; Whitbeck, 1983). 그러나 그러한 응답들은 연구영역의 일반성에 대한 근본적인 우려를 다루는 데 실패하고 있다. 일부 여성주의자들은 심지어 여성의 경험—예를 들어 몸소 임신한 경험과 출산의 경험, 그리고 아기가 태어나면서부터 성인이 되기까지 어머니로서 돌보는 활동—에 대한 특정한 종류의 일반화가 자아의 본성에 대해 충분히 일반적인 성찰을 제공할 수 없다고 주장했다. 사실상 이러한 사상가들은 모성의 경험에 대한 연구가 진정으로 모든 여성들—모든 인간에 대한 것은 말할 것도 없거니와—에 대해 진실로 유용한 통찰력을 제공할 수 있을지에 대해 의심했다. 결국 어떤 여성들은 어머니가 될 수 없거나 혹은 어머니가 되지 않는다. 이와 같은 논쟁점을 둘러싼 토론의 결과는 자아에 대한 여성주의 사상의 미래에 심오한 영향을 미칠 것으로 보인다.

그러나 대부분의 관계이론가들은, 어머니와 자녀 간의 관계에 호소하는 이론가들조차도 그들의 이론이 남성 자아와 여성 자아 모두의 본성과 정체성을 해명하고 있다고 주장하기를 원한다. 즉 어머니와 자식 간의 관계에 초점을 두는 이론가들조차 그들의 이론이 어머니가 되지 않는 여성이나 전형적인 남성의 성숙한 자아의 본성 및 구성에 대한 문제를 무시하는 것은 아니라고 주장한다. 많은 관계이론들—친구의 유대에 호소를 하든지 어머니로서 돌봄의 결속에 호소를 하든지—의 주요한 목표는, 관습적으로 '개인적'이거나 혹은 '사적인' 것으로 여겨진 특정한 관계들이 정치적이고 법적이며 경제적인 삶의 '비개인적' 혹은 '공적인' 관계들을 재구성하는 방식에 대해 새롭고도 풍부한 통찰력을 제공할 수도 있음을 보여주는 것이다(Young, 1986). 그러므로 자아에 대한 관계이론들은 '사적인' 영역으로부터 얻어진 도덕적 통찰력에 호소함으로써 '공적인' 삶을 변형시키려는 실질적인 노력의 일부로서 자주 옹호된다. 관계이론을 발전시키고 옹호하려는 그러한 노력의 중요성은 여성주의 철학이 얼마나 완벽하게 이론과 실천 간의 간극을 메우고자 애쓰는가를 보여주는 분명한 증거를 제공해준다. 그러나 그렇게 하면서도 그 관계이론들은 여성들이 주로 갇혀 있었던 '개인적' 이고 '사적인' 영역에서 얻어진 통찰력이 사회적이고 문화적인 억압적 관습에 너무나 매몰되어 있어서 사실 변화시킬 수 있는 잠재력을 갖기 어려운 것은 아닐까 하는 어려운 물음을 제기하기도 한다. 특히 여성주의 사상 그 자체 안에서 관계이론에 대한 가장 강력한 도전들 중의 일부는 그러한 이론들이 가장 자주 강조하는 관계들(심지어 친구관계조차도)이 지닌 변형적 잠재력에 대해 매우 비관적이다. 이러한 문제들 — 그리고 보다 일반적으로는 자아의 본성과 구성에 대한 철학 이론의 설득력있는 윤곽 — 에 대한 미래의 여성주의적 성찰은 이러한 우려들의 이론적이고 실천적인 중요성을 무시할 수 없을 것이다.

(노성숙 역)

26. 포스트모던 주체성

티나 챈터(Tina Chanter)

포스트모던이라는 용어의 애매함, 모더니즘에 대한 철저한 평가에 먼저 착수하지 않고 포스트모던이 의미하는 바를 결정해 보려는 우리의 무능력, 후기구조주의자라는 문제적인 용어와 마찬가지로 포스트모더니티의 공시성과 불협화음 등에 대해 일상적으로 하는 모든 경고는 보류하기로 하자. 나는 단지 중요한 사상가들 중에서 데리다, 푸코, 라캉이 주체성을 다시 성찰하려는 여성주의적인 요구에 영향을 끼쳤던 자들이고, 뤼스 이리가라이와 줄리아 크리스테바가 이러한 요구를 프랑스의 맥락에서 여성주의의 방면에 활용했던 가장 중요하고도 흥미로운 사상가 중 두 사람이라고 주장하고자 한다(8. "포스트모더니즘"을 보라).

서구 철학의 정전에 의해 정의된 것과 같은, 주체성에 대한 전통적인 모델을 여성주의가 거부하는 핵심에는 주체성에 대한 데카르트의 가정이 의문시되지 않을 경우에 이르게 되는 난국이 있다. 데카르트의 정신/육체의 이분법이 주체성과 객관성의 대립을 지시하고 이성 대 감성 혹은 감정 같은 일련의 구별들도 함께 지시하기 위해 허용된다면, 여성주의는 주체를 본질적으로 합리적인 것, 통일된 것으로서, 또한 그 자신의 행위와 판단에 대한 반성적 의식을 통해 그 자체에 어느 정도 충분히 투명하게 될 수 있는 것으로서, 말하자면 어느 정도 통제할 수 있는 것으로서 가정하려는 경향을 이어받게 된다. 데카르트 이후의(post-Cartesian) 주체는 어떤 방식으로는 정신/육체의 이분법을 극복하려고 하지만, 다른 방식으로는 그것을 이어받고 있는 한계에 머물고 있다. 선험 철학과 현상학적인 환원의 렌즈를 통해서 여과될 경우에, 실존적인 주체는 이전에는 철학적인 연구의 정당한 주제로 자격이 인정되지 못했던 육체적이고 감성적인 경험의 측면들을 탐구할 능력을 지니게 된다. 비록 실존적인 주체가 합리론자들의 엄격한 인간개념에 의해 더 이상 한계지어지지는 않는다 하더라도, 살아있는 육체는 주체성의 사회적, 역사적, 문화적 차원을 충분히 명시화하는 것을 방해하는 틀, 근본적으로 존재론적인 틀 안에 숨겨져 있다(7. "실존주의와 현상학"을 보라).

보편주의자의 자만은 심지어 가장 근본적인 현상학적 분석에까지 스며들어 있고, 아마도 이 지점에서 포스트모더니즘은 어떤 새로운 것을 제공한다고 말해질 것이다. 차이, 다수성, 파편화가 단지 사고될 뿐만 아니라 응용되는 방식들을 제공함으로써, 포스트모더니즘은 데카르트적인 주체가 가정하고 있는 합리성, 단일성, 정합성, 그리고 지배력으로부터 거리를 취하는데, 이는 하나의 이상적인 주체라기보다는 다중적인 주체들을 위한 것이다. 이러한 행위자들의 복수성은 언제나 합리적으로 혹은 다른 이들과 일치해서 행위하는 것으로 가정되는 것은 아니다. 그들은 하나의 주체 내에서나 주체들의 공동체 사이에서 때때로 말끔히 해결할 수 없는 상충되고 모순적인 요구들을 경험한다. 주체들은 항상 그들의 상황을 이해하거나 통제할 수 있는 것이 아니며, 그들을 활용하려는 시도를 회피하는 정치적 권력에 희생될 수 있다.

주체들이, 필연적으로 완전히 부정되거나 억제될 수도 또는 통제될 수도 없거나 되어서도 안되는 그러한 영향에 노출되어 있다는 것을 인정하는 것은, 우리가 도덕적이고 인식론적인 행위자(agent)로서 우리의 합리적 통제를 넘어서는 사회적인 차원들에 의해 부분적으로는 구성된다는 것을 안다는 것이다. 그것은 독립적인 행위성(agency)에 한계들이 있다는 것을 수용하는 것이고, 우리가 누구인가 하는 부분이 주어진 제도적, 지역적, 국가적, 국제적인 권력의 네트워크에서 우리의 정치적 위치에 따라 결정된다는 것을 인정하는 것이다. 원자적이고, 고립되어 혼자 생각하는 자아들의 관념으로부터 멀어지면서, 포스트모더니즘은 자아와 타자 사이에서, 의식과 무의식의 사이에서, 또 항상 이미 사회적인 상황 속에 위치하고 있는 자아와 우리의 형성을 돕는 사회—우리가 우리에게 제공된 사회적인 규범에 대한 우리의 반응, 전복, 변형들을 실행에 옮길 때 그 배경이 되는 사회—사이에서 연출되는 복합적인 상호작용에 의해 개인들이 형성된다는 사실을 합리주의자들보다 더 기꺼이 인정하고자 한다.

세계에 대해 확실한 인식을 할 수 있는 잠재성이 있고, 자유롭고 독립적으로 세계를 조정할 수 있는, 의식적인 주체가 더 이상은 출발점으로 가정되지 않는다. 주체는 더 이상 본질적으로 세계를 인식할 수 있는 의식도 아니고, 생산적이고 창조적인 기원도 아니며, 자율적 행위자로 정의되지 않고, 합리적 결정을 산출할 수 있는 능력에 의해 정의되지도 않는다. 우리는 더 이상 사회적인 각본의 유일한 저자라고 가정되지 않는다. 제도적이고 정치적인 권력은 모든 중요한 측면에서 다른 주체들에게 동일한 핵심 주체로부터 오는 한줄기 의식처럼, 순수하고 단순하게 빛나는 것으로 전제되지 않는다. 오히려 주체들 사이의 불공평, 권력의 불균형이 허용된다. 개인적인 행위자들에게로 환원될 수 없는 에너지를 낳는 힘들이 인정되고, 에너지들의 비인격적인 흐름들은 본질적으로 데카르트적인 의식을 가진 주체의 그림이 허용하는 것보다 더 유동적이고 기동성 있는 것으로 가정된다.

자유냐 결정론이냐, 사회적 구성주의냐 생물학적 환원주의냐, 상대주의냐 보편주의냐의 상호 배타적인 양자택일을 상정하는 진부한 논거들은, 미묘한 모습으로 수정이 가능하게 되어, 똑같이 바람직하지 않은 극단적인 어떤 지점으로도 주체를 환원시키려 하지 않는다. 한편으로 객관성, 중립성, 보편성을 자부하면서 '어떤 관점도 갖지 않는 것'을 즐기는, 관념적이며 탈육체화된, 선험적 주체가 존재한다. 다른 한편으로 주체는 그가 통제할 수 없는 힘들에 의해 끈들이 당겨지는 수동적인 인형으로 간주되고, 생물학, 사회 그리고 국가는 몇 가지 결정론의 형태들을 위한 상호교환적 지위를 담지하게 된다. 이러한 두 가지의 위험한 설명들을 폐기하면 좀 더 믿을 만한 그림이 창출된다.

개인들은 사회적이고 생물학적인 힘들에 좌우될 수 있다. 여기서 관심의 일부는 실제의 스킬라와 카리브디스, 즉 자연과 문화의 두 연안을 단적으로 분리하는 것이 불가능하다는 데 있다고 할 수 있다. 그러나 우리는 전적으로 수동적인 것도 아니고, 그와 같이 문화적이고도 역사적으로 특수한 결정요소에 직면하여 방책을 전혀 갖고 있지 않은 것도 아니다. 비록 개인이 마음대로 이용할 수 있는 유용한 방책들이 정치적인 의제에 내포되거나, 결코 순수하고 중립적일 수 없고, 개인들이 그들 자신을 정의하는 방식이기도 하고 저항하기도 하는 체계를 유지하고 생산하는 사회적 힘들에 의해서 항상 착취되고 전복될 가능성이 있지만, 그러한 방책들이 전적으로 쓸모없는 것은 아니다. 주체들은, 다양한 성공의 방식으로 권력을 조절할 수 있고, 새로운 권력관계를 만들 수도 있으며, 새로운 공동체와 협상할 수도 있고, 잘 확립된 권력의 노선들을 뒤집거나 변형시킬 수 있는, 전략들을 수용할 능력이 있다.

성과 성별(gender)에 대한 재고

주체성에 대한 재고를 유용하게 하는 축들 중의 하나는 성과 성별이다. 게이튼스(Gatens)는 여성주의자들이 성과 성별에 대한 전형적인 개념들을 개정하고자 하는 요구에 찬성하는 의견을 설득력있게 내놓고 있는데, 그 전형적인 개념은 데카르트식으로 쉽게 성별을 성으로부터 독립적인 것으로 생각하는 것이다. 마치 사유가 탈육체화되고 순수히 합리적인 것처럼 또는 반드시 그래야만 하는 것처럼, 생각하는 것을 육체와 열정으로부터 분리하는 것은 많은 여성주의자들에게는 더 이상 있을 수 없는 일로 보인다. 마찬가지로 여성주의자들에게 성을 희생시켜서 오로지 성별의 범주만에 초점을 맞추는 것은 더 이상 신뢰할 수 없는 것처럼 보인다. 성을 무시하기보다는—성은 일부 여성주의자들에게 가부장적인 세계의 잘못된 모든 것에 대한 상징이었고, 남성으로부터 여성의 차이가 드러나는 현장이었으며, 여성들의 명백한 열등성의 기호였고, 남성과 같이 될 수 없는 여성들의 무능력의 지표이었는데—게이튼스(1996a)는 《가상의 육체들》(*Imaginary Bodies*)이라는 책을 시작하는 장에서, 우리가 성별을 성으로부터 추상화하지 않고 성과의 연관성에서 생각하는 한, 그리고 그렇게 할 때에만 비로소 성별을 적절하게 사고할 수 있을 것이라고 지적하고 있다.

성과 성별의 관계를 통해서 사고함으로써 성적 차이의 문제를 제기할 필요가 있다는 게이튼스의 주장은, 성을 전적으로 규범적인 영역으로 보고, 성별과 성 사이에는 실제적인 구별이 없다고 하는 견해를 유용하게 교정하는 것으로 읽혀질 수 있다. 성별과 성은 우리가 "정체성"이라고 불러왔던 것에 대한, 서로 다른 주장들의 상이한 네트워크에 의해 구성되는 담론적 영역의 부분이다. 푸코(1978)에 의거해서, 버틀러는 《젠더 트러블》(*Gender Trouble*)에서 우리가 성을 생각하는 방식과 자연화하는 경향 혹은 여성에 대한 허구적이거나 담론적인 범주를 기초적이고 불변하는 토대로서 단정하는 경향 사이에 하나의 대비가 존재한다고 주장한다(Butler 1990). 여성의 범주가 여성주의의 주체로 상정된 것이 단지 여성주의 자체에 의해서가 아니라 여성주의가 해방을 위한 투쟁에서 싸우는 대상을 택한, 재현의 정치학이라는 바로 그 체계에 의해서 이루어졌듯이, 성은 정치적이거나 문화적으로 억제되지 않는 방식들로 자연적이고, 생물학적이며 육체적인 것으로 간주된다. 그러나 버틀러는 성이 사회적으로 다양하게 형성된 여성주의 담론에 얽매인 사람에게는 보이지 않는 배타적인 주장들로 구성된 것이라고 지적한다. 그 담론은 여성주의가 대항하고 있는 현상태를 유지하고 구조화하는 이성애적이고 인종적이며 계급적인 편견들에서 벗어나지 못하고 있으나, 여성주의가 발전시키고자 하는 비판적인 성과를 넘어서는 방식들로 여전히 여성주의와 연관되어 있다.

육체들

여성이론가들이 긴급히 탐구할 주제로 삼은 현재의 육체에는—틀림없이 분석하기 어렵긴 하지만—많은 다양한 요인들이 수렴된다. 이러한 요인들 중 하나는 성별화된(gendered) 1970년대와 1980년대의 여성주의 수사학의 신랄한 문제가 되는 육체의 부재이다. 이 시기에 여성주의자들은 육체의 특수성을 실제로 지워버렸을 뿐 아니라, 육체 자체를 비가시적으로 거의 부수적이게 만들고, 남성의 패러다임에 맞추어서 여성의 육체에 대해 상세히 토론했다. 여성주의 육체의 비가시성이 성과 섹슈얼리티뿐 아니라 인종까지도 비가시적인 것으로 만들었다는 것은 우연이 아니다(Spelman, 1988). 여성주의가 여성의 육체들을 무시할 수밖에 없었던 것이 여성주의 이론에서 거절된 육체를 원상복귀시키려는 반작용을 낳을 수밖에 없었다면(Butler, 1993; Braidotti, 1994; Grosz, 1994c; Gatens, 1996a), 또 다른 상황들은 여성주의 이론에서 육체의 부재를 나타내는 빈 곳을 가시화하도록 하였다.

의학 기술 발전의 도움으로 육체가 여성주의 의제로 선정되었는데, 이로써 여성주의는 재생산 가능성들의 극적인 변화에 적응하기 위한 도전에 직면하게 되었다. 이 변화는 우리가 당연시 해왔던 육체와 문화, 자연과 역사 사이의 경계들에 도전하는 것이다. 재생산 기술을 통해 여성들은 남성들의 역할을 상당히 약화시키는 방식으로 재생산할 수 있게 되었기 때문에, 임신은 더 이상 이성애 커플 여성의 완전히 독점적인 영역이 아닐 뿐 아니라, 문화라고 간주되어온 바와 자연이라고 간주되어온 바가 누구에게나 접근 가능해졌다. 여성의 육체는 더 이상 명백한 재생산적인 능력에 의해서 정의되는 고정된 지반이 아니다. 우리가 해부학이라고 간주해온 바는 의학과 기술들에 의해 끊임없이 재정의되는 다양한 단계들을 거치면서 그 자체가 바뀌어 가고 있다.

기술과 육체 사이의 경계는 인공수정과 시험관 아기의 과정을 통해서뿐만 아니라 (육체에게 허용될 수 있는 것을 문화적으로 지정하는 소박한 시도를 나타내는, 지나친 단순화를 드러내는 바로 그 이름인) 성별 정체성(gender identity) 진료소가 급증하며 확산되는 것을 통해서 바뀌어 가고 있다. 성별-전환적 정체성(trans-gender identity)이 성전환(sex-change) 수술에 의해 더욱 용이하게 되었기 때문에, 육체들은 그들의 성별이 무엇인지에 대한 주체의 관념을 부인하기보다는 오히려 그것을 대표하게 하는 상징의 지위를 떠맡게 되었다. 육체가 획득한 상징적 가치는, 인간과 기술적 통제를 넘어서 있다고 지금까지 추정되었던, 불변하고 도전될 수 없는 자연영역과 성의 단순한 등식으로부터 벗어나려는 욕구가 한층 더 입증되었다는 것을 말한다. 이전에 남성 육체의 덫에 갇혔다고 느꼈던 여성은 남성성의 물질적 기호로부터 석방되고, 육체적, 경험적 — 또한 지금 보듯이 상징적인 — 차원에서 여성이 될 권리를 인정받는다.

성별이 불가피하고 어디에나 미치는 필연성일 뿐 아니라 이분법적이고 양극화된 방식으로도 작동한다는 것을 버틀러의 작업이 우리에게 상기시켜 줄 경우에, 버틀러는 아마도 데리다식의 원천을 넘어서서 다음의 통찰력을 가진다(1978). 왜 오로지 두 성(sex)만이 존재하는가? 오로지 두 성별(gender)만이 존재하기 때문인데, 이는 여성성과 남성성을 규정할 뿐만 아니라, 이성애성(heterosexuality)을 말한다. 왜 우리는 세 번째 성으로 여성적인 남성을 지정하거나 혹은 네 번째 성으로 남성적 여성을 지정하지 않는가? 자웅동체(hermaphrodites), 양성성 혹은 여성적이라거나 남성적이라고 허용된 사람에 대해 우리가 받아들여 온 상호 배타적인 범주에 대항하고 있는 또 다른 도전이 사회에서는 어떻게 처리되고 있는가? 의학적인 기술은 육체적인 차원에서 쟁점을 분명하게 하는 방식들을 제공하고, 정신과 의사들은 사람들이 '실제로 존재하는' 자신을 찾도록 하기 위해 상담을 한다. 물론 성별이 성립되는 생물학적 토대가 있다고 여전히 가정되고 있기 때문에 증가하는 성의 숫자가 쟁점을 실제로 다루는 것은 아니다. 주안점은 성과 성별의 분기점의 차원, 남성성과 여성성의 차원 모두에서 사고의 이분법을 균열시키는 것이다.

본질주의

주체에 대한 고전적인 개념이 인간성의 본질, 즉 물질성을 피상적인 육체로 덮고 있는 것의 기반이 되는 진정한 핵심이 존재한다고 추정하는 한, 본질주의의 문제는 포스트모던의 관점으로 주체성을 다시 생각해 보기를 원하는 여성주의자들에 의해 탐구될 수밖에 없다. 인본주의는 많은 측면에서 공격받지만, 인간의 이상적 혹은 생득적인 본질이 존재한다는 생각은 근절되기 어렵다. 그것은 다양한 모습으로 반복해서 나타난다. 여성주의 담론에서 본질주의에 대한 고발은 다양한 방식으로 결집되어 왔고, 생물학적인 환원주의로부터 사회적인 보편주의에 이르기까지 무언가를 의미하기에 이르렀다(Grosz, 1995를 보라). 그 고발은 특별히 여성적인 경험을 강조하는 형이상학적인 믿음 — 모두가 공유하는 공통성에 의거해서 모든 여성의 본질적인 유사성에 따라 암묵적으로나 명시적으로 생기는 믿음 — 을 물리치는 데에 사용되는 경우에서와 같이 때때로 유용한 목적에 쓰여진다. 모든 여성이 공유하고 있는 생물학적인 여성의 본성에 대한 호소는 인종, 계급, 성적인 선호도 등의 궁극적인 중요성을 부인하는 것이며, 흔히 백인, 중산층, 이성애주의자, 그 밖에 기존의 사회에서 기득권을 표시하는 어떤 것들로 대별되는 것, 추측컨대 중립적이고 이상적인 주체를 명시적으로 뒷받침하는 몸짓인 것이다.

진지하게 차이를 받아들인다고 해서 근본적으로 여성적이며, 보살피며, 양육하는 자로서의 여성을 반동적으로 예찬할 필요는 없는 것이다. 진지하게 차이를 받아들이는 것은 기존의 사회에서 여성이 직면하고 있는 사회적으로 특수한 사정들을 고려하는 방식일 수 있다. 여성과 남성의 경험들 간의 차이들은 무시간적이거나 보편적일 필요가 없으며, 잠정적일 수 있고, 사회적으로 정의될 수 있으며, 그러한 것으로서 바뀔 수 있는 것이다. 우리는 양성 간에 차이가 전혀 존재하지 않는 사회가 곧바로 바람직한 것으로 우리가 필연적으로 지지하고 싶은 우리의 이상이 아니라는 것을 여전히 명심해야 한다.

같음과 차이의 딜레마

평등은 성을 가진 주체들의 기본적인 같음을 지적하기 위해서 여성주의자들에 의해 자주 사용되었고, 그래서 남성과 여성 사이의 어떠한 차이들도 우연적이며 중요하지 않은 것으로 다루어졌다. 남성과 구별되는 여성의 차이는 최선의 경우 사소한 것으로 기각되고, 최악의 경우 난처한 것으로 간주되거나 어떻게 해서든지 부인되어야 했다. 예를 들어, 동등한 일에 대해 동등한 임금을 제정하기 위한 논거들은 여성과 남성의 동등한 능력에 호소하고, 두 성들 간의 잠재적인 유사성을 강조하는 반면, 육체의 특징을 다시금 경시하면서 여성과 남성의 육체적이고 재생산적인 차이들을 사소한 것으로서 치부해 버린다. 여성들이 남성들의 기준에 도달할 수 있다는 사실에 초점을 맞춤으로써, 여성주의자들은 고의가 아니게도 남성들의 전통적인 역할이 여성들의 전통적인 역할보다 더 가치있다고 시인하게 된다. 길리건의 작업은 비록 처음 공식화작업에서는 오히려 이론적으로 소박하고, 또한 고전주의자, 인종주의자, 이성애주의자의 기득권을 반영하는 경험적인 그룹에 근거를 두었을지라도, 남성들의 실천과 남성들의 세계에서 예찬되는 가치들이 여성들의 것들보다 본질적으로 우월하다는 가정을 뒤집는 장점을 지녔다(Gilligan, 1982a). 여성들이 사물을 다르게 보기는 하지만, 그들의 가치가 남성들의 가치보다 본질적으로 열등하지는 않다.

법학의 영역에서 여성주의자들의 작업(Rhode, 1990a; Minow, 1991b; P. J. Williams, 1991b; Cornell, 1991을 보라)과 사회적이고 정치적인 철학(Jaggar, 1980a)은 여성들의 욕구가 남성의 욕구와 다르다는 점에 중요한 측면이 있다는 것과 여성들이 결국 다른 대우를 요구한다는 것을 인식할 필요가 있다는 것을 인정해왔다. 여성들이 자녀들을 일차적으로 돌보는 사람으로 있는 한, 그들은 자녀양육, 모성 휴가, 혹은 달이 찰 때까지 태아를 유지할 것인지의 여부에 대한 책임과 관련해서 다르게 대우받아야 한다. 지속적으로 남아있는 상황의 중요한 측면들에 따라 달라지는, 이와 같은 논거들은 본질주의 혹은 보편주의라는 비난을 벗어난다. 특수한 상황에서 특수한 집단의 관심들은 다른 사람들의 것들과 의미심장하게 다르고, 이러한 차이들이 사람들을 평등하게 대우하는 방식을 결정하는 데에 고려되어야 한다. 인간의 본질, 여성적 본질 혹은 보편적인 판단에 대해 어떠한 것도 주장될 필요는 없는 것이다.

평등을 넘어

영원하거나 형이상학적인 근거를 정당화하기 위해서 그 근거들에 호소하지 않고도 여성주의적 통찰에 의해서 얻어진 의미있는 주장을 하는 것이 가능할지라도, 기존 사회에서 특권화된 것들에 의해서 선취되어서 산출된 지식들의 경향이 있다는 것도 사실이다. 따라서 회사들이 주간 보살핌(day care)을 가능하도록 만들었을 때에 여성주의자들의 동기유발을 주장할 수 있지만, 사실상 이익의 증대가 여성 종업원들을 보유하거나 유인할 때의 주요 동기이다. 여성주의는 그러한 야심의 불가피한 압력으로부터 벗어날 수는 없지만—아마도 그러기를 원해서는 안되지만—그것의 영향력을 다소 경계할 수 있고, 여성주의라는 이름으로 주장된 것들을 다소 주의 깊게 관찰할 수 있다.

예를 들어 뤼스 이리가라이는 평등에 대한 추구와의 동일시를 경계한다. 왜냐하면 그녀는 남성과 평등해지려는 노력이 여성주의로 하여금 남성과 여성 간의 차이와, 여성들 간의 차이뿐만 아니라 주체성이라고 인정되는 것에 대한 질문을 얼마나 광택이 나게 할 수 있을지에 대해 회의적이기 때문이다. 여성들은 남성과 연관되어서 체계적으로 정의되어 왔고, 그러한 것으로서 그들 자신의 특수한 정체성은 거부되어 왔다. 여성에게 허용되어온 정합성, 통일성 그리고 의미는 남성적 규범들과의 대립에 의해서나 그것들과의 차이에서 생긴 것이다. 보통 이렇게 남성이 아닌 바(what-men-are-not)에 의한 존재이자 이러한 비-존재(non-being)는 남성에 대한 여성의, 남성적인 것에 대한 여성적인 것의 열등함을 의미한다.

그들 자신의 권리로 여성을 주체로 볼 것을 주장하는 것은 역사적으로 여성의 권리를 박탈한 것에 대해 부분적이고 교정적인 해결책을 제공할 수 있다. 그러나 단지 이렇게 반발하는 차원에서만 움직이려고 하는 것은 보편적인 존재론의 문제가 있는 주장들을 단순히 다시 쓰는 위험을 지닌다. 포스트모더니즘은 주체를 존재론적으로 근거짓는 것을 피하고, 전통적인 서구 형이상학이 함축하고 있는 핵심적 정체성의 순수성과 투명성에 호소함으로써 주체에게 보편성을 인정하는 것을 피하려 한다. 푸코와 데리다 같은 이론가들은 오히려 주체를 여러 방식으로 작동하는 것으로 보는데, 그 방식들 중의 어떤 것은 정체성에 가정되어 있는 단일성에 대해, 그리고 주체를 구성하고 있는 권위의 원천이 갖고 있는 동질성과 고정성에 대한 주장들에 대해 이의를 제기한다. 데리다와 라캉의 영향을 받은 여성주의자들은 주체들의 견고성과 정합성으로 보이는 것이 얼마나 허구에 지나지 않는가를 강조하는데, 그 허구는 우리의 삶을 지배하거나 통제하는 우리의 능력에 대해 우리 스스로 말하고 있는 이야기들에 깔끔하게 맞지 않는 우리들의 어떤 측면을 억압하거나 부인한 대가로 얻은 것이다. 푸코는 주체가 어떤 형태의 금지를 재현하면서 자주 경험하는 억압적인 힘이 단순히 부정적이거나 오로지 권력의 메커니즘만은 아니라는 것을 강조한다. 주체가 단순히 높은 권위를 수동적으로 받아들이는 용기라고 상상하는 것은 권력의 생산적인 효과와 주체 자신이 권력을 자산으로 만들 수 있다는 사실을 모두 무시하는 것이다. 주체에게 편의를 주는 권력은 주체가 전적으로 혹은 끊임없이 통제할 수 있는 능력으로 생각될 필요는 없다. 오히려 주체들은 특별한 응축과 집합점에서 한데 모이고 중첩되는 힘의 다양한 노선들의 연결체이다. 주체들은 이러한 흐름들과 소용돌이 안으로 접근할 수 있으며, 거기서 특수한 방식들로 에너지를 활용하고, 지역적으로 시간적으로 제한된 권력의 핵심을 창조하는데, 이러한 것들은 집중화되고 자율적인 더 높은 행위에 의해 어떤 똑바른 방향으로 움직여지는 것은 아니다. 그러므로 네트워크들과 연합들은 어떤 하나의 주된 권력의 메커니즘—가부장적이고, 인종주의자의, 혹은 이성애주의자의 이데올로기와 같은 것 중에 어느 것이든지 간에—가에로 환원될 수 없다.

따라서 포스트모던 여성주의는 남성 주체와 동일한 정당화를 여성에게 제공함으로써 단순히 여성 주체를 확인하려고 하지 않는다. 예를 들어 여성의 정치적인 특권과 권리를 확장시키면서 여성주의는 주체를 동등한 권리의 담지자로서 해석하는 것이 적절한지를 또한 묻고 있다. 여성의 형태론을 탐구하는 것은 뤼스 이리가라이가 현저하게 성과 지향적이고 남근중심적인 심상, 즉 합리적인 목적론적 기획들을 위하여 주체와 객체의 구분에 가치를 두는 심상들에 도전했던 하나의 방식이다(Irigaray, 1993a를 보라).

푸코와 데리다의 작업이 여성주의 기획들에 긍정적 방식으로 기여했다고 할지라도, 그것이 무비판적으로 수용되었던 것은 아니다. 재나 새위키(Jana Sawicki, 1994)가 지적한 바와 같이, 푸코의 저술들은 자주 남성주의적 경향을 드러내고 있으며, 해방의 담론에 대한 그의 회의주의는 비관적인 것으로 읽혀질 수 있다. 그러나 이것이 여성주의자들이 해방을 위해 이용할 수 있는 전략에 내재되어 있는 위험에 대한 적절한 경계심을 지니면서도 푸코의 작업을 연구하고 그의 통찰력을 실속있게 응용하는 것을 막지는 않았다. 또한 여성주의자들은 라캉에 대해서도 회의적인데, 왜냐하면 그가 명확하기보다는 불분명한 방식으로 쓰는 경향이 있고, 명백하게 성차별주의자로 보이는 경향이 있기 때문이며, 정신분석이 세계의 잘못된 점을 보고 세계를 정치적으로 변화시키려는 작업을 하기보다 개인들을 세계로 원상복귀 시키려는 것이라는 견해를 지녔기 때문이다. 이런 점에도 불구하고, 나는 여성주의자들이 정신분석으로부터 배울 수 있고, 정신분석자들도 여성주의로부터 배울 수 있다고 주장한다. 여성주의와 정신분석의 불행한 결혼이라고 불리어질 수 있는 것 안에 아직도 탐구되어야 할 긴장관계가 남아 있다.

정신분석과 주체성

1974년에 처음으로 출간되었고, 포스트모던 여성주의의 동조자들과 비판자들 간의 유명한 갈등의 장이 된 인터뷰—많은 영어 독자들이 '프랑스 여성주의'를 처음으로 접하게 된 책에 나왔기 때문에 더더욱 그렇게 된—에서, 크리스테바는 다음과 같이 유명한 선언을 했다: "여성은 '존재'(be) 할 수 없다. … 여성주의 실천은 오로지 부정적일 수밖에 없다. … '여성'에게서 나는 재현될 수 없는 어떤 것, 말해질 수 없는 어떤 것을 본다"(Kristeva, 1981, 137면). 이러한 진술의 배경에는 심지어 더 유명한 라캉의 "그 여성(The woman)과 같은 것은 없다"는 주장이 있다(Lacan, 1983, 144면). 재빨리 맥락없이 읽으면, 이러한 진술들은 여성과 여성주의에 대해 똑같이 경멸적인 견해들—여성들은 존재하지 않는다, 여성주의는 시간낭비이다—에 해당되는 것처럼 보인다. 좀더 조심성있게 천천히 읽으면서 이 진술들 각각의 맥락에서 받아들인다면, 라캉의 이러한 특별한 진술은 여성주의자들을 공격하는 것이 아니며, 크리스테바의 주장도 자주 오해되듯이 조롱섞인 거부라기보다는 여성주의에 대해 더욱 유익한 어떤 것을 지시해주고 있다. 라캉에 의해 완결된 진술은 다음과 같이 진행된다: "정관사가 보편적인 것을 나타내는 경우에, 그 여성(The woman)과 같은 것은 없다." 이와 같은 조건부에서, 라캉의 핵심은 단순한 독설이나 논쟁을 표현하고 있기는커녕, 하나의 이상적이고 보편적인 여성이 없다는—모든 여성을 나타내는 본질, 영원히 여성적인 것, 자연적이고 불변하는 특징과 같은 것이 없다는—여성주의자들의 믿음과 일치하는 것임을 쉽게 알 수 있다. 무언가 존재한다고 가정하는 것은 문화적, 종교적, 인종적, 계급적 차이뿐만 아니라 성적인 선택을 진지하게 받아들이는 것도 실패하는 것이 될 것이다. 이상적인 하나의 여성이 존재하는 것이 아니라 많은 다양한 여성들이 존재한다. 여성들은 일종의 이상적인—존재하지 않는—여성적인 미, 덕, 순결이라는 이미지에 따라 행동하도록 북돋아질 수도 있지만, 어떠한 개인도 혼자 그와 같은 이상을 구현하지 않으며, 그 이상이라는 것은 분명히 어떤 특별한 사회의 허구적, 상징적, 신화적 구성체일 뿐이다.

크리스테바는 "여성은 존재할 수 없다"고 말하고, 그 주장을 명료하게 하는 진술을 계속하면서 다음과 같이 덧붙이고 있다.

> 심지어 존재의 질서에 속하지 않는 어떤 것이 있다. 결과적으로 여성주의적 실천은 오로지 부정적일 수밖에 없으며 이미 존재하는 것과 맞지 않기 때문에, 우리는 '저것은 그것이 아니다'(that's not it)와 '저것은 여전히 그것이 아니다'(that's still not it)라고 말할 수 있을 것이다. '여성'에게서 나는 재현될 수 없는 어떤 것, 말해질 수 없는 어떤 것, 일반명칭들과 이데올로기들을 넘어서고 초월하는 어떤 것을 본다(Kristeva, 1981, 137면).

여성이 존재할 수 없다고 말하는 것은, 마치 '여성'이라는 구성체가 문화적이고 정치적인 좌표들과 상관없이 시간과 공간을 가로질러서 보편적으로 결정될 수 있는 것처럼, 여성의 존재론을 상정하는 것의 적절성을 부인하는 것이다. 여성이 고정되고 정의될 수 있다는 것을 부인함으로써—'저것은 그것이 아니다'와 '저것은 여전히 그것이 아니다'(that's still not it)—크리스테바는 여성은 바로 하나가 아니라는 것—그들이 단지 양육하는 것만이 아니라는 것—그들이 단지 성별화된 것만은 아니라는 것을 우리에게 상기시킨다. 여성은 모두 동일하지 않으며, 그녀들이 하는 선택과 판단에서 항상 통일되거나 일관적이지도 않다. 단지 동등한 권리를 위한 투쟁으로서 여성주의를 이해하는 것은 남성이 여성보다 더 낫다거나, 여성은 남성이 가지고 있는 것과 그들이 전통적으로 재현해 온 가치들을 얻으려고 노력해야 한다는 점을 시인하는 것이다. 크리스테바가 여성이 재현될 수 있다는 것을 거부—정의될 수 없고, 말해질 수 없는, 신비스러운 타자로 여성을 부르는 남성주의적 주술 문구를 단지 반복하는 것처럼 보이는 거부—했을 때, 일부 여성주의자들이 불쾌하게 여길 수도 있겠지만, 그녀의 핵심은 보다 공감을 얻을 수 있을 것이다. 그녀는 단지 이미 통용되고 있는 양식을 받아들이지 않는, 성적 차이의 주체를 재의미화할 것을 요구하고 있는 것이다.

성적 차이의 차원에서 주체성을 통해 사고하는 것은 여성주의의 목표가 사회의 탈성별화(degendering)이거나 탈성화(desexualization)임을 주장하는 것이 아니다. 이는 다양한 섹슈얼리티들을 억압하지 않고, 이분법적인 대립관계에 성별을 순응시키고자 요구하지도 않으며, 또한 모든 다른 차이들을 성별화된 차이들에 종속시키지 않으면서, 차이를 사고하고자 시도하는 것이다.

(노성숙 역)

27. 정신분석학적 여성주의

테레사 브렌넌(Teresa Brennan)

정신분석학적 여성주의는 정신분석학을 포괄적으로는 여성주의적 이론에, 근본적으로는 여성주의적 실천에 사용하는 글쓰기의 몸체이다.

기원

여성주의를 위한 정신분석학적 기원의 신화는 다음과 같이 진행된다. 아주 오래 전 1970년대 초반 우리 여성주의 어머니들은 당황하였다. 그들은 여성주의에 대한 자신들의 지적이고 정치적인 참여에도 불구하고, 그들이 (남성들을) 너무 사랑하여, 일관되게 사유하기보다는 관계적임과 같이 심히 오래된 남성주의적 실천에 여전히 빠져 있음을 알게 되었다. 결국 가부장제는 생물학적일 수밖에 없는 것인가? 혹은 심히 오래된 시절들에 대한 따분하고 천편일률적인 유형의 반복에 대한 다른 설명이 있었는가?

무의식으로 들어가자. 그 주제에 관한 첫번째 책, 즉 줄리엣 미첼(Juliet Mitchell)의 《정신분석과 여성주의》(*Psychoanlysis and Feminism*, 1974)에서는, 생물학보다는 차라리 무의식이 역할의 반복으로 설명되었다. 무의식은 어떤 사람이 변화하기를 원했다고 할지라도, 왜 천편일률적인 남성성과 여성성이 유지되는지를 설명하였다. 이것이 바로 생물학적인 것과 사회적인 것 간의 분기점을 둘러싸고 정신분석학과 여성주의가 조직화된, 계속되는 많은 논쟁 방식의 시발점이다. 논쟁은 알다시피 세 번째 범주, 즉 심리적인 것을 낳는다.

미첼의 쟁점은 케이트 밀레트(Kate Millet), 슐라미스 파이어스톤(Shulamith Firestone), 저먼 그리어(Germaine Greer), 에바 파이쥬(Eva Figes) 그리고 물론 시몬느 드 보봐르(Simone de Beauvoir)의 저작 등 초기 여성주의 진영에 영향을 미쳤던 프로이트에 대한 비난을 겨누고 있다. 그러나 여성주의 창시자들의 작품에 스며들어 있는 프로이트에 대한 대체로 부정적인 태도에도 불구하고, 또 여성주의에 우호적인 정신분석의 명백한 참신함에도 불구하고 여성 운동을 구성하는 실천의 확장으로서의 정신분석학에 대한 초기 여성주의자들의 관심을 볼 경우, 즉 의식의 고양이 있을 수 있다.

의식의 고양은 어떤 사람이 그릇된 의식을 가져서, 그가 그러한 의식과 '여성적인 천편일률적인 형식'을 동일시하여 압박을 견디게 된다는 가정에 기초하고 있었다. 또한 여성주의적 의식도 있었는데, 그것은 다양하게 얻어져서 어떤 사람이 그릇된 천편일률적 형식을 얻는 방식, 최근에 재발견된 '미의 신화'에서부터 여성의 적합한 운명은 아내와 어머니의 운명이라는 확신에까지 배치하는 방식 등도 있었다. 천편일률적 형식에 대한 거부는 동시에 어떤 사람이 세계에 있을 수 있는 방식에 대한 무수한 가능성들에 대한 개시이다. 거부는 갑작스러웠으며 전환의 경험과 결합된 성질들을 지니게 되었다. 세계와 그 안에 있는 여성의 자리는 새로운 빛 속에서 보여지게 되었으며 낡은 방식들은 거부되었다. 절대적이고도 힘이 넘친 신념으로 가득찬 경험에 의한 새로운 진리가 생성되었다.

의식의 변화에 대한 제2세대 여성주의 운동의 강조 때문에 제2세대 여성주의 운동은 시작부터 심리적인 것에 닻을 내리게 되었다. 그러나 그러한 관심과 그 관심을 더 진행시키기 위한 정신분석학의 잠재력 간의 연대는 프로이트 이론의 생물학적 측면들로 인해 불투명해졌다. 밀레트, 파이어스톤, 파이쥬 그리고 보봐르는 다양한 정도로 여성성에 관한 프로이트의 저작에서 생물학의 중요성과, 후기의 분석에서 프로이트가 여성성의 결핍(이에 대한 프로이트의 생각은 많이 있다)을 남근 선망으로 언급한 사실을 강조했다. 이 저자들은 남근이 생물학적이라고 가정한다. 그래, 그것은 생물학적이지, 그렇지 않아?라고 당신은 말할지도 모르겠다. 정확히는 그렇지 않다고 미첼은 말했다. 남근과 팔루스의 구별을 이끌어 내면서, 그녀는 계속해서 처음으로 여성주의 이론에 라캉식의 정신분석학을 도입하고 있다. 더군다나 그녀는 남근 선망이 천편일률적인 여성성에 대한 여성주의의 관심에 영향을 미친, 프로이트의 "여성 만들기"에 대한 해명을 위해 지불해야 할 작은 대가라고 덧붙인다.

미첼이 생물학적 잔재라고 칭했던, 프로이트의 생물학적 잔재는 섹슈얼리티가 주어지기보다는 구성된다는 프로이트의 발견보다는 덜 중요하다. 사람은 태어나는 것이 아니라 성적으로 형성되는 것이다. 리비도는 미리 결정되어 있는 것이 아니라 구강, 항문, 성기 심지어는 지배에 대한 충동 등 다양한 유인적인 흐름들에서 유도되는 것이다. 이러한 충동들은 생물학적 경험과 분명한 관련 지점을 갖지만, 리비도의 도처의 흐름들이 서로 얽히는 방식은 말할 것도 없고, 경험이 각 지류 흐름에서 형성되는 방식에서는 어떠한 필연적인 목적론도 없다(Freud, 1905). 프로이트의 구성된 섹슈얼리티라는 생각은 그 당시 혁명적이었다. 그것은 또한 제 2세대 여성 운동의 주요한 관심을 추진시키는 조건이었다. 즉 결코 어떠한 본성적인 혹은 본질적인 섹슈얼리티는 없다. '여성은 본성적으로 더 많은 보호를 받는 존재이고(그래서 집에서 머물러야 하며)', 혹은 '남성은 본질적으로 더 공격적이다'와 같은 주장이 구체화된 대립적 견해에는 본질주의자의 딱지가 붙었다.

돌아보건대 미첼의 운동은 두 측면의 운동이다. 한편으로 여성주의자는 무의식 그리고 섹슈얼리티가 구성되어 있다는 생각을 통한 엄청난 지지를 수용한 변화에 관심을 갖는다. 다른 한편으로 프로이트와 라캉 이론으로의 편향에 대한 수확이 항상 명백한 것은 아니었지만, 그들 이론에 대한 동시적인 편향이 있었다. 여성주의를 위한 지속적인 정신분석학 역사는 일상적인 억압의 항목과 그 억압을 변화시키고자 하는 염원으로 우리 자신을 우리 자신으로 설명하려는 욕구와, 매력적이면서 그러한 설명을 더 진전시키거나 아니거나 종종 불가피한 이론을 이해하려는 욕구 사이의 최초의 긴장을 유지해 왔다. 이러한 긴장은 우리가 라캉과 함께 시작하면서 길을 따라갈 때 좀더 느슨해질 것이다.

라캉적 견해들

이제까지 주목한 대로, 자클린 로즈(Jacquline Rose)와 함께 쓴 《여성의 섹슈얼리티, 자크 라캉과 프로이트 학파》(*Feminine Sexuality, Jacques Lacan and the Ecole Freudienne*, 1982)의 후속 저작에서 개진된 미첼의 라캉 독해에서, 팔루스(phallus)와 남근(penis)의 차이로 생물학은 덜 부각된다. 남근은 생물학적 기관이다(모두 이에 대해 동의한다). 팔루스는 지배 기표이다. 팔루스는 남근의 표상이다. 그러나 또한 팔루스는, 언어의 기본 목표가 모든 존재의 중심에서 구멍을 틀어막는 것이라는 사실을 의미하는 데 있어 우리가 소유하는 유일한 통로이기도 하다. 언어는 이러한 틈을 막는다. 왜냐하면 언어는 의사소통을 하기 때문이고, 우리로 하여금 다른 사람들과 의사소통하게 함으로써, 우리 각각의 중심핵에 있는 공허감을 극복하기 때문이다. 그뿐만 아니라, 말은 결코 그렇게 내버려 두지 않는다. 라캉에게서는 우리가 말하기를 원하는 것(필요)과 우리가 실제로 말하는 것(요구) 사이에 차이가 있다. 그 차이를 그는 욕망이라고 부른다.

우리의 목적에서 볼 때 욕망에서 가장 눈에 띄는 점은 욕망이 특별히 심리적인 실재를 지칭한다는 것이다. 욕망은 생물학적 필요에 대한 것만도 아니고, 오로지 사회적 응답과 사회적 상호작용의 문제인 것만도 아니다. 욕망은 생물학적인 것과 사회적인 것 사이의 영역에서 존재한다. 이러한 새로운 영역이 프로이트가 일찍이 정신적 삶의 '다른 장면', 즉 (독일어로) 다른 극장(andere Schauplatz)(글자 그대로 다른 극장)이라고 명명했던 심리적인 실재이다(Freud, 1900). 그러한 장면에서는 심리적인 것이 지배적이다.

심리적 실재는 생물학적 노선과 사회적 노선에 따른 최초의 분기점을 복잡하게 만든다. 그 복잡함은 일단 우리가 정신분석학적 여성주의를 위한 이후의 주요한 기여, 즉 일반적으로는 대상-관계 이론 그리고 특수하게는 낸시 초도로우(Nancy Chodorow)로 방향을 돌리게 되면 보다 명백해진다.

대상-관계적 견해들

초도로우의 견해는 여성주의에 대한 대상-관계 이론을 사용하여 가장 잘 중재하는데, 그 출판의 2년 전에 도로시 디너스타인(Dorothy Dinnerstein)은 클라인(Klein)의 대상-관계 이론에 의존한, 매우 훌륭하면서도 잘 사용되지 않은 책(《인어와 미노타우르스》(*Mermail and the Minotaur*, 1976)을 출판했다. 어떤 점에서 이 책은 부활시킬 만한 가치가 있다. 그러나 잠시 초도로우를 지켜보면, 그녀의 《어머니 노릇의 재생산》(*The Reproduction of Mothering*, 1978)은 젠더의 사회학으로서의 저자로 기술된다. 그 책의 초점은 심리적인 것이 사회적인 것에 대한 정확한 반영이며 전환이라는 일종의 직접적인 지도 그리기를 통해 어떻게 사회적 관계가 심리적인 것에 의해 내면화되는지에 전적으로 맞춰져 있다. 라캉주의자들과 클라인주의자들에 의해 도전을 받았던 것이 바로 이 직접적인 지도 제작이다. 두 학파들은 사회적 상호 작용들, 사건들 그리고 관계들이 항상 환상 혹은 욕망에 의해 매개되는 심리적인 실재의 의미 생성을 강조한다.

클라인학파에서 아기는 자신을 사랑하고, 배고플 때면 언제나 젖을 주는 등 이 세상에서 '가장 최상의 어머니'를 가질지도 모르겠다. 그러나 아기가 첫 번째로 배고픔을 느끼고 그 필요를 소리내어 말하는 순간에, 의도적인 애정 결핍에 대한 편집증적 환상이 심리적인 것으로 들어갈 수 있다(그리고 매우 자주 그럴 수 있다). 이제부터 여성들은 고통스런 상황에서 심리적인 것을 신중하게 유지시킴으로써 비난받을 수 있다. 라캉 이론에서 아기는 자신이 타자의 무의식적 욕망에 의해 충격을 받을 때, 자기 가족의 배치 속에서 분명한 사회적 관계들을 내면화하는 자신만의 방식으로 잘 지낼 수 있을 것이다. 즉 아기의 아버지는 덕망 높게 똑같이 부모 노릇을 하는 바로 그 모델이지만, 아버지의 딸은 아버지의 나르시시즘에 비위를 맞추는 여성적 거울을 아버지에게 제공함으로써, 무의식적으로 욕망한다.

그러나 정신분석학과 여성주의를 공부하는 학생에게서 '심리적인 실재'는 분명 복잡하게 얽혀 있다. 왜냐하면 라캉과 클라인은 다른 전통에서 말하고 있기 때문이다. 더군다나 클라인은 정확하게 대상-관계 이론가로 간주된다. 이들은 초도로우에 의해 인용된 이론가들이다. 우리는 이미 라캉 사유의 몇 가지 변수를 보았다. 우리는 대상 관계 이론 전통에 대하여 좀더 자세히 볼 필요가 있으며, 그러한 전통이 심리적 삶(클라인학파들)을 강조하는 하나의 학파와 사회적 요인들을 강조하는 다른 학파들을 낳았다는 것을 강조할 필요가 있다.

초도로우 자신은 사회적 대상 관계 이론들에 대한 일등급 입문을 제시한다. 그 중에서도 그녀는 밸린 부부(Balints)와 위니컷(Winnicott)(A. Balint, 1965; M. Balint, 1968; Winnicott, 1965)의 저작을 사용한다. 그녀는 특히 다음과 같은 (이들 사상가들에게는 공통적인) 가정을 강조한다. 즉 어머니와 아이는 원초적으로 미분화된 단위를 형성하며 아이는 자신의 분리된 현존재에 대한 분명한 감각을 갖고서 이 단위로부터 벗어나야만 한다. 이 사회적 아기는 어머니로부터 개별화되어 분리되는 국면을 경험해야만 한다. 이러한 국면에서 아이의 심리적인 것은 자신이 내면화한 사회적 관계에 의해 형성된다.

모든 대상 관계 이론에 대한 원형은 프로이트의 "슬픔과 우울증"("Mourning and Melancholia", 1917b)에서의 자아에 대한 묘사이다. 이 묘사는 "자아와 이드"("The Ego and the Id", 1927)에서 증폭된다. 프로이트는 '자아는 포기된 대상-카텍시스의 침전물'임을 논증하고 있다. 우리가 사랑하는 지점에서 우리는 사랑을 포기하지 않을 수 없다. 그 이유가 그 사랑이 사회적 혹은 윤리적으로 부적절하기 때문이거나 또는 그 사랑을 우리가 포기하기 때문이거나 혹은 그 무엇 때문이건 간에 말이다. 그래서 우리는 우리가 사랑하는 대상과 동일시함으로써 상실감에 대처한다. 동일시한다는 것은 대상의 특성들 즉 목소리의 뉘앙스, 감춰진 야망, 형편없는 정치술 등등을 취하는 것이다. 프로이트는 소년이 자기 어머니에 대한 자신의 욕망을 포기해야만 할 때, 그 소년이 취한 성격들이 어떤 것인지, 소년이 아버지의 세계에 대한 상속인이라는 것이 어떻게 이루어지는지를 논의할 때, "자아와 이드"에서 이 이론을 요청하였다.

상실된 대상과의 동일시는, 이러한 동일시가 어떻게 대상이 내면화되는지를 설명하는 한에서, 대상 관계 접근의 초석이 되었다. 동일시에 대한 초점은 대상 관계 학파들 모두에 공통적이다. 내가 지적했듯이 차이는 클라인학파에게 동일시는 환상에 의해 매개된다는 점이다. 초도로우를 선호하는 대상 관계 이론가들에게는 현실적이고 사회적인 관계들이 내면화된다.

그래서 《어머니노릇의 재생산》으로 돌아가 보자. 그 책이 사회적 대상 관계 학파에 속하듯이 그 책은 어떻게 어머니와 아버지에 대한 현존하는 사회적 관계가 내면화되는가를 강조한다. 프로이트가 하듯이, 자신이 동일시하는 부모는 동성의 부모임이 가정된다. 소녀들은 엄마와 동일시하고 소년들은 아버지와 동일시한다. 초도로우는 어머니가 최초의 보모인 가족을 가정했기 때문에, 이는 소녀들이 '돌봐주는' 부모, 즉 관계적인 어머니와 동일시하고, 반면에 소년들은 먼 부모, 즉 아버지와 동일시한다는 것을 의미한다. 소년들은 아버지와 동일시함으로써 세상으로 나아간다. 소녀들은 보다 더 내면적인 방향으로 나아가기를 좋아하며, 만일 가족 집단으로 나아지 않는다면, 적어도 '관계'로 나아간다. 결과적으로 소년들은 거리를 두고, 객관적으로 그리고 초탈한 상태로 성장하게 된다. [반면에] 소녀들은 관계적이고, 상호 주관적인 상호 소통에 초점을 맞추며, 그리고 자신들이 사랑하는 사람들과 밀착되어 영원한 위험 속에 있게 된다.

이 이론은 대단한 강점과 대단한 약점을 지닌다. 이 이론의 강점은, 관계맺음으로 인해 고통받는 자기 자신들을 발견하는 많은 여성들의 경험 속에서 인정의 강한 화음과 결합한다는 것이다. 이러한 경험적인 수준에서 초도로우의 작업은 수많은 지지자들을 발견했다. 초도로우의 이론은 제시카 벤자민(Jessica Benjamin)의 저작 《사랑의 굴레》(*The Bonds of Love*, 1988)에서의 대상의 관계와 여성주의적 매저키즘에 대한 지속적이고 보다 미묘한 의문에 기여했다. 그 이론은 캐롤 길리건의 관계에 기초한 새로운 여성주의적 윤리학에 그리고 윤리적 결정에서 추상적이기 보다는 구체적인 가치의 중요성[《다른 목소리로》(*In a Different Voice*, 1982a)]에 영향을 주었다. 그리고 그 이론은 이블린 폭스 켈러의 저작에 실질적인 영향을 준 관계에서, 여성주의적 과학 이론의 형성에 그리고 켈러의 '주관적인' 그리고 '객관적인' 과학적인 범주의 심리적 기원에 관한 그녀의 연구에 도움을 주었다[《젠더와 과학에 대한 반성》(*Reflections on Gender and Science*, 1985)].

초도로우의 약점은 이론이 너무 성공적이라는 점이다. 그 이론은 왜 소녀가 관계적인 망으로부터 혹은 이성애의 경계들로부터 도대체 탈출하려 하지 않는가를 설명할 수 없다. 초도로우는 그녀의 이론이 레즈비어니즘을 취급할 수 없다는 것을 기꺼이 인정한다. 보다 일반적으로 그 이론은 여성에서의 남성성, 남성에서의 여성성을 설명할 수 없다. 그것은 프로이트 자신이 갖고 있는 이론의 설명력을 상실한다. 프로이트의 이론은 적어도 왜 여성 혹은 남성이 사회적 규범으로부터 일탈할 수 있었는지를 설명할 수 있었다.

규범을 교란하기

프로이트적 주체는 항상 분열되어 있다. 그 또는 그녀는 적극적일 뿐만 아니라 소극적인 오이디푸스 콤플렉스를 경험한다. 전자[소극적인 오이디푸스 콤플렉스]에서 소녀는 그녀의 어머니를 욕망하고, 소년은 아버지를 욕망한다. 적극적인 오이디푸스 콤플렉스의 승리는 정확하게는 사회적 규범들의 문제이다. 이러한 접합적인 리비도적 통로들은 한 방향에서는 다른 통로들 그리고 무의식 속에서 살아 있는 가능성들을 제거하지 않은 채 억압의 기간을 지내면서 때때로 규정된 이성애적 결과들을 교란시키며 제압한다.

사회적 대상-관계 견해에서는 다른 문제가 있다. 사실상 이 문제는 프로이트의 상실과 동일시에 대한 언급에 고유한 것이다. 현실적으로 소년들은 자신들이 상실한 대상, 즉 엄마와 동일시하지 않는다. 그들은 아버지와 동일시한다. 만일 그들이 당장 어머니를 가지려는 욕망을 억압받거나 연기한다면, 그들 역시 미래에 엄마와 같은 여성이나, 엄마를 소유할 수 있다는 약속의 표시에 기반한 동일시를 한다. 소녀들은 어머니와 동일시하지만, 그녀들이 어머니를 어떻게 상실하는지는 프로이트의 언급에서는 설명되지 않는다. 그러나 이러한 상실은 이리가라이의 이론에서는 중심에 있다. 우리는 이에 대해 뒤로 미룰 것이다.

이제 "슬픔과 우울증"의 주제가 퀴어 이론의 문헌에서 추적되었던 바를 주목해야 할 것이다. "나는 결코 그를 사랑하지 않았으며, 나는 결코 그를 상실하지 않았다."는 주디스 버틀러(Judith Butler, *Gender Trouble*, 1990)가 소극적인 오이디푸스 콤플렉스에 대한 솔직한 사람의 심리적 응답을 서술한 방식이다. 소극적인 오이디푸스 콤플렉스 속에서 그는 그의 아버지 혹은 그와 비슷한 사람을 사랑했고 욕망했다.

이성애적인 규범으로부터의 일탈을 설명하는 데 있어서 분열된 주체에 대한 잠재적인 이론은 소극적인 오이디푸스 콤플렉스에 대한 프로이트의 언급으로부터 출발한다. 그러나 그것은 거기서 끝나지 않는다. 정체성의 유동성에 대한 혹은 주어진 정체성이 취약한 구성이라는 생각에 대한 보다 일반적인 관심이 있다. '자아가 포기된 대상-카덱시스의 침전물' 이듯이, 또한 자아는 정체성이다. 자클린 로즈는 어떻게 "자아의 안정성이 항상 분열에 의해 위협을 받는지"를 강조한 첫번째 사람이었다 (Rose, 1982). 그러나 그 이후 그러한 주제는 퀴어 이론에서 뿐만 아니라, '구성주의' 도처에서 대중화되었다.

그러나 퀴어 이론에 대한 주요한 예외가 있다고 하더라도, 해체론에서 그리고 경험에서 느껴 관련맺어진 듯이 보이는 라캉의 정신분석학에 관한 현대 문헌의 상당 부분에서는 거의 아무 것도 없다. 사실 정체성의 불안정성에 관한 논문들은 그 상상적인 심오한 뜻에 대한 많은 비판들 그리고 정치학과 정치적인 프로그램의 항목에서 그것들의 명백히 일반적인 부적절성, 그리고 특히 그것들의 인종에 대한 무시 (Bell hooks, 1992a를 보라)를 자극해 왔다. 그러한 비판들은 종종 '정체성의 정치학'에 대한 긍정과 얽혀 있는데, 정체성의 정치학은 구성주의와 '상위 이론'을 이러한 이유에서 멀리 한다. 정치적 행동에 필수적인 정체성을 주장하기 위해, 즉 '여성'으로서, 아프리카-아메리카인으로서, 혹은 유색인종으로서, 어떤 본질주의적인 형식을 지지하는 것은 필수적이다. 부분적으로 이러한 논증들 때문에 본질주의에 대한 대립은 다소 누그러졌다. 그러나 여전히 남아 있는 이슈는 우리가 다시 뤼스 이리가라이와 '프랑스 여성주의'의 작품에 대해 토론을 하면서 언급할 것이다.

이리가라이와 다른 사람들

이리가라이는 많은 기여를 하였다. 그러나 특히 여기서는 그 중에서 두 가지가 의미 있다. 내가 지적했듯이 첫번째 기여는 소녀와 어머니의 관계에서 상실에 관한 것이다. 이리가라이에 있어서 이러한 상실은 문화적 상징계가 어머니와 딸 사이의 관계의 모델과 상, 신화와 이야기를 제공하지 않는 방식이라는 보다 넓은 맥락 속에서 형성된다(Irigaray, 1985a). 물론 어머니와 아들 간의 관계는 아버지와 아들 간의 관계처럼 상징화된다. 그러나 데메테르와 페르세포네의 신화 이래로, 어머니-딸 관계에 대한 어떠한 상징화도 없었다. 이리가라이에게서 상징화에 대한 이러한 실패는 근본적으로 소녀(그리고 여성)의 깊은 우울증 경험의 많은 부분에 해당된다. 우울증은 더 나쁘다. 왜냐하면 그녀가 자신이 슬픈 상태에 있는 것이 무엇인지를 알지 못하기 때문이다. 즉 상실이 인지될 수 있는 어떠한 유사한 코드도 없다.

더군다나 그것은 심리적인 영향력을 주는 문화의 상징 질서 속에서의 토양이다. 우리가 우리 자신을 존재하는 전통의 일부라고 인식할 때, 우리는 앞으로 더 나갈 수 있다. 자리 없이 존재하는 것은 경계없이 존재하는 것이다. 따라서 자신이 누구인지에 대한 확신이 결코 없는 것이다. 이러한 사실은 초도로우가 목격한 현상, 즉 여성의 삶 속에서 관계의 동화적이고 부차적인 중요성에 대해 전적으로 다른 전망을 준다. 언어의 상징적 질서를 통해 '자신의 자리를 찾는 것'이 상대적으로 건전한 주체 형성의 조건이라는 것은 바로 라캉의 이론에서 정초된 궁극적인 설명이다.

많은 라캉주의자들에게서 가정되어 왔던 바는 소녀들이 자신들의 자리를, 궁극적으로는 그녀들의 건전성을 찾을 수 없을 것이라는 점이다. 그녀들은 팔루스에 대해 권위적인 관계를 갖지 않으며 따라서 아버지의 법에 의해 지배받는 상징에 대해 권위적인 관계를 갖지 않는다. 이리가라이는 보다 넓은 문화적인 항목 속에서 팔루스에 대한 관계와, 언어에 의해 제공되는 자리를 파악할 것을 주장한다(그리고 이러한 주장 때문에 라캉 학파로부터 추방당하지 않을 수 없었다). 결국 언어란 문화 속에서 근거지어진다. 그리고 이리가라이는 문화를 직접적으로 둘러싸고 있는 상징계의 정의를 확장시켰다.

이러한 점으로 우리는 이리가라이의 두 번째 기여에 이르게 되며, 여기서 이를 논하고자 한다. 그것은 상징화되어야만 하는 엄마와의 관계만이 아니었다. 그것은 그 모든 특수성 속에서 쓰여져야만(written) 하는 여성 육체 그 자체였다. 이리가라이는 처음으로 영어권 나라에서 주목을 받았으며, 여성의 성기(Irigaray, 1985b)인 '두 입술'에 대하여 그녀가 주목했기 때문에, 명백한 본질주의자로서의 악명도 얻었다. 여성의 육체를 비유적으로 묘사하는 그녀의 호소는 여성의 본성에 대한 본질주의적 요청, 즉 여성들의 성기의 형태구조 때문에 여성들은 단수 항으로보다는 복수적으로 사유한다는 요청으로 읽혀졌다. 사실 마가렛 윗포드(Margaret Whitford, 1991)가 분명하게 보여 주었듯이 이리가라이는 가부장제 문화권에서 어떠한 이름도 갖지 않은 채 말하고 있는 여성 육체에 대한 상징화에 현실적으로 관심을 가졌다. 그러나 정신분석학 진영에 있는 다른 두 주요한 프랑스 여성주의들, 즉 엘렌 씨수(Hélène Cixous)와 줄리아 크리스테바(Julia Kristeva)처럼 이리가라이는 본질주의에 대한 앵글로-아메리카 사람들의 혹평을 무시하거나 도전한 채 저술을 하고 있는 것으로 읽혀진다. 이런 사정에도 불구하고 이리가라이의 저작은 1985년에서 1995년의 10년 동안 특별히 주목받을 만한 갈채를 얻게 되었다.

씨수의 글쓰기와 차이에 관한 저작은 또한 특히 문학에 어떤 충격을 가져왔다. 사람들은 즉각적으로 "메두사의 웃음"("The laugh of the Medusa", 1979)은 물론 "새롭게 태어난 여성"("The Newly Born Woman", 1986)을 생각한다. 줄리아 크리스테바는 문학에서뿐만 아니라, 철학에서도 보다 광범위한 충격을 가져 왔다. 이리가라이와 같이 크리스테바는 어떤 다른 것보다도 우울증에 관심을 가졌다(《검은 태양》 *Black*

Sun, 1989). 그러나 그녀는 그녀의 위대한 저작, 《시적 언어의 혁명》(*Revolution in Poetic Language*, 1989)으로 먼저 알려졌는데, 그 책에서 그녀는 여성성의 형성에 있어서 심리적인 삶의 전(前)오이디푸스 단계의 중요성을 강조했다. 크리스테바에게는, 주어 술어의 구조 측면에서 서서히 퍼져 나가는 음악과 시를 사용하는 가운데, 언어 '이전'이, 즉 언어가 후에 형상화시키면서 또 억압하는 생체리듬적인 속삭이는 말, 재잘거림이 존재한다. 이러한 누출 속에 가부장제의 엄격성과 아버지의 언어적 말에 대해 반대할 하나의 원천이 놓여 있다.

이리가라이와 마찬가지로 크리스테바의 작품은 내가 여기서 지적했던 것보다 훨씬 더 풍부하다. 이리가라이와 마찬가지로, 크리스테바는 처음부터 라캉에 의해 영향을 받았으나 결과적으로는 그녀 자신이 그로부터 거리를 두게 되었다. 내 생각으로는 유사성은 거기서 끝난다. 크리스테바는 독창적인 사상가로 그녀의 설명 영역은 오로지 그 자체로 느낀 것으로부터 시작된다. 반면에 이리가라이의 경우는 상대적으로 줄어 들었다. 크리스테바는 종종 이리가라이에게는 부족한 일관성을 갖고 있으며 그녀는 또한 진행중인 연구에 주어진 겸손한 마음도 갖고 있다. 정말로 공포의 힘 그리고 사랑의 다양성에 대한 모성으로부터 주제들을 배치하면서 느낀 경험에 대한 그녀의 호기심이야말로 이론에 대한 그녀의 활용, 즉 그 강제적인 효과를 가져온다. 여기서 그녀는 또한 프로이트뿐만 아니라, 라캉으로부터도 영향을 받은 몇몇 영어권 이론가들과는 다르다. 그들은 1985년 이래로 여성주의를 위한 정신분석학적 토론을 주도하였다. 그러한 토론은 점차적으로 프로이트와 라캉의 저작에 관한 이론적 정교함을 질문하는 곳에 집중되었다.

현재의 정치학

나는 프로이트와 라캉의 이론적인 장점들, 영어권 나라에서 그들 이론의 적용들이 정신 분석학적 여성주의의 초기 갈래들 특히 미첼과 초도로우의 것에 똑같이 광범위하게 직관적인 호소력을 지니지 않았던 것이 도대체 무엇이었는가를 말하는 것이 공정하다고 생각한다. 그러나 라캉 이론에 대한 보다 미묘한 이론적인 설명들은 영어와 동시대의 문학에 관련된 이론의 매우 풍부한 부분을 생산했다. 이러한 짧은 글에서 나의 초점이 일차적으로 사회적이고 철학적일 때, 나는 그러한 문헌을 여기서 탐구하려고 시도하지 않을 것이다. 차라리 초점은 여성주의를 위한 정신분석학은 이제 문학 이론에 최상의 양분을 공급한다는 것이며, 문학 이론은 정신 분석학적 전환을 시도했던 최초의 관심과 예술의 이론적 상태 사이에 현재 존재하는 거리에 대해 반성한다. 이로써 나는 문학 이론가들이 여성주의에 우호적인 정신 분석학을 실천에서 제거한 것을 의미하려는 것은 아니다. 철학자들 혹은 사회 이론가들 (실천은 다른 문학 이론가들 가운데서, 《분석을 위한 노트》(*Notes for an Analysis*, 1989)에서의 앨리스 쟈르딘(Alice Jardine)의 이슈이다). 차라리 의문이 드는 것은, 보다 최근의 정신 분석학적 여성주의의 이론적 정교화가, 우리가 여성과 남성을 변화시키는 방식을 분석하는데, 훨씬 더 시금석을 가져다 줄 수 있다는 점이다. 퀴어 이론은 이러한 일의 가능성을 보여 주었다. 그러나 이성애의 경험은 이러한 관점에서 충분히 분석되지 않은 채 남아 있으며, 이러한 사실은 우리에게 어떤 경험이 특별히 변화에 저항적이며, 연기된 심문을 피하는데 능숙하다는 결론을 가져다 준다. 여성주의에 우호적인 정신 분석학이 20년 지난 후에, 아마 어딘가에 전환의 시기가 있을 것이다.

(연효숙 역)

28. 인간 본성

냄시 홀름스트롬(Nancy Holmstrom)

여성은 인간인가? 수수께끼 같고 기묘하기조차 한 질문을 아직까지도 사람들은 인간 본성과 여성을 고려하는 많은 철학적 이론들을 통해 제기했다. 인간 존재는 종이며 종은 매우 복잡한 방식이기는 하나 그 생물학적 속성들에 의해 정의된다. 지금까지 억압받아 왔던 모든 집단들 가운데서 여성은 자신의 신체에 의해 가장 분명하게 그리고 거의 부인할 수 없을 정도로 구별된다. 남성이 항상 규범으로 채택된 이래 이러한 규범과 다른 여성들의 차이가 지닌 의미에 관한 의문이 제기되었다. 비록 소수의 철학자들이 여성들이 남성과 구별되는 존재인지 아닌지에 대해 심각하게 질문해 왔음에도 불구하고, 많은 철학자들은 여성들이 인간으로서 규정된 속성들을 가졌다는 점을 분명히 부인했다. 그 밖에 그들은 역사적으로 보다 남성적인 특성들을 인간의 특징으로 표현했다. 아리스토텔레스는 여성적인 성질을 일종의 본성적인 결함이라고 불렀다.

나는 인간 본성에 관한 철학적 이론이 항상 기술적인 것과 규범적인 것의 혼합이라는 점에 주목하는 것 말고는 이러한 유감스러운 역사를 재검토하지는 않을 것이다. 앨리슨 재거(Alison Jaggar, 1983)가 "인간 본성에 관한 이론의 핵심은 인간의 능력, 필요, 소망 그리고 목적에 관한 개념임이 분명하지만 이러한 것들을 증명할 객관적인 방법은 없다"(20면)라고 설명했을 때와 같다. 그리고 그러한 것들은 항상 정치적 목적에서 언급되어 왔다.—즉 인간 본성에 최상으로 위치로 현 사회를 방어하기 위한 목적을 위해서거나 아니면 적응에 실패했다는 이유에서 대안적인 긍정적 전망을 위한 기초로서 현 사회를 비판할 목적에서 언급되어 왔다. 그러한 이론들은 항상 여성과 남성의 본성에 대한 몇몇 전제도 가지고 있다. 게다가 (누가 바로 '인간 본성'의 영역 내에 해당하는 것으로 가정되는가?) 이러한 전제들은 역시 해석적(explanatory)이거나 규범적이다.

그러나 전통적인 성차별주의적 질문—여성들은 구별된 본성을 갖고 있는가?—은 편견에서 자유로운 용어들, 즉 인간 본성은 성-분화된 형상들을 갖고 있는가? 라고 진술될 수 있다. 인간들 사이에는 사소한 것으로부터 심오하게 중요한 것에 이르기까지 많은 변수들이 있다. 그리고 성별(sex)은 분명히 그 변수들 중 하나이다. 이러한 스펙트럼에서 성이 어디에 놓여 있을 것인가 하는 질문은 제쳐 두고 중요하게 볼 것은 성-분화된 본성들이 양성 간의 생물학적 차이와 동일시될 수 없다는 것이다. 바로 그 때문에 남성과 여성은 구별된 본성을 지닌다고 주장하는 것은 동어반복일 것이다. 그리고 이러한 주장은 결코 사소한 진리라고 가정될 수 없었다. 이와는 반대로 심오한 진리가 가정되었다. 토대가 형이상학적이거나 종교적이거나 혹은 과학적이건 간에 토대가 보편적으로나 혹은 통계적으로나 참으로 주장되건 간에, 여성은 구별된 지적, 정서적 그리고 도덕적 능력들을 지녔다는 것이다. 이러한 주장은 구별된 행동적 경향으로 이끌고 부수적인 의무와 덕을 지닌 구별된 사회적 역할로 이끌었으며, 이끌어야만 한다는 것이다. 그리고 이러한 사실은 변화를 불가능하게 하거나 어렵게 하였다. 이러한 소위 성-분화된 인지적, 정서적, 도덕적 능력들과 경향들이 담당하는 해석적이고 규범적인 역할들이 주어짐에 따라 그 능력들과 경향들은 생물학적으로 정의된 집단들, 즉 여성과 남성 간의 의심스럽게 구분된 본성으로 이해되어져야만 한다. 생물학적 속성들 그것만으로 해석적 역할 즉 본성은 주어진 역할이라고 할 수는 없을 것이다. 하물며 정당화하는 역할이라고는 할 수 없을 것이다. 그래서 '여성의 본성'을 둘러싼 논쟁은 무엇보다도, 그러한 심리적인 특질들의 존재 여부를 둘러싼 논쟁이다. 둘째, 만일 그러한 것들이 존재할 경우, 그것들의 기원과 가변성에 관한 것일 것이다. 현대 언어로 그러한 특질들은 젠더의 의미의 부분이며, 젠더의 다른 측면들은 규범들과, 그리고 규범들이 상호 반영되고 강화되는 사회적 구조들이다. 그래서 그러한 본성들이 있다는 주장을 '젠더 본질주의'라고 부를 것이다.

모든 여성주의자들이 여성과 남성 간의 본성에서의 차이들이 성적인 위계를 정당화한다는 사실을 부정하지만 그들이 제시하는 이유는 다양하다. 어떤 사람들은 본성의 문제를 회피한다. 그리고 그들은 성적인 역할이 있어야만 하는지 여부가 근본적으로 도덕적인 문제인지, 그리고 남성과 여성이 '본성상' 다른지의 여부가 부적절한 것인지 부차적인지에 대한 문제, 즉 남성 지배는 부당하며, 부주의한 것이지에 대한 문제를 포함하여, 우리가 사회를 조직해야만 하는 방법을 논의한다(Midgley, 1988). 그러나 대부분 사람들은 '본성' 문제에 대하여 특정한 입장에 맡겨 버린다. 몇몇 사람들은 본성상 차이를 수용하고, 다른 사람들은 문제에 대해 불가지론적 입장을 취하지만, 아마 대부분의 사람들은 여성이 구분된 본성을 가지고 있다는 견해를 거부할 것이다. 사실 공통적인 인간 본성에 대한 견해는 종종 평등에 대한 논쟁에서 핵심 전제로서 제시되었다. 몇몇 영향력있는 역사상의 선조들을 살펴본 후에, 우리는 인간 본성과 여성에 관련된 현대 논의를 검토할 것이다. 우리가 살펴볼 것은, 비록 다른, 심지어는 모순되는 이유에서일지라도, 얼마나 많은 입장들이 인간 본성의 견해에 반대하고 있는가 하는 것이다. 따라서 우리는 여성주의적 인간 중심주의의 부활을 보게 될 것이다.

여성주의적 조상어머니들(foremothers)과 아버지들

플라톤은 애매모호한 아버지의 모습을 담고 있다. 《국가》에서 플라톤은 모든 사람은 자신에 맞는 본성의 일을 해야 한다고 논증하고 있다. 그는 어떤 의미에서는 물론 여성과 남성이 '본성상' 다르다는 것을 인정했지만, '본성상' 모든 종에 차이가 있다는 것을 논증했다. 그러나 의문은 그 차이의 적절성이다. "본성적인 자질은 여기 저기서 발견될 수 있다. … 어떤 여성은 본성상 수호자가 되기에 적절하지만, 다른 여성은 그렇지 않다. … 그래서 공동 재산을 지킬 목적에서 볼 때 여성은 남성과 같은 본성을 지닌다"(449면). 따라서 플라톤은 여성이 《국가》에서 그가 구상한 엘리트적 유토피아의 지배 계급인 수호자들 가운데 포함되어야 하며, 여성이 남성과 동등하게 교육받아야 한다고 제안했다. 그럼에도 불구하고, 플라톤은 남성보다는 소수의 여성들이 이러한 본성적인 자질을 갖고 있으며 '여성은 모든 목적상 유약한 존재'라고 생각했다.

분명한 조상어머니는 메리 울스턴크래프트(Mary Wollstonecraft)로, 그녀는 프랑스 혁명에 영감을 받았으며, 《여권의 옹호》(*A Vindication of the Rights of Woman*, 1790)를 썼으며, 의심할 바 없이, 존 스튜어트 밀의 자유주의 여성주의의 유명한 작품, 《여성의 예속》(*The Subjection of Women*, 1869)에 영향을 주었다. 여성과 인간 본성에 관한 그들의 논증은 애매모호함을 포함하여, 매우 유사하다. 성적으로 분화(구별)되든 아니든 간에 신체적인 특성들은 도덕적으로는 그들에게 중요하지 않으며, 오히려 인간 존재를 다른 동물들과 구별하는 것—즉 "진리를 식별하는…단순한 힘…"[이 중요하다.](Wollstonecraft, 1975, 303면) 그리하여 이성은 인간 본성의 본질적인 특성이며, 다른 모든 것은 우연적인 것이다. [이것이] 자유주의 여성주의의 전형적이고 규범적인 이원론적 개념이다(Jaggar, 1983).

그러나 울스턴크래프트와 밀 둘 다, 이러한 공통적인 합리적 기초를 넘어서서 인간 본성이 성적으로 분화되어 있는지 아닌지에 대해서는 다소간 애매모호하다. 둘 다 여성과 남성이 다른 속성들을 나타내고 있다고 솔직하게 인정한다. 즉 여성을 '합리적인 창조물의 표준 아래로 거의 낮춰' 묘사한다(Wollstonecraft, 1975, 287면). 그러나 이러한 점은 본성에서 유래한 결과였는가 사회에서 유래한 결과였는가? 때때로 본성적인 상보성을 제시하는 논평을 하는데도 불구하고, 울스턴크래프트의 《여권의 옹호》와 밀의 《여성의 예속》의 두 저작 거의 대부분은 남성 지배가 본성적이라는 사실을 논박하는데 힘썼으며, 그들은 자신들의 논증들을 비위계적인 성적 역할 역시 본성적이라는 주장을 활용하는 데 힘썼다. 자신들 사회의 예리한 관찰자들인 그들은 소녀들과 소년들이 교육받은 매우 다른 방식들을, 즉 어떤 능력들은 계발되지만, 다른 능력들은 도태되어 버리는 '온실'의 방식들을 상세하게 묘사한다. 밀은 소위 여성의 본성이 '분명하게 인위적인 것'이라는 것이라고 주장한다. 그렇다면 남성과 여성은 본질적으로 똑같은가? 밀과 울스턴크래프트과 종종 동등한 기회를 위해 논증하기에는 충분한 적대적인 입장을 취하고 있는 듯이 보이지만, 그들은 자주 보다 강한 입장을 취한다. 울스턴크래프트가 가진 가장 심오한 확신은 성적 차이가 소년들이 가졌던 보다 위대한 자유의 결과라는 것이다. "야심적인 소망은 나의 가슴으로부터 나의 머리로 막 쏟아져 나왔다. … 나는 사회에서 혼란스러운 성적 구별을 보기를 진심으로 원한다"(Wollstonecraft, 1975, 397면). 울스턴크래프트의 야심찬 소망은, 내가 생각하기에, 확실하게 보다는 충분히 개연적으로 좌절될 수 있다. 두 성을 둘러싸고 있는 다른 사회적 환경에 대한 그녀의 예리한, 후에 사회적이고 과학적인 연구에 의해 강화된 관찰은, 두 성 간에 존재할지도 모를 의미심장한 심리적 차이를 설명하는데 아주 적절하다. 동일한 방향에서 압박해 오는, 확실히 생물학적 요인들이 있을 수 있는 반면에, 이 방향은 어떠한 설명적인 필요도 채우지 않는 가설이다. 그리하여 내 생각으로는 방법론적인 단순성의 원리는 우리로 하여금 가설을 거부하지 못하도록 한다. 밀과 울스턴크래프트의 언급 중 몇 개는 이러한 방법론적인 계기를 제공한다. 예를 들어 밀은 말하기를, "남성과 여성 간의 도덕적이고 지적인 차이가 아무리 크고 뿌리깊다고 할지라도 … 인위적일 수 없는, 오로지 본성적인 것으로 추측될 수 있는 것들은—교육이나 외적 환경에 의해서 설명될 수 있는 각 성의 모든 특성들을 연역한 후에 그 잔여물"(1983, 24면)이라고 했으며, 울스턴크래프트는 "남성들에게 이것을 증명하게 하라"라고 말함으로써, 여성들이 선천적으로 열등한 추론 능력을 가진다고 주장하는 사람들에게 응답한다.

그 다음, 자유주의적 견해에서 모든 정상적인 인간 존재는, 추론할 본질적인 능력과 자유로운 욕망이 억압에 의해 소멸되지 않았었다면, 이러한 것들을 공유한다. 울스턴크래프트에게, 이러한 사실들은 엄격한 성 역할과 모순되는 자연권의 토대이다. 밀에게 성적 제한은 공리주의적 근거에서 볼 때 그릇된 것이다. 왜냐하면 "음식과 옷은 … 나중이고, 자유는 인간 본성의 제일 첫번째의 그리고 가장 강력한 요구"이기 때문이다(1983, 95면).

맑스주의자들, 특히 프리드리히 엥겔스(Friedrich Engels, 1972)는 위계적인 성적 관계들의 본질주의적 정당화에 대한 비판을 심화시켰다. 규범적인 이원론을 거부하면서, 맑스주의자들은 말하기를, 규범적인 이원론자들은 모든 생산 양식 가운데에서, 실질적인 물질적인 재화와 더불어 시작하며, 이들은 먹어야 하고, 피난처를 가지며, 이러한 욕구들을 만족시키기 위한 노동을 해야만 한다. 따라서 인간은 자유롭고 의식적인 활동을 위해 노력하고 뚜렷한 인간적인 방식으로 동물적 욕구를 만족시킬 수 있는 유일한 동물이다. 그리하여 역사를 초월한 욕구와 능력의 관념—인간 본성—은 항상 특별한 사회적 역사적 형태로 예시된다. 노동을 통하여 세계와 상호 작용함으로써, 맑스는 《자본론》(1967)에서 말하길, 인간은 자신의 고유한 본성을 변화시킨다. 엥겔스는 여성이 항상 남성에게 예속되어 있다는 생각을 불합리하다고 간주했으며, 그 대신 남성의 지배가 재산 소유 형태의 역사에서 특정한 시대에 존재했던 것이며('여성의 세계사적 패배'), 사회주의와 더불어 없어질 것이라고 주장했다. 비록 맑스와 엥겔스가 그들의 통찰력을 성의 재생산 역할에서 생물학적이고 사회적인 해석을 고려한 것에 적용하지 않은 듯이 보일지라도, 그들의 통찰력을 성의 재생산 역할을 무조건 '본성적'인 것으로 간주하는 데에 적용하지 않은 듯이 보일지라도, 그들은 이러한 생물학적 사실들이 불변적인 젠더 역할에 이르거나 이르러야만 한다고 생각하지 않았다. 그들은 강조하기를, 가족은 생물학적 관계일 뿐만 아니라, 사회적인 관계이며, 그리하여 역사적으로 가변적이라는 것이다. 여성 해방의 첫번째 전제는 여성은 공적 노동력으로 통합되어야 하며, 가사 노동은 사회화되어야 한다는 것이다. 사회주의에서 노동이 의식적인 집단적 통제 하에 있을 경우, 두 성은 자유롭고, 의식적인 활동에 관계할 것이며, 이러한 노동은 성적으로 분화된 형태를 취할 것이라고 제안할 필요가 없다. 그리하여 비록 내가 인간 본성에서 특수한 사회적·역사적 형태들이 성적으로 분화되어 있다는 것을 맑스주의 이론이 허용할 가능성이 있다는 것을 논증(Holmstrom, 1994)했음에도 불구하고, 여성과 남성은 똑같이 근본적인 인간 본성을 공유한 것으로 이해된다. 맑스주의가 전유(專有)되거나 거부되거나 혹은 변형되었거나 간에, 맑스주의는 여성주의에 상당한 영향을 미쳤다.

시몬느 드 보봐르의 혁신적인 《제2의 성》(*The Second Sex*, [1952], 1973)은 여성주의 문학에서 가장 유명한 문장들 가운데 하나로 포문을 연다. “여성은 태어나는 것이 아니라, 오히려 여성으로 만들어지는 것이다”(301면). 그러나 보봐르는, 여성의 재생산 기능을 여성들이 급진적인 자유, 즉 실존주의자들이 인간은 자신의 고유한 본질을 결정해야만 한다고 생각한 급진적인 자유를 실현하는 데 장애가 되는 것으로 보았다. 헤겔의 주인과 노예의 담론에 의거하여, 그녀는 남성은 여성을 타자로 규정할 수 있다고 주장했다. 왜냐하면 남성은 종종 자신의 생명을 위험에 노출시키고, 자신의 생명을 동물 위에 올려 놓기 때문이라는 것이다. 출산이 가장 근본적으로 창조적인 행위라는 생각에 대해 보봐르는 답하길, 출산과 수유는 활동성이기 보다는, “본성적인 기능일 뿐이며, 어떠한 기투도 포함되어 있지 않다”(71면). 아이 양육은 타당한 기투일 수 있지만, 그것은 자유롭게 선택될 경우일 뿐이며, 다음에 남성 지배적인 세계 안에서 불가능하다. 증대되는 여성의 자유는 일차적으로, 여성이 자신의 재생산 역할에 의해 여성에게 할당된 ‘노예의 신분’을 점차적으로 피할 수 있는데 놓여 있다고 그녀는 주장했다. 비록 실존주의자들이 인간 본성을 거부한다고 말하지만, 그들이 거부하는 것은 고정되어 미리 결정된 개념이다. 대신에 그들은 인간 본성의 규범적이고 이원론적인 견해를 주장하는데, 그들 대부분의 주요한 관점은 급진적인 자유이다. 동등성을 얻고 동시에 실존주의자들의 인간 잠재력을 실현하기 위해, 여성은 자신들의 구별적인 여성성을 초월하여, 남성적 삶의 양식으로 나가야 할 것이다.

현대의 논의들: 본질주의와 반본질주의

두 번째 물결의 여성주의자들 가운데(1960년대 전반부에서부터) 엄청난 그리고 이제껏 전개된 다양한 이론들 내에서 몇몇 사람들은 인간 본성의 관념에 도전했다.

많은 비판가들은 대부분의 개념들이 얼마나 편견에 젖어 있는가를 지적했다. 울스턴크래프트와 밀의 자유주의 개념 그리고 보봐르의 실존주의자들의 개념은 남성과 결합된 활동들을 칭찬했으며, 여성 및 신체와 결합된 활동들을 평가절하했다. 출산과 모성성에 대한 부정적인 초상은 보봐르에 의해 전형화되었으며, 급진주의 여성주의자인 슐라미스 파이어스톤(Shulamith Firestone, 1970)에 의해 보다 급진적인 결론으로 이어졌으며, 특히 강한 반응을 이끌어냈다. 몇몇 사람들은 그것을 서구 역사를 통틀어 신체를 반대하는 이원론적 편견을 반영한 것이라고 비판했으며, 다른 사람들은 여성의 신체에 대한 보다 유별난 혐오로 보았다(Jaggar, 1983; Spelman, 1988). 이러한 비판들은 인간 본성 개념의 내용뿐만 아니라, 그 적용의 범위까지도 도전했다. 아이리스 마리온 영(1985)은 이러한 비판을 초기 인간주의적 여성주의와는 대립되는, 뚜렷한 관점, 즉 '여성 성기 중심적 여성주의'(gynocentric feminism)로 특징지었다. 초기 여성주의와는 대조적으로 이 시기 많은 여성주의자들은 양성 간의 생물학적 차이를 강조하였다. 시인 아드리엔느 리치(Adrienne Rich, 1976)는 여성이 필요로 하는 것은 모성으로부터의 해방이 아니라, 모성에 대한 남성의 지배로부터의 해방이라고 논증하였다. 리치에게 여성의 신체는 여성들의 인간적 잠재성을 실현시키는데 장애가 되지 않았다. 반대로 여성의 재생산의 기능들은 여성의 육체를 '우리의 지성의 육체적인 기반으로' 참조하면서, 합리성과 육체성에 대한 유일하게 인간적인 잠재성을 실현시키는 데 있어서 여성들을 남성보다 더 좋게 만들도록 한다는 것이다(31면).

몇몇 여성 성기 중심적 작가들은 공통의 인간 본성에 대한 생각에서 남성 편견을 비판하는 것을 넘어서서, 남성과 여성의 인지적, 지적 속성들 간에 본질적인 차이의 이론들을 충분히 성-분화된 본성으로 불리는 데 중요한 것으로 진행시켰다. 특히 메리 데일리(Mary Daly, 1978)와 수잔 그리핀(Susan Griffin, 1981)의 영향력은 결정적인데, 이들 급진적 여성주의자들의 견해는 문화적 여성주의라고 불리는 뚜렷한 견해들로 진전되었다. 데일리과 그리핀에게서 여성의 신체와 성(性)성은 여성들을 자연에 더 친밀하게 만들었으며 따라서 보다 직관적이고 창조적으로 만들었다. 이러한 사상가들을 여성주의자로 규정한, 반여성주의적 사유에 친근한 주제는 이렇게 (주장된) 남성-여성 차이의 일상적인 (남성적인) 평가를 뒤집어 엎은 것이다. 여성의 신체는 비난받기보다는 축복받은 것이며, 열등함보다는 지적이고 도덕적인 우월함의 원천으로 간주된다. 전(全)인격이 되기 위해 여성 스스로는 여성성으로부터가 아니라, 남성에 의해 부과된 인위적인 여성성으로부터 자유로워져야 하며, 각각은 자신의 야성적인 본성적 자아와 접촉해야 한다. 왜 데일리가 여성의 사회적 자아 아래에 이러한 진정한 자아가 있다고 제안했는지, 왜 그녀가 남성과 같은 가능성을 허락하지 않았는지, 그리고 왜 '진정한 자아'는 명시적으로 여성적인 자아이어야만 하는지는 분명하지 않다. 보다 일반적으로 물을 수 있는 것은, 어떻게 젠더 본질주의자들이 그들의 이론들이 생물학적 결정론을 피할 수 있는지 하는 것이다. 혹은 그렇지 않다면 왜 생물학적 결정론은, 보수주의자들이 제기할 때보다도 젠더 본질주의자들이 생물학적 결정론을 제기할 때 보다 더 방어적인지 하는 것이다. 젠더 본질주의자들이 남성-지배의 세계에 대한 일관된 비판을 하는 반면에, 그들은 '분리된—그러나—동등한' 성 역할에 반대할 어떤 토대도 갖고 있지 않다. 성적 구별에 대한 사회적 중요성을 거부하는 울스턴크래프트의 '야심찬 소망'보다 덜 급진적인 입장이다.

대부분의 현대 여성주의자들은 성적으로 분화된 본성에 대한 생각과 이러한 생각이 의거하고 있는 생물학적 결정론을 반대했다. 비판에 대한 경험적 중심은 루스 블라이어(Ruth Bleier), 루스 허버드(Ruth Hubbard) 그리고 앤 파우스토-스터얼링(Anne Fausto-Sterling)과 같은 과학자들로부터 왔다. 그들은 특별하면서도 방법론적인 근거에 입각하여, 연관된 과학적 주장들을 상세한 비판에 예속시켰으며, 철학자들도 또한 이러한 토론에 기여했다. 앨리슨 재거(1983)는 정치적 이론이 인간 본성의 이론에 의존하는 범위를 보여 주었으며, 이어서 인간 본성(그리고 여성의 본성)에 관한 많은 이론들이 얼마나 정치적이며 다른 규범적인 이론에 의해 영향을 받고 있는지를 보여 주었다. 급진적인 과학자들은 이러한 점이 과학적 이론에서도 진실임을 보여 주었다. 나 자신을 포함하여(Holmstrom, 1982, 1984), 재거와 다른 사람들은 본성적인 것을 생물학적인 것과 동일시하는 것에 대해 반대하는 논증을 하였으며, 생물학적인 것과 사회적인 것을 너무 단순하게 대립시키는 것에 대해서도 반대하는 논증을 하였다. 사실상 두 개는 상호 침투되어 있다. 인간의 생물학적 필요와 능력이, 확실히 인간들이 구성했던 사회에 영향을 미치는 반면에, 또한 사회적 조건들은 인간 생물학, 예를 들면 우리의 크기, 형태 그리고 우리의 재생산의 능력에까지 영향을 미쳤다. 그리하여 성은 종종 가정되는 것처럼, 사회적으로 구성된 젠더 아래에 있는 순수 생물학적 기체는 아니다.

젠더 본질주의는 이 시기에 인간 본성에 대한 이야기에 대해 의심을 보내는 유일한 경향은 아니었다. 다른 편에는 극단적인 사회적 구성주의자들이 있는데, 이들은 반본질주의적 논증들을 성(sex)뿐만 아니라, 젠더에까지 확장시킨다(Dworkin, 1974; Wittig, 1981, 1992; Butler, 1990). 사회에 의해 오염되지 않은 순수 생물학적 성이란 없다는 것을 인정하면서, 이들 사상가들은 "젠더가 해부학적 성을 창조했다"고 주장하기에 이른다(Wittig, 1992). 인간 본성은 부분적으로 생물학적 개념으로 이해되기 때문에, 이로 인해 인간 본성은 거부되는 결과에 이른다. 풍자적으로 드워킨은 자신의 경우를 사회적 수준에서의 양성구유(androgyny)로 남겨 놓는다. 그 이유는 오로지 그녀가 생물학적 수준에서 그 경우를 생각하고 있기 때문이다. 성적 정체성의 각 측면들이 항상 함께 들어 맞는 것은 아니지만, 그럼에도 불구하고 모든 사람들은 거의 두 개의 그리고 오직 두 개만의 성으로 나눠져 있는데, 드워킨은, 이러한 사실을 통해 토대는 정치적이라는 점, 즉 이성애주의에 유용하다는 점을 보여 줌으로써 위티그와 의견을 같이 한다. 최근 들어 푸코와 해체주의자들에 의해 영향을 받은 주디스 버틀러(1990)는 팔루스 중심주의적 의미작용에 의해 구성된 것보다도 더 앞서서 존재하는 신체는 없다는 것을 논증하였다.

극단적인 사회 구성주의는, 전제된 의미에서 '주어진 본성적 사실'은 어떠한 것도 없다고 했기 때문에 문제가 있다. 사회적인 요소는 모든 과학에서 형성된 결정에 들어가고 분류들은 자연과학에 그렇게 적절하지 않다. 자연과학에서 뿐만 아니라, 사회과학에서도 분류들은 유사성과 속성들만의 차이에 기반한 것이 아니라, 공통적인 속성의 중요성에 기반한다. 왜 독일산 셰퍼드는 치와와와 같은 종에 속하고 늑대에 속하지 않는가? 유기체들 가운데 속성들의 현실적인 분포는, 아리스토텔레스의 견해와는 반대로, 최상의 (생물) 분류군의 이름들은 단지 분리되어 정의될 수 있다는 것이다. 어떤 분리적 요소는 충분하며, 필수적이지 않은 몇몇 속성들은 충분하지 않아, 소위 '군집 개념들'로 불리는 자연적 종의 큰 개념들을 만든다. 따라서 여성(과 남성)이 구별된 본성들을 갖고 있는지의 여부는 첫째, 그들의 특성들에 달려 있고, 둘째, 이러한 특성들의 중요성에 달려 있다. 그러나 '중요성'은 한 종의 이론적인 맥락 내에서만 평가될 수 있다(Holmstrom, 1982). 성적 차이는 인간의 재생산과 가장 다른 종류의 생물들의 재생산을 고려한 것 그리고 유성 생식하는 생물들과 무성생식하는 생물들 간의 차이가 생물학적 이론에서 매우 중요하다고 인정할 때, 두 성 간의 분화 또한 생물학적 이론에 매우 중요하다. 그렇다면 이러한 용어들이 '생물학적 이론의 대상'과 같은 의미를 지녔을 경우, 왜 본성적이거나 생물학적 분화가 고려되어서는 안되는가. (그러나 그들의 논증은 한 성 혹은 다른 성에 적절하게 적용되지 않는 대충 4%의 인간에 적용된다: Fausto-Sterling, 1992) 또한 극단적인 사회 구성주의는 정치적으로 결함이 있다. 만일 모든 것이 사회적인 것이라는 것이 입증될 경우, 인종과 젠더와 같이 전제된 자연적 범주들이 실제로는 그 기원상 사회적이라는 사실을 정치적으로 드러내는 일의 중요성이 상당히 감소된다. 더군다나 여성들의 구별된 신체의 특성 덕분인 경우를 제외하고는, 여성에게 매우 비판적인 출산권에 대한 요구가 어떻게 지지될 것인가?

인간 본성의 논의로부터 벗어나게 되는 다른 요소는 여성들 간의 차이에 대하여 점차 주목하는 데 있다. 젠더 본질주의자들이 공통적인 인간 본성에 대한 관념을 지극히 추상적이고 편견에 치우친 것으로 거부하는 것과 마찬가지로, '여성'에 관한 이론들은 여성들 간의 중요한 차이들을 무시한다는 이유 때문에 그리고 대개는 백인 중산층의 화자/작가에 암묵적으로 치우친다는 이유 때문에 비판받았다(Zinn, 1986; Collins, 1990; Spelman, 1988). 맑스주의자들은 계급과 관련하여 이러한 점을 지속적으로 강조했다. 그리고 레즈비언들은 이성애적인 가정들을 반대해 왔다. 그러나 이러한 이슈를, 특히 미국에서 전면에 드러낸 사람들은 일차적으로는 유색 여성이었다. 논리적으로 말해서 인간 본성이 개념과 그 개념의 모든 변수들의 중요성을 인식하는 것 간에는 매우 일관성이 있지만, '차이'에 대한 강조는 그러한 보편 개념으로부터 방향 전환하는 것을 의미했다. 실제로 편견없는 전망을 얻는다는 것은 불가능하다고 생각된다. 더군다나 몇몇 이론적인 경향들이 영향력있게 되면서 이러한 편견없는 전망은 원리적으로도 불가능하다는 것이 주장되었다. 예를 들어 포스트모더니즘은 자유주의 혹은 맑스주의와 같이 '전체화하는' 이론들을 저지하였다. 강조는 '특수성'과 '지역성'에 맞춰졌다. 따라서 모든 종류 가운데 이 시기의 상대주의에서 특수성은 그러한 이론화를 막았다.

그러나 최근 들어 성, 젠더 그리고 인간 본성과 같은 일반적인 개념의 타당성과 중요성을 옹호하는 일련의 목소리가 들려 오고 있다. 하나는 신여성주의적 인간 중심주의라고 말할 수 있겠다. '인간 정의'라는 자신의 이론과 같은 보편주의적인 기획의 비판에 대한 응답으로, 수잔 몰러 오킨(1995)은 젠더 범주의 정치적 중요성에 대한 이유를 확고하게 논증했는데, 그럼으로써 그녀는 "양성 간의 비동등한 많은 측면들을 일반화할 가능성이 있다고 생각했다. 장소에서 장소로, 계급에서 계급으로, 그리고 문화에서 문화로, 우리는 이러한 비동등성의 특수성에서, 그러한 원인들과 결과에서, 비록 그 범위나 중대성은 아닐지라도, 유사성을 발견한다"(1995, 294면). 그러나 이러한 점을 '특성화된 본질주의의 옹호'로 부르는 것은, 제인 플렉스(1995)가, 젠더와 인종은 분리할 수 있으며 그리고 젠더는 내재적으로 미분화되고 대립(충돌)으로부터 자유롭다라고 한 오킨의 가정을 비판한 이래, 잘못된 일일지도 모른다. 이러한 가정들 중 어떠한 것도 오킨의 결론에 필수적이지 않다. 유관념들, (우리가 보았듯이) 심지어 종의 이름조차, 비록 그것들의 구체적인 예시 가운데에 가족 유사성만이 있다고 할지라도, 유용하게 적용될 수 있다. 차이에 주목하는 것과 공통성을 일반화하는 것이 자리바꿈해서는 안 된다.

최근 국제적인 수준에서, 활동가들과 법률가들은 여성 폭행권이 인간 폭행권임을 논증하는 데 어느 정도 성공을 거두었다(Peters and Wolper, 1995). 《여성인권에 대한 Human Rights Watch의 글로벌 보고서》(*The Human Rights Watch Global Report in Women's Human Rights*, 1995)는, 예를 들면 강제 임신, 처녀성 검사 그리고 여성들에게 일차적으로 영향을 미치는 다른 것들 예를 들면 강간, 성적 예속 등 여성들의 신체로 말미암아 야기되는 여성에 대한 독특한 남용들에 대해 기록한다. 여성에 대해 가해지는 수많은 종류의 폭력들은 소위 '사적'(가정 폭력)이거나 '문화적 관습'

(여성 성기 절단)이기 때문에 무시되었는데, 그러한 폭력들은 왜곡되어서는 안 될 인간 권리에 대한 폭력임이 입증되었다. 또한 고용권의 거부와 같은 성적으로 덜 특수한 다른 남용들은 여성의 종속을 유지하는 데 일조한다. 한편으로 성차에 대한 생각이 없다면, 그리고 다른 한편으로 여성과 남성에 공통적인 인간 본성에 대한 생각이 없다면, 그러한 논증들이 어떻게 가능한지는 불분명하다. 이러한 이유에서 몇몇 철학자들은 인간 본성 개념이 여성주의에 대해서 해석적이고 정치적인 중요성을 옹호했다(Assiter, 1996; Holmstrom, 1994; Midgley, 1980; Nussbaum, 1995).

앨리슨 애시스터는 자신의 입장을 내가 위에서 논증한 것과 상당히 일치시키면서, 이러한 논쟁에서 흥미있는 목소리를 내고 있다. 포스트모더니즘에 도전하면서 그녀는 실재론, 인간 본성 그리고 성/젠더 구별을 옹호하는데, 그 방식은 포스트모더니스트와 다른 사람들에 의해 만들어진 이러한 개념들에 대한 비판을 반영하는 방식이다. 예를 들면 우리로 하여금 사람을 여성과 동일시할 수 있게 하는 '생물학적 특성들의 최소한의 필수 세트'(25면)와 같은 개념들을 옹호하면서, 그녀는 속성들이 모든 여성에서 동일한 양들로 나타날 필요도, 여성들이 본성상 배제해서 고정화시킬 필요도 없다는 점을 강조한다. 그럼에도 불구하고 이러한 신체적인 특징들은 여성의 삶에 중요하며(인간은 결국 체화된 존재이다) 따라서 정치적으로 중요하다. 그러나 애시스터가 이러한 점[신체적인 특성]과 여성의 본성을 동일시하는 것은 문제가 있다. '여성의 본성'은 결코 여성들의 구별된 생물학과 단순히 동일시되지 않았다. 왜냐하면 그럴 경우 그것은 동어반복에 지나지 않기 때문이다. 개념은, 남성들은 그렇지 않지만 여성들이 생각하고 느끼고 행동하는 방식들이 젠더 역할에 적합하도록 하는 일반화를 지지하게 되어 있다. 에시스터는 이러한 것이 바로 그 경우라는 것을 입증하지 않았다. 그녀가 제공한 유일하게 적절한 증거는 해부학이 젠더 정체성을 결정하는데 중요하다는 것이며, 그녀가 허용한 것은 우리의 동일성의 오직 한 관점뿐이다.—그런데 이 동일성은 똑같은 것이 아니다.

지난 10여 년 넘게 일련의 논문에서 마사 너스바움(Martha Nussbaum)은 명백히 아리스토텔레스적인 방향에서 경제학자이자 철학자인 아마르시아 센(Amartya Sen, 1985)과 함께 삶의 질을 평가하는 데 근접한 능력을 발전시켰다. 자신의 위치를 아주 특수한 종류의 본질주의에 대한 옹호로 부르면서, 그녀는 인간 존재와 인간 기능 개념이 세계를 둘러싼 여성의 위치를 평가하는 데 최상의 기초임을 논증한다. 비록 아리스토텔레스 자신이 이러한 인간 본성을 여성이 공유한다고 믿지 않았음에도 불구하고, 너스바움은 아리스토텔레스의 이상이 그 개념의 구체화에서 역사적이고 문화적인 변수를 순응[적응]하도록 하는데, 충분히 '둔감'하고 '모호'하다는 것을 주장하면서, 이러한 인간 본성을 개념 자체보다는 적용 범위의 문제로 부른다. "인간 능력들은 발전되어야 한다는 도덕적 요구를 인간 능력이 발휘한다"(1995, 88면)는 직관적인 생각으로부터 출발하여, 그녀는 두 가지 능력의 발단을 제안한다. 하나는 그 발단 아래서 삶은 결코 인간으로 간주되어서는 안 되며, 보다 고차적인 발단은 그 발단 아래서 좋은 인간적 삶으로 간주될 … 후자의 개념에서의 능력들은(이것들은 인간을 충분히 발달시키는 맑스의 이상과 매우 유사하다) 매우 개인적으로 필수적이며, 다음과 같은 항목들을 포함한다. (1) "좋은 건강을 유지할 수 있는 것은 … 적당한 영양 … 안식처 … 성적 만족을 위한 기회들 그리고 재생산의 재료들의 선택." (2) "감각을 사용할 수 있는 것: 상상할 수 있는 것, 사유하고 추론하는 것—그리고 적절한 교육에 의해 제공되고 계발되는 방식으로 이러한 것들을 하는 것"(83~4면). 여성과 남성은 인간 기능에서 다른 규범들을 갖고 있다는 입장과 혹은 그들은 다른 영역에서 똑같은 규범들을 연습해야 한다는 입장에 대해 근거가 없다는 것을 논증하면서, 너스바움은 여성들에게 동등한 능력들을 확실하게 해줄 특수한 정치와 합법적인 권리를 추천한다. 그녀의 접근[법]은 유나이티드 내이션 대학의 세계 발전 경제 조사 연구소(the World Institute for Development Economics Research : WIDER)에서 후원을 받은 학술회의를 통한 정치 발전에 대한 토론에 영향을 주고 받았다. 그녀의 접근이 발달의 윤리학에 최상의 기초라는 면에서 너스바움이 옳든 그렇지 않든 나는 어떤 적절한 여성주의 이론과 실천이 여성과 남성에 공통적인 인간 본성의 이러한 개념과 같은 어떤 것을 전제할 것이라고 생각한다.

그러나 이러한 인간 본성이 항상 많은 다른 변수들보다 더 중요하다고, 특히 변수들이 위계적으로 관련되어 있을 경우 결론내려지지 않는다. 어떤 요인들이 가장 두드러지는가—인과적으로 혹은 도덕적으로—는 맥락에 달려 있으며 이론적이고 실천적인 논쟁이 이슈를 남길 것이다. 결코 하나의 인간 중심주의적인 전통이 없었듯이, 한 종류의 여성주의만이 있는 것은 아니다. 희망하건대 신여성주의적 인간 중심주의는 1960년 이래 점진적인 운동의 특징적인 차이들의 양상을 초기 자유주의적 전통의 보편주의적인 영감과 결합시킬 것이다.

(연효숙 역)

29. 젠더

린다 니콜슨(Linda Nicholson)

'젠더' 라는 용어는 1960년대 후반 이래 여성주의 이론과 정치학에서 중심 역할을 해 왔다. 젠더의 의미를 둘러싼 논쟁들은 지난 30년 동안 여성 운동 안에서 주요 전환점을 반영한다.

1960년대 후반 이전에 영어권 사람들은 '젠더' 라는 단어를 남성적임 혹은 여성적임과 같은 어떤 단어들의 이해를 지시하는 데 사용했다. 예를 들어 '배(船)' 라는 단어는 종종 여성의 단어로 생각되어 왔다. 1960년대에 영어권 여성주의자들은 '젠더' 의 의미를 확장하였으며 그 결과 젠더는 단어적인 이해뿐만 아니라 여성 혹은 남성으로서의 행동 유형에 대한 이해까지도 기술하기에 이르렀다. 여성주의자들은 여성으로서 혹은 남성으로서의 특별한 행동 유형의 결합이 사회적 관습 뿐만 아니라 특별한 단어들의 결합이라는 주장을 하고자 했다. 이 시기 전에는 그러한 현상들이 '자연스럽게' 남성 혹은 여성들과 연결되었다고 주로 생각했다. 종종 '성들' (양성: the sexes) 간의 차이로 언급된, 여성과 남성 간의 생물학적 구별은 여성들을 하나의 방식으로 그리고 남성들을 다른 방식으로 행동하게 하였다. 여성주의자들은 행동에 있어서 그러한 차이들이 생물학의 결과가 아니라 사회적 관습의 결과라는 것을 강조하고 싶어 했다. '성' (sex)보다 '젠더' 의 범주 아래서 이러한 차이들을 포함시킴으로써, 여성주의자들은 사람들이 그러한 차이들을 생물학적으로 야기된 것이기보다는 사회적으로 야기된 것으로 보게 되기를 희망했다.

여성주의적 담론들 내에서 구별은 이내 '성' 과 '젠더' 사이로 전개되었다. '성' 이 생물학적으로 주어진, 즉 여성의 신체와 남성의 신체의 차이에 기반한 남성과 여성 간의 차이들을 언급한 것인 반면, '젠더'는 사회의 산물로서 여성과 남성 간의 차이를 언급하는 것이라는 사실이 널리 받아지게 되었다. 간단히 말해 여성주의자들은 여성과 남성의 차이들을 두 가지 차원을 가진 것으로 생각하게 되었다. (1) 생물학적인 것. 그리고 (2) 생물학적인 것을 지시하는 '성'과 사회적인 것을 지시하는 것인 '젠더'를 포함한 사회적인 것[의 두 차원]. 생물학적 현상들은 종종 바꿀 수 없는 것으로 간주되었기 때문에, 여성주의자들은 자주 남성과 여성 간의 차이의 생물학적 관점들을 역사와 문화를 가로질러 불변하는 것으로서 생각하였다. 그러나 '젠더'의 차이들은 행동과 관련된 기대의 관점에서 이러한 생물학적 차이들을 고려한 어떤 사회에서 문화를 가로지르는 변수로 생각된다. 달리 말하면 많은 여성주의자들에게서 여성과 남성 간의 어떤 차이들은—매우 중요하게는 그들의 육체—변할 수 없는 것이지만, 반면에 다른 차이들—그들 각각의 행동들을 고려한 기대들과 같은 것 —은 변할 수 있다. 여성주의자들은 여성과 남성 간의 차이를 고려하는 이러한 방식을 보다 낡은 전망들을 넘어서서 중요한 진보를 나타내는 것으로 간주하였다. [반면에] 낡은 전망들은 사회적 관습들을, 남성과 여성의 행동을 '자연적인 것'으로 간주하여 변화하지 않는 것으로 간주하여 이해하였다.

섹스와 젠더를 대립으로 보는 것에 대한 의문

1980년대 초, 몇몇 여성주의자들은 이러한 틀[섹스와 젠더 간의 대립]과 관련된 문제들을 발굴하기 시작했다. 그 중 한 가지 문제로 그들은 여성과 남성 간의 생물학적 차이들조차 많은 사람들이 생각하는 것처럼 변할 수 없는 것인가 하는 것에 대해 질문하기 시작했다. 불변적인 신체적 차이들이 가변적인 사회적 차이들의 근거를 보강해 왔다는 대다수의 여성주의자들의 지식에 반대하여 앨리슨 재거(Alison Jaggar)는 가변적인 사회적 실천들이 신체에 변화를 초래한다는 점을 지적하였다. 그리하여 그녀는 여성들의 힘이 사회적으로 수용될 수 있는 것보다도 더 육체적으로 여성들이 강해지고 있다는 점에 주목하였다. 더군다나 가변적인 사회적 실천들은 여성들의 외형적인 육체적 구조뿐만 아니라 그들 체내의 생물학에도 영향을 미칠 수 있으며, (사회적 실천들은) 그들의 발생적인 자질들에서의 변화들도 포함한다. 그리하여 어떤 사회에서 보다 [체구가] 작은 여성들을 문화적으로 선호하는 것은 재생산의 목적들을 위해 그러한 여성들을 더 우월하게 선택하는 결과를 초래하게 되었을 것이다. 재거는 생물학과 사회적 실천 간의 상호작용적 인과 관계들이 자연과 문화 간의 대립선을 긋고 있다는 생각에 이론적으로 문제제기를 했다고 주장하였다(Jaggar, 1983, 106～13면).

더군다나 몇몇 여성주의 이론가들은 다른 이유들에서 '성'과 '젠더' 간의 구별에 대해 의문을 갖기 시작했다. 1960년대 여성주의자들에 의해 정식화된 구별들에 붙어다니는 한 가지 문제는 그러한 구별은 여성과 남성 혹은 '성' 간의 생물학적 구별이 주어진 것이며, 사회적 실천에 의해서뿐만 아니라 사회적 해석에 의해서도 영향을 받지 않은 것이라는 점을 가정한다는 점이다. 그러나 많은 여성주의자들은 모든 구별들이 '생물학적' 혹은 '자연적'으로 불리든간에, 그 구별들이 특정한 이론적 관점으로부터 정식화되었다는 것을 인식하기 시작했다. 이것은 여성과 남성 간의 생물학적 구별조차도 사회적으로 구성되었으며 따라서 여성주의자들에 의해 '젠더'의 부분으로 생각된 사회적 관습 만큼이나 잠재적으로 가변적인 것이라는 것을 뜻했다. 조안 스코트(Joan Scott)는 이러한 점을 다음과 같이 표현했다. "그리하여 젠더는 성적 차이에 대한 사회 조직이다. 그러나 이러한 사실은 젠더가 여성과 남성 간의 고정되고 자연적인 육체적 차이들을 반영하거나 충족시키는 것을 의미하기보다는 차라리 젠더가 신체적 차이들에 대한 의미들을 입증하는 지식임을 의미한다"(Scott, 1998, 2면).

여성과 남성 간의 생물학적 차이들조차 주어진 이론적 틀로부터 사회적으로 구성된다는 것을 현실화하는 일은 역사학자들에 의해 행해진 작업에 의해 더욱 더 지지를 받고 있다. 린다 슈빙어(Linda Schiebinger)와 토마스 라퀘르(Thomas Laqueur) 두 사람은 대립극으로서의 여성과 남성 간의 생물학적 성차에 대한 현대 서구적 구성이 18세기 즈음에서 겨우 출현한 것이라는 점을 논증하였다(Schiebinger, 1987; Laqueur, 1987, 1990). 이 시기에 앞서서 유럽에서 지배적인 전망은 여성을 연속성에 따라 남성의 덜 진화된 형으로 보았다. 이러한 사실이 의미하는 바는, 예를 들어 남성의 성적 기관들은 여성의 성적 기관들과 전적으로 다른 것으로 간주되기보다는, 차라리 여성들의 기관들의 보다 진화된 형으로 간주된다. 당시 의학 텍스트에서 여성과 남성의 성적 기관들의 그림들은 나중에 그 경우가 되었던 기관들 간의 차이보다는 기관들 간의 유사성을 강조하는 경향이 있었다. 그러나 18세기 중반 무렵 이러한 비교적 낡은 견해는 차이에 큰 강조를 둔 보다 새로운 전망을 탄생시켰다. 그 결과 여성과 남성 간의 성적 기관을 전적으로 다른 것으로 보는 경향뿐만 아니라, 그들 각각의 골격과 신경 체계를 포함하여 여성의 신체와 남성의 신체의 모든 측면에서 차이를 강조하는 경향으로 나아갔다.

요약하면 1980년대 후반과 1990년대 초반에 대부분의 문헌은 '성'과 '젠더' 간의 오래된 구별이 유용하다는 생각에 도전하기 시작했다. 많은 사람들은 이러한 구별이

'성' 자체가 사회적 구성물이었고, 그래서 '젠더'의 일부분이면서 '젠더'와 분리되지 않는다는 요점을 모호하게 만들었다고 믿기 시작했다. 더군다나 몇몇 사람들이 보게 될 것처럼 '성'을 사회적 구성물로 간주한 것이 실패함으로써 중요한 정치적 결과를 낳았다. 예를 들어 나는 '성'과 '젠더'를 분리하고, 전자[성]를 후자[젠더]의 가변적인 사회적 구성에 기반하여 세워진 불변적인 인자로 보는 여성주의자들의 경향이—나는 이러한 입장에 "생물학적 근본주의"라는 이름을 붙였다.—여성들 간의 차이들을 극소화하려는 여성주의자의 경향들을 지지한다는 점을 논증하였다(Nicholson, 1994). 나는 신체가 여성의 경험에서 어떤 인자들을 공급한다는 생각으로 인해, 여성들의 상황을 역사와 문화를 가로질러 근본적으로 유사한 것으로 묘사하는 이론에 이르게 되었다는 사실을 주장하였다. 그러나 불가피하게 그러한 이론들은 신체와 경험의 유형에 주어진 의미들이 그러한 이론들을 만드는 것과 가장 유사한 의미들과 결합되어 있다는 것을 가정하는 경향에 이르게 되었다. 예를 들어 몇몇 여성주의자들은 남성에 비해 상대적으로 보다 작은 여성의 체구를, 후기산업사회에서는 매우 강조된 신체적 차이를 채택했는데, 이러한 차이는 모든 사회에서 동일한 의미와 중요성을 지녔다. 요약하면 '성'을 '젠더'로부터 분리된 것으로 보는 견해는 여성의 경험과 상황들을 균질화하는 여성주의자의 경향에 공헌하였다.

본질주의 논쟁

여성주의자의 토론 안에서 '성'과 '젠더' 간의 관계에 대한 주제는 이내 '여성'의 개념이 어떤 '본질적인 의미'를, 그 용어의 모든 이해들에 공통적인 어떤 의미를 갖는지 아닌지에 대한 의문으로 대체되기 시작했다. '성'은 본성적으로 주어진 것이며—그리고 결과적으로 '젠더'를 구성하는 사회적 구성들로부터 구별될 수 있다는—생각은 확실히 문화를 가로질러 '여성'이라는 의미에서 어떤 집단이 존재한다는 생각에 기여했다. 그러나 단일한 혹은 '본질적인' 의미를 갖는 여성에 대한 생각은 '성'과 '젠더' 간의 구별이 파괴되었음에도 불구하고 살아 남을 수 있었다. 예를 들어 신체는 항상 특수한 이론적 틀 내에서부터 고찰되었다. 그리하여 신체는 '젠더'의 일부분이며 젠더와 분리되지 않는 것으로 고찰된 반면에, 거의 모든 인류 역사를 가로질러 신체에 대한 한가지 해석은 그것이 '남성' 혹은 '여성'을 의미한다는 점에서 어떤 공통점에 기여했다. 결과적으로 여성주의 논쟁에서 중심이 된 것은 '성'과 '젠더' 간의 관계에 대한 의문보다는 다음과 같은 질문이다. 즉 '젠더'—혹은 '여성' 혹은 '남성'이 의미하는 바의 사회적 구성—는 문화들을 가로질러 어떤 단일한 혹은 '본질적인' 요소들을 지니는가? 1980년대 후반에 확실히 대부분의 여성주의자들은 여성들 간의 차이가 과거에 인정되어 왔던 것보다도 더 확대되었다는 것을 받아들이게 되었다. 그러나 많은 사람들은 중요한 차이들에도 불구하고 '여성'의 개념에 통일성을 부여하는 그리고 여성주의라는 단결된 정치적 투쟁을 가능하게 만드는 여성 경험 내에 어떤 공통적인 특징들이 있다는 것을 여전히 주장하고자 했다. 그러나 다른 사람들은 '여성'이 '본질적인' 의미를 갖는다는 생각이 여성주의를 반대하는 정치적 결과에 이르게 된다는 사실을 논증했다. 간단히 말해 '젠더' 혹은 '여성' 혹은 '남성'이 의미하는 바의 사회적 구성이 동종적이면서 동시에 이종적인 요소들을 포함하는 것으로 혹은 전적으로 이종적인 요소인 것으로 이해될 수 있는가?

후자의 전망[전적으로 이종적인 요소]을 논의하면서 엘리자베스 스펠만(Elizabeth Spelman)은 '여성'에 대한 본질주의적 이해들이 여성주의 이론 두 번째 물결에서 나타났던 방식들 중 일부를 정교하게 다듬었다(Spelmann, 1988). 스펠만은 그러한 이해들이 여성주의자들이 '여성' 부분을 우리의 인종적, 민속학적, 계급적 등의 정체성으로 묘사되는 그러한 우리의 다른 부분들로부터 고립시킬 수 있다는 생각과 종종 결합되어 있다는 사실에 주목하였다. 이로 인해 정체성을 부가적인 방식으로, 혹은 스펠만이 묘사하듯이, 복합적인 동시에 단일한 또는 표리부동한 형이상학의 유형의 용어로 숙고하는 경향에 이르게 되었다. 그러한 형이상학과 조화를 이루면서, 우리가 누구인가 하는 것은 우리의 젠더, 인종, 민족, 계급 등의 정체성을 따로따로 묘사될 수 있는 각 요소들로 합성한 결과이다. 이러한 전망에서 볼 때 아프리카-미국 여성들이 유럽-미국 여성들과 다른 인종적인 정체성을 소유한 것으로 인식되지만 이러한 다른 인종적인 정체성은 외적인 어떤 것으로 감지되며, 두 집단이 공유한 것으로 가정된 여성들에 공통적인 젠더 정체성에 부가되는 것이다.

스펠만은 이러한 전망의 유형과 더불어 많은 문제점을 지적한다. 가장 심각하게는 소위 정체성의 '공통적인' 여성 부분이 지배 집단의 특성의 용어로 묘사되는 경향이 있다는 것이다. 이러한 집단의 인종적, 민족적, 계급적 등의 정체성은 뚜렷한 정체성으로 보여지지 않는 경향이 있다는 것, 말하자면 백인 여성들은 종종 자신들은 뚜렷한 인종적 정체성을 소유한 것으로 보지 않는다는 것이다. 결과적으로 집단의 지배적인 인종적, 민족적, 계급적 등의 구성원들은 어떻게 그들 자신의 젠더적 정체성이 인종적, 민족적, 계급적 등등의 정체성에 의해 영향을 받는지를 종종 알지 못한다. 그 결과 그들은 그들 자신의 젠더 정체성을 '보편적'인 것으로 생각하고, 젠더 정체성 일반을 자기 동일성의 다른 국면들(양상들)과 분리될 수 있는 것으로 생각하는 경향이 있다. 더군다나 사람들의 인종적, 민족적, 계급적 등의 정체성을 그들의 젠더적 정체성과 구별할 수 있다고 봄으로써, 집단의 지배적인 구성원들은 또한 다른 사람들의 인종적, 민족적, 계급적 등의 정체성을 부정적인 용어로만 보는 경향이 있다. 따라서 '복합적인 동시에 단일한' 정체성의 견해에 대한 전망에서 볼 때, 아프리카—미국 여성들은 인종적 억압으로부터도 고통을 당한 사실은 도외시된 채, 유럽—미국 여성들에 의해 '우리와 꼭 같은' 존재로서 파악된다. 이러한 전망은 명백히 아프리카-미국인인 여성 존재의 긍정적인 특성을 간과한다.

다른 여성주의 이론가들은 다른 이유에서 '여성'에 대한 본질주의적 이해를 반박했다. 찬드라 탈패드 모한티(Chandra Talpade Mohanty)는 경험상 귀속된 공통점에 기반한 이해들은 주어진 것으로의 그리고 개별적인 것으로의, 즉 사회적이기보다는 개인적인 것으로의 경험의 개념에 의존하는 경향이 있다고 주장한다. 경험은 그 사회적 맥락으로부터 추상화되기 때문에 권력에서 볼 때 차이들을 포함하는 여성들 간의 차이들은 무시된다.

> 그리하여 투쟁의 경험은 개인적이면서 동시에 비역사적인 것으로 정의된다. 달리 말하면 정치적인 것은 개인적인 것에 제한되며 여성들 가운데에서 그리고 여성들 내에서 모든 투쟁은 부미건소해진다. 만일 자매애 그 자체가 개인적인 의도, 태도 혹은 욕망에 기초해 정의된다면, 투쟁 역시 자동적으로 심리학적인 차원에서만 구성될 것이다. 따라서 경험은 동시에 개인적(즉 한 여성의 개별적인 신체/영혼에 위치지어지면서)이면서 보편적(미리 구성된 집단으로서의 여성들에 위치지어진)으로 쓰여져야 한다(Mohanty, 1992, 82면).

따라서 경험에 대한 순수 심리학적 이해는 여성들의 집단적 경험에 대한 견해를 단지 구성적인 것으로만 이끌며 그리고 개별적인 수준에서 각 여성의 경험의 결과를 공유하였다. 이러한 이해는 여성들이 특수한 사회적 집단의 구성원으로서 갖는 경험들을, 여성들 서로 간에 차이나는 경험들을 분석에서 제외시킨다. 모한티가 논증했듯이 그러한 차이들은 여성주의 정치학이 외부적 투쟁뿐만 아니라, 내부적 투쟁이 된다는 것을 요청하는 힘의 차이들을 포함한다.

'젠더'에 관한 주디스 버틀러의 저작 역시 '여성'을 어떤 '본질적인' 혹은 단일한 의미를 소유한 것으로 보는 데 대한 비판을 포함한다. 버틀러가 논증했듯이, 단일한 여성이라는 관념은 여성주의자가 전복하고자 하는 매우 억압적인 체제에 봉사하는 허구이다. '여성'이 어떤 공통적인 의미를 갖는다는 믿음 때문에 개인들은 그러한 의미를 드러내는데 목적을 두는 행동을 강요받는다. 달리 말하면 단일한 '여성' 의 관념은 특정한 실천과 경험 등등을 낳고 합법화시키면서 다른 실천들을 축소시키고 불법화시키는 정치적 힘으로서 작동한다. 더군다나 단일하고, 남성에 대립되어 위치지어진 '여성' 의 관념은 이성애의 규준을 지지함으로써 [현]상태를 유지시키기에 이르렀다. '여성' 과 '남성' 이 대립적인 단일한 의미를 갖는다는 생각은 '상대방을 유혹' 한다는 성적 욕망의 관념을 지지한다. 따라서 그러한 단일한 의미를 가정하는 여성주의 기획은, 그 기획이 제거하고자 목표로 하는 바로 성차별주의자(sexist)와 이성애주의자(heterosexist)의 사회적 질서를 재생산하는 결과를 낳는다.

그러나 다른 여성주의자들은 본질주의 논쟁에서 매우 다른 유형들의 입장들을 택해 왔다. 몇몇 사람들은 '반본질주의자' 입장이 운동들을 일반화하고자 시도하는 사람들을 위한 여성주의적 지식에 '찬 기류' 를 가져왔다는 데 대한 관심을 불러일으켰다. 제인 마틴(Jane Martin)은 '본질주의자' 라는 별칭이 공포를 주는 유형의 단어로 작동했다는 것을 주장했으며, 여성주의자 학자들에게 사실상 현존하는 여성들 간에 어떤 공통점들을 찾지 말 것을 경고했다. 이러한 점은 탐구가 진행됨에 따라 차이들을 우선시하는 것으로 작동했다(J. Martin, 1994b). 수잔 보르도(Susan Bordo)는 그녀가 "본질주의에 대항하는 여성주의자의 논증들에 대한 결과가 선천적으로 여성들 간에 실험적 연속성과 구조적인 공통 근거를 선천적으로 탐구하는 것을 비합법화하는 것"이라는 사실을 주장했을 때 유사한 논증을 한다(Bordo, 1990, 142면)

더군다나 마틴과 보르도가 논증한 바와 같이 본질주의에 대한 경고가 여성들 간의 공통성이 선천적인 고려로부터 배제되어 있는 한 풍토를 만들어냈다는 문제만 있는 것은 아니다. 게다가 학자들이 일반화를 회피한 데 대한 바로 그 충고는 일관적이지 못하다. 이러한 이론들 양자가 지적하는 바와 같이 모든 이론화는 일반화이다. 일반화를 함께 피한다는 것은 학자들에게 시간적으로 특수한 논점에서 특수한 사건들에 대한 묘사에 제한을 둔다는 것이다. 그러한 권고를 수행하고 여전히 이론화한다는 것은 불가능하기 때문에 보르도와 마틴은 일반화를 거부하는 권고가 사실상 일관되지 못하게 적용되는 경향이 있음을 주장한다. 많은 여성주의자들이 젠더에 기반한 일반화에 반대하는 논증을 하고 있지만, 인종 혹은 계급과 같은 다른 범주에 기반한 일반화에 반대하는 논증을 하는 사람들은 거의 없다(Bordo, 1990, 145~6면). 그러나 여기서 '흑인 여성' 에 대한 비난하는 어조는 '여성' 에 대한 비난 어조 만큼이나 똑같이 일관된 의미를 가질 것이다.

> 여성이라는 범주가, 흑인 여성 범주가 감추는 것 그 이상의 모든 것을 감추듯이 흑인 여성 범주는 흑인 카리브해 여성이 감추는 것 그 이상의 모든 것을 감춘다. 흑인 자메이커 여성과 관련해서 볼

때 흑인 카리브해 여성의 범주에 동일한 상황이 맞아 떨어지며, 20세기를 맞이한 흑인 자메이커 여성 등등에서 흑인 자메이커 여성의 범주에도 동일한 상황이 맞아 떨어진다(J. Martin, 1994b, 637면).

결국 많은 여성주의자 이론가들이 논증했듯이 반본질주의자의 논쟁들은 보수적인 정치적 함의를 지닌다. 그러한 논증들은 정치적 주체를 생략한 채 여성주의를 방기한다. '여성'에 대한 일반화를 포함하는 여성의 요구 혹은 여성의 상황에 대한 권리 주장을 하지 않은 채, 어떻게 여성주의가 정치적인 운동으로 남는 것이 가능한가? 반본질주의자의 논증들은 "우리는 모두 바로 개인들이다"라는 자유주의적 가정과 함께 여성주의와 제휴한다. 여성주의는 개별 여성들이 당면한 많은 문제들이 그들 생활의 개성적인 면모들을 참조하여 설명될 수 있다는 생각에 대한 도전으로서 떠오른다. 차라리 여성주의는 그러한 문제들이 여성으로서의 여성의 상황에 뿌리박혀 있다는 것을 주장한다. 여성주의 정치학의 일반화의 중요성 때문에 낸시 하트삭과 같은 몇몇 이론가들은 여성주의에 반대하는 반발하고 있는 반본질주의자들의 논증을 부상시키는 것을 연계하였다.

어쨌든 심히 의심스러운 듯이 보이는 점은 그렇게 많은 집단들이 주변화된 타자들을 재정의하는 일을 포함하고 있는 '민족주의'에서 몰두해 온 바로 그 정확한 순간에, '주체'의 본성에 대한, 역사적 '과정'에 대한, 세계를 묘사할 수 있는 일반 이론의 가능성에 대한 의구심이 생기고 있다는 것이다(Hartsock, 1990, 163면).

논쟁을 해결하기

'본질주의'와 '반본질주의' 간의 논쟁은 어느 쪽도 전적으로 옳을 수 있을 것 같지 않은 논쟁처럼 보인다. 한편으로 여성의 '본성' 혹은 '본질'에 대하여 말하는 것은 여성들 간의 차이에 대한 이해를 극소화하는 것으로 작동하였다. 또한 그것은 우월한 집단의 여성들이 자신들의 상황과 문제들을 잘못 일반화해 온 점에 대한 수단을 제공하였다. 다른 한편으로 여성주의는 그 이론과 정치학에서 둘 다 일반화에 의존한다. 어떻게 여성주의자들이 영향력있는 이론과 정치학도 창출하면서 둘 다에서 여성들 간의 차이를 충분히 강조할 수 있는가?

이러한 딜레마에 대한 한 가지 가능한 해결은 소위 '전략적 본질주의'라고 불리는 것을 채택하는 것이다. 여기서 가야트리 스피박(Gayatri Spivak)에 의해 처음으로 고안된 제안과 흔히 결합된 생각은 여성주의자들이 정치적 개입으로서의 여성에 관한 요구들을 명백히 인식하는 것이라는 점이다(Grosz, 1984/5, 175~87면). 달리 말하면, '여성 상황'에 대한 요구들은 현실에 대한 비정치적인 묘사보다는 특수한 결과를 획득하는 데 맞추어진 일반화로서 검토될 것이다. 다이애나 푸스(Diana Fuss)에 의해 고안된 관련 제안은 '여성'이 '본성적 집단'을 지시하는 것으로 이해되기보다는 정치적 연합의 구성으로서 이해되어야 한다는 것이다(Fuss, 1989, 36면).

이렇게 시도된 해결에 따라 몇몇 비판적인 반응들이 생겨났다. 후에 한 인터뷰에서 스피박 자신은 그녀의 원래의 제안을 재고하길 원했다고 말했다. 그녀가 논증한 바와 같이 특수한 학술적인 문화 내에서 '전략적 본질주의'라는 용어의 사용은 본질주의에 어떤 알리바이를 제공한다(Spivak and Rooney, 1989, 128면). 아이리스 영은 후스에 의해 제기된 제안에 반대하는 두 가지 논증을 구체화하였다. 하나는 그것이 주디스 버틀러에 의해 제기된 본질주의의 문제의 한 가지를 피할 수 없다는 것이다. 여성에 대한 모든 일반화에의 요구들은 비록 그것들이 본성의 결과이기보다는 정치학의 결과로서 이해된 것일지라도 표준화한다는 것이다. 또한 영은 이러한 유형의 제안이 여성주의 정치학의 일반화를 임의적으로 만들어 버린다는 점을 주장하였다.

> 몇몇 여성들은 상호 확인한 행동자들의 집단으로서 스스로를 만들어가는 정치적인 운동에서 함께 하기를 선택한다. 그러나 어떤 근거에서 그들은 함께 하는가? 무엇이 정치학을 동기화시켰던 사회적 조건들인가? 아마 보다 더 중요하게는 여성주의 정치학이 여성주의자로서 자처하지 않는 여성들을 떠나고 있는 것인가?(Young, 1994a, 722면)

본질주의자와 반본질주의자의 입장의 통찰력이 동시에 유지될 수 있는 방식들이 있는가? 복잡한 주제들 중 몇 개의 해결책을 제안해 보자.

낸시 프레이저(Nancy Fraser)와 내가 논증했듯이, 그 가운데 한 주제는 여성주의자들이 일반화를 적용할 수 있을지 없을지에 관한 것으로 이해되어서는 안 된다(Fraser and Nicholson, 1990). 여성주의자들은 일반화를 요구한다. 반여성주의자들은 여성주의가 정치적인 운동을 하도록 한 것은 여성주의가 여성의 상황을 일반적인 용어로 묘사하기 시작했다는 점이라는 사실을 지적했다는 면에서 옳다. 그러나 반여성주의자들이 그리 강하지 않게 지적한 점은 여성주의자들이 1960년대로부터 1980년대를 거쳐서 해왔던 일반화의 많은 것들이 문제가 많은 본성이라는 점이다. 이러한 일반화는 그 경계가 너무 모호하게 정식화되어 그것이 명백히 혹은 보편화의 사실로 기능할 수 있을 정도의 일반화였다. 예를 들면 개별학자들이 진행시켰던 일반화가 오로지 '가부장제 사회 안에서'의 여성에게만 진리라는 것을 주장했을지도 모르는 반면에, '가부장제 사회'가 구성한 경계들은 전형적으로 너무 빈곤하게 표명되어 그러한 주장들은 모든 여성은 아니지만 여성 대부분에 적용되었다. 정말 주장할 수 있는 것은 아프리카-미국 여성들, 레즈비언들, 노동 계급 여성들로부터 강한 항의를 낳게 한 일반화된 그들의 상태 이상으로 그 주장들의 경계의 모호성이다. 그들은 그러한 요구들이 그들의 이야기를 적절하게 말하지 않았음을 항의한다.

물론 일반화를 어떻게 정형화할 필요가 있는지에 대한 물음은 항상 열려 있다. 마틴과 보르도가 옳게 지적했듯이 '흑인 여성'에 대한 권리 주장은 '여성'에 대한 권리 주장 만큼이나 모호한 경계들에 대한 부담에 잠재적으로 종속되어 있다. 그러나 이러한 논점에 대한 결론은 모호한 경계들에 대한 부담이 분명히 일관되지 못하다는 것에 있는 것이 아니다. 그것은 차라리 경계라는 주제가 항상 제기될 수 있기 때문에, 그 주제들이 제기되는가 아니면 정치적인—논리적인 아닌—주제가 되는가 아닌가 하는 점이다. 다시 많은 아프라카-미국 여성들은 자신들의 상황을 유럽-미국 여성들의 그것과 구별화할 필요를 보았기 때문에, 의문시되는 경계들에 대한 부담은 유럽-미국 여성들이 '여성'에 대한 권리 주장을 하기 시작했을 때 일어난다. 만일 아프리카-미국 공동체 내에서 계급 갈등이 추정한 것 이상으로 표면화되어야 한다면, 아프리카-미국인들의 곤경에 대한 일반화가 계급과 관련해서 특성화될 것이라는 점에 대한 그들의 요구는 약화될 것이다. 게다가 다른 사람들 가운데서 아프리카-미국 여성이 진행시켰던 논증은 그들이 시도했던 일반화이기보다는 차라리, 일반화를 시도함으로써 그들이 정치적으로 중요하게 행했던 일종의 특성화를 갖지 않는다는 점이다.

위의 논증은 주디스 버틀러에 의해 시도된 요구, 즉 우리는 '여성'이라는 용어를 지속적인 개방성과 감수의 측면에서 이해할 필요가 있다는 요구를 강화한다(Butler, 1995, 50면). 1960년대와 1970년대 기간에 '여성'에 대한 일반화는 개인적인 주제보다는 사회적인 주제로서의 젠더를 구체화하기 위한 첫번째의 필연적인 조잡한 방식이었다. 여성주의가 성장함에 따라, 여성들이 공적 토론에서 보다 강하게 표현하기 위해 목소리를 강화함에 따라, 또한 그 요구들을 강화하려는 정치적인 요구는 보다 강해졌다. 그러나 그들의 목소리가 누구였고 또 그들이 권리를 위한 요구를 어떻게 구체화했는지는 그 당시 정치적인 주제들과 정체성들이 짜여진 방식에 의존했다. 그러한 주제들과 정체성이 불변적으로 남아 있을 것이라고 가정할 어떠한 이유도 없다. 새로운 정치적 요구들이 제기되고 새로운 사회적 정체성이 구축됨에 따라 우리는 '여성'의 범주에 대한 필요한 권리들에 대한 새로운 요구를 기대해야 할 것이다.

내가 '여성' 의미와 경계가 정치적이라고 말할 때 여성들의 상황에서의 공통점 혹은 차이에 대한 권리 주장들이 정치적인 게임 계획에서 단순히 '전략적인' 운동일 뿐임을 대표하는 것을 의미하는 것은 아니다. '전략적 본질주의'라는 견해의 문제들 중 하나는, 전략적 본질주의가 공통적으로 이해된 '여성'의 의미와 정치적 행위자가 특별한 목적을 위해 수행한 정치적인 의미들을 구별할 수 있으며 구별해야 한다고 하는 점을 가정하는 것이었다. 내 요점은 차라리 '여성'의 이름으로 이해될 수 있거나 없거나 하는 것이 용어의 보다 깊은 의미에서 정치적이라는 점이다. 즉 우리가 그 용어를 어떻게 이해하고 우리가 생각한 어떠한 종류의 권리 주장이 우리의 다양한 상황과 요구에 연계될 수 있는가 하는 점이다.

이것이 의미하는 바는 '여성'과 '남성' 간의 사회적 구별이 필수적으로 공통적인 내용을 지니지 않은 채 구별이 된다는 점이다. 그러나 공통적인 내용이 부족하다는 것이 현존하는 '여성'과 '남성'의 다양한 의미 가운데 어떠한 연계도 없다는 것을 의미하는 것은 아니다. 맥락을 가로질러 '여성'에 대한 공통된 의미가 있을 것임에 분명하다든가 혹은 어떤 연계도 없이 그러한 의미에 대한 각각의 모듬만이 있을 것이라고 생각하는 대신에, 우리는 남성/여성 구별에 대한 의미를 문화를 가로질러 다른 방식으로 이해할 수 있다. 우리는 그 구별을 불연속의 장 내에서 겹쳐지는 실마리를 명시하는 구별의 복합적인 그물을 포괄하는 것으로 볼 수 있다(Fraser and Nicholson 1990, 35면) 내가 알기로 '젠더'에 대한 이러한 종류의 이해야말로 우리가 오늘날 실행 가능한 여성주의 정치학을 지지하기에 필요로 하는 것이다. '여성' 혹은 '남성'에 대한 공통적인 의미에 대한 생각을 포기하면서 우리는 공유되는 혹은 공유되지 않는 이해의 지점을 형성해 나갈 과제를 시작할 수 있다.

(연효숙 역)

30. 성적 차이 이론

로지 브라이도티(Rosi Braidotti)

성적 차이 이론은 최상으로는 프랑스의 후기구조주의를 참조할 때, 보다 특별하게는 후기구조주의의 주체성에 대한 인간중심적 전망에 대한 비판을 참조할 때 설명될 수 있다. 후기구조주의에서 '후기'는 1940년대와 1950년대의 구조주의자들 세대와의 연대기적인 단절을 의미할 뿐만 아니라, 구조주의 자체에 대한, 특히 맑스주의적 여성주의 정치 이론의 해방적인 프로그램에 대한 인식론적이고 이론적인 수정을 의미한다. 후기구조주의의 초점은 권력에 대한 복잡하고 다양한 구조에 놓여 있고, 다양하면서도 파편화되지만 고도로 효과적인 방법들에 놓여 있으며, 그 방법 속에서 권력, 지식 그리고 주체성의 구성은 결합된다. 후기구조주의는 이데올로기 개념의 효용성에 대해 질문하는데, 그것은 특히 주체가 그/그녀와 같은 현존하는 실제적인 조건에서 갖는 상상적인 관계로서 루이 알튀세(Louis Althusser)에 의해 개진된 의미에서이다. 여성주의적 전망에서 볼 때, 이데올로기는 성별에 대한 가부장적 체제를, 보다 특별하게는 여성성을 구성하는 신화들과 이미지들을 참조한다. 따라서 주체성은 물질적인 것('실재')과 그것을 구성하는 상징적인 것('언어')을 동시에 포괄하는 과정에 의해 개념화된다. 정체성, 언어 그리고 성에 대한 정신분석학적 개념들은—특히 자크 라캉(Jacques Lacan)의 저서에서—합리적 행위자라는 보다 전통적인 의미에서보다는 과정으로서의 주체에 대한 재개념의 의미에서 중심 역할을 한다. 차이의 개념은 고전적인 인간중심주의와 구조주의자의 사회 이론에 의해 고무된 맑스주의적 주체의 인간중심적인 전통 둘 다를 비판하는 구조주의자들 속에서 중심 개념으로 떠오른다. 그것은 주체와 그/그녀의 타자들 간의 차이들뿐만 아니라, 각

주체들(의식적면서 무의식적인 과정들) 내에서의 차이들도 포함한다.

차이에 대한 후기구조주의의 미국적 수용은—이를 덤마 스탠톤(Domma Stanton, 1980)은 대륙 간의(미국과 유럽) '분리'로서 묘사한다.—물질적인 것과 상징적인 실재 그리고 언어 간의 상호 관계에 대한 일련의 논쟁적인 토론을 낳았는데, 이러한 것은 권력의 구조와 권력에 대한 저항 가능성에 초점을 맞추는 경향이 있었다. 엘리자베스 라이트(1992)가 논의했듯이, '본질주의'를 둘러싼 교착상태의 논쟁은 프랑스화된 성적 차이 이론을 미국적 토대를 지닌 1980년대 내내 지속된 '성별'과 대립시켰다. '성별' 이론가들이 남성성과 여성성의 구성을 문화적이고 사회적인 과정에 의해 보다 더 결정된 것으로 이해한 데 반해, 성별 차이 이론가들은 또한 그 구성을 자기동일화와 내면화와 같은 무의식적 과정에 의해 결정된 것으로 이해한다. 전체 논쟁에 대한 비판적인 재평가는 1990년대에, 탈식민주의 이론의 공동의 충격 속에서 흑인 여성들, 유색인 여성들 그리고 동성애 이론가들과 퀴어 이론가들의 작업 속에서, 게다가 성차에 대한 유럽 철학 내에서의 입장들의 다양화가 증대하는 가운데 이루어졌다.

성적 차이에 의해 제기된 이슈들의 복잡성을 정당화하는 시도들이 이루어지는 가운데서 빚어지는 논쟁을 피하기 위해, 나는 뤼스 이리가라이의 작업에 집중하고자 한다. 왜냐하면 윗포드(Whitford, 1991)가 논증했듯이, 그녀는 가장 특출난 인물이기 때문이다. 나는 이 이론에 대한 세 가지 다른 관점들 즉 분석적 혹은 진단적 효과, 정치적 지도제작으로서의 그 효과의 기능 그리고 유토피아적 관점, 이렇게 구별하고자 한다.

진단적 지도로서의 성차

성적 차이 이론은 명백한 것을 언급하지만 그렇게 함으로써 또 그것을 극단화한다. 성적 차이의 주요 철학자인 뤼스 이리가라이는 시몬느 보봐르의 성의 변증법에 대한 분석을 따르면서, 우선 남성 주체의 위치와 여성 주체의 위치 간의 차이에 초점을 맞춘다[1974](1985a). 이리가라이는 후기구조주의의 이론적 도구에 의존하는데, 무엇보다도 특히 라캉적 정신분석학, 언어학 그리고 문학이론에 의존하여 주체성에 관한 주도적인 견해인, 타자로서의 여성의 구성에 기초를 이루고 있는 비대칭적인 역학 관계들에 초점을 맞춘다. 이러한 주도적인 견해는 남근중심주의의 용어로 규정된다. 이 용어는 동시에 다음과 같은 사실을 언급한다. 즉 서양에서는 의식을 주체성과 공존할 수 있도록 하는 방식으로 사유와 존재가 일치한다는 것이다. 이러한 것이 로고스중심주의적 경향이다. 그러나 이러한 경향은 또한 남성성 혹은 추상적인 여성성의 용어로 사유 주체의 모든 다른 주요 속성들에 속하는 주체성을 언급하는 식으로 구성되어 있는 지속적인 습관을 참조하는 것이다. 두 결과들의 총합은 발음하기 어려운 그러나 매우 효과적인 남근중심주의이다.

이리가라이에게 있어 이 개념은 묘사와 남근중심주의적 태도에 내재되어 있는 그릇된 보편주의—즉 남성성을 자기 규제적인 합리적 수행자로 위치지우고, '대타자'인 여성성을 평가절하의 한 측에 위치지우는 것—에 대한 고발 두 가지를 다 포함한다. 보봐르에게서 우세한 헤겔주의적 틀을 넘어서서, 이리가라이는 이러한 이원론에 대한 전도된 논리에 초점을 맞춘다. 여기서 가정되는 것은 남근중심주의가 경멸적인 '타자'의 구성적인 세트에 의해 혹은 차이의 부정적인 계기들에 의해 작동한다는 것이다. 그러한 체계에서, '차이'는 차이를 열등한 것으로 떨어뜨려 온 권력 관계들에 의해 역사적으로 식민화되었다는 것이다. 더군다나 결과적으로 그러한 차이를 '본성적인 것으로' 간주하여, 존재자들 전체 범주들을 평가절하하게 만들었고 그 결과 일회적인 실재들로 만들어 버렸다. 이러한 틀에서 권력은 다중적으로 위치지어진 입장들—텍스트적인, 사회적인, 경제적인 상징적인 그리고 다른 종류의 입장들—간의 폐쇄적인 상호 관계에 대한 전략적인 세트에 주어진 이름이다. 바꿔 말하면 권력은 몇몇 관념들, 개념들 혹은 한 세트의 개념들에 '참된 가치'나 혹은 과학적 정당성을 부여하기 위한 방식으로, 그것들에 속한 정치적이고 사회적인 경향이다. 여성과 유색인종은 열등하다는 신념인 여성 혐오증과 인종주의에 대한 예를 드는 것은—그것이 심적이든, 지적이든, 정신적이든, 혹은 도덕적이든—어떤 심각한 과학적 근거도 갖고 있지 않다. 이러한 심각한 과학적 근거로 인해 정치적 실천과 사회 조직에서의 경향성이 방해받는 것은 아니다. 이로부터 귀결되는 것은 '타자'로서의 여성 혹은 유색인종이 그/그녀는 둘 다 경험적인 지시대상이며, 경멸적인 상징적 기호라는 예상된 규준과는 '다르다'는 사실이다. 그러나 이러한 특수한 입장 때문에 평가절하된 타자는 의미의 비판적인 형성자로 기능한다. 평가절하된 혹은 경멸적인 타자성은 사회적 성차들의 모든 등급들을 관리하고 악용하는 것을 허용한 위계적 규모에서 차이들을 조직화한다. 따라서 방향을 바꿔서, 차이의 악용은 우연적인 것이 아니라, 오히려 그것은 남근중심주의 의미체계와 그 체계를 유지하는 사회적 질서에 구조적으로 필수적인 것이다. 바로 그래서 이러한 상징적 경멸에 대한 지시적 대상들인 경험적 주체들은 자신들의 구체화된 현존 속에서 이러한 부적격한 효과들을 경험하는 일이 일어나는 것이다. 이러한 수준에서 성적 차이는 철학적 이원론과 사유의 이항적 습관들에 대한 강력한 비판이다. 또한 같은 맥락에서 성차는 정신분석학 이론 내에서 상징적인 것과 경험적인 것 간의 범주적 이항 대립에 도전한다.

달리 말하면 성적 차이 접근법은 사회적으로 약호화되고 강화된 성차에 대한, 그리고 성차들이 지지하는 가치 체계와 표상들에 대한 '본성적'인 기초들에 놓여 있는 신념들을 제거한다. 더군다나 이러한 접근법은 바로 이 접근법이 분석한 관념들과 개념들조차, 그것들 가운데 무엇보다도 먼저 성적 차이 관념을 역사화하는 필요성을 강조한다. 그러나 또한 개념들을 역사적으로 각인시키는 이러한 강조가, 사상가들이 언어에 대한 다층적인 견해와 복잡한 구조 앞에서 겸손해지라는 것을 의미하는 것은 아니다.

이러한 분석이 함축하는 바는 더 멀리 미친다. 즉 남근중심주의적 논리는 언어에 각인되어 있으며, 그것은 우리 사회에서 근본적으로 정치적인 신화가 된다. 후기구조주의자들의 틀 내에서 언어는 인간 중심적인 전통을 따르는, 의사소통의 도구로 이해될 수 없다. 차라리 언어는 주체의 입장들이 구성되는 위치나 장소로 정의된다. 그러나 언어에 전적으로 도달하기 위해서는 다수의 남성성/여성성의 분할의 측면에 대한 입장을 채택해야만 한다. 주체는 성적이거나 혹은 그/그녀는 도대체 있지 않거나이다.

생물학적 참조를 통해 심리적 구조를 고정시키려는 프로이트의 정신분석학적 경향에 맞서서, 이리가라이와 다른 성적 차이 이론가들은 형태적으로 남성과 여성을 문화적으로 남성성과 여성성으로 약호화된 역할로 연결시키려는 질문에 대해 문제제기를 한다. 형태학은 몸에 대한 생물학적 결정론적인 독해를 사회적 구성주의의 성심리적인 판본으로 대체한다. 형태학은 신체적 자아에 대한 육화된, 실험적인 이해를 언급한다. 엘리자베스 그로츠(Elizabeth Grosz, 1989)가 지적했듯이, 이러한 경험들은 사회적 재현을 구성하는 담론적인 실천(생물학적이고, 심리적이고, 정신분학적 담론들)을 통해 매개된다. 체현된 주체들은 이러한 표상들을 내재화함으로써 이러한 표상들에 고착되도록 되어 있다. 따라서 비록 언어가 주체성에 선행해서 그리고 주체성의 구성물로서의 구조로서 위치지어져 있다고 할지라도, 남성, 여성 정체성을 구조화하는 성적 주체의 입장들은 결코 안정되어 있거나 본질적이지 않다. 대신 주체가 남성성 혹은 여성성의 입장에 붙어있는 가운데 보이는 근본적인 유동성은 어떤 고정된 혹은 안정된 정체성에 대해 저항하는 측면으로 제시된다. 주체는 성적으로 되며 분열되어 있으며, 성적 이분법의 극들 중 하나에 의존하면서도 또한 거기로부터 느슨해진다. 따라서 그렇게 정의된 '언어적인 전환'은 성적 차이 철학에 물질적으로 근거지어진 역사화된, 그렇지만 주체성의 그 전망을 기초짓는 편재화된 구조를 제공한다.

남근중심주의적 약호가 언어에 기록되어 있다는, 언어의 이러한 정의에 대한 정치적 함축들을 강조하는 것이 중요하다. 비록 그 언어를 누가 말하게 될지라도, 언어는 조작적이다. 언어의 심층 구조 혹은 언어의 통사론에 대한 이러한 강조가 함의하는 바는 비록 억압된 자들 가운데서조차도, 어떠한 준비된 접근가능한, 오염되지 않은 '진정한' 타자성에 대한 목소리란 없다는 것이다. 이러한 점은 진정성에 대해 급진적인 인식론적인 요구를 하는 본질주의에 대한 공격으로 전환된다. 인식론적 혹은 정치적 순수성에 대한 요구들은 의심을 받는데, 왜냐하면 그 요구들은 언어와 표상에 의해 매개되지 않을지도 모를 주체 위치들을 가정하기 때문이다.

이라가라이는 특히 그녀의 언어 심리적인 연구를 통해 형태학이 매우 역동적인 방식으로 언어적인 정의들 간에 상호작용하는 방식을 보임으로써 정신분석학적 통찰력을 극단화하였다. 더군다나 그녀는 여성적 형태론을 남근중심주의 약호에 대한 권위적인 생산 형태들의 저항으로 초점을 맞춘다. 진단적 지도를 완결하기 위해, 나는 성적 차이가 남근중심주의의 심층구조에 대한 정치적인 해부학을 제공한다는 것을 말하려고 한다. 이러한 해부학은 본성적으로는 남성적으로, 보편적으로는 백인으로, 그리고 강제적으로는 이성애적인 것으로 정의된다. 더군다나 그러한 해부학은 이중적인 묶음으로 여성성을 차단한다. 즉 한편으로 해부학은 모성적 권력을 여성 주체성의 권력 부여의 희생으로 찬양하지만, 또다른 한편으로 그것은 모친 살해가 여성성 뿐만 아니라 남성 사회심리적 계약의 기초라는 사실을 강조한다. 사실, 남근중심주의는 아버지의 법이며, 그것은 어머니를 상징적인 비천함으로 한정한다. 결과적으로 남근중심주의에 대한 여성주의자들의 저항은 여성 중심화된 계보학의 권한 부여의 측면으로서 모성성의 재평가라는 형태를 취한다.

정치적 지도제작법으로서의 성적 차이

주체와 타자 간의 반영적인 관계가, 특히 성(차)들 간의 권력 관계의 항들에서 비대칭적이기 때문에, 성적 차이 철학은 그들 각각의 입장 간에 어떠한 반전 가능성도 없다는 사실을 제시한다. 더군다나 이러한 비대칭성은 여성주의 정치학의 새로운 단계를 위한 기초로, 특별히 이라가라이의 저작이 이탈리아 여성주의자들에게 수용되는 가운데 제시된다(*Milan Women's Bookstore Collective*, 1990). 논증은 다음과 같이 진행된다. 두 극이 서로를 향한 비대칭적인 권력 관계에 존재한다는 사실은 또한 타자성에 대한 그들 각각의 관계에 영향을 미친다는 것을 말한다. 남근중심주의적 체계 내에서 이리가라이는 논의하기를, 서로 각각에 대한 관계에서 여성들의 '타자성'은 재현 불가능한 채로 남아 있다. 왜냐하면 주변적인 '타자'는 남성적인 중심에 대한 관계와 기능에서 개념화되기 때문이다. 이라기라이는 전자[타자성]을 '큰타자에 대한 타자'로, 그리고 후자[타자]를 '동일자에 대한 타자'로 언급한다. '이중적인 통사론'의 제목 하에서 이라가라이는 남성으로부터 여성으로의, 또한 타자인 여성의 구체화된 이미지로부터 현실 삶의 여성으로의 이러한 환원불가능하고 불가역적인 차이를 옹호한다.

따라서 보봐르의 '해방주의' 혹은 '동등성을 염두에 둔 사유'에 대한 후기구조주의적 여성주의자들의 비판에서, 여성이 타자성에 대한 조직적으로 평가절하된 측면인 여성성의 역설로부터 탈출하는 관점에서 단순히 초월성을 '파문을' 수 있다고 가정하는 한에서, 보봐르의 이론은 소박한 것으로 감지된다. 대신에 이리가라이는 변증법적인 대립은 개념적으로나 혹은 정치적으로 불가역적이라고 논의한다. 차라리 성적 차이 이론은 여성들은 남근중심주의로부터 향유한다는 탈중심성의 여백으로서의 정치적으로 전복적인 잠재력 위에서 구축된다. 그래서 체계에 여성들의 '속하지 않음'의 관계야말로 대안적인 주체의 입장을 위한 담판의 여백을 제공할 수 있다. 자크 데리다의 해체주의 철학이 여성성을 남성적 기표와의 불일치의 그러한 여백으로 한정시키는 데 만족하는 데 반해서, 성적 차이 이론 여성주의자들은 이러한 여백을 여성 권력 부여의 대안적 형태들을 가진 실험으로 쓸 목적을 갖고 있다. 그러나 이러한 여백들은 주류 문화 내에서 뿐만 아니라, 여성주의 이론 자체 내에서 헤게모니적 담론들을 경험해 가는 신중한 과정들을 통해서도 협상되어야 할 것이다.

따라서 전략으로서의 성적 차이 이론은, 상징적인 약호 내에서 간파된 그리고 상징적인 약호와 깊이 대립된 역설적임을 의식하고 설명할 수 있는 주체들에 의해, 가능한 긍정적인 여백을 성취하기 위한 수단이다. 이것이 바로 성적 차이 여성주의 철학이 남근 숭배적 체제에 속하지 않는 여백을 말함에 있어서 조심하는 이유이다. 거꾸로 또한 여성들이 승리를 거두려고 하는, 여성들에 의해 동일한 체계에 속하는 영역들에 대해서도 말할 수 있다. 강조할 만한 요점은 흔쾌히든 아니든, 여성들은 자신들이 해체하려고 하는 것과 공모하고 있다는 사실이다. 어떤 사람의 함의 혹은 공모를 의식한다는 것은 순수성에 대한 요구들로부터 뿐만 아니라, 죄책감의 방종으로부터도 자유로워지려는 급진적인 저항 정치학을 위한 토대를 제공한다.

따라서 성차 이론은 차이의 실증성을 강조하며, 반면에 대립적인 정체성의 자동적인 대체(짝)-긍정을 대립시킨다. 여성주의자들은 차이의 담론들과 실천들을 재평가할 필요가 있다는 것이며, 따라서 이러한 관념을 고전 철학 사유에서 획득된 헤게모니적 함축으로부터 구제할 필요가 있다는 것이다. 차이에 대한 이러한 재평가는 정치적 실천으로 제안되며, 이러한 정치성 실천은 국민성, 자기 표현, 동질성 그리고 안정성의 용어로 주체성을 인간 중심주의적으로 이해하는 데 대한 비판과 일치한다. 주체에 대한 이러한 견해는 타자성에 대한 그 이중적인 관계의 조명 아래서는 의심스러워진다. 더군다나 특히 성적 차이 이론가들은 평가절하된 차이의 형상으로 여성을 은유하는 관습들을 정치적 문제로 삼는다. 그리하여 이리가라이는 상상계에 대한 여성주의적 재분배를 옹호한다. 즉 그것은 주체성과 관계의 구조에 대한 이미지들과 표상들을 말하는 것이다. 그리하여 언어는 정치적 저항의 한 측면이 된다.

나는 전에 정신분석학적 이론이 주체에 대한 혼란스러운 전망을 이론화하는 데 중요한 역할을 한다는 것을 논의했다. 정신분석학의 지속적인 교훈 중의 하나는 '여성'이라는 관념이 여성성의 제도를 따르기 위해 형태적으로 구성되고 사회화된 여성적 성을 언급한다는 통찰을 준다는 것이다. 푸코의 체화된 주체성에 대한 이해를 지속시키면, 여성성은 기념비이면서 동시에 기록으로 이해된다. 여성성은 사회적인 협약 장치이며 사회적, 법적, 의학적 그리고 정상적으로 표준화된 여성적인 유형에 대한 다른 담론들 장치이다. 여성성에 대한 본질주의적이고 생물학적으로나 심리적으로 결정론적인 설명들과는 달리, 정신분석학은 한 사람이 여성 주체의 입장과의 일련의 거의 무의식적 동일시를 통해 여성으로 구성됨을 제시한다(27. "정신분석학적 여성주의"를 보라). 이러한 생각을 보다 정치적으로 읽으면서 이리가라이는 보봐르가 "사람은 태어나는 것이 아니라, 여성으로 되는 것이다"라고 주장했을 때 충분히 체계적이지 않았음을 제시한다. 이러한 주장은 정치적인 전환에 대한 의도적이고 의식적인 과정들에 저항하는 무의식적 구조와 동일화의 형식들을 포괄할 정도로 확장되어야만 한다. 심층 구조에 대한 이리가라이의 강조는 무의식적인 동일성 형성들에까지 보봐르의 정식을 확장시킴으로써, 보봐르의 정식을 극단화하는데 목표를 두고 있다. 이러한 것으로부터 부상되는 주체의 전망은, 이 전망이 주체성과 의식을 고전적으로 일치시켜 온 것에 대해 도전한다는 점에서 엄격하게 반데카르트적이다. 여성주의 정치학은 표상의 구조와 가부장제의 타자인 여성에게 부속된 정치적 가치에 도전할 뿐만 아니라, 또한 이러한 도전을 각 여성 정체성의 깊은 구조에까지 확장시킨다.

지금까지의 결론에서 주요한 점은, 여성주의적 입장을 떠맡은 여성들은—여성적 주체성의 대안적 형태에 힘을 실어줄 것을 목표로 하는 과정의 일부로서—분열된 주체이며 합리적인 실재는 아니라는 점이다. 각 여성은 그 자체 다양성이다. 그녀는 자아 안에서 차이 장치에 의해 흔적이 남겨지며, 이러한 점이 그녀를 분열되고, 혼란스러우며, 착종된 실재로 전환시킨다. 가장 정신분석학적인 여성주의자인 이리가라이는 특히 무의식적 욕망과 의도적인 선택 간의 불일치에 초점을 맞춘다. 주체에 대한 이러한 깊은 반데카르트적인 전망은 근거없는 것이 아니라, 오히려 여성 행위자를 둘러싼, 보다 적절하고 결과적으로는 정치적으로 보다 효과적인 지도그리기를 제공하는 데 목적이 있다. 그것은 복잡해지며 또 중요한 물음들을 갱신한다. 왜 여성들 모두는 자유나 자율성을 욕망하거나 동경하지 않는가? 왜 그들은 자유로워지기를 원하지 않는가?

달리 말하면, 여성주의자의 주체는 단순히 의지적이거나 자기 표상적인 단위만이 아니다. 또한 그녀는 자신의 무의식적인 주체이며, 그녀는 자신의 삶의 상황들을 조건짓는 바로 그 구조들과 매개된 일련의 관계들을 즐기는 그런 방식의 주체이다. 성별, 인종, 계급, 나이, 혹은 성적 선택과 매개되지 않은 관계란 없다. 정체성은 이러한 일련의 잠재적으로 모순적인 변수들에 주어진 이름이다. 그래서 그것은 다중적이며, 혼란스럽다. 또 정체성은 '타자'와의 끈을 요구한다는 점에서 관계적이며, 또 정체성은 회상과 기억을 통해 기능한다는 점에서 회고적이다. 최소한이 아닌, 최후의 정체성은 연속적인 동일화에 의해 형성된다. 말하자면 합리적인 통제를 벗어나서 무의식적으로 내면화된 이미지에 의해 형성된다.

유토피아로서의 성차

이제 질문은 다음과 같다. 어떤 사람이 어떤 이미지들, 여성성을 구성하는 행동양식과 기대감에 접근하거나 동일화하는 데에서 자유로워지기 위한 방법은 무엇인가? 이러한 질문에 대해 대답하는 데 있어서, 성적 차이는 반복의 전략적 사용에 기초한 여성 권력 부여 이론으로 된다. 그것은 어디에도(atopos) 없는 유토피아적인 것이다. 즉 그것은 아직, '어디에도 없는', 어떤 토대도 갖지 않는다. 그러나 그것은 이미 시작된 의미생성의 과정을 지시한다. 이리가라이는 '미메시스'를 남근중심주의적 지지점인 대문자 여성으로부터 거리를 취하는 여성들에 의해 여성 주체-입장을 재수정하고 재평가하고 재소유하는 데에 놓여 있는 전략으로 부른다.

성적 차이 기획을 위한 출발점은 생생하고 여성적으로 체화된 경험의 특수성을 주장하는 정치적 의지이다. 이러한 사실은 성적 차이를 '포스트모던'한 주체성으로 분리시키는 것을 거부하는 데 이르게 된다. 반면에 그것은 주체성을 사회적이고 정치적인 체화된 여성의 경험으로 고정시키는 해체의 후기구조주의자들의 기획에 다시 연결되는 의지를 재천명한다. 성적 차이 철학은 그것이 여성 주체성에 대한 강화된 관념들을 가져 오는 데 역사적이고 정치적으로 긴박하다는 것을 논의한다. 여성주의는 고전적인 인간중심주의가 몰락하기 때문에 이 인간중심주의가 그 실체적인 단위를 상실했던 바로 그 역사성의 정확한 순간에, 대문자 여성의 관념을 둘러싸고 벌어지는 의미들과 의미생성의 침전된 계층들을 통한 작업의 전략이다. 따라서 정치적이고 이론적인 실천으로서 여성주의는 포스트모더니티에 의해 도전받았던, 이렇게 미리 고정된 본질 내에서 여성의 대안적 표상들을 위한 공간들을 개방하는 방식으로, 대문자 여성에 대한 다른 표상들을 벗기고 파괴한다. 포스트모더니즘은 해체되었고 작동되었던 것으로 요구된 여성주의자들에 여성성을 유용하게 만들었다.

'마치 … 처럼'의 정치학으로서의 미메시스는 여성성에 대한 역설적인 관계에서 여성들을 확증하는 반복에 대한 조심스러운 사용이다. 뿐만 아니라 그것은 동일한 여성성으로부터 여성들이 유희하는 역설적인 거리의 전복적 가치들을 강화시킨다. 정치적 도박은 분명하며 그 현상금은 높다. 성적 차이 이론가들에게서 새로움은 낡은 것을 불태우고 재수정함으로써 창조된다. 여성 주체성에 대한 대안적 표상들을 위한 요구들은 흉내내기 반복과 후기 대문자 여성 여성들을 위한 표상들을 설정하는 형식들의 재흡수를 요구한다. 기표 여성은 단순한 의지에 의해 포기될 수 없다. 즉 기표 여성은 그 안으로부터 파괴되고 재평가되어야만 한다.

내가 전에 짤막하게 제안했듯이, 이리가라이에게서 흉내내기 반복의 중요한 요소는 여성들의 계보학들의 의미이다. 나는 그것을 정치적으로 활성화된 대체-기억으로 독해한다. 여성주의자는 여성으로서의 그녀의 경험을 통해 그리고 다른 여성들과 공유된 경험을 통해 사유하는 사람이다. 여성주의자는 다른 여성과의 유대를, 즉 공유된 억압에 의해서만 형성된 것이 아니라, 또한 공통으로 체험된 기쁨과 인식의 방식으로 형성된 유대를 잇는 것을 잊었던 여성이다. 나는 '여성적 여성주의자'로서의 이러한 주체-입장들을 참조한다. 계보학들은 체화되고 각인된 여성 경험의 상징적 전통을 구성하며, 신체의 생생한 위상인 출발점을 구성한다. 이리가라이에게서 생생한 혹은 육화된 자아는 그녀가 정신분석학적 통찰로 읽은 비본질화된 실재임을 기억하면서, 신체적 자아는 경험과 사회적 힘들의 다양한 영역들의 교차로서 가장 잘 묘사될 수 있다. 남근중심주의적 체계에서 여성들은 그녀들을 동일자에 대한 타자로 환원시키는 상상계에 의해 유지되는 남성적 상징체계를 통해 사유하도록 사회화되었다. 대체-기억으로서의 여성적 여성주의 계보학은 남근 중심적인 기표의 권능적 힘을 통한 파열의 방식이며, 여성들에게 '타자들에 대한 대타자'로서 그녀들의 단일한 체험들을 집단적으로 재정의하는 공간들을 개방시키는 방식이다.

따라서 성적 차이 이론은 비문제설정적 범주로 이해될 수 없으며, 계급, 인종, 민족성, 그리고 다른 약호화된 사회적 차이들과 같은 다른 범주들의 작동방식과 극단적으로 분리될 수도 없다. 그러나 성차는 지속적으로 성적인 정체성—체화된 여성의 존재라는 사실—을 저항의 우선적인 측면으로 우위에 놓는다. 이러한 측면은 다중적이고, 복잡하며 잠재적으로는 모순적인 국면 혹은 테레사 드 로르티스(Teresa de Lauretis, 1987b)가 제안했듯이, 주체-입장의 과정으로 규정된다.

새로운 전망들 가운데 가장 흥미로운 것 중의 하나는 성차 이론과 다른 차이들 간의 교차에 의해 제공된다. 성적 차이 이론의 프랑스 학파는 성적 차이 이론의 인종차별 철폐를 비판하고 인종과 민족성의 이슈들을 무시하는 것을 비판하는 가운데 출현했다. 버틀러와 스캇(1992)을 따르면서 문제는 동일성을 비판하는 후기구조주의자들과 여성주의 이론의 백색성을 조명한 유색인 여성과 흑인 여성주의자들에 의한 최근 이론들 간의 수렴점을 통해 재정식화될 수 있다. 포스트모더니티에서 필요한 것은 탈식민주의, 후기구조주의 그리고 후기성별이론(Trinh T. Ninh-ha, 1989; Spivak, 1987b) 간의 가로지르거나 상호 교차적인 새로운 동맹들이다. 이러한 사실은 철학과 그리고 법 이론 같은 영역 간의 그리고 비판 이론과 영화이론 간의, 사회적이고 정치적인 사유와 경제학과 언어학 간의 새로운 상호 학문적인 대화에 상응할 것이다. 공통적으로 통용되는 특징은 다음과 같은 것이다. 즉 보편적이고 고정되며 안정적인 자아를 참조하는 외부에서 활동하는 그리고 게다가 여전히 행위성에, 여성의 권한 부여에 그리고 이론적이고 방법론적인 정확성에 맡겨진 여성주의자들에게 어떤 설명력이 유용할 수 있는가?

연구의 다른 새로운 중요한 영역은 철학적 양식과 정치적 행위성 간의 관계이다. 고도로 구별된 철학적 사유 양태로서의 성적 차이는 여성주의 철학에 새로운 양식을 가져다 주었다. 즉 상호 학문성에 대한 극단적인 재정의하는 방식 속에서 성차 사상가들은 철학적 훈련을 모든 종류의 다른(비철학적인) 담론들을 포함하는 대화적 교환에까지 개방시킨다. 더군다나 성적 차이 이론의 유토피아적인 차원은 시적인 것과 정치적인 것이 강력하게 상호 교차하는 곳에서 전망적인 사유 양태들을 새로이 열고 있다.

더군다나 성적 차이 철학 안에 함축되어 있는 주체성에 대한 반데카르트적인 전망은 감성에 대한 정치적인 독해를 허락할 수 있는 강점을 갖는다. 따라서 여성주의는 성적 차이의 열정으로 재정의된다. 말하자면 남근중심주의적인 '동일자의 타자' 즉 대문자 여성 속에서 결코 여성들을 인식시키지 않는 여성들을 위한 욕망의 대상으로서 재정의된다. 따라서 여성인 여성주의자는 여성임의 다른 표상들을 강화하기를 동경하고 바라는 사람으로 보여질 수 있을 것이다. 여성주의 기획은 더 이상 의지적인 선택에 의해서만 묘사되는 것이 아니라, 또한 욕망 다시 말하면 비의지적 충동에 의해서도 묘사된다. 결과적으로 정치적인 열정과 그 열정들을 동반하는 정치적인 감정들에 대한 분석은 중심 이슈로 떠오른다. 또한 이러한 사실은 욕망 자체의 관념에 대한 비판적인 재정의를 요구한다. 들뢰즈와 다르지 않게, 이리가라이는 라캉적인 정신분석학 내에서 헤겔의 전통을 구성한, 욕망과 부정성 혹은 결핍 간의 동일시에 도전하며, 대신에 그녀는 욕망을 지복이나 행복의 형태인 충족과 안녕을 동경하는 적극적인 긍정으로 제시한다. 따라서 성차 여성주의가 여성내에서 자유롭기를 원하는 바는 또한 자유, 정의, 자기 성취 그리고 안녕을 위한 그들의 욕망이다. 즉 아폴론적인 정신의 진지성에 대립되는 디오니소스적인 전복적 웃음이다. 이러한 정치적 과정은 전향적인 것이지, 향수어린 것은 아니다. 그것은 여성성의 영광을 목표로 하는 것이 아니라, 차라리 대안적인 여성 주체성에 목표를 둔 정치적인 기획으로서의 현실화 혹은 권한 부여를 목표로 한다. 그것은 남근중심주의가 표상할 수 없었던 것을 표명했던 표상들을 출현시킬 것을 목표로 하며, 그리하여 그들의 다수의 다양성 속에서 여성들의 여성주의자들이 이미 형성했던 것에 대해 정의롭게 하는 것을 목표로 한다.

(연효숙 역)

31. 섹슈얼리티(Sexuality)

자크린 지타(Jacqueline Zita)

> 최종적으로, 성에 관하여 이야기하기 위해서 우리는 우리가 성에 관한 비판적 분석에 대해 호의적이지 않은 문화에 살고 있다는 것과 특히 여성 섹슈얼리티는 금기시되거나 칭송되거나 퇴화된다는 내적, 외적 저항을 극복해야 한다는 것을 발견한다. 모든 것을 말하는 것, 그리고 그러한 교묘한 전통에 대항하여 말하는 것은 강한 반작용을 불러일으킨다(Freeman and Throne, 1984).

섹슈얼리티에 관한 여성주의의 철학적 저술은 특정 영역에 집중해 있거나 여성주의 철학 전반에 분산되어 있다. 이는 여성주의 철학자들이 섹슈얼리티가 무엇인가를 언급하는 것과 여성들의 사회적 억압, 해방 프로젝트에 대한 연관성을 그들의 글 안에서 통합하고 있기 때문이다. 섹슈얼리티에 관한 여성주의적 사고는 성폭력(sexual violence), 재생산과 성애의 권리(erotic right), 성윤리학(sexual ethics), 성정책(sexual politics), 성법률(sexual law), 성적 학대(sexual harassment), 성적 이상자(sexual deviance), 성적 이행(sexual practice), 성적 교섭(sexual commerce), 성정체성(sexual identity) 그리고 성적 쾌락(sexual pleasure) 등에 관한 많은 저술에서도 발견될 수 있다. 또한 섹슈얼리티에 관한 여성주의적 사고는 생물학과 사회과학의 비판적 재사고, 여성학, 젠더학, 퀴어 이론과 문화학 등에서 두 학문에 걸쳐 본거지를 찾는 다양한 새로운 논문들에서도 나타난다. 이런 모든 것들과 차별성을 갖기 위해 섹슈얼리티에 관한 여성주의 철학 작업의 영역은 위험한 것은 아니지만 어려워 보인다.

섹슈얼리티에 관한 이러한 여성주의적 사고의 광범위한 편재는 섹슈얼리티에 관해 직접적으로 서술하는 학문적 철학의 전문적인 침묵, 아마도 몸과 그것의 외설적 성기능에 대한 철학의 전통적인 경멸의 흔적에 의해 균형지어진다. 따라서 섹슈얼리티에 대한 여성주의적 재개념화는 대부분 학문적 철학의 외곽에서 마련되어 왔다. 이러한 새로운 생각은 여성주의 운동에 관한 문헌들(feminist movement literatures), 창의적 저술과 예술, 철학자가 인접한 분야(정치과학, 의식의 역사, 인류학, 문학적 비평, 역사, 정치과학 등과 같은)에서 그리고 새로운 둘 이상의 학문 분야에 걸치는 것에서 출현해 왔다. 여성주의 학문적 철학(feminist academic philosophy)은 이러한 다른 근원들에 반응하여 왔으며, 여성주의 사고에서 성의 현대적 문구 그리고 보다 전통적 철학적 문제에 섹슈얼리티의 연관성을 다시 생각하고 명쾌히 하려는 시도를 끊임없이 해왔다. 이는 섹슈얼리티에 관한 여성주의 철학의 작업과 많지 않은 다른 철학적 작업 간에 중요한 차이를 나타내는 기묘한 인식론적 혼성의 결과에 이르게 한다. 여성주의 철학은 섹슈얼리티를 재고하고 여성 억압 원인이 여성의 경험, 사회제도, 관습에 관계되어 있다는 것을 이해시키는 학문적 철학의 외곽에서 저술과 자료들을 통해 꾸준히 상호의존성을 유지해왔다. 최근 지나간 사반세기의 이러한 개관에서 철학자들이 여성주의적 관점에서 섹슈얼리티를 재고하는 기획에 합류하는 것과 같이 여성주의 철학자의 작업에서 도출되는 복합성(complexity)을 추적하고자 한다.

여성주의 철학자들이 섹슈얼리티에 관해 저술한 것에 대한 간단한 연대적 개관을 살펴보기 전에 이러한 사고에서 순환적으로 나타나는 몇 가지 주제를 열거해 보기로 하자. 이것들은 때로는 성공하고 때로는 좌절하지만 철학적 질문의 규율성과 그것의 비평과 대화의 실천을 가지는 이론적 기획이거나 지속적으로 추구되어 온 질문들이다. 이러한 기획은 다음과 같은 시도를 포함한다.

a) 여성 섹슈얼리티의 보다 진솔한 형태, 또는 육체 제일주의에 보다 적합한 섹슈얼리티의 언어, 그리고 여성 몸의 욕망을 탐구하는 것.

b) 남성 우월에 저항하는 분야로서 또는 이성애적 헤게모니에 대항하는 급진적 위반으로서 여성 섹슈얼리티의 형태를 이해하는 것.

c) 여성의 사회적 억압의 중요한 영역으로서 그리고 여성에 대한 폭력의 잠재적, 체계적인 분야로서 여성 섹슈얼리티의 형태와 문맥을 파악하는 것.

d) 생식적인 것에 초점이 두어진 행동으로 제한하지 않고 그것을 포괄하는 에로틱으로서 섹슈얼리티의 관념을 확장하는 것.

e) 사회적으로 구성되어지고 기관, 저항과 권력에 관해 중요한 의문을 일으키는 젠더, 인종, 계급 그리고 재생산의 실행의 다양한 사회 위계질서에서 연관되어지는

것으로서 섹슈얼리티를 파악하는 것.

f) 대안적 판단, 규범, 가치에 의해 조사되어지는 유사-독립 사회적 우월(quasi-autunomous socail domain)로서 섹슈얼리티를 분명히 하는 것.

g) 섹슈얼리티의 정체성과 연관된 젠더 형성의 개념을 명확히 하는 것.

개인적인 것이 정치적이다. — 1970년대 초

1970년대 여성주의와 "개인적인 것이 정치적인 것이다"라는 이론적 실마리에 의해 산출된 소수 용감한 여성철학자들은 여성 섹슈얼리티에서 지금까지는 검증되지 않은 지적 발견의 순간을 발견했다. 여성주의 운동 문학에서 섹슈얼리티는 많은 여성들이 억압, 개인적 해악, 정체성의 위기를 경험하는 주된 장소로서 개인적인 것이 정치적인 것처럼 보이는 장소로 되었다. 그러한 경험에 관점을 둔 의식고양 그룹(Conciousness-rasing group)은 여성의 복종과 경험에 기초한 섹슈얼리티의 지식과의 연결에 대한 모범적 영역으로서, 이후 산드라 바트키(Sandra Bartky), 캐서린 맥키논(Cathrine MacKinnon) 그리고 나오미 셰만(Naomi Scheman) 같은 여성주의 철학자들에 의해 찬양받게 되었다. 그러나 비록 시몬느 드 보봐르(Simone de Beauvoir)의 《제2의 성》(*The second Sex*, 1952)의 초기 작업에 의해 영향을 받긴 했지만 1970년대의 신흥 여성주의 철학은 섹슈얼리티에 대해서는 여러 가지로 억제된 철학의 개방이었고, 명백한 위험이 철학의 무형 수행으로부터 성(sex)에 대한 비속한 생각과 본성에 이르기까지 야기되고 있었다. 1980후반에 쓰여진 앤 게리(Ann Garry)의 에세이, 《선생으로서의 철학자: 왜 사랑과 성은 철학적으로 흥미로운가?》(*The Philosopher as teacher: why are love and sex philosically interesting*?)는 왜 성과 사랑이 여성주의 철학자에게 지적 관심이 있는가라고 직접적으로 묻는 첫번째 작품이었다. 그 에세이에서 게리는 의식 고양(consciousness-raising), 정신 요법, 여성주의 철학이라는 세 개의 서로 다른 패러다임을 묘사하는데, 여성주의 철학이 나머지 두 개의 것과 사회적 변화 또는 개인의 감성적 성장과 어떻게 다른지에 대한 직접적인 언급은 아무 것도 없다. 게리에게 사랑과 성에 대한 여성주의 철학은 여성의 경험과 사회적으로 더 나은 여성의 조건을 위한 여성주의 이론적 기초에 연관되어 있는 반면 개념적 작업에 위임된 채로 머물러 있다.

> 사랑과 성에 관한 철학은 어떤 철학이 진실, 그럴 듯한 이론, 보다 명확한 개념 또 폭로된 넌센스 등의 목표에 도달하는 것과 같은 것에 이르는 것이다. ―모두가 적절하다고 보듯이… 개념적 명

> 백성은 집단으로 들어오고 또 감정으로 덮어 씌어지는 사랑, 종속, 성, 요구, 자율과 신뢰 등과 같은 개념을 위해 특별히 중요하다. 개념이 복합적인 집단을 형성한다는 것뿐 아니라 다른 사람들의 그들의 의미(meaning)에 대한 입력 역시 중요하다. 다른 방법에서 우리가 신뢰와 요구를 볼 수 있기 위해서이다. 이러한 영역에서 개념을 분석할 때 생겨나는 도덕적 문제들은 철학적인 관심사 중의 하나이다(Garry, 1980, 29면).

비록 그들이 우리의 감성적 생활에서 배여 나오는 것이 되도록 발생하는 개념들이라 할지라도 게리는 사랑과 성을 연구하는 데 전통적인 철학적 정당성을 제공한다(Garry, 1980, 30면). 그녀는 어떻게 성과 사랑이 획일적으로 구성되는가를 이해하는 것에 철학적 기술을 합병하도록 전문적 개혁을 뒷받침한다. 여기에서 두 가지 점이 주목할 만하다. 첫째는, 여성주의 철학이 감성을 해방하고 전망의 다양성을 요구해야 한다는 점을 게리가 주장한다는 것이다. 이것은 감성과 철학자의 개인 경험으로부터 내부성과 입장의 이유를 분리하는 엄격한 데카르트적 경계를 잠식하는 것으로부터 시작한다. 그 경계는 가끔 다른 부류의 저서로부터 철학적으로 분리된다. 둘째는, 성과 사랑이 제도적으로 구성되어지고 권력의 사회적 관계를 함축한다는 여성주의 개념을 인식하는 데 있어서 이러한 여성주의 철학의 주제는 섹시스트(sexist) 수사학의 가능한 요새와 편견을 지닌 거만함으로서 남성우월적인 전통 철학을 해석하는 데 사용되는 사회적 가설에 의존한다는 것이다. 이성의 순수한 내부성(감정적 동요의 부재)과 숨겨진 수사적 편견으로 가능한 융합에 대한 두 가지 도전은 여성주의 철학이 전문적 수양을 가져오게 되는, 보다 깊은 파괴를 나타내게 된다. 친숙하거나 또는 그렇지 않은 철학적 분석 도구를 사용하여 섹슈얼리티에 관해 저술하고자 하는 여성주의 철학자들의 노력은 철학과는 반대되는 실행에 의해 추론될 수 있다. 그것은 자제되지 않고 너무 가까워서 여성 몸의 냄새조차 맡을 수 없는 헤게모니적 관점에 의해서 드리워진다. 1970년대 후반과 1980년대 초반에 철학의 신중성에 대비되는 여성주의들 간의 섹슈얼리티에 관한 논의는 희생과 생존이라는 측면에서 특히 가열되었다. 여성이 성폭행, 근친상간, 아동학대, 성적 폭행, 성적 괴로움, 남성과의 성적 불쾌감 등에 관한 경험을 거리낌 없이 이야기하기 시작하는 속에서 역사적 길은 열려져 있었다. 여성주의 저술에서 성적 억압 가설은 여성들이 당하는 성적 억압의 기본적인 영역으로서 캐서린 맥키논(Catharine Mackinnon, 1982, 1987b)과 안드레아 드워킨(Andrea Dworkin, 1974, 1981, 1988b)의 포르노그라피 분석에서 융합되어지는 패러다임을 성별화하고 정치화하였다. 억압 가설은 또한 모든 여성들에 의해 공유된 역사를 초월하는 억압으로 여겨지는 약탈 문화의 개념(Russell,

1975)과 성 노예(Barry, 1979)의 개념에 잘 표현되어 있다. 이러한 새로운 규범의 날개 아래 매체와 자치(Hoagland, 1988), 존경(Tong, 1982; Morgan, 1982), 동의(Mackinon, 1982; Frye, 1978, 1986, 1988, 1992a), 책임(Treblicot, 1982), 개성(Kappeler, 1986; Green, 1989), 종속(Hoagland, 1988) 그리고 성적 객관화(Hill, 1987; Bartky, 1984, 1990a; Kittay, 1983a; McCormack, 1993)와 같은 전통적인 철학 개념을 재고하는데 있어서 향후 10년 동안 여성주의 철학자들은 유리한 기반을 발견했다. 여성주의 철학자들은 적어도 여성주의적 사고를 길들임으로써 '개인적인 것'을 보다 친근한 철학적 관심으로 담론화할 수 있게 되었다.

그러나 철학에서 여성의 몸과 마음이 가시적으로 되었다는 것은 믿을 수 없는 모험이었다. "개인적인 것이 정치적인 것이다"라는 원칙은 여성주의 철학자들이 성적 경험과 몸에 관해 보다 넓고 과감하게 생각하게 되는 것을 격려하였다. 린다 니콜슨(Linda Nicholson)이 이렇게 분석했듯이 개인의 영역에서 살피는 성 간의 관계에서 실패처럼 보다 큰 사회적 이해를 촉구하고 있었다.

> 개인 영역의 실패가 개인의 개성의 기능을 필수적으로 하는 것이 아니라면 그것들을 제거하는 과정은 개인적 조절보다 다른 어떤 것을 요구할 것이다. 만약 사회적 규범과 실행이 개인 영역의 문제 뒤에 놓여지는 것이라면, 그러한 문제를 제거하는 것은 사회적 또는 정치적 움직임을 필요로 할 것이다. 이러한 결론은 또한 "개인적인 것이 정치적인 것이다"라는 슬로건에서 표현된다(Nicholson, 1981).

이러한 새로운 규범으로 급진적 여성주의자들은 여성주의 철학자들이 이성애를 보다 직업적으로 탐구하도록 고무하는 새로운 시각으로 이성애의 개념을 조사하기 시작했다. 레즈비언 분리주의와 이성애적 감시는 알렌(Allen), 카드(Card), 델리(Daly), 프라이(Frye), 호그랜드(Hoagland), 레이몬드 트레빌콧트(Raymond Trebilcot)와 위티그(Wittig) 같은 레즈비언 여성주의 철학자들의 작업에서 광범위한 실천들이 나타나기 시작하였다. 레즈비언에 주어지는 의미는 이러한 철학적 저술에서 다양하다. 그러나 여성다움(Wittig, 1981; Frye, 1978; Hoagland, 1988), 이성애적 여성주의(Daly, 1978; Dworkin, 1974), 여성의 감성적, 성적 남성에 대한 의존성 (Frye, 1978; Allen, 1986) 등의 의미와 개념에 도전하고 광범위한 여성 중심 경험과 보다 장황한 에로티시즘(Lorde, 1984; Frye, 1988; Rich, 1980)을 포함한 성기중심적 섹슈얼리티를 초월한 레즈비언의 의미를 확장하려는 노력을 상호교차되는 방식으로 공유하였다. 예컨대 야구에 관한 나오미 고브렌브렉(Naomi Goblenbreg, 1990)의 작업 또는 병역에 관한 신시아 인로(Cynthia Enloe, 1990a, 1990b)의 작업에서처럼 지배적인 관계의 일치하지 않는 다른 형식(Hoagland, 1988)을 포함하는 다소간 명백하게 분명한 이성애화된 행동의 영역을 명시하는 것과 같은 이성애주의라는 개념을 확장하려는 시도가 있었다.

철학의 전문성과 일치하는 방식에서 섹슈얼리티에 관해 저술한 많은 여성주의 철학자들은 개념을 명확히 이해하는 작업과 규범적 분석을 증진하면서 또한 남성 우월에 저항하는 방식으로 광범위한 변화를 탐구하였다. 규범, 언어, 가치, 전망, 정의들을 변화시킴으로써 이러한 개념적 움직임들은 다행스럽게 사회적, 정치적 실재(Wittig, 1992; Frye, 1978)에 그들의 실질적 영향을 미쳐왔다. 이후, 급진적 여성주의 비평(Danmer, 1992; Duggan, 1992; Enchols, 1989; Feinberg, 1993; Stein, 1992; Rust, 1995; King, 1986; Rubin, 1984 등)과 같은 이러한 광범위한 신념을 유토피아적 차이 그리고 문화적 여성주의의 지적 무기로 표현하여 왔고 이러한 비평은 동등성과 젠더 본질주의라는 이름으로 성적 다양성을 더욱 억제하는 것으로 성격지어져 왔다. 그러나 급진적 여성주의의 철학 저술을 주의 깊게 읽으면 여성의 저항적 실천과 커뮤니티를 구성하는 데 효과적으로 전개되어 있는 전술적 본질주의(Fuss, 1989)에 대한 공약을 표현한다는 것을 탐구할 수 있다. 이러한 저술에서 이것은 이성애적 실재(Raymond, Frye), 이성애적 윤리학(Hoagland, Card), 이성애적 의미론(Frye, Penelope)과 이성애적 문화(Card, Frye, Ferguson, Hoagland, Trebilcot)에 대한 저항으로 각각의 다른 뉘앙스를 풍기게 된다. 이러한 초기 작업이 몸과 섹슈얼리티를 여성 경험에 관한 이론적 기초로 만들고 학문적 여성주의 철학자뿐만 아니라 보다 넓은 여성 독자를 겨냥한 철학을 만들게 되었다는 것은 주목할 만한 것이었다.

이성애에 대한 초기 레즈비언 여성주의 비평은 이성애가 여성들이 여성주의 철학을 하는 것을 포기하도록 유도하였다는 것이다. 이러한 비평들은 점진적으로 이성애적 그리고 후에 양성애적 여성주의 철학자들에 의해서도 취해진다. 수년 동안 몇 명의 이성애 여성주의 철학자들은 이성애적 여성 몸은 문화적으로 구성된다는 분석(Bartky, 1990a; Bordo, 1993; Heise, 1984; Young, 1990a)을 발전시켜 왔고, 때로 덜 억압적인 이성애적 실천에 대한 희망으로 보다 염세적으로 지지한다(Hamblin, 1983; Krasner, 1993). 그러나 여성의 이성애가 사회적으로 구성되는 것이라 여겨지든 또는 억압적인 것으로 여겨지든 간에 이것은 반드시 이성애적 저항과 회복의 가능성을 부정하는 것은 아니다. 이러한 것에 대한 가장 낙관적인 저술은 레즈비언 철학자(Ferguson, 1991a; Frye, 1992a; Zita, 1997)들에 의해 행해져 왔고, 양성적 또는 전(全) 성적(omnisexual) 철학자(Clausen, 1990; Bedecarre, 1997; Burchard, 1996a;

Danmer, 1992; Heldke, 1997; Rust, 1995; Udis-Kessler, 1990; Wilkerson, 1997)의 새로운 저술에서 이루어져 왔다.

이성애적 여성주의 철학자인 바바라 크라스너(Barbara Krasner)는 저술, 《불가능한 처녀 또는 왜 나는 이성애일 수 없는가》(*Impossible virgin or why I choose not to be a heterosexual*, 1993)라는 에세이에서 이성애적 저항에 대한 가능한 전략을 탐구하였다.

> 만일 여성주의가 억압의 근원을 정체화하고 억압을 종식하는 것에 관한 것이라면, 이성애가 이성애적 관계에 포함된 사람에게 억압적인 젠더의 구성을 기본으로 하는 것이라면, 그리고 당신이 성적으로 매혹된 누군가가 당신이 동의한 정치 기관으로부터 분리되어 있는 문제를 가지는 사람이라면, 당신은 이성애적 모델로 되어지지 않는 한, 여성주의자가 될 가능성을 상당히 가지며 또 성적으로 남성에 매혹되며 남성으로 포함될 것이다. … 여성들은 여성의 억압 자체를 제공하는 젠더 건설 작용에 근간을 둔 정치적 기구로서 이성애가 이해되는 곳에서 여성주의자이면서 이성애자가 동시에 될 수 없다(Krasner, 1993, 2면).

용기 있게 성적 책임, 성적 선택, 성적 저항의 논쟁에 들어감으로써 크라스너는 젠더 극화 현상, 제한된 성적 대본 그리고 억압적 권력 관계의 재생산성 간의 행동의 규범적 카테고리에 기초한 이성애 제도에 이성애적 저항을 요구한다. 생물학적 성과 친밀함, 사랑의 가치 사이에 보다 동등한 권력 분배를 증진하는 초기 급진적 여성주의 규범에 의존해서 크라스너는 남성에 대한 그녀의 육체적 이끌림을 부정하지 않고 "생물학적으로 당신이 무엇인가" 하는 사회적 구성에 도전하는 성들 간에 새로운 종류의 관계를 불러일으킨다(Krasner, 1993). 이성애자들은 그들의 성적 실천을 어떻게 표현하고 전개시키는가에 대한 선택을 갖게 되고, 크라스너는 나의 개성을 양보하지 않고 남성과 함께 하기를 어떻게 선택해야 하는가를 갖게 된다.

요약하자면, 근대 여성주의 철학자들의 1세대는 섹슈얼리티를 통해서 여성의 객관화와 비인간화에 관점을 둔 여성 섹슈얼리티를 다시 생각하는 규범을 발전시켰다. 1960년대에 휴 헤프너(Hugh Hefner)의 성말괄량이에서의 표준 이성애적 실천 규범을 육체화하였던 것이라든지 또는 1970년대에 새로운 일반적인 상식—공개된 비밀—이 되어버린 여성들의 격렬한 성적 남용과 같은 객관화에 대한 철학적 반대가 있었다. 섹슈얼리티에 관한 여성주의적 사고는 남성의 성적 과격함에 대한 여성적 경험과 성적 억압 하에서의 여성 사회화, 성적 기능의 많은 양상을 이해하려는 시도에 연결되어 있었다. 그러나 20년 넘게 이러한 규범 안에서 여성주의 철학자들이 사고의 실험을 지속하는 동안, 섹슈얼리티에 관한 여성주의 철학적 담론의 지배적인 형태는 소위 섹스 전쟁이라고 하는 것에 의해 유발되는 광범위한 이름, 에이즈 위기, 퀴어 정체성과 퀴어 정책을 통해 철학에 이르게 되는 여성 세대 그리고 철학적 저술의 분리적이고 평범하지 않은 형태로의 회귀 등으로 전환하게 되었다.

1980년대: 성적 말괄량이가 전쟁 무기, AIDS의 확산 그리고 차이에 대한 질문을 만나다.

초기 레즈비언 여성주의 철학에서 레즈비어니즘의 사고는 종종 여성의 성적 억압에 대한 가장 급진적, 개인적, 정치적 해결책으로 묘사되었다. 레즈비언 여성주의는 남성 지배에 저항하는 긍정적, 정치적 중요성이 주어진 속에서 광범위한 공간을 만들어냈지만 레즈비언의 성 자체에는 아주 작은 반향으로 주어졌다. 메릴린 프라이(Marilyn Frye, 1998)의 훌륭한 에세이, 《레즈비언 섹스》(*Lesbian sex*)는 언어의 결여, 주변인의 침묵으로 이것을 설명한다. 다른 것들은 그것 자체의 특정한 내용을 드러내지는 않고 레즈비언의 범주를 균질화하려는 이성애적 시도가 아닌 것으로서의 '레즈비언'이라는 반복적인 정의에서 보인다(Fuss, 1989; Butler, 1990; Roof, 1993).

레즈비언은 후기 분석에서 숨겨진 많은 비밀들은 남겨 둔 채 자체의 특색 없는 표시, 해방과 창조(King, 1986; Farwell, 1988; Wittig, 1992)의 마술적 표식을 갖게 되었다. 클라우디아 카드(Claudia Card, 1995c)는 이전에 그리고 독립적으로 남성의 비열함에 따르게 되는 레즈비언 학대, 레즈비언 스토킹과 레즈비언 근친상간의 보다 긍정적인 양상에 관한 문제를 저술하는 첫번째 여성주의 철학자 중의 하나였다.

비슷하게, 이러한 비평은 종족, 인종, 계급, 장애자 그리고 다른 차이(Feiberg, 1993; Hoagland & Morgan 1983; Lugones, 1987; Nestle, 1987, 1992; Perez, 1991; Spelman, 1991; Trujillo, 1991; Wendell, 1996)들에 충분히 응하지 못하는 것으로서의 1970년대 여성주의를 지원하는 여성 범주에 도전해왔다. 유색인 여성, 비 중산 계급, 장애로부터의 여성 글쓰기는 종종 섹슈얼리티에 관해 여성주의 철학적 사고의 한계를 결정짓는 정상인의 특권, 백인의 상황, 중산계급에 대한 가정을 드러내주는 효과적이고 자극적인 이러한 문제들에 대해 서술해왔다. 차이에 대한 물음이라는 이러한 대결은 보통 동일성의 정책, 특히 여성주의 동일성 정책이 여성들의 다양성을 무시하고 여성이라는 표시 하에서 다른 차이를 동질화할 때마다 그것에 대한 공격으로 특징지어져 왔다. 성적 성향뿐만 아니라 계급, 인종, 젠더, 장애, 나이 그리고 다른 사회적 요인들의 뉘앙스를 포함하여 성과 사랑에서 여성 경험의 이성애성을 강조하는 데 있어서 '여성 섹슈얼리티'라는 카테고리는 사회적 구성(해체되어지는)뿐만 아니라 다양성, 불일치성 그리고 정치적 간섭에 충동하는 것으로 나타난다. '차이에 대한 물음' 여성해방의 동질적 그리고 획일적 수사학을 요구하는 여성주의의 인식론적 기초에 도전하는 것처럼 보인다.

차이의 유사한 탐구에서 성(sex)의 여성주의적 카테고리는 자신만의 비평과 직면하게 된다. 이것은 게일 루빈(Gayle Rubin)의 기본적인 작품 《성(sex)을 생각하기: 성 정책에 관한 급진적 이론을 위한 해석》(*Thinking Sex: Notes for a Radical Theory on the Politics of Sexuality*, 1984)에서 보여지는데, 거기서 그녀는 여성주의 이론이 섹슈얼리티를 여성 억압이라는 것으로 축소하는 게 아니라 성적 억압 자체의 역동성을 달성시키는 것으로 재고해야만 한다고 주장한다. 루빈의 1975년 에세이, 《여성들 안에서의 거래》(*The traffic in women*)와는 대조적으로 그녀는 여성 섹슈얼리티의 오이디프스적 구성에 대한 구성주의적 사회 분석을 전개하였다. 그녀의 섹슈얼리티에 관한 재고는 1984년도의 에세이에서 새로운 문제점을 창출하였다.

> 《여성들 안에서의 거래》(*The traffic in women*)에서의 나의 견해와는 대조적으로 나는 지금 젠더와 섹슈얼리티를 분석적으로 분리하는 것, 그들의 사회적 존재를 분리하도록 보다 정확하게 반영하는 것이 필수적임을 주장한다.… 예를 들면 레즈비언 여성주의 이데올로기는 대부분 여성 억압이라는 관점에서 레즈비언 억압을 분석해왔다. 그러나 레즈비언은 또한 젠더가 아닌 섹슈얼 층별 작용에 의해 동성애와 성도착자로서 억압받는다(Rubin, 1984, 308면).

이러한 지적 계략은 여성 억압의 이해에 기초가 되는 섹슈얼리티의 여성주의 이론에 심각한 철학적 의구심을 드리운다. 이러한 새로운 패러다임 하에서 섹슈얼리티는 여전히 사회적으로 구성된 것으로 여겨지지만, 사실 억압의 매체는 남성 우월이라기보다는 이제는 이성애적 헤게모니이다. 빠른 전도로 억압 가설은 급진적 여성주의와 특별히 격리되는 여성주의 정책이라는 이름에서 성의 단호한 철학적 차이점에 대한 레즈비언 여성주의들을 적대시하게 된다. 앰버 홀리바우(Amber Hollibaugh)에 의해 전형화된 이러한 생각은 1980년대에 신 pro-sex옹호자의 주문이 되는 성적 불만으로 반향된다. "여성주의에 레즈비어니즘이 받아들여지더라도 그것은 보다 정치적 또는 지적인 개념이다. 그것은 여성주의가 보수주의의 최후의 바위인 것처럼 보인다. 그것은 성성화 되지 않을 것이다. 그것은 그러한 방식에서 지나치게 얌전한 것이다. 때로 나는 여성주의에 대해 화가 나서 그것을 조절할 수가 없다"(Hollibaugh and Morgan, 1983, 403면). 이러한 분위기에서 포르노그래피, 매춘, 성 노동자, S/M개업자, 어린이에 대한 이상 성욕자, 성도착자, 성전환자, 양성애자 그리고 그 외의 다른 것을 옹호하는 다양한 목소리가 1970년대 여성주의의 개념에 도전하고 그들 자신의 한계적 정체성을 포고하는 부분에서 전진했다. 이러한 직면들은 섹슈얼리티—섹스 전쟁(sex wars)으로 쓰여지는 것을 대신해서—에 관해 보다 광범위한 논의를 열게 해왔다. 그 안에서 전쟁 기계는 양극화되어져 말로는 비교할 수 없게 되었다.

여성주의 철학자들은 논쟁이 무엇에 관한 것이고 보다 깊은 철학적 관심에 어떤 이슈들이 필요한가를 명확히 하면서 반사적이고 민족지학적 모드로 '섹스 전쟁(sex wars)' 에 반응했다(Bar-On, 1992; Cohen, 1986; Creet, 1991; Rich, 1986; Ferguson, et. al. 1984; Valverde, 1989; Willis, 1982; Zita, 1992a) 급진적이고 자유주의적인 여성주의간의 논쟁인 '섹스 전쟁' 에서 앤 퍼거슨(1984b)은 섹슈얼리티를 이해하고 다른 방식을 표현하는 두 가지 반대되는 패러다임으로서 섹스 전쟁의 지적, 감정적 윤곽을 서술하였다.

섹슈얼리티에 관한 급진적 여성주의자들의 견해는 다음의 내용을 포함한다.

1. 일반적으로 이성애적 성 관계는 여성에 대한 남성 섹슈얼 폭력을 지지하는 성적 객관화의 이데올로기(주체/주인으로서의 남성: 객체/노예로서의 여성)에 의해 특징지어진다.
2. 여성주의는 남성 성적 폭력을 지지하거나 '보편화' 하는 어떤 성적 수행도 부인해야 한다.
3. 여성주의자로서 우리는 남성의 것과는 다른 우리 자신의 성적 우월성— 즉 친밀성과의 관계에서는 보다 더하고 수행적인 관계에서는 보다 덜하게— 과의 관심을 발전시킴으로써 여성 섹슈얼리티에 관한 조절을 이용해야 한다.
4. 이상적인 성적 관계는 감정적으로 포함되어 있고 양극화된 역할에 참여하지 않는 동등한 파트너들 간에 완전히 동의하는 것이다(Ferguson, 1984, 108면).

퍼거슨은 이러한 급진적 여성주의 패러다임을 두 번째 패러다임, 자유주의-여성주의자 패러다임과 대비시킨다. 그 요약은 다음과 같다.

1. 다른 성적 실행들뿐만 아니라 이성애적 실행은 억압에 의해 특징지어진다. 가부장적 섹슈얼리티의 개념은 성적 소수자를 낙인찍고 그렇게 하여 대다수 '순수' 와 통제를 유지함으로써 모든 사람의 성적 욕망과 쾌락을 억압한다.
2. 여성주의는 성적 소수자를 낙인찍는 그래서 모든 사람의 자유를 제한하는 도덕적 판단, 이론적 분석, 법적 제약을 거부해야만 한다.

3. 여성주의자로서 우리는 우리에게 쾌락과 만족을 주는 무엇이든가를 실천할 수 있는 권리를 요구함으로써 여성 섹슈얼리티를 조절할 수 있는 것을 교정해야 한다.
4. 이상적인 성적 관계는 서로가 완전히 동의하고 그들이 선택한 어떤 수단에 의해서 서로 간의 성적 즐거움을 극대화할 수 있도록 타협할 수 있는 동등한 동반자들 사이의 것이다(Ferguson, 1984, 109면).

퍼거슨은 인간관계에서 힘의 균형에 의해 성립된 친밀감을 동의하는 성인들 사이의 어떤 필요한 수단에 의해 산출된 쾌락에서의 차이로 이러한 두 가지 패러다임에서의 차이를 재고한다. 강간, 근친상간, 성폭력 같은 '금지된 성적 실천'에 대한 여성주의적 반감을 유지하면서 성에 동의하는 성인이라는 개념이 두 가지 패러다임에 보편적인 반면, 성에 관한 여성들의 성에 대한 동의는 섹슈얼리티가 남성 우월의 도구로써 젠더, 가족, 남성 권력을 통해 사회적으로 구성되는 것으로 보는 급진적 여성주의 패러다임에서 보다 의구심을 갖게 된다(Wagner, 1982). 자유주의 여성주의 패러다임에서 동의는 위반이 사회적으로 성적 규범을 용서할 때 개인과 옹호자 사이의 협상이 이루어지는 개인적인 문제이다. 급진적 여성주의 패러다임은 남성 폭력의 난무와 많은 이성애적 실행의 가학 피학성 변태 성욕의 '규범화'에 대항하여 여성을 결합시키는 정책에 성을 위치시킨다. 자유주의 여성주의 패러다임은 성을 성적으로 위반하는 여성과 다른 성적 소수자들 사이의 동맹을 만들어내는 성적 억압으로부터 위반과 해방의 장으로서 성을 정책에 놓게 한다.

퍼거슨은 소위 '외설적' 성적 실천에 보다 많은 반성을 요구함으로써 두 진영 사이의 어떤 긴장을 해소한다. '외설적' 실천은 성폭행과 근친상간 희생과 같은 결정적 증거가 없을지라도 '외설적' 실천이 우월-종속 관계에 이르게 된다고 의심 받는 한에 있어서는 성폭행과 같은 금지된 성적 행위와는 다르다. 퍼거슨은 금지된 성적 폭행과 여성의 가정 내에서의 학대에 의해 강화되어진 여성의 사회적 종속을 종식하는 공약을 확고히 하면서 '외설적' 성적 실천에 대한 중간 지대의 여성주의적 인내를 요구한다. "가학피학성 변태성욕, 자본주의자에 의해 만들어진 포르노그라피, 매춘, 남성 가장과 여성주부 사이의 핵가족 관계 모두는 여성주의 관점에서 외설적 실천이다. 이것은 여성주의가 이러한 실천에 종사할 권리가 없다는 것을 의미하는 것은 아니다"(Ferguson, 1984, 111면). 여성주의자들은 반드시 임시적이고 더 구속된 성적 사랑, 양친, 자치적 관계와 다른 여성주의자들로부터 도덕적 비난의 두려움이 없는 '외설적' 실천 사이에서 선택이 자유로워야 한다(Ferguson, 1984b, 112면).

'정치적 정확성'과 '성 단속'의 연막이 일단 거두어지자 '여성주의 섹스 전쟁'은 성적 외설과 권력(Califia, 1987; Ferguson, 1984; Rubin, 1984), 성적 본질주의(Butler, 1990; Fuss, 1989; Groze, 1994c; de Lauretis, 1987a, 1988; Roof, 1993), 성 윤리학(Card, 1995c; Hoagland, 1988; Singer, 1993), 포르노그라피의 권리와 과오(Bensinger, 1992; Cameron, 1992; DeCew, 1984; J. Hill, 1987; Teachout, 1987; Tong, 1991; Turley, 1986; Vadas, 1987), 매춘(Green, 1989; Jaggar, 1991; Schrage, 1989; Paterman, 1983), 폭력과 몸(Burchard, 1996a), 성적 행위에서 남근의 사용과 남용(Bulter, 1992a, 1992b; Findlay, 1992; Reich, 1992)에 관한 새로운 흥미로운 질문을 불러일으켰다. 다양한 영역에서 여성주의 철학자들은 이러한 논쟁의 위치를 차지했다. 프리만에 따르면 이러한 차이는 섹슈얼리티와 정치적 강연에 관해 근본적 의문을 불러일으켰다.

> 논쟁은 상당히 극적으로 성적 의미의 유연성을 불러일으켰다. 섹슈얼리티가 근본적으로 '무엇에 관한 것' 권력과 폭력, 쾌락, 친밀인가 하는 논쟁을 해왔다. 적어도 부분적으로 섹슈얼리티가 환상에 관한 것이라면 어떻게 현실에 관련이 있고 어떤 것이 정치에 연결되어 있는가? 만일 섹슈얼리티가 사회적으로 구성되었다면 (대부분의 여성주의자들이 확신하는 믿음) 성적 실천과 경험은 사회 구성에 의해 형성되지 않는가? 그리고 그들은 정치적 면밀한 조사를 받아야 하는가? 그러나 그러한 면밀한 조사가 '정치적으로 맞고' 다른 것들은 '그른 것'으로 어떤 성적 실천은 낙인을 찍히게 하는 운동을 요하지는 않는가?(Freeman and Throne, 1984, 104면)

1980년대 말, 여성주의 철학은 섹슈얼리티와 몸의 이슈를 전문 철학의 어떤 부분에서 보다 기꺼이 받아들일 수 있게 할 뿐 아니라 자체의 상호 섞어 짠 영세 산업으로 만들었다. 여성주의 철학의 저술 실행은 정치적 실천의 새로운 다양성을 보다 넓게 반영하는 다른 이론 영역과 혼합을 계속하였다. 무엇보다도 1980년대의 AIDS 위기는 여성주의 섹스 이론에 강한 영향을 주었는데, 에이즈와 함께 사는 사람의 곤경에 대한 반응, 에이즈의 문화적 설명, 여성의 지속된 침묵뿐만 아니라 사회적 고충의 희생양으로서 게이와 다른 성적 소수들의 향상된 가시성, 여성 대 여성의 세부사항, HIV전염 위험 등을 요구한다. 도덕적 에이즈 공포에 사로잡힌 새로운 시대에서 급진적 여성주의의 논리와 레즈비언 분리주의자의 실천 지배력은 기본적 여성주의 카테고리—여성, 젠더, 섹슈얼리티, 권력에 영향을 주는 결정적 폭발로부터—그리고 섹슈얼 소수와 제후하게 만드는 점진적 압력으로부터 결코 완전히 회복될 수 없다(Zita, 1994). 성적 이론은 남성 우월에 대항하는 투쟁에서 여성 억압에 보다 더 영향을 주는 현대 성적 폭정 내에서 보다 넓게 억압 가설을 보강하기 시작했다.

1990년대 : 성적 권리(공포)와 차이의 해결(해소)

포스트모던 성 이론의 비상사태와 더불어, 섹슈얼리티의 범주는 섹슈얼리티 정체성과 실천의 의미를 보다 불안정하게 하는 해체적 계략에 의해 확장되게 된다. 《성향들》(*Tendencies*)에서 이브 세드윅(Eve Sedgwick, 1993)은 적절히 이러한 새로운 섹슈얼 이론화를 '가능성, 간격, 중복, 부조화, 반향의 그물, 어떤 사람의 젠더, 섹슈얼리티의 구성 요소가 획일적으로 의미되어지지 않는(또는 만들어질 수 없는) 것에서 의미의 경과와 과로"로서 특화시켰다. 여성주의 철학에 대해 포스트모던 이론의 영향은 섹스와 젠더 존재론, 기본론의 의문(Bultler, 1990, 1993; Scheman, 1996)과 트랜스 젠더-정체화 전망으로부터 섹스와 젠더 범주의 불변성에 도전하는 새로운 저술의 분산(Dolan, 1993; Hale, 1996; Nash, 1992; Zita, 1992a)에 재조명된 관심을 불러일으켜 왔다. 이러한 작업에서 섹스와 젠더 범주는 보다 유동적이게 되었고 몸의 무게와 섹슈얼리티의 실체화에 관한 새로운 철학적 의문을 만들어내게 되었다(Butler, 1993; Groze, 1994b; Bordo, 1993). 섹슈얼리티에 관한 이러한 철학적 성적 종류보다는 성적 행위에 관해 보다 직접적 대화를 고무시키는 유행에 의해 압도된 시기에 출현했다. 포스트모던 이론에서 새로운 학문적 관심으로서 이것과 동반하는 것(반-정체 정책의 새로운 자유주의로서 아마도 가장 잘 표현된다)은 또한 정체성 정책의 사라짐을 촉진시키는 새롭고 악의적 백색의 지고의 기묘함-증오하는 보수적 정책이다. 이러한 상황과 일치되게 여성학과 여성주의 철학에 대한 보수적인 공격은(Patai and Koertge, 1994; Sommers, 1994) 개인의 비정치성과 재민영화와 여성주의 교실에서 개인적 목소리의 침묵을 요구해왔다. 이러한 모든 결정적 계략 중에서 바-온(Bar-On, 1994)이 명명한 "정치적 위치에 대한 기본으로서 경험적 한계성, 차이, 섹슈얼리티 그리고 의식의 여성주의 연결고리"는 포위상태에 있다. 섹슈얼리티에 관한 포스트모던 여성주의 철학적 저술의 새롭게 나타나는 패러다임은 다음과 같은 점에서 1970년대의 초기 작업과 대조를 이룬다.

a) 섹슈얼 저술의 본능적 흥분은 남성 성적 우월에 대한 저항보다는 성적 과격성의 특권적 형태로서 포스트모더니즘의 파괴의 낭만으로 변화해 왔다(Rubin, 1984).

b) 수행적이고 인증적인 것으로서 젠더의 새로운 버틀리언(1990)의 구성은 남성 권력 강한 여성 혐오증, 여성에 대한 폭력에서 젠더 불균형의 추론적 묘사를 훨씬 덜 분명하게 만든다.

c) 성적 실천에서 힘의 불평등은 성적 우월성, 학대 그리고 여자와 아이들에 위험한 독단적 저술을 펴지게 하는 친성적 주체에서 새로운 에로틱 저술에 주어진다

(Vance, 1984, 1990; California, 1981).

d) 몸은 여성 성적 억압, 성적 학대의 주된 본거지로서 몸의 사용 그리고 자체의 '침묵을 깨뜨리는' 서사를 널리 퍼뜨리는 젠더와 섹슈얼리티 카테고리의 역할에서 외견상, 부정확의 초월적인 중심점이 되어 왔다(Butler, 1993; Grosz, 1994a).

e) 섹슈얼리티는 자본주의적 경제와 보다 동형인 것으로 묘사되고(Griggers, 1993; Ebert, 1996) 또한 성적 추구와 쾌락의 남성 실천의 특권화는 보다 전형적으로 감정적 친근감, 사회, 성적 평등에 대한 여성적 요구를 밝혔다.

f) 물질적 역사적 실천의 범주로서 이성애는 레즈비언과 게이 관계와 기타 등등에서 재생산될 수 있는 수행적 범주가 되어 왔고 성적으로 옮길 수 있는 행동, 쾌락, 환상(Sedgwick, 1993; Bulter, 1992)의 성장과 무정형적 표면을 연결하는 새로운 에로틱한 언어를 소개함으로써(Grosz, 1994a) 사회적 특권과 물질적 위계질서의 의미를 명확히 보급하였다.

'전파' 또는 '분해'로서 급진적 패러다임으로부터 포스트모던 여성주의의 이러한 세대적 전이를 성격화하는 데 있어서 나의 기호는 많은 여성을 1970년대의 장애물에 동요하는 급진적 여성주의 이론을 지지하는 명확하고 '영역적' 범주의 상실을 강조하는 것을 의미한다. '분해'는 새로운 정체성의 다수와 저항의 방식, 농맹과 연합 정책에 대한 필요, 개인으로의 후퇴, 급진적 특이성 정책(Phelan, 1991; Mann, 1994) 등을 만들어냈다. 두 번째 고의적으로 장래 여성주의 철학 작업에 대해 풍부하고 유혹적인 영역을 만들어내는 급진적 여성주의와 후기 근대철학 사이의 극화된 긴장을 불러일으켰다. 이러한 긴장에서 출현하는 의문은 심오하게 철학적으로 남아 있다. 성의 존재론이란 무엇인가? 그것의 권력, 가능, 욕망과 억압과의 관계는 무엇인가? 정치적 또는 도덕적 분석의 어떤 종류가 가장 잘 적합한가 존재론적 또는 경험적 참고를 하든 적합하지 않든 섹슈얼리티는 어느 정도 광범위한 허구인가? 이러한 가장 최초의 기간동안 여성주의 '섹스 전쟁'은 지속되었지만 이제는 후기 근대철학의 수사적 전략(Dolan, 1993; Hart, 1994a; Williams, 1989)에 의해, 급진적 여성주의의 맹렬한 부활(Jeffreys, 1993; Reti, 1992)에 의해 종종 영향 받는 논쟁으로 지속되었다. 여성의 몸과 성적 욕망은 급진적인 것과 후기 근대 여성주의 사이의 이러한 풍부한 긴장에 그리고 여성주의 철학에서 더 발전적으로 집중된다.

후기 근대 여성주의에 대해서는 미셸 푸코(Michel Foucault)의 영향을 주목하지 않을 수 없다. 푸코의 중요성이 성적 헤게모니의 한계에 그의 지적 성실 그리고 섹스 범주의 광범위한 구성에 그의 헌신이 놓여 있을지라도 섹슈얼리티에 관한 여성주의 철학 작업에 푸코의 생각이 통합된 것은 여성주의 비판 없이는 존재하지 않는다(보다 최근에 V. Bell, 1993; B. Martin, 1994). 섹슈얼리티에 대한 푸코의 개념은 권력, 권위, 제도적 실행에 의해 광범위하게 구성된 인식론적 범주로서 섹슈얼리티를 이해하려고 후기 근대적 시도에 연료를 첨가해왔다. 이러한 시도는 여성 섹슈얼리티에 관한 남성 우월의 충격을 최소화하였을 뿐 아니라 독특하지 않게 새로운 성에 관한 푸코디언(Foucauldian) 이론 학자들은 가끔 본래와 자연히 성적 해방의 궤적이 해방의 최적 길목에 있지 않다는 푸코의 경고적인 주목을 무시했다. 《성의 역사》(*History of Sexyality*)의 제1권의 끝부분에서 푸코는 이러한 요구를 대담히 실행한다. "섹슈얼리티의 전개에 대한 역공격을 향한 집중점은 성-욕구가 아니라 몸과 쾌락이어야 한다"(Foucault, 1978, 157면)라고 주장한다. 이제 성이 후기 근대 이론에 영향을 받았다는 길이 주어진다면 그것의 충만하지만 좁은 궤도는 결국 초-보수적 성적 정책, 남성 지배의 부활된 의미 그리고 다른 자본적 잔학 행위에 저항할 수 있는 강한 반대적 움직임보다 더 성의 지배를 위해 확고하게 된다. 테레사 에버트(Teresa Ebert, 1996)는 후기 근대적 이론의 물질주의라기보다는 사적 유물주의로 되돌아가기 위해 그녀가 요구하는 여성주의 이론과 철학에서, 비록 어느 정도는 독단적이지만, 이러한 관심을 비판적으로 반항하였다.

> 후기구조주의는 최고 자본주의에 역사적으로 관계가 없게 되는 어떤 종류의 주제(의식의 데카르트적 주제)를 제거하고 다른 종류의 주제(몸의 주제)를 발명하였다. 결과적으로 의식이라는 한 종류(신성의 의식)의 의문을 갖게 되고 역기능적이 되고 그 자리에서 의식의 다른 형태를 (관능성과 쾌락의 의식) 만든다(Ebert, 1996, 160면).

결론 : 성의 광범위한 혁명에 관한 비평

여성주의 철학자들이 섹슈얼리티에 관해 저술해 온 것에 대한 이러한 간결한 개관은 철학자들이 새로운 의문, 논쟁, 분석을 계속 만들어 내듯이 결코 끝난 것이 아니다. 윤리학, 인식론, 존재론의 의문에 대한 철학적 편애는 여성주의 철학자들이 평생을 두고 작업하도록 한 역사적이고 개인적인 투쟁뿐만 아니라 늘 이러한 논의를 알리게 할 것이다. 여성 몸과 섹슈얼리티를 학문의 정통적 영역으로서의 철학에 넣기 위한 노력은 여성주의 철학과 보다 최근의 퀴어 이론에 의해 널리 개척된 업적이다. 그러나 진실, 추론적 유혹의 위험, 언어의 힘이 세상을 바꿀 수 있다는 믿음에 목표를 둔 어떤 철학에 있다. 여성주의 섹슈얼리티 이론의 추론적 전환은—1970년대에 첫번째로, 1990년대의 보다 최근 후기 근대주의 여성주의에서 두 번째로—위티그가 언어에 현실의 성형성을 만들어냈던 공약을 때때로 반영한다(Wittig, 1989, 44면). 섹스를 담론으로 놓은 이러한 방식은 아마도 섹슈얼리티에 많은 담론을 놓게 하였겠지만, 그러나 나는 여성주의 철학에서 미래 혁명을 위한 신중한 주석으로 이 것을 남겨 둘 것이다.

마지막으로 나는 이 논문에서 비평한 비-이성애적 철학의 양에 대해 언급하고 싶다. 이는 이성애적 여성주의 철학자들이 이성애적 실행과 쾌락을 재조사한 것에 의해 이성애에 대한 글쓰기의 결핍을 반영하는 것이다. 물론 일부일처제 또는 간통에 대한 철학적 반영은 철학적 가치가 있지만 그것은 종종 사회적으로 승인된 이성애적 이행을 위해 채택된 보편적 문제들로 취급된다. 나에게 보다 흥미 있는 현재의 작업은 섹슈얼리티가 섹슈얼리티를 노출시키려는 철학자들에 의해 쓰여왔다는 것에 대해서이다. 또한 섹슈얼리티에서 인종, 계급 그리고 다른 사회적 차이들에 대해 삽입하는 것의 인식이 점차 증가되는 동안 레즈비언, 양성애자와 성적 소수자로서의 철학자 저술은 평범함을 벗어나고 철학적으로 용기를 지닌 섹슈얼리티에 대해서 많이 말했다. 게다가 이성애의 상업화된 과선전과 여성주의 저술에서 이성애적 흉악성의 희생자나 생존자의 양면적 표식은 이성애적 몸과 욕망에 관한 보다 긍정적인 여성주의 저술에 대해 당황스런 공간을 만들어왔다. 아마 이러한 곤경은 침묵보다는 생산적인 것이 될 수 있을 것이다.

비록 약간의 뛰어난 예외가 있을지라도(Bodecarre, 1997; Krasner, 1993; Young, 1990a) 깊게 자기-반성적인 친-이성애적 존재는 섹슈얼리티에 관한 여성주의 철학적 저술, 흥미로운 인식론적 어려움뿐 아니라 권력의 특권을 나타내는 침묵으로부터 잊혀져 왔던 것들이 있어 왔다. 두 가지는 내가 그것을 보았듯이 서로 연관되어 있다. 예를 들면 나 자신의 결백의 내용을 이해하려는 나 자신만의 시도에서 나는 때로 공백을 그린다. 루스 프라켄버그(Ruth Frakenberg, 1993)가 제안했듯이 결백의 인식론적 특권은 자체의 명백한 무정형성이다. 만일 이성애가 여성주의 철학자들이 이성애의 성적 소수 비평, 레즈비언, 양성의 어떤 것을 심각하게 취했다면 이성애적 여성주의 철학자들에게도 비슷한 경험이 있을 것이라고 나는 의심해본다. 결백의 의미와 유사하게 이성애성은 자체를 명명하지 않는 특권을 가진 개념, 사물 이름이 존재하는 방식은 명백하지 않고 혼란스러운 걸로 남게 되고, 다른 모든 것을 측정하고 이러한 경우에 그 자체로부터 '성적으로 이상한' 것이 된다. 후기 근대 성적 이론은 우스운 법칙과 변하는 범주의 내용에서 모든 걸 수용하는 새로운 철학적 패러다임으로서, 성적 복수주의의 표식 하에서 이러한 차이의 중요한 대화를 다시 재개하기 시작해 왔다. 불행히도 우리가 그녀를 알아 온 것처럼 레즈비언 범주는 낡은 것, 성적 미학에 대한 이러한 새로운 대화에서 역사적으로 관계없는 것, 수행적 섹슈얼리티의 실체화로 되어 왔다. 나는 이러한 것들을 나의 두 번째 작업으로 남겨둘 것이다. 그것은 아마 여성주의 철학에서 미래 혁명에 대한 일반화와 주목할 만한 주석이 될 것이다.

(김세서리아 역)

32. 몸의 정치학

샌드라 리 바트키(Sandra Lee Bartky)

1. "여자는 태어나는 것이 아니라 만들어지는 것이다"

웹스터 사전은 "여성성(femininity)"을 '여자의 특성 또는 본성'으로 정의하고(803면) 옥스퍼드 영어 사전은 "여자에 속하는 특성 또는 특성들의 집합"으로 정의한다(982면). 그러나 이 둘은 모두 틀렸다. 어떤 사람은 여자 구성원이 될 수도 있고 여자가 되지 못하거나 거부될 수도 있다. 바꾸어 말하면 생물학적으로 남자이면서 남성동성애자(드렉 퀸: drag queen[역주: 여장 남자동성애자])일 수도 있다. '여자다움'은 감수성, 행동 성향, 정신의 특성이다. 그것은 또한 체현된 매력적인 미학이고 "젠더 규준으로 수용된 규정과 재규정의 양식이다. 이러한 젠더 규준은 매우 다양한 살(신체)의 스타일들을 밋밋하게 만든다(Butler, 1985, 11면)." 아래에서는 몇몇 여성주의자들이 관념적으로 여성 몸의 생산과 행동을 좌우하는 기준을 이론화했던 방법에 초점을 둘 것이다.

시몬느 드 보봐르(Simone de Beauvoir)의 《제2의 성》(*The Second Sex*, 1952)은 아마도 20세기 여성 이론에 가장 영향력 있는 저작일 것이며, 이 저작에서 보봐르는 "여자는 태어나는 것이 아니라 만들어지는 것이다"(Beauvoir, 1973, 301면)라는 인상적인 주장을 뒷받침하기 위해 사르트르의 범주를 사용한다. 즉자적 존재(Being-in-itself), 인간 존재가 아닌 것[사물]은 무슨 일이 일어나든 간에 단순히 있을 뿐인 그런 존재이다. 대자적 존재(Being-for itself) 또는 의식은 그것이 있는 대로 존재하지 않는다. 즉 그것은 현재 존재하는 바 그리고 과거에 존재했던 바와는 다른 것을 항상 선택할 수 있다. 그것이 인간의 자유이다. 마지막으로 대타적 존재(being-for-others)가 존재하는데, 이로써 주체의 절대적 자유는 모든 다른 주체의 자유에 의해 위협받는다. 나 자신의 세계 안에서 주인인 나는 타자에 대해서 대상으로 존재하며, 타자의 응시가 나에게 바깥 세계, 자연을 부여한다. 타자가 나의 실존을 정의할 수 있기 때문에, 그는 잠재적인 적이며 바로 그의 주체성이 나를 나 자신으로부터 소외시킨다. 그러나 타자는 나의 세계 안에서 마찬가지로 대상이다 그의 응시가 나의 존재를 훔칠 수 있는 것과 마찬가지로 나의 응시는 그의 존재를 훔칠 수 있다. 따라서 자아들 간의 관계는 근본적으로 분쟁적이며 지배, 유혹, 무관심 등 다양하게 만회될 수 있는 전략들이 시도되는 일련의 갈등이다.

보봐르가 볼 때, 여자는 항상, 이미 이러한 원시적인 투쟁에서 패배해 왔던 것이다. 이러한 여자의 상황 속에서—자유롭고 자발적인 존재인—그녀는 그럼에도 불구하고 남성들이 그녀를 타자의 상태로 가정하는 세계 속에서 살고 있는 그녀 자신을 발견한다. 타자는 남성들이 스스로를 무엇이라고 상상하든 간에 전형적으로 열등하다. 여자다움(womanhood)에 대한 사회적 정의는 종종 여성을 내적인 존재로, 자신 안에서의 동물성으로, 다시 말해서 지속적으로 집안일을 함으로써 반복해서 정신이 마비되어 버리는 것으로, 그리고 출산과 수유와 같은 육체적인 기능 안에 가두어 둔다.

인간의 능력은 어디에서부터 강제되는가? 보봐르가 말하는 대로 여성들은 남성의 지배적 제도와 이념을 통제하는 것에 의해서, 여성들의 다른 사람과의 결속 부족에 의해서, 부부관계에서 요구되는 생물학적인 필요에 의해서, 그들을 자연적으로 보이도록 만드는 억압적인 배열의 매우 오래된 풍습에 의해서, 그리고 때로는 여자들의 공모에 의해서 경계 지워진다. "여자는 타자로서의 그녀의 역할에 잘 만족하게 될 것이다"(21면). 다른 사람에 의해서 자신이 결정되는 것을 허락하는 유혹은 불가피하게 인간성의 표시인 자유의 무거운 짐을 피하려는 노력이다.

슐라미스 파이어스톤(Shulamith Firestone)의 《성의 변증법》(*The Dialectic of Sex*, 1970)은 가장 영향력 있는 미국 제2세대 여성 이론 작업 중의 하나이다. 그것은 보봐르가 여성 몸의 재생산의 내재성으로부터 피하고자 한 것을 채택하였다. 파이어스톤은 임신으로부터 오는 장애와 의존성이 과거에 여성들을 남성들의 지배에 상처받기 쉽게 만들었다고 주장한다. 과거에 그랬던 것은 또한 현재에도 그렇다. 임신이 주는 장애는 여전히 우리를 억압하는 요소이다. 그러나 재생산 기술의 진보가 여성들의 자유를 위한 길을 준비하여 주고 있다. 반면 파이어스톤의 여성들의 자유를 위한 광범위하고 가공적인 프로그램은 가장 논쟁을 불러일으키는 자궁의 생식 요구가 쓰여진 시대적 성격으로서의 정치적 상상력을 갖는다. 파이어스톤의 텍스트 안에서 논의되지 못한 것은 새로운 기술이 누구에 의해 개발되고, 누가 그것의 사용을 통제하는가 하는 질문이다.

2. 여성적 글쓰기(feminine writing)와 여자의 쾌락

많은 여성주의 이론가들은 보바르가 여성 몸에 반감을 가지고 있고 남자 수행을 이상화하고 가정 영역에 대해 명예 훼손했다는 것을 이슈로 삼아 왔다. 많은 여성들은 임신, 출산, 양육에서 적극적 가치, 심지어는 쾌락을 발견한다. 어떤 사람들은 보바르가 여성다움의 일상의 기쁨을 거부하는 것은 어느 정도는 여성의 조건을 왜곡하는 것이고 따라서 그러한 거부는 대중에 기반한 운동을 위한 조직적인 텍스트로서의 《제2의 성》의 유동성을 제한하는 것이라고 한다. 게다가 가정 영역에서 여성의 특징적인 기능의 하나—모성적 보살핌—인 보바르의 철학에서는 꿈꾸지 못하는 미덕과 미덕이 실린 활동성을 훈련시키는 기회로 말해진다. '돌봄'은 참으로 전통적으로 남성 영역인 정부와 경제를 대체할 여성주의적 변형 모델이 되어야 한다(Nodings, 1986; Ruddick, 1989).

정신분석학적으로 무장된 프랑스 여성주의자 중 좀더 젊은 세대는 보바르와 같은 사상가에 대항하여 자유로운 여성적 글쓰기(écriture féminine)가 남성들에 의해 정복되지 않고 남아 있었던 여성 몸의 경험의 양상으로부터 직접적으로 일어날 수 있음을 주장해 왔다. 뤼스 이리가라이(Luce Irigaray)는 여성의 성적 욕망의 특별함은 인정된 적이 결코 없었다는 것, 여자와 남자의 섹슈얼리티는 페니스, 오르가즘의 추구에 중심을 둔 남성우월주의[남근] 모델의 영향에 의해서만 이해되어져 왔다고 주장한다. 이에 반해 여성의 섹슈얼리티는 복수적이고 탈중심적이며 발산적이다. 남성들과는 달리 여성들은 복수의 성기관(예컨대 가슴)을 가지며 이로부터 모든 것은 오르가즘이 전부가 아니라 복수적인 만족의 가능성을 갖는다. 이러한 점은 이라가라이의 두 입술의 이미지에서 볼 수 있다.—함께 말하는 두 입술은 항상 만져진다(이리가라이, 1985b). 이리가라이는 남성 담론의 전형성과 이성을 가지고 섹슈얼리티의 남성우월주의[남근] 구조를 이끌어 낸 것처럼, 여성 몸의 특수성에 대해 적절하게 주의를 기울임으로써 여성 경험을 진정으로 명확하게 표현할—비선형적이며 전통적으로 이성적임이 이해되어 온 바와 같은 것이 아닌—길을 준비하였다.

'수유 경험'(1990b)에서 아이리스 영(Iris Young)은 이리가라이를 따라 여성들의 섹슈얼리티는 남성의 것과 다르다고 주장하였고, 그것은 여성들에게 독특한 쾌락을 제공한다고 주장하였다. 남성 문화는 여성들의 가슴을 물신 숭배하여 "가장 좋은 가슴을 남근과 같이 높고 딱딱하고 뾰족하다고 한다"(190면). 매우 중요한 것은 여성들의 몸이 시각에 붙여졌고 몇몇의 가슴은 가부장제적 규준으로 추정되었고 많은 여성들은 그들의 가슴을 부끄러움으로 경험하였다. 가부장제적 문화는 우리를 우리의 몸으로부터 멀리 따돌리게 하였다(192면). 영은 우리에게 가슴을 남성들을 위한 것이거나 아이에게 수유하기 위한 것이 아니라 여성들 자신을 위한 것으로 상상하도록 고무하였다. 영은 가부장제적인 것이 발견되어야 한다고, 예컨대 아이 보살핌, 어머니 되기의 분리에 대한 위협과 그런 것들 안에서의 성을 위반하는 성적 기쁨이 여성들에 의해 회복되어야 한다고 주장한다. 이런 것으로부터 탈식민지화되고 어머니다움에서의 성적 기쁨이 잠정적으로 힘을 갖는 것이 가능하게 된다. 보살핌과 양육의 윤리는 참으로 공적 영역을 더 좋게 바꾼다. 그러나 우리는 또한 양육이 필요하다는 것, 사람은 부분적으로 이기적이라는 것이 필요하다는 것 그리고 여성은 그녀가 삭감할 수 없는 기쁨을 가질 만하다는 것 또한 주장해야 한다.

3. 소외와 유행/미 콤플렉스(fashion/beauty complex)

여기에 여성 몸에 대한 철학적 글쓰기를 제2물결로 시대구분 하는 방법이 있다(1960년대 말에서 약 1980년대 중반까지). 즉 '소외' 개념을 끌어들여 부분적으로 여성성의 가부장제적 규범을 내재화하는 것으로 취급하는 작업을 한다. 1980년 이후 푸코, 라캉, 데리다 등과 같은 포스트모더니즘과 연관한 사상가들에 연관되어 있는 사상과 방법들은 서서히 새로운 이행을 가정했다. 영의 "수유 경험"은 전이에 있어서 한 조각이 되었다. 남근 중심주의적 문화는 명백하게 여성을 그 자신의 육체로부터 소외시키는 것으로 가득 차 있다. 그러나 이와 동시에 접촉(touch)보다 시선(sight)을 특권시하는 영의 비판은 하이데거를 후기구조주의적으로 계승한 것이다. 반면에 섹슈얼리티/모성애 개념의 해체는 데리다에게 많은 것을 빚지고 있다고 할 수 있다.

'소외'는 인간의 분열과 능력의 실행에 대한 저항으로 정의된다. 그것의 연습은 인간 존재에 필수적인 사고이다. 그러므로 맑스에게서 (그의 초기 저작에서는 소외 개념이 두드러지게 나타나는데) 노동자들은 자본주의 하에서 그들의 노동 생산물과 그들 자신의 노동 활동, 즉 인간의 존재에 필수적인 것이라고 생각되는 활동으로부터 소외된다. '소외'라는 개념은 1970년대와 1980년대의 여성주의 이론가들에게 몇 가지 이유들로 나타났다. 첫번째는 시몬느 드 보봐르의 영향을 계속하는 것이었다.

타자는 나를 나의 존재로부터 '소외'시킨다는 내용을 유지한다. 남성은 여성을 (큰) 타자(Other)로 정의해왔고, 그럼으로 인해 여성으로부터 그들 자신을 정의할 수 있는 기회를 빼앗아 왔고 또 여성이 자기 정의(self definition)의 기회 부재 속에서 어쩔 수 없이 그것을 내화하게 되는 신화와 정형성으로 그것을 대체해 왔다. 소외의 관념은 또한 신좌파, 여러 맑시스트 그리고 네오맑시스트들의 베테랑 이론가들의 세대에 계속해서 영향을 미쳤다. 어떤 사상가들은 여성주의와 급진적으로 수정된 맑시즘을 함께 가져올 수 있는 새로운 소외의 이론 가능성에 대해서 추측하였다(Bartky, 1990a; Jaggar, 1983).

여성을 출산 과정의 행위자의 자리에서 몰아내는 아기 출산의 의학화는, 여성이 다른 대부분의 문화적 표현의 형태로부터 배제되어 온 것과 마찬가지로 역사적인 소외의 한 형태로 간주될 수 있다(Jaggar, 1983). 그들의 무지 또는 남성 파트와 다르지 않다는 것과 정신의학과(medico-psychatric) 설립에 의해서 여성들이 그들 자신의 성으로부터 소외되어 온 것은 명백해 보인다(Koedt, 1973; Weisstein, 1970; Young, 1990b). 여성들의 몸의 분열은—실제적인 것—폭력뿐 아니라 언어학적("I'm a tits (or ass) man"), 회화적, 포로노그라피와 광고 안에서의 폭력도 여성들을 소외하는 형식으로 보여졌다. 소블(Soble)은 이러한 소외의 형식들이 자본주의 하에서의 남성들이 특별한 성적 소외에 힘입고 있다고 주장한다(Soble, 1986).

'유행-미 콤플렉스'는 가부장제적 자본주의의 접합 형태로 '군산 콤플렉스'가 그러한 것처럼, 성의 객체화와 여성의 자기 객체화가 드러나는 형태를 관장하고 있다(Bartky 1990a). 명백히, 유행-미 콤플렉스는 여자의 몸을 찬미한다. 더 중요한 것은 그것의 은밀한 목적, 즉 이 몸을 가치 하락하는 것이다. 우리에게 매일 공세되는 미디어의 완전한 여성미에 관한 이미지들은 우리가 측정하는 것을 실패하도록 놓아둔다. 우리는 우리 몸 안에 몸속을 파고드는 어떤 육체적인 결여감, 심지어는 수치심을 지니고 살아간다. 서구 사회에서 여성들은 몸으로부터 멀리 떨어져서 산다. 한편으로 우리는 몸이고 겨우 어떤 것이 되도록 허락된 존재이다. 또 다른 한편으로 우리는 우리의 영원히 승인되지 않는 형태로 고정되어 우리의 물리적인 몸 자체로부터 거리를 둔 곳에 영속적으로 현존해야만 한다. '유행-미 콤플렉스'는 생산되어 온 것이 아니라 어떠한 경우에서 성적 대상의 위치를 동반하는 여성적 열망을 세련화 하고 깊게 하는 것이다(Bartky, 1990).

초기와 현재의 고전 보고서 "소녀처럼 던지기(Throwing like a girl)"에서 여성적인 몸 행동, 운동성, 공간성의 현상에서 영은 여성의 규범들이 그들 몸의 잠재성을 인식하는 것을 금지한다고 주장한다. 공간은 상상 속에서 여성들을 둘러싼 것처럼 보인다. 이것은 행동 안에서 저항의 문제를 만나기 위해 몸을 뻗고 늘이고 확장하도록 저항하는 속에서 그리고 전형적으로 압축된 자세와 운동의 일반적 형태 안에서 그 자신을 증명한다. 여성의 공간이란 그녀의 소외되지 않은 신체적 계획안에서 자유롭게 인식되어지는 곳이 아니라 그녀가 그녀 자신이 위치지어진다고 느끼는 곳 그리고 그녀가 감금되어짐에 의해 만들어지는 울타리이다(Young, 1990b).

이 시기에 몸에 관한 여성주의 작업이 명백히 또는 암암리에 모두 소외 패러다임에서 나온 것은 아니다. 예를 들면 린다 레몬첵크(Linda Lemoncheck)는 성적 대상화를 소외의 종족으로서가 아니라 권리의 부정으로서 취급한다(Lemoncheck, 1985). 소외로서 여성성을 규범화하는 관념은 아직 축적되는 중이기는 하나 여러 이유에서 다른 접근에로의 방법을 제시해준다. 1960년대의 신좌파 또는 학생 운동가 편이 아니었던 젊은 세대의 여성주의 이론가들이 나타났고, 그래서 맑시스트 이론을 거의 드러내지 않고 프랑스에서 부분적으로 맑시스트-라캉 정신분석학자, 푸코의 신-니체주의, 데리다의 해체주의를 대신한 이론가들의 접근에 의해 더 많이 영향받았다. 포스트모더니즘은 모든 이러한 전이 속에서 어떤 가치는 잃게 되고 어떤 것은 얻는 것으로 그 시대의 유행이 되었다.

4. 포스트모던 여성주의와 포스트모던한 몸

포스트모더니즘 안에서 소외 패러다임은 나쁘게 진행되었다. '전체 이론'은 어떤 사람의 경험을 반드시 한계지어야 하는 매우 일반적인 이론인 것으로 (어느 정도는 선험적으로) 가정되었기 때문에 이제 금지되었다. 어쨌든 맑시즘과 여성주의의 결혼은 매우 훌륭한 작업을 산출하는 구혼임에도 불구하고 성취되지는 않았다. 여성성이 만약 대부분의 여성이 아니라면 많은 여성에 의해서 열망적으로 추구되었던 반면 소외 노동은 평상적으로 노동자들에 의해서 저항되었다. 더구나 소외에 대한 정확한 성격은 현상학적 방법론에 의존하는 경향이 있었다. 현상학은 이론가들과 그 학파의 의식을 모범적으로 간주할 수 있고, 또 어느 정도는 그렇게 간주했었다. 매우 큰 학파조차 대부분의 이론가들이 백인, 중산층 그리고 이성애라는 사실을 위장할 수 없었다. 그래서 그 산출된 이론은 부분적으로는 가장 좋은 지점에 있었지만, 인종 또는 계층의 측면에서는 가장 나쁜 지점에 있었다. 그것은 여성의 인종 또는 계급이 무엇이든 간에 그것이 실제적인 의식의 내용뿐 아니라 관념적인 여성성을 정의하는 사회적 규범들까지도 나타내고자 노력하는 현상학적인 여성주의의 저항 속에서 말해져야 한다. 아마도 소외의 언급에서 가장 심각한 대상은 그것의 의미지어진 본질주의일 것이다. 소외의 관념 바로 그것은 소외의 원인이 제거되었을 때 그 모습을 드러내는 순수하고 오염되지 않은 진정한 자아, 핵심적인 자아를 가정한다. 이러한 자아는 '순수' 또는 '핵심'적인 자아의 관념이 기준치에 도달하는 것에 실패한 자아를 위협하는 기준으로 행동하도록 말해지기 때문에 가공의 것 또는 강제적인 것으로 간주된다. 그러나 만약 핵심 자아를 매장했다면, 소외되지 않은 자아의 관념은 실제로 있다는 요구를 수반하는가? 소외되지 않는 자아의 관념은 인류가 지배 없는 세계 안에서 좋아할 것 같은 비전으로서 정치적으로 이해될 수 있는가? 그렇게 이해된다면, 소외되지 않은 자아란 존재론에 속하지 않고, 꽤 적절히 정치적 논쟁을 위한 기회가 될 수 있다는 데에서 정치적 프로그램에 속하게 된다. 어쨌든 많은 여성주의 이론의 절충적이고 경험적인 성격은 푸코, 소외이론 또는 그들을 어우러지게 하는 것으로서의 데리다의 해체주의를 사용하는 많은 개념적인 패러다임 사이에서 결집력 없이 옮겨져 왔음을 의미해 왔다.

모든 프랑스 사상가들 중 푸코와 데리다는 여성주의 철학자들에게 가장 영향을 미쳤다. 간결함은 포스트모던 철학의 일반적인 특성과 같은 것을 금지하였고, 그래서 그의 영향력을 고려할 때, 푸코는 이러한 철학적 경향의 한 예로 간주될 수 있다. 급진적 여성주의자들은 재정적인 덫과 마찬가지로 물리적, 정신적 테러에 의거해 여성들의 지배를 이해해 왔다(Frye, 1983). 그러나 푸코는 희생 또는 희생자의 모델보다 권력의 작동이라는 보다 복잡한 개념을 갖는다. 푸코에게 권력은 소유물이 아니며, 중심으로 모아지게 하거나 초월하여 실행되는 것도 아니다. 그것은 공간, 시간, 욕망 그리고 신체화의 구조의 가장 친밀하고 미세한 요소를 규정하는 몸의 정치학을 통해서 변장되어 순환한다(Bordo, 1993, 27면). 물론 젠더화된 주체를 포함한 주체들은 개인적인 자기 감시와 지식의 정권/권력 담론으로 나타나는 규범에 복종하는 것을 통해서 구성된다. 이 견해에서 거대한 폭력은 단지 응시일 뿐 여성들을 복종시키는 데 필수적인 것은 아니다. 응시의 주제는 사르트르와 보봐르를 상기시킨다. 푸코는 응시를 역사화하고 권력이 몸과 정신의 통제를 얻는 특별한 방법을 매우 세밀히 분석한 것을 그 작업에 덧붙인다(Foucault, 1973).

규범적인 여성성을 여성의 육체에 부가하는 것은 푸코적 의미(평등하지 않고 비대칭적인 미시권력의 체계)에서 훈육적 실천(practices)이라고 부를 수 있는 훈육체계를 요구하는데, 이 훈육체계는 궁극적으로 그렇게 훈육받은 여성들의 힘을 약화시키는 것이다(Bartky, 1990a). 몸동작, 다이어트, 운동의 어떤 형식들, 머리카락 가꾸기, 피부 가꾸기 등의 여성적인 몸에 대한 기준은 모두 훈육 수행을 위한 푸코의 기준을 만족시킨다. 성 사회학 안에서 이러한 훈육의 숙달은 여성에게 그녀가 그 밖의 다른 것을 가진 것보다 더 많은 권력을 줄 수 있다. 이것은 널리 퍼져 있는 그들의 간청 중의 일부분이다. 규범적인 여성성의 훈육에 대한 철저한 평가는 단지 왜 그리고 어떻게 그들이 억압적인가가 아니라 여성들 자신을 위해서 왜 그들이 유혹적인가를 설명해야만 한다. 총체적인 설명은 그들을 주체와 대상으로 재명사화하는 데 장벽이 되는 것을 묘사해야만 한다. 그것은 환경을 따라 탐험하여야 한다. 이 사회에서 어떤 식으로든 존재하기 위해서는 반드시 남자다운 또는 여자다운 몸이어야 한다. 여자다움을 영속시키는 수행을 포기한다는 전망은 많은 여성들에게 반드시 존재론적인 헷갈림을 야기할 것이다(Bartky, 1990a).

현대 산업 사회에서 여성적인 자기표현의 기준을 토론하지 않는다는 것은 몸의 형태와 몸무게로 여성들의 선입관의 증가를 무시할 수 있다. 수잔 보르도(1993)는 앞서 극심한 행동—여기서는 거식증과 폭식증—이 '정상적인' 문화적 선입관에 대해 아주 많이 폭로할 수 있다는 관념을 표명하였다. 거식증 소녀의 정신적 상태를 검사함으로써 보르도는 날씬한 몸—그것은 성숙한 여성보다 사춘기 이전의 소녀를 더 닮은 몸이다—의 패션에 대한 거대한 유혹을 연구하였다. 거식증과 폭식증이 다양한 원인을 가진 복잡한 무질서인 반면, 서양철학에서 현저하게 나타났던 주제, 즉 몸에 대해 혐오와 불신에서 수반되는 몸과 정신의 이분법, 실수와 죄의 자원인 몸의 통제의 이슈 등의 명확한 주제들이 자꾸만 이야기되어진다. 날씬함은 몸에 대한 의지의 승리를 표현하는데, 날씬한 몸(비육체로 말해지는)은 순수성 그리고 정신성과 연관된다고 할 수 있다(Bordo 1993, 148면). '통제'라는 이슈는 여성들에게 특별한 공명을 갖는다. 날씬함을 원하는 '정상적인' 여성들은 만약 그들이 여성성의 기준을 확실하게 하려고 한다면 배고픔을 통제하는 법을 배워야 할 뿐 아니라 성냄과 도전성을 통제하는 것도 배워야 한다. 그리고 그들 자신의 성뿐 아니라 남성들의 그것도 배워야 한다. 여성들의 정상적인 감성의 필요성은 일상적으로 많은 남자들에 의해서 과도함으로 간주된다(199면).

《이데올로기로서의 배고픔》(*Hunger as Ideology*)에서 보르도는 여성들의 배고픔으로 간주되는 속에서 매스미디어의 담론을 시험한다. 잡지와 TV에서 음식을 '죄스럽게 맛있는' 이미지로 유혹하는 대신 '풍부한, 흥분되는 음식'에 여성들의 조건적 항복에 대한 금기가 있다. 광고 안에서 여성들이 (만약 그들이 모두 먹는다면) 작게 썬 조각을 먹는 것에 반하여 남자들은 종종 씩씩하게 먹는 것으로 보여진다. 음식이 성(性)화되었다고 간주되는 속에서 위반인 과체중은 새로운 죄인이다. 그들의 살은 내적으로는 의지박약의 표식을 밖으로 표출한 것이다. 배고픔은 여성들의 욕망에 대한 새로운 은유가 결코 아니다. "여성들의 통제할 수 없는 배고픔, 성적인 것 그리고 기타의 것에 대한 근심은 여성들이 독립적이고 또 그들 자신을 정치적, 사회적으로 주장하는 시기 동안에 가장 잘 나타난다"(161면). 나이듦과 먹는 것, 이 두 가지의 원하지 않은 결과를 위한 기술적인 위치 결정의 약속은 물질성이 성형 수술과 디자인 몸의 관념에 의해 점령된 공간 속으로 사라진 포스트 모던한 몸의 성형적 이미지를 산출하고 있다. 더구나 떠벌려 선택되고 자기-결정된 광고들은 사실 앵글로 색슨의 아름다움을 인종주의의 표준으로 억압적이고 명확하도록 제정한다.

주디스 버틀러(Judith Bulter)의 《젠더트러블》(*Gender trouble*, 1990)은 아마도 가장 철저하게 여성주의 철학적 문학에서 몸의 포스트모던 진단을 한 것일 게다. 보봐르 이래로 많은 여성주의자들은 젠더가 남성과 여성 몸을 자연적인 것으로 이해하는 문화적 형상이라고 주장해왔다. 그것이 언어를 제외하고 인간 생물학을 성격화하는데 불가능하게 되는 반면 문화에 독립해서 생물학적인 기반이 있다는 것을 아무도 의심하지 않는다. 그러나 버틀러는 "자연적 종류", "자연적" 몸의 생물학 아래로부터 융단을 끄집어냈다. 프랑스 후기구조주의의 언어학적인 전환("텍스트 밖에는 아무것도 없다": Derrida, 1974, 158면)을 사실로 해서 버틀러는 젠더뿐 아니라 섹스도 담론의 사실에 속해 있음을 주장한다. 게다가 초기 여성주의자들이 젠더의 '해체'라고 불러온 것을 가정했던 것처럼 버틀러의 목적은 섹스의 해체이다. 그녀는 우리의 매우 경험적인 몸과 마찬가지로 많은 생물학적 '과학'이 은유들을 통해 여과되고(E. Martin, 1987) 엄격하고 위계적인 이분법들 안에서 조직된다고 주장하였다. 모든 사람은 하나의 섹스이거나 또는 그것의 '반대'이다. '자연적'이라는 개념은 우리가 반드시 남자와 여자의 '자연성'이라는 생물학주의 이데올로기의 군비에서 최후의 무기에 조건부로 항복해야 할, 치료된 어떤 것이어야 할 '위험한 환영'이다(93면). 생물학적 성은 젠더가 서 있는 근저가 아니다. 오히려 젠더로서 수행된 형태의 부분이다. 젠더 그 자체는 중요한 역할이 몸을 위해 각본되어 왔던 것 안에서 수행으로 이해된다.

보다 최근의 작품, 《의미를 체현하는 육체》(*Bodies that Matter*, 1993)에서 버틀러는 몸의 물질성을 무시한 초기의 작업을 요구한 비평가들을 언급하였다. 그녀는 "몸들의 물질성은 간단하게 그리고 단지 의미들의 묶음으로 축소될만한 언어적 효과"라고 주장하지 않고, "물질성과 의미들의 분해가능하지 않음을 통해서 생각하도록 하였다(30면). 젠더 규범의 체화는 의무적이지만 그러나 그럼에도 불구하고 그들은 "결코 기대에 부응하여 실행되지 않는다"(231~232면). 더욱이 "젠더 규범들은 거의 언제나 이성애적 결속의 관념화에 관계되어 있다"(232면). 그래서 의무적인 젠더화(gendering)는 자신을 의무적인 이성애의 분절로 되게 한다. 버틀러는 젠더화된 관념, 젠더 규범, 성적 이행과 성적 오리엔테이션 사이에 복잡한 연계를 질문한다. 이러한 예증 안에서 여성주의 이론은 '퀴어 이론'으로 통합되어진다. 그럼에도 불구하고 퀴어 이론은 그것의 이론적이고 정치적인 독립성을 유지해야만 한다(240면).

5. 전복과 저항

유행/미 제도에 대항하는 경우는 강하다. 여성성의 '훈육'은 그것을 더 폭넓게 사용할 수 있는 끔찍한 세계 안에서 여성들의 시간과 돈의 낭비이다. 여성 몸-전시의 기준들은 인종 차별적이고 배타적이다. 복종의 기획에 요구된 시간과 돈의 소비는 가난한 여성에게는 해당되지 않는다. 그래서 우리의 사회에서 가난에 첨부된 부끄러움은 과체중 또는 '재수 없는 날'을 보내는 부가적인 부끄러움을 증가시키게 된다. 관념적으로 체화된 여자다움의 기획은 그 기준이 대개 성취하기 어렵다는 점에서 대부분의 여성들에게 속임수이다. 나이듦의 금기는 여성의 성숙에 독약일지도 모른다. 그녀의 어린 아기 같은 몸은 여성들이 더 많이 공적 공간에로 들어가고자 하고 공적 공간을 통제하고자 요구할 때 반드시 가능한 한 세상에서 가장 작은 공간을 차지해야만 한다. 그녀의 어린 아이 같은 얼굴은 반드시 강한 감정 또는 깊은 생각의 표식을 배반하지 않아야 한다. 여성의 외모에게 부여된 특별한 중요성은 여러 면에서 매혹과 자기혐오 사이를 오가는 몸에 대한 자아도취적 몰입(preoccupation)을 만들어낸다. 여성들은 그들에 대항해서 펼쳐져 있는 여러 종류의 권력 이동을 경험한다. 푸코에 따르면 고전적인 시대에서 현대로의 전이에서 영향받은 것으로서의 서구 사회로 이동한다. 권력은 이제 더 이상 개인—남편, 아버지, 사제—에게 귀속되지 않는다. 대신에 그것은 익명 그리고 변장되어 퍼진다. 아마도 사회적 수용성의 매듭은 체화된 여성에 체현되어 있는 억압적인 규범에 사회적 수용성과 정체성을 연관짓는 지속적인 감시, 자기 감시를 요구한다. 그리고 이 지속적인 감시는 영국 왕족조차도 발견하였는데, 권력을 형성시키지 않는다(Bartky, 1990a).

마지막으로, 저항에 대한 논의는 저항의 전략에 대한 이론 가운데서 싸움이기 때문일 뿐 아니라 지배적인 문화의 코드를 무시하는 높은 비용 때문에 활발히 논의되었다. 버틀러의 젠더의 '수행' 이론은 어떤 희망을 가져온다. 필수적인 성별화가 결코 전적으로 결정되지 않는다는 관념이 낙관주의에서 기인한다. 그러나 우리는 왜, 언제 또는 누구에 의해서 이러한 대다수의 또는 소수자의 실수가 일어나는지는 말하지 않는다. 버틀러는 또한 '젠더 연계(gender bending)'를 드렉(drag), 패러디(parody), 복장도착(transvestism)이라고 부른다. 그러나 호니 하버(Honi Haber)는 우리에게 가부장제 이데올로기가 전복적인 상상으로 뽑힐 수 있다는 것을 경고해 왔다(Haber, 출간 예정). 게다가 인격화로서 드렉(drag)[여장을 하는 남성동성애자]은 그것이 의존하고 있는 전통적인 젠더의 이미지를 요구하거나 혹은 동요시키기도 한다. 여성들이 훈육을 문제삼지 않도록 요구하는 사람들이 있다. 급진적 레즈비언 이론과 실제는 필수적으로 노동 계급 남자의 복장이었던 것의 채택을 임시적으로 요구하였다. 여성성의 거절은 환상에 대한 문신, 자기 장식, 자기 전시, 아마도 불필요한 금욕주의로 이끌었다. 다른 한편 급진적 레즈비언 공동체 안에서 나이듦은 종종 여성의 성적 매력을 사라지게 하는 신호가 아니라 오히려 강화한다고 보여진다. 섹션 2에서 보여진 것처럼 여성주의 작가들은 가부장제적 규범의 만족에서 반사된 쾌락을 취하기보다는 즐거움을 위한 여성 몸의 능력에 주의를 기울이도록 말해왔다. 많은 여성들이 보디빌딩과 호전적 예술을 취해왔다. 이것은 명백하게 저항이다. 《아름다움의 신비》(*The Beauty Myth*)의 수만 독자들은 저항자이거나 잠재적인 저항자들이다(Wolf, 1991).

여성주의 이론가들이 언제나 항상 저항하도록 요구하는 효과와 정당에 동의해왔던 것은 아니다. 캐서린 모르간(Kathryn Morgan)의 성형 수술에 대한 비평은 명백히 저항하라는 외침이다. 이러한 수술은 위험하고 비싸다고 그녀는 말한다. 얼굴을 당기고 배를 잡아끌기 위한 결정 또는 가슴 확대 수술은 반드시 여성 몸의 문화적 식민이라는 관점에서 평가되어야 한다고 그녀는 요구한다. 이러한 선택들은 그들이 강제의 내용 속에서 만들어지는대로 진실로 자유로울 수 없다(Morgan, 1991). 캐티 데이비스(Kathy Davis)는 성형 수술에 대한 여성들의 결정에 대한 흥미로운 연구에서 모르간의 요구로 이슈를 삼는다. 그녀의 연구에서 여성들은 성형 수술이 그들의 삶을 더 많이 통제함으로 얻는 방법의 유능한 대리인이었다고 주장한다. 데이비스는 모르간의 요약 끝부분이 그러한 모호함과 복잡성에 대해서는 설명을 결여하고 있다고 말한다(Davis, 1995).

데이비스와 모르간의 위치가 화해할 수 없는 것은 아니다. 데이비스는 어쨌든 성형 수술을 옹호하는 자이다. 그녀는 사실 그대로를 고려해보면 수술을 받으려고 하는 결정도 그녀의 상황의 한계 내에서 그녀가 결정할 수 있는 최상의 결정일지도 모른다고 말한다. 모르간과 데이비스는 둘 다 그리고 데이비스가 인터뷰한 많은 여성들은 '그들대로의 것'을 한탄한다. 그 때 그 질문은 어떻게 이들 환경을 급진주의적으로 바꾸는가, 어떻게 몸에 대한 여성주의 미학을 개발하는가이다.

여성들의 운동이 자리 잡은 데에서 또 다시 공격적으로 가게 될 때, 그것은 문화적 정치의 한 일환으로, 새로운 몸의 정치학, 새로운 '육체의 스타일'을 반드시 발전시킨다. 이러한 새로운 미학은 새로운 감성을 요구한 것이고 성적 욕망의 모드를 바꾸게 되고 강제적인 젠더 표식들의 사라짐, 이미지의 급격한 헤게모니의 전복을 요구하게 될 것이다. 이러한 새로운 전망(reversioning)은 우리가 지금 갇혀 있는 좁은 한계를 넘어서 물리적 아름다움의 관념을 확장하게 될 것이다.

(김세서리아 역)

33. 장애

아니타 실버스(Anita Silvers)

장애를 가진 여성이 어떻게 여성주의자가 될 수 있나?

여성주의의 전망과 영향력이 증가함에 따라 장애 여성들은 가부장제 사회가 그들의 가치를 어떻게 깎아 내렸는가 하는 것과 유사하게 여성 운동 내에서 그들 자신이 어느 정도로 무시되었는지를 점차 강도 높게 단언해왔다. 태어날 때부터 맹인인 데보라 켄트(Deborah Kent)는 다음과 같이 말한다.

> 몇 년 전 '여성의 의식 고양'이라는 그룹에 참여했을 때. … 나는 다른 사람들이 말하는 상사, 남자 친구, 통행인들로부터 경험한 폭행을 놀랍고도 두려운 마음으로 경청하였다. 그들의 끔찍한 이야기에 대해 나의 반응을 고백한다는 것은 불가능하였다. … 사회는 그들을 위해 여성으로서의 자리를 제공해 왔다. 그러나 그 자리는 제한되었고 … 나 자신과 다른 장애 여성들에게 있어서 생물학적인 성 차별은 이차적인 문제로 되었다.

20년 후 캐롤 길(Carol Gill), 크리스티 키르슈너(Kristi Kirschner), 주디스 판코 레이스(Judith Panko Reis, 1994)는 "장애 여성들에게 아주 큰 좌절 중의 하나는 많은 여성 권리 그룹이 그들을 포함하기를 꺼려 왔다는 것과 그들의 이슈가 여성의 이슈로 간주되었다는 것을 꺼려왔다는 것이다. 이 나라에서 장애를 가진 여성들은 가장 소외되고 보이지 않는 소수 집단 중의 하나이다"라는 논의에 주목하였다.

제니 모리스(Jenny Morris, 1991)는 직접적으로 이론의 문제에 대해 말하였다. 모리스는 33세 때—그녀는 엄마였고 만족할 만한 정치가였으며 활발한 여성주의 운동의 절정기에 있는 행동가였다—정원 바닥에 떨어져 걸을 수 없을 만큼 척추가 손상되는 사고를 당하였지만 아직 그녀의 정치적 지식과 기술, 자녀와의 관계, 사회정의를 위해 싸우려는 성향 등은 그대로 남아 있었다. 사고 이후 그녀에게는 사회적 가치의 아주 적은 부분만이 변화되었을 뿐이다. 그러나 다른 사람들에게 그녀의 사고는 신체적인 추락뿐만 아니라 사회적인 추락도 의미하는 것이었다.

> 장애가 여성주의 이론에 통합되지 않아 왔다는 사실은 "개인적인 것이 정치적인 것이다"라는 여성주의의 전제와 더불어 가장 의미심장한 문제 중의 하나라는 것으로부터 발생한다. … 남녀 장애인들 모두는 일반 문화 내에서 또는 급진적인 정치적 운동 내에서 우리의 경험을 표현할 기회가 거의 없었다. 우리의 경험은 소외되고 개별화된다. … 이러한 목소리의 부족, 즉 우리의 주체적 실재의 재현의 부족은 장애 없는 세계가 우리를 보는 방식을 견지하지 않는 한, 장애가 없는 여성주의자들이 그들의 연구와 그들의 이론 안에 우리의 실제를 통합시키기는 어렵다는 것을 의미한다.

다른 여성들과 그들의 차이는 불가피하고 또 그들의 에너지와 자기 존중에 대한 엄청난 희생이 있은 다음에야 대부분의 경우(또는 모든 경우) 숨겨질 수 있기 때문에 장애 여성의 존재는 여성주의 이론의 총체성을, 그리고 하찮은 것을 피한다는 면에서 차이를 포용하는 능력을 지니는지를 시험하게 될 것이다. 초기에 여성주의는 장애가 있는 여성들 중 16퍼센트의 소외를 말하였다(Asch and Fine, 1988a, 1988b). 이는 새롭게 자격이 주어진 (권한을 부여받은) 그룹 내에서 포용될 많은 억압받는 여성들을 장애 여성들과 관련지음으로써 그들의 사회적 생명을 통제하는 그런 배제를 거부하는 것이다. 그러나 장애 여성에게 집단으로의 포섭을 약속해 왔음에도 불구하고 몇몇 중심이 되는 성명서에서 여성주의는 여성으로 살고 있는 그들을 부정하는 주제들을 확대시킴으로써 그들을 잊고 있다.

장애는 하나 또는 그 이상의 주된 삶의 활동을 완수하지 못하게 하고, 따라서 신체적, 감정적 또는 인지적 면에서 상당히 기능을 제한받는 심각한 손상으로 정의된다. 그래서 장애를 가진 여성들의 실제적인 손상이나 또는 그들이 가진 장애와 관련된 사회적 구조는 그들의 삶에 가혹한 제한, 즉 장애 여성들이 여성에 대한 관습으로 고려되는 기능들을 행하지 못하게 하는 제한으로 귀착된다. 이상 속으로 여성들의 전형을 고양하는 것은 장애인을 억압하는 "정상의 횡포"를 불러일으켜서(Silvers, 1994) 장애 여성들을 거리 두게 한다. 이처럼 개인적 또는 사회적 역할을 가진 여성을 동일화하는 여성주의 이론은, 장애를 가진 여성을 거의 여성으로 인정하지 않으면서 장애인들을 사회적으로 무시하는 일을 감히 수행한다.

예컨대 여성주의 토론에 대한 중요성을 증가시키는 두 이론, 즉 여자다움(womanhood)의 근거를 신체화의 차이를 강조하는 데에 두는 이론과 여성을 독특한 대인관계를 갖는 존재로 동일시하는 이론 안에서 장애 여성들은 매우 홀대를 받는다. 일반 문화 안에서 이러한 이론들은 여성에게 (행하는) 억압을 치료하기 위해서 전통적으로 여성에게 선임된 또는 여성과 관련된 역할을 찬양하고 고양한다. 그들은 장애 여성들이 눈에 보이지 않게 위축되는 것과는 반대로 '정상' 여자들이 여자다움(womanhood)의 표준에 도달할 때까지 이미지들을 과장하면서 그들이 어떻게 활동하는지에 대한 이미지에 특권을 부여한다.

신체화, 기능 불량 그리고 고통

신체에 그 사람의 정체성이 기초하는 것으로 이해되는 신체화는 많은 여성주의자 철학의 원칙이다. 여성주의적인 동기로서 신체화는 가부장제적인 서양 문화에서 여성의 신체가 남자에 의해 조정되고 소유되는 객체로 기능하여 왔음을 보여 준다. 엘리자베스 그로츠(Elizabeth Grosz, 1994c)는 "가부장제적 억압은 신체를 남성보다는 여성에게 훨씬 더 밀접하게 연결시킴으로써 그리고 이러한 동일화를 통해서 여성의 사회적, 경제적 역할을 제한함으로써 억압 그 자체를 정당화한다"고 말한다. 초기에, 이러한 분석은 불균형하게 다른 사람들로부터 학대와 통제를 받아서 객체로 되는 것으로 그들 자신을 경험하는 장애 여성들에게 감동적으로 이야기되었다. 길(Gill), 키르쉬너(Kirschner) 그리고 렛츠(Rets, 1994)에 따르면, "학대는 장애 소녀나 여성들의 삶 속에서 예외이기보다는 규칙이다. 가족 구성원, 개인 도우미 그리고 그들의 희생이 그들을 필요로 한다는 것을 아는 기관의 고용인들에 의해 자행되는 대부분의 학대는 보고 되지 않은 그들의 범죄를 특별히 유지하기 위하여 권력에 의지한다. 산드라 램버트(Sandra Lambert, 1989)는 다음과 같이 쓰고 있다. "나는 얼마나 심하게 장애자들이 미움을 받고 있는지를 잊은 척 합니다. 또 나는 이것이 얼마나 진실인지를 모른 척 합니다. 심지어 내가 선택한 가정, 레즈비언이나 여성주의 공동체 내에서까지도. 나의 생존은 모든 수준에서 내가 정상의 신체를 가진 사람들과 좋은 관계를 유지하는가에 달려 있습니다."

다른 사람보다도 장애 여성들은 자신을 유순한 행동으로 강제하고, 결국 장애인들을 제도를 제공하는 자를 위한 생계의 자원으로서 이용하는 건강-관리와 사회 서비스 제도들을 견뎌내야만 한다. 우리의 사회-서비스 기관을 만들어낸 '열악한 법(poor law)' 체계에서, 손상된 개인이 사회적으로 결함이 있기 때문에 보조받을 가치가 있는 것이라고 간주하는 것을 통해 (그 개인이) 신체적 또는 인지적 손상은 '무능'을 의미한다는 가정을 제공한다. 장애를 가진 사람들이 만족스럽게 자신들이 맡은 역할을 기능할 수 있는, 그런 접근 가능한 생활 현장과 작업장을 개발하는데 비용이 덜 들고 생산성은 더 좋음에도 불구하고 이러한 시스템은 장애를 가진 사람들이 신체적으로 정상인 사람들의 이익에 의해서 또는 그 이익을 위해서 통제되는, 그런 분리된 배열을 더 좋아한다. 그러므로 젠더와 신체적 손상 둘 다에 의해서 자신을 관리할 능력이 없는 것으로 분류가 되는 장애를 가진 여성들은, 그들의 몸을 통제하고 소유하는 보호의 체제에 의한 유혹에 매우 약하다.

다른 여성과 마찬가지로 장애 여성들은 의학 전문가들에 의해 당연한 것으로 인정된, 압제적인 인식의 권위(Addelson, 1983; Hanna & Rogovsky, 1991)에 의해 그들의 몸이 왜곡되고 잊혀진다는 것을 발견한다. 더욱이 일반적인 문화적 관념으로부터 떨어져 있는 몸을 가진 여성들의 고통은 다른 사람들만큼, 장애를 가진 사람들에게 강렬하다. 그래서 우리 문화의 신체적 관념화의 강제에 대한 수잔 보르도(Susan Bordo, 1993)의 작업과 같은 여성주의 분석들은 넓게 그리고 유익하게 적용될 만하다. 그러나 장애 여성 자신의 몸에 남아 있는 통제는 그것으로부터 그 자신의 소외를 치유할 수 없을지도 모른다. 그래서 어떤 이론들은 여성들이 그들의 신체적 기능에 대한, 즉 뚜렷하게 여성의 힘 또는 수행의 신체화된 면처럼 경험되는 면을 통해서 장애 여성의 신체상의 실재에 대한 권위를 회복하도록 훈계한다.

그러나 많은 장애 여성에게 여자다움의 가장 중심으로써 여성의 몸을 높이는 원칙은 장애 여성을 '여성'보다 더 열악하게 만들겠다는 위협으로 된다. 이는 잘 기능하는 몸에 의해 야기되는 기쁨에 초점을 맞추는 쪽을 택하면서, 수잔 웬델(Susan Wendell 1989, 1996)이 지적하는 것처럼, 완벽한 신체에 대한 남성주의의 강박관념이 약해지지 않는 영향을 발견하는 것이고, 신체화를 다루는 것이 결국엔 신체적으로 괴로워하는 경험에 거의 직면하지 않는다는 것으로 되기 때문이다. 수잔에 의하면, 신체화를 찬양하는 것은 우리가 우리의 사회적, 정치적 그리고 문화적 지위에 대한 권리를 얻음으로써 우리의 몸을 시인하는 것이며, 우리의 몸에 대한 자제는 우리가 신체에 대한 권리를 느끼도록 하는 것과 마찬가지로 우리의 몸이 권리를 느끼도록 한다는 것을 생각하게 함으로써 잘못된 방향으로 이끈다고 한다. 그러나 육체적 감정적인 손상들이 몸이 권리를 느끼지 못하게 막을 수도 있다.

하나의 계급으로서의 장애 여성들은 그들의 육체적 감각의 기능에 대한 통제를 갖는 존경할 만한 기준과 그들의 육체적인 기능에 대한 자연적인 반응을 통해 만족을 얻는 여성주의자의 이상, 이 두 가지를 모두 가질 수 없게 되었다. 어떤 사람들은 한계를 억제하거나 고통을 경감하거나 또는 물리적 지배력의 결여를 좌절시키는 그들의 의식을 떨쳐 버리기 위해서 그들의 몸의 기능을 무시하려고 한다. 웬델은 장애 여성들이 자신을 기능 불량인 몸과 거리 두는 것은 필요한 것이면서 동시에 사치스러운 것이라고 설명한다. 그들의 몸을 무시하는 것은 휴식이나 치료를 기다리는 것이 무의미할 때에 필요한 것이다. 그러나 몸이 심하게 손상되었다면 그 사람의 몸 상태로 주된 생활의 기능을 실행하는 것은 지속적으로 주의를 요하기 때문에, 그들의 몸을 무시하는 것은 사치스러움을 야기한다.

삶의 질과 삶을 위한 권리

생식은 또 다른 영역인데, 그 영역에서 장애 여성의 감성과 여성주의자 인식의 전형이 아마도 구별될 것이다. 아기를 낳을 수 있는가 하는 것뿐만 아니라 어떤 아이를 낳느냐를 결정하는 권리는 종종 여성이 그들의 몸을 통제할 권리를 가졌다는 주장의 필연적인 결과로 생각된다. 그러나 장애의 관점에서, 어떻게 그리고 왜 이러한 권리가 실행되는가의 편견에 대해서는 일치되지 않는 면이 확실하게 있다. 전형적인 일반 문화에서 신체적 그리고 인지적으로 손상된 사람들의 생활은 그들 자신 뿐 아니라 가족, 친구 그리고 사회에까지 부담스런 존재로 보인다. 때문에 낙태에 대한 자유가 종종 요구되고 장애아를 낳을 기회를 피하는 것이 권유되기도 한다. 아드리엔느 애쉬(Adrienne Asch)와 미셸 파인(Michelle Fine, 1988b)은 여성주의 활동가들이 "낙태를 안전하고 법적인 것으로 유지하고 그에 대한 기금을 받도록 하기 위한 선의 의혹은 어쩔 수 없는 이유로, 장애를 지닌 태아를 이용하고 있다"고 생각한다. 데보라 카프란(Deborah Kaplan, 1989)은 출산 전에 태아를 감별하는 것에 대한 사회적인 인식의 많은 부분이 우리 문화에 나타나는 장애에 대한 혐오를 표현하는 것이라고 주장하였다. 장애아에 대한 이러한 반감은 태아가 심각하게, 또는 중간 상태이거나 단지 아주 경미한 손상인지 아닌지를 고려하지 않고, 아마도 위험할 것이라고 단정 지으면서 모든 태아를 거절하게끔 강요한다. 결국 정상 또는 완전한 인간은 결점이 있는 장애인보다 낫지 않은가?

모리스(1991)에 의하면,

> 장애 아동의 잠재적인 삶의 질에 대한 논의는 일반적으로 장애인을 적대시하는 사회적 상황에서

> 일어난다. 장애가 아닌 정상인의 여성주의자들은 일반적으로 이러한 논쟁의 완전한 부분인 (삶의 질에 대한) 판단과 직면하는 데 실패해 왔다. 여성주의는 이러한 '삶의 질'이라는 논쟁에 직면하는 것에 실패함으로써 장애인들을 저버려 왔던 것이다. 여성주의 그 자체는 이것에 대해서 확실히 결함을 가지고 있다.

장애 여성들은 정상 여성들이 하고자 하는 행동을 제약하는 조건들의 개혁에 여성주의가 압력을 가할 수 없을 것이라는 점을 두려워 한다. 어떤 이들은(Kaplan, 1989; Gill, Kirschniner and Reis, 1994; Hershey, 1994) 장애에 의해 제기된 이슈와 여성주의의 관심사의 이러한 분리, 더 심하게는 이 둘 사이의 첨예한 갈등은 여성 운동의 장애 문제에 대한 접근을 방해하는 것은 아닌가 하고 의심하기도 한다. 여성주의 운동이 장애가 있거나 또는 없는 여성의 삶을 평가하는 방식 내에서, 분명히 불공평하게 일치하지 않는 제안은 훨씬 더 우려할 만한 것이다.

출산 활동을 스스로 결정하기 위한 여성의 권리를 위태롭게 하는 위험 때문에, 여성 운동은 손상된 자손을 선택하지 않는 실천에 대한 비판으로부터 축소된다. 그러나 출산에 대한 본인의 결정을 타협하는 것에 무관심한 그 순간 그것은 여자 자손을 선택하지 않는 실행을 강하게 비판한다. 이 두 관습은 여전히 출산할 수 없는 여성이 문화적으로 가치가 감소된 자손을 출산하도록 돕는 것이고, 마찬가지로 둘 중 어느 쪽을 제한하는 것은 출산에 대한 자기 결정을 제약하는 것이다.

또한 여성 운동은 일반적인 문화가 출산과 양육을 단념시키는 장애 여성의 재생산에 대한 자기 결정을 막는 것도 아니다. 그들은 외과 수술의 불임에 대한 가장 상습적인 피해자들이고 그 여성들은 매우 빈번하게 그들의 아이에 대한 보호를 위해 도전했던 여성들이다. 이와 같이 장애를 가진 여성이 된다는 것은 이제까지 여성주의가 장애 여성과 같은 아이가 태어나는 것을 막을 권리를 방어하면서 특별히 활발하게 진행해 왔던 반면, 재생산 기능을 신체화 하기 위해 그들 자신과 같은 사람의 권리를 방어하게 될 때는 예외적으로 활동적이지 않았던 소외된 인식에 의해 완전한 자매애로부터 거리를 두게 된다.

사회화

1984년 이후의 인구조사 자료는 장애 여성이 장애가 아닌 그들의 남성 파트너보다 훨씬 더 낮은 사회문화적 참여 비율을 갖는다는 사실을 보여준다. 장애가 없는 남성과 여성의 절반 이상, 그리고 장애 남성들이 고용되었으나 장애 여성의 경우에는 그들의 절반도 안 되는 수만이 고용되었을 뿐이다. 그들은 대부분 결혼하지 않은 채로 남은 집단이다. 결혼을 했고 미망인이 되지 않은 사람들 중에 비장애 남성의 12퍼센트, 비장애 여성의 15퍼센트, 장애 남성의 11퍼센트, 장애 여성의 25퍼센트는 이혼했거나 별거했다(Bureau of the Census, 1984). 이러한 자료는 장애 여성의 사회문화적 참여 비율이 비장애 여성과 장애 남성(combined straight-line projections)의 참여 비율보다 하향적이라는 것을 보여 주는 것이다. 그래서 두 개의 낙인(여성이면서 장애인인)은 부정적 효과가 부가적으로 더 크다는 것을 제시한다(Deegan and Brooks, 1985; Hanna and Rogovsky, 1991).

이 같은 이유는 무엇인가? 장애는 한 개 또는 그 이상의 주된 삶의 활동을 수행하는 것과 여성의 사회적 역할을 가정하는 것 모두에서 여성을 방해한다. 전자가 장애의 명백한 결과인 반면, 후자는 문화적으로 일어나는 것이다. 예전에는 장애가 여성의 고유한 가치를 감소시켰지만 그 여성의 기능적 가치에 영향을 미친 것은 아니었다. 헤로도토스는 그가 바빌로니안이라고 생각하는 관습을 인정하면서 인용하는데, 다시 말하면, 장애 소녀들이 또한 결혼할 것이라는 것을 확실하게 하는 것이다. 가장 아름다운 소녀와의 결혼은 장애 소녀에게 지참금을 주는 수단으로써, 높은 가격에 경매 되었다(Garland, 1995).

로버트 갤러(Robert Galler, 1984)가 지적하는 것처럼 오늘날까지 장애 여성들은 정상 몸의 기준을 신체화하는데 실패하는 단계에까지 이른 결과로서 성과 무관한 것으로 여겨진다. 한나와 로고프스키(1991)는 장애가 매력이 없음과 무능력이라는 두 가지 사실과 동일시된다는 것을 발견하였다. 문화적 관점에서 근대화는 결핍의 확대를 받아들여 왔고, 그래서 신체적 기능 장애가 이제 중요하고 또한 사회적 기능 장애로 비난받게 된다. 아이리스 영(Iris Young, 1990b)은 여성이 완전히 진보하게 하는 것을 참을 수 없는 가부장제적 사회 구조의 정제에 대한 여성의 육체적 활동에서 결손을 추적하면서 이러한 수사어구를 인용한다. 남녀 차별적 사회에서 여성은 신체적으로 불리한 입장에 있다. 가부장제적 문화가 우리에게 선임한 정의와 일치하여 우리의 생활양식을 견디어내도록 학습된 범위에서는, 우리는 신체적으로 억제되고 제한되고, 위치지어지고 대상화된다. 보르도의 작업에 있어서는, 이러한 분석이 장애가 있든 없든 여성들의 조건을 설명한다.

비슷한 수사의 효과를 입증하면서, 전술한 한나와 로고프스키(1991)의 연구는 장애인의 친척이나 친구들조차도 장애 여성을 기능상의 부인이나 어머니로써 상상할 수 없다는 것을 보여 준다. 결혼 상태와 관련해서 장애 남성과 장애 여성 사이의 불일치에 집중하면서, 그들의 연구 주제의 언급 중 하나는 다음과 같다. "장애 남편과 장애 부인 사이에는 큰 차이가 있다. 장애 남편은 그를 양육할 부인을 필요로 한다. 그러나 장애를 가진 부인은 사회에 의해서 장애를 갖지 않은 남편을 보살필 능력이 있다고 보여지지 않는다." 이 연구자들은 다음과 같이 결론을 맺는다: "일반적으로 여성은 남성과 반대로 전형적으로 우리 사회 내에서 양육하는 역할을 가진 것으로 보여진다. 우리의 인터뷰가 보여 주듯이 육체적으로 장애를 가진 여성들은 차이가 있는 것처럼 서로 다르게 보인다. 오히려 그들은 종종 남을 보살필 수 없는 것으로 보여지며, 실로 그들 자신이 보살핌을 받는 의존적인 사람으로 여겨진다." 비슷한 견해에서 웬델(1996)은 어른으로서의 장애 여성이 다른 사람들(남편과 자녀들)을 신체적으로 보살피는 사람으로부터 신체적으로 의존하는 사람으로 바뀔 때 성인으로서 어떻게 그 수치심과 자존심의 상실과 싸우는지에 대해 중점적으로 언급하고 있다.

보살핌

이러한 주목이 우리를 다른 여성학적 주제, '정상'인 여성의 역할을 과장하는 주제에 이르게 한다. 이는 전통적으로 여성 가족 구성원과 관련된 보살핌을 윤리를 위한 중심 모델로 만드는 제안이다. 이런 관점에서 가장 학문적으로 지지하는 사람 중의 하나는 아넷 배이어(Annette Baier)이다. 그는 중립적으로 도덕적 관계에 의해 함께 묶여진 것들을 묘사하려는 시도에서 자유주의의 편견 없는 도덕성을 비현실적인 것으로 말한다. 도덕적 의무의 자유로운 수용을 찬양하는 정의의 윤리와는 반대로 배이어(1987b)는 "보살핌을 강조하는 것은 종종 보살펴 주는 사람의 책임에 대한 선택되지 않은 본질의 인식과 함께 한다"고 설명한다.

모든 여성주의자들이 보살펴 주기를 존경하는 것은 아니다. 예를 들어, 자넷 핀치(Janet Finch, 1984)는 그것은 "가정 내에서 여성의 무급 노동인 반면 동시에 노동시장에서는 배제되는 노동의 본질적이고 지속적인 투입에 의존한다"고 말한다. 그러나 배이어(1987b)에게서는, 보살펴 주기는 피할 수 없는, 남성보다 여성이 더 많이 받아들이는 실재이다. 그래서 그녀는 "가장 도덕적인 이론은 정의와 보살핌을 조화시켜야 한다"고 강조한다.

배이어가 생각하기에, 정의(justice)는 개인들이 비슷하게 강력하거나 혹은 비슷하게 약한 데 처해 있다는 환경을 가정한다. 그러나 대부분 현실세계의 관계에는 지위의 평등 또는 중립성보다는 불균형이 있다. 배이어는 사람들이 항상 평등한 것은 아니라고 주장한다. 왜냐하면 어떤 이들은 다른 이들에 의해 상처받기 쉽기 때문이다.

그런데 도덕(morality)은 이러한 항구적인 혹은 일시적인 입장의 비대칭성을 인정해야 할 뿐만 아니라 포용해야 한다. 또 어떤 사람들은 덜 유능하다. 그래서 그들은 더욱 유능한 다른 사람에게 의존한다. 그리고 우리 모두는 때때로 다른 사람에게 상처받기 쉬우며, 자주 또는 가끔 그리고 어떤 면에서 우리는 선택하지 않는다.

관습적으로 여성은 아주 어린 사람, 아주 늙은 사람, 병자, 장애인을 보살피는 사회적 책임을 갖기 때문에 사회적 미덕의 중심으로서의 보살핌을 행하는 이론들은 관습적으로 그들 자신의 것인 행실을 향상시킨다. 그러나 장애 여성은 보살핌을 주기보다는 보살핌을 받는 사회적 역할을 하는 계층에 속해 있고 그래서 보살핌의 여지를 제공하는 사회적 역할로의 그들의 접근은 줄어든다. 《페미니즘과 장애》(*Feminism and Disability*, Hillyer, 1993)를 보면, 카렌 허쉬(Karen Hirsch, 1994)는 "바바라 힐리어의 세계에서, 모든 보살펴 주는 자는 여성이고, 여성은 보살핌을 주는 사람이거나 아니면 장애가 있고 그녀에게 제공되어야 할 보살핌이 필요한 사람이다. 그러므로 장애 여성의 경험을 위한 여지는 없다"고 서술한다.

그러나 결함이 있다고 여겨지는 사람들을 보호하는 데 주안점을 두는 도덕은 추정상의 피보호자로 하여금 그들 자신이 해낼 수 있는 것보다 수준 낮은 보살핌을 수용하도록 요구함으로써 결국은 그들에게 해를 입히게 되는 구실을 하게 된다. 왜냐하면 피보호자의 위치라는 것은 그가 정말 피보호자의 위치, 즉 그가 정말로 (신체적으로) 무능력할 때에만 이익을 얻을 수 있기 때문이다. 그래서 보살핌이 정상인이 장애인과 관계하는 주된 방법인 그런 사회에서 그 자신의 무능력을 선언하느냐 마느냐의 문제는 사회적으로 장애인에게 짐 지어지게 된다. 이는 심지어 그들이 정상인들보다 더 유능할 때조차 그러하다(Scott, 1969). 모든 여성들이 이러한 방식으로 가장하도록 기대되던 때에 남성들이 그들의 남성 역할을 하는 데서 더 안전하게 된 것이 그리 오래 전이 아니라는 것을 기억하라.

여성주의자들은 복지정책이—미덕이 결국 한 사람이 다른 사람들의 복지에 얼마만큼 공헌하느냐에 의해서 결정되어 진다는 믿음—수혜자들의 의지와 충돌하고 있든지 또는 없든지 간에 이익의 분배를 정당하다고 인식하기 때문에 복지 정책은 본래 부계 혈통주의라고 생각해야 한다고 주장한다. 조안 트론토(Joan Tronto, 1993)는 보살핌이 이렇게 제도화될 때마다 힘의 불균형이 본질적이라고 인정하는 보살핌의 윤리성을 옹호하는 소수 중의 하나이다.

> 보살핌을 행하는 사람들은 자신들이 보살핌을 받는 사람들보다 보살핌을 받는 사람들의 욕구를 결정하는 능력을 더 가진 것으로 생각하는 것은 당연하다. 내가 아는 단 하나의 해결책은 보살핌

이 정의의 이론과 관련이 있어야 하고 완벽하게 민주주의여야 한다고 주장하는 것이다. 보살핌을 민주적이게 하는 것은 보살펴 주는 자와 보살핌을 받는 자 사이의 균형과 요구에 초점을 두는 것이다.

그러나 이런 균형이 어떻게 유지될 수 있는가는 애매하다. 트론토는 그 해결책이 의존성의 가치를 높이고, 그리고 관심을 정치적 신중함 안에서 중심 고려사항에 대한 요구로 바꾸기 위해서 의존성과 자율성의 상대적 평가를 바꾸어야 한다고 때때로 생각한다. 의존을 더욱 바람직한 것으로 만드는 셈이 되어 버린 정치적 재배열은 보살펴 주는 자와 보살핌을 받는 자 사이의 잠재적 억압과 본질적인 힘의 불균형을 해결할 수 없다. 어떤 개인적 관계에서 이러한 불균형의 실재가 시작될지도 모른다. 그러나 보살핌이 비인격화되고 분리되고, 여성주의적 개혁을 위한 운송 수단(전달 수단)으로 이론화될 때, 보살핌은 많은 것을 포함하는 여성주의적 철학을 이루는 데는 위험천만한 토대가 될 수밖에 없다.

마사 미노우(Martha Minow, 1990)는 심각한 장애를 가진 사람들은 도덕적인 개성(personhood)의 동질성이라는 점에서 가장 확고하게 극단적인 경우 중의 하나라고 제안한다. 그들은 그래서 도덕적 유대의 핵심에 있는 동질성보다 편차를 두는 '보살핌의 윤리'에 의해 알맞게 대우를 받는 최고의 후보자 중의 하나가 되는 것처럼 보일 것이다. 그러나 보살펴 주는 자와 보살핌을 받는 자에 입각해서 도덕을 만드는 것은 장애를 지닌 사람들에게 유순한 행동을 의무적으로 강제한다. 그들에게 복종은 좋은 보살핌의 대가이다. 도움을 주고받는 관계라는 것이 자발적이지만 비대칭적으로 그렇다는 것에 주목하면서 우리는 이와 같은 것의 결과를 짐작할 수 있다. 도움을 주는 사람들은 어떻게 그들이 도울 것인지를 선택하지만, 도움을 받는 사람들은 어떻게 도움을 받을 것인지를 선택할 수 없다. 왜냐하면 만약 한 사람이 다른 사람과 연결되어 있는 것이 도움을 받는 사람으로서라면, 제안된 도움에 대해 다른 사람의 선택을 거절하는 것은 그 사람을 고립되게 하는 것이기 때문이다(Silvers, 1995).

도덕적 관계의 구조에서, 누군가가 그들 자신을 약하게 만듦에 틀림없는데, 그래서 다른 사람들은 그들의 신뢰를 가치 있게 할 수 있는, 그런 도덕적 관계의 구조에서—즉 가부장적 체계에서 무능력한 것으로 간주되는 것들은 그들 자신의 이익을 위해서 억지로 승낙하도록 한다—장애 여성들은 부하(하급자)로서의 역할을 담당한다. 애쉬와 파인(1988a)에 따르면, 이는 장애가 아닌 여성주의자들이 장애 여성을 끌어들이는 것을 꺼리기 때문이다. 즉, 여성주의자들은 장애인들을 힘 있고 유능하고 매력적인 여성으로 인식하지 않고, 대신에 의존적이고 수동적으로 빈곤하게 인식하기 때문이다(Reinelt and Fried, 1991 또한 참고하라).

모리스(1991)는 다음과 같이 적고 있다.

> 그것은 관계 내에서 불평등을 야기하는 상호관계의 손실이다—그리고 장애인이나 나이든 사람들은 그들이 일반적으로 장애가 아닌 세상과 함께 경험하는 불평등한 관계 내에서 매우 연약하다. 보살핌의 관계 내에서 장애인과 노인에 대한 육체적이고 감정적인 학대에 대해서는 거의 주의를 기울이지 않아 왔다. 연구는 양쪽 모두의 이익에 맞는 그런 면에서, '마음을 쓰는 (걱정하는)' 관계 내에서 '돌봐주는' 것이 가능하게 하는 것은 무엇인지를 연구(조사)할 필요가 있다. 많은 장애인들은, 실제 선택할 수 있는 것에 기반을 둔 실제 선택이 없으면 '마음을 쓰는' 관계에서의 '보살핌' 으로 나아갈 수 없다는 것을 명확하게 인정했다.

이것은 장애 여성이 다른 사람으로부터 도움을 받을 필요도 없고 받지 않아도 된다고 말하는 것이 아니다. 도움을 받는 사람들이 있고, 웬델(1989)이 우리에게 상기시켜 주는 것처럼, 도움을 받는 사람들은 상호 의존보다는 자기 의존(자립)에 가치를 부여하는 어떤(모든) 사회에서 가치가 감소된 것으로 선고를 받는다. 게다가 지금까지 논의된 어떤 것도, 애정의 연대가 서로 돕도록 격려하기 때문에, 그리고 존경의 유대가 상호 간의 도움을 지지하기 때문에 보살핌과 보살핌을 받는 것이 억압적인 것임에 틀림없다고 제안하지 않는다. 그러나 트론토(1987)가 주목하기를: "현재 관계를 유지하는 데 초점을 두면서, 보살핌을 보존하는 것은 전통적이다." 만약 그렇다면 보살핌의 윤리를 평등의 윤리로 대신하는 것은 낙인을 참는 덕으로 장애 여성에게 현재 고통 받는 종속의 관계를 더 확고하게 뒷받침하는 것이다. 결론적으로, 앨리슨 재거(Alison Jaggar, 1995a)는 다음과 같은 점을 우리에게 일깨워 준다.

> 보살핌의 가치에도 불구하고, 개인 관계의 질에 대한 강조는 보살핌을 어렵게 만드는 사회 집단의 이익 사이에서, 또 이러한 집단의 구성원들 사이에서, 구조적인 대립을 언급하는 것에 접근하지 못하도록 방해하는 것같이 보인다. 같은 맥락에서 개인의 요구에 직면한 개인의 수고에 보살핌의 의존은 많은 경우에 이러한 실제를 불가능하게 만드는 사회적 구조를 무시한다.

여성의 역할을 규범화하는 것의 폭정

여성들이 그들의 관습에 따른 사회적 역할을 수정하기보다는 그것을 재평가하면서 더 나은 대접을 받는다는 확신을 갖는 것은 기쁨으로 양육하던 전통적 기능의 중요성을 강조하는 것이다. 이러한 전략은 여성들이 전통적으로 배제되어 왔던 역할에 있어서 남성과 경쟁하도록 하는 것을 피하게 하기 때문에 일반적으로 여성들에게 유익할지도 모른다. 그러므로 여성을 위한 '정상'인 기능들을 고양하는 것은 남성과 여성 사이에 구별되지 않는 평등함을 단정하는 어려움을 극복한다. 그러나 이것은 장애 여성이 그들 자신의 한계라는 이유로 또는 그들의 손상의 사회적 구조 때문에 배제되는 역할에 의해 편협하게 정의되는 여자다움을 방해한다. 그러므로 가부장적 사회 체계의 구조를 재평가하는 전략은 불평등을 넘어선 것이라기보다는 이를 연장하는 것처럼 보인다(Butler, 1990).

예견한대로 그들의 새로운 환경에서, '정상인'의 폭력적인 정의에 의해 허가된(입증된) 이러한 기능들은 장애 여성에 대한 낡은 종속관계의 패턴을 간단히 다시 부과해 버린다. 종종 매우 유감으로 생각되는 억압을 부과하는 것을 피하기 위해서 여성주의는 젠더화된 역할을 위해 존재하는 사회적 규범들을 유지하고 과장하지 않아야 할 것이다. 대신에, 여성주의는 구별되는 사회적 기능들과 상호 작용들이 여성으로써 자리잡기를 원하는 모두들에게 똑같이 접근하기 쉬운 곳에 여성을 혁신적으로 재위치시켜야 할 것이다.

이러한 목적을 가진 연구 과제가 모든 여성에 의해 실행될 수 있는가? 또는 그것을 추구하는 것이 장애 여성을 구별하는 특별한 전망이 요구되는 것인가? 이는 장애 여성의 선택을 알리는 이유들이 모든 다른 여성들과 어떤 여성들에 의해 평가될 수 있는가에 의존한다. 왜냐하면 여기에서조차, '정상인'의 폭정으로부터 피할 수 없을지도 모르기 때문이다.

일단 우리는 인종, 계급 섹슈얼리티가 주로 여성주의 이론들에 의해 여성들 간에 이론적으로 의미 있는 차이를 유발한다는 점을 인정하지만, 장애와 나이의 문제는 흔히 중요하지 않은 것으로 다루어지거나 혹은 투명한 것으로 다루어져 고찰의 대상이 되지 않고 있다는 점에 주목해야 한다. 그것은 나이 든 것과 장애가 변형된 것으로 보이기 때문이고, 따라서 '보편 여성의' 본질적이고 중심적인 관심사로부터의 방심으로 보여지기 때문이다. 캐롤린 라마자노글루(Caroline Ramazanoglu, 1989)는 그녀가 이러한 차이들이 많은 주의력을 보증하기에 충분할 만큼 신뢰할 수 있는 것도 아니고, 또한 확고한 것도 아니라고 주장할 때에 이러한 대응의 전형이 된다. 여성 억압에 대한 그녀의 분석이 왜 장애 여성과 나이든 여성을 생략하는 것인지를 설명하면서 그녀는 다음과 같이 말한다. "이것들이 많은 여성에게 심각한 억압의 영역인 반면, 여성들은 서로 다른 문화 안에서 서로 다른 형식을 취하고 그래서 그것들을 일반화하기란 어렵다. 그들은 또한 의식의 변화에 의해서 변형될 수 있는 차이의 형태들이다."

그러면 여성주의 자체가 그런 의식 변형의 원천이 될 수 있는가 하는 문제로 돌아가 보자. 보통 우리는 다른 사람들의 관심과 욕구의 관점에서 정상적으로 그들의 포부라는 것이 그들이 나의 공간에 있다거나 내가 그들의 공간 안에 있다는 것을 상상함으로써, 우리와 다른 그들과 연관짓는다. 그러나 주된 삶의 기능, 예를 들어 몸을 움직이거나 보거나 듣는 것 같은 기능을 완수하는 것 같은 어떤 사람이 만약 일반적으로 사는 것이 다르게 사는 것이라면, 그것이 정확하게 어떻게 되는 것인지 상상할 수 없을 정도로 우리의 경험 구조의 요소는 매우 친밀감이 있는 것이다.

우리를 주변의 세계에서 우리의 이해 범위 내에서 우리가 보는 것과 거기서 우리의 야망의 대상으로 우리가 취하는 것은 직접적으로 우리가 기능하는 범위의 산물이다. 그러므로 매우 심각하게 손상된 전망은 장애 여성들이 삶을 어떻게 경험하고 만족하게 되는지에 대해 그들이 직면하고 있는 것을 막을 만큼 심각하게 대부분의 여성들의 정상적 상상을 마비시킬지도 모른다. 그리고 어떤 또는 모든 장애 없는 여성들이 장애 여성들을 대변해서 말할 만큼 그들을 이해하는 것을 배울 수 있을지 없을지 또한 명확하지 않다. 웬델(1989)은 고통의 두려움과 신체적으로 지배력을 잃는 두려움이 우리 문화 내에서 너무나 깊게 박혀 있기 때문에 남성만큼 여성에게 있어서도 장애인들은 대개 그들의 경험을 효과적으로 의사소통하는 것이 금지된다고 믿는다.

어떻게 장애 여성이 여성주의자가 될 수 있는가?

이러한 고려는 개인들 또는 집단들의 포괄적이고 긍정적인 상호 작용을 통하여 개인의 욕구와 욕망의 만족을 장려하기 위하여 단지 그들의 존재에 대한 선의의 인정뿐 아니라 여성들의 활동에서 장애 여성의 현존 그리고 이론화 작업에서 그들의 목소리를 요구한다는 점, 즉 영(1990a)이 여성주의자들이 장애 여성의 차이점들을 평가하도록 촉구하게 이끄는 목적을 암시한다. 앞에서 인용한 아델슨, 보르도, 영에 의한 것과 같은 차이에 대한 분석들은 우리를 공통된 기반으로 안내한다. 그러나 웬델(1989)이 생각한 것처럼, 만약 정상인들이 장애인들에게 동화하는 것에 저항한다면, 포괄적으로 긍정적인 상호작용을 얻기에는 힘든 것이다. 왜냐하면 정상인들이 신체를 이상적인 것으로 계속해서 다루는 한, 그들은 누군가에게 부정적인 신체의 부담을 지도록 할 것이기 때문이다. 그리고 여성주의에 대해 해명할 때 상대적으로 적은 수의 장애 여성의 목소리들이 들릴 것이다. 영이 말한 것처럼, 여성주의자를 그들의 정체성—그들 자신을 여성으로 또한 장애인으로 동일화하는 것—의 한 부분으로 하고 싶어 하는 장애 여성들이 직면한 딜레마—아직도 장애인에 대해 우리 문화에 침투해 있는 부정적 시각에 얽매여 있는—에 대해 두려워하기 때문에 장애인과 여성이 서로 범주적으로 대립한다는 것이다.

여성주의 가치가 운동의 개혁에 대한 가부장적 이상을 대체할 때, 장애인들이 소외되는지 아닌지의 문제는 운동 개혁의 완전무결함을 표식한다. 웬델의 지적을 확장해나가면서 우리는 장애인들이 거리를 두는 것을 알 수 있다. 장애를 가진 여성이 된다는 것은 가부장주의에 대해 더욱 상처받기 쉽고 그래서 더욱 민감하게 되는 것이기 때문이다. 이 같은 주목은 소수 집단과 더 큰 집단 모두에 관심을 표하는 것이다. 장애 여성뿐 아니라 일반적으로 여성주의자에게, 여성주의자에 의해 생성된 이론적 구성 틀 안에서 장애 여성의 가시화가 증가되는 것은, 가부장제에서 명확하게 해방되어 왔는지 아닌지에 대한 중요한 검사 수단이 된다. 그러므로 장애 여성이 편안하게 여성주의자가 될 수 있는지 없는지는 여성주의자와 함께 그들의 결과에 따라 좌우되고, 그것은 차례로 여성주의 이론이 여성의 개인적 사회적 동일성의 구성을 진정으로, 긍정적으로, 그리고 그것이 여성의 정치적 힘에 대한 우리의 접근에 혁명을 일으켜 온 것만큼, 널리 퍼져 있는 사회 문화적 규범으로부터 독립성을 가지고 개혁하는가에 달려 있다.

여성이 여성주의자가 되고 싶어 하는 이유 중의 하나는 여성주의 이론이 일반적인 문화의 성별 독재에 의해 설득된 부정적인 효과들로부터 우리를 자유롭게 하기에 충분한 힘이 있다는 확신 때문이다. 그리고 이러한 해방에 참가하고자 하는 그들의 열망에서, 어떤 장애 여성들은 그것의 개념적인 핵심이기보다는 그것의 사회심리학적 주변의 여성 운동 내에서 그들의 주변성을 발견한다.

그들은 여성주의자들이 일반적 문화 영역 안에서 활동하고, 그럼으로 인해 그것의 결점에 종속되는 것을 유감스럽지만 흔히 있는 일로 간주한다. 그들은 여성주의 그 자체가 일반적인 문화로 야기되는 기본적 감정들을 극복하는 데 실패하기 때문에 비난될 수 없다는 것을 가정한다(애쉬와 파인, 1988a, 1988b ; 허쉬, 1994). 그러나 이러한 방어는 애를 먹인다. 왜냐하면 그것이 여성주의의 지지자들을 성 억압에서 자유롭게 하기에 충분할 만큼 강력한 바로 그러한 여성주의를 유사하게 억압적인 장애에 대한 반작용에는 무력한 것으로 묘사하기 때문이다.

여성운동의 신뢰를 위해서, 이러한 도전을 극복하려는 중요성을 인식하는 것은 최근 장애 여성을 흡수하는 가능성에 관심을 지니는 것으로 확대되고 있다. 이 점에 대해서, 장애 여성과 장애 아닌 여성 사이의 상호 관계의 증가에 의해서, 장애를 특정한 개인의 것으로 생각하는 전략은 매력적인 것으로 보일 것이다. 왜냐하면 여성주의자들은 종종 개인적인 것이 정치적인 것이라고 강조하기 때문이다. 그러나 만약 개인적 경험이 정치적 행동에 활력을 가하는 것이라면, 그리고 마찬가지로 또한 정치 기관이 개인의 경험을 형성하는 것이라면, 꾸준히 추구되고 교육되는 것이라고 해도 단지 공유된 지식이 아니라, 이론적으로 강제적인 경험의 공유성이 반드시 확인되어야 한다. 이는 기능적인 여성 역할의 일반적인 문화의 지위로부터 해방되는 담론을 통해 그리고 여성의 야망의 비전통적인 표현을 받아들이는 것을 통해 접근되는 경험에 의한 핵심이 될 것이다. 만약 성공한다면, 이러한 노력이 총괄적인 것을 지지하고 차이를 수용하는 여성주의의 개념적 틀을 더 강하게 할 것이다. 그리고 이는 장애 여성이 어떻게 여성주의자가 될 수 있는지를 분명히 할 것이다.

(김세서리아 역)

감사의 말

이 책은 많은 사람들의 도움 없이는 나올 수 없었다. 물론 대부분이 저명한 학자들인 이 책의 필자들은 예외 없이 우리가 요구하는 지침을 따르는 일에 놀라울 정도로 협력하였고 아주 가치있는 논문들을 제공하였다. 더불어 우리는 주제의 범주나 필자들을 소개했거나 혹은 우리가 평가할 준비가 되어 있지 않았던 논문들에 대해 우리에게 전문가적 조언을 주었던 모든 사람들에게 심심한 감사를 표한다. 그들은 싱얀 지앙(Xinyan Jiang), 사프로 콰(Safro Kwame), 우마 나라얀(Uma Narayan), 린다 니콜슨(Linda Nicholson), 샐리 시즈윅(Sally Sedgwick), 낸시 투아나(Nancy Tuana), 앨리슨 와일리(Alison Wylie) 그리고 리 준 유안(Li Jun Yuan)이다. 연구 지원에 있어 우리는 볼더 소재 콜로라도 대학교 여성학과에 감사한다. 크리스찬 후놀드(Christian Hunold)는 번역과 편집을 하는 데 많은 도움을 주었고, 방대한 참고문헌과 자질구레한 행정적 일처리를 도맡아 해준 에이미 케인(Amy Kane)에게도 고마움을 표한다. 블랙웰 출판사에서 이 기획을 처음 제안했던 스테판 체임버스(Stephan Chambers)와 그에게 이 일을 인계받았던 스티븐 스미스(Steven Smith)와 대부분의 행정적 일을 처리해 주었던 메리 리소(Mary Riso) 그리고 오랫동안 수고해준 편집자인 주아니타 벌로우(Juanita Bullough)에게 감사한다. 마지막으로 이전에 했던 많은 기획들에서처럼 이번에도 우리를 지지해준 우리의 동반자들인 데이비드 알렉산더(David Alexander)와 데이비드 재거(David Jaggar), 그리고 이 일이 힘에 부칠 때마다 이것을 제대로 할 수 있도록 용기를 준 우리의 아이들인 모건 알렉산더-영(Morgen Alexander-Young)과 딜란 재거(Dylan Jaggar)에게 항상 그렇듯이 고마움을 전한다.

Bibliography

Abrams, K.: "Gender discrimination and the transformation of workplace norms," *Vanderbilt Law Review*, 42 (1989), 1183–1248.

——: "Ideology and women's choices," *Georgia Law Review*, 24 (1990), 761–801.

——: "Hearing the call of stories," *California Law Review*, 79 (1991), 971–1052.

——: "Title VII and the complex female subject," *Michigan Law Review*, 92 (1994), 2479–540.

——: "Sex wars redux: agency and coercion in feminist legal theory," *Columbia Law Review*, 95 (1995a), 304–76.

——: "The reasonable woman: sense and sensibility in sexual harassment law," *Dissent*, 42: 1 (1995b), 48–54.

Abu Zahrah, M.: *Al-Ahwal al-Shakhsiyah* (Cairo: Dar al-Fikr al-Arabi, 1957).

Adams, C. J.: *The Sexual Politics of Meat: A Feminist Vegetarian Critical Theory* (New York: Continuum, 1990).

——: "Ecofeminism and the eating of animals," *Hypatia*, 6: 1 (1991), 125–45.

——: *Ecofeminism and the Sacred* (New York: Continuum, 1993a).

——: "The feminist traffic in animals," *Ecofeminism: Women, Animals, and Nature*, ed. G. Gaard (Philadelphia, PA: Temple University Press, 1993b), pp. 195–218.

——: "Comment on George's 'Should feminists be vegetarians?'," *Signs* (Autumn 1995), 221–9.

Addams, J.: *Democracy and Social Ethics* [1902] (Cambridge, MA: Belknap Press of Harvard University Press, 1964).

——: *Twenty Years at Hull House* [1938] (New York: Macmillan, 1981).

Addelson, K. P.: "The man of professional wisdom," *Discovering Reality: Feminist Perspectives on Epistemology, Metaphysics, Methodology, and Philosophy of Science*, ed. S. Harding and M. Hintikka (Boston: D. Reidel, 1983).

——: *Impure Thoughts: Essays on Philosophy, Feminism, and Ethics* (Philadelphia: Temple University Press, 1991b).

——: "Knowers/doers and their moral problems," *Feminist Epistemologies*, ed. L. Alcoff and E. Potter (New York: Routledge, 1993).

——: *Moral Passages* (New York: Routledge, 1994a).

——: "Feminist philosophy and the women's movement," *Hypatia*, 9: 3 (1994b), 216–24.

——, Ackelsberg, M., and Pyne, S.: "Anarchism and feminism," *Impure Thoughts: Essays on Philosophy, Feminism, and Ethics*, ed. K.P. Addelson (Philadelphia, PA: Temple University Press, 1991).

——, and Potter, E.: "Making knowledge," *(En) Gendering Knowledge: Feminists in Academe*, ed. J. E. Harman and E. Messer-Davidow (Knoxville: University of Tennessee Press, 1991a).

Adelman, P.: *Miriam's Well: Rituals for Jewish Women Around the Year* (Fresh Meadows, NY: Biblio Press, 1986).

Adler, R.: "The Jew who wasn't there: Halakah and the Jewish woman," *Davka* (Summer 1971).

——: "Tum'ah and Tahara: ends and beginnings," *The Jewish Catalog*, ed. M. Strassfeld, S. Strassfeld, and R. Siegal (Philadelphia, PA: Temple University Press, 1973).

——: "Feminist folktales of justice: Robert Cover as a resource for the renewal of Halakah," *Conservative Judaism*, 45 (1993).

——: *Engendering Judaism: Inclusive Ethics and Theology* (Philadelphia, PA: Jewish Publication Society, 1997).

Agarwal, B.: "Gender and the environment: lessons from India," *Proceedings of the International Conference on Women and Biodiversity*, ed. L. Borkenhagen and J. Abramovitz, 1992.

Ahmad, A.: *Islam Main Aurat Ka Maqaam* (Pakistan: Markazi Anjuman Khaddam al Quran, 1984).

Akerkar, S.: "Theory and practice of women's movement in India," *Economic and Political Weekly* (April 29, 1995).

Albert, M., and Hahnel, R.: *UnOrthodox Marxism: An Essay on Capitalism, Socialism and Revolution* (Boston: South End Press, 1978).

——: *Socialism Today and Tomorrow* (Boston: South End Press, 1981).

——: *Looking Forward: Participatory Democracy in the Year 2000* (Boston: South End Press, 1991).

Alcoff, L.: "Cultural feminism versus post-structuralism: the identity crisis in feminist theory," *Signs*, 13: 3 (1988), 405–36.

——: "Justifying feminism social science," *Feminism and Science*, ed. N. Tuana (Bloomington: Indiana University Press, 1989).

——, and Potter, E., eds.: *Feminist Epistemologies* (New York: Routledge, 1993).

Alexander, W. M.: "Philosophers have avoided sex," *The Philosophy of Sex: Contemporary Readings*, ed. A. Soble (Savage, MD: Rowan and Littlefield, 1991), pp. 3–20.

Allen, A.: "Privacy, private choice and social contract theory," *Cincinnati Law Review*, 56: 401 (1987).

——: *Uneasy Access: Privacy for Women in a Free Society* (Totowa, NJ: Rowman and Littlefield, 1988).

——: "Surrogacy, slavery and the ownership of life," *Harvard Law Journal*, 13 (1990), 139–49.

——: "The black surrogate mother," *Harvard Blackletter Journal*, 8 (1991), 17–31.

——: "The role model argument and faculty diversity', *Philosophical Forum*, XXIV: 1–3 (1992/3), 267–81.

——: "Privacy in health care," *Encyclopedia of Bioethics*, ed. W. Reich (New York: Macmillan, 1995a), pp. 2064–73.

——: "The proposed equal protection fix for abortion law: reflections on citizenship, gender, and the Constitution," *Harvard Journal of Law and Public Policy*, 18 (1995b), 419– 55.

——: "Constitutional privacy," *A Companion to Philosophy of Law and Legal Theory*, ed. D. Patterson (Oxford: Blackwell, 1996a), pp. 139–55.

——: "The jurispolitics of privacy," *Reconstructing Political Theory*, ed. U. Narayan and M. Shanley (Cambridge: Polity Press, 1996b).

——: "Genetic privacy: emerging concepts and values," *Genetic Secrets*, ed. M. Rothstein (New Haven, CT: Yale University Press, forthcoming).

——, and Mack, E.: "How privacy got its gender," *Northern Illinois University Law Review*, 10 (1990), 441–78.

Allen, J.: "Motherhood: the annihilation of women," *Mothering: Essays in Feminist Theory*, ed. J. Trebilcot (Savage, MD: Rowman and Littlefield, 1983).

——: *Lesbian Philosophy: Explorations* (Palo Alto, CA: Institute for Lesbian Studies, 1986).

—— ed.: *Lesbian Philosophies and Cultures* (Albany: State University of New York Press, 1990).

Allen, P.: *The concept of woman: The Aristotelian Revolution 750 BC – AD 1250* (London: Eden Press, 1985).

Almond, B.: "Philosophy and the cult of irrationalism," *The Impulse to Philosophise*, ed. A. P. Griffiths (Royal Institute of Philosophy Supplement 33) (Cambridge: Cambridge University Press, 1992), pp. 201–17.

Altman, A.: "Making sense of sexual harassment law," *Philosophy and Public Affairs*, 25: 1 (1996), 36–65.

Altman, I.: "Privacy: a conceptual analysis," *Environment and Behavior*, 8 (1976), 7–30.

AMC Report: Letter to the Editor (Washington, DC: American Muslim Council, January 1996, p. 11.

Amorós, C.: *Hacia una Crítica de la Razón Patriarcal* (Madrid: Anthropos, 1985).

——: *Feminismo: Igualdad y Diferencia* (Mexico City: UNAM PUEG, 1994).

Anderson, E. S.: "Is women's labor a commodity?," *Philosophy and Public Affairs*, 19: 1 (1990), 71–92.

Andolsen, B.: "A woman's work is never done," *Women's Consciousness, Women's Conscience*, ed. B. H. Andolsen, C. E. Gudorf, and M. D. Pellauer (San Francisco, CA: Harper and Row, 1985), pp. 3–18.

——: *Good Work at the Video Display Terminal: A Feminist Ethical Analysis of Changes in Clerical Work* (Knoxville: University of Tennessee Press, 1989).

——: "Justice, gender and the frail elderly: reexamining the ethics of care," *Journal of Feminist Studies in Religion*, 9 (1993), 127–45.

Andrews, L.: "Surrogate motherhood: the challenge for feminists," *Law, Medicine and Health Care*, 16 (1988), 72–80.

Annas, J.: *An Introduction to Plato's Republic* (Oxford: Clarendon Press, 1981).

Antony, L.: "Quine as feminist: the radical import of naturalized epistemology," *A Mind of One's Own: Feminist Essays on Reason and Objectivity*, ed. L. Antony and C. Witt (Boulder, CO: Westview Press, 1993).

——, and Witt, C., eds.: *A Mind of One's Own: Feminist Essays on Reason and Objectivity* (Boulder, CO: Westview Press, 1993).

Anzaldúa, G.: *Borderlands/La Frontera* (San Francisco, CA: Spinsters/Aunt Lute, 1987).

——: *Making Face, Making Soul – Haciendo Caras: Creative and Critical Perspectives of Women of Color* (San Francisco: Aunt Lute Foundation Books, 1990).

Appiah, K. A.: "Soyinka and the philosophy of culture," *Philosophy in Africa: Trends and Perspectives*, ed. P. O. Bodunrin (Ile-Ife: University of Ife Press, 1985), pp. 25–263.

——: " 'But would that still be me?' Notes on gender, 'race', ethnicity, as sources of 'identity,' " *Journal of Philosophy*, LXXXVII:10 (1990), 493–9.

——: *In My Father's House: Africa in the Philosophy of Culture* (London: Oxford University Press, 1992).

Arditti, R., Klein, R. D., and Minden, S., eds.: *Test-Tube Women: What Future for Motherhood?* (Boston: Pandora, 1984).

Arendt, H.: *The Human Condition* (Chicago, IL: University of Chicago Press, 1958).

Arsic, B.: "Mislim, dakle nisam zena," *Filozofski godisnjak*, 6 (1993), 60–102.

——: Recnik/*Dictionary* (Belgrade: Dental, 1995).

Asch, A., and Fine, M., eds.: *Women with Disabilities: Essays in Psychology, Culture, and Politics* (Philadelphia, PA: Temple University Press, 1988a).

——: "Beyond pedestals," *Women with Disabilities: Essays in Psychology, Culture, and Politics*, ed. A. Asch and M. Fine (Philadelphia, PA: Temple University Press, 1988b).

——: "Shared dreams," *Women with Disabilities: Essays in Psychology, Culture, and Politics*, ed. A. Asch and M. Fine (Philadelphia, PA: Temple University Press, 1988c).

——: "Reproductive technology and disability," *Reproductive Laws for the 1990's*, ed. S. Cohen and N. Taub (Clifton, NJ: Humana Press, 1989), pp. 69–129.

Ashe, M.: "Law-language of maternity: discourse holding nature in contempt," *New England Law Review*, 22 (1988), 521–59.

Ashworth, G.: "Piercing the eye: taking feminism into mainstream political processes," *A Diplomacy of the Oppressed*, ed. G. Ashworth (London: Zed Books, 1995).

Assiter, A.: *Enlightened Women* (New York: Columbia University Press, 1996).

Atherton, M.: "Cartesian reason and gendered reason," *A Mind of One's Own: Feminist Essays on Reason and Objectivity*, ed. L. Antony and C. Witt (Boulder, CO: Westview Press, 1993).

——ed.: *Women Philosophers of the Early Modern Period* (Indianapolis, IN: Hackett, 1994).

Auerbach, J., Blum, L., Smith, V., and Williams, C.: "Commentary on Gilligan's *In a Different Voice*," *Feminist Studies*, 11: 1 (1985), 149–61.

Austin, R.: "Sapphire bound?," *Wisconsin Law Review* (1989), pp. 539–78.

Awe, B.: "The Iyalode in the traditional Yoruba political system," *Sexual Stratification: A Cross-Cultural View*, ed. A. Schlegel (New York: Columbia University Press, 1977), pp. 144–95.

Babbitt, S.: "Feminism and objective interests," *Feminist Epistemologies*, ed. L. Alcoff and E. Potter (New York: Routledge, 1993).

Baber, H. E.: "Two models of preferential treatment for working mothers," *Public Affairs Quarterly*, 4 (1990), 323–34.

——: "How bad is rape?," *The Philosophy of Sex: Contemporary Readings*, ed. A. Soble (Savage, MD: Rowan and Littlefield, 1991), pp. 243–58.

Bacchi, C.: "Pregnancy, the law and the meaning of equality," *Equality, Politics, and Gender*, ed. E. Meehan and S. Sevenhuijsen (Beverly Hills, CA: Sage, 1991), pp. 71–87.

Bacon, F.: *Advancement of Learning*, ed. A. Wright [1963] (Oxford: Clarendon Press, 1968).

Bagchi, J.: "Representing nationalism: ideology of motherhood in colonial Bengal," *Economic and Political Weekly* (October 20–27, 1990).

Bahar, S.: "Human rights are women's rights: Amnesty International and the family," *Hypatia*, 11: 2 (1996), 105–34.

Baier, A.: "Cartesian persons," *Postures of the Mind: Essays on Mind and Morals*, ed. A. Baier (Minneapolis: University of Minnesota Press, 1985), pp. 74–92.

——: "Trust and anti-trust," *Ethics*, 96 (1986), 231–60.

——: "Hume: the women's moral theorist?," *Women and Moral Theory*, ed. E. Kittay and D. Meyers (Totowa, NJ: Rowman and Littlefield, 1987a), pp. 37–55.

——: "The need for more than justice," *Science, Morality, and Feminist Theory*, ed. M. Hanen and K. Nielsen (Calgary: University of Calgary Press, 1987b), 41–56.

——: "How can individualists share responsibility?," *Political Theory*, 25: 2 (1993a), 228–48.

——: "Hume: the reflective women's epistemologist?," *A Mind of One's Own: Feminist Essays on Reason and Objectivity*, ed. L. Antony and C. Witt (Boulder, CO: Westview Press, 1993b), pp. 35–49.

——: *Moral Prejudices: Essays on Ethics* (Cambridge, MA: Harvard University Press, 1994a).

——: "What do women want in a moral theory?," *Moral Prejudices: Essays on Ethics*, ed. A. Baier (Cambridge, MA: Harvard University Press, 1994b), pp. 1–17.

Baker, B. M.: "A case for permitting altruistic surrogacy," *Hypatia*, 11: 2 (1996), 34–48.

Baker, G. S.: "Is equality enough?," *Hypatia*, 2: 1 (1987), 63–5.

Balint, A.: "Love for the mother and mother-love," *Primary Love and Psychoanalytic Technique*, ed. M. Balint (New York: Liveright, 1965).

Balint, M.: *The Basic Fault: Therapeutic Aspects of Regression* (London: Tavistock, 1968).

Bammer, A.: *Partial Visions: Feminism and Utopianism in the 1970s* (New York: Routledge, 1991).
Barnes, H. E.: "Sartre and sexism," *Philosophy and Literature*, 14 (1990), 340–7.
Bar-On, B.: "Feminism and sadomasochism: self-critical notes," *Against Sadomasochism: A Radical Feminist Analysis*, ed. R. Lindon *et al.* (Palo Alto, CA: Frog in the Well, 1982), pp. 72–82.
——: "On terrorism," *Feminist Ethics*, ed. C. Card (Lawrence: University of Kansas Press, 1991), 45–58.
——: "The feminist sexuality debates and the transformation of the political," *Hypatia*, 7: 4 (1992).
—— ed.: *Engendering Origins: Critical Feminist Readings in Plato and Aristotle* (Albany: State University of New York Press, 1994).
——: "Reflections on national identity," *Bringing Peace Home*, ed. K. J. Warren and D. Cady (Bloomington: Indiana University Press, 1996)
Baron, M.: "Impartiality and friendship," *Ethics*, 101: 4 (1991), 836–57.
——: "Kantian ethics and claims of detachment," *Feminist Interpretations of Kant*, ed. R. Schott (University Park: Pennsylvania State University Press, 1997).
Barrett, M.: *Women's Oppression Today: Problems in Marxist and Feminist Analysis* (London: Verso, 1980).
——: *The Anti-Social Family* (London: Verso, 1982).
——: and McIntosh, M.: "Towards a materialist feminism?," *Feminist Review*, 1 (1979), 95–106.
——: "Words and things: materialism and method in contemporary feminist analysis," *Destabilizing Theory: Contemporary Feminist Debates*, ed. M. Barrett and A. Phillips (Stanford, CA: Stanford University Press, 1992).
Barrett, M., and Phillips, A., eds.: *Destabilizing Theory: Contemporary Feminist Debates* (Stanford, CA: Stanford University Press, 1992).
Barry, B.: *Justice and Impartiality* (Oxford: Clarendon, 1993).
——: "Spherical justice and global injustice," *Pluralism, Justice and Equality*, ed. D. Miller and M. Walzer (Oxford: Oxford University Press, 1995).
Barry, K.: *Female Sexual Slavery* (Englewood Cliffs, NJ: Prentice-Hall, 1979).
Barthes, R.: "Inaugural lecture, Collège de France," *A Barthes Reader*, ed. S. Sontag (New York: Hill and Wang, 1982).
Bartky, S.: "Feminine masochism and the politics of personal transformation," *Women's Studies International Forum*, 7: 5 (1984), 323–34.
——: *Femininity and Domination: Studies in the Phenomenology of Oppression* (New York: Routledge, 1990a).
——: "Shame and gender," *Femininity and Domination* (New York: Routledge, 1990b).
Bartlett, K. T.: "MacKinnon's feminism: power on whose terms?," *California Law Review*, 75 (1987), 1559–70.
——: "Feminist legal methods," *Harvard Law Review*, 103 (1990), 829–88.
——: "Minow's social-relations approach to difference: unanswering the unasked," *Law and Social Inquiry*, 17 (1992), 437–70.

——: "Only girls wear barrettes: dress and appearance standards, community norms, and workplace equality," *Michigan Law Review*, 92 (1994), 2541–82.
——, and Kennedy, R., eds.: *Feminist Legal Theory: Readings in Law and Gender* (Boulder. CO: Westview Press. 1991).
Baruch, E. H., D'Amado, A., Jr, and Seager, J., eds.: *Embryos, Ethics, and Women's Rights* (New York: Harrington Park Press, 1988).
Barwell, I.: "Towards a defense of objectivity," *Knowing the Difference: Feminist Perspectives in Epistemology*, ed. K. Lennon and M. Whitford (New York: Routledge, 1994).
Baseheart, M. C.: "Edith Stein's philosophy of woman and of women's education," *Hypatia*, 4: 1 (1989), 120–31.
Bassham, G.: "Feminist legal theory: a liberal response," *Notre Dame Journal of Law Ethics*, 6: 2 (1992), 293–319.
Battersby, C.: *Gender and Genius: Towards a New Feminist Aesthetics* (London: The Women's Press, 1989).
Beardsley, E.: "Referential genderization," *Women and Philosophy: Toward a Theory of Liberation*, ed. C. Gould and M.W. Wartofsky (New York: G. P. Putnam's Sons, 1976), pp. 285–93.
——: "Traits and genderization," *Feminism and Philosophy*, ed. M. Vetterling-Braggin, F. Elliston, and J. English (Totowa, NJ: Littlefield, Adams, 1977), pp. 117–23.
——: "Degenderization," *Sexist Language: A Modern Philosophical Analysis*, ed. M. Vetterling-Braggin (Totowa, NJ: Littlefield, Adams, 1981), pp. 155–60.
Beauchamp, T. L., and Childress, J. F.: *Principles of Biomedical Ethics* (New York: Oxford University Press, 1994).
Bebel, A.: *Women and Socialism*, trans. M. Stern (New York: Socialist Literature Co., 1910).
Bechdel, A.: *Dykes to Watch Out For* (Ithaca, NY: Firebrand Books, 1986).
——: *More Dykes to Watch Out For* (Ithaca, NY: Firebrand Books, 1988).
——: *New Improved Dykes to Watch Out For* (Ithaca, NY: Firebrand Books, 1990).
——: *Dykes to Watch Out for: The Sequel* (Ithaca, NY: Firebrand Books, 1992).
Beck, E. T., ed.: *Nice Jewish Girls: A Lesbian Anthology* (Boston: Beacon Press, 1989).
Becker, M.: "Prince Charming: abstract equality," *Supreme Court Review* (1988), 201–47.
——: "Maternal feelings: myth, taboo, and child custody," *Southern California Review of Law and Women's Studies*, 1 (1992), 133–224.
Becker-Schmidt, R.: "Identitätslogik und Gewalt. Zum Verhältnis von Kritischer Theorie und Feminismus," *Beiträge zur Feministischen Theorie und Praxis*, 24 (1989), 31–64.
Bedecarre, C.: "Swear by the moon," *Hypatia*, 12: 3 (1997).
Bedregal Sáex, X.: "¿Hacia dónde va el movimiento feminista?," *La Correa Feminista* [Mexico], 12 (1995), 10–16.
Beitz, C.: *Political Theory and International Relations* (Princeton, NJ: Princeton University Press, 1979).

Belenky, M. Field, Clinchy, B. M., Goldberger, N. R., and Tarule, J. M.: *Women's Ways of Knowing* (New York: Basic Books, 1986).

Bell, L.: *Rethinking Ethics in the Midst of Violence* (Lanham, MD: Rowman and Littlefield, 1993).

Bell, V.: *Interrogating Incest: Feminism, Foucault, and the Law* (New York: Routledge, 1993).

Bender, L.: "A lawyer's primer on feminist theory and tort," *Journal of Legal Education*, 38 (1988), 3–37.

——: "Feminist (re)torts: thoughts on the liability crisis, mass torts, and responsibilities," *Duke Law Journal* (1990a), 848–912.

——: "From gender differences to feminist solidarity," *Vermont Law Review*, 15 (1990b), 1–48.

Benhabib, S.: *Critique, Norm, and Utopia* (New York: Columbia University Press, 1986).

——: "The generalized and the concrete other," *Women and Moral Theory*, ed. E. Kittay and D. Meyers (Totowa, NJ: Rowman and Littlefield, 1987), pp. 154–77.

——: "Die Debatte über Frauen und Moraltheorie – eine Retrospektive," *Zielicht der Vernunft: Die Dialektik der Aufklärung aus der Sicht von Frauen*, ed. C. Kulke and E. Scheich (Pfaffenwieler: Centaurus, 1992a), pp. 139–48.

——: *Situating the Self: Gender, Community and Postmodernism in Contemporary Ethics* (New York: Routledge, 1992b).

——: "The debate over women and moral theory revisited," *Feminists Read Habermas: Gendering the Subject of Discourse*, ed. J. Meehan (New York: Routledge, 1995), pp. 181–204.

——, and Cornell, D.: *Feminism as Critique: On the Politics of Gender* (Minneapolis: University of Minnesota Press, 1987).

——, and Nicholson, L.: "Politische Philosophie und die Frauenfrage, *Pipers Handbuch der Politischen Ideen*, ed. I. Fetscher and H. Muenkler (Munich: Piper, 1985–88), Vol. 5, 513–62.

Benjamin, J.: *The Bonds of Love: Psychoanalysis, Feminism and the Problem of Domination* (London: Virago, 1988).

Benn, S. I.: *A Theory of Freedom* (Cambridge: Cambridge University Press, 1988).

Bennani, F.: *Taqsim al-'Amal Bayn al-Zawjayn* (*Division of Labor Between Spouses*) (Marrakesh: School of Legal, Economic and Social Studies Series, 1992).

Bennent, H.: *Galanterie und Verachtung. Eine philosophiegeschichtliche Untersuchung zur Stellung der Frau in Gesellschaft und Kultur* (Frankfurt/Main: Campus, 1985).

Bennett, J., and Chaloupka, W., eds.: *In the Nature of Things: Language, Politics and the Environment* (Minneapolis: University of Minnesota Press, 1993).

Bennent-Vahle, J.: "Moraltheoretische Fragen und Geschlechterproblematik," *Aspekte feministischer Wissenschaft und Wissenschaftskritik*, eds. W. Herzog and E. Violi (Chur/Zürich, 1991), pp. 45–69.

Bensinger, T.: "Lesbian pornography: the re/making of (a) community," *Discourse*, 15: 1 (1992), 69–93.

Benston, M.: "The political economy of women's liberation," *Monthly Review*, 21: 4 (1969).

Bergmann, B. R.: *The Economic Emergence of Women* (New York: Basic Books, 1986).

Berkeley, G.: *The Works of George Berkeley* (Oxford: Clarendon Press, 1871).

Berleant, A.: "The historicity of aesthetics," *British Journal of Aesthetics*, 26: 2–3 (1986), 101–11, 195–203.

Berman, R.: "From Aristotle's dualism to materialist dialectics," *Gender/Body/Knowledge*, ed. A. M. Jaggar and S. Bordo (New Brunswick: Rutgers University Press, 1989).

Bernstein, R.: *The Restructuring of Social and Political Theory* (Philadelphia: University of Pennsylvania Press, 1976).

——: *Beyond Objectivism and Relativism: Science, Hermeneutics and Praxis* (Philadelphia: University of Pennsylvania Press, 1983).

Betcher, S.: unpublished dissertation on feminist pneumatology (Drew University Graduate School, n.d.).

Bethel, L.: "What chou mean 'we' white girl?," *Conditions Five*, 11: 2 (1979), 86–92.

Bhattacharya, S.: "Motherhood in ancient India," *Economic and Political Weekly* (October 20–27, 1990).

Biehl, J.: *Rethinking Ecofeminist Politics* (Boston: Southend Press, 1991).

Bigwood, C.: "Renaturalizing the body (with a little help from Merleau-Ponty)," *Hypatia*, 6: 3 (1991), 54–73.

Birke, L.: *Women, Feminism and Biology: The Feminist Challenge* (New York: Methuen, 1986).

——: *Feminism, Animals and Science: The Naming of the Shrew* (Buckingham: Open University Press, 1994).

Birkeland, J.: "Ecofeminism: linking theory and practice," *Ecofeminism: Women, Animals and Nature*, ed. G. Gaard (Philadelphia: Temple University Press, 1993), pp. 13–59.

——: "Comment: disengendering ecofeminism," *Environmental Ethics*, 9 (1995), 443–4.

Blaustein, A. and Flanz, G. H.: *Constitutions of the Countries of the World* (Dobbs Ferry, NY: Oceana Publications, Inc., 1994).

Bleier, R.: "Social and political bias in science," *Genes and Gender*, ed. E. Tobach and B. Rosoff (New York: Gordian Press, 1979).

——: *Science and Gender: A Critique of Biology and Its Theories on Women* (New York: Pergamon, 1984).

——: *Feminist Approaches to Science* (New York: Pergamon, 1988).

Blok, J., and Mason, P., eds.: *Sexual Asymmetry: Studies in Ancient Society* (Amsterdam: J. C. Gieben, 1987).

Bloustein, E.: "Privacy as an aspect of human dignity: an answer to Dean Prosser," *New York University Law Review*, 39 (1964), 962–1007.

Bluestone, N. H.: *Women and the Ideal Society: Plato's Republic and Modern Myths of Gender* (Amherst: University of Massachusetts Press, 1987).

Blum, L. A.: *Friendship, Altruism and Morality* (London: Routledge and Kegan Paul, 1980).

——: "Particularity and responsiveness," *The Emergence of Morality in Young Children*, ed. J. Kagan and S. Lamb (Chicago, IL: University of Chicago Press, 1987), 306–37.

——: *Moral Perception and Particularity* (Cambridge: Cambridge University Press, 1994.

Bock, G., and James, S., eds.: *Beyond Equality and Difference* (London: Routledge, 1992).

Bodunrin, P. O.: "The question of African philosophy," *Philosophy*, 56 (1981), 161–79.

Boehm, B.: "Feminist histories: theory meets practice," *Hypatia*, 7: 2 (1992), 202–14.

Bogdan, D.: *Re-educating the Imagination: Toward a Poetics, Politics, and Pedagogy of Literary Engagement* (Toronto: Irwin, 1992).

Bok, S.: *Secrets: On the Ethics of Concealment and Revelation* (New York: Pantheon, 1983).

Boone, C. K.: "Privacy and community," *Social Theory and Practice*, 9 (1983), 1–30.

Bordo, S.: *The Flight to Objectivity: Essays on Cartesianism and Culture* (Albany: State University of New York Press, 1987).

——: "Feminism, postmodernism, and gender-skepticism," *Feminism/Postmodernism*, ed. L. Nicholson (New York: Routledge, 1990), pp. 133–56.

——: *Unbearable Weight: Feminism, Western Culture and the Body* (Berkeley: University of California Press, 1993).

Bordwell, D., and Carroll, N.: *Post-Theory: Reconstructing Film Studies* (Madison: University of Wisconsin Press, 1996).

Bortei-Doku, E.: "A note on theoretical directions in gender relations and the status of women in Africa," *Gender Analysis Workshop Report* (Legon: University of Legon, 1992).

Bowers v. *Hardwick*, 478 U.S. 186 (1986).

Braaten, J.: "From communicative rationality to communicative thinking: a basis for feminist theory and practice," *Feminists Read Habermas: Gendering the Subject of Discourse*, ed. J. Meehan (New York: Routledge, 1995), pp. 139–62.

Brabeck, M., ed.: *Who Cares?: Theory, Research, and Educational Implications of the Ethic of Care* (New York: Praeger, 1989).

Braidotti, R.: *Patterns of Dissonance: A Study of Women in Contemporary Philosophy* (Cambridge: Polity Press, 1991).

——: *Nomadic Subjects: Embodiment and Sexual Difference in Contemporary Feminist Theory* (New York: Columbia University Press, 1994).

——, Charkiewocz, E., Hauster, S., and Wierinza, S.: *Women, the Environment and Sustainable Development: Towards a Theoretical Synthesis* (New York: Zed Books, 1994).

Brand, P. Z., and Korsmeyer, C.: *Feminism and Tradition in Aesthetics* (University Park: Pennsylvania State University Press, 1995).

Brandom, R.: *Making it Explicit* (Cambridge, MA: Harvard University Press, 1994).

Breitling, G.: *Die Spuren des Schiffs in den Wellen: Eine autobiographishe Suche name den Frauen in der Kunstgeschichte* (Berlin: Oberbaum Verlag, 1980).

Brennan, T.: *Between Feminism and Psychoanalysis* (New York: Routledge, 1989).

Brewer, R.: "Theorizing race, class and gender: the new scholarship of Black feminist intellectuals and Black women's labor," *Theorizing Black Feminisms: The Visionary Pragmatism of Black Women*, ed. S. James and A. P.A. Busia (London: Routledge, 1993), pp. 13–30.

Brison, S.: "The theoretical importance of practice," *Theory and Practice*, ed. I. Shapiro and J. Wagner DeCew (New York: New York University Press, 1995), pp. 216–38.

——: *Speech, Harm, and Conflicts of Rights* (Princeton, NJ: Princeton University Press, forthcoming).

Brock-Utne, B.: *Educating for Peace: A Feminist Perspective* (New York: Pergamon Press, 1985).

Brody, B.: *Abortion and the Sanctity of Human Life* (Cambridge, MA:MIT Press, 1975).

Broner, E. M.: *The Telling* (San Francisco, CA: Harper, 1993).

Brooks, C. Whitman: "Feminist jurisprudence," *Feminist Studies* (1991), 493–507.

Broude, N., and Gerraard, M. D., eds.: *Feminism and Art History: Questioning the Litany* (New York: Icon Editions, Harper Collins Publishers, 1982).

——: *The Power of Feminist Art: The American Movement of the 1970's, History and Impact* (New York: H.N. Abrams, 1994).

Brown, C.: "Mothers, fathers and children: from private to public patriarchy," *Women and Revolution*, ed. L. Sargent (Boston: South End Press, 1981), pp. 239–68.

Brown, V. B.: "Jane Addams, progressivism, and woman suffrage: an introduction to 'Why women should vote,'" *One Woman, One Vote*, ed. M.S. Wheeler (Troutdale, OR: New Sage Press, 1995), pp. 179–203.

Browne, K.: "Sex and temperament in modern society: a Darwinian view of the glass ceiling and the gender gap," *Arizona Law Review*, 37 (1995), 971–1106.

Buikema, R. and Smelik, A.: *Women's Studies and Culture: A Feminist Introduction* (London: Zed Books, 1995).

Bunch, C.: "Not by degrees: feminist theory and education," *Quest*, 5: 1 (1979), 248–60.

——: "The reform tool kit," *Building Feminist Theory*, ed. The Quest Staff (New York: Longman, 1981).

Bunkle, P.: *Second Opinion: The Politics of Women's Health in New Zealand* (Auckland: Oxford University Press, 1988).

Bunster, X., and Rodríguez, R., eds.: *La Mujer Ausente: Derechos Humanos en el Mundo* (Santiago, Chile: Isis Internacional, 1991).

Bureau of the Census: *Survey of Income and Program Participants* (SIPP84–R3, Washington, DC: Bureau of Commerce, 1984).

Burchard, M.: *Returning to the Body: A Philosophical Reconceptualization of Violence* (Minneapolis: University of Minnesota, 1996a).
——: "The myths of bisexuality," Midwest Society for Women in Philosophy (Minneapolis: University of Minnesota, March 30, 1996b).
Burke, C., Schor, N., and Whitford, M., eds.: *Engaging With Irigaray* (New York: Columbia University Press, 1994).
Bussemaker, J.: "Equality, autonomy and feminist politics," *Equality, Politics, and Gender*, ed. E. Meehan and S. Sevenhuijsen (Beverly Hills, CA: Sage, 1991), pp. 52–70.
Butler, J.: "Embodied identity in de Beauvoir's *The Second Sex*," paper presented to the American Philosophical Association, Pacific Division (March 22, 1985).
——: "Sexual ideology and phenomenological description: a feminist critique of Merleau-Ponty's *Phenomenology of Perception*," *The Thinking Muse*, ed. J. Allen and I. M. Young (Bloomington: Indiana University Press, 1989), pp. 85–100.
——: *Gender Trouble: Feminism and the Subversion of Identity* (New York: Routledge, 1990).
——: "Imitation and gender insubordination," *Inside/Outside: Lesbian Theories, Gay Theories*, ed. D. Fuss (New York: Routledge, 1991), pp. 13–31.
——: "The lesbian phallus and the morphological imaginary," *differences*, 4: 1 (1992a), 133–71.
——: "Sexual inversions," *Discourses on Sexuality: From Aristotle to AIDS*, ed. D. Stanton (Ann Arbor: University of Michigan Press, 1992b), pp. 344–61.
——: *Bodies That Matter: On the Discursive Limits of "Sex"* (New York: Routledge, 1993).
——: "Contingent foundations: feminism and the question of postmodernism," *Feminist Contentions: A Philosophical Exchange*, ed. S. Benhabib, J. Butler, D. Cornell, and N. Fraser (New York: Routledge, 1995), pp. 35–57.
——, and Scott, J. W., eds.: *Feminists Theorize the Political* (New York: Routledge, 1992).
——: "Feminist contentions: a philosophical exchange," *Feminist Contentions: A Philosophical Exchange*, Benhabib, S., Butler, J., Cornell, D., and Fraser, N. (New York: Routledge, 1995).
Cady, D.: *From Warism to Pacifism: A Moral Continuum* (Philadelphia: Temple University Press, 1989).
Cahn, N. R.: "Civil images of battered women: the impact of domestic violence on child custody decisions," *Vanderbilt Law Review*, 44 (1991), 1041–97.
——: "Inconsistent stories," *Georgetown Law Journal*, 81 (1993), 2475–531.
Caldwell, P. A.: "A hair piece: perspectives on the intersection of race and gender," *Duke Law Journal*, (1991), 365–96.
Calhoun, C.: "Justice, care, gender bias," *Journal of Philosophy*, 85: 9 (1988), 451–63.
——: "Responsibility and reproach," *Ethics*, 99 (1989), 389–406.

——: "Emotional work," *Explorations in Feminist Ethics: Theory and Practice*, ed. E. Browning Cole and S. Coultrap-McQuinn (Bloomington: Indiana University Press, 1992).

Califia, P.: "Feminism and sadomasochism: self-critical notes," *Heresies*, 3: 4 (1981), 30–4.

Callahan, J.: "Surrogate motherhood: politics and privacy," *Journal of Clinical Ethics*, 4: 10 (1993), 82–91.

——: "Let's get the lead out: or why Johnson controls is not an unequivocal victory for women," *Journal of Social Philosophy*, 25 (1994), 65–75.

Cameron, D.: "Pornography: what is the problem?," *Critical Quarterly*, 34: 2 (1992), 3–11.

——: "Discourses of desire: Liberals, feminists, and the politics of pornography," *American Literary History*, 2: 4 (1994), 784–98.

Cammermeyer, M.: *Serving in Silence* (New York: Viking Penguin, 1994).

Campbell, A.: *Men, Women and Aggression* (New York: Basic Books, 1993).

Campbell, R.: "The virtues of feminist empiricism," *Hypatia*, 9: 1 (1994).

Card, C.: "Review essay: sadomasochism and sexual preference," *Journal of Social Philosophy*, 15: 2 (1984), 42–52.

——: "Lesbian attitudes and *The Second Sex*," *Women's Studies International Forum*, 8: 3 (1985), 209–14.

——: "Women's voices and ethical ideals," *Ethics* (October 1988), 125–35.

——: "Gender and moral luck," *Identity, Character and Morality: Essays in Moral Psychology*, ed. O. Flanagan and A. Oksenberg Rorty (Cambridge, MA: MIT Press, 1990a).

——: "Pluralist lesbian separatism," *Lesbian Philosophies and Cultures*, ed. J. Allen (Albany: State University of New York Press, 1990b), pp. 125–43.

——ed.: *Feminist Ethics* (Lawrence: University Press of Kansas, 1991a).

——: "Intimacy and responsibility: what lesbians do," *At the Boundaries of Law: Feminism and Legal Theory*, ed. M. Albertson Fineman and N. Sweet Thomadsen (New York: Routledge, 1991b), pp. 72–90.

——: "Lesbianism and choice," *Journal of Homosexuality*, 23: 3 (1992), 39–51.

——ed.: *Adventures in Lesbian Philosophy* (Bloomington: Indiana University Press, 1994).

——: "Female incest and adult lesbian crises," *Lesbian Choices*, ed. C. Card (New York: Columbia University Press, 1995a), pp. 131–47.

——: "Horizontal violence: partner battering and lesbian stalking," *Lesbian Choices*, ed. C. Card (New York: Columbia University Press, 1995b), pp. 106–30.

——: *Lesbian Choices* (New York: Columbia University Press, 1995c).

——: "Sadomasochism: charting the issue," *Lesbian Choices*, ed. C. Card (New York: Columbia University Press, 1995d), pp. 218–37.

——: *The Unnatural Lottery: Character and Moral Luck* (Philadelphia, PA: Temple University Press, 1996).

Carlson, A. C.: "Aspasia of Miletus; how one woman disappeared from the history of rhetoric," *Women's Studies in Communication*, 17: 1 (1994), 19–45.

Carroll, N.: *Mystifying Movies: Fads and Fallacies in Contemporary Film Theory* (New York: Columbia University Press, 1988).
——: "The image of women in film: a defense of a paradigm," *Journal of Aesthetics and Art Criticism*, 48 (1990); 349–60.
Carse, A.: "Pornography: An uncivil liberty," *Hypatia*, 10: 1 (1995), 155–82.
Case, M. A.: "Disaggregating gender from sex and sexual orientation," *Yale Law Journal*, 105 (1995), 1–105.
Cavell, S.: *Pursuits of Happiness: The Hollywood Comedy of Remarriage* (Cambridge, MA: Harvard University Press, 1981).
——: "Psychoanalysis and cinema: the melodrama of the unknown woman," *Images in our Souls: Cavell, Psychoanalysis, and Cinema, Psychiatry and the Humanities*, ed. J. H. Smith and W. Kerrigan, Vol. 10 (Baltimore, MD: Johns Hopkins University Press, 1987).
Chakravarti, U.: "Whatever happened to the Vedic Dasi?," *Recasting Women: Essays in Colonial History*, ed. K. Sangari and S. Vaid (New Delhi: Kali for Women, 1989).
Chamallas, M.: "Women and part-time work: the case for pay equity and equal access," *North Carolina Law Review*, 64 (1986), 709–75.
Chambers, S.: *Reasonable Democracy* (Ithaca, NY: Cornell University Press, 1996).
——: "Listening to Dr Fiske: the easy case of *Price Waterhouse* v. *Hopkins*," *Vermont Law Review*, 15 (1990), 89–124.
Chatterjee, P.: "The Nationalist resolution of the Women's Question," *Recasting Women: Essays in Colonial History*, ed. K. Sangari and S. Vaid (New Delhi: Kali for Women, 1989).
Cheney, J.: "Ecofeminism and deep ecology," *Environmental Ethics*, 9 (1987), 115–45.
——: "The neo-stoicism of radical environmentalism," *Environmental Ethics*, 11 (1989a), 293–325.
——: "Postmodern environmental ethics: ethics as bioregional narrative," *Environmental Ethics*, 11: 2 (1989b), 117–34.
Chicago, J. and Schapiro, M.: "Female imagery," *Womanspace Journal*, 1 (1973).
Chicago Women's Liberation Union (CWLU). "Socialist feminist," Chicago, mimeograph, 1973.
Chodorow, N.: *The Reproduction of Mothering* (Berkeley: University of California Press, 1978).
——: "Mothering, male dominance and capitalism," *Capitalist Patriarchy and the Case for Socialist Feminism*, ed. Z. Eisenstein (New York: Monthly Review Press, 1979), pp. 83–106.
Chopp, R.: *The Power to Speak: Feminism, Language, and God* (New York: Crossroad, 1989).
Chow, R.: "Violence in the other country: China as crisis, spectacle and woman," *Third World Women and the Politics of Feminism*, ed. C. Mohanty, A. Russo, and L. Torres (Bloomington: Indiana University Press, 1991), pp. 81–100.

——: "Postmodern automatons," *Feminists Theorize the Political*, ed. J. Butler and J. W. Scott (New York: Routledge, 1992), pp. 101–20.
Cixous, H: "The laugh of the Medusa," trans. K. Cohen and P. Cohen, *Signs*, 1: 4 (1979), 875–93.
——, and Clément, C. (1975), trans. C. Porter, *The Newly Born Woman* (Minneapolis: University of Minnesota Press, 1986)
Clark, G.: *Women in the Ancient World* (Oxford: Oxford University Press, 1989).
Clark, M. G., and Lange, L. eds.: *The Sexism of Social and Political Theory* (Toronto: University of Toronto Press, 1979).
Clausen, J.: "My interesting condition," *Out/Look*, 2: 3 (1990), 11–21.
Clement of Alexandria.: *The Instructor* (Pedagogus) in *The Ante-Nicene Fathers*, ed. A. Roberts and J. Donaldson, vol. II (Grand Rapids, MI: Eardmans, 1983).
Clifford, J.: "Traveling cultures," *Cultural Studies*, ed. L. Grossberg, C. Nelson, and P. Treichler (New York: Routledge, 1992).
Cocks, J.: *Colonels and Cadres: War and Gender in South Africa* (Cape Town: Oxford University Press, 1991).
Code, L.: *Epistemic Responsibility* (Hanover, NH: University Press of New England, 1987a).
——: "Second persons," *Science, Morality, and Feminist Theory*, ed. M. Hanen and K. Nielsen (Calgary: University of Calgary Press, 1987b), pp. 357–82.
——: *What Can She Know?: Feminist Theory and the Construction of Knowledge* (Ithaca, NY: Cornell University Press, 1991).
——: "Taking subjectivity into account," *Feminist Epistemologies*, ed. L. Alcoff and E. Potter (New York: Routledge, 1993).
——: "Who cares? The poverty of objectivism for a moral epistemology," *Rethinking Objectivity*, ed. A. Megill (Durham, NC: Duke University Press, 1994).
——: *Rhetorical Spaces: Essays on (Gendered) Locations* (New York: Routledge, 1995).
——: "What is natural about epistemology naturalized?," *American Philosophical Quarterly*, 33: 1 (1996).
Cohen, J.: "The public and private sphere: a feminist reconsideration," *Feminists Read Habermas: Gendering the Subject of Discourse*, ed. J. Meehan (New York: Routledge, 1995), pp. 57–90.
Cohen, S., and Taub, N., eds.: *Reproductive Law for the 1990s* (Clifton, NJ: Humana Press, 1989).
Cohn, C.: "The feminist sexuality debate: ethics and politics," *Hypatia*, 1: 2 (1986), 71–86.
——: "Sex and death in the rational world of defense intellectuals', *Signs*, 12: 4 (1987).
——: "Emasculating America's linguistic deterrent," *Rocking the Ship of State*, ed. A. Harris and Y. King (Boulder, CO: Westview Press, 1989).
——: "Clean bombs and clean language," *Women, Militarism, and War*, ed. J. B. Elshtain and S. Tobias (Totowa, NJ: Rowman and Littlefield, 1990).

——: "War, wimps, and women," *Gendering War Talk*, ed. M. Cooke and A. Woollacott (Princeton, NJ: Princeton University Press, 1993).

Cole, E. Browning, and Coultrap-McQuinn, S., eds: *Explorations in Feminist Ethics: Theory and Practice* (Bloomington: Indiana University Press, 1992).

Colker, R.: "Feminism, theology, and abortion: toward love, compassion and wisdom," *California Law Review*, 77 (1989), 1011–75.

——: *Abortion and Dialogue: Pro-Choice, Pro-Life, and American Law* (Bloomington: Indiana University Press, 1992).

——: "Disembodiment: abortion and gay rights," *Radical Philosophy of Law*, ed. D. Caudill and S.J. Gold (Atlantic Highlands, NJ: Humanities Press, 1995), pp. 234–54.

Collard, A. et al: *Rape of the Wild: Man's Violence Against Animals and the Earth* (Bloomington: Indiana University Press, 1988).

Collectif '95 Maghreb Egalité: *One Hundred Measures and Provisions* (Germany: Friedrich Ebert Stiftung, 1995).

Collins, P. H.: *Black Feminist Thought* (New York: Routledge, 1990).

Collins, M., and Pierce, C.: "Holes and slime: sexism in Sartre's psychoanalysis," *Philosophical Forum*, 5 (1973), 112–27.

Combahee River Collective: "A black feminist statement," *Capitalist Patriarchy and the Case for Socialist Feminism*, ed. Z. Eisenstein (New York: Monthly Review Press, 1979).

Cook, R.: "International human rights and women's reproductive health," *Studies in Family Planning*, 24 (1993), 73–86.

Cooke, M., and Woollacott, A., eds.: *Gendering War Talk* (Princeton NJ: Princeton University Press, 1993).

Corea, G.: *The Mother Machine* (New York: Harper & Row, 1983).

Corea, G., Onelli Klein, R., Hanmer, J., Holmes, H. B., Hoskins, B., Kishwar, M. Raymond, J., Rowland, R. and Steinbacher, R.: *Man-Made Women: How New Reproductive Technologies Affect Women* (Bloomington: Indiana University Press, 1987).

Cornell, D.: *Beyond Accommodation: Ethical Feminism, Deconstruction, and the Law* (New York: Routledge, 1991).

——: "Gender, sex, and equivalent rights," *Feminists Theorize the Political*, ed. J. Butler and J. W. Scott (New York: Routledge, 1992), pp. 280–96.

——: *Transformations: Recollective Imagination and Sexual Difference* (New York: Routledge, 1993).

Courville, C.: "Re-examining patriarchy as a mode of production: the case of Zimbabwe," *Theorizing Black Feminisms: The Visionary Pragmatism of Black Women*, ed. S. James and A. P. A. Busia (London: Routledge, 1993), pp. 31–43.

Cowan, R. S.: *More Work for Mother: The Ironies of Household Technology from the Open Hearth to the Microwave* (New York: Basic Books, 1983).

Coward, R.: "Sexual liberation and the family," *m/f*, 1 (1978), 7–24.

——: *Patriarchal Precedents: Sexuality and Social Relations* (London: Routledge, 1983).

——, and Ellis, J.: *Language and Materialism: Developments in Seminology and the Theory of the Subject* (London: Routledge, 1977).
Crahay, F.: "Le Décollage conceptual: conditions d'une philosophie bantue ("conceptual take-off conditions for a Bantu philosophy")," *Diogène*, 52 (1965), 61–84.
Crain, M.: "Feminizing unions: challenging the gendered structure of wage labor," *Michigan Law Review*, 89 (1991), 1155–221.
——: Images of power in labor law: a feminist deconstruction," *Boston College Law Review*, 33 (1992), 481– 537.
Creet, J.: "Daughter of the movement: the psychodynamics of lesbian S/M fantasy," *differences*, 3: 2 (1991), 135–59.
Crenshaw, K. W.: "Demarginalizing the intersection of race and sex," *University of Chicago Legal Forum* (1989), pp. 139–67.
——: "Beyond racism and misogyny," *Words that Wound*, ed. M. Matsuda et al. (Boulder, Co: Westview Press, 1993).
Croll, E.: *Feminism and Socialism in China* (Boston: Routledge, 1978).
Cudd, A. E.: "Oppression by choice," *Journal of Social Philosophy*, 25 (1994), 22–44.
Cunningham, F.: *Objectivity in Social Science* (Toronto: University of Toronto Press, 1973).
Cuomo, C.: "Unraveling problems in ecofeminism," *Environmental Ethics*, 14: 4 (1992), 351–63.
Curley, E. M.: "Excusing rape," *Philosophy and Public Affairs*, 5: 4 (1976), 325–60.
Dailey, A.: "Feminism's return to liberalism," *Yale Law Journal*, 102 (1993), 1265–86.
Dalla Costa, M.: *The Power of Women and the Subversion of the Community* (Bristol: Falling Wall Press, 1974).
Dalmiya, V., and Alcoff, L.: "Are 'old wives' tales' justified?," *Feminist Epistemologies*, ed. L. Alcoff and E. Potter (New York: Routledge, 1993).
Dalton, C.: "An essay in the deconstruction of contract doctrine," *Yale Law Journal*, 94 (1985), 997–1114.
Daly, M.: *Beyond God the Father: Toward a Theory of Women's Liberation* (Boston: Beacon Press, 1973).
——: *Gyn/Ecology: The Metaethics of Radical Feminism* (Boston: Beacon Press, 1978).
——: *Pure Lust* (Boston: Beacon Press, 1984).
——, and Caputi, J.: *Webster's First Intergalactic* Wickedary *of the English Language* (Boston: Beacon Press, 1987).
Dandekar, N.: "Ecofeminism," *American Nature Writer* (Fall/Winter 1990).
"Danielle": "Prostitution," *Freedom, Feminism and the State*, ed. W. McElroy (Washington, DC Cato Institute, 1982).
Danmer, E.: "Queer ethics: or the challenge of bisexuality to lesbian ethics," *Hypatia*, 7: 4 (1992), 91–105.
Danto, A.: *The Philosophical Disenfranchisement of Art* (New York: Columbia University Press, 1986).

Das, V.: *Critical Events* (New Delhi: Oxford University Press, 1995).

David-Ménard, M.: "Kant, the law, and desire," *Feminist Interpretations of Kant*, ed. R. Schott (University Park: Pennsylvania State University Press, 1997).

Davion, V.: "Is ecofeminism feminist?," *Ecological Feminism*, ed. K. Warren (London: Routledge, 1994), pp. 8–29.

Davis, A.: "The approaching obsolescence of housework: a working class perspective," *Women, Race and Class*, A. Davis (New York: Random House, 1981a).

——: *Women, Race and Class* (New York: Random House, 1981b).

——: *Women, Culture and Politics* (New York: Random House, 1990).

Davis, F. J.: *Who is Black?* (University Park: Pennsylvania State University Press, 1991).

Davis, K.: "Die Rhetorik des Feminismus. Ein neuer Blick auf die Gilligan debatte," *Feministische Studien*, 2 (1991), 79–97.

——: *Reshaping the Female Body: The Dilemma of Cosmetic Surgery* (New York: Routledge, 1995).

Dean, J.: "Discourses in different voices," *Feminists Read Habermas: Gendering the Subject of Discourse*, ed. J. Meehan (New York: Routledge, 1995), pp. 205–30.

D'Eaubonne, F.: *Le Féminisme ou la Mort* (Paris: Pierre Horay, 1974).

de Beauvoir, S.: *The Second Sex*, trans. and ed. H. M. Parshley (New York: Bantam Books, 1973).

de Castell, S. and Bryson, M.: "En/gendering equity: emancipatory programs," *Philosophy of Education 1992* (Champaign, IL: Philosophy of Education Society, 1993), pp. 357–71.

De Cew, J.: "Violent pornography," *Journal of Applied Philosophy*, 1: 1 (1984), 79–84.

——: "Defending the 'private' in constitutional privacy," *Journal of Value Inquiry*, 21 (1987), 171–84.

——: "The combat exclusion and the role of women in the military," *Hypatia*, 10: 1 (1995), 56–73.

de Lauretis, T.: "The female body and heterosexual presumption', *Semiotica*, 67: 3 (1987a), 259–79.

——: *Technologies of Gender: Essays in Theory, Film and Fiction* (London: Macmillan, 1987b).

——: "Sexual indifference and lesbian representation," *Theatre Journal*, 40 (1988), 155–77.

——: "Perverse desires: the lure of the mannish lesbian," *Australian Feminist Studies*, 13 (1991a), 15–26.

——: "Queer theory: lesbian and gay sexualities," *differences*, 3 (1991b), iii-xviii.

——: *The Practice of Love: Lesbian Sexuality and Perverse Desire* (Bloomington: Indiana University Press, 1994).

Deegan, M. J.: *Jane Addams and the Men of the Chicago School, 1892–1918* (New Brunswick, NJ: Transaction Books, 1988).

——, and Brooks, N.: *Women and Disability: The Double Handicap* (Oxford: Transaction Books, 1985).

Delphy, C.: "For a materialist feminism," *Feminist Issues*, 1: 2 (1981), 69–76.
——: *Close to Home: A Materialist Analysis of Women's Oppression* (Amherst: University of Massachusetts Press, 1984).
DeMay v. *Roberts*, 46 Mich. 160, 9 N.W. 146 (1881).
Deming, B.: *We Are All Part of One Another* (Philadelphia, PA: New Society Press, 1984).
Derrida, J.: *Of Grammatology*, trans. Gayatri Chakravorty Spivak (Baltimore, MD: Johns Hopkins University Press, 1974).
——: "Structure, sign and play in the discourse of the human sciences," *Writing and Difference*, trans. A. Bass (Chicago, IL: University of Chicago Press, 1978), pp. 278–93.
Despot, B.: *Zensko pitanje i socialisticko samoupravljanje* (Zagreb: CEKADE, 1987).
Dewey, J.: *Philosophy and Civilization* (New York: Peter Smith Edition, 1968).
——: *Reconstruction in Philosophy, the Middle Works: Vol. 12: 1920* (Carbondale: Southern Illinois University Press, 1982).
——: *Democracy and Education, the Middle Works: Vol. 9* (Carbondale: Southern Illinois University Press, 1980).
Dialectics of Biology Group, eds.: *Against Biological Determinism* (London: Allison and Busby, 1982a).
——: *Towards a Liberatory Biology* (London: Allison and Busby, 1982b).
Diamond, I.: "Pornography and repression: a reconsideration," *Women: Sex and Sexuality*, ed. C. Stimpson and E. Spector Person (Chicago, IL: University of Chicago Press, 1980).
——, and Quinby, L.: "American feminism in the age of body," *Signs*, 10: 1 (1984), 119–25.
Dieterlen, G: *Les Ames des Dogons* (Paris: Institut d'ethnologie, 1941).
Dietrich, G.: *Reflections on the Women's Movement in India: Religion, Ecology, Development* (New Delhi: Horizon India Books, 1992).
Dietz, M.: "Citizenship with a feminist face: the problem with maternal thinking," *Political Theory*, 13: 1 (1985), 19–37.
——: "Context is all: feminism and theories of citizenship," *Daedalus*, 116: 4 (1987), 1–24.
differences: "More gender trouble: feminism meets queer theory," 6: 2–3 (1994).
Diller, A., Houston, B., Morgan, K., and Ayim, M.: *The Gender Question in Education: Philosophical Dialogues* (Boulder, Co: Westview Press, 1996).
Dinnerstein, D.: *The Mermaid and the Minotaur* (New York: Harper and Row, 1976).
Di Stefano, C.: "Dilemmas of difference: feminism, modernity and postmodernism," *Feminism/Postmodernism*, ed. L. Nicholson (New York: Routledge, 1990), pp. 63–82.
——: *Configurations of Masculinity: A Feminist Perspective on Modern Political Theory* (Ithaca, NY: Cornell University Press, 1991).
Doan, L.: *The Lesbian Postmodern* (New York: Columbia University Press, 1994).
Dodson, G.: *Why the Green Nigger? Remything Genesis* (Wellesley, MA: Roundtable Press, 1979).

Dolan, J.: "The dynamics of desire: sexuality and gender in pornography performance," *Theatre Journal*, 39: 2 (1987), 156–74.

——: "Lesbian subjectivity in realism," *Performing Feminisms*, ed. S. Case (Baltimore, MD: Johns Hopkins University Press, 1990), pp. 59–66.

——: *Presence and Desire: Essays on Gender, Sexuality, and Performance* (Ann Arbor: University of Michigan Press, 1993).

Donovan, J.: "Animal rights and feminist theory," *Ecofeminism: Women, Animals, and Nature*, ed. G. Gaard (Philadelphia, PA: Temple University Press, 1993), pp. 167–94.

Doubiago, S.: "Mama Coyote talks to the boys," *Healing the Wounds: The Promise of Ecofeminism*, ed. J. Plant (Philadelphia, PA: New Society Publishers, 1989), pp. 140–4.

Dowd, M.: "Dispelling the myths about the 'Battered woman's defense,'" *Fordham Urban Law Journal*, 19 (1992), 567–83.

Downie, J., and Sherwin, S.: "A feminist exploration of issues around assisted death," *St Louis Law Review* (1996).

Dresser, R.: "Wanted: single, white male for medical research," *Hastings Center Report*, 22 (1992), 24–9.

Dubinin, N. P.: "Race and contemporary genetics," *Race, Science and Society*, ed. L. Kuper (New York: Columbia University Press, 1965), pp. 31–67.

DuBois, E., Dunlap, M., Gilligan, C., MacKinnon, C., and Menkel-Meadows, C.: "Feminist discourse, moral values, and the law," *Buffalo Law Review*, 34 (1985), 11–87.

duBois, P.: *Sourcing the Body: Psychoanalysis and Ancient Representations of Women* (Chicago: University of Chicago Press, 1988).

DuBois, W. E. B.: *Darkwater: Voices from within the Veil* (New York: Harcourt, Brace, and Howe, 1920).

Duden, B.: *The Woman Beneath the Skin* (Cambridge, MA: Harvard University Press, 1991).

Duerst-Lahti, G., and Kelly, R., eds.: *Gender, Power, Leadership and Governance* (Ann Arbor: University of Michigan Press, 1995).

Du Fangqin, ed.: *Chinese Women and Development: Position, Health, and Employment* (Zengzhou: Henan People's Publishing House, 1993a).

——: "Developing new perspectives and methods in women's studies in China with the aid of Sino-Western exchanges," *Chinese Women and Development: Position, Health and Employment* (Zengzhou: Henan People's Publishing House, 1993b).

Duggan, L.: "Making it perfectly queer," *Socialist Review*, 22: 1 (1992), 11–31.

Duhacek, D.: "Women's time in former Yugoslavia," *Gender Politics and Post-Communism*, ed. N. Funk and M. Mueller (New York: Routledge, 1993).

Dunayevskaya, R.: *Rosa Luxemburg, Women's Liberation, and Marx's Philosophy of Revolution* (Chicago: University of Illinois Press, 1991).

Dunlap, M.: "Sexual speech and the state: putting pornography in its place," *Golden Gate University Law Review*, 17 (1987), 359–78.

Dunn, L. C.: "Race and biology," *Race, Science and Society*, ed. L. Kuper (New York: Columbia University Press, 1965), pp. 68– 94.

Duran, J.: "The feminization of social work: a philosophical analysis," *International Journal of Applied Philosophy*, 4 (1988), 85–90.

——: *Toward a Feminist Epistemology* (Savage, MD: Rowman and Littlefield, 1991).

Dworkin, A.: *Womanhating: A Radical Look at Sexuality* (New York: Dutton, 1974).

——: *Pornography: Men Possessing Women* (New York: G.P. Putnam's Sons, 1981).

——: *Letters From a War Zone: Writings 1976–1987* (London: Secker and Warburg, 1988a).

——: *Intercourse* (New York: Free Press, 1988b).

Dworkin, R.: *Taking Rights Seriously* (Cambridge, MA: Harvard University Press, 1977).

Eastman, C.: *On Women and Revolution*, ed. B. Weisen Cook (New York: Oxford University Press, 1978).

Ebert, T.: *Ludic Feminism and After: Postmodernism, Desire, and Labor in Late Capitalism* (Ann Arbor: University of Michigan Press, 1996).

Eboh, P. M.: "The woman question: African and Women perspectives," *Postkoloniales Philosophieren Afrika*, ed. H. Nagl-Docekal and M. Wimmer (Vienna Munich: Oldenbourg, 1992), pp. 206–14.

Echols, A.: *Daring to be Bad: Radical Feminism in America, 1967–1975* (Minneapolis: University of Minnesota Press, 1989).

Ecker, G., ed.: *Feminist Aesthetics* (Boston: Beacon Press, 1985).

Ehrenreich, B.: "The challenge for the Left," *Democratic Left* (July/August 1992), 3–4.

Eichler, M.: *The Double Standard: A Feminist Critique of Social Science* (New York: St Martin's Press, 1980).

Eisenstadt v. *Baird*, 405 U.S. 438 (1972).

Eisenstein, Z., ed.: *Capitalist Patriarchy and the Case for Socialist Feminism* (New York: Monthly Review Press, 1979).

——: *Feminism and Sexual Equality: Crisis in Liberal America* (New York: Monthly Review Press, 1984).

——: *The Female Body and the Law* (Berkeley: University of California Press, 1988).

——: "Specifying US feminism in the nineties: the problem of naming," *Socialist Review*, 20: 2 (1990), pp. 45– 56.

——: *The Color of Gender: Re-Imaging Democracy* (Berkeley: University of California Press, 1994).

Elshtain, J. B.: *Public Man, Private Woman* (Princeton, NJ: Princeton University Press, 1981).

——: "Reflections on war and political discourse," *Political Theory*, 13 (1985).

——: *Women and War* (New York: Basic Books, 1987).

——: *Power Trips and Other Journeys* (Madison: University of Wisconsin Press, 1990).

——: *But Was It Just: Reflections on the Gulf War* (New York: Doubleday Press, 1992).

——, and Tobias, S.: *Women, Militarism and War* (Savage, MD: Rowman and Littlefield, 1990).

Ely, J. H.: "The wages of crying wolf: a comment on *Roe* v. *Wade*," *Yale Jaw Journal*, 82 (1973), 920–49.

Engels, F.: *The Origin of the Family, Private Property and the State*, ed. E. Leacock (New York: International Publishers, 1972).

——: "Socialism, utopian and scientific," *The Marx–Engels Reader*, ed. R. Tucker (New York: W.W. Norton, 1978).

Engle. K.: "Female subjects and public international law: human rights and the exotic other female," *New England Law Review*, 26 (1992a), 1509–26.

——: "International human rights and feminism: when discourses meet," *Michigan Journal of International Law*, 13 (1992b), 517–610.

Englehardt, T.: *Foundations of Bioethics* (New York: Oxford University Press, 1989).

English, J.: "Abortion and the concept of a person," *Canadian Journal of Philosophy*, 5 (1975), 233–43.

Enloe, C.: *Does Khaki Become You?* (London: Pandora/Harper Collins, 1988).

——: *Bananas, Beaches and Bases: Making Feminist Sense of International Politics* (Berkeley: University of California Press, 1989).

——: "Bananas, Bases, and Patriarchy," *Women, Militarism, and War*, ed. J. B. Elshtain and S. Tobias (Savage, MD: Rowman and Littlefield, 1990).

——: *The Morning After: Sexual Politics at the End of the Cold War* (Berkeley: University of California Press, 1993).

Erens, P., ed.: *Issues in Feminist Film Criticism* (Bloomington: Indiana University Press, 1990).

Estrich, S.: "Rape," *The Yale Law Journal*, 95 (1987a), 1087–1184.

——: *Real Rape* (Cambridge, MA: Harvard University Press, 1987b).

——: "Sex at work," *Stanford Law Review*, 43 (1991), 813–61.

Ezeigbo, T. A.: "Traditional women's institutions in Igbo society: implications for the Igbo female writer," *African Languages*, 32 (1990) 149–65.

Ezorsky, G.: "The fight over university women," *The New York Review of Books*, 16 (1974), 32–9.

——: *Racism and Justice: The Case for Affirmative Action* (Ithaca, NY: Cornell University Press, 1991).

Falk, M.: "Notes on composing new blessings," *Weaving the Visions: New Patterns in Feminist Spirituality*, ed. J. Plaskow and C. P. Christ (San Francisco, CA: Harper and Row, 1989).

——: *Book of Blessings* (San Francisco, CA: Harper and Row, 1996).

Fantham, E., Foley, H. P. Karapen, N. B. Pomeroy, S .B., and Shapiro, H. A.: *Women in the Classical World* (Oxford: Oxford University Press, 1994).

Farid, A.: *Muslim Woman In World Religions' Perspective* (Pakistan: University of Karachi, 1994).
Farnham, C., ed.: *The Impact of Feminist Research in the Academy* (Bloomington: Indiana University Press, 1987).
Farwell, M.: "Towards a definition of the lesbian literary imagination," *Signs*, 14: 1 (1988), 100–18.
Fausto-Sterling, A.: "Life in the XY corral," *Women's Studies International Forum*, 1989.
——: *Myths of Gender: Biological Theories about Women and Men* (New York: Basic Books, 1992).
Feder. E.: "Disciplining the family: The case of gender identity disorder," *Philosophical Studies*, forthcoming.
Fee, E.: "Women's nature and scientific objectivity," *Women's Nature*, ed. M. Lowe and R. Hubbard (New York: Pergamon Press, 1983).
Feinberg, J.: "Autonomy, sovereignty and privacy: moral ideals in the constitution?," *Notre Dame Law Review*, 58 (1983), 445–92.
Feinberg, L.: *Stone Butch Blues* (New York: Firebrand, 1993).
Feldman, S.: "Multiple biological mothers: The case for gestation," *Journal of Social Philosophy*, 23: 1 (1992), 98– 104.
Felski, R.: "Why feminism doesn't need an aesthetic (and why it can't ignore aesthetics)," *Feminism and Tradition in Aesthetics*, ed. P. Z. Brand and C. Korsmeyer (University Park: Pennsylvania State University Press, 1995).
Femenías, M. L.: "Women and natural hierarchy in Aristotle," *Hypatia*, 9 (1994), 164–72.
Ferge, Z.: "Social policy," *Blackwell Dictionary of Twentieth-Century Social Thought*, ed. W. Outhwaite and T. Bottomore (Cambridge: Blackwell, 1993), pp. 603–5.
Ferguson, A.: "Androgyny as an ideal for human development," *Feminism and Philosophy*, ed. M. Vetterling-Braggin, F. Elliston, and J. English (Totowa, NJ: Littlefield, Adams, 1977), pp. 45–69.
——, and Folbre, N.: "The unhappy marriage of capitalism and patriarchy', *Women and Revolution*, ed. L. Sargent (Boston: South End Press, 1981), pp. 313–38.
——: "The sex debate within the women's movement," *Against the Current* (September/October 1983a), 10–16.
——: "On conceiving motherhood and sexuality," *Mothering: Essays in Feminist Theory*, ed. J. Trebilcot (Totowa, NJ: Rowman and Allanheld, 1983b).
——: "Sex war: the debate between radical and libertarian feminists," *Signs*, 10: 1 (1984), 106–35.
——: "Lesbian identity: Beauvoir and history," *Women's Studies International Forum*, 8: 3 (1985), 203–8.
——: "A feminist aspect theory of the self," *Science, Morality, and Feminist Theory*, ed. M. Hanen and K. Nielsen (Calgary: University of Calgary Press, 1987).
——: *Blood at the Root: Motherhood, Sexuality and Male Domination* (London: Pandora, 1989).

——: "Patriarchy, sexual identity, and the sexual revolution," *Sexual Democracy: Women, Oppression, and Revolution* (Boulder, CO: Westview Press, 1991a), pp. 52–65.

——: *Sexual Democracy: Women, Oppression and Revolution* (Boulder, CO: Westview Press, 1991b).

——: "Twenty years of feminist philosophy," *Hypatia*, 9: 3 (1994), 197–215.

——, Philipson, I., Diamond, I., Quinby, L., Vance, C. S., and Snitow, A. B.: "Forum: the feminist sexuality debates", *Signs*, 10: 1 (1984), 106–35.

Ferguson, K.: "Bureaucracy and public life: The feminization of the polity," *Administration and Society*, 15: 3 (1983), 295–322.

——: *The Feminist Case Against Bureaucracy* (Philadelphia, PA: Temple University Press, 1984).

Fernández, A. M., ed.: *Las Mujeres en la Imaginaci ón Colectiva: Una Historia de Discriminación y Resistencias* (Buenos Aires: Paidos, 1992).

Fernandez, C. A.: "Testimony of the Association of Multi-Ethnic Americans," *American Mixed Race: Exploring Microdiversity*, ed. N. Zack (Lanham, MD: Rowman and Littlefield, 1995), pp. 191–210.

Feyerabend, P.: *Against Method* (London: Verso, 1975).

Finch, J.: "Community care: developing non-sexist alternatives," *Critical Social Policy*, 9 (1984).

Findlay, H.: "Freud's 'fetishism' and the lesbian dildo debates," *Feminist Studies*, 18: 3 (1992), 563–80.

Fine, M., and Asch, A.: "The question of disability: no easy answers for the women's movement," *The Reproductive Rights Newsletter*, 4: 3 (1982).

——: "Disability beyond stigma: social interaction, discrimination, and activism," *Journal of Social Issues*, 44: 1 (1988a).

——, eds.: *Women with Disabilities: Essays in Psychology, Culture and Politics* (Philadelphia, PA: Temple University Press, 1988b).

Fineman, M. Albertson: "The politics of custody and the transformation of American custody decision making," *University of California at Davis Law Review*, 22 (1989), 829–64.

——: *The Illusion of Equality: The Rhetoric and Reality of Divorce Reform* (Chicago: University of Chicago Press, 1991).

Finley, L.: "Transcending equality theory: a way out of the maternity and the workplace debate," *Columbia Law Review*, 86 (1986), 1118–82.

Firestone, S.: *The Dialectic of Sex* (New York: William Morrow, 1970).

Fisher, L.: "Towards a phenomenology of gendered consciousness," *Feminism and Phenomenology*, ed. L. Fisher and L. Embree (Amsterdam: Kluwer, 1996).

Fitzsimons, A.: "Women, power, and technology," *Knowing the Difference: Feminist Perspectives in Epistemology*, ed. K. Lennon and M. Whitford (New York: Routledge, 1994).

Flanagan, O. J., Jr, and Adler, J. E.: "Impartiality and particularity," *Social Research*, 50: 3 (1983), 576–96.

Flanagan, O. J., and Jackson, K.: "Justice, care, and gender: the Kohlberg-Gilligan debate revisited," *Ethics*, 97 (1987), 622–37.

Flax, J.: "Political philosophy and the patriarchal unconscious," *Discovering Reality: Feminist Perspectives on Epistemology, Metaphysics, Methodology, and Philosophy of Science*, ed. S. Harding and M. Hintikka (Dordrecht, Holland: D. Reidel Publishing Co., 1983).

——: "Re-membering the selves: is the repressed gendered?," *Michigan Quarterly Review*, 26 (1987), 92–110.

——: "Postmodernism and gender relations," *Feminism/Postmodernism*, ed. L. Nicholson (New York: Routledge, 1990), pp. 39–62.

——: "'Beyond equality: gender, justice and difference," *Beyond Equality and Difference*, ed. G. Bock and S. Jones (London: Routledge, 1992), 193–210.

——: "Race/gender and the ethics of difference," *Political Theory*, 23: 3 (1995), 500–10.

Fleming, M.: "Women and the 'public use of reason,'" *Feminists Read Habermas*, ed. J. Meehan (New York: Routledge, 1995).

Flexner, E.: *Centuries of Struggle* (New York: Atheneum, 1972).

Foa, P.: "What's wrong with rape," *Feminism and Philosophy*, ed. M. Vetterling-Braggin, F. Elliston, and J. English (Totowa, NJ: Littlefield, Adams, 1977), pp. 347–59.

Folbre, N.: "Exploitation comes home: A critique of the Marxian theory of family labor," *Cambridge Journal of Economics*, 6 (1982), 317–29.

——: "Patriarchy as a mode of production," *Alternatives to Economic Orthodoxy*, ed. R. Albelda, C. Gunn, and W. Walker (New York: M.E. Sharpe, 1987), pp. 323–38.

——: *Who Pays for the Kids? Gender and the Structures of Constraint* (New York: Routledge, 1994).

Foreman, A.: *Femininity and Alienation* (London: Pluto, 1977).

Fortenbaugh, W.: *Aristotle on Emotion* (London, 1975).

Foster, V.: *Making Women the Subject of Educational Change* (Allen and Unwin, 1996).

Foucault, M.: *Discipline and Punish* (New York: Vintage Books, 1973).

——: *The History of Sexuality* (New York: Pantheon Books, 1978).

Francis, L., ed.: *Date Rape: Feminism, Philosophy, and the Law* (University Park: University of Pennsylvania Press, 1996).

Frank, F. and Anshen, F.: *Language and the Sexes* (Albany: State University of New York Press, 1983).

Franke, K.: "The central mistake of sex discrimination law: the disaggregation of sex from gender," *University of Pennsylvania Law Review*, 144 (1995), 1–99.

Frankenberg, R.: *White Women, Race Matters: The Social Construction of Whiteness* (Minneapolis: University of Minnesota Press, 1993).

Fraser, N.: "Toward a discourse ethic of solidarity," *Praxis International*, 5: 4 (1986), 425–9.

——: "Women, welfare and the politics of need interpretation," *Hypatia*, 2: 1 (1987), 103–21.

——: "Talking about needs: interpretive contests as political conflicts in welfare-state societies," *Ethics*, 99 (1989c), 291–313.

——: *Unruly Practices: Power, Discourse and Gender in Contemporary Social Theory* (Minneapolis: University of Minnesota Press, 1989a).
——: "What's critical about critical theory? The case of Habermas and gender," *Unruly Practices: Power, Discourse and Gender in Contemporary Social Theory*, ed. N. Fraser (Minneapolis: University of Minnesota Press, 1989b).
——: "After the family wage," *Social Justice* (Spring 1994).
——: "From redistribution to recognition? Dilemmas of justice in a 'post-socialist' age," *New Left Review*, 212 (1995), 68–83.
——, and Gordon, L.: "A genealogy of dependency: tracing a keyword of the U.S. welfare state," *Pitied but Not Entitled: Single Mothers and the History of Welfare* (New York: The Free Press, 1994).
——, and Nicholson, L.: "Social criticism without philosophy: an encounter between feminism and postmodernism," *Feminism/Postmodernism*, ed. L. Nicholson (New York: Routledge, 1990), pp. 19–38.
Frazer, E., and Lacey, N.: *The Politics of Community. A Feminist Critique of the Liberal-Communitarian Debate* (Toronto: University of Toronto Press, 1993).
Freeland, C. A.: "Nourishing Speculation," *Engendering Origins: Critical Feminist Readings in Plato and Aristotle*, ed. B. Bar-On (Albany:State University of New York Press, 1994).
——: "Feminist frameworks for horror films," *Post-Theory*, ed. D. Bordwell and N. Carroll (Madison: University of Wisconsin Press, 1996), pp. 195–218.
——, and Wartenberg, T. E.: *Philosophy and Film* (New York: Routledge, 1995).
Freeman, E. and Thorne, B.: "Introduction to 'the feminist sexuality debate'," *Signs*, 10: 1 (1984).
Freud, S.: *The Interpretation of Dreams* [1900], *Standard Edition of the Complete Psychological Works of Sigmund Freud (SE)*, ed. and trans. J. Strachey [1917], Vols 4–5 (New York: Basic Books, 1955).
——: *Three Essays on the Theory of Sexuality* [1905], *SE*, Vol. 7.
——: "Mourning and melancholia," *SE* [1917], Vol. 14, pp. 243–58.
——: *The Ego and the Id* [1927], *SE*, Vol. 19.
Fried, C.: *An Anatomy of Values: Problems of Personal and Social Change* (Cambridge, MA: Harvard University Press, 1970).
Fried, M. G.: "In defense of preferential hiring," *Women and Philosophy: Toward a Theory of Liberation*, ed. C. Gould and M. Wartofsky (New York: G. P. Putnam's Sons, 1976).
Friedman, M.: "Beyond caring: the demoralization of gender," *Science, Morality, and Feminist Theory*, ed. M. Hanen and K. Nielsen (Calgary: University of Calgary Press, 1987), pp. 87–100.
——: "Welfare cuts and the ascendance of market patriarchy," *Hypatia*, 3 (1988), 145–9.
——: *What Are Friends For? Feminist Perspectives on Relationships and Moral Theory* (Ithaca, NY: Cornell University Press, 1993).
——: "Feminism and modern friendship: dislocating the community," *Feminism and Community*, ed. M. Friedman and P. Weiss (Philadelphia, PA: Temple Press, 1995a).

——, and Weiss, P., eds.: *Feminism and Community* (Philadelphia, PA: Temple Press, 1995b).

Friedman, R. E.: *Who Wrote the Bible?* (New York: Summit Books, 1987).

Frug, M. J.: *Postmodern Legal Feminism* (New York: Routledge, 1991).

Frye, M.: "Male chauvinism: a conceptual analysis," *Philosophy and Sex*, ed. R. Baker and F. Elliston (Buffalo, NY: Prometheus Books, 1975).

——: "Some reflections on separatism and power," *The Politics of Reality: Essays in Feminist Theory*, ed. M. Frye (Trumansburg, NY: The Crossing Press, 1983a), pp. 95–109.

——: *The Politics of Reality*: Essays in Feminist Theory (Trumansburg, NY: The Crossing Press, 1983b).

——: "To be and be seen: The politics of reality," *The Politics of Reality: Essays in Feminist Theory*, ed. M. Frye (Trumansburg, NY: The Crossing Press, 1983c), pp. 152–74.

——: " 'Lesbian 'sex,' " *Sinister Wisdom*, 35 (1988), 46–54.

——: "A Response to *Lesbian Ethics*," *Hypatia* 5 (1990), 132–7.

——: "Do you have to be a lesbian to be a feminist?," *Willful Virgin: Essays in Feminism 1976–1992* (Freedom, CA: The Crossing Press, 1992a).

——: *Willful Virgin: Essays in Feminism 1976–1992* (Freedom, CA: The Crossing Press, 1992b).

——: "The necessity of differences: constructing a positive category of women," *Signs* (Summer 1996).

Fuss, D.: *Essentially Speaking: Feminism, Nature, and Difference* (New York: Routledge, 1989).

——: "Fashion and the homospectatorial look," *Critical Inquiry*, 18 (1992), 713–37.

Fuszara, M.: "Legal regulation of abortion in Poland," *Signs*, 17: 1 (1991), 117–28.

Gaard, G., and Gruen, L.: "Comment on George's 'Should Feminists be Vegetarians?'," *Signs* (Autumn 1995), 230–20.

Galler, R.: "The myth of the perfect body," *Pleasure and Danger: Exploring Female Sexuality* (London: Pandora Press, 1984).

Gallop, J.: *Thinking Through the Body* (New York: Columbia University Press, 1988).

Gariaule, M.: *Conversations with Ogotemmeli* (London: Oxford University Press, 1965).

Garland, R.: *The Eye of the Beholder: Deformity and Disability in Graeco-Roman World* (Ithaca, NY: Cornell University Press, 1995).

Garrett, R.: "The nature of privacy," *Philosophy Today*, 18 (1974), 263–84.

Garrison, J. W., and Phelan, A.: "Toward a feminist poetic of critical thinking," *Philosophy of Education 1989* (Champaign, IL: Philosophy of Education Society, 1990), pp. 304–14.

Garry, A.: "Pornography and respect for women," *Social Theory and Practice*, 4: 4 (1976), 395–421.

——: "The philosopher as teacher: why are love and sex philosophically interesting?," *Metaphilosphy*, 11: 2 (1980), 165–77.
Gatens, M.: "Towards a feminist philosophy of the body," *Crossing Boundaries: Feminisms and the Critique of Knowledges*, ed. B. Caine, E. Grosz, and M. de Lepervanche (Sydney: Allen and Unwin, 1988).
——: "Rousseau and Wollstonecraft: nature vs. reason," *Australasian Journal of Philosophy*, 64 supplement (1991), 1–15.
——: "A critique of the sex/gender distinction," *Imaginary Bodies: Ethics, Power and Corporeality* (London: Routledge, 1996a), pp. 3–20.
——: *Imaginary Bodies: Ethics, Power and Corporeality* (London: Routledge, 1996b).
——: "Power, ethics and sexual imaginings," *Imaginary Bodies: Ethics, Power and Corporeality* (London: Routledge, 1996c).
Gatens-Robinson, E.: "Dewey and the feminist successor science project," *Transactions of the Charles S. Peirce Society*, 27 (1991), 417–33.
——: "A defense of women's choice: abortion and the ethics of care," *Southern Journal of Philosophy*, 30: 3 (1992), 39–66.
Gavison, R.: "Privacy and the limits of law," *Yale Law Journal*, 89 (1980), 421–39.
Gearhart, S.: *The Wanderground* (Boston: Alyson, 1979).
Gerety, T.: "Redefining privacy," *Harvard Civil Rights–Civil Liberties Law Review*, 12 (1977), 233–96.
al-Ghazali, A. H.: *Ihya' 'Ulum al-Din* (*Reviving Religious Sciences*), 4 vols (Cairo: Dar Mustafa Babi Halabi li al-Nashr, 11th century reprint, 1939).
Gibson, M.: *Workers' Rights* (Totowa, NJ: Rowman and Allanheld, 1983).
Gill, C., Kirschner, K., and Reis, J. P.: "Health services for women with disabilities: barriers and portals," *Reframing Women's Health*, ed. A.J. Dan (Thousand Oaks, CA: Sage Publications, 1994).
Gilligan, C.: *In A Different Voice: Psychological Theory and Woman's Development* (Cambridge, MA: Harvard University Press, 1982a).
——: "Is there a feminine morality?," *Psychology Today*, 10 (1982b), 21–34.
——: "Die andere Stimme," *Lebenskonflikte und Moral der Frau* (Munich, 1984).
——: "Moral orientation and moral development," *Women and Moral Theory*, eds. E. Kittay and D. Meyers (Totowa, NJ: Rowman and Littlefield, 1987).
——: *Mapping the Moral Domain* (Cambridge, MA: Harvard University Press, 1988).
——: "Moralische Orientierung und moralische Entwicklung," *Die Kontroverse um eine geschlechtsspezifische Ethik*, ed. G. Nunner-Winkler (Frankfurt/Main, 1991), pp. 79–100.
——, and Brown, L.: *Meeting at the Crossroads* (Cambridge, MA: Harvard University Press, 1992).
——, and Murphy, J. M.: "Moral development in late adolescence and adulthood," *Human Development*, 23 (1980), 7–104.
Gilman, C. P.: *Women and Economics: A Study of the Economic Relation Between Men and Women as a Factor in Social Evolution* [1898] (New York: Harper and Row, 1966).

——: *The Man-made World or, our Androcentric Culture* (Minneapolis: University of Minnesota Series in American Studies, 1971).
——: *Herland* (New York: Pantheon Books, 1979).
Goitein, S. D.: "Women as creators of Biblical genres," *Prooftexts*, 8: 1 (1988), 1–34.
Goldenberg, N.: *Returning Words to Flesh: Feminism, Psychoanalysis, and the Resurrection of the Body* (Boston: Beacon Press, 1990).
Goldman, E.: *Red Emma Speaks: Selected Writings and Speeches by Emma Goldman*, ed. A.K. Shulman (New York: Random House, 1972).
Goldmann, L.: *Immanuel Kant*, trans. R. Black (London: New Left Books, 1971).
Goodin, R.: *Utilitarianism as a Public Philosophy* (Cambridge: Cambridge University Press, 1995).
Goodwin, B.: *How the Leopard Changed its Spots* (London: Weidenfeld and Nicolson, 1994).
Gordon, L.: *Pitied but Not Entitled: Single Mothers and the History of Welfare* (New York: The Free Press, 1994).
——: *Badfaith and Antiblack Racism* (Atlantic Highlands, NJ: Humanities Press, 1995).
——, and DuBois, E.: "Seeking ecstasy on the battlefield," *Feminist Studies*, 9: 1 (1983), 7–25.
Gottlieb, L.: *She Who Dwells Within* (San Francisco, CA: Harper, 1995).
Gottner-Abendroth, H.: *Die tanzende Gottin. Prizipien einer matriarchalen Asthetik* (Munich, 1982).
Gould, C.: *Re-thinking Democracy: Freedom and Social Cooperation in Politics, Economy and Society* (Cambridge: Cambridge University Press, 1988).
——, and Wartofsky, M., eds.: *Women and Philosophy: Toward a Theory of Liberation* (New York: G.P. Putnam's Sons, 1976).
Gould, S. J.: *The Mismeasure of Man* (New York: W.W. Norton, 1981).
Govier, T.: "Self-trust, autonomy, and self-esteem," *Hypatia*, 8 (1993), 99–120.
Graham, A.: "The making of a nonsexist dictionary," *Ms*, 2 (1973), 12–16.
Grant, J.: *Fundamental Feminism: Contesting the Core Concepts of Feminist Theory* (New York: Routledge, 1993).
Grant, R., and Newland, K., eds.: *Gender and International Relations* (Bloomington: Indiana University Press, 1991).
Graybeal, J.: *Language and "the feminine" in Nietzsche and Heidegger* (Bloomington: Indiana University Press, 1990).
Green, K.: "Prostitution, exploitation, and taboo," *Philosophy*, 64 (1989), 525–34.
——: "Reason and feeling: resisting the dichotomy," *Australasian Journal of Philosophy*, 71: 4 (1993), 385–99.
Greenberg, B.: *On Women and Judaism* (Philadelphia, PA: Jewish Publication Society of America, 1981).
Greene, M.: *Landscapes of Learning* (New York: Teachers' College Press, 1978).
Greenson, R.: "Disidentifying from mother: the special importance for the boy," *Explorations in Psychoanalysis* (New York: International Universities Press, 1978).

Greer, G.: *The Obstacle Race: The Fortunes of Women Painters and Their Work* (London: Secker and Warburg, 1979).
Griffin, S.: "Rape: The all-American crime," *Feminism and Philosophy*, ed. M. Vetterling-Braggin, F. Elliston, and J. English (Totowa, NJ: Littlefield, Adams, 1977), pp. 313–32.
——: *Woman and Nature: The Roaring Inside Her* (New York: Harper and Row, 1978).
——: *Pornography and Silence: Culture's Revolt Against Nature* (New York: Harper and Row, 1981).
——: *A Chorus of Stones* (New York: Doubleday, 1992).
Griggers, C.: "Lesbian bodies in the age of (post)mechanical production," *Fear of a Queer Planet*, ed. M. Warner (Minneapolis: University of Minnesota Press, 1993), pp. 178–92.
Grillo, T.: "The mediation alternative: process dangers for women," *Yale Law Journal*, 100 (1991), 1545–1610.
Grimshaw, J.: *Philosophy and Feminist Thinking* (Minneapolis: University of Minnesota Press, 1986).
Griscom, J. L.: "On healing the nature/history split in feminist thought," *Heresies*, 13: 4 (1981), 4–9.
Griswold v. *Connecticut*, 381 U.S. 479 (1965).
Gross, K.: "Re-vision of the bankruptcy system: new images of individual debtors," *Michigan Law Review*, 88 (1990), 1506–56.
——: "'Steps toward feminine imagery of deity in Jewish theology," *On Being a Jewish Feminist*, ed. S. Heschel (New York: Schocken Books, 1983).
Gross, M., and Averill, M.: "Evolution and patriarchal myths of scarcity and competition," *Discovering Reality: Feminist Perspectives on Epistemology, Metaphysics, Methodology, and Philosophy of Science*, ed. S. Harding and M. Hintikka (Dordrecht, Holland: D. Reidel Publishing Co., 1983).
Gross, R.: "Public and private in the Third Amendment," *Valparaiso University Law Review*, 26 (1991), 215–21.
Grosz, E.: "Interview with Gayatri Spivak," *Thesis Eleven*, 10: 11 (1984/5), 175–87.
——: *Sexual Subversions* (Sydney: Allen and Unwin, 1989).
——: "Contemporary theories of power and objectivity," *Feminist Knowledge; Critique and Construct*, ed. S. Gunew (London: Routledge, 1990), pp. 59–120.
——: "Lesbian fetishism?," *differences*, 3: 2 (1991), 39–54.
——: "Feminist theory and the politics of art," *Dissonance: Feminism and the Arts, 1970–1990*, ed. C. Moore (St Leonards: Artspace/Allen and Unwin, 1994a).
——: "Re-figuring lesbian desire," *The Lesbian Postmodern*, ed. L. Doan (New York: Columbia University Press, 1994b), pp. 67–84.
——: *Space, Time and Perversion* (New York: Routledge, 1995a).
——: *Volatile Bodies: Toward a Corporeal Feminism* (Bloomington: Indiana University Press, 1994c).

——: "Sexual difference and the problem of essentialism," *Space, Time, and Perversion: Essays on the Politics of Bodies* (New York: Routledge, 1995b), pp. 45–57.

Gruen, I.: "Towards an ecofeminist moral epistemology," *Ecological Feminism*, ed. K. Warren (London: Routledge, 1994), pp. 120–39.

Grumet, M. R.: *Bitter Milk* (Amherst: University of Massachusetts Press, 1988).

Guan Tao: "Taking economic construction as the key to promote women's liberation," *Selected Writings in Women's Studies*, 1 (Beijing, 1993).

Guerra, L.: *La Mujer Fragmentada: Historias de un Signo* (Havana, Cuba: Casa de las Américas and Instituto Colombiano de Cultura, 1994).

Gunning, I.: "Arrogant perception, world-traveling and multicultural feminism: the case of female genital surgeries," *Columbia Human Rights Law Review*, 23 (1992), 189–248.

Gutiérrez Castañeda, G.: "Feminist movements and their constitution as political subjects," *Hypatia*, 9 (1994), 184–92.

Guy, M. E., ed.: *Men and Women of the States* (Armonk, NY: M.E. Sharpe, 1992).

Haack, S.: "On the moral relevance of sex," *Philosophy*, 49 (1974), 90–5.

Haber, B.: "Is personal life still a political issue?," *Feminist Studies*, 5: 3 (1979), 417–30.

Haber, H. F.: "Muscles and politics: shaping the feminist revolt," *Exercising Power: The Making and Remaking of the Body*, ed. C. Cole and M. Mezner (Albany: State University of New York Press, forthcoming).

Habermas, J.: *Communication and the Evolution of Society* (Boston: Beacon Press, 1979).

——: "Gerechtigkeit und Solidarität," *Zur Bestimmung der Moral*, ed. W. Edelstein and G. Nunner-Winkler (Frankfurt/Main, 1986), pp. 291–316.

——: *The Theory of Communicative Action*, trans. T. McCarthy (Boston: Beacon Press, 1987).

——: *The Structural Transformation of the Public Sphere: An Inquiry into a Category of Bourgeois Society*, trans. T. Burger and F. Lawrence (Cambridge: MIT Press, 1989), pp. 3–4.

——: *Between Facts and Nouns*, trans. W. Rehg (Cambridge, MA: MIT Press, 1996).

Hacking, I.: *Representing and Intervening* (Cambridge: Cambridge University Press, 1983).

Hale, J.: "Are lesbians women?," *Hypatia* (Spring 1996).

Hall, K.: "*Sensus communis* and violence: A feminist reading of Kant's *Critique of Judgment*," *Feminist Interpretations of Kant*, ed. R. Schott (University Park: Pennsylvania State Press, 1997).

Halley, J.: "Sexual orientation and the politics of biology," *Stanford Law Review*, 46 (1994), 503–68.

Halperin, D. M.: *One Hundred Years of Homosexuality and Other Essays on Greek Love* (New York: Routledge, 1990).

Hamblin, A.: "Is a feminist heterosexuality possible?," *Sex and Love: New Thoughts on Old Contradictions*, ed. S. Cartledge and J. Ryan (London: The Women's Press, 1983), pp. 105–23.

Hanen, M. and Nielsen, K., eds.: *Science, Morality, and Feminist Theory* (Calgary: University of Calgary Press, 1987).
Hanna, W. J. and Rogovsky, E.: "Women with disabilities: two handicaps plus," *Disability, Handicap & Society*, 6: 1 (1991).
——: "On the situation of African-American women," *Journal of Applied Rehabilitation Counseling*, 23: 4 (1992).
Hanscombe, G.: "The right to lesbian parenthood," *Journal of Medical Ethics*, 9 (1983), 133–5.
Hansen, K.: "A manifesto for cyborgs: science, technology and socialist feminism for the 1980s," *Socialist Review*, 15: 80 (1985), 65–107.
——, and Philipson, I., eds.: *Women, Class and the Feminist Imagination* (Philadelphia, PA: Temple University Press, 1990).
Hanson, K.: "Provocations and justifications of film," *Philosophy and Film*, ed. C. A. Freeland and T. E. Wartenberg (New York: Routledge, 1995), pp. 33–48.
Haraway, D.: *Primate Visions: Gender, Race and Nature in the World of Modern Science* (London: Routledge, 1989).
——: "Cyborgs at large: interview with Donna Haraway," *Technoculture*, ed. C. Penley and A. Ross (Minneapolis: University of Minnesota Press, 1991a).
——: *Simians, Cyborgs, and Women: The Reinvention of Nature* (New York: Routledge, 1991b).
——: "The politics of postmodern bodies," *Simians, Cyborgs, and Women: The Reinvention of Nature*, ed. D. Haraway (New York: Routledge, 1991c).
——: "A manifesto for cyborgs: science, technology and socialist feminism for the 1980s," *Simians, Cyborgs, and Women: The Reinvention of Nature*, ed. D. Haraway (New York: Routledge, 1991d).
Harding, S.: "Feminism: reform or revolution," *The Philosophical Forum*, V: 1–2 (1973–4), 271–84.
——: "Why has the sex/gender system become visible only now?," *Discovering Reality: Feminist Perspectives on Epistemology, Metaphysics, Methodology, and Philosophy of Science*, ed. S. Harding and M. Hintikka (Dordrecht, Holland: D. Reidel, 1983b).
——: *The Science Question in Feminism* (Ithaca, NY: Cornell University Press, 1986).
—— ed.: *Feminism and Methodology* (Bloomington: Indiana University Press, 1987a).
——: "Introduction: is there a feminist method?," *Feminism and Methodology*, ed. S. Harding (Bloomington: Indiana University Press, 1987b).
——: *Whose Science? Whose Knowledge? Thinking From Women's Lives* (Ithaca, NY: Cornell University Press, 1991).
——: *The "Racial" Economy of Science: Toward a Democratic Future* (Bloomington: Indiana University Press, 1993a).
——: "Rethinking standpoint epistemology: what is strong objectivity?," *Feminist Epistemologies*, ed. L. Alcoff and E. Potter (New York: Routledge, 1993b).

——, and Hintikka, M., eds.: *Discovering Reality: Feminist Perspectives on Epistemology, Metaphysics, Methodology, and Philosophy of Science* (Dordrecht, Holland: D. Reidel Publishing Co., 1983a).

Harre, R.: *Varieties of Realism* (Oxford: Basil Blackwell, 1986).

Harris, A.: "Race and essentialism in feminist legal theory," *Stanford Law Review*, 42 (1990), 581–616.

——, and King, Y., eds.: *Rocking the Ship of State* (Boulder, CO: Westview Press, 1989).

Harris, L. C. and Narayan, U.: "Affirmative action and the myth of preferential treatment," *Harvard Blackletter Law Journal*, 11 (1994).

Harrison, B.: *Our Right to Choose* (Boston: Beacon Press, 1983).

——: *Making the Connections: Essays in Feminist Social Ethics*, ed. C. Robb (Boston: Beacon Press, 1985).

Hart, C. G.: "Power in the service of love, Dewey's logic and the dream of a common language," *Hypatia*, 8: 2 (1993), 190–214.

Hart, L.: *Between the Body and the Flesh: Performing Lesbian S/M* (New York: Columbia University Press, 1994a).

——: *Fatal Women: Lesbian Sexuality and the Mark of Aggression* (Princeton, NJ: Princeton University Press, 1994b).

Hart, N.: "Lesbian desire as social action," *Lesbian Philosophies and Cultures*, ed. J. Allen (New York: State University of New York Press, 1990), pp. 295–304.

Hartline, S.: "Intimate danger: the case for preemptive self-defense," *Feminist Ethics and Social Policy*, ed. P. DiQuinzio and I. M. Young (Bloomington: Indiana University Press, 1996).

Hartmann, H.: "The family as the locus of gender, class and political struggle," *Signs*, 6: 3 (1981a), 366–94.

——: "The unhappy marriage of Marxism and feminism," *Women and Revolution*, ed. L. Sargent (Boston: South End Press, 1981b), 1–42.

Hartsock, N.: "The feminist standpoint: developing a ground for a specifically feminist historical materialism," *Discovering Reality: Feminist Perspectives on Epistemology, Metaphysics, Methodology, and Philosophy of Science*, ed. S. Harding and M. Hintikka (Dordrecht, Holland: D. Reidel Publishing Co., 1983).

——: *Money, Sex, and Power* (Boston: Northeastern University Press, 1985).

——: "Masculinity, heroism and the making of war," *Rocking the Ship of State*, ed. A. Harris and Y. King (Boulder, CO: Westview Press, 1989).

——: "Foucault on power: a theory for women?," *Feminism/Postmodernism*, ed. L. Nicholson (New York: Routledge, 1990), pp. 157–75.

Hasan, Z., ed.: *Forging Identities: Gender, Communities and the State* (New Delhi: Kali for Women, 1994).

Haskell, M.: *From Reverence to Rape* (New York: Holt, Rinehart, and Winston, 1974).

Haslanger, S.: "On being objective and being objectified," *A Mind of One's Own: Feminist Essays on Reason and Objectivity*, ed. L. Antony and C. Witt (Boulder, CO: Westview Press, 1993), 85–125.

Hasse, L.: "Legalizing gender-specific values," *Women and Moral Theory*, ed. E. Kittay and D. Meyers (Totowa, NJ: Rowman and Littlefield, 1987), pp. 282–95.

Haug, F.: "Die Moral ist zweigeschlechtlich wie der Mensch," *Weiblichkleit oder Feminismus?*, ed. C. Opitz (Weingarten, 1984), pp. 95–121.

——: "Ethik und Feminismus – eine problematische Beziehung," *Sei wie das Veilchen im Moose*, ed. N. Kramer, B. Menzel, B. Möller, and A. Standhartinger (Frankfurt/Main, 1994).

Havelkova, H. "A few prefeminist thoughts," *Gender Politics and Post-Communism*, ed. N. Funk and M. Mueller (New York: Routledge, 1993a).

——: "'Patriarchy' in Czech society," *Hypatia*, 8: 4 (1993b), pp. 89–96.

Hawkesworth, M.: *Theoretical Issues in Policy Analysis* (Albany: State University of New York Press, 1988a).

——: "The politics of knowledge," *Academic Freedom and Responsibility* (London: Open University Press, 1988b).

——: "Knowers, knowing, known: feminist theory and claims of truth," *Signs*, 14: 3 (1989), 533–57.

——: "The affirmative action debate and conflicting conceptions of individuality," *Hypatia Reborn: Essays in Feminist Philosophy*, ed. A. al-Hibri and M. Simons (Bloomington: Indiana University Press, 1990), pp. 135–55.

——: "From objectivity to objectification: feminist objections," *Annals of Scholarship*, 8: 3–4 (1991), 451–77.

Hawley, J. S., and Wulff, D. M., eds.: *The Divine Consort: Radha and the Goddesses of India* (Boston, MA: Beacon Press, 1986).

Hay, M. J., and Sticher, S., eds.: *African Women South of the Sahara* (New York: Longman, 1984).

Hayden, D.: *The Grand Domestic Revolution* (Cambridge, MA: MIT Press, 1985).

Hegel, G. W. F.: *Vorlesungen über die Asthetik*, Bd. II, Werke in Zwanzig Bänden (Frankfurt/Main: Suhrkamp, 1970).

Hein, H.: "The role of feminist aesthetics in feminist theory," *Journal of Aesthetics and Art Criticism*, 48 (1990), 281–91.

——, and Korsmeyer, C.: *Aesthetics in Feminist Perspective* (Bloomington: Indiana University Press, 1993).

Heise, H.: "Eyeshadow, aesthetics and morality," *Women's Studies International Forum*, 7: 5 (1984), 365–73.

Hekman, S.: *Gender and Knowledge: Elements of a Postmodern Feminism* (Boston, MA: Northeastern University Press, 1990).

——: "Reconstructing the subject: feminism, modernism, and postmodernism," *Hypatia*, 6 (1991), 44–63.

——: "A method for difference: feminist methodology and the challenge of difference," paper presented at the Annual Meeting of the American Political Science Association, (Chicago: 1995).

Held, V.: "The obligations of mothers and fathers," *"Femininity", "Masculinity", and "Androgyny"*, ed. M. Vetterling-Braggin (Totowa, NJ: Littlefield, Adams, 1982).

——: *Rights and Goods: Justifying Social Action* (New York: The Free Press, 1984).
——: "Feminism and moral theory," *Woman and Moral Theory*, ed. E. Kittay and D. Meyers (Totowa, NJ: Rowman and Littlefield, 1987a).
——: "Non-contractual society," *Science, Morality, and Feminist Theory*, ed. M. Hanen and K. Nielsen (Calgary: University of Calgary Press, 1987b).
——: "Birth and death," *Ethics*, 99 (1989), 362–88.
——: *Feminist Morality: Transforming Culture, Society and Politics* (Chicago, IL: University of Chicago Press, 1993).
——: "The meshing of care and justice," *Hypatia*, 10: 2 (1995a).
——: *Justice and Care: Essential Readings in Feminist Ethics* (Boulder, CO: Westview Press, 1995b).
Heldke, L.: "In praise of unreliability," *Hypatia*, 12: 3 (1997).
Heller, A.: "The emotional division of labor between the sexes: perspectives on feminism and socialism," *Feministische Philosophie*, ed. H. Nagl-Docekal (Vienna: Oldenbourg, 1990), 229–43.
Henderson, L.: "Legality and empathy," *Michigan Law Review*, 85 (1987), 1574–1653.
——: "Review essay: what makes rape a crime," *Berkeley Women's Law Journal*, 3 (1987/88), 193–229.
——: "Lesbian pornography: cultural transgression and sexual demystification," *New Lesbian Criticism: Literary and Cultural Readings*, ed. S. Munt (New York: Columbia University Press, 1992), pp. 173–91.
Hennessy, R.: *Materialist Feminism and the Politics of Discourse* (New York: Routledge, 1993).
——: "Incorporating queer theory on the Left," *Marxism in the Postmodern Age: Confronting the New World Order*, ed. A. Callari, S. Cullenberg, and C. Biewener (New York: Guilford Press, 1995), pp. 266–75.
Herman, B.: "Could it be worth thinking about Kant on sex and marriage?," *A Mind of One's Own: Feminist Essays on Reason and Objectivity*, ed. L. Antony and C. Witt (Boulder, CO: Westview Press, 1993a), pp. 49–67.
——: *The Practice of Moral Judgment* (Cambridge, MA: Harvard University Press, 1993b).
Hershey, L.: "Choosing disability," *Ms.* (July/August 1994), pp. 26–32.
Herton, C.: "The sexual mountain and black women writers," *Black Scholar*, 15: 4 (1984), 2–11.
Heschel, S., ed.: "Introduction," *On Being a Jewish Feminist* (New York: Shocken Books, 1983).
Hesse, M.: *Revolutions and Reconstructions in the Philosophy of Science* (Bloomington: Indiana University Press, 1980).
Heyward, I. Carter: *The Redemption of God* (Washington, DC: University Presses of America, 1982).
——: *Our Passion for Justice* (New York: Pilgrim Press, 1984).
al-Hibri, A.: "A study of Islamic herstory: or how did we get into this mess?," *Women in Islam* (Oxford: Pergamon Press, 1982).

——: "Marriage laws in Muslim countries," *International Review of Comparative Public Policy*, 4 (1992), 227–44.

——: *A Critique of Personal Status Codes in Select Arab Countries*. Arab Regional Preparatory Meeting for the Fourth World Conference on Women, Beijing, 1995. ESCWA, United Nations (Arabic Draft), September 1994 (final English version forthcoming).

Hierro, G.: *Etica y Feminismo* (Mexico City: UNAM, 1985).

Hill, J.: "Pornography and degradation," *Hypatia*, 2: 2 (1987), 39–54.

Hill, T. E., Jr: "The importance of autonomy," *Women and Moral Theory*, ed. E. F. Kittay and D. T. Meyers (Totowa, NJ: Rowman and Littlefield, 1987), pp. 129–38.

Hillyer, B.: *Feminism and Disability* (Norman, OK: University of Oklahoma Press, 1993).

Hine, D. C.: *Black Women in America: An Historical Encyclopedia* (New York: Carleson, 1993).

Hintikka, M., and Hintikka, J.: "How can language be sexist?," *Discovering Reality: Feminist Perspectives on Epistemology, Metaphysics, Methodology, and Philosophy of Science*, ed. S. Harding and M. Hintikka (Dordrecht, Holland: D. Reidel Publishing Co., 1983).

Hirsch, K.: "Raising our voices: perspectives on the book *Feminism and Disability. Resourceful Woman*" (Health Resource Center for Women with Disabilities, Rehabilitation Institute of Chicago, Winter 1994, 3: 1).

Hirschmann, N.: *Rethinking Obligation* (Ithaca, NY: Cornell University Press, 1992).

Hoagland, S.: "Sadism, masochism, and lesbian-feminism," *Against Sadomasochism: A Radical Feminist Analysis*, ed. R. Lindon et al. (Palo Alto, CA: Frog in the Well, 1982a).

——: *Lesbian Ethics: Toward New Value* (Palo Alto, CA: Institute for Lesbian Studies, 1988).

——: "Some thoughts about 'caring,'" *Feminist Ethics*, ed. C. Card (Lawrence: University of Kansas Press, 1991).

Hochschild, A. R.: *The Managed Heart: Commercialization of Human Feeling* (Berkeley: University of California Press, 1983).

——: *The Second Shift: Working Parents and the Revolution at Home* (New York: Viking Press, 1989).

Hodge, J.: "Subject, body, and the exclusion of women from philosophy," *Feminist Perspectives in Philosophy*, ed. M. Griffiths and M. Whitford (Bloomington: Indiana University Press, 1988).

Hollibaugh, A., and Moraga, C.: "What we're rollin' around in bed with: sexual silences in feminism," *Powers of Desire*, ed. A. Snitow, C. Stansell, and S. Thompson (New York: Monthly Review Press, 1983), pp. 394–405.

Hollway, W.: "Gender difference and the production of subjectivity," *Changing the Subject: Psychology, Social Regulation, and Subjectivity*, ed. J. Henriques, W. Hollway, C. Urwin, C. Venn, and V. Walkerdine (New York: Methuen, 1984), pp. 227–63.

Holmes, H. Bequaert: "Sex preselection: eugenics for everyone?," *Biomedical Ethics Reviews–1985*, ed. J. Humber and R. Almeder (Clifton, NJ: Humana Press, 1985), pp. 38–71.
——: and Purdy, L., eds.: *Feminist Perspectives in Medical Ethics* (Bloomington: Indiana University Press, 1992).
Holmstrom, N.: "Do women have a distinct nature?," *Philosophical Forum*, XIV: 1 (1982), 25–42.
——: "A Marxist theory of human nature," *Ethics*, 94 (1984), 456–73.
——: "Humankind(s)," *Canadian Journal of Philosophy*, 20 (1994), 69–105.
The Holy Quran: trans. A. Yousuf Ali (Savage, MD: Amana Corp., 1983).
Homiak, M.: "Feminism and Aristotle's rational ideal," *A Mind of One's Own: Feminist Essays on Reason and Objectivity*, ed. L. Antony and C. Witt (Boulder, CO: Westview Press, 1993).
hooks, b.: *Ain't I a Woman: Black Women and Feminism* (Boston: South End Press, 1981).
——: *Feminist Theory: From Margin To Center* (Boston: South End Press, 1984).
——: "Feminism: A movement to end sexist oppression," *Equality and Feminism*, ed. A. Phillips (New York: New York University Press. 1987), pp. 62–76.
——: *Talking Back: Thinking Feminist, Thinking Black* (Boston: South End Press, 1989).
——: *Yearning: Race, Gender and Cultural Politics* (Boston: South End Press, 1991).
——: *Black Looks: Race and Representation* (Boston: South End Press, 1992a).
——: "The oppositional gaze: black female spectators," *Black Looks: Race and Representation*, ed. b. hooks (Boston: South End Press, 1992b), pp. 115–31.
——: *Outlaw Culture* (New York: Routledge, 1994).
——: *Killing Rage/Ending Racism* (New York: Henry Hold & Co., 1995).
Hornsby, J.: "Speech acts and pornography," *The Problem of Pornography*, ed. S. Dwyer (Belmont, CA: Wadsworth, 1995), p. 220ff.
Hountondji, P.: *Sur la Philosophie africaine* (Paris: Maspéro, 1977) [*African Philosophy: Myth and Reality*, trans. H. Evans and J. Ree (London: Hutchinson University Press for Africa, 1983)].
Houston, B.: "Rescuing womanly virtues: some dangers of moral reclamation," *Science, Morality and Feminist Theory*, ed. M. Hanen and K. Nielsen (Calgary: University of Calgary Press, 1987).
——: "Prolegomena to future caring," *Who Cares? Theory, Research, and Educational Implications of the Ethic of Care*, ed. M. Brabeck (New York: Praeger, 1989), pp. 84–100.
——: "Are children's rights wrongs?," *Philosophy of Education 1992* (Champaign, IL: Philosophy of Education Society, 1993), pp. 145–55.
Howe, L. A.: "Kierkegaard and the feminine self," *Hypatia*, 9: 4 (1994), 131–57.
Huang Qizao: "Emancipating and developing productive forces and women's liberation', *Chinese Women's Daily* (June 20, 1992).
Hubbard, R.: *The Politics of Women's Biology* (New Brunswick: Rutgers University Press, 1990).

——, Hennifin, M. S., and Fried, B., eds.: *Biological Woman: The Convenient Myth* (Cambridge: Schenkman, 1982).
——, and Lowe, M., eds.: *Genes and Gender* (New York: Gordian Press, 1979).
——: and Wald, E.: *Exploding the Gene Myth* (Boston: Beacon Press, 1993).
Hudnut v. *American Booksellers, Federal 2d* 771: 323. 7th Circuit (1985).
Hudson-Weems, C.: *African Womanism: Reclaiming Ourselves* (London: Bedford Publications, 1996).
Hull, D. L.: *Science as a Process: An Evolutionary Account of the Social and Conceptual Development of Science* (Chicago, IL: Chicago University Press, 1988).
Human Rights Watch Global Report on Women's Human Rights, New York, 1995.
Hume, D.: *A Treatise of Human Nature*, ed. L. A. Selby-Bigge [1739] (Oxford: Clarendon Press, 1955a).
——: *Enquiry Concerning Human Understanding* [1748] (Indianapolis, IN: Bobbs-Merrill, 1955b).
Hunter, N., and Law, S.: "Brief *Amici Curiae* of Feminist Anti-Censorship Task-force, et al. in *American Booksellers Association v. Hudnut*," *University of Michigan Journal of Law Reform*, 21 (1987/8), 69–136.
Hussain, F., ed.: *Muslim Women* (London: Croom Helm, 1984).
Illich, I.: *Deschooling Society* (New York: Harper and Row, 1972).
In re *Baby M*, 109 N.J. 396, 537 A.2d 1227 (1988).
Inness, J.: *Privacy, Intimacy, and Isolation* (New York: Oxford University Press, 1992).
Irigaray, L.: "When the goods get together," *New French Feminisms*, ed. E. Marks and I. de Courtivron (New York: Schocken Books, 1981).
——: *The Speculum of the Other Woman* (Ithaca: Cornell University Press, 1985a) trans. G. Gill from *Speculum de l'autre femme* (Paris: Minuit, 1974).
——: *The Sex Which is Not One*, trans. C. Porter and C. Burke (Ithaca, NY: Cornell University Press, 1985b).
——: "Egales à qui?," *Critique*, 480 (1987), 420–37; trans. as "Equal to Whom?," *differences*, 21 (1988), 59–76.
——: "'Is the subject of science sexed?," *Feminism and Science*, ed. N. Tuana (Bloomington: Indiana University Press: 1989).
——: *An Ethics of Sexual Difference*, trans. C. Burke and G. Gill (Ithaca, NY: Cornell University Press, 1993a).
——: "The invisible of the flesh," trans. C. Burke and G. Gill, *An Ethics of Sexual Difference* (Ithaca, NY: Cornell University Press, 1993b), pp. 151–84.
——: et al.: "Sorcerer love: a reading of Plato, *Symposium*, 'Diotina's speech,'" *An Ethics of Sexual Difference*, trans. C. Burke and G. Gill (Ithaca, NY: Cornell University Press, 1993c).
Isasi-Díaz, A. M.: "Toward an understanding of *Feminismo Hispano* in the U.S.A.," *Women's Consciousness, Women's Conscience*, ed. B. H. Andolsen, C. E. Gudorf, and M.D. Pellauer (San Francisco, CA: Harper and Row, 1985).
Isherwood, C.: *Ramakrishna and His Disciples* (Hollywood, CA: Vedanta Press, 1965).

Ismail, R., ed. *Hudud in Malaysia: The Issues at Stake* (Kuala Lumpur: SIS Forum, Malaysia, 1995).

Ivekovic, R.: "Prazno mjesto drugog/druge u postmodernoj misli," *Posmoderna - Nova epoha ili zabluda* (Zagreb: Naprijed, 1988).

——: "Remember Yugoslavia?," *And Then*, 5 (1993a), p. 63.

——: "'Women, nationalism, and war: 'make love not war,'" *Hypatia*, 8: 4 (1993b), 113.

Iversen, M.: "The deflationary impulse: postmodernism, feminism and the anti-aesthetic," *Thinking Art: Beyond Traditional Aesthetics*, ed. A. Benjamin and P. Osborne (London, 1991).

Jackson, C.: "Gender analysis and environmentalisms," *Social Theory and the Global Environment*, ed. T. Benton and M. Redclift (London: Routledge, 1994), 113–49.

Jaggar, A. M.: "On sexual equality," *Ethics*, 84 (1974), pp. 275–91.

——: "Abortion and a woman's right to decide," *Women and Philosophy*, ed. C. C. Gould and M. W. Wartofsky (New York: G. P. Putnam's Sons, 1980a), pp. 347–64.

——: "Prostitution," *The Philosophy of Sex: Contemporary Readings*, ed. A. Soble (Savage, MD: Rowman and Littlefield, 1980b), pp. 353–8.

——: *Feminist Politics and Human Nature* (Totowa, NJ: Rowman and Allanheld: Harvester, 1983).

——: "Love and knowledge: emotion in feminist epistemology," *Gender/Body/ Knowledge*, ed. A. M. Jaggar and S. Bordo (New Brunswick: Rutgers University Press, 1989).

——: "Feminist ethics: projects, problems, prospects," *Feminist Ethics*, ed. C. Card (Lawrence: University of Kansas Press, 1991).

——: "'Sexual difference and sexual equality," *Theoretical Perspectives on Sexual Difference*, ed. D. Rhode (New Haven, CT: Yale University Press, 1990), reprinted in *Living with Contradictions*, ed. A. M. Jaggar (Boulder, CO: Westview Press, 1995a).

——: "Caring as a feminist practice of moral reason," *Justice and Care: Essential Readings in Feminist Ethics*, ed. V. Held (Boulder, CO: Westview Press, 1995a).

——: "Toward a feminist conception of moral reasoning," *Morality and Social Justice: Point/CounterPoint*, ed. J. Sterba et al. (Lanham, MD: Rowman and Littlefield, 1995b).

—— and McBride, W. L.: "'Reproduction' as male ideology," *Women's Studies International Forum*, 8 (1985), 185–96.

Jahangir, A. and Jilali, H.: *Hudood Ordinances: A Divine Sanction?* (Pakistan: Photas Books, 1990).

Jakobsen, J.: "Agency and alliance in public discourse about sexualities," *Hypatia*, 10: 1 (1995).

Jameelah, M.: *Islam and The Muslim Woman Today* (Pakistan: Mohammad Yousuf Khan and Sons, 1988).

James, S.: "The good-enough citizen: female citizenship and independence," *Beyond Equality and Difference*, ed. G. Bock and S. James (London: Routledge, 1992), pp. 48–65.
——, and Busia, A. P. A., eds.: *Theorizing Black Feminisms: The Visionary Pragmatism of Black Women* (London: Routledge, 1993).
Jardine, A.: *Gynesis: Configurations of Woman and Modernity* (Ithaca: Cornell University Press, 1985).
——: "Notes for analysis," *Between Psychoanalysis and Feminism*, ed. T. Brennan (London: Routledge, 1989).
Jauch, U. P.: *Immanuel Kant zur Geschlechterdifferenz. Aufklärerische Vorurteilskritik und bürgerliche Geschlechtsvormundschaft* (Vienna: Passagen, 1988).
Jay, K., ed.: *Lesbian Erotics* (New York: New York University Press, 1995).
Jaywardena, K.: *Feminism and Nationalism in the Third World* (Sri Lanka: University of Colombo, 1986).
Jazairy, I., Alamgir, M., and Panuccio, T.: *The State of World Rural Poverty* (New York: New York University Press, 1992).
al-Jaziri, A. R.: *Kitab al-Figh 'ala al-Mathahib al-Arba'ah* (*Islamic Jurisprudence According to the Four Main Schools of Thought*), 5 vols (Beirut: Dar Ihya'al-Turath al-Arabi, 1969).
Jeffreys, S.: *The Lesbian Heresy: A Feminist Perspective on the Lesbian Sexual Revolution* (North Melbourne, Australia: Pinifex Press, 1993).
Jelín, E., ed. (1987): *Women and Social Change in Latin America*, trans. J.A. Zammit and M. Thomson (London: Zed, 1990).
Jenness, L., ed.: *Feminism and Socialism* (New York: Pathfinder Press, 1972).
Jetter, A., Orleck, A., Taylor, D., eds.: *The Politics of Motherhood* (Hanover: New England University Press, forthcoming).
Jiang Zemin: "The Marxist conception of women must be established among the entire Party and society," *People's Daily* (March 8, 1990).
Jo, B., Strega, L., and Ruston (*sic*): *Dykes-Loving-Dykes: Dyke Separatist Politics for Lesbians Only* (Oakland, CA: Battleaxe, 1990).
Johnson, C.: "Gender analysis and ecofeminism," *Social Theory and the Global Environment*, ed. M. Redclift and T. Benton (London: Routledge, 1994).
Johnson, E.: *She Who Is* (New York: Crossroad, 1992).
Jones, K.: "Citizenship in a woman-friendly polity," *Signs*, 15 (1990), 781–812.
——: *Compassionate Authority, Democracy and the Representation of Women* (New York: Routledge, 1993).
Jordanova, L.: *Sexual Visions: Images of Gender in Science and Medicine between the Eighteenth and Twentieth Centuries* (Madison: University of Wisconsin Press, 1989).
Joseph, G.: "The incompatible ménage à trois: Marxism, feminism, and racism," *Women and Revolution*, ed. L. Sargent (Boston: South End Press, 1981), pp. 91–108.
——, and Lewis, J.: *Common Differences: Conflicts in Black and White Perspectives* (New York: Doubleday/Anchor, 1981).

Kagame, A.: *La Philosophie bantu-rwandaise de l'etre* (Brussels: Académie Royale des Sciences Coloniales, 1956).
Kain, P. J.: "Marx, housework, and alienation," *Hypatia*, 8 (1993), 121–44.
Kaminer, W.: *A Fearful Freedom: Women's Flight from Equality* (Reading, MA: Addison-Wesley, 1990).
Kamm, F.: *Creation and Abortion* (New York: Oxford, 1992).
Kant, I.: *Critique of Judgment*, trans. J. C. Meredith (Oxford: Clarendon Press, 1957).
——: *Foundations of the Metaphysics of Morals*, trans. L. White Beck (Indianapolis, IN: Bobbs-Merrill Co., 1959).
——: *Observations on the Feeling of the Beautiful and Sublime*, trans. J. T. Goldthwait (Berkeley: University of California Press, 1960).
——: "What is enlightenment?," *Kant on History*, trans. L. White Beck (New York: Macmillan Publishing Co., 1963).
——: *Anthropology from a Pragmatic Point of View*, trans. V. Lyle Dowdell (Carbondale: Southern Illinois Press, 1978).
Kaplan, C.: "The politics of location as transnational feminist critical practice," *Scattered Hegemonies: Postmodernity and Transnational Feminist Practices*, ed. I. Grewal and C. Kaplan (Minneapolis: University of Minnesota Press, 1994).
Kaplan, D.: "Disability rights perspectives in reproductive technologies and public policy," *Reproductive Laws for the 1990s*, ed. S. Cohen and N. Taub (Clifton, NJ: Humana Press, 1989).
Kaplan, M.: "Intimacy and equality: The question of lesbian and gay marriage," Stony Brook Philosophy Colloquium Series (Stony Brook, NY: March 4, 1993)
Kappeler, S.: *The Pornography of Representation* (Minneapolis: University of Minnesota Press, 1986).
Karlan, P., and Ortiz, D.: "In a different voice: relational feminism, abortion rights, and the feminist legal agenda," *Northwestern Law Review*, 87 (1993), 858–96.
Katzenstein, M. F., and Laitin, D.: "Politics, feminism and the ethics of care," *Women and Moral Theory*, ed. E. Kittay and D. Meyers (Totowa, NJ: Rowman and Littlefield, 1987), pp. 261–81.
Kaufman-Osborn, T.: "Teasing feminist sense from experience," *Hypatia*, 8: 2 (1993), 124–44.
Kay, H.: "Equality and difference: the case of pregnancy," *Berkeley Women's Law Journal*, 1 (1985), 1–38.
Keith, L., ed.: *What Happened to* You?: *Writing by Disabled Women* (London: The Women's Press, 1994).
Keller, C.: *From a Broken Web* (Boston: Beacon Press, 1986).
——: *Apocalypse Now and Then* (Boston: Beacon Press, 1996).
Keller, E. Fox: *A Feeling for the Organism: The Life and Work of Barbara McClintock* (New York: W. H. Freeman & Co., 1983).
——: *Reflections on Gender and Science* (New Haven, CT: Yale University Press, 1985).

——: "From secrets of life to secrets of death," *Body/Politics*, ed. M. Jacobus, E. Fox Keller, and S. Shuttlesworth (New York: Routledge, 1990).
——: *Secrets of Life, Secrets of Death: Essays on Language, Gender and Science* (New York: Routledge, 1993).
——, and Longino, H., eds.: *Feminism and Science* (Oxford: Oxford University Press, 1996).
Kennedy, E., and Mendus, S., eds.: *Women in Western Political Philosophy* (Brighton, Sussex: Wheatsheaf Books, 1987).
Kent, D.: "In search of liberation," *Disabled USA*, 1: 3 (1977).
Kersey, S.: *Classics in the Education of Girls and Women* (Metuchen, NJ: Scarecrow Press, 1981).
Kessler, S., and McKenna, W.: *Gender: An Ethnomethodological Approach* (New York: John Wiley, 1978).
Ketchum, S.: "Liberalism and marriage law," *Feminism and Philosophy*, ed. M. Vetterling-Braggin, F. Elliston, and J. English (Totowa, NJ: Littlefield, Adams, 1977), pp. 264–76.
Kheel, M: "The liberation of nature: a circular affair," *Environmental Ethics*, 7 (1985), 135–49.
Kiczkova, Z., and Farkasova, E.: "The emancipation of women: a concept that failed," *Gender Politics and Postcommunism*, ed. N. Funk and M. Mueller (New York: Routledge, 1993).
Kim, C. W., St Ville, S., and Simonaitis, S., eds.: *Transfigurations: Theology and the French Feminists* (Minneapolis: Fortress Press, 1993).
King, K.: "The situation of lesbianism as feminism's magical sign," *Communication*, 9: 1 (1986), 65–91.
King, D. K.: "Multiple jeopardy, multiple consciousness," *Signs*, 14 (1988), 42–72.
King, R.: "Caring about nature: feminist ethics and the environment," *Hypatia*, 6: 1 (1991), 75–89.
King, Y.: "The ecology of feminism and the feminism of ecology," *Healing the Wounds*, ed. J. Plant (Philadelphia, PA: New Society Publishers, 1989), pp. 18–28.
——: "Healing the wounds: feminism, ecology, and the nature/culture dualism," *Reweaving the World*, ed. I. Diamond and G. Orenstein (San Francisco, CA: Sierra Club Books, 1990), pp. 106–21.
Kinsley, D.: *Hindu Goddesses: Visions of the Divine Feminine in the Hindu Religious Tradition* (Berkeley: University of California Press, 1988).
Kirk, G.: "Our Greenham Common: feminism and non-violence," *Rocking the Ship of State*, ed. A. Harris and Y. King (Boulder, Co: Westview Press, 1993a).
——: "Our Greenham Common: not just a place but a movement," *Rocking the Ship of State*, ed. A. Harris and Y. King (Boulder, CO: Westview Press, 1993b).
Kishwar, M.: *Gandhi and Women* (Delhi: Manushi Prakashan, 1986).
——: "Why do I not call myself a feminist?," *Manushi*, 61 (1990).
——, and Vanita, R.: "Poison to nectar: the life and work of Mirabai," *Manushi* (1989), 50–2.

Kittay, E.: "Pornography and the erotics of domination," *Beyond Domination: New Perspectives on Women and Philosophy*, ed. C. Gould (Totowa, NJ: Rowman and Allanheld, 1983a), pp. 145–74.

——: "Womb envy: an explanatory concept," *Mothering: Essays in Feminist Theory*, ed. J. Trebilcot (Savage, MD: Rowman and Littlefield, 1983b), pp. 94–128.

——: "The greater danger: pornography, social science and women's rights," *Social Epistemology*, 1988a.

——: "Woman as metaphor," *Hypatia*, 3: 1 (1988b), 63–86.

——: "Taking dependency seriously: the family and medical leave act considered in light of the social organization of dependency work and gender equality," *Hypatia*, 10 (1995), 8–29.

——: "Dependency work, political discourse and a new basis for a coalition amongst women," *Women, Children and Poverty*, ed. T. Perry, M. Fineman, and J. Hanigsberg (New York: Routledge, forthcoming).

——, and Meyers, D., eds.: *Women and Moral Theory* (Totowa, NJ: Roman and Littlefield, 1987).

Klawiter, M.: "Using Arendt and Heidegger to consider feminist thinking on women and reproductive/infertility technologies," *Hypatia*, 5: 3 (1990), 65–89.

Klein, B. S.: "We are who you are: feminism and disability," *Ms.* (November/December 1992).

Klimenkova, T.: "What does our new democracy offer society?," *Women in Russia – A New Era in Russian Feminism*, ed. A. Posadskaya (London: Verso, 1994).

Kline, M.: "Race, racism, and feminist legal theory," *Harvard Women's Law Journal*, 12 (1989), 115–50.

Klinger, C.: "Frau – Landschaft – Kunstwerk. Gegenwelten oder Reservoire des Patriarchats?," *Feministische Philosophie*, ed. H. Nagl-Docekal (Vienna/Munich: Oldenbourg, 1990).

——: "The concepts of the sublime and the beautiful in Kant and Lyotard," *Constellations*, 2: 2 (1995), 207–24.

Kneller, J.: "The ascetic dimension of Kantian autonomy," *Feminist Interpretations of Kant*, ed. R. Schott (University Park: Pennsylvania State Press, 1997).

Koedt, A.: "The myth of the vaginal orgasm," *Radical Feminism*, ed. A. Koedt, E. Levine, and A. Rapone (New York: Quadrangle Press, 1973).

Koestler, A., and Smythies, J. R., eds.: *Beyond Reductionism: New Perspectives in the Life Sciences* (London: Hutchinson, 1968).

Kofman, S.: "The economy of respect: Kant and respect for women," *Le Respect des femmes* (Paris: Galilée, 1982).

Kohlberg, L.: *The Philosophy of Moral Development, Vol. I* (San Francisco, CA: Harper and Row, 1981).

Kollontai, A.: *Red Love* (New York: Seven Arts, 1927).

——: *Love of Worker Bees* (London: Virago, 1971a).

——: *Women Workers Struggle for Their Rights*, trans. C. Britton (Bristol: Falling Wall Press, 1971b).

——: *Love and the New Morality*, trans. A. Holt (Bristol: Falling Wall Press, 1972a).

——: *Sexual Relations and the Class Struggle*, trans. A. Holt (Bristol: Falling Wall Press, 1972b).

——: *The Autobiography of a Sexually Emancipated Communist Woman*, trans. S. Attanasio (New York: Schocken, 1975).

——: *Selected Writings of Alexandra Kollontai*, ed. and trans. A. Holt (Westport, CT: Lawrence Hill, 1977).

Konvitz, M.: "Privacy and the law: a philosophical prelude," *Law and Contemporary Problems*, 31 (1966), 272–80.

Koppelman, A.: "Why discrimination against lesbians and gay men is sex discrimination," *New York University Law Review*, 69 (1994), 197–287.

Kornhauser, M.: "The rhetoric of the anti-progressive income tax movement: a typical male reaction," *Michigan Law Review*, 86 (1987), 465–523.

Korsgaard, C.: "Scepticism about practical reason," *Journal of Philosophy*, 83 (1986), 5–25.

Korsmeyer, C.: "The hidden joke: generic uses of masculine terminology," *Feminism and Philosophy*, ed. M. Vetterling-Braggin, F.A. Elliston, and J. English (Totowa, NJ: Littlefield, Adams, 1977).

——: "Gendered concepts and Hume's standard of taste," *Feminism and Tradition in Aesthetics*, ed. P.Z. Brand and C. Korsmeyer (University Park: Pennsylvania State University Press, 1995).

Kraditor, A.: *The Ideas of the Women's Suffrage Movement 1890–1920* (New York: Columbia University Press, 1965).

Kramarae, C.: *Women and Men Speaking* (Rowley, MA: Newbury House, 1981).

——and Treichler, P. A.: *Amazons, Bluestockings and Crones: A Feminist Dictionary* (London: Harper Collins, 1985).

Krasner, B.: "Impossible virgin or why I choose not to be a heterosexual," paper presented to Midwest Society for Women in Philosophy (St Louis, MI: April 1993).

Krieger, L.: "Through a glass darkly," *Hypatia*, 2: 1 (1987).

Kristeva, J.: "Woman can never be defined," *New French Feminisms*, ed. E. Marks and I. de Courtivron (Brighton, Sussex: Harvester Press, 1981), pp. 137–41.

——: *Desire in Language, A Semiotic Approach to Literature and Art* [1977], trans. T. Gora, A. Jardine, and L. S. Roudiez (Oxford: Blackwell, 1982).

——: *Powers of Horror*, trans. L. S. Roudiez (New York: Columbia University Press, 1982).

——: *La Révolution du langage poétique* (Paris: Seuil, 1974): trans. M. Walker as *Revolution in Poetic Language* (New York: Columbia University Press, 1984).

——: *The Kristeva Reader*, ed. T. Moi (Oxford: Blackwell, 1986).

——: *Black Sun: Depression and Melancholia*, trans. L. S. Roudiez (New York: Columbia University Press, 1989).

——: *Strangers to Ourselves*, trans. L. S. Roudiez (New York: Columbia University Press, 1991).

Kruks, S.: "Gender and subjectivity: Simone de Beauvoir and contemporary feminism', *Signs*, 18: 1 (1992), 89–110.

——: "Identity politics and dialectical reason: beyond an epistemology of provenance," *Hypatia*, 10: 2 (1995), 1–22.

——, Rapp, R., and Young, M., eds.: *Promissory Notes: Women in the Transition to Socialism* (New York: Monthly Review Press, 1989).

Kuhn, A., and Wolpe, A. M., eds.: *Feminism and Materialism* (London: Verso, 1978).

Kuhn, T.: *The Structure of Scientific Revolutions* (Chicago, IL: University of Chicago Press, 1962).

Kulke, C., and Scheich, E., eds.: *Zwielicht der Vernunft. Die Dialektik der Aufklärung aus der Sicht von Frauen* (Pfaffenweiler: Centaurus, 1992).

Kumar, R.: *The History of Doing* (New Delhi: Kali for Women, 1993).

Kupfer, J.: "Privacy, autonomy, and self-concept," *American Philosophical Quarterly*, 24 (1987), 81–9.

Kuykendall, E.: "Feminist linguistics in philosophy," *Sexist Language: A Modern Philosophical Analysis*, ed. M. Vetterling-Braggin (Totowa, NJ: Littlefield, Adams, 1981).

Kymlicka, W.: *Contemporary Political Philosophy: An Introduction* (Oxford: Clarendon Press, 1990).

——: "Rethinking the family," *Philosophy and Public Affairs* (Winter 1991), 77–97.

Lacan, J.: *Ecrits* (London: Tavistock, 1977).

——: "God and the *Jouissance* of the woman. A love letter," *Feminine Sexuality: Jacques Lacan and the Ecole Freudienne*, ed. J. Mitchell and J. Rose (New York: W. W. Norton & Co., 1983), pp. 137–48.

Laclau, E., and Mouffe, C.: *Hegemony and Socialist Strategy: Towards a Radical Democratic Politics*, trans. W. Moore and P. Cammack (London: Verso, 1985).

Lahar, S.: "Ecofeminist theory and grassroots politics," *Hypatia*, 6: 1 (1991).

Lahey, K., and Salter, S.: "Corporate law in legal theory and legal scholarship: from classicism to feminism," *Osgoode Hall Law Journal*, 23 (1985), 543–72.

Laidlaw, T. A., and Malmo, C., eds.: *Healing Voices: Feminist Approaches to Therapy with Women* (San Francisco, CA: Jossey-Bass, 1990).

Laird, S.: "Women and gender in John Dewey's philosophy of education," *Educational Theory*, 38: 1 (1988b), 111–30.

——: "Reforming 'Woman's True Profession', A Case for 'Feminist Pedagogy' in Teacher Education?," *Harvard Educational Review*, 58: 4 (1988a), 449–63.

——: "The concept of teaching; Betsy Brown vs. philosophy of education?," *Philosophy of Education 1988* (Champaign, IL: Philosophy of Education Society, 1989), pp. 32–45.

——: "The ideal of the educated teacher – 'reclaiming a conversation' with Louisa May Alcott," *Curriculum Inquiry*, 21: 3 (1991).

——: "'Rethinking 'Coeducation'," *Studies in Philosophy and Education*, 13 (1994), 361–78.
——: "Curriculum and the maternal," *Journal for a Just and Caring Education*, 1: 1 (1995a), 45–75.
——: "Who cares about girls? Rethinking the meaning of teaching," *Peabody Journal of Education*, (1995b).
Lakoff, R.: *Language and Women's Place* (New York: Harper and Row, 1975).
Lamas, M.: "Cuerpo: diferencia social y género," *Debate feminista* [Mexico], 10 (1994), 3–31.
Lambert, S.: "Disability and violence," *Sinister Wisdom*, 39 (1989).
Landes, J.: *Women and the Public Sphere in the Age of the French Revolution* (Ithaca, NY: Cornell University Press, 1988).
Landry, D., and MacLean, G.: *Materialist Feminists* (Oxford: Blackwell, 1993).
Lange, L.: "The function of equal education in Plato's *Republic* and *Laws*," *The Sexism of Social and Political Theory* (Toronto: University of Toronto Press, 1979).
——: "Woman is not a rational animal: on Aristotle's biology of reproduction," *Discovering Reality: Feminist Perspectives on Epistemology, Metaphysics, Methodology, and Philosophy of Science*, ed. S. Harding and M. Hintikka (Dordrecht, Holland: D. Reidel Publishing, 1983).
Langton, R.: "Beyond a pragmatic critique of reason," *Australasian Journal of Philosophy*, 71 (1993a), 364–84.
——: "Speech acts and unspeakable acts," *Philosophy and Public Affairs*, 22: 4 (1993b), 293–330.
Laqueur, T.: "Orgasm, generation, and the politics of reproductive biology," *The Making of the Modern Body*, ed. C. Gallagher and T. Laqueur (Berkeley: University of California Press, 1987), pp. 1–41.
——: *Making Sex: Body and Gender from the Greeks to Freud* (Cambridge, MA: Harvard University Press, 1990).
Larrabee, M. J., ed.: *An Ethic of Care* (New York: Routledge, 1993).
Lasker, J., and Borg, S.: *In Search of Parenthood* (Boston: Beacon Press, 1987).
Lather, P.: *Getting Smart: Feminist Research and Pedagogy With/in the Postmodern* (New York: Routledge, 1991).
Laudan, L.: *Progress and Its Problems* (Berkeley: University of California Press, 1977).
Lauter, E.: "Reenfranchising art: feminist interventions in the theory of art," *Aesthetics in Feminist Perspective*, ed. H. Hein and C. Korsmeyer (Bloomington: Indiana University Press, 1993).
Law, S.: "Rethinking sex and the constitution," *University of Pennsylvania Law Review*, 132 (1984), 955–1040.
——: "Homosexuality and the social meaning of gender," *Wisconsin Law Review* (1988), 187–235.
——: "'Girls can't be plumbers' – affirmative action for women in construction: beyond goals and quotas," *Harvard Civil Rights–Civil Liberties Law Review*, 24 (1989), 45–77.

Lazreg, M.: "Feminism and difference: The perils of writing as a woman on women in Algeria," *Conflicts in Feminism*, ed. M. Hirsch and E. Fox Keller (New York: Routledge, 1990).

——: *The Eloquence of Silence* (New York: Routledge, 1994).

Leach, M.: "Mothers of In(ter)vention: women's writing in philosophy of education," *Educational Theory*, 41: 3 (1991), 287–300.

Lebacqz, K.: *Professional Ethics: Power and Paradox* (Nashville, TN: Abington Press, 1985).

Le Doeuff, M.: *The Philosophical Imaginary*, trans. C. Gordon (Stanford, CA: Stanford University Press, 1990a).

——: "Women, reason, etc.," *differences*, 2: 3 (1990b), 1–13.

——: *Hipparchia's Choice*, trans. T. Selous (Oxford: Blackwell Press, 1991).

Lefevre, H.: *The Production of Space* (Oxford: Blackwell Publishers, 1991).

Leibowitz, F.: "Apt feelings, or why 'women's films' aren't trivial," *Post-Theory: Reconstructing Film Studies*, ed. D. Bordwell and N. Carroll (Madison: University of Wisconsin Press, 1996), pp. 219–29.

Leininger, M.: *Care: The Essence of Nursing and Health* (Thorofare, NJ: Slack, 1984).

Leiris, M.: "Race and culture," *Race, Science and Society*, ed. L. Kuper (New York: Columbia University Press, 1965), pp. 135–72.

LeMoncheck, L.: *Dehumanizing Women: Treating Persons as Sex Objects* (Totowa, NJ: Rowman and Allenheld, 1985).

Lenin, V. I.: *The Emancipation of Women* (New York: International Publishers, 1934).

Lennon, K., and Whitford, M., eds.: *Knowing the Difference: Feminist Perspectives in Epistemology* (New York: Routledge, 1994).

——: "Gender and knowledge." *Journal of Gender Studies*, 4: 2 (1995), 133–45.

Lerner, G.: *The Creation of Patriarchy* (New York: Oxford University Press, 1986).

Lévi-Strauss, C.: "Race and History," *Race, Science and Society*, ed. L. Kuper (New York: Columbia University Press, 1965), pp. 95–134.

Levine, E. R., ed.: *A Ceremonies Sampler: New Rites, Celebrations, and Observances of Jewish Women* (San Diego, CA: Women's Institute for Continuing Jewish Education 1991).

Levy-Bruhl, L.: *Primitive Mentality* (New York: AM Press, 1978).

Lewontin, R., Rose, S., and Kamin, L.: *Not in Our Genes: Biology, Ideology and Human Nature* (New York: Penguin, 1984).

Li Jingzhi, Zhang Xinxu and Ding Juan: *The Marxist Concept of Women* (Beijing: People's University Press, 1992).

Li, Xiao Jiang: *Gender Gap* (Beijing: Sanlian Publishing House, 1989).

——: "My view on women's studies and movements in the new era," *Chinese Women and Development; Position, Health and Employment*, ed. D. Fangqin (Zhengzhou: Henan People's Publishing House, 1993).

——: *Toward the Woman* (Zhengzhou: Henan People's Publishing House, 1995).

Lindon, R., Pagano, D., Russell, D., and Star Leigh, S.: *Against Sadomasochism: A Radical Feminist Analysis* (Palo Alto, CA: Frog in the Well, 1982).

Lippard, L.: *From the Center: Feminist Essays on Women's Art* (New York: Dutton, 1976).
Lippman, A.: "Parental genetic testing and screening: constructing needs and reinforcing inequities," *American Journal of Law Medicine*, XVII (1991), 15–50.
Littleton, C.: "Reconstructing sexual equality," *California Law Review*, 75: 4 (1987), 1279–1337.
Lloyd, G.: "Rousseau on reason, nature and women," *Metaphilosophy*, 14: 3–4 (1983), 308–26.
——: *The Man of Reason: "Male" and "Female" in Western Philosophy* (Minneapolis: University of Minnesota Press, 1984).
——: *Polarity and Analogy: Two Types of Argumentation in Early Greek Thought* (Cambridge: Cambridge University Press, 1986).
——: "Selfhood, war and masculinity," *Feminist Challenges*, ed. E. Gross and C. Pateman (London: Allen and Unwin, 1987).
——: "Woman as other: sex, gender and subjectivity," *Australian Feminist Studies*, 10 (1989).
——: *Methods and Problems in Greek Science* (Cambridge: Cambridge University Press, 1991).
——: "Maleness, metaphor and the crisis of reason," *A Mind of One's Own: Feminist Essays on Reason and Objectivity*, ed. L. Antony and C. Witt (Boulder, CO: Westview Press, 1993), pp. 69–83.
——: *Part of Nature: Self-Knowledge in Spinoza's Ethics* (Ithaca, NY: Cornell University Press, 1994).
Locke, J.: *An Essay Concerning Human Understanding* (London: 1694).
Longauex y Vásquez, E.: "The Mexican-American woman," *Sisterhood is Powerful*, ed. R. Morgan (New York: Random House, 1970).
Longino, H.: "Can there be a feminist science?," *Feminism and Science*, ed. N. Tuana (Bloomington: Indiana University Press, 1989).
——: *Science as Social Knowledge: Values and Objectivity in Scientific Inquiry* (Princeton, NJ: Princeton University Press, 1990).
——: "Essential Tensions," *A Mind of One's Own: Feminist Essays on Reason and Objectivity*, ed. L. Antony and C. Witt (Boulder, CO: Westview Press, 1993a).
——: "Subjects, power and knowledge," *Feminist Epistemologies*, ed. L. Alcoff and E. Potter (New York: Routledge, 1993b).
Lopate, C.: "Women and pay for housework," *Feminist Frameworks*, ed. A. M. Jaggar and P. S. Rothenberg (New York: McGraw-Hill, 1978), pp. 211–17.
Lorde, A.: *Sister Outsider* (Trumansburg, NY: The Crossing Press, 1984).
Lovenduski, J.: *Women and European Politics: Contemporary Feminism and Public Policy* (Amherst: University of Massachusetts Press, 1986).
Loving v. *Virginia*, 388 U.S. 1 (1967).
Lowenberg, B. J., and Bogin, R., eds.: *Black Women in Nineteenth Century American Life* (University Park: Pennsylvania State University Press, 1976).
Lugones, M.: "Playfulness, 'world'-traveling, and loving perception," *Hypatia*, 2 (1987), 3–19.

——: "Hispaneando y lesbiando: on Sara Hoagland's *Lesbian Ethics*," *Hypatia*, 5 (1990), 138–46.
——: "On the logic of pluralist feminism," *Feminist Ethics*, ed. C. Card (Lawrence: University Press of Kansas, 1991), pp. 35–44.
——: *Pilgrimages/Peregrinajes: Essays in Pluralist Feminism* (Albany: State University of New York Press, forthcoming).
——, and Spelman, E.: "Have we got a theory for you!," *Women and Values*, ed. M. Pearsall (Belmont, CA: Wadsworth, 1986), pp. 19–31.
Lukic, J.: "Women-centered narratives in Serbian and Croat literatures," *Engendered Slavic Literatures*, ed. P. Shester and S. Forrester (Bloomington: Indiana University Press, 1996).
Lundgren-Gothlin, E.: *Sex and Existence: Simone de Beauvoir's* The Second Sex (London: Athlone Press, 1996).
Luo Qiong: *Basic Knowledges about the Question of Women's Liberation* (Beijing: People's Publishing House, 1986).
Luxemburg, R.: *The Accumulation of Capital*, trans. A. Schwarzschild (New Haven, CT: Yale University Press, 1951).
——: *The Mass Strike* (London: Bookmarks, 1986).
Lyotard, J-F.: "The sublime and the avant-garde," *The Lyotard Reader*, ed. A. Benjamin (Oxford: Blackwell, 1989).
MacCormack, C., and Strathern, M., eds.: *Nature, Culture, and Gender* (Cambridge: Cambridge University Press, 1980).
MacIntyre, A.: *After Virtue* (Notre Dame, IN: University of Notre Dame Press, 1981).
Mackenzie, C.: "Abortion and embodiment," *Australian Journal of Philosophy*, 70: 2 (1992), 136–55.
——: "Reason and sensibility: the ideal of women's self-governance in the writings of Mary Wollstonecraft," *Hypatia*, 8: 4 (1993), 35–55.
MacKinnon, C.: *The Sexual Harassment of Working Women* (New Haven, CT: Yale University Press, 1979).
——: "Feminism, Marxism, method, and the state: an agenda for theory," *Signs*, 7 (1982), 515–44.
——: "Feminism, Marxism, method and the state: toward feminist jurisprudence," *Signs*, 8 (1983), 635–58.
——: "Difference and dominance: on sex discrimination," *Feminism Unmodified: Discourses on Life and Law* (Cambridge, MA: Harvard University Press, 1987a), pp. 32–45.
——: *Feminism Unmodified: Discourses on Life and Law* (Cambridge, MA: Harvard University Press, 1987b).
——: *Toward a Feminist Theory of the State* (Cambridge, MA: Harvard University Press, 1989).
——: "Legal perspectives on sexual difference," *Theoretical Perspectives on Sexual Difference*, ed. D. Rhode (New Haven, CT: Yale University Press, 1990).
——: "Crimes of war, crimes of peace," *On Human Rights*, ed. S. Shute and S. Hurley (New York: Basic Books, 1993a), pp. 83–109.

——: *Only Words* (Cambridge, MA: Harvard University Press, 1993b).
Macklin, R.: "Is there anything wrong with surrogate motherhood?: An ethical analysis," *Law, Medical and Health Care*, 16 (1988).
Maffia, D. H.: "De los derechos humanos a los derechos de las humanas," *Capacitación Politica para Mujeres: Género y Cambio Social en la Argentina Actual*, ed. D. H. Maffia and C. Kuschnir (Buenos Aires: Feminaria Editora, 1994), pp. 63–75.
Maguigan, H.: "Battered women and self-defense: myths and misconceptions in current reform proposals," *University of Pennsylvania Law Review*, 140 (1991), 379–486.
Mahasweta Devi: "Sanjh Sakaler Ma," *Mahasweta Devir Chhotogalpo Sankolan (Bengali)* (New Delhi: National Book Trust, 1993).
Mahoney, M.: "Legal images of battered women: redefining the issue of separation," *Michigan Law Review*, 90 (1991), 1–94.
Mahowald, M. B.: *Philosophy and Women* (Indianapolis, IN: Hackett Publishing Co., 1983).
——: "Sex-role stereotypes in medicine," *Hypatia*, 2: 2 (1987), 21–38.
——: *Women and Children in Health Care: An Unequal Majority* (New York: Oxford University Press, 1993).
Maihofer, A.: "Ansatze zur Kritik des moralischen Universalismus," *Feministische Studien*, 1 (1988), 32–52.
——: *Geschlecht als Existenzweise. Macht, Moral, Recht und Geschlechterdifferenz* (Frankfurt/Main, 1995).
Malveaux, J.: "Gender difference and beyond: An economic perspective on diversity and commonality among women," *Theoretical Perspectives on Sexual Difference*, ed. D. Rhode (New Haven, CT: Yale University Press, 1990), pp. 226–38.
Mann, P.: *Micro-Politics: Agency in a Postfeminist Era* (Minneapolis: University of Minnesota Press, 1994).
Mannheim, K.: *Ideology and Utopia* (London: Routledge and Kegan Paul, 1960).
Manning, R.: *Speaking From the Heart* (Lanham, MD: Rowman and Littlefield, 1992).
Mansbridge, J.: "Feminism and democracy," *The American Prospect*, 1 (1990), 126–39.
——: "Feminism and democratic community," *Democratic Community*, ed. J. Chapman and I. Shapiro (New York: New York University Press, 1993), pp. 339–95.
Manuh, T.: "Methodologies for gender analysis – an African perspective," *Legon Gender Analysis Report* (Legon: University of Legon, 1992).
Manushi, Tenth Anniversary Special Issue on Women Bhakta Poets, 50–2 (1989).
Marks, E.: "Lesbian intertextuality," *Homosexualities and French Literature*, ed. E. Marks and G. Stambolian (Ithaca, NY: Cornell University Press, 1979).
Marshall, B.: *Engendering Modernity: Feminism, Social Theory and Change* (Boston: Northeastern University Press, 1994).

Martin, B.: "Sexualities without gender and other queer utopias," *Diacritics*, 24: 2–3 (1994), 104–21.
Martin, E.: *The Woman in the Body: A Cultural Analysis of Reproduction* (Boston: Beacon Press, 1987).
——: "The egg and the sperm," *Signs*, 16: 3 (1991), 485–501.
——: *Flexible Bodies* (Boston: Beacon Press, 1994).
Martin, J.: "Sex equality and education," *"Femininity," "Masculinity," and "Androgyny: A Modern Philosophical Discussion"*, ed. M. Vetterling-Braggin (Totowa, NJ: Littlefield Adams, 1982).
——: "Bringing women into educational thought," *Educational Theory*, 34: 4 (1984), 341–53.
——: *Reclaiming A Conversation: The Ideal of the Educated Woman* (New Haven, CT: Yale University Press, 1985).
——: "Martial virtues or capital vices?," *Journal of Thought*, 22: 3 (1987a), 32–44.
——: "Reforming teacher education, rethinking liberal education," *Teachers' College Record*, 88: 3 (1987b), 406–10.
——: "What should science educators do about the gender bias in science?," *History, Philosophy, and Science Teaching*, ed. M.R. Matthews (Toronto: OISE Press, 1991), pp. 151–67.
——: *The Schoolhome: Rethinking Schools for Changing Families* (Cambridge, MA: Harvard University Press, 1992).
——: *Changing the Educational Landscape* (New York: Routledge, 1994a).
——: "Methodological essentialism, false difference, and other dangerous traps," *Signs* 19 (1994b), 630–57.
Marx, K.: *The Economic and Philosophic Manuscripts of 1844*, ed. D.J. Struik (New York: International Publishers, 1964).
——: *Capital* (New York: International Publishers, 1967).
——, and Engels, F.: *German Ideology* (New York: International Publishers, 1970).
——, Engels, F., Lenin, V. I., and Stalin, J.: *The Woman Question* (New York: International Publishers, 1951).
Mascia-Lees, F., Sharpe, P., and Ballerino-Cohen, C.: "The postmodern turn in anthropology: cautions from a feminist perspective," *Signs*, 15: 1 (1989), 7–33.
Masolo, F. D. A.: "History and the modernization of African philosophy: a reading of Kwasi Wiredu," *Postkoloniales Philosophieren Afrika*, ed. H. Nagl-Docekal and M. Wimmer (Vienna/Munich: Oldenbourg, 1992), pp. 67–97.
Massaro, T.: "Empathy, legal storytelling and the rule of law: new words, old wounds?," *Michigan Law Review*, 87 (1989), 2099–127.
Masters, J.: "Revolutionary theory: reinventing our origin myths," *Reinventing Biology*, ed. L. Birke and R. Hubbard (Bloomington: Indiana University Press, 1995).
Mathews, F.: *The Ecological Self* (London: Routledge, 1991).

Mattick, P.: "Beautiful and sublime: 'Gender tokenism' in the constitution of art," *Feminism and Tradition in Aesthetics*, ed. P. Z. Brand and C. Korsmeyer (University Park: Pennsylvania State University Press, 1995).

Maududi, S. A. A.: *Purdah and the Status of Woman in Islam*, 6th edn (Pakistan: Islamic Publications Ltd, 1981).

Mbiliyi, M.: "Research priorities in women studies in East Africa," *Women Studies International Forum*, 7: 4 (1984), 289–300.

McBride, W., and Raynova, I.: "Visions from the ashes: philosophical life in Bulgaria from 1945 to 1992," *Philosophy and Political Change in Eastern Europe*, ed. B. Smith (La Salle, IL: Hegler Institute, 1993).

McClain, L.: "'Atomistic man' revisited: liberalism, connection, and feminist jurisprudence," *Southern California Law Review*, 65 (1992a), 1171–264.

——: "The poverty of privacy?," *Columbia Journal of Gender and Law*, 3 (1992b), 119–74.

McCloud, S. G.: "Feminism's idealist error," *New York University Review of Law & Social Change*, 14 (1986), 277–321.

McClure, K.: "The issues of foundations," *Feminists Theorize the Political*, ed. J. Butler and J. W. Scott (New York: Routledge, 1992).

McCormack, C.P.,: "If pornography is the theory, is inequality the practice?," *Philosophy of Social Theory*, 23: 3 (September 1993), 298–326.

—— and Strathern, M., eds.: *Nature, Culture and Gender* (Cambridge: Cambridge University Press, 1980).

McFague, S.: *Models of God* (Philadelphia, PA: Fortress Press, 1987).

——: *The Body of God* (Minneapolis: Fortress Press, 1993).

McFall, L.: "What's wrong with bitterness?," *Feminist Ethics*, ed. C. Card (Lawrence: University of Kansas Press, 1991).

McNeil, M.: *Gender and Expertise* (London: Free Association Books, 1987).

Meehan, J.: "Autonomy, recognition, and respect: Habermas, Benjamin, and Honneth," *Feminists Read Habermas: Gendering the Subject of Discourse*, ed. J. Meehan (New York: Routledge, 1995), pp. 231–46.

Mellor, M.: *Breaking the Boundaries* (London: Virago, 1992).

Ménage, G.: *The History of Women Philosophers* [1690], trans. B. Zedler (Latham, MD: University Press of America, 1984).

Mendus, S.: "Losing the faith: feminism and democracy," *Democracy: The Unfinished Journey*, ed. J. Dunn (Oxford: Oxford University Press, 1992), 207–19.

Menkel-Meadow, C.: "Toward another view of legal negotiation: the structure of problem solving," *University of California Law Review*, 31 (1984), 754–842.

——: "Feminist legal theory, critical legal studies, and legal education," *Journal of Legal Education*, 38 (1988), 61–85.

——: "Mainstreaming feminist legal theory," *Pacific Law Journal*, 23 (1992), 1493–1542.

Merchant, C.: *The Death of Nature: Women, Ecology and the Scientific Revolution* (San Francisco, CA: Harper and Row, 1980).

——: *Radical Ecology* (London: Routledge, 1994).

——: *Earthcare: Women and the Environment* (London: Routledge, 1996).

Merleau-Ponty, M.: (1945), trans. C. Smith, *The Phenomenology of Perception* (London: Routledge and Kegan Paul, 1962).
Mernissi, F.: *Beyond the Veil: Male/Female Dynamics in Modern Muslim Society* (London: Al Saqi Books, 1985).
Merriam, E.: "Sex and semantics: some notes on BOMFOG," *New York University Education Quarterly*, 5: 4 (1974), 22–4.
Meyers, D.: "The socialized individual and individual autonomy," *Women and Moral Theory*, ed. E. Kittay and D. Meyers (Savage, MD: Rowman and Littlefield, 1987), pp. 139–53.
——: *Self, Society, and Personal Choice* (New York: Columbia University Press, 1989).
——: *Subjection and Subjectivity: Psychoanalytic Feminism and Moral Philosophy* (New York: Routledge, 1994).
——: "Rights in collision: A non-punitive, compensatory remedy for abusive speech," *Law and Philosophy*, 14 (1995) 203–43.
Meznaric, S.: "Gender as an ethno-marker: rape, war, and identity politics in the former Yugoslavia," *Identity Politics and Women*, ed. V. Moghadan (Boulder, CO: Westview Press, 1994).
Michaels, M.: "Other mothers: Toward an ethic of postmaternal practice," *Hypatia*, 11: 2 (1996), 49–70.
Midgley, M.: *Beast and Man* (London: Methuen, 1980).
——: "On not being afraid of natural differences?," *Feminist Perspectives in Philosophy*, ed. M. Griffiths and M. Whitford (Basingstoke: Macmillan. 1988).
——, and Hughes, J.: *Women's Choices: Philosophical Problems Facing Feminism* (New York: St. Martin's Press, 1983).
Mies, M.: *Patriarchy and Accumulation on a World Scale* (London: Zed, 1986).
—— and Shiva, V.: *Ecofeminism* (New Delhi: Kali for Women, 1993).
Milan Women's Bookstore Collective: *Sexual Difference. A Theory of Socio-Symbolic Practice* (Bloomington: Indiana University Press, 1990).
Mill, J. S., and Taylor, H.: "The Subjection of Women," *Essays on Sex Equality*, ed. A. Rossi (Chicago, IL: University of Chicago Press, 1970).
——: *Utilitarianism* [1861] (Indianapolis, IN: Hackett, 1979).
——: *The Subjection of Women* [1869] (London: Virago, 1983, also Cambridge, MA: MIT Press, 1978).
Miller, C., and Swift, K.: *Words and Women: New Language in New Times* (New York: Harper Collins, 1991).
Miller, M. C.: "Feminism and pragmatism: or the arrival of a 'Ministry of Disturbance, A Regulated Source of Annoyance; A Destroyer of Rhetoric; An Undermining of Complacency,'" *Monist*, 15: 4 (1992), 445–57.
Millett, K.: *Sexual Politics* (Garden City, NY: Doubleday Press, 1970).
Min Jiayin: *Variations of Masculine Strength and Feminine Grace* (Beijing: Social Science Publishers, 1995).
Minow, M.: "The Supreme Court, 1986 term – foreword: justice engendered," *Harvard Law Review*, 101 (1987), 10–95.

——: *Making All the Difference: Inclusion, Exclusion, and American Law* (Ithaca, NY: Cornell University Press, 1990).

——: "Equalities," *Journal of Philosophy* (November 1991a), 633–44.

——: "Feminist reason: getting it and losing it," *Feminist Legal Theory: Readings in Law and Gender*, ed. K. T. Bartlett and R. Kennedy (Boulder, CO: Westview Press, 1991b),. pp. 357–69.

——, and Shanley, M. L.: "Relational rights and responsibilities: revisioning the family in liberal political theory and law," *Hypatia*, 11: 1 (1996), 3–29.

Miroiu, M.: "The vicious circle of anonymity, or pseudo-feminism and totalitarism," *Thinking*, 11: 3–4 (1994), 54.

——: *Convenio: On Nature, Women and Morals* (Bucharest: Alternative Publishing House, 1996).

Mitchell, J.: *Women's Estate* (New York: Random House, 1972).

——: *Psychoanalysis and Feminism* (New York: Pantheon, 1974).

——: "The longest revolution," *Women, Class and the Feminist Imagination*, ed. K. Hansen and I. Philipson (Philadelphia, PA: Temple University Press, 1990), pp. 43–73.

Mladjenovic, L.: "Universal soldier. Rape in war," *Women for Peace* (Belgrade: Women in Black, 1995), pp. 93–7.

Moen, M.: "Feminist themes in unlikely places," *Feminist Interpretations of Kant*, ed. R. Schott (University Park: Pennsylvania State University Press, 1997).

Mohanty, C. T.: "Under Western eyes: feminist scholarship and colonial discourse," *Boundary*, 2 (1984), 337–8.

——: "Feminist encounters: locating the politics of experience," *Destabilizing Theory: Contemporary Feminist Debates*, ed. M. Barrett and A. Phillips (Cambridge: Polity Press, 1992), pp. 74–92.

——, Russo, A., and Torres, L., eds.: *Third World Women and the Politics of Feminism* (Bloomington: Indiana University Press, 1991).

Moi, T.: *Simone de Beauvoir: The Making of an Intellectual Woman* (Oxford: Blackwell, 1994).

Molyneaux, M.: "Mobilization without emancipation? Women's interests, state and revolution in Nicaragua," *Feminist Studies*, 11 (1985), 227–54.

Montrelay, M.: *L'Ombre et le nom* (Paris: Minuit, 1977).

——: "An enquiry into femininity," *M/F*, 1 (1978), pp. 83–102.

Moody-Adams, M.: "On surrogacy: morality, markets and motherhood," *Public Affairs Quarterly*, 5: 2 (1991), 175–90.

—— "Feminist inquiry and the transformation of the 'public' sphere in Held's *Feminist Morality*," *Hypatia* 1:1 (1996), 155–67.

——: *Morality, Culture, and Philosophy* (Cambridge, MA: Harvard University Press, forthcoming).

Moore, B.: *Privacy: Studies in Social and Cultural History* (Armonk, NY: M. E. Sharpe, 1984).

Moraga, C., and Anzaldúa, G., eds.: *This Bridge Called My Back: Writings by Radical Women of Color* (New York: Kitchen Table, Women of Color, 1981).

Morgan, K.: "Amazons, spinsters, and women: a career of one's own," *Philosophy of Education 1978* (Champaign, IL: Philosophy of Education Society, 1979), pp. 11–19.

——: "Romantic love, altruism, and self-respect: An analysis of Simone de Beauvoir," *Hypatia*, 1: 1 (1986), 117–48.

——: "Women and moral madness," *Science, Morality, and Feminist Theory*, ed. M. Hanen and K. Nielsen (Calgary: University of Calgary Press, 1987).

——: "Of woman born? How old fashioned!," *The Future of Human Reproduction*, ed. C. Overall (Toronto: The Women's Press, 1989), pp. 62–79.

——: "Women and the knife: cosmetic surgery and the colonization of women's bodies," *Hypatia*, 6 (1991), 25–53.

Morris, J.: *Pride Against Prejudice* (Philadelphia: New Society Publishers, 1991).

Morrison, T.: *The Bluest Eye* (New York: Pocket Books, 1970).

Morton, N.: "Beloved image!," paper presented to The American Academy of Religion (San Francisco, CA: December 28, 1977).

——: *The Journey is Home* (Boston: Beacon Press, 1985).

Morton, P.: *Disfigured Images: The Historical Assault on African American Women* (Westport, CT: Greenwood Press, 1991).

Moser, C.: "Gender planning in the Third World," *Gender and International Relations*, ed. R. Newland and K. Newland (Bloomington: Indiana University Press, 1991).

Moskowitz, E., Jennings, B., and Callahan, D.: "Feminism, social policy, and long-acting contraception," *Hasting Center Report*, 25: 1 (1995), 30–2.

Mouffe, C.: "Feminism, citizenship, and radical politics," *Feminists Theorize the Political*, ed. J. Butler and J. W. Scott (New York: Routledge, 1992).

——: "Feminism, citizenship and radical democratic politics," *The Return of the Political*, ed. C. Mouffe (London: Verso, 1994), pp. 74–89.

Moulton, J.: "The myth of the neutral 'man,'" *Sexist Language: A Modern Philosophical Analysis*, ed. M. Vetterling-Braggin (Totowa, NJ: Littlefield, Adams, 1981).

——: "A paradigm of philosophy: the adversary method," *Discovering Reality: Feminist Perspectives on Epistemology, Metaphysics, Methodology, and Philosophy of Science*, ed. S. Harding and M. Hintikka (Dordrecht, Holland: D. Reidel Publishing, 1983a).

——: "Sexual behavior: another position," *The Philosophy of Sex: Contemporary Readings*, ed. A. Soble (Savage, MD: Rowan and Littlefield, 1991), pp. 63–72.

—— and Rainone, F.: "Women's work and sex roles," *Beyond Domination*, ed. C. C. Gould (Totowa, NJ: Rowman and Allanheld, 1983b), pp. 189–203.

Mudimbe, V. Y.: *The Invention of Africa Gnosis: Philosophy and the Order of Knowledge* (Bloomington: Indiana University Press, 1988).

Mulvey, L.: "Visual pleasure and narrative cinema," *Screen*, 16 (1975), 6–18.

——: *Visual and Other Pleasures* (Bloomington: Indiana University Press, 1990).

Murphy, J. S.: "The look in Sartre and Rich," *The Thinking Muse*, ed. J. Allen and I. M. Young (Bloomington: Indiana University Press, 1989).

Musheerul Haq: *Aurat ki Hukmarani Jaez Hai* (Aik Islami Nuqta-e-Nazar: Rawalpindi, 1989).
Muslim Women's Georgetown Project: Position Paper, "Islam: A System of Reciprocal Partnership" (Washington, DC: September 27, 1995).
Muslim Women's League: Position Paper, *The Spiritual Role of Women*, n.d.
Myron, N., and Bunch, C., eds.: *Lesbianism and the Women's Movement* (Baltimore, MD: Diana Press, 1974).
al-Nadawi, A. H.: *al-Sirah al-Nabawiyah* (*The Prophetic Biography*) (Jeddah: Dar al-Shurouq, 1977).
Nagel, T.: *Equality and Partiality* (New York: Oxford University Press, 1991).
——, ed.: *Feministische Philosophie* (Vienna/Munich: Oldenbourg, 1990).
Nagl-Docekal, H.: "Jenseits der Geschlechtemoral," *Jeseits der Geschlechtermoral: Beiträge zur feministischen Ethik*, eds. H. Nagl-Docekal and H. Pauer-Studer (Frankfurt/Main, 1993), pp. 7–32.
——: "Ist Fursorglichkeit mit Gleichbehandlung unvereinbar?," *Duet Z Phil*, 42: 6 (1994), 1045–50.
——: "Philosophy of history as a theory of gender difference: the case of Rousseau," *Re-Reading the Philosophical Canon. Feminist Critique in German*. ed. H. Nagl-Docekal and C. Klinger (University Park: Pennsylvania State Press, forthcoming, a).
——: "Feminist ethics: How it could benefit from Kant's moral philosophy," *Feminist Interpretations of Kant*, ed. R. Schott (University Park: Pennsylvania State Press, forthcoming, b).
——, and Pauer-Studer, H., eds.: *Jenseits der Geschlechtermoral. Beiträge zur feministischen Ethik* (Frankfurt/Main, 1993).
Nails, D.: "Social-scientific sexism: Gilligan's mismeasure of man," *Social Research*. 50: 3 (1983). 643–64.
Nakashima Brock, R.: *Journeys by Heart: A Christology of Erotic Power* (New York: Crossroad, 1988).
Nanda, S: "The Hijras of India: cultural and individual dimensions of an institutionalized third gender role," *Journal of Homosexuality*, II: 3–4 (1986), 35–54.
Nandy, A.: *At the Edge of Psychology: Essays in Politics and Culture* (Delhi: Oxford University Press, 1980).
Narayan, U.: "Working together across difference," *Hypatia*, 3: 2 (1988), 31–48.
——: "Mail order brides: protecting women in international marriages," paper presented at the International Conference on Feminist Ethics and Social Policy (University of Pittsburgh, PA: Graduate School of Public and International Affairs, 1993).
——: "Colonialism and its others: considerations on rights and care discourses," *Hypatia*, 10: 2 (1995), 133–40.
Nash, M.: "The man without a penis: libidinal economies that (re)cognize the hypernature of gender," *Philosophy and Social Criticism*, 18: 2 (1992), 125–34.

Nasif, F.: *Huquq al-Mar'ah wa Wajibatiha fi Daw' al-Kitab wa la-Sunnah* (*The Rights and Duties of Woman in Light of the Qur'an and the Tradition of the Prophet*) (Jeddah: Tihamah, 1992).

National Committee of NGOs for Population and Development, Branch Committee for Women: *Al-Tariq min al-Qahira ila Pikin* (*The Road from Cairo to Beijing*) (Cairo: 1995).

Nedelsky, J.: "Reconceiving autonomy: sources, thoughts and possibilities," *Yale Journal of Law & Feminism*, 1 (1989), 7–36.

——: "The challenges of multiplicity," *Michigan Law Review*, 89 (1991), 1591–1609.

Nelkin, D., and Lindee, S.: *The DNA Mystique: The Gene as Icon* (New York: Freeman Press, 1995).

Nelson, C., and Grossberg, L., eds.: *Marxism and the Interpretation of Culture* (Chicago: University of Illinois Press, 1988).

Nelson, H. L.: "Against caring," *Journal of Clinical Ethics*, 3: 1 (1992), 8–15.

——: "The architect and the bee: some reflections on postmodern pregnancy," *Bioethics*, 8: 3 (1994), 247–67.

——: "Resistance and insubordination," *Hypatia*, 10 (1995), 23–40.

—— and Nelson, J. L.: "Feminism, social policy and long-acting contraception," *Hastings Center Report*, 25: 1 (1995), 30–32.

——: "Justice in the allocation of health care resources: a feminist account," *Feminism & Bioethics: Beyond Reproduction*, ed. S. Wolf (New York: Oxford University Press, 1996).

Nelson, L. H.: *Who Knows: From Quine to a Feminist Empiricism* (Philadelphia: Temple University Press, 1990).

——: "Epistemological communities," *Feminist Epistemologies*, ed. L. Alcoff and E. Potter (New York: Routledge, 1993a).

——: "A question of evidence," *Hypatia*, 8: 2 (1993b).

——: "A feminist naturalized philosophy of science," *Synthèse*, 104: 3 (1995).

Nestle, J.: "The femme question," *Pleasure and Danger: Exploring Female Sexuality*, ed. C. Vance (Boston: Routledge and Kegan Paul, 1984), pp. 232–41.

——: *A Restricted Country* (Ithaca, NY: Firebrand Books, 1987).

——, ed.: *The Persistent Desire: A Femme-Butch Reader* (Boston: Alyson Publications, 1992).

Newton, E.: "The mythic mannish lesbian: Radclyffe Hall and the new woman," *Signs*, 9: 4 (1984), 557–75.

Newton, L.: "Reverse discrimination as unjustified," *Ethics*, 83: 4 (1973), 308–12.

Nickel, J. W.: "Ethnocide and the indigenous peoples," *Journal of Social Philosophy*, 25 (1994), 84–98.

Nicholson, L.: "Women and schooling," *Educational Theory*, 30: 3 (1980), 225–34.

——: "'The personal is political': an analysis in retrospect," *Social Theory and Practice*, 7: 1 (1981), 85–98.

——: "Affirmative action, education, and social class," *Philosophy of Education 1982* (Norman, IL: Philosophy of Education Society, 1983a).
——: "Women, morality, and history," *Social Research*, 50: 3 (1983b), 514–36.
——: "Feminist theory: the private and the public," *Beyond Domination: New Perspectives on Women and Philosophy* (Totowa, NJ: Rowman and Allanheld, 1983c), pp. 221–30.
——: *Gender and History* (New York: Columbia University Press, 1986).
—— ed: *Feminism/Postmodernism* (New York: Routledge, 1990).
——, and Fraser, N.: "Social criticism without philosophy: an encounter between feminism and postmodernism," *Feminism/Postmodernism* (New York: Routledge, 1990), pp. 19–38.
——: "Interpreting gender," *Signs*, 20 (1994), 79–105.
Nietzsche, F.: *The Gay Science*, trans. W. Kauffmann (New York: Vintage Books, 1974).
Nochlin, L.: *Woman as Sex Object* (New York: Harper and Row, 1972).
——: *Women, Art, and Power, and Other Essays* (New York: Harper and Row, 1988).
Noddings, N.: *Caring: A Feminine Approach to Ethics and Moral Education* (Berkeley: University of California Press, 1986).
——: "An ethic of caring and its implications for instructional arrangements," *American Journal of Education*, 96: 2 (1988), 215–30.
——: *Women and Evil* (Berkeley: University of California Press, 1989).
——: "A response," *Hypatia*, 5: 1 (1990), 120–6.
——: *The Challenge to Care in Schools* (New York: Teachers' College Press, 1992).
Norris, S.: "Sustaining and responding to charges of bias in critical thinking," *Educational Theory*, 45: 2 (1995) 199–211.
Nsiah-Jefferson, L.: "Reproductive laws, women of color, and low-income women," *Reproductive Laws for the 1990's*, ed. S. Cohen and N. Taub (Clifton, NJ: Humana Press, 1989), pp. 23–67.
Nunner-Winkler, G.: "Ein Plädoyer für einen eingeschränkten Universalismus," *Zur Bestimmung der Moral*, ed. W. Edelstein and G. Nunner-Winkler (Frankfurt, 1986), pp. 126–44.
——"Gibt es eine Weibliche Moral," *Weibliche Moral. Die Kontroverse un eine geschlechtsspezifische Ethik*, ed. G. Nunner-Winkler (Frankfurt, 1991a), pp. 147–61.
——, ed.: *Weibliche Moral. Die Kontroverse um eine geschlechtsspezifische Ethik* (Frankfurt: Campus, 1991b).
Nussbaum, M.: "Nature, function and capability: Aristotle on political distribution," *Oxford Studies in Ancient Philosophy: Supplementary Volume*, ed. J. C. Kagge and N.D. Smith (Oxford: Clarendon Press, 1992).
——: "Non-relative virtues: An Aristotelian approach," *The Quality of Life,*, ed. M. Nussbaum and A. Sen (Oxford: Clarendon Press, 1993a), pp. 242–69.
——: "Onora O'Neill: Justice, gender and international boundaries," *The Quality of Life*, ed. M. Nussbaum and A. Sen (Oxford: Clarendon Press, 1993b).

——: "Human capabilities, female human beings," *Women, Culture, and Development*, ed. M. Nussbaum and J. Glover (New York: Oxford University Press, 1995).
Nye, A.: "The unity of language," *Hypatia*, 2: 2 (1987).
——: *Feminist Theory and the Philosophies of Man* (London, 1988).
——: *Words of Power: A Feminist Reading of the History of Logic* (New York: Routledge, Chapman, Hall, 1990).
——: "Frege's metaphors," *Hypatia*, 7: 2 (1992), 18–39.
——: "Semantics in a new key," *Philosophy in a Different Voice*, ed. J. Kourany (forthcoming).
O'Brien, M.: *The Politics of Reproduction* (Boston: Routledge and Kegan Paul, 1981).
O'Conner, P.: "Warning! Contents under heterosexual pressure," *Hypatia* 12: 3 (1997).
O'Flaherty, W. D.: *Sexual Metaphors and Animal Symbols in Indian Mythology* (Delhi: Motilal Banarsidas, 1980).
Okely, J.: *Simone de Beauvoir: A Re-reading* (London: Virago, 1986).
Okin, S. M.: *Justice, Gender, and the Family* (New York: Basic Books, 1989a).
——: "Reason and feeling in thinking about justice," *Ethics*, 99: 2 (1989b), 229–49.
——: *Women in Western Political Thought* (Princeton, NJ: Princeton University Press, 2nd edn 1992).
——: "Gender inequality and cultural differences," *Political Theory*, 22: 1 (1994), 5–24.
——: "Sexual orientation, gender and families: dichotomizing differences," *Hypatia*, 11: 2 (1996), 30–48.
——: "Inequalities between the sexes in different cultural contexts," *Women, Culture and Development*, ed. M. Nussbaum and S. Glover (Oxford: Clarendon Press, 1995), 274–97.
Oliver, K.: "Marxism and surrogacy," *Hypatia*, 4: 3 (1989), 95–115.
——: "The politics of interpretation: the case of Bergman's *Persona*," *Philosophy and Film*, ed. C. Freeland and T. Wartenberg (New York: Routledge, 1995), pp. 233–49.
Olsen, F.: "The family and the market: a study of ideology and legal reform," *Harvard Law Review*, 96 (1983), 1497–1578.
——: "Statutory rape: a feminist critique of rights analysis," *Texas Law Review*, 63 (1984) 387–432.
——: "Unraveling compromise," *Harvard Law Review*, 103 (1989), 105–35.
——: *Feminist Legal Theory* (New York: New York University Press, 1995).
Oluwole, S. B.: "Madonna and the whore in African traditional thought," *Journal of Philosophy and Development*, I: 1&2 (1995), pp. 18–26.
——: "Women empowerment: a demand not for equality but for equity," *Imodoye*. 3: 3 (1996).
Omi, M., and Winant, H.: *Racial Formation in the United States* (New York: Routledge, 1994).

Omvedt, G.: *Violence Against Women: New Movements and New Theories in India* (New Delhi: Kali for Women, 1990).
O'Neill, O.: "How do we know when opportunities are equal?," *Feminism and Philosophy*, ed. M. Vetterling-Braggin, F. Elliston, and J. English (Totowa, NJ: Littlefield, Adams, 1977).
——: *Constructions of Reason – Explorations of Kant's Practical Philosophy* (Cambridge: Cambridge University Press, 1989).
——: "Justice, gender, and international boundaries," *The Quality of Life*, ed. M. Nussbaum and A. Sen (New York: Oxford University Press, 1993).
Ong, A.: "Colonialism and modernity: feminist representations of women in non-western societies," *Inscriptions*, 3: 4 (1988).
Orenstein, D., ed.: *Lifecycles: Jewish Women on Life Passages and Personal Milestones* (Woodstock, VT: Jewish Lights, vol. 1, 1994, vol. 2, 1997).
Ortner, S.: "Is female to male as nature is to culture?," *Woman, Culture and Society*, ed. M. Z. Rosaldo and L. Lamphere (Stanford, CA: Stanford University Press, 1974), 67–87.
Oruka, H. O.: "Mythologies as African philosophy," *East African Journal*, 9: 10 (1972).
——: "Fundamental principles in the question of African philosophy," *Second Order*, 5: 2 (1976).
Ossoli, M. Fuller: *Woman in the Nineteenth Century, and Kindred Papers Relating to the Sphere, Condition, and Duties of Woman* (Boston, MA: Roberts Brothers, 1875).
Othman, N., ed.: *Shari'ah Law and the Modern Nation State* (Kuala Lumpur: Sisters in Islam, 1994).
Oudshoorn, N.: *Beyond the Natural Body: An Archeology of Sex Hormones* (London: Routledge, 1994).
Outlaw, L.: "African philosophy: deconstructive and reconstructive challenges," *Contemporary Philosophy: A New Survey, Vol. 5: African Philosophy*, ed. G. Floistad (Dordrecht, Holland: D. Reidel Publishing Co., 1987) pp. 8–44.
Outshoorn, J.: "Is this what we wanted? Positive action as issue perversion," *Equality, Politics, and Gender*, ed. E. Meehan and S. Sevenhuijsen (Beverly Hills, CA: Sage, 1991), pp. 104–21.
Overall, C.: *Ethics and Human Reproduction: A Feminist Analysis* (Boston: Allen and Unwin, 1987).
——, ed.: *The Future of Human Reproduction* (Toronto: The Women's Press, 1989).
——: *Human Reproduction: Principles, Practices, Policies* (Toronto: Oxford, 1993).
Oyama, S.: *The Ontogeny of Information* (Cambridge: Cambridge University Press, 1985).
Ozick, C.: "Notes toward finding the right question," *On Being a Jewish Feminist*, ed. S. Heschel (New York: Schocken Books, 1983).
Pagano, J.: *Exiles and Communities: Teaching in the Patriarchal Wilderness* (Albany: State University of New York Press, 1990).
Pan, Suiming: *Love: A Casual Discussion of the Psychology of Marriage and Family* (Beijing: Urban Econo-social Publisher, 1989).

Pandey, G., ed.: *Hindus and Others* (New Delhi: Viking Press, 1993).
Papic, Z.: "Telo kao 'proces u toku,'" *Sociologija*, 34: 2 (1992), 153.
Pappas, N.: "Failures of marriage in *Sea of Love*: the love of men, the respect of women," *Philosophy and Film*, ed. C. Freeland and T. Wartenberg (New York: Routledge, 1995), pp. 109–25.
Parent, W. A.: "A new definition of privacy for the law," *Law and Philosophy*, 2 (1983), 305–38.
Parker, L.: "Beauty and breast implantation," *Hypatia*, 10: 1 (1995), 183–201.
Patai, D., and Koertge, N.: *Professing Feminism: Cautionary Tales from the Strange World of Women's Studies* (New York: Basic Books, 1994).
Patel, K.: "Women, earth, and the Goddess," *Hypatia*, 9: 4 (1994), 69–87.
Patel, R.: *Islamicisation of Laws in Pakistan* (Pakistan: Faiza Publishers Pakistan, n.d.).
Pateman, C.: *Participation and Democratic Theory* (Cambridge: Cambridge University Press, 1970).
——: "Defending prostitution: charges against Ericson," *Ethics*, 93 (1983), 561–5.
——: *The Sexual Contract* (Cambridge: Polity Press, 1988).
——: "Feminism and democracy," *The Disorder of Women: Democracy, Feminism and Political Theory*, ed. C. Pateman (Cambridge: Polity Press, 1989a), pp. 210–25.
—— ed.: *The Disorder of Women: Democracy, Feminism and Political Theory* (Stanford, CA: Stanford University Press, 1989b).
——: "Feminist critiques of the public/private dichotomy," *The Disorder of Women: Democracy, Feminism and Political Theory*, ed. C. Pateman (Stanford, CA: Stanford University Press, 1989c), pp. 118–41.
——: "Equality, difference, subordination: the politics of motherhood and woman's citizenship," *Beyond Equality and Difference*, ed. G. Bock and S. James (London: Routledge, 1992), pp. 17–31.
Pathak, Z. and Rajan, R.: "Shahbano," *Feminists Theorize the Political*, ed. J. Butler and J. W. Scott (New York: Routledge, 1992), pp. 257–80.
Pauer-Studer, H.: "Prinzipien und Verantwortung," *Normen*, 19 (1987), 59–17.
——: "Moraltheorie und Geschlechterdifferenz," *Jenseits der Geschlechtermoral*, ed. H. Nagl-Docekal and H. Pauer-Studer (Frankfurt/Main, 1993), pp. 33–68.
——: "Kant – Vorläufer einer Care-ethik?," *Und drinnen waltet die züchtige Hausfrau*, ed. H. Kuhlmann (Gütersloh, 1995), pp. 83–93.
Peach, L.: "An alternative to pacifism? Feminism and just war theory," *Bringing Peace Home*, ed. K.J. Warren and D. Cady (Bloomington: Indiana University Press, 1996).
Pearce, D.: "Women, work and welfare," *Working Women and Families*, ed. K. Wolk Feinstein (Beverly Hills, CA: Sage Publications, 1979).
Pearsall, M., ed.: *Women and Values* (Belmont, CA: Wadsworth, 1986).
Pellikaan-Engle, M.: "Socrates' blind spots," *Against Patriarchal Thinking: Proceedings of the Fifth Symposium of the International Association of Women Philosophers* (Amsterdam, Netherlands: VU University Press, 1992).

Pence, T.: *Ethics in Nursing: An Anthology* (New York: National League Nursing, 1990).

Penelope, J.: *Speaking Freely: Unlearning the Lies of the Father's Tongues* (Elmsford, NY: Pergamon Press, 1990).

——: *Call Me Lesbian: Lesbian Lives, Lesbian Theory* (Freedom, CA: The Crossing Press, 1992).

Pennock, J. R., and Chapman, J.: *Privacy* (New York: Atherton Press, 1971).

Pérez, E.: "Sexuality and discourse: notes from a Chicana survivor," *Chicana Lesbians: The Girls Our Mothers Warned Us About*, ed. C. Trujillo (Berkeley, CA: Third Woman Press, 1991), pp. 159–84.

Person, E.: "Sexuality as the mainstay of identity: psychoanalytical perspectives," *Signs*, 4: 5 (1980), 605–30.

Petchesky, R. P.: "Reproductive freedom – beyond a woman's right to choose," *Signs*, 5 (1980), 661–85.

——: "Antiabortion, antifeminism, and the rise of the new right," *Feminist Studies*, 7 (1981), 206–46.

——: *Abortion and Women's Choice: The State, Sexuality, and Reproductive Freedom* (Boston, MA: Northeastern University Press, 1985).

Peters, J., and Wolper, A., eds.: *Women's Rights, Human Rights: Internationalist Feminist Perspectives* (New York: Routledge, 1995).

Peterson, S. R.: "Coercion and rape: The state as a male protection racket," *Feminism and Philosophy*, ed. M. Vetterling-Braggin, F. Elliston, and J. English (Totowa, NJ: Littlefield, Adams, 1977), pp. 360–71.

Petrova, D.: "The winding road to emancipation in Bulgaria," *Gender Politics and Post-Communism*, ed. N. Funk and M. Mueller (New York: Routledge, 1993).

Phelan, S.: *Identity Politics: Lesbian Feminism and the Limits of Community* (Philadelphia, PA: Temple University Press, 1989).

——: "Specificity: Beyond equality and difference," *differences*, 3: 1 (1991), 128–43.

Phelps, L.: "Female sexual alienation," *Women: A Feminist Perspective*, ed. J. Freeman (Palo Alto, CA: Mayfield, 1979).

Philipson, I.: "The impasse of socialist-feminism," *Socialist Review*, 79 (1985), pp. 93–110.

Phillips, A.: *Engendering Democracy* (Cambridge: Polity, 1991).

——: *Democracy and Difference* (Cambridge: Polity, 1993).

——: *The Politics of Presence* (Oxford: Oxford University Press, 1995).

Pieper, A.: *Aufstand des stillgelegten Geschlechts: Einführung in die feministische Ethik* (Freiburg, 1993).

Piercy, M.: *Woman on the Edge of Time* (New York: Fawcett Crest, 1979).

Pilardi, J. A.: "The changing critical fortunes of *The Second Sex*," *History and Theory*, 30: 1 (1993), 51–73.

Pine, R. and Law, S.: "Envisioning a future for reproductive liberty: strategies for making the rights real," *Harvard Civil Rights–Civil Liberties Law Review*, 27 (1992), 407–63.

Piper, A.: "Higher order discrimination," *Identity, Character, and Morality*, ed. O. Flanagan and A. O. Rorty (Cambridge, MA: MIT Press, 1990).
——: "Xenophobia and Kantian rationalism," *Philosophical Forum*, XXIV:1–3, (1992–3), 188–232.
Piven, F. Fox, and Cloward, R.: *Regulating the Poor* (New York: Pantheon Books, 1971).
Planned Parenthood v. *Casey*, 505 U.S. 833 (1992).
Plantinga, C.: "Film theory and aesthetics: notes on a schism," *Journal of Aesthetics and Art Criticism*, 51 (1993), 445–54.
Plaskow, J.: "The Jewish feminist: conflict in identities," *The Jewish Woman: New Perspectives*, ed. E. Koltum (New York: Schocken Books, 1976).
——: "The right question is theological," *On Being a Jewish Feminist*, ed. S. Heschel (New York: Schocken Books, 1983).
——: *Standing Again at Sinai* (San Francisco, CA: Harper, 1990).
——: "Jewish theology in feminist perspectives," *Feminist Perspectives on Jewish Studies*, ed. L. Davidman and S. Terrerbaum (New Haven, CT: Yale University Press, 1994).
Plumwood, V.: "Ecofeminism: an overview and discussion of positions and arguments," *Australasian Journal of Philosophy*, 64 (1986), 120–38.
——: "Women, humanity and nature," *Radical Philosophy*, 48 (1988), 16–24.
——: "Nature, self and gender: feminism, environmental philosophy, and the critique of rationalism," *Hypatia*, 6: 1 (1991), 3–27.
——: *Feminism and the Mastery of Nature* (London: Routledge, 1993).
——: "Androcentrism and anthropocentrism: parallels and politics," *Ecofeminist Perspectives*, ed. K. Warren (Bloomington: Indiana University Press, forthcoming, a).
——: "Ecofeminism and the master subject," *Environmental Ethics*, forthcoming, b.
Pollock, G.: "Degas/images/women: women/Degas/images', *Dealing with Degas: Representations of Women and the Politics of Vision*, ed. R. Kendall and G. Pollock (New York: State University of New York Press, 1987).
Pomeroy, S. B.: *Goddesses, Whores, Wives, and Slaves: Women In Classical Antiquity* (New York: Schocken Books, 1975).
Pompei, G.: "Wages for housework," trans. J. Hall, *Feminist Frameworks*, ed. A.M. Jaggar and P.R. Struhl (New York: McGraw-Hill, 1978), pp. 208–11.
Post, R.: "The social foundations of privacy: community and self in the common law tort," *California Law Review*, 77 (1989), 957–1010.
Potter, E.: "Gender and epistemic negotiation," *Feminist Epistemologies*, ed. L. Alcoff and E. Potter (New York: Routledge, 1993).
Prell, R.: "The vision of woman in classical reform Judaism," *Journal of the American Academy of Religion*, 50 (1983), 575–89.
Prosser, W.: "Privacy," *California Law Review*, 48 (1960), 383–423.
Purdy, L. M.: "Genetic diseases: can having children be immoral?," *Intervention and Reflection: Basic Issues in Medical Ethics*, ed. R. Munson, 4th edn (Belmont, CA: Wadsworth Press, 1992), pp. 429–35.

——: "A feminist view of health," *Feminism & Bioethics: Beyond Reproduction*, ed. S. Wolf (New York: Oxford University Press, 1996).
Pynne, H. H.: "AIDS and gender violence: the enslavement of Burmese women in the Thai sex industry," *Women's Rights, Human Rights: Internationalist Feminist Perspectives*, ed. J. Peters and A. Wolper (New York: Routledge, 1995).
Quine, W. V.: "Two dogmas of empiricism," *From a Logical Point of View* (New York: Harper and Row, 1963).
——: "Epistemology naturalized," *Ontological Relativity and Other Essays* (New York: Columbia University Press, 1969).
——: "On the nature of moral values," *Theories and Things* (Cambridge, MA: Harvard University Press, 1981).
Quraishi, A.: "Her honor: a Muslim gender-egalitarian critique of the rape laws of Pakistan," *Muslim Women's Scholarship-Activism in the United States*, ed. G. Webb, forthcoming.
Rachels, J.: "Why privacy is important," *Philosophy and Public Affairs*, 4 (1975), 323–33.
Radest, H.: "The public and the private: an American fairy tale," *Ethics*, 89 (1979), 280–91.
Radin, M. J.: "Market-inalienability," *Harvard Law Review*, 100 (1988), 1849–1937.
——; "The pragmatist and the feminist," *Readings in the Philosophy of Law*, ed. J. Arthur and W.H. Shaw (Englewood Cliffs, NJ: Prentice Hall, 1993).
Ramanujan, A. K.: *Speaking of Shiva* (Harmondsworth, 1985).
Ramazanoglu, C.: *Feminism and the Contradictions of Oppression* (New York: Routledge, 1989).
——: "Women's sexuality and men's appropriation of desire," *Up Against Foucault: Explorations of some Tensions Between Foucault and Feminism*, ed. C. Ramazanoglu (London: Routledge, 1993), pp. 239–64.
Ras-Work, B.: "Reclaiming religious freedom," *1992 Global Forum of Women*, 2 vols (Dublin: 1992).
Rawls, J.: *A Theory of Justice* (Cambridge, MA: Harvard University Press, 1971).
——: *Political Liberalism* (New York: Columbia University Press, 1993).
Raymond, J.: *The Transsexual Empire: The Making of the She-Male* (Boston: Beacon Press, 1979).
——: *A Passion For Friends: A Philosophy of Female Affection* (Boston: Beacon Press, 1986).
Reardon, B.: *Women and the War System* (New York: Teachers' College Press, 1985).
Reich, J.: "Genderfuck: The law of the dildo," *Discourse*, 15: 1 (1992), 112–27.
Reich, W.: *Mass Psychology of Fascism* (New York: Farrar, Straus and Giroux, 1970).
——: *The Sexual Revolution* (New York: Farrar, Straus and Giroux, 1974).
Reiman, J.: "Privacy, intimacy, and personhood," *Philosophy and Public Affairs*, 6 (1976), 26–44.

Reinelt, C., and Fried, M.: "'I am this child's mother.' A feminist perspective on mothering with a disability," paper presented at the Society for Disability Studies Meeting, Oakland, California, 1991.

Reinharz, S.: *Feminist Methods in Social Research* (Oxford: Oxford University Press, 1992).

Resnik, J.: "On the bias: feminist reconsiderations of the aspirations for our judges," *Southern California Law Review*, 61 (1988), 1877–1944.

Reti, I.: *Unleashing Feminism* (Santa Cruz, CA: Herbooks, 1992).

Rhode, D.: "Association and assimilation," *Northwestern Law Review*, 81 (1986), 106–45.

——: "Occupational inequality," *Duke Law Journal* (December 1988), 1207–41.

——: *Justice and Gender: Sex Discrimination and the Law* (Cambridge, MA: Harvard University Press, 1989).

——: "Definitions of difference," *Theoretical Perspectives on Sexual Difference*, ed. D. Rhode (New Haven, CT: Yale University Press, 1990a), pp. 197–212.

——: "Feminist critical theories," *Stanford Law Review*, 42 (1990b), 617–38.

——: "The politics of paradigms: gender difference and gender disadvantage," *Beyond Equality and Difference*, ed. G. Bock and S. James (New York: Routledge, 1992), pp. 149–63.

Rich, A.: *Of Woman Born: Motherhood as Experience and Institution* (New York: Harper and Row, 1976).

——: *On Lies, Secrets, and Silence* (New York: W. W. Norton & Co., 1979a).

——: "Women and honor: notes on lying," *On Lies, Secrets, and Silence* (New York: W.W. Norton & Co., 1979b).

——: "Compulsory heterosexuality and lesbian existence," *Signs*, 5: 4 (1980), 631–60.

Rich, B.R.: "Feminism and sexuality in the 1980s," *Feminist Studies*, 12 (1986), 525–61.

Richard, N.: "¿Tiene sexo la escritura?," *Debate feminista* [Mexico], 9 (1994), 127–39.

Richards, D.: *Toleration and the Constitution* (New York: Oxford University Press, 1986).

Richards, J. R.: *The Skeptical Feminist: A Philosophical Enquiry* (London: Routledge and Kegan Paul, 1980).

Riley, D.: *"Am I That Name?" Feminism and the Category of "Woman"* (Minneapolis: University of Minnesota Press, 1988).

Roberts, D. E.: "Punishing drug addicts who have babies," *Harvard Law Review*, 104 (1991), 1419–82.

——: "Reconstructing the patient: starting with women of color," *Feminism & Bioethics: Beyond Reproduction*, ed. S. Wolf (New York: Oxford University Press, 1996).

Robertson, J. A.: *Children of Choice: Freedom and the New Reproductive Technologies* (Princeton, NJ: Princeton University Press, 1994).

Robson, R.: *Lesbian (Out)law: Survival Under the Rule of Law* (Ithaca, NY: Firebrand Books, 1992).

Rockefeller, S. C.: *John Dewey: Religious Faith and Democratic Humanism* (New York: Columbia University Press, 1991).
Roe v. *Wade*, 401 U.S. 113 (1973).
Rohrer, P.: "At what price individualism? The education of Isabel Archer," *Philosophy of Education 1993* (Champaign, IL: Philosophy of Education Society, 1994), pp. 315–24.
Romano, C.: "Between the motion and the act," *The Nation* (November 15, 1993), 563–70.
Rommelspacher, B.: *Mitmenshlichkeit und Unterwerfung: Zur Ambivalenz der weiblichen Moral* (Frankfurt/Main: Campus, 1992).
Roof, J.: *A Lure of Knowledge: Lesbian Sexuality and Theory* (New York: Columbia University Press, 1993).
——: "Lesbians and Lyotard: legitimation and the politics of the name," *The Lesbian Postmodern*, ed. L. Doan (New York: Columbia University Press, 1994), pp. 47–66.
Rooney, P.: "Gendered reason: sex metaphor and conceptions of reason," *Hypatia*, 6 (1991), 77–103.
——: "Recent work in feminist discussions of reason," *American Philosophical Quarterly*, 31: 1 (1994), 1–16.
Root, M. P. P, ed.: *Racially Mixed People in America* (Newbury Park, NY: Sage Publications, 1992).
Rorty, R.: *Consequences of Pragmatism* (Minneapolis: University of Minnesota Press, 1982).
——: "Feminism and pragmatism," *Michigan Quarterly Review*, 30 (1991), 231–58.
——: "Feminism, ideology, and deconstruction: a pragmatist view," *Hypatia*, 8 (1993), 96–103.
Rose, H.: "Hand, brain and heart: a feminist epistemology for the natural sciences," *Signs*, 9: 1 (1983).
——: *Love, Power and Knowledge: Towards a Feminist Transformation of the Sciences* (Cambridge: Polity, 1994).
Rose, J., and Mitchell, J., eds.: *Feminine Sexuality: Jacques Lacan and Ecole Freudienne*, trans. J. Rose (London: Macmillan, 1982).
Rose, S.: "Introduction II," *Feminine Sexuality: Jacques Lacan and Ecole Freudienne*, trans. S. Rose (London: Macmillan, 1982).
Rosenberg, R.: *Beyond Separate Spheres: Intellectual Roots of Modern Feminism* (New Haven, CT: Yale University Press, 1982).
Rosenblatt, L. M.: *The Reader the Text the Poem: The Transactional Theory of the Literary Work* (Carbondale: Southern Illinois University Press, 1994).
Rothenberg, P.: "The construction, deconstruction, and reconstruction of difference," *Hypatia*, 5: 1 (1990), 42–57.
Rothman, B. K.: *The Tentative Pregnancy: Prenatal Diagnosis and the Future of Motherhood* (New York: Viking Press, 1986).
——: "Motherhood: beyond patriarchy," *Nova Law Review*, 13 (1989a), 481–6.
——: *Recreating Motherhood* (New York: W. W. Norton & Co. 1989b).

Rothman, D. J.: "Ethics and human experimentation," *New England Journal of Medicine*, 317: 19 (November 5, 1987), 1195–9.
Rousseau, J.: *Emile: or, On Education*, trans. A. Bloom (New York: Basic Books, 1979).
Rowbotham, S.: *Woman, Resistance and Revolution* (New York: Random House, 1972).
——: *Hidden from History* (London: Pluto, 1973a).
——: *Woman's Consciousness, Man's World* (Baltimore: Penguin, 1973b).
——: *Women in Movement: Feminism and Social Action* (London: Routledge, 1992).
——, Segal, L., and Wainwright, H.: *Beyond the Fragments: Feminism and the Making of Socialism* (London: Merlin Press, 1979).
Rowland, R.: "Making women visible in the embryo experimentation debate," *Bioethics*, 1: 2 (1987), 179–88.
——: *Living Laboratories: Women and Reproductive Technologies* (Bloomington: Indiana University Press, 1992).
Royal Commission on New Reproductive Technologies: *Proceed with Care: Final Report* (Ottawa, Canada: Minister of Government Services, 1993).
Rubenfeld, J.: "The right of privacy," *Harvard Law Review*, 102 (1989), 737–807.
Rubin, G.: "The traffic in women," *Toward an Anthropology of Women*, ed. R. Reiter (New York: Monthly Review Press, 1975), pp. 157–210.
——: "Sexual politics, the new right and the sexual fringe," *The Age Taboo: Gay Male Sexuality, Power and Consent*, ed. D. Tsang (Boston: Alyson Publications, 1981).
——: "Thinking sex: notes for a radical theory on the politics of sexuality," *Pleasure and Danger: Exploring Female Sexuality*, ed. C. Vance (Boston: Routledge and Kegan Paul, 1984), pp. 267–319.
——, English, D., and Hollibaugh, A.: "Talking sex: a conversation on sexuality and feminism," *Socialist Review*, 11: 4 (1981), 43–62.
Rubio Castro, A.: "El feminismo de la diferencial: los argumentos de una igualdad compleja," *Revista de Estudios Politicos* (Nueva Epoca) [Spain], 70 (1990), 185–207.
Ruch, E. A., and Anyanwu, K. C.: *African Philosophy* (Rome: Catholic Book Agency, 1981).
Ruddick, S.: "Maternal thinking," *Feminist Studies*, 6 (1980), 342–67.
——: "Preservative love and military destruction," *Mothering: Essays in Feminist Theory*, ed. J. Trebilcot (Totowa, NJ: Rowman and Allanheld, 1983), pp. 231–63.
——: "Remarks on the sexual politics of reason," *Women and Moral Theory*, ed. E. Kittay and D. Meyers (Savage, MD: Rowman and Littlefield, 1987), pp. 237–61.
——: *Maternal Thinking: Toward a Politics of Peace* (New York: Basic Books, 1989).
——: "Notes on a feminist peace politics," *Gendering War Talk*, ed. M. Cooke and A. Woollacott (Princeton, NJ: Princeton University Press, 1993).

——: "Injustice in families: assault and domination," *Justice and Care: Essential Readings in Feminist Ethics*, ed. V. Held (Boulder, CO: Westview Press, 1995).

——: "Rethinking 'Maternal' Politics," *The Politics of Motherhood*, ed. A. Jetter, A. Orleck, and D. Taylor (Hanover: New England University Press, forthcoming).

Ruether, R. R.: *New Woman/New Earth: Sexist Ideologies and Human Liberation* (New York: Seabury, 1975).

——: *Sexism and God-Talk: Toward a Feminist Theology* (Boston: Beacon Press, 1983).

——: *Gaia and God: An Ecofeminist Theology of Earth Healing* (San Francisco, CA: Harper, 1992).

Rumf, M.: "'Mystical aura': imagination and reality of the 'maternal' in Horkheimer's writings," *Max Horkheimer: New Perspectives* (Cambridge: MIT Press, 1993), pp. 309–34.

Rumsey, J.: "Re-vision of agency in Kant's moral theory," *Feminist Interpretations of Kant*, ed. R. Schott (University Park: Pennsylvania State University Press, 1997).

Russell, D.: *The Politics of Rape: The Victim's Perspective* (New York: Stein and Day, 1975).

Rust, P.: *Bisexuality and the Challenge to Lesbian Politics* (New York; New York University Press, 1995).

Ruth, S.: "Methodocracy, misogyny and bad faith," *Men's Studies Modified: The Impact of Feminism on the Academic Disciplines*, ed. D. Spencer (Oxford: Pergamon Press, 1981).

Rutnam, R.: "IVF in Australia: towards a feminist technology assessment," *Issues in Reproductive and Genetic Engineering*, 4: 2 (1991), 143–54.

Sadker, M., and Sadker, D.: *Failing At Fairness: How America's Schools Cheat Girls* (New York: Charles Scribner's Sons, 1994).

Sahih Al-Bukhari, I.: *Abu'Abd Allah Muhammad Ibn Ismail Al Bukhari*, trans. M Asad (Lahore: Ashraf Publications, 1938).

Salecl, R.: *The Spoils of Freedom: Psychoanalysis and Feminism after the Fall of Socialism* (New York: Routledge, 1994).

Salleh, A.: "Deeper than deep ecology," *Environmental Ethics*, 6: 1 (1984), 339–45.

——: "The ecofeminism/deep ecology debate," *Environmental Ethics*, 14: 3 (1992), 195–216.

Salmon, N.: "The art historical canon: sins of omission," *EnGendering Knowledge*, ed. J. Hackman and E. Messer-Davidow (Knoxville: University of Tennessee Press, 1991), pp. 222–36.

Sandel, M.: *Liberalism and the Limits of Justice* (Cambridge: Cambridge University Press, 1982).

——: *Democracy's Discontent: America in Search of a Public Philosophy* (Cambridge, MA: Harvard University Press, 1996).

Sands, K.: *Escape from Paradise: Evil Tragedy in Feminist Theology* (Minneapolis: Fortress Press, 1994).

Sangari, K.: "Mirabai and the Spiritual Economy of Bhakti," *Economic and Political Weekly* (July 7–14, 1990).

——, and Vaid, S., ed.: *Recasting Women: Essays in Colonial History* (New Delhi: Kali for Women, 1989).

Sanger, M.: *Woman and the New Race* (New York: Brentano's Press, 1920).

Santa Cruz, M. I., Bach, A. M., Femenías, M. L., Gianella, A., and Roulet, M.: *Mujeres y Filosofia (I): Teoría filos ófica de Género* (Buenos Aires: Centro Editor de América Latina, 1994).

Sargent, L, ed.: *Women and Revolution* (Boston: South End Press, 1981).

Sarkar, T.: "Women's agency within authoritarian communalism: the Rashtrasevika Smitiand Ramjanmabhoomi," *Hindus and Others*, ed. G. Pandey New Delhi: (Viking Press, 1993).

Sartre, J.-P.: *Being and Nothingness*, trans. H.E. Barnes [1943] (New York: Philosophical Library, 1953).

——: *Critique of Dialectical Reason*, trans. A. Sheridan-Smith [1960] (London: New Left Books, 1976).

Sawicki, J.: "Foucault, feminism, and questions of identity," *The Cambridge Companion to Foucault*, ed. G. Gutting (Cambridge: Cambridge University Press, 1994), pp. 286–313.

Saxe, L. L.: "Sadomasochism and exclusion," *Adventures in Lesbian Philosophy*, ed. C. Card (Bloomington: Indiana University Press, 1994), pp. 64–77.

Saxonhouse, A. W.: *Fear of Diversity: The Birth of Political Science in Ancient Greek Thought* (Chicago, IL: University of Chicago Press, 1992).

Saxton, M. and Howe, F., eds.: *With Wings: An Anthology of Literature By and About Women With Disabilities* (New York: The Feminist Press at the City University of New York, 1987.)

Sayers, J.: "Science, sexual difference and feminism," *Analyzing Gender*, ed. B. B. Hess and M. Marx (Newbury Park, NY: Sage Publications, 1987), pp. 68.

Scaltas, P. W.: "Virtue without gender in Socrates," *Hypatia*, 7: 3 (1992), 126–37.

Scarry, E.: *The Body in Pain* (Oxford: Oxford University Press, 1985).

Scheman, N.: "Individualism and the objects of psychology," *Discovering Reality: Feminist Perspectives on Epistemology Metaphysics, Methodology, and Philosophy of Science*, ed. S. Harding and M. Hintikka (Dordrecht, Holland: D. Reidel Publishing Co., 1983).

——: "Missing mothers/desiring daughters: framing the sight of women," *Critical Inquiry* 15 (1988), 62–89.

——: "Though this be method, yet there's madness in it," *A Mind of One's Own: Feminist Essays on Reason and Objectivity*, ed. L. Antony and C. Witt (Boulder, CO: Westview Press, 1993a), pp. 145–70.

——: *Engenderings: Constructions of Knowledge, Authority, and Privilege* (New York: Routledge, 1993b).

——: "Queering the center by centering the queer," *Feminists Rethink the Self*, ed. D. Meyers (Boulder, CO: Westview Press, 1996).

Scheppele, K. L.: "The re-vision of rape law," *University of Chicago Law Review*, 54 (1987), 1095–116.
——: "Just the facts, Ma'am: sexualized violence, evidentiary habits, and the revision of truth," *New York Law School Law Review*, 37 (1992), 123–72.
Schiebinger, L.: "Skeletons in the closet," *The Making of the Modern Body*, ed. C. Gallagher and T. Laqueur (Berkeley: University of California Press, 1987), pp. 42–82.
Schmid, G., and Weitzel, R., eds.: *Sex Discrimination and Equal Opportunity: the Labor Market and Employment Policy* (New York: St Martin's Press, 1984).
Schneider, C.: *Shame, Exposure, and Privacy* (Boston: Beacon Press, 1977).
Schneider, E.: "The dialectic of rights and politics: perspectives from the women's movement," *New York University Law Review*, 61 (1986), 593–652.
——: "The violence of privacy," *Connecticut Law Review*, 23 (1991), 973–99.
——: "Particularity and generality: challenges of feminist theory and practice in work on woman-abuse," *New York University Law Review*, 67 (1992), 520–68.
Schoeman, F.: *Philosophical Dimensions of Privacy* (Cambridge: Cambridge University Press, 1992a).
——: *Privacy and Social Freedom* (Cambridge: Cambridge University Press, 1992b).
Schor, N., and Weed, E.: *The Essential Difference* (Bloomington: Indiana University Press, 1994).
Schott, R.: *Cognition and Eros: A Critique of the Kantian Paradigm* (Boston: Beacon Press, 1988).
——: "The gender of enlightenment," *What is Enlightenment?*, ed. J. Schmidt (Berkeley: University of California Press, 1996).
Schrage, L.: "Should feminists oppose prostitution?," *Ethics*, 99 (1989), 347–61.
Schroder, H.: "Kant's patriarchal order," *Feminist Interpretations of Kant*, ed. R. Schott (University Park: Pennsylvania State University Press, 1997).
Schroeder, J.: "The taming of the shrew: the liberal attempt to tame feminist radical theory," *Yale Journal of Law and Feminism*, 5 (1992), 123–80.
Schultz, V.: "Telling stories about women and work," *Harvard Law Review*, 103 (1990), 1749–1843.
Schüssler Fiorenza, E.: *In Memory of Her: A Feminist Theological Reconstruction of Christian Origins* (New York: Crossroad, 1983).
——: *Bread Not Stone: The Challenge of Feminist Biblical Interpretation* (Boston: Beacon Press, 1985).
——: *Jesus: Miriam's Child, Sophia's Prophet* (New York: Continuum, 1994).
Schutte, O.: *Cultural Identity and Social Liberation in Latin American Thought* (Albany: State University of New York Press, 1993).
——: "Spanish and Latin American feminist philosophy," *Hypatia*, 9 (1994), 142–94.
Schwartzenbach, S.: "Rawls and ownership: the forgotten category of reproductive labor," *Canadian Journal of Philosophy*, 13 (1987), 139–66.

Schweickart, D.: *Against Capitalism* (New York: Cambridge University Press, 1993).
Scott, H.: *Does Socialism Liberate Women?* (Boston: Beacon Press, 1974).
Scott, J.: "Gender: a useful category for historical analysis?," *American Historical Review*, 91: 5 (1986), 1053–75.
——: *Gender and the Politics of History* (New York: Columbia, 1988).
——: "Deconstructing equality-versus-difference," *Conflicts in Feminism*, ed. M. Hirsch and E. F. Keller (New York: Routledge, 1990).
——: "The evidence of experience," *Critical Inquiry*, 17: 4 (1991), 773–97.
——: "Experience," *Feminists Theorize the Political*, ed. J. Butler and J. W. Scott (New York: Routledge, 1992).
Scott, R.: *The Making of Blind Men: a Study of Adult Socialization* (New York: Russel Sage Foundation, 1969).
Scutt, J., ed.: *The Baby Machine: Commercialization of Motherhood* (Carlton, Victoria: McCulloch, 1988).
Sedgwick, E.: "Can Kant's ethics survive the feminist critique?," *Pacific Philosophical Quarterly*, 71 (1990a), 60–79.
——: *Epistemology of the Closet* (Berkeley: University of California Press, 1990b).
——: *Tendencies* (Durham: Duke University Press, 1993).
Segal, L.: *Sex Exposed: Sexuality and the Pornography Debate* (New Jersey: Rutgers University Press, 1993).
Segal, M.: "The argument for female combatants," *Female Soldiers: Combatants or Non-Combatants?*, ed. N. Loring Goldman (Westport: Greenwood Press, 1982).
Segers, M.: "The Catholic Bishop's letter on war and peace: a feminist perspective," *Feminist Studies*, 11: 3 (1985).
Seigfried, C. H.: *William James's Radical Reconstruction of Philosophy* (Albany: State University of New York Press, 1990).
—— ed.: "Feminism and Pragmatism Special Issue," *Hypatia*, 8 (1993a).
——: "Shared communities of interest: feminism and pragmatism," *Hypatia*, 8: 2 (1993b).
——: *Pragmatism and Feminism: The Constant Reweaving of the Social Fabric* (Chicago, IL: University of Chicago Press, 1996).
Sen, A.: *Commodities and Capabilities* (Amsterdam: North Holland, 1985).
——: "Gender and cooperative conflict," *Persistent Inequalities*, ed. I. Trinker (New York: Oxford University Press, 1989), pp. 123–49.
——: "Capability and well-being," *The Quality of Life*, ed. M. Nussbaum and A. Sen (Oxford: Clarendon Press, 1993).
Sevenhuijsen, S.: "Feminist ethics and public health care policies," *Feminist Ethics and Social Policy*, ed. P. DiQuinzio and I. M. Young (Bloomington: Indiana University Press, 1996).
Shafer, C. and Frye, M.: "Rape and respect," *Feminism and Philosophy*, ed. M. Vetterling-Braggin, F. Elliston, and J. English (Totowa, NJ: Littlefield, Adams, 1977), pp. 333–46.
Shanley, M. L.: "'Surrogate mothering' and women's freedom: A critique of contracts for human reproduction," *Signs*, 18: 3 (1993), 618–39.

Shanner, L.: "The right to procreate: when rights claims have gone wrong," *McGill Law Journal*, 40: 4 (1995), 823–74.
Shariati, A.: *Fatima Is Fatima*, trans. L. Bakhtiar (Iran: The Shariati Foundation, n.d.).
Sharoni, S.: *Gender and the Israeli-Palestinian Conflict* (Syracuse: University of Syracuse Press, 1995).
Sher, G.: "Our preferences, ourselves," *Philosophy and Public Affairs*, 12 (1982), 34–50.
Sherry, S.: "Civic virtue and the feminine voice in constitutional adjudication," *Virginia Law Review*, 72 (1986), 543–616.
Sherwin, S.: "Feminist ethics and in vitro fertilization," *Canadian Journal of Philosophy*, 13 (1987), 265–84.
——: "Abortion through a feminist lens." *Dialogue: Canadian Philosophical Review*, 30: 3 (1991), 327–42.
——: *No Longer Patient: Feminist Ethics and Health Care* (Philadelphia, PA: Temple University Press, 1992).
Shiva, V.: *Staying Alive, Women, Ecology and Development* (New Delhi: Kali for Women, 1989).
——: *The Violence of the Green Revolution* (Goa: The Other India Press, 1992).
Shrage, L.: "Some implications of comparable worth," *Social Theory and Practice*, 13: 1 (1987).
——: "Feminist film aesthetics: a contextual approach," *Hypatia*, 5: 2 (1990a), 137–48.
——: "Should feminists oppose prostitution?," *Feminism and Political Theory*, ed. C. Sunstein (Chicago, IL: University of Chicago Press, 1990b), pp. 185–200.
——: *Moral Dilemmas of Feminism* (New York: Routledge, 1994).
——: "Transgressions: confessions of an assimilated Jew," *American Mixed Race: Exploring Microdiversity*, ed. N. Zack (Lanham, MD: Rowman and Littlefield, 1995), pp. 387–96.
Shulz, M.: "The semantic derogation of woman," *Language and Sex: Difference and Dominance*, ed. B. Thorne and N. Henley (Rowley, MA: Newbury House Publishers, 1975).
Schusterman, R.: *Analytic Aesthetics* (New York: Blackwell, 1989).
Sichel, B.: "Ethics of caring and the institutional ethics committee," *Hypatia*, 4: 2 (1989), 45–56.
——: "Education and Thought in Virginia Woolf's 'To the Lighthouse,'" *Philosophy of Education 1992*, (Champaign, IL: Philosophy of Education Society, 1993), pp. 191–200.
Sichtermann, B.: "Gibt es eine weibliche Asthetic?," *Wer ist Wie? Uber den Unterschield der Geschlechter* (Berlin: Wagenbach, 1987).
Silverman, K.: *Male Subjectivity at the Margins* (New York: Routledge, 1992).
Silvers, A.: "'Defective' agents: equality, difference and the tyranny of the normal," *Journal of Social Philosophy*, 25 (June 1994).
——: "Reconciling equality to difference: caring (f)or justice for people with disabilities," *Hypatia*, 10 (1995), 31–55.

Simons, M. A.: "Racism and feminism: a schism in the sisterhood," *Feminist Studies*, 5: 2 (1979), 384–401.

——: *Re-Reading the Canon: Feminist Interpretations of Simone de Beauvoir* (University Park: Pennsylvania State University Press. 1995).

Singer, L.: *Erotic Welfare: Sexual Theory and Politics in the Age of Epidemic* (New York: Routledge, 1993).

Singer, P., and Wells, D.: *The Reproductive Revolution: New Ways of Making Babies* (Oxford: Oxford University Press, 1984).

Sisters in Islam: *Are Muslim Men Allowed to Beat Their Wives?* (Kuala Lumpur: United Selangor Press Sdn Bhd, 1991a).

——: *Are Women and Men Equal Before Allah?* (Kuala Lumpur: United Selangor Press Sdn Bhd, 1991b).

Sisters in Islam, Muslim Women's League et al. "Letter to the Editor," *Forum '95*, September 7, 1995.

Sklar, K. K.: "Hull House in the 1890s: A community of women reformers', *Signs*, 10 (1985), 658–77.

Slapsak, S.: *Ogledi o bezbriznosti* (Belgrade: Radio B92, 1994).

Slicer, D.: "Your daughter or your dog?," *Hypatia*, 6: 1 (1991), 108–24.

——: "Wrongs of passage: the challenges to the maturing of ecofeminism," *Ecological Feminism*, ed. K. Warren (London: Routledge, 1994).

Smart, C.: *Feminism and the Power of Law* (London: Routledge, 1989).

——: *Law, Crime, and Sexuality: Essays in Feminism* (London: Sage Publications, 1995).

——, and Sevenhuijsen, eds.: *Child Custody and the Politics of Gender* (New York: Routledge, 1989).

Smith, B.: "The new European philosophy," *Philosophy and Political Change in Eastern Europe*, ed. B. Smith (La Salle, IL: Hegler Institute, 1993).

Smith, D.: *The Everyday World as Problematic* (Toronto: University of Toronto Press, 1987).

Smith, J.: "Analyzing ethical conflict in the transracial adoption debate," *Hypatia*, 11: 2 (1996), 1–33.

Smith, P.: "Feminist jurisprudence: social change and conceptual evolution," *American Philosophical Association Newsletter* (Spring 1995a).

——: "Feminist legal critics: The reluctant radicals," *Radical Philosophy of Law*, ed. D. Caudill and S. J. Gold (Atlantic Highlands, NJ: Humanities Press, 1995b), pp. 73–87.

—— ed.: *Feminist Jurisprudence* (New York: Oxford University Press, 1993).

Smith, S.: "Paradigm dominance in international relations: the development of international relations as a social science," *The Study of International Relations: The State of the Art*, ed. H.C. Dyer and L. Mangasarian (New York: St Martin's Press, 1989).

Sober, E.: *Philosophy of Biology* (Oxford: Oxford University Press, 1993).

Soble, A.: *Pornography: Marxism, Feminism and the Future of Sexuality* (New Haven, CT: Yale University Press, 1986).

——: *The Philosophy of Sex: Contemporary Readings* (Savage, MD: Rowan and Littlefield, 1991).

Sodipo, J. O., and Hallen, B.: *Knowledge, Belief and Witchcraft: Analytic Experiences in African Philosophy* (London: Ethnographica, 1986).

Sommers, C. Hoff: *Who Stole Feminism?: How Women have Betrayed Women* (New York: Simon and Schuster, 1994).

——: and Steinberg, D., eds.: *Made to Order: The Myth of Reproductive and Genetic Progress* (New York: Pergamon Press, 1987).

Spallone, P.: *Beyond Conception: The New Politics of Reproduction* (Granby, MA: Bergin and Garvey, 1989).

Spelman, E.: "Aristotle and the politicization of the soul," *Discovering Reality: Feminist Perspectives on Epistemology, Metaphysics, Methodology, and Philosophy of Science*, ed. S. Harding and M. Hintikka (Dordrecht, Holland: D. Reidel Publishing Co., 1983).

——: *Inessential Woman: Problems of Exclusion in Feminist Thought* (Boston: Beacon Press, 1988).

——: "Anger and insubordination," *Women, Knowledge, and Reality: Explorations in Feminist Philosophy*, ed. A. Garry and M. Pearsall (Boston: Unwin Hyman, 1989).

——: "The virtue of feeling the feeling of virtue," *Feminist Ethics*, ed. C. Card (Kansas: University Press of Kansas, 1991), pp. 213–32.

Spender, D.: *Man Made Language* (New York: Harper Collins, 1980).

——: *Men's Studies Modified: The Impact of Feminism on the Academic Disciplines* (Oxford: Pergamon Press, 1981).

——: *Invisible Women: The Schooling Scandal* (London: Writers and Readers Publishing Cooperative, 1982).

——: *The Writing or the Sex? Or Why You Don't Have to Read Women's Writing to Know it's Not Good* (New York: Pergamon Press, 1989).

Spillers, H.: "Mama's baby, Papa's maybe: an American grammar book," *Diacritics*, 17: 2 (1987), 64–81.

Spivak, G.: *In Other Worlds: Essays in Cultural Politics* (New York: Methuen, 1987a).

——: "French feminism in an international frame," *In Other Worlds: Essays in Cultural Politics*, ed. G. Spivak (New York: Methuen, 1987b), pp. 134–53.

——: "Can the subaltern speak?," *Marxism and the Interpretation of Culture*, ed. C. Nelson and L. Grossberg (Urbana: University of Illinois Press, 1988).

——: *The Post-colonial Critic: Interviews, Strategies, Dialogues*, ed. S. Harasym (New York: Routledge, 1990).

——, and Rooney, E.: "In a word, interview," *differences*, 19 (1994), 713–38.

Spretnak, C.: "Toward an ecofeminist spirituality," *Healing the Wounds*, ed. J. Plant (Philadelphia: New Society Publishers, 1989), pp. 127–32.

——: "Ecofeminism: our roots and flowering," *Reweaving the World*, ed. I. Diamond and G. Orenstein (San Francisco, CA: Sierra Club Books, 1990), pp. 3–14.

Springer, C.: "Sex, memories, and angry women," *Flame Wars: The Discourse of Cyberculture*, ed. M. Dery (Durham: Duke University Press, 1994), pp. 157–77.

Squires, J.: "Citizenship: androgynous or engendered participation," *Schweizerishes Jahrbuch für Politische Wissenschaft*, 34 (1994), 51–62.

Stabile, C.: "Shooting the mother: fetal photography and the politics of disappearance," *Camera Obscura*, 28 (1992), 179–205.

Stacey, J.: *Patriarchy and Socialist Revolution in China* (Berkeley: University of California Press, 1983).

Stanley v. *Georgia*, 394 U.S. 557 (1967).

Stanley, J.: "Paradigmatic women: the prostitute," *Papers in Language Variation*, ed. D. L. Shores and C. P. Hines (Birmingham: University of Alabama Press, 1977).

Stanley, L., and Wise, S.: *Breaking Out: Feminist Consciousness and Feminist Research* (London: Routledge and Kegan Paul, 1983).

Stanton, D.: "Language and revolution," *The Future of Difference*, ed. H. Eisenstein and A. Jardin (Boston: G. K. Hall & Co., 1980), pp. 73–87.

——: "Difference on trial," *Feminism and Modern French Philosophy*, ed. J. Allen and I. Young (Bloomington: Indiana University Press, 1989), pp. 156–79.

Stanworth, M., ed.: *Reproductive Technologies: Gender, Motherhood and Medicine* (Minneapolis: University of Minnesota Press, 1987).

Steady, F. C.: "Women and collective action: Female models in transition," *Theorizing Black Feminisms: The Visionary Pragmatism of Black Women*, ed. S. James and A. P. A. Busia (New York: Routledge, 1993), pp. 90–101.

Stein, A.: "Sisters and queers," *Socialist Review*, 22: 1 (1992), 33–55.

——: *Sisters, Sexperts, Queers: Beyond the Lesbian Nation* (New York: A Plume Book/Penguin, 1993).

Steinberg, R., and Haignere, L.: "Separate but equivalent: equal pay for work of comparable worth," *Beyond Methodology: Feminist Scholarship as Lived Research*, ed. M. Fonow and J. Cook (Bloomington: Indiana University Press, 1991), pp. 154–70.

Steinbock, B.: "Adultery," *The Philosophy of Sex*, ed. A. Soble (Savage, MD: Rowan and Littlefield, 1991), pp. 187–92.

Stepan, N. L.: "Race and gender: the role of analogy in science," *Anatomy of Racism*, ed. D. T. Goldberg (Minneapolis: University of Minnesota Press, 1990), pp. 38–57.

Stephen, J. F.: *Liberty, Equality, and Fraternity* (Cambridge: Cambridge University Press, 1967).

Sterba, J.: *How To Make People Just* (Lanham, MD: Rowman and Littlefield, 1989).

——: *Justice for Here and Now* (forthcoming).

Stiehm, J.: "The unit of political analysis: our Aristotelian hangover," *Discovering Reality: Feminist Perspectives on Epistemology, Metaphysics, Methodology, and Philosophy of Science*, ed. S. Harding and M. Hintikka (Dordrecht, Holland: D. Reidel Publishing, 1983).

——: *Arms and the Enlisted Woman* (Philadelphia: Temple University Press, 1989).

Stimpson, C.: "Thy neighbor's wife, thy neighbor's servants," *Woman in Sexist Society: Studies in Power and Powerlessness*, ed. V. Gornick and B. Moran (New York: Basic Books, 1971), pp. 622–57.

Stone, L., ed.: *The Education Feminism Reader* (New York: Routledge, 1994).

Straumanis, J.: "Generic 'man' and mortal woman," *The Structure of Knowledge: A Feminist Perspective*, ed. B. Reid, Proceedings of the 4th Annual GLCA Women's Studies Association, November 1978, pp. 25–32.

Stroud, S.: "Dworkin and *Casey* on abortion," *Philosophy and Public Affairs*, 25: 2 (1996), 140–70.

Sunder Rajan, R.: *Real and Imagined Women: Gender, Culture and Postcolonialism* (London: Routledge, 1993).

Sunstein, C.: "Neutrality in Constitutional law," *Columbia Law Review*, 92 (1992), 1–52.

Superson, A.: "A feminist definition of sexual harassment," *Journal of Social Philosophy*, 24: 1 (1993), 46–64.

Swerdlow, A.: "Pure milk, not poison: Women strike for peace and the test ban treaty of 1963," *Rocking the Ship of State*, ed. A. Harris and Y. King (Boulder, CO: Westview Press, 1989).

Swiderski, E.: "The crisis of continuity in post-Soviet Russian philosophy," *Philosophy and Political Change in Eastern Europe*, ed. B. Smith (La Salle: The Monist Institute Library of Philosophy, 1993).

Synthèse: special issue on feminism and science, 104: 3 (1995).

Szalai, J.: "Some aspects of the changing situation of women in Hungary," *Signs*, 17: 1 (1991), 152–70.

Taft, J.: *The Woman Movement from the Point of View of Social Consciousness* (Menasha, WI: Collegiate Press, 1915).

Tagg, J.: "Postmodernism and the born-again avant-garde," *The Cultural Politics of "Postmodernism,"* ed. J. Tagg (Binghamton: State University of New York Press, 1989).

Tao Chunfang, Jiang Rongru, Zhu Mingmei, eds.: *An Outline of the Marxist Connection of Women* (Beijing: Women's Press, 1991).

Tao, J.: "Feminism and justice," paper presented at the International Symposium on Chinese Women and Feminist Thought (Beijing: June 1995).

Taub, N. and Schneider, E.: "Women's subordination and the role of law," *The Politics of Law: A Progressive Critique*, ed. D. Kairys (New York: Pantheon Books, 1982), pp. 117–39.

Taylor, B.: *Eve and the New Jerusalem: Socialism and Feminism in the Nineteenth Century* (New York: Pantheon, 1983).

Taylor, C.: "Cross purposes: the liberal-communitarian debate," *Liberalism and the Moral Life*, ed. N.L. Rosenblum (Cambridge, 1989).

Teachout, T.: "The pornography report that never was," *Commentary*, 84: 2 (1987), 51–7.

Tempels, P.: *Bantu Philosophy* (Paris: Présence Africaine, 1959).

Terrelonge, P.: "Feminist consciousness and black women," *Women: A Feminist Perspective*, ed. J. Freeman (Mountain View, CA: Mayfield Publishers, 1989).

Thalberg, I.: "Reverse discrimination and the future," *Philosophical Forum*, V: 1–2 (1973–4), 294–308.
Thanwi, Ashraf Ali: *Heavenly Ornaments* (Pakistan: Dural-Ishaat, 1987).
Tharu, S., and Lalita, K., eds.: *Women Writing in India*, 2 vols (Delhi: Oxford University Press, 1991, 1993).
Thayer-Bacon, B.: "Is modern critical thinking sexist?," *Inquiry: Critical Thinking Across the Disciplines*, 8 (1992), 323–40.
——: "Caring and its relationship to critical thinking," *Educational Theory*, 43: 3 (1993) 323–40.
Theweleit, K.: *Male Fantasies*, 2 vols (Minneapolis: University of Minnesota Press, 1987, 1990).
——: "The bomb's womb," *Gendering War Talk*, ed. M. Cooke and A. Woollacott (Princeton, NJ: Princeton University Press, 1993).
Thistlewaite, S. B.: *Sex, Race and God: Christian Feminism in Black and White* (New York: Crossroad, 1989).
Thomson, J.: "The right to privacy," *Philosophy and Public Affairs*, 4 (1975), 295–314.
Thompson, A.: "Friendship and moral character," *Philosophy of Education 1989* (Champaign, IL: Philosophy of Education Society, 1990), pp. 61–75.
Thompson, J. J.: "A defense of abortion," *Philosophy and Public Affairs*, 1: 1 (1971), 47–66.
——: "Women and the high priests of reason," *Radical Philosophy*, 34 (1983).
——: *The Realm of Rights* (Cambridge, MA: Harvard University Press, 1990).
Thompson, P.: "Beyond gender: equity issues for home economics education," *Theory Into Practice*, 25: 4 (1986), 272–83.
Thornburgh v. *American College*, 476 U.S. 747 (1986).
Thorne, B., and Henley, N., eds.: *Language and Sex: Difference and Dominance* (Rowley, MA: Newbury House Publishers, 1975).
Three Rivers, A.: *Cultural Etiquette* (Indian Valley, VA: Market Wimmin, 1990).
Tickner, J.: *Gender and International Relations: Feminist Perspectives on Achieving Global Security* (New York: Columbia University Press, 1992).
Tirrell, L.: "Storytelling and moral agency," *Journal of Aesthetics and Art Criticism*, 48: 2 (1990), 115–26.
——: "Definition and power," *Hypatia*, 8: 4 (1993), 1–34.
Tong, R.: "Feminism, pornography, and censorship," *Social Theory and Practice*, 8: 1 (1982), 1–17.
——: *Feminist Thought* (Boulder, CO: Westview Press, 1988).
——: "The overdue death of a feminist chameleon: taking a stand on surrogacy arrangements," *Journal of Social Philosophy*, 21 (1990), 40–56.
——: "Women, pornography, and the law," *The Philosophy of Sex: Contemporary Readings*, ed. A. Soble (Savage, MD: Rowan and Littlefield, 1991), pp. 301–16.
——: *Feminine and Feminist Ethics* (Belmont, CA: Wadsworth, 1993).
Torrey, M.: "When will we be believed? rape myths and the idea of a fair trial in rape prosecutions," *University of California at Davis Law Review*, 24 (1991), 1013–71.

Trebilcot, J.: "Taking responsibility for sexuality," *Women and Mental Health: Conference Proceedings*, ed. E. Barton, K. Watts-Penny, and B. Hillyer (Norman, OK: University of Oklahoma Women's Studies Program, 1982).

——, ed.: *Mothering: Essays in Feminist Theory* (Totowa, NJ: Rowman and Allanheld, 1983a).

——: *Taking Responsibility for Sexuality* (Berkeley: Acacia Books, 1983b).

——: "Ethics of method," *Feminist Ethics*, ed. C. Card (Lawrence: University of Kansas Press, 1991), p. 50.

——: "Decentering sex," *Les Talk*, 2: 4 (December 1992).

——: *Dyke Ideas: Process, Politics, and Daily Life* (Albany: State University of New York Press, 1993).

Trinh T. Minh-ha: *Woman, Native, Other* (Bloomington: Indiana University Press, 1989).

Tronto, J.: "Beyond gender difference," *Signs*, 12 (1987).

——: *Moral Boundaries: A Political Argument for an Ethic of Care* (New York: Routledge, 1993).

——: "Care as a basis for radical political judgments," *Hypatia*, 10: 3 (1995).

Trujillo, C., ed.: *Chicana Lesbians: The Girls Our Mothers Warned Us About* (Berkeley: Third Woman Press, 1991).

Tuana, N., ed.: *Feminism and Science* (Bloomington: Indiana University Press, 1989).

——: *Woman and the History of Philosophy* (New York: Paragon House, 1992).

——: *The Less Noble Sex: Scientific, Religious, and Philosophical Conceptions of Woman's Nature* (Bloomington: Indiana University Press, 1993).

——, ed.: *Feminist Interpretations of Plato* (University Park: Pennsylvania State University Press, 1994).

Tubia, Nahid, et al.: *Al-Mar'ah al-Arabia: Lamha 'an al-Tanawwu' wa al-Taghyir* (*The Arab Woman: A Glance at Variety and Change*) (Cairo: International Population Council, 1995).

Turley, D.: "The feminist debate on pornography: an unorthodox interpretation," *Socialist Review*, 16:3–4 (1986), 81–96.

Udis-Kessler, A.: "Bisexuality in an essentialist world," *Bisexuality: A Reader and Sourcebook*, ed. T. Geller (Ojai, CA: Times Change Press, 1990).

Umansky, E. and Ashton, D., eds.: *Four Centuries of Jewish Women's Spirituality* (Boston: Beacon Press, 1992).

Uniacke, S.: "*In Vitro* fertilization and the right to reproduce," *Bioethics*, 1: 3 (1987), 241–54.

Vadas, M.: "A first look at the pornography/civil rights ordinance," *Journal of Philosophy*, 84: 9 (1987), 487–511.

Valdes, F.: "Queers, sissies, dykes and tomboys: deconstructing the conflation of "sex", "gender", and "sexual orientation" in Euro-American law and society," *California Law Review*, 83 (1995), 1–377.

Valverde, M.: "Beyond gender dangers and private pleasures: theory and ethics in the sex debates," *Feminist Studies*, 15: 2 (1989), 237–54.

Vance, C.: *Pleasure and Danger: Exploring Female Sexuality* (London: Routledge and Kegan Paul, 1984).
——: "Negotiating sex and gender in the Attorney General's Commission on Pornography," *Uncertain terms: Negotiating Gender in American Culture*, ed. F. Ginsberg and A. Lowenhaupt Tsing (Boston: Beacon Press, 1990), pp. 118–34.
Vaz, K. M., ed.: *Black Women in America* (Thousand Oaks, CA: Sage, 1995).
Veatch, R. M.: *Medical Ethics: An Introduction* (Boston: Jones and Bartlett Publishers, 1989).
Verma, R. R.: "Development and gender equality," *Women, Culture, and Development*, ed. M. Nussbaum and J. Glover (New York: Oxford University Press, 1995).
Vetterling-Braggin, M.: "Some common sense notes on preferential hiring," *Philosophical Forum*, V: 1–2 (1973–4), 320–5.
——: ed.: *Sexist Language: A Modern Philosophical Analysis* (Totowa, NJ: Littlefield, Adams, 1981).
——, ed.: *"Femininity", "Masculinity", and "Androgyny": A Modern Philosophical Discussion* (Totowa, NJ: Littlefield, Adams, 1982).
——, Elliston, F., English, J., eds.: *Feminism and Philosophy* (Totowa, NJ: Littlefield, Adams, 1977).
Vianello, M., Siemienska, R., Darmian, N., Lupri, E., D'Arcangelo, E., and Bolasco, S.: *Gender Inequality: A Comparative Study of Discrimination and Participation* (Newberry Park, CA: Sage Publishing Company, 1990).
Vogel, L.: *Marxism and the Oppression of Women: Toward a Unitary Theory* (New Brunswick, NJ: Rutgers University Press, 1983).
——: "Debating difference: feminism, pregnancy, and the workplace," *Feminist Studies*, 16: 1 (1985), 9–32.
Voronina, O.: "Soviet patriarchy: past and present," *Hypatia*, 8: 4 (1993), 97.
——: "The mythology of women's emancipation in the USSR as the foundation for a policy of discrimination," *Women in Russia*, ed. A. Posadskaya (London: Verso, 1994).
Wacker, R. F.: *Ethnicity, Pluralism and Race* (Westport, CT: Greenwood, 1983).
Wacks, R.: *Personal Information: Privacy and the Law* (Oxford: Clarendon Press, 1989).
Wadud-Muhsin, A.: *Qur'an and Woman* (Kuala Lumpur: Penerbit Fajar Baki Sdn Bhd, 1992).
Wagner, S. R.: "Pornography and the sexual revolution: The backlash of sadomasochism," *Against Sadomasochism*, ed. R.R. Lindon, D. Pagano, D. Russell, and S. Star Leigh (Palo Alto, CA: Frog in the Well, 1982).
Waite, M. E., ed.: *A History of Women Philosophers* (Boston: Martinus Nijhoff, 1987).
Wajcman, J.: *Feminism Confronts Technology* (Oxford: Polity Press, 1991).
Walby, S.: *Patriarchy at Work: Patriarchal and Capitalist Relations in Employment* (Cambridge: Polity Press, 1986).
——: *Theorizing Patriarchy* (Oxford: Blackwell, 1990).

Walker, A.: *In Search of Our Mothers' Gardens* (New York: Harcourt Brace Jovanovich, 1983).
Walker, M. U.: "Moral particularity," *Metaphilosophy*, 18 (1987), 171–85.
——: "Moral understandings: alternative 'epistemology' for a feminist ethics," *Hypatia*, 4: 2 (1989a), 15–28.
——: "What does the different voice say?," *Journal of Value Inquiry*, 23 (1989b), 123–34.
——: "Partial consideration," *Ethics*, 101: 4 (1991), 758–74.
——: "Feminism, ethics, and the question of theory," *Hypatia*, 7 (1992), 23–38.
——: "Feminist skepticism, authority, and transparency," *Moral Knowledge? New Readings in Moral Epistemology*, ed. W. Sinnot-Armstrong and M. Timmons (New York: Oxford University Press, 1996a).
——: "Picking up pieces: lives, stories, and integrity," *Feminists Rethink The Self*, ed. D. Meyers (Boulder, CO: Westview Press, 1996b).
——: *Moral Understandings* (New York: Routledge, forthcoming).
Walkerdine, V.: *Schoolgirl Fictions* (London: Verso, 1990).
Walsh, S. I.: "On 'feminine' and 'masculine' forms of despair," *International Kierkegaard Commentary*, ed. R.L. Perkins (Macon, GA: Mercer University Press, 1987).
Walzer, M.: *Spheres of Justice* (New York: Basic Books, 1983).
——: "Interpretation and social criticism," *The Tanner Lectures on Human Values*, ed. S.M. McMurrin (Salt Lake City: University of Utah Press, 1988).
Ward, J.: "Harmonia and *Koinonia*: moral values for Pythagorean women," *Explorations in Feminist Ethics*, ed. E. Browning Cole and S. Coultrap-McQuinn (Bloomington: Indiana University Press, 1992).
——: ed.: *Feminism and Ancient Philosophy* (New York: Routledge, 1996).
Warnke, G.: "Discourse ethics and feminist dilemmas of difference," *Feminists Read Habermas: Gendering the Subject of Discourse*, ed. J. Meehan (New York: Routledge, 1995), pp. 247–62.
Warren, K. J.: "Feminism and ecology: making connections," *Environmental Ethics*, 9 (1987), 17–18.
——: "The power and promise of ecological feminism," *Environmental Ethics*, 12: 2 (1990), 121–46.
——: "Toward an ecofeminist peace politics," *Ecological Feminist Philosophies*, ed. K. Warren (London: Routledge, 1994).
——, and Cady, D., eds.: *Bringing Peace Home* (Bloomington: Indiana University Press, 1996).
——, and Cheney, J.: "Ecological feminism and ecosystem ecology," *Hypatia*, 6: 1 (1991), 179–97.
Warren, M. A.: "On the moral and legal status of abortion," *Monist*, 57: 1 (1973).
——: "Secondary sexism and quota hiring," *Philosophy and Public Affairs*, 6: 3 (1977).
——: *Gendercide: The Implications of Sex Selection* (Totowa, NJ: Rowman and Allenheld, 1985).

——: "The moral significance of birth," *Hypatia*, 4: 3 (1989), 46–65.
Warren, S. D., and Brandeis, L. D.: "The right to privacy," *Harvard Law Review*, 4 (1890), 193–220.
Warren, V. L.: "Feminist directions in medical ethics," *Feminist Perspectives in Medical Ethics*, ed. H. Bequaert Holmes and L. Purdy (Bloomington: Indiana University Press, 1992).
Wartenberg, T. E.: "An unlikely couple: the significance of difference in *White Palace*," *Philosophy and Film*, ed. C. Freeland and T. Wartenberg (New York: Routledge, 1995), pp. 161–79.
Waugh, J. B.: "Analytic aesthetics and feminist aesthetics: neither/nor?," *Feminism and Tradition in Aesthetics*, ed. P. Z. Brand and C. Korsmeyer (University Park: Pennsylvania State University Press, 1995).
Webb, B., and Webb, S.: *The Decay of Capitalist Civilization* (New York: Greenwood, 1969).
Weil, S.: "The *Illiad*: or, The Poem of Force," *Simone Weil Reader*, ed. G. Panichas (New York: McKay, 1977a).
——: "Letter to Georges Bernanos," *Simone Weil Reader*, ed. G. Panichas (New York: McKay, 1977b).
Weinbaum, B.: "Women in transition to socialism: perspectives on the Chinese case," *Review of Radical Political Economics*, 8: 1 (1976), 34–58.
——: *The Curious Courtship of Women's Liberation and Socialism* (Boston: South End Press, 1978).
——: *Pictures of Patriarchy* (Boston: South End Press, 1983).
Weinzweig, M.: "Pregnancy leave, comparable worth, and concepts of equality," *Hypatia*, 2: 1 (1987), 71–101.
Weir, A.: "Toward a model of self-identity: Habermas and Kristeva," *Feminists Read Habermas: Gendering the Subject of Discourse*, ed. J. Meehan (New York: Routledge, 1995), pp. 263–82.
Weisberg, D. K., ed.: *Feminist Legal Theory: Foundations* (Philadelphia: Temple University Press, 1993).
Weiss, G.: "Sex-selective abortion: A relational approach," *Hypatia*, 10: 1 (1995), 201–17.
Weisstein, N.: "'Kinder, Kuche, Kirche' as scientific law: Psychology constructs the female," *Sisterhood is Powerful*, ed. R. Morgan (New York: Random House, 1970).
Weitzman, L.: *The Divorce Revolution: The Unexpected Social and Economic Consequences for Women and Children in America* (New York: The Free Press, 1985).
Welch, S.: *A Feminist Ethic of Risk* (Minneapolis: Fortress Press, 1990).
——: "Sporting power: American feminism, French feminism and an ethic of conflict," *Transfigurations: Theology and the French Feminists*, ed. C.W. Kim, S. St Ville, and S. Simonaitis (Minneapolis: Fortress Press, 1993).
Welsch, W.: *Unsere postmoderne Moderne* (Weinheim: VCH acta humanoria, 1987).
Wendell, S.: "A (qualified) defense of liberalism," *Hypatia*, 2 (1987), 65–93.
——: "Toward a feminist theory of disability," *Hypatia*, 4: 2 (1989), 104–24.

——: "Oppression and victimization: choice and responsibility," *"Nagging" Questions*, ed. D. E. Bushnell (Lanham, MD: Rowman and Littlefield, 1995).
——: *The Rejected Body: Feminist Philosophical Reflections on Disability* (New York: Routledge, 1996).
Wender, D.: "Plato: misogynist, paedophile, and feminist," *Women in the Ancient World*, ed. J. Peradotto and J. Sullivan (Albany: State University of New York Press, 1984).
Wertz, D. and Fletcher, J.: "A critique of some feminist challenges to prenatal diagnosis," *Journal of Women's Health*, 1: 1 (1993), 173–88.
West, C.: *The American Evasion of Philosophy: A Genealogy of Pragmatism* (Madison: University of Wisconsin, 1989).
West, R.: "The difference in women's hedonic lives: a phenomenological critique of feminist legal theory," *Wisconsin Women's Law Journal*, 3 (1987), 81–145.
——: "Jurisprudence and gender," *University of Chicago Law Review*, 55 (1988), 1–72.
——: "Forward: taking freedom seriously," *Harvard Law Review*, 104 (1990), 43–106.
Westcott, M.: "Feminist criticism of the social sciences," *Harvard Educational Review*, 49 (1979), 422–30.
Westin, A.: *Privacy and Freedom* (New York: Atheneum, 1967).
Wheeler, D. L.: "A growing number," *Chronicle of Higher Education* (February 17, 1995), A9–A10, A15.
Whitbeck, C.: "Women and medicine: an introduction," *Journal of Medicine and Philosophy*, 7 (1982), 119–33.
——: "A different reality: feminist ontology," *Beyond Domination*, ed. C. Gould (Totowa, NJ: Rowman and Allanheld, 1983), pp. 64–88.
White, L.: "Subordination, rhetorical survival skills, and Sunday shoes: notes on the hearing of Mrs. G.," *Buffalo Law Review*, 38 (1990), 1–58.
Whitford, M.: "Luce Irigaray's critique of rationality," *Feminist Perspective in Philosophy*, ed. M. Griffiths and M. Whitford (Bloomington: Indiana University Press, 1983).
——: *Luce Irigaray, Philosophy in the Feminine* (New York: Routledge, 1991).
Wider, K.: "Women philosophers in the ancient Greek world: donning the mantle," *Hypatia*, 1 (1986), 21–62.
Wilkerson, A.: "Desire(s) unlimited!, or Do you have to be a cyborg to be bisexual?," *Hypatia*, 12: 3 (1997).
Williams, D.: "Sin, nature and black women's bodies," *Ecofeminism and the Sacred*, ed. C. Adams (New York: Continuum, 1993a).
——: *Sisters in the Wilderness: The Challenge of Womanist God-Talk* (Maryknoll, NY: Orbis Books, 1993b).
Williams, J.: "Deconstructing gender," *Feminist Legal Theory: Readings in Law and Gender*, ed. K. T. Bartlett and R. Kennedy (Boulder, CO: Westview Press, 1991a).
——: "Gender wars: selfless women in the republic of choice," *New York University Law Review*, 66 (1991b), 1559–1634.

Williams, L.: *Hard Core: Power, Pleasure, and the "Frenzy of the Visible"* (Berkeley: University of California Press, 1989).
Williams, P. J.: *The Alchemy of Race and Rights* (Cambridge, MA: Harvard University Press, 1991a).
——: "On being the object of property," *Feminist Legal Theory: Readings in Law and Gender*, ed. K. T. Bartlett and R. Kennedy (Boulder, CO: Westview Press, 1991b), pp. 165–80.
——: "Scarlet, the sequel," *The Rooster's Egg*, ed. P. J. Williams (Cambridge, MA: Harvard University Press, 1995).
Williams, W.: "The equality crisis: some reflections on culture, courts, and feminism," *Women's Rights Law Reporter*, 7 (1982), 175–200.
——: "Equality's riddle: pregnancy and the equal treatment/special treatment debate," *New York University Review of Law and Social Change*, 13 (1985), 325–80.
Williamson, J.: *New People: Mulattos and Miscegenation in the United States* (New York: New York University Press, 1984).
Willis, E.: "Toward a feminist sexual revolution," *Social Text*, 6 (1982), 3–21.
Wilson, H.: "Rethinking Kant from the perspective of ecofeminism," *Feminist Interpretations of Kant*, ed. R. Schott (University Park: Pennsylvania State University Press, 1997).
Wilson, T. P.: "Blood quantum: Native American mixed bloods," *Racially Mixed People in America*, ed. M. P. P. Root (Newbury Park, NY: Sage Publications, 1992), pp. 108–25.
Winnicott, D. W.: *The Maturational Process and the Facilitating Environment* (London: Hogarth, 1965).
Winston, K., and Bane, M. J., eds.: *Gender and Public Policy: Cases and Comments* (Boulder, CO: Westview Press, 1993).
Wire, A.: *The Corinthian Women Prophets* (Minneapolis: Fortress Press, 1990).
Wiredu, K.: *Philosophy and African Culture* (Cambridge: Cambridge University Press, 1980).
Wittig, M.: *Les Guerrillères*, trans. D. LeVay (Boston: Beacon Press, 1971).
——: "One is not born a woman," *Feminist Issues*, 1: 2 (1981).
——: "On the social contract," *Feminist Issues*, 9: 1 (1989).
——: *The Straight Mind* (Boston: Beacon Press, 1992).
Wolf, C.: *Cassandra* (New York: Farrar, Straus, and Giroux, 1984).
Wolf, N.: *The Beauty Myth: How Images of Beauty are Used Against Women* (New York: Anchor Books, 1991).
Wolf, S.: "Gender, feminism, and death: physician-assisted suicide and euthanasia," *Feminism & Bioethics: Beyond Reproduction*, ed. S. Wolf (New York: Oxford University Press, 1996).
Wolf-Devine, C.: "Abortion and the feminine voice," *Public Affairs Quarterly*, 3 (1989), 81–97.
Wolff, J: "On the road again: metaphors of travel in cultural criticism," *Cultural Studies*, 7: 2 (1993).

Wolgast, E.: *Equality and the Rights of Women* (Ithaca, NY: Cornell University Press, 1980).

——: "Wrong rights," *Hypatia*, 2: 1 (1987).

Wollstonecraft, M.: *A Vindication of the Rights of Woman* [1790] (London: Penguin, 1975).

Woolf, V.: *Three Guineas* (London: Hogarth Press, 1938).

Wright, E.: *Feminism and Psychoanalysis. A Critical Dictionary* (London: Blackwell, 1992).

Wylie, A.: "Feminist critiques and archaeological challenges," *The Archaeology of Gender*, ed. D. Wald and N. Willows (Calgary: Archaeological Association of the University of Calgary, 1991a).

——: "Gender theory and the archaeological record," *Engendering Archaeology: Women and Prehistory*, ed. J. M. Gero and M. W. Conkey (Oxford: Basil Blackwell, 1991b).

——: "Reasoning about ourselves," *Women and Reason*, ed. E. Harvey and K. Okruhlik (Ann Arbor: University of Michigan Press, 1991c).

——: "The interplay of evidential constraints and political interests," *American Antiquity*, 57 (1992), 15–35.

Yarbro-Bejarano, Y.: "Cherrié Moraga's 'Giving Up the Ghost': the representation of female desire," *Third Woman*, 3: 1–2 (1986), 113–20.

Yates, L.: *The Education of Girls* (Hawthorn, Victoria: Australian Council for Educational Research, 1993).

Yeatman, A.: "A feminist theory of social differentiation," *Feminism/Postmodernism*, ed. L. Nicholson (New York: Routledge, 1990).

——: "Voice and representation in the politics of difference," *Feminism and the Politics of Difference*, ed. A. Yeatman and S. Gunew (Boulder, CO: Westview Press, 1993).

——: *Postmodern Revisionings of the Political* (New York: Routledge, 1994).

——, and Gunew, S., eds.: *Feminism and the Politics of Difference* (Boulder, CO: Westview Press, 1993).

Young, I.: "Beyond the unhappy marriage: A critique of the dual systems theory," *Women and Revolution*, ed. L. Sargent (Boston: South End Press, 1981), pp. 43–70.

——: "Humanism, gynocentrism and feminist politics," *Women's Studies International Quarterly*, 3 (1985), 173–83.

——: "Impartiality and the civic public," *Praxis International*, 5: 4 (1986), 381–401.

——: *Justice and the Politics of Difference* (Princeton, NJ: Princeton University Press, 1990a).

——: *Throwing Like a Girl and Other Essays in Feminist Philosophy and Social Theory* (Bloomington: Indiana University Press, 1990b).

——: "Throwing like a girl," *Throwing Like a Girl and Other Essays in Feminist Philosophy and Social Theory* (Bloomington: Indiana University Press, 1990c).

——: "Justice and communicative democracy," *Radical Philosophy: Tradition, Counter-Tradition, Politics*, ed. R. Gottlieb (Philadelphia, PA: Temple University Press, 1993a), pp. 123–43.
——: "Sexual ethics in the age of epidemic," *Hypatia*, 8: 3 (1993b), 184–93.
——: "Gender as seriality: thinking about women as a social collective," *Signs*, 19: 3 (1994a), 713–38.
——: "Punishment, treatment, empowerment: Three approaches to policy for pregnant addicts," *Feminist Studies*, 20: 1 (1994b), 33–57.
——: "Mothers, citizenship and independence: a critique of pure family values," *Ethics*, 105: 3 (1995), 535–6.
Young, K.: *Planning Development with Women: Making a World of Difference* (New York: St Martin's Press, 1993).
Yusuf Ali, A., trans.: *The Holy Qur'an: Text, Translation and Commentary* (Brentwood, MD: Amana Corp., 1983).
Zack, N.: *Race and Mixed Race* (Philadelphia, PA: Temple University Press, 1993).
——: "Race and philosophic meaning," *American Philosophical Association Newsletter on Philosophy and the Black Experience*, 93: 2 (1994).
—— ed.: *American Mixed Race: Exploring Microdiversity* (Lanham, MD: Rowman and Littlefield, 1995a).
——: "Mixed black and white race and public policy," *Hypatia*, 10: 1 (1995b), 120–32.
Zalewski. M.: "Well, what is the feminist perspective on Bosnia?," *International Affairs*, 71: 2 (1995), 339–56.
Zerilli, L.: "A process without a subject: Simone de Beauvoir and Julia Kristeva on maternity," *Signs*, 13: 1 (1992), 111–35.
Zhou Yi: "A tentative analysis of several shifts in women's studies in China," *Jianghai Academic Journal*, 1 (1996).
Zielinska, E.: "Recent trends in abortion legislation in Eastern Europe, with particular reference to Poland," *Criminal Law Forum*, 4: 1 (1993), 47.
Zinn, M. B.: "The costs of exclusionary practices in women's studies," *Signs*, 11: 2 (1986), 290–303.
Zita, J.: "Lesbian body journeys: desire making difference," *Lesbian Philosophies and Cultures*, ed. J. Allen (New York: State University of New York Press, 1982), pp. 327–42.
——: "The future of feminist sex inquiry," *The Knowledge Explosion: Generations of Feminist Scholarship*, ed. C. Kramarae and D. Spender (New York: Teachers' College Press, 1992a), pp. 480–94.
——: "Male lesbians and the postmodernist body," *Hypatia*, 7: 4 (1992b), 106–27.
——: "Gay and lesbian studies: yet another unhappy marriage," *Tilting the Tower: Lesbian Studies in the Queer Nineties*. ed. L. Garber (New York: Routledge, 1994), pp. 258–78.
——: *Body Talk: Reflections on Sex, Gender and Racism* (New York: Columbia University Press, 1997).
Zones, J., ed.: *Taking the Fruit: Modern Women's Tales of the Bible* (San Diego, CA: Women's Institute for Continuing Jewish Education, 1981).

찾아보기

[ㄷ]

[ㄹ]

[ㅂ]

[ㅅ]

[ㅇ]

[ㅈ]

[ㅊ]

[ㅋ]

[ㅌ]

[ㅍ]

[ㅎ]